UTB 8092

Eine Arbeitsgemeinschaft der Verlage

Wilhelm Fink Verlag München
A. Francke Verlag Tübingen und Basel
Paul Haupt Verlag Bern · Stuttgart · Wien
Hüthig Fachverlage Heidelberg
Verlag Leske + Budrich GmbH Opladen
Lucius & Lucius Verlagsgesellschaft Stuttgart
Mohr Siebeck Tübingen
Quelle & Meyer Verlag Wiebelsheim
Ernst Reinhardt Verlag München und Basel
Ferdinand Schöningh Verlag Paderborn · München · Wien · Zürich
Eugen Ulmer Verlag Stuttgart
Vandenhoeck & Ruprecht Göttingen und Zürich
WUV Wien

Einführungskurs Erziehungswissenschaft
Herausgegeben von Heinz-Hermann Krüger

Band I
Heinz-Hermann Krüger/Werner Helsper (Hrsg.)
Einführung in Grundbegriffe und Grundfragen der
Erziehungswissenschaft

Die weiteren Bände

Band II
Heinz-Hermann Krüger
Einführung in Theorien und Methoden der Erziehungswissenschaft

Band III
Klaus Harney/Heinz-Hermann Krüger (Hrsg.)
Einführung in die Geschichte von Erziehungswissenschaft und
Erziehungswirklichkeit

Band IV
Heinz-Hermann Krüger/Thomas Rauschenbach (Hrsg.)
Einführung in die Arbeitsfelder der Erziehungswissenschaft

Heinz-Hermann Krüger
Werner Helsper (Hrsg.)

Einführung in Grundbegriffe und Grundfragen der Erziehungswissenschaft

5. durchgesehene Auflage

Springer Fachmedien Wiesbaden GmbH

ISBN 978-3-8100-3347-5   ISBN 978-3-663-05653-9 (eBook)
DOI 10.1007/978-3-663-05653-9

Satz: Leske + Budrich
Umschlaggestaltung: Atelier Reichert, Stuttgart

UTB-ISBN: 3-8252-8092-6

Editorial zum Einführungskurs Erziehungswissenschaft

Die Reihe Einführung in die Erziehungswissenschaft in vier Bänden ist so konzipiert, daß sie Studierenden in erziehungswissenschaftlichen Hauptfachstudiengängen (Diplom, Magister) im Grundstudium sowie Lehramtsstudierenden die erforderlichen Kenntnisse in erziehungswissenschaftlicher Begriffs- und Theoriebildung sowie methodischem Grundwissen, über die Ideen- und Sozialgeschichte von Erziehung und Bildung und über die Arbeitsfelder von PädagogInnen in schulischen und außerschulischen Berufen vermitteln soll. Die einzelnen Bände sind so strukturiert, daß sie sich als Grundlagentexte für einführende Lehrveranstaltungen in das jeweilige Themengebiet eignen.

Der Einführungskurs Erziehungswissenschaft umfaßt vier Bände:

I. Einführung in Grundbegriffe und Grundfragen der Erziehungswissenschaft
II. Einführung in Theorien und Methoden der Erziehungswissenschaft
III. Einführung in die Geschichte von Erziehungswissenschaft und Erziehungswirklichkeit
IV. Einführung in die Arbeitsfelder der Erziehungswissenschaft

Die Bände I und IV sind im Herbst 1995 erstmals erschienen, die Bände II und III sind erstmals im Herbst 1997 erschienen.

Von anderen Nachschlagewerken und Einführungstexten im Bereich der Pädagogik unterscheidet sich die hier vorliegende Reihe durch das sozialwissenschaftlich und empirisch ausgerichtete Verständnis einer modernen Erziehungswissenschaft. Dementsprechend wird versucht, den Wandel von Erziehung und Bildung sowie der Disziplin Erziehungswissenschaft vor dem Hintergrund gesellschaftlicher Modernisierungsprozesse zu verorten. Auch wird dem Ausdifferenzierungsprozeß der Erziehungswissenschaft und der pädagogischen Handlungsfelder insofern angemessen Rechnung getragen, als neben der Schule auch alle anderen pädagogischen Arbeitsfelder ausführlich dargestellt werden.

Den Autorinnen und Autoren der vier Bände sind von den Herausgebern unter anderem die folgenden Grundsätze als Orientierung bei der Texterstellung gegeben worden.

- Inhaltliche Orientierung bei der Abfassung der Beiträge an den oben genannten theorieprogrammatischen Perspektiven.
- Jeder Beitrag soll für Studienanfänger verständlich geschrieben sein und im Literaturverzeichnis nur zentrale Einführungstexte und Standardwerke angeben, die für das Weiterstudium geeignet sind.

Es bleibt abschließend noch allen Autorinnen und Autoren, die an diesem Einführungskurs mitgearbeitet haben, für die produktive und reibungslose Kooperation zu danken. Unserer besonderer Dank gilt Petra Essebier und Gunhild Grundmann in Halle für die umsichtige und ausdauernde Mitarbeit bei der Redaktion der ersten drei Bände sowie bei Randolf Körzel in Trier für die Mithilfe bei der Endredaktion von Band III.

Heinz-Hermann Krüger
Martin-Luther-Universität Halle

Inhalt

Einleitung

Heinz-Hermann Krüger/Werner Helsper

I.

In diesem Band wird eine Einführung in Grundfragen und Grundbegriffe der Erziehungswissenschaft gegeben. Der Studierende wird das erste Mal mit diesen Themen konfrontiert, wenn er die Studien- und Prüfungsordnungen für das Fach Pädagogik durchblättert. Da heißt es z.B. in der Rahmenprüfungsordnung für den Diplomstudiengang Erziehungswissenschaft (1989, S. 24), und ähnliche Erwartungen werden auch in den Prüfungsordnungen für die Lehramtsstudiengänge formuliert, daß sich die Studierenden bis zur Prüfung mit Theorien pädagogischen Handelns einschließlich der Grundfragen der Diagnose und Beratung, mit den gesellschaftlichen und institutionellen Bedingungen und Funktionen der Erziehung und des Bildungswesens sowie mit den Lern- und Entwicklungsprozessen im Kindes-, Jugend- und Erwachsenenalter intensiv befaßt haben sollen. In den Inhalten und Gegenständen, die in dieser Prüfungsordnung genannt werden, steckt eher implizit und nicht systematisch entfaltet ein Verständnis vom Gegenstandsbereich der Erziehungswissenschaft, das sich in den theoretischen Diskussionen im letzten Jahrzehnt herausgebildet hat (vgl. etwa Mollenhauer 1986; Krüger/Lersch 1993) und das als Orientierungshilfe bei der Gliederung dieses Einführungskurses gedient hat. Zum Gegenstands- und Forschungsbereich der Erziehungswissenschaft gehören die Prozesse und Grundformen pädagogischen Handelns, die Räume, d.h. die Institutionen und Lernfelder, in der diese Prozesse stattfinden, die gesellschaftlichen Rahmenbedingungen, die das pädagogische Handeln beeinflussen sowie die Fähigkeiten, Kenntnisse, Motive und Affekte der an diesen Prozessen beteiligten Subjekte.

Die Auffassung, daß die pädagogische Theoriebildung bei der Analyse ihres Gegenstandsbereiches beim pädagogischen Handeln ansetzen und diese Prozesse in historischen und gesellschaftlichen Zusammenhängen verorten soll, hat zwar in der Wissenschaftsgeschichte der Pädagogik eine lange Tradition. So heißt es etwa bei Wilhelm Dilthey, dem Nestor der Geisteswissenschaftlichen Pädagogik, daß die Wissenschaft der Pädagogik „mit der Deskription des Erziehers in seinem Verhältnis zum Zögling beginnen" soll und daß die „Erziehung eine Funktion der Gesellschaft" ist (Dilthey 1961, S. 190ff.). Zentral war dann in der grundbegrifflichen Systematik der Geisteswissenschaftlichen Pädagogik, die in der Zeit der Weimarer Republik und in den fünfziger Jahren in Westdeutschland als Hauptströmung der Erziehungswissenschaft ihre Blüte erlebte, jedoch nicht der Begriff des pädagogischen Handelns, sondern neben dem Erziehungs- und Bildungsbegriff das Konzept des pädagogischen Bezugs, das nach Nohl (1935, S. 169) das „leidenschaftliche Verhältnis eines reifen Menschen zu einem werdenden Menschen umfaßt" und für ihn die Grundlage der Erziehung ist. Und auch die historischen und gesellschaftlichen Bezüge von Erziehungsphänomenen wurden von Vertretern dieser Theorierichtung zwar ausführlich thematisiert. Sie beschränkten sich jedoch vornehmlich auf Aspekte der Ideengeschichte und blendeten realgeschichtliche Fakten und Bedingungen weitgehend aus, ein Befund, den bereits Röhrs in seiner „Allgemeinen Erziehungswissenschaft" als zentrales Defizit hervorhob (vgl. Röhrs 1968).

Einen wichtigen Stellenwert erhielt der Begriff des pädagogischen Handelns im grundbegrifflichen Gefüge der Erziehungswissenschaft erst im Gefolge der realistischen Wende in der Pädagogik in Westdeutschland seit den späten sechziger Jahren. Es waren zum einen die Vertreter einer kritischen Erziehungswissenschaft, wie etwa Mollenhauer (1972) oder Schäfer (1978), die in Anlehnung an die Theorietradition der pragmatistischen Pädagogik Deweys, der Theorie des Symbolischen Interaktionismus Meads sowie der Handlungs- und Gesellschaftstheorie von Habermas versuchten, Erziehungs- und Bildungsprozesse als Interaktions- und Handlungsprozesse kategorial zu fassen (vgl. zur neueren Diskussion Forneck 1992; Krüger/Lersch 1993; Masschelein 1992; Wagner 1989). Zum anderen waren es die Repräsentanten einer in den siebziger Jahren einsetzenden und in den achtziger Jahren stark expandierenden professionstheoretischen Diskussion in der Erziehungswissenschaft (vgl. z.B. Otto/Utermann 1971, Giesecke 1987; Koring 1989; Dewe/Ferchhoff/Radke 1992; Combe/Helsper 1996), die den Begriff des pädagogischen Handelns ins Zentrum rückten. Damit wurde versucht, die Entwicklung und die veränderten Erscheinungsformen pädagogischer Professionalisierung sowie die damit einhergehenden Herausforderungen für pädagogische Professionalität zu untersuchen und kategorial neu zu vermessen.

Vor dem Hintergrund der Expansion pädagogischer und sozialer Berufe vor allem im außerschulischen Bereich, der damit parallel einhergehenden Verwissenschaftlichung und Akademisierung der Ausbildung für pädagogische Berufe sowie der gleichzeitig stattfindenden Ausdifferenzierung der pädagogischen Arbeitsfelder setzte auch eine breite Debatte um die Neubestimmung bzw. Erweiterung der Tätigkeitsprofile und Handlungskompetenzen der professionellen PädagogInnen ein. Neben den klassischen Grundformen institutionalisierten pädagogischen Handelns, wie z.B. Unterrichten, wurden im Gefolge dieser Diskussion neue pädagogische Handlungsformen wie etwa Diagnostizieren, Beraten, Organisieren und Planen als sich zunehmend verselbständigende Bestandteile der professionellen Berufspraxen von PädagogInnen identifiziert, die dann auch im grundbegrifflichen Gefüge der Erziehungswissenschaft Berücksichtigung gefunden haben und die in diesem Band ausführlich dargestellt werden.

Eine zweite theoretische Blickrichtung, die uns neben dieser handlungstheoretischen Perspektive als theoretische Bezugsgröße diente und die sich gleichsam wie ein roter Faden durch die Beiträge zieht, ist eine modernisierungstheoretische Perspektive. So werden in diesem Band die Veränderungen der pädagogischen Handlungsprozesse sowie der daran beteiligten Subjekte, der Wandel der pädagogischen Institutionen und Lernorte, aber auch die historische Herausbildung und die aktuellen Problemlagen des Faches Erziehungswissenschaft vor dem

Hintergrund sozialer und kultureller Modernisierungsprozesse verortet. Von unterschiedlichen modernisierungstheoretischen Perspektiven aus (vgl. Bauman 1992; Beck 1993; van Reijen/van der Loo 1992) werden die Ambivalenzen, die Licht- und Schattenseiten der Modernisierung in ihren Konsequenzen für pädagogische Prozesse und die erziehungswissenschaftliche Reflexion beleuchtet.

II.

Ausgehend von diesen theoretischen Perspektiven wird im ersten Kapitel aufgezeigt, daß sich das pädagogische Handeln als eine eigens institutionalisierte und sich zunehmend verberuflichende soziale Praxis erst im Übergang zu und in der Durchsetzung der Moderne herausbildet. Besondere Beachtung wird den konstitutiven Antinomien des pädagogischen Handelns geschenkt, die sich im Zuge der sozialen und kulturellen Modernisierung ausprägen und im Laufe des Modernisierungsprozesses spezifische Ausformungen gewinnen.

Im zweiten Kapitel werden dann in zehn Beiträgen die Grundbegriffe pädagogischen Handelns vorgestellt. Dabei wird zunächst der umfassende und neuerdings in den Mittelpunkt der Diskussion gerückte Begriff des pädagogischen Handelns in seiner Zeitstruktur und in seinen theoretischen Bezügen thematisiert. Im weiteren werden dann jene vier Begriffe erörtert, die eher grundlegende und übergreifende pädagogische Perspektiven beinhalten. Während die Begriffe Bildung und Erziehung als gleichsam einheimische Begriffe in der pädagogischen Theorietradition seit langem verankert sind, haben die Begriffe Lernen und Sozialisation, ursprünglich aus psychologischen bzw. soziologischen Denktraditionen stammend, erst seit den sechziger Jahren im erziehungswissenschaftlichen Begriffsgebäude einen zentralen Stellenwert bekommen. Den im folgenden vorgestellten fünf Grundbegriffen ist gemeinsam, daß sie sich stärker auf spezifische professionelle pädagogische Tätigkeiten beziehen oder auch für andere professionelle Handlungsfelder Bedeutung besitzen. Dabei hat der Begriff des Unterrichts spätestens seit Herbart im pädagogischen Kategoriengefüge seinen festen Platz und muß als ein weiterer „einheimischer" Begriff der Erziehungswissenschaft gelten. Anders stellt sich dies hingegen bei den Begriffen Diagnose, Beratung, Hilfe und Planung dar, die erst im Gefolge der Bildungsreform sowie der Expansion und Verberuflichung des Sozial- und Beratungsbereiches seit den siebziger Jahren zu wichtigen Grundbegriffen der Erziehungswissenschaft avanciert sind. Für diese Begriffe gilt, daß sie auch außerpädagogische Bezüge und Traditionen besitzen und ihr Status als „eingemeindete" pädagogische Begriffe noch der weiteren Klärung bedarf.

Im dritten Kapitel des Einführungskurses geht es dann um die Frage nach dem Wo der pädagogischen Tätigkeit. Vorgestellt wird in fünf Beiträgen das Spektrum pädagogischer Räume und Arbeitsfelder, von eher klassischen Institutionen, wie der Familie, der Schule oder dem Kindergarten bis hin zu neuen Lernorten und Praxisfeldern der betrieblichen Bildung, der Erwachsenenbildung und der Jugendhilfe. Auch wird dem Faktum der Vergesellschaftung der Erziehung und der Universalisierung von Bildung sowie der Tatsache, daß fast täglich neue

Felder für erzieherische Berufe begründet werden, durch einen Beitrag Rechnung getragen, der das Phänomen der Entgrenzung und Ausdifferenzierung des pädagogischen Handelns zum Thema macht.

Die Artikel im vierten Kapitel beschäftigen sich mit den vielfältigen Verflechtungen zwischen der gesellschaftlichen Entwicklung und dem Bildungs- und Erziehungsgeschehen. Dabei werden Klassen-, Schicht-, Geschlechter- und Generationenverhältnisse sowie Veränderungen des Lebenslaufes als wesentliche gesellschaftliche Strukturmerkmale skizziert und in ihrem interdependenten Zusammenhang zu Prozessen pädagogischen Handelns und den daran beteiligten Subjekten erörtert.

Im Zentrum des fünften Kapitels steht ein Beitrag, der die individuellen Voraussetzungen pädagogischen Handelns ausführlich thematisiert. Ausgehend von einer Problematisierung des Spannungsverhältnisses zwischen Anlagen und Umwelt bzw. zwischen der Förderung besonders Begabter und dem Postulat der Gleichheit der Bildungschancen werden im weiteren die Grundzüge allgemeiner Denkfähigkeit, die Phasen der kognitiven Entwicklung sowie Aspekte der Lernbereitschaft und affektive Momente beschrieben, die das Lernen der Individuen in pädagogischen Institutionen fördern oder behindern.

Erst nachdem das Was der pädagogischen Tätigkeit, das Wo der Räume und Lernorte sowie die gesellschaftlichen Rahmenbedingungen und individuellen Voraussetzungen des pädagogischen Handelns vorgestellt worden sind, widmet sich das letzte Kapitel der Reflexion pädagogischen Handelns, d.h. der Erziehungswissenschaft. Wir haben uns aus didaktischen Gründen für dieses induktive Vorgehen entschieden und die Darstellung der historischen Entwicklung, der aktuellen Struktur und Problemlagen des Faches an das Ende dieses Einführungskurses gestellt. Thematisiert wird hier zum einen das spannungsreiche Verhältnis der Erziehungswissenschaft zu ihren Nachbarwissenschaften, wie etwa der Soziologie oder der Psychologie. Aufgezeigt wird zum anderen, wie sich die Erziehungswissenschaft seit dem ausgehenden 18. Jahrhundert bis in die ersten Jahrzehnte des 20. Jahrhunderts als Disziplin allmählich herausgebildet und sich in den vergangenen Jahrzehnten in eine Vielzahl von Teildisziplinen und Fachrichtungen ausgefächert hat, die sich der anhaltenden Tendenz der Pädagogisierung aller Lebensbereiche verdanken. Im abschließenden Beitrag wird das Thema „Pädagogik und Moderne" noch einmal aufgegriffen und aus dem Blickwinkel der Wissenschaftsgeschichte rekonstruiert. Die Analyse mündet in dem Fazit, daß angesichts der gegenwärtig sich abzeichnenden reflexiven Modernisierung von Erziehungsverhältnissen sich die Erziehungswissenschaft nicht mehr wie im Verlaufe ihrer Theoriegeschichte von Schleiermacher über die Geisteswissenschaftliche Pädagogik bis zur Gegenwart ständig aufs Neue formuliert, als Handlungswissenschaft begreifen kann, die direkt umsetzbare Handlungskonzepte für die pädagogische Praxis formuliert. Eher muß sich die Erziehungswissenschaft als eine reflexive Beobachtungswissenschaft verstehen, die sich rück- und selbstbezüglich mit der kritischen Analyse der Risiken und negativen Folgewirkungen stattgehabter Erziehung befaßt und für die pädagogische Praxis und die Ausbildung professioneller Pädagogen allenfalls den Charakter einer systematischen und kritischen Reflexionsinstanz beanspruchen kann.

Das Thema „Pädagogisches Handeln bzw. Erziehungswissenschaft und Moderne" ist zwar der rote Faden, der im einleitenden und abschließenden Abschnitt dieses Bandes explizit entwickelt wird und der in den einzelnen Beiträgen von den AutorInnen ebenso berücksichtigt wird, wie die Bitte der Herausgeber, Aspekte der Begriffsdefinition, der Geschichte, der Theoriediskussion sowie exemplarische Forschungsergebnisse zu ihrem jeweiligen Gegenstand anzusprechen. Die einzelnen Kapitel und Abschnitte des Buches lassen sich jedoch auch jeweils gesondert lesen und in beliebiger Reihenfolge studieren. Wer sich für das Was, Wie und Wohin der pädagogischen Tätigkeit interessiert, kann direkt mit der Lektüre von Kapitel zwei beginnen, wer sich besonders für das Wo, die Orte pädagogischer Tätigkeit interessiert, kann mit Abschnitt drei anfangen, wer sich zuerst mit den gesellschaftlichen Bedingungen oder individuellen Voraussetzungen des pädagogischen Handelns beschäftigen möchte, kann mit der Lektüre von Kapitel vier oder fünf einsteigen. Andererseits ist die Reihenfolge der Kapitel auch so aufgebaut, daß wir hoffen, daß sich der Band auch als Grundlagentext für Seminarveranstaltungen eignet, die eine Einführung in Grundbegriffe und Grundfragen der Erziehungswissenschaft geben wollen.

Literatur

Bauman, Z.: Moderne und Ambivalenz. Hamburg 1992.
Beck, U.: Die Erfindung des Politischen. Frankfurt a.M. 1993.
Combe, A./Helsper, W. (Hrsg.): Pädagogische Professionalität. Frankfurt a.M. 1996.
Dewe, B./Ferchhoff,W./Radtke, F.O. (Hrsg.): Erziehen als Profession. Opladen 1992.
Dilthey, W.: Pädagogik. Geschichte und Grundlinien des Systems. Gesammelte Schriften, Bd. IX. Göttingen [3]1961.
Giesecke, H.: Pädagogik als Beruf. Weinheim/München 1987.
Forneck, H.J.: Moderne und Bildung. Modernitätstheoretische Studie zur sozialwissenschaftlichen Reformulierung allgemeiner Bildung. Weinheim 1992.
Koring, B.: Eine Theorie pädagogischen Handelns. Weinheim 1989.
Krüger, H.H./Lersch, R.: Lernen und Erfahrung. Perspektiven einer Theorie schulischen Handelns. Opladen [2]1993.
Masschelein, J.: Kommunikatives Handeln und pädagogisches Handeln. Die Bedeutung der Habermasschen kommunikationstheoretischen Wende für die Pädagogik. Weinheim 1991.
Mollenhauer, K.: Interaktion und Organisation in pädagogischen Feldern. In: Mollenhauer, K.: Umwege. Über Bildung, Kunst und Interaktion. Weinheim/München 1986, S. 12-37.
Mollenhauer, K.: Theorien zum Erziehungsprozeß. München 1972.
Nohl, H.: Die pädagogische Bewegung in Deutschland und ihre Theorie (1935). Frankfurt a.M. 1988.
Otto, H.U./Utermann, K. (Hrsg.): Sozialarbeit als Beruf. Auf dem Weg zur Professionalisierung. München 1971.
Rahmenordnung für die Diplomprüfung im Studiengang Erziehungswissenschaft. Beschlossen von der Westdeutschen Rektorenkonferenz am 4.7.1988 und von der Ständigen Konferenz der Kultusminister der Länder in der Bundesrepublik Deutschland am 25./26.1. 1989. Bonn 1989.
Röhrs, H.: Allgemeine Erziehungswissenschaft. Weinheim 1968.
Schäfer, K.H.: Interaktion als Grundbegriff der Pädagogik. Studienbrief der Fernuniversität Hagen 1978.
van der Loo, H./van Reijen, W.: Modernisierung. Projekt und Paradoxon. Frankfurt a.M. 1992.
Wagner, H.J.: Handlung und Erziehung. Zur Grundlegung einer Handlungstheorie der Erziehung. Weinheim 1989.

I. Pädagogisches Handeln in den Antinomien der Moderne

Werner Helsper

Inhalt

Am Anfang des Beitrages (Kap. 1) steht eine Skizze unterschiedlicher Konzepte beruflich-pädagogischen Handelns. Daran schließt die Herausarbeitung von vier konstitutiven Spannungen pädagogischen Handelns an (Kap. 2 bis 5): Von Freiheit und Zwang, von Organisation und Interaktion, von pädagogischen Einheitsentwürfen und kultureller Vielfalt sowie von Nähe und Distanz. Im weiteren werden exemplarisch zwei Widerspruchskonstellationen der Moderne herausgearbeitet, die pädagogisches Handeln spannungsvoll gestalten (Kap. 6 u. 7): der Widerspruch von Allgemeinbildung und „sozialer Brauchbarkeit" sowie der „freien" Entwicklung der „kindlichen Natur" und kultureller Disziplinierung. Den Abschluß bildet ein Schema der Spannungen pädagogischen Handelns in der Moderne (Kap. 8). Hier wird die Position vertreten, daß pädagogisches Handeln durch konstitutive, nicht aufhebbare Antinomien gekennzeichnet ist, die in den Modernisierungsprozessen spezifische Ausformungen erfahren.

1. Die Ausdifferenzierung des Erziehungssystems – wie pädagogisches Handeln zum Gegenstand des Nachdenkens wird

Über lange historische Zeiträume hinweg stellten sich die Fragen nach Form, Inhalt, Ziel und Mitteln pädagogischen Handelns, nach dem Verhältnis der Generationen und der Weitergabe kultureller Überlieferungen nicht. In traditionalen Gesellschaften bestand eine über die Generationen hinweg relativ stabil bleibende soziale Ordnung und für den größten Teil der Bevölkerung existierte keinerlei gesonderte Erziehung. Die Kinder wuchsen als Bestandteil des Alltagslebens quasi reflexionslos und naturwüchsig über direkte Teilhabe an den Lebensvollzügen Erwachsener auf oder verstarben infolge mangelnder Pflege, Vernachlässigung und härtesten Lebensbedingungen früh. Auch die pädagogische Betreuung vernachlässigter oder verwaister Kinder – was wir heute als Sozialpädagogik, Heimerziehung oder Jugendhilfe kennen – existierte bis zur Neuzeit lediglich als Teil der religiösen Armenfürsorge, die sich – etwa in Franckes 1694 gegründeten Halleschen Stiftungen – mit disziplinarischen Formen einer Erziehung zur Arbeitsamkeit verband, die den Übergang zur Neuzeit andeutete (vgl. Blankertz 1982; Sachße/Tennstedt 1983).

Entstehung pädagogischer Reflexion

Solange die „Aufzucht" von Heranwachsenden entweder als naturwüchsiger Teil der alltäglichen Lebensvollzüge oder unter der Dominanz religiös bestimmter Lebensformen stattfand, war pädagogisches Handeln nicht ausdifferenziert und waren pädagogische letztlich religiöse Fragen. Problematisiert wurde Erziehung erst in dem Maße, als Religion sich in eine Pluralität von Konfessionen ausdifferenzierte, als die ständisch-feudale Ordnung relativiert wurde, die „Industrie" und die Frage entsprechend geschulter und erzogener Arbeitskräfte Bedeutung gewann, der Ausbau des staatlichen Verwaltungsapparates eigene Ausbildungswege erforderlich machte, die aufkeimenden Naturwissenschaften religiöse Erklärungen der Welt in Frage stellten und den Menschen als Beherrscher und Gestalter der Welt entwarfen (vgl. Tenorth 1988). Die entstehende Welt der Moderne bedurfte „neuer Menschen", einer „Selbstaufklärung" der Subjekte, einer Erziehung des Menschengeschlechts durch eine geplante und gerichtete Beeinflussung, die im Horizont eines teleologischen Aufklärungsprozesses der Gattung verortet wurde (vgl. Herrmann 1993). Der modernen Vorstellung einer

Machbarkeit des Menschen durch Erziehung

Machbarkeit der Welt und der sozialen Verhältnisse durch den Menschen entsprach die Vorstellung einer „Machbarkeit des Menschen" durch Erziehung – ein Gedanke, der dem 18. Jahrhundert auch den Namen „pädagogisches Jahrhundert" eingebracht hat (vgl. Herrmann 1981).

Die Frage, die Schleiermacher an den Anfang seiner pädagogischen Überlegungen stellt, markiert diese Zäsur: „Was will denn eigentlich die ältere Generation mit der jüngeren? Wie wird die Tätigkeit dem Zweck, wie das Resultat der Tätigkeit entsprechen?" (Schleiermacher 1959, S. 38f.). Im weiteren führt er – zentriert um die Frage der Spannung von Erhaltung und Verbesserung – aus, daß Erziehung beides leisten müsse, „daß die Jugend tüchtig werde, einzutreten in das, was sie vorfindet, aber auch tüchtig, in die sich darbietenden Verbesserungen mit Kraft einzugehen" (ebd. S. 64). Darin zeigt sich: Die geschlossene Zeitordnung der Wiederkehr des Gleichen ist von der linearen, progressiven Zeit ei-

16

ner Vervollkommnung abgelöst. Die Zukunft als offene bedarf Erzogener, die selbst verändert die Fähigkeit zur Transformation besitzen. Die ältere Generation kann nicht mehr unreflektiertes Vorbild der nächsten sein.

Damit war die moderne Problematik pädagogischen Handelns aufgeworfen: Wozu sollte erzogen werden? Was konnte an „Altem" übermittelt werden, was war „veraltet"? An welchen Orten sollte diese Erziehung stattfinden? Was waren die Ziele, die Inhalte und die Mittel dieser Erziehung? Wie konnte der „Erfolg" pädagogischen Handelns gesichert werden?

Auf diese Fragen entstanden unterschiedliche Antworten. Diese Antworten sind vor dem Horizont einer Expansion beruflich-pädagogischer Arbeitsfelder zu verorten: So stieg die Zahl der LehrerInnen bis zum Anfang des zwanzigsten Jahrhunderts in Deutschland auf ca. 300.000 und auf ca. 620.000 im Jahr 1990. Von 1925 bis 1990 steigt zudem die Zahl der in der BRD im Bereich sozialer Berufe Beschäftigten von ca. 30.000 auf ca. 475.000 an (vgl. Rauschenbach 1992; Arbeitsgruppe Bildungsbericht 1994). Die Entwürfe pädagogischen Handelns müssen somit zunehmend als Entwürfe für berufliches pädagogisches Handeln gelesen werden. *(margin: Expansion des Pädagogischen)*

Eine erste Vorstellung, die der Gestaltbarkeit und Machbarkeit des Menschen durch Erziehung, ist ein einender Gedanke der Aufklärungspädagogen (vgl. Blankertz 1982). Dieser pädagogische Optimismus entspringt einem „mechanischen" Denken: Modell ist etwa die Uhr, eine präzise mechanische Maschine, in der jedes Rädchen systematische Wirkungen erzeugt und zu eindeutigen Ergebnissen führt – das Bild des Pädagogen als Handwerker oder Techniker (Litt 1965; Blankertz 1982). Der gleichen Logik sicherer pädagogischer „Handgriffe" wie im Konzept der „pädagogischen Maschine" folgt auch die Vorstellung, daß der Pädagoge im Wissen um die Gesetzmäßigkeiten des natürlichen, kindlichen Wachstums schädliche Einflüsse fernhalten und förderliche verstärken kann – eine Pädagogik der „pädagogischen Pflanzung" und des Pädagogen als Gärtners (vgl. Litt 1956). Diese Konzeptionen werden im zwanzigsten Jahrhundert als „empirische Erziehungswissenschaft" fortgeschrieben, die glaubte, eine verbindliche Technologie des Pädagogischen begründen und damit die irritierenden Erziehungsfragen der Moderne lösen zu können. *(margin: Der Pädagoge als Handwerker)* *(margin: Der Pädagoge als Gärtner)*

Ein zweiter Weg, mit den aufgeworfenen Fragen pädagogischen Handelns umzugehen, besteht in der Radikalisierung der Rousseauschen Entdeckung der „Kindheit". Gegen die Reduktion des Menschen auf soziale „Brauchbarkeit" bestand die neuhumanistische Kritik auf der „Menschenbildung" und die „romantische Pädagogik" radikalisierte den Eigenwert der Kindheit (vgl. Bollnow 1952; Fröbel 1982). Unter Verwendung historisch-religiöser Metaphern wird das Kind in der „romantischen Pädagogik" geheiligt, so daß es nicht mehr als Gegenstand manipulativer Eingriffe und als ein der ökonomischen Rationalität anzugleichender Gegenstand gedacht werden kann. Gegenüber dem „Maschinen-Glauben" entwirft Fröbel eine Haltung der „Nicht-Störung": „aber der junge Mensch ist dem Menschen ein Wachsstück, ein Tonklumpen, aus dem er kneten kann, was er will. Alle tätige, vorschreibende und bestimmende, eingreifende Lehre, Erziehung und Unterricht muß der Wirkung des Göttlichen nach, und die Menschen in ihrer Unverletztheit und ursprünglichen Gesundheit betrachtet, notwendig vernichtend, hemmend und zerstörend wirken" (ebd. S. 11f.). *(margin: Romantische Pädagogik)*

Die Nähe der romantischen Auffassung pädagogischen Handelns zu ästhetischer Einfühlung findet ihre deutlichste Fortsetzung in spezifischen Strömungen der Reformpädagogik, die den romantischen Mythos des „heiligen Kindes" aufgreifen und als „kindlichen Genius" formulieren und eine Pädagogik des „Wachsenlassens" im Anschluß an Rousseaus „negative Erziehung" erneuern: „Ruhig und langsam die Natur sich selbst helfen lassen und nur sehen, daß die umgebenden Verhältnisse die Arbeit der Natur unterstützen, das ist Erziehung" (Key 1905, S. 110). Im Rahmen der Reformpädagogik bildet sich die Vorstellung aus, die Natur des Kindes durch „Einfühlung" verstehend von „innen" aufzuschließen (vgl. Oelkers 1989, S. 80ff.). Die „ästhetischer Erfahrung" nachempfundene Linie pädagogischen Handelns wird gegenwärtig mit dem Mimesis-Begriff Adornos und Benjamins praxeologisch oder pädagogisch-anthropologisch reformuliert.

Pädagogik und ästhetische Erfahrung

Anknüpfend an die hermeneutische Tradition des „Verstehens" entwickelten sich Positionen, die pädagogisches Handeln als prinzipiell nicht technologisierbar verstehen. Dies betont bereits die geisteswissenschaftliche Pädagogik mit dem Entwurf des „pädagogischen Aktes" (vgl. Kerschensteiner 1926, S. 239ff.) oder des „pädagogischen Bezugs" (vgl. Nohl 1988): Nur in der Begegnung zwischen einem konkreten Pädagogen und Heranwachsenden, in einem „Akt der Erfassung der Totalität des Zöglings durch die eigene Totalität, eine Erfassung, die nicht ohne Einfühlung vor sich gehen kann" (Kerschensteiner 1926, S. 243) entfaltet sich Bildung, da „persönlicher Geist sich nur an persönlichem Geist entwickeln" kann (Nohl 1988, S. 167). In der Hervorhebung der individuellen Dimension der „Bildsamkeit" des Zöglings kann für Nohl die pädagogische Interaktion nie „Unterordnung eines Falles unter eine Regel" sein (Nohl 1988, S. 192). Und eine „nicht-normative" pädagogische Handlungstheorie formuliert eine Vorstellung „pädagogischen Wirkens", die davon ausgeht, „daß reflexive, zu neuen Erfahrungen, Nachdenken und Selber-Handeln anregende Wirkungen nur durch Aufforderungen zur Selbsttätigkeit ‚bewirkt', niemals aber unmittelbar oder direkt herbeigeführt, angestrebt, veranlaßt oder erzeugt werden können" (Benner 1991, S. 17).

Pädagogischer Bezug

Die „zweckrationale Vorstellung" pädagogischen Handelns muß aber prinzipiell bezweifelt werden, weil erstens der Pädagoge nicht in der Lage ist, seine Intention über eine eindeutig kontrollierte Handlung so umzusetzen, daß sie beim Heranwachsenden nur diese Wirkung auslösen kann. Dies wird zweitens um so ungewisser, je umfassender die beabsichtigte Wirkung ist und je weiter sich der zeitliche Rahmen erstreckt. Zudem existiert an keinem Punkt des Prozesses ein fertiges „pädagogisches Produkt", sondern der Prozeß ist immer unvollendet (vgl. Oelkers 1985). Drittens läßt die Selbstbezüglichkeit des Anderen im pädagogischen Prozeß jede intentionale Handlung des Pädagogen nur als Interpretationsleistung und „Ergebnis von Verarbeitungsstrategien der anderen Person" erscheinen (Oelkers 1985, S. 240; Luhmann 1992).

Kritik zweckrationalen pädagogischen Handelns

Was als strukturelles „Technologiedefizit" pädagogischen Handelns bezeichnet wird (vgl. Luhmann/Schorr 1982), die Arbeit an der Veränderung von Personen durch komplexe interaktive, nicht technologisierbare Vermittlungsprozesse, wird zum Ansatzpunkt für eine professionelle Handlungstheorie, die von Ungewißheit und einer „gebrochenen Teleologie" ausgeht und pädagogisches Handeln als antinomisches faßt: Der Pädagoge muß mit Veränderungsabsichten han-

Technologiedefizit pädagogischen Handelns

deln, ohne über Ursache-Wirkungs-Zusammenhänge verfügen zu können und mit ungewollten Nebenwirkungen rechnen, die seine Absicht durchkreuzen können (vgl. Luhmann 1992). Obwohl der Pädagoge wissenschaftliches Regelwissen besitzt, kann er es nicht einfach zur Anwendung bringen, da er nicht wissen kann, ob er damit nicht die Besonderheit des Bildungsverlaufs einem abstrakten Schema subsumiert. Pädagogen stehen somit in strukturell ungewissen Kontexten unter Handlungs- und Entscheidungsdruck, bei gleichzeitig bestehender Begründungs- und Legitimationsverpflichtung (vgl. Koring 1989; Dewe u.a. 1993; Oevermann 1981; Combe/Helsper 1996). In diesen Entwürfen pädagogischen Handelns ist die Sicherheit der aufklärerischen Erziehungstechnologie, sowohl in Form der „pädagogischen Maschine" als auch der „pädagogischen Pflanzung" gewichen. Diese Fassung pädagogischen Handelns bricht sowohl mit der Vorstellung einer geschlossenen Teleologie der Bildung wie eines finalen Telos der Geschichte und Menschheit, das mittels des „pädagogischen Machens" erreicht werden soll. Vielmehr wird darin die immer umfassendere Angewiesenheit Heranwachsender auf Bildungsprozesse im Fortschreiten der Modernisierung als nur näherungsweise und ungewisse Ermöglichung einer Fähigkeit zur Unbestimmtheit und Transformation begriffen.

2. Pädagogik zwischen Autonomie und Zwang

Wohl die grundlegendste Antinomie pädagogischen Handelns ist – wie Kant formulierte – die Spannung zwischen der „Unterwerfung unter den gesetzlichen Zwang" und der Fähigkeit, sich „seiner Freiheit zu bedienen": „Denn Zwang ist nötig! Wie kultiviere ich die Freiheit bei dem Zwange? Ich soll meinen Zögling gewöhnen, einen Zwang seiner Freiheit zu dulden und soll ihn selbst zugleich anführen, seine Freiheit gut zu gebrauchen. (...) Er muß früh den unvermeidlichen Widerstand der Gesellschaft fühlen, um die Schwierigkeit, sich selbst zu erhalten, zu entbehren, und zu erwerben, um unabhängig zu sein, kennen zu lernen" (Kant 1978, S. 711). In diesen Formulierungen Kants wird deutlich: Zum einen ist pädagogisches Handeln selbst nicht frei von Zwängen, findet im Rahmen sozialer Regelwerke und Normen statt. Diese Zwänge kann pädagogisches Handeln nie völlig aufheben. Zum anderen wird deutlich, wie die Absicht pädagogischen Handelns, die Heranwachsenden zum eigenverantworteten „Gebrauch der Freiheit" zu befähigen, mit sozialen Zwängen verschlungen ist. Entbehren, erwerben um „unabhängig zu sein", verweist auf die Zwänge der sich entwickelnden Moderne, in der die freigesetzten Einzelnen einen eigenverantwortlichen Gebrauch ihrer Freiheit leisten müssen, um sich erhalten zu können.

Kants Frage impliziert aber weiterreichende, die den Kern des pädagogischen Handelns selbst betreffen: Wenn es die Absicht ist, Heranwachsende zur Autonomie zu befähigen, so besteht die Gefahr, sie als defizitär und damit der „pädagogischen Führung" bedürftig zu setzen. Dies liegt nahe, weil pädagogische Interaktionen in der Regel durch starke Asymmetrien und Machtunterschiede gekennzeichnet sind. Wie aber soll aus pädagogischer Anleitung in asymmetrischen Interaktionen Autonomie resultieren? Sie kann nicht als Resultat eines

Pädagogik und Zwang

19

pädagogischen Appells entstehen. Vielmehr bedarf es eines Handelns, das an rudimentär vorhandenen Fähigkeiten Heranwachsender ansetzt und auf dieser Grundlage sowohl stützend, stellvertretend deutend, als auch zur Eigentätigkeit auffordernd eingreift. PädagogInnen handeln hier im Modus des „Als-ob": Sie unterstellen die Autonomie möglicher Verantwortungsübernahme und damit die mögliche Autonomie des Kindes. Dies erscheint als konstitutive Grundparadoxie pädagogischen Handelns, nämlich „den Zu-Erziehenden zu etwas aufzufordern, was er noch nicht kann und ihn als jemanden zu achten, der er noch nicht ist, sondern allererst vermittels eigener Selbsttätigkeit wird" (Benner 1987, S. 71).

Grundparadoxie pädagogischen Handelns

Darin zeigt sich auch die Gefährdung pädagogischen Handelns zwischen der Scylla einer pädagogischen Enteignung und der Charybdis einer krisenauslösenden Überforderung: Denn die Aufforderung kann auch Heranwachsenden Autonomie unterstellen, wo sie pädagogischer Stützung bedürften. Andererseits können PädagogInnen für Heranwachsende in Situationen stellvertretend handeln, wo diese ihre Fähigkeiten selbst erproben und konsolidieren wollen und damit bereits vorhandene Autonomie pädagogisch enteignen.

Diese Antinomie wird aber in der fortschreitenden Modernisierung verstärkt anfällig für paradoxe pädagogische „Lösungen", da Autonomie und Selbständigkeit zu dominierenden Erziehungs- und sozialen Anspruchshaltungen avancieren: Die Aufforderung zur Autonomie kann angesichts fern wirkender Systemzwänge Züge einer disziplinierenden Selbstinstrumentalisierung im Namen von Selbständigkeit annehmen. Heranwachsenden können auch pädagogische Interaktionen als Möglichkeit der Realisierung ihrer Selbständigkeitsansprüche gedeutet werden, die faktisch durch Asymmetrien gekennzeichnet sind, so daß es zu Formen illusionärer Selbsttäuschungen über Freiheitsspielräume kommen kann. Nicht zuletzt können Pädagogen in ihrem Handeln die Aufforderung zur Eigenverantwortlichkeit auch zur eigenen Entlastung angesichts anspruchsvoller pädagogischer Tätigkeiten verwenden, indem sie die Heranwachsenden auf sich selbst verweisen. In der Orientierung pädagogischen Handelns an Autonomie entsteht auch die Gefahr, die Balance einer Aufforderung zur Autonomie bei gleichzeitig gewährter fürsorglicher Nähe zu verlieren.

3. Pädagogisches Handeln in der Spannung von Organisation und Interaktion

Die Institutionalisierung pädagogischen Handelns führt dazu, daß es den Prinzipien formaler Organisationen unterliegt. Dies läßt sich an der Herausbildung der modernen Form der Schule exemplarisch verdeutlichen: Über gesetzliche Regeln, Lehrpläne, eine staatliche Lehrerausbildung, die Ausgestaltung von Schulformen und schulischen Abschlüssen wird eine formale Strukturierung der Schule sichergestellt, die sie unabhängig von konkreten Personen und regional-lebensweltlichen Besonderheiten generalisiert und homogenisiert. Das Lernen wird in eine „raum-zeitliche Distanz" zum Leben gesetzt und auf „Lernen für später" eingestellt. Es ist „symbolisch", hat den direkten Bezug zur Lebenspraxis verloren und findet lediglich über Repräsentanzen des Lebens statt, die über

Moderne Organisationsform der Schule

Lehrpläne als Abfolge von Lerninhalten vorselektiert und in standardisierte zeitliche Ablaufmuster von Unterrichtsstunden und Schuljahren umgesetzt werden. Die Tätigkeit der LehrerInnen wird über rollenförmige Handlungsorientierungen vorstrukturiert. Das Lehrpersonal ist in hierarchische Strukturen eingefügt und zu einer gleichförmigen Behandlung der Heranwachsenden aufgefordert. Dem entspricht die Generalisierung einer vom konkreten Heranwachsenden absehenden Schülerposition. Die formale Organisation der Lernprozesse mit vorgegebener Stundentafel, formalen Zeittakten, einer von konkreten Lebensbezügen abstrahierenden Lernorganisation und gleichförmigen Leistungsprozeduren tendiert dazu, die interaktiven pädagogischen Prozesse „bürokratisch" zu überformen oder zumindest durch abstrakte Regulierungen zu gefährden (vgl. Rumpf 1981; Herrlitz/Hopf/Titze 1984).

So entstand bereits zum Beginn des zwanzigsten Jahrhunderts, als sich die formale Organisation schulischer Bildungsprozesse erst umfassend durchgesetzt hatte, die radikale Kritik dieser „lebensfernen Lernschule". Schulversuche und Reformschulen hatten vor allem auch das Anliegen, die starre Organisationsform zu überwinden und für die Gestaltung der Schule „allein die inneren Notwendigkeiten der einzelnen Gruppe und des einzelnen Menschen" in den Mittelpunkt zu stellen (Zeidler 1926, S. 23, Porger 1925): „So verstand es sich für uns z.B. von selbst, daß eine für alle verbindliche Pausenordnung nicht aufgestellt wurde. Wir sagten uns: Eine Pause hat nur dann einen Sinn und Wert, wenn in der Arbeit einer Gruppe eine Ermüdung, ein Bedürfnis nach Erholung eingetreten ist" (Zeidler 1926, S. 23). Ähnliches galt auch für die Dauer und Zeittakte der Lern- und Erfahrungsprozesse, für die Regelung der Raumnutzung oder die Abfolge und Beschäftigung mit Lehrinhalten. Dadurch entstanden ständig Problemfelder: Wenn eine Gruppe Ruhe benötigte, zog die andere lärmend durch das Schulgebäude. Wenn aus der Gruppe heraus das Bedürfnis entstand, sich in der Turnhalle zu betätigen, war diese bereits belegt. Wenn ein Teil der Gruppe an Inhalten weiterarbeiten wollte, hatte der andere kein Interesse mehr, aber dafür Kinder aus anderen Gruppen. Daraus resultierte die Wiedereinführung einer Koordination der Raumnutzung, der „ersten Pfosten eines Plangerüstes" (ebd., S. 25) und somit die Wiedereinführung von Regelmäßigkeit.

Reformpädagogische Kritik der Organisation

Diese Reflexion Zeidlers verdeutlicht, daß der Verzicht auf organisatorische Regeln anders gelagerte Konflikte im pädagogischen Handeln erzeugt: Ständig müssen situativ Regelungen ausgehandelt werden, treten unklare Situationen auf. Daraus resultieren Belastungen und erhöhte Anforderungen an kommunikatives Aushandeln und Konfliktregulierung für die PädagogInnen. Damit aber wird deutlich: Organisation – gegenüber den konkreten interaktiven Prozessen formale Regelungen – bietet auch routinehafte Entlastung angesichts der nicht technologisierbaren pädagogischen Handlungsstruktur und ersetzt den anstrengenden kommunikativen Aushandlungsbedarf. Darin beruht auch die Faszination der Organisationsregeln für PädagogInnen: Gilt die Klage einerseits der bürokratischen Einengung des Handelns, die den konkreten Erfordernissen des Falles Gewalt antun, so können sich PädagogInnen andererseits auch hinter diesen Regeln verstecken, die eigene Verantwortung delegieren und sich entlasten. Kreatives, Grenzen erprobendes und damit innovatives pädagogisches Handeln findet aufgrund routinisierter Organisationsstrukturen dann nicht mehr statt.

Bedeutung der Organisation für pädagogisches Handeln

Auch in sozialpädagogischen Einrichtungen zeigen sich organisatorische Zwänge, die dazu führen, daß z.B. die Aktenlegung zu administrativen Kontrollzwecken abstrakte Vorgehensweisen nahelegt und einen Handlungsdruck in Richtung formal-organisatorisch vorgegebener Kontroll- und Effektivitätskriterien ausübt. Etwa wenn SozialpädagogInnen Strafgefangene reduktionistisch aus der Sicht der Anstaltsakten wahrnehmen, dadurch vorab stigmatisieren, die Spezifik ihrer biographischen Problematik verfehlen und deren Belastung eher noch steigern. Andererseits aber bedarf pädagogisches Handeln auch hier der entlastenden formalen Regelung. Diese Handlungsrahmungen dürfen aber die Fallorientierung pädagogischen Handelns nicht abstrakt „verregeln" oder durch Verwaltungsvorschriften „kolonialisieren". So kann die aktenförmige Registratur von Klientenlebensgeschichten für fallorientiert arbeitende Pädagogen auch wichtige Informationen bereitstellen, um ihr Handeln gegenüber den biographischen Ausblendungen und Mythenbildungen der Klienten angemessen gestalten zu können (vgl. Schütze 1996).

Organisatorische Zwänge im sozialpädagogischen Handeln

Trotz Bemühungen, die Organisationsstruktur zu enthierarchisieren und die pädagogisch-professionelle Selbststeuerung zu stärken, bleibt die Spannung zwischen einem konkret fallbezogenen pädagogischen Handeln und den formalen Organisationsprinzipien der Standardisierbarkeit und programmierbaren Erwartbarkeit bestehen (vgl. Mollenhauer 1972). Sie verschärft sich in den Modernisierungsprozessen eher durch die Ausweitung und zunehmende Dominanz zweckrational-bürokratischer Organisationsprinzipien und bildet eine ständig auszubalancierende Herausforderung für professionelles pädagogisches Handeln in formal-organisatorischen Rahmungen.

4. Pädagogisches Handeln in den Spannungen kultureller Pluralisierung

Im Zuge der kulturellen Freisetzung aus traditionellen Lebensformen und der Pluralisierung von Selbst- und Weltbildern werden wesentliche Rahmenbedingungen tradierter pädagogischer Beziehungen verändert. Die Beschleunigung sozialer und kultureller Wandlungsprozesse und das immer schnellere Veralten von Wissensbeständen führt zur Infragestellung der pädagogischen Vorstellung, daß der Erzogene ausgelernt habe und „vollendet" sei. Demgegenüber besteht die lebenslange Aufforderung, sich mit Veränderungen auseinanderzusetzen, Neues hinzu- und Überkommenes zu verlernen: Was früher für die Lerngeschichte zwischen den Generationen galt, wird nun zum Problem der individuellen biographischen Lerngeschichte selbst. Auch der Erziehende als „Erzogener" muß ständig weiterlernen, bleibt also vorläufig, suchend, unfertig – ein „Dauerjugendlicher" (vgl. Prange 1991; Lenzen 1985). Diese Entkoppelung von „Erziehung" und „Lernen" wird durch die kulturelle Pluralisierung von Lebensformen, Welt- und Selbstdeutungen verstärkt (vgl. van der Loo/van Reijen 1992). Aus dem relativierenden Neben- und Gegeneinander vervielfältigter Lebensführungsoptionen resultiert auch eine Infragestellung der Erziehung zu konkreten Lebensformen und damit einer umfassenden Erziehung der ganzen Person.

Kulturelle Freisetzung

22

Diese kulturelle Pluralisierung läßt aber auch eine Sicherheit pädagogischen Handelns brüchig werden, die noch in der geisteswissenschaftlichen Pädagogik konstruiert wurde. Gegenüber der sozialen Zerrissenheit und der kulturellen Vielfalt soll die Pädagogik eine Idee des „Allgemeinen" und Einenden entwikkeln, die dem pädagogischen Handeln eine feste Verankerung geben sollte (vgl. Kerschensteiner 1927; Flitner 1974; Uhle/Hoffmann 1994): „Je zerspaltener das öffentliche Leben wird, um so entscheidender wird die Aufgabe der Pädagogik, solch einheitlich geformtes Leben in den Individuen zu erreichen" (Nohl 1988, S. 178). Nohl weist 1950 aber bereits auf zentrale Veränderungen des „Allgemeinen" als Grundlage pädagogischen Handelns hin: „Allgemeinbildung im alten Sinne gibt es nicht mehr, wir sind alle Spezialisten in unserem Wissen und müssen es sein. (...) So ist der alte Begriff der Bildung aufgelöst, einer Bildung, die als festgefügter und klar geformter Besitz einer gewissen Schicht des Volks von oben nach unten wirkt" (Nohl 1967, S. 77f.). Dies drückt die Ablösung einer statischen durch eine „dynamische" Vorstellung des Allgemeinen als Grundlage pädagogischen Handelns aus, als Vorstellung von „ständigem Werden und Ständigwerden, ein Verhältnis von Grenzenlosigkeit und Begrenzung, von Freiheit und Festigkeit zugleich" (ebd. S. 79).

Kulturelle Pluralisierung

Relativierung der Allgemeinbildung

Angesichts der weiter fortgeschrittenen kulturellen Pluralisierungen und der Relativierung übergreifender „Metaerzählungen" (vgl. Lyotard 1987; Uhle 1993) wird die Vorstellung einer einenden Basis für pädagogisches Handeln zusehends fraglicher (vgl. Krüger 1994; Tenorth 1994). Beruflich handelnde PädagogInnen können Kinder und Jugendliche – noch weniger Erwachsene, die weiter-, um- oder neu lernen – zusehends weniger auf bestimmte Werte, Lebensformen oder -prinzipien verpflichten, die prinzipiell begründungsbedürftig sind. Demgegenüber tritt an die Stelle einer partikularen Erziehungshaltung bei professionell handelnden PädagogInnen eine universalistische Orientierung der Ermöglichung unterschiedlicher Lebensformen im Horizont einer „posttraditionalen" Form der Anerkennung, eine Pädagogik der Ermöglichung von „Vielfalt" und Pluralität. Dies markiert einen grundlegenden Wechsel: Eine berufliche Pädagogik des „Führens", des umfassenden, allzuständigen „Erziehens" wird durch Vorstellungen abgelöst, die um Konzepte wie „Lernhelfer" oder „Sozialisationsbegleiter" zentriert sind (vgl. Giesecke 1987; Prange 1991). Denn der Rückgriff auf Erziehungswissenschaft und pädagogische Theorien kann jene einende Grundlage pädagogischen Handelns nicht bieten, weil Erziehungswissenschaft, als Instanz der Reflexion des Pädagogischen, gerade Infragestellung und Aufstörung erzeugt. Damit können PädagogInnen zur Begründung ihres Handelns nicht mehr auf eine verbindliche Ordnung eines pädagogisch Allgemeinen zurückgreifen. An die Stelle einer Legitimation des pädagogischen Handelns durch die Rückendeckung des Allgemeinen und die Gratiskraft des normativ Selbstverständlichen wird die Person des Pädagogen gerückt, der stellvertretend dafür bürgt, wie mit der Unsicherheit, der kulturellen Vielfalt und den Orientierungsaufforderungen umgegangen werden kann: LehrerInnen etwa in der Form, wie sie Diskussionen über „Warten auf Godot" ermöglichen oder die Erfahrung der Schwerkraft in abstrakte Gesetzmäßigkeiten überführen und darin Auseinandersetzung über die Wahrhaftigkeit von Lebenserfahrungen, die Richtigkeit sozialer Ordnungen und die Wahrheit von Sachverhalten zulassen. SozialpädagogInnen,

Pädagogen als Lernhelfer

indem sie problembelasteten Heranwachsenden aus unterschiedlichen Milieus in spezifischer Weise Hilfestellungen bei der Bewältigung von Krisen geben, ohne sie noch unreflektiert auf soziale Normalitätsentwürfe beziehen zu können, aber mit der Aufgabe, die problemlösende Auseinandersetzung mit sozialen Anforderungen und Regeln zu ermöglichen.

Pädagogisierung

Daraus resultieren neue Belastungen und Anforderungen für PädagogInnen, die auch aus einer zunehmenden „Pädagogisierung" sozialer Verhältnisse resultieren. In deren Gefolge lagern sich pädagogische Handlungsformen und Deutungsbestände in außerpädagogische Einrichtungen ein, z.B. Museen, Kultur, Sport, Massenmedien und Betrieb (vgl. Hornstein/Kade/Lüders 1991). Diese Deinstitutionalisierung pädagogisch-beruflicher Wissensbestände führt zu einer neuen Form der „Veralltäglichung". Denn pädagogische Expertisen, Stellungnahmen, Ratgeber, massenmediale Berichte und expandierende Erfahrungen mit professionellen PädagogInnen bewirken eine Verbreitung erziehungswissenschaftlichen Wissens in den Alltag, das zum Bestandteil lebensweltlicher Deutungsrepertoires wird.

Reflexivität der
Pädagogisierung

Damit gehen zwei Entwicklungen einher, die pädagogisches Handeln mit den Modernisierungsfolgen der Pluralisierung und Veralltäglichung konfrontieren: Erstens führt das Eindringen pädagogischer Wissens- und Deutungsfolien in den Alltag zum einen zu einer Aufstörung tradierter Erziehungsorientierungen, in der die unbefragte Erziehungspraxen überprüft und umgestaltet werden können. Dies kann andererseits aber auch zu einer kolonialisierenden Enteignung tradierter Erziehungshaltungen führen, die durch beruflich-pädagogische Wissenssegmente entwertet werden, ohne daß eine kommunikative Anschlußfähigkeit an die lebensweltliche Praxis gewährleistet ist. Daraus können Erziehungsprobleme, Desorientierungen und ein schablonenhaftes Überstülpen wissenschaftlicher Deutungsmuster resultieren. Aufgrund der anwachsenden pädagogischen Definitionsmacht entsteht dadurch für PädagogInnen auch die Anforderung, die Folgen einer fortschreitenden „Pädagogisierung" zu bedenken, die reflexartig auf ihr Handeln zurückwirkt. Diese „Reflexivität" der Pädagogisierung muß von seiten der PädagogInnen selbst reflektiert werden und gegen eine eindimensionale expansive Pädagogisierung muß verstärkt auf die Grenzen pädagogischer Überformung geachtet werden (vgl. Beck 1993).

Veränderung des
pädagogischen Klienten

Zweitens führt die Durchdringung der Lebenswelt mit pädagogischem Deutungswissen auch dazu, daß die KlientInnen beruflicher PädagogInnen ihrerseits über derartige Deutungsmöglichkeiten verfügen. LehrerInnen werden mit SchülerInnen konfrontiert, die ihnen angesichts von Unterrichtsstörungen antworten, sie wären heute wohl wieder mal unmotiviert oder besorgte PädagogInnen mit dem Hinweis beruhigen, das sei lediglich eine Phase in ihrer Entwicklung. PädagogInnen interagieren mit KlientInnen, die ihrerseits pädagogische Wissensbestände verwenden und die Verwendung pädagogischen Wissens durch PädagogInnen beobachten und beurteilen (vgl. Ziehe 1991). Daneben kann die trivialisierte Veralltäglichung pädagogischer Deutungshülsen auch zur Erwartung rezeptförmiger pädagogischer Interventionen führen und in der pädagogischen Interaktion die Gefahr technologischer Selbstmißverständnisse nahelegen, wenn sich PädagogInnen diesen Klischees beugen.

24

5. Die Spannung von Nähe und Distanz

Die Problematik beruflichen pädagogischen Handelns wird auch an wiederkehrenden Vorwürfen deutlich, daß LehrerInnen den Erziehungsauftrag der Schule gegenüber einem distanzierten Vermitteln von Fachinhalten vernachlässigten. Orientieren sich aber LehrerInnen oder SozialpädagogInnen umfassend an der Person, dann entstehen schnell Vorwürfe, daß PädagogInnen unzulässig in die Privatsphäre von Heranwachsenden und ihren Familien eingriffen. So stehen beruflich handelnde PädagogInnen in der Spannung eines Zuviel oder Zuwenig an emotionalem Engagement.

Diese Spannung wurzelt darin, daß die Verberuflichung pädagogisches Handeln aus der affektiven und einzigartigen Beziehung der Eltern-Kind-Intimität herauslöst. Elternteil kann man nicht für acht Stunden sein, wohl aber LehrerIn oder HeimerzieherIn. Eltern können nicht beliebig wechseln, dafür aber die LehrerInnen von Stunde zu Stunde, Erzieher ihren Tätigkeitsort oder die Gruppe. Ist die Grundlage der Eltern-Kind-Beziehung die Liebe zu diesem unauswechselbaren Menschen, so müssen beruflich handelnde PädagogInnen auch mit Heranwachsenden interagieren, denen sie distanziert, ja mitunter auch ablehnend gegenüberstehen. Auch für das berufliche pädagogische Handeln gilt, daß es in den eigenlogisch ausdifferenzierten Teilsystemen keinen Ort mehr gibt, an dem die ganze Person umfassend thematisch ist.

Dem stehen Positionen gegenüber, die pädagogisches Handeln durch den „pädagogischen Eros" kennzeichnen. Reformpädagogische Strömungen sahen etwa in der geistigen Liebe zwischen einem pädagogischen Führer und seinen Zöglingen die eigentliche pädagogische Kraft. Aber auch in der geisteswissenschaftlichen Pädagogik wurde das „pädagogische Verhältnis" im „pädagogischen Eros" verankert (vgl. Kerschensteiner 1927). Allerdings betont Nohl, daß der pädagogische Eros nicht mit der begehrenden Liebe verwechselt werden dürfe, sondern „hebende" Liebe zum „Ideal des Kindes" sei (Nohl 1988, S. 171). Und Kerschensteiner beschreibt den erziehenden Lehrer, der in dieser Tätigkeit „seine höchste Befriedigung findet" (Kerschensteiner 1927, S. 51): „Da ich noch Lehrer am Gymnasium war und keine anderen Pflichten hatte als mein Amt, war ich, so oft es anging, immer bei meinen Schülern und um sie. Sie schlossen sich mir auf dem Schulweg und auf dem Nachhauseweg an. Auf den Eisplätzen lehrte ich sie meine Schlittschuhkünste, im Wasser tauchte und schwamm ich mit ihnen um die Wette, wenn freie Nachmittage und Feiertage kamen, wanderte ich mit ihnen durch das Land und lehrte sie Land und Leute, Flora und Fauna kennen" (ebd. S. 55).

Pädagogischer Eros

In diesen Bestimmungen wird die affektive Hingabe hervorgehoben. Demgegenüber weist Prange darauf hin, daß die „Liebe zum Kind" als Grundlage pädagogischen Handelns nicht nur eine problematische Verwicklung implizieren könne und einen überfordernden Anspruch erzeuge, sondern auch die professionelle Grundlage verfehle: Das, was Berufe auszeichne, spezifische Kompetenzen und Wissensbestände, rücke eher in den Hintergrund. Demgegenüber werde der pädagogische Beruf auf „Gesinnungen gestellt, die sich nur in einer Gemeinde und für eine Gemeinde stabilisieren lassen" (Prange 1991, S. 98). Und Giesecke fordert gegenüber der Gründung beruflich-pädagogischen Handelns auf eine

Notwendigkeit der Begrenzung pädagogischen Handelns

familiale Form der Intimität eine „affektive Neutralität" und Beschränkung: „Ganzheitlichkeit und Professionalität schließen sich aus" (Giesecke 1987, S. 101). Zugleich weist Giesecke aber auch auf die Kehrseite dieser Begrenzung hin, die in den Modernisierungsprozessen verstärkt wird: Daraus kann auch eine distanzierte Vergleichgültigung und Kälte resultieren, eine „Fühllosigkeit", die ebensowenig wie eine familiale Intimisierung die Grundlage beruflich-pädagogischen Handelns bilden kann (vgl. Schütze 1995).

In diesen Spannungen besteht die Gefahr, daß entweder eine rollenförmig-vergleichgültigte Distanz eingenommen wird oder daß eine familialistisch-intimisierte „Elternposition" entsteht, die zu Enttäuschungen in der pädagogischen Interaktion führen muß (vgl. Oevermann 1981). Vor allem bei der Haltung einer affektiven, allzuständigen pädagogischen Einbezogenheit in die Lebensprobleme von Klienten besteht zudem die Gefahr des „burn-out", der strukturellen Überforderung von PädagogInnen bei stärksten emotionalen Konflikten.

Gefahren der Begrenzung

Professionell handelnde PädagogInnen müssen sich somit begrenzen. Neben diese Begrenzung muß die universalistische Haltung posttraditionaler Verantwortungsprinzipien treten, um nicht in eine Bevorzugung oder Benachteiligung von KlientInnen zurückzufallen, die partikularen Interessen und Vorlieben folgt. Diese Begrenzung bietet auch Schutz gegenüber weitreichenden Übergriffen auf die „ganze Person", in der auch Freiheitsräume verloren gehen, wie etwa an normativen Erziehungsideologien nachzuvollziehen ist. Die Betonung affektiver Nähe, ganzheitlicher Orientierung und partikularer, normativer Haltungen führt letztlich in eine entmodernisierende Pädagogik, wie sie in reformpädagogischen „Gemeinschafts"-Bildern gegen die soziale Rationalisierung und kulturelle Aufstörung formuliert wurde.

Von einer begrenzten professionellen Haltung aus aber können PädagogInnen Nähe ermöglichen. An die Stelle von Liebe tritt dabei Verläßlichkeit, die Orientierung an Gerechtigkeit und einer einfühlenden Fürsorge, die zugleich um ihre Grenzen weiß. Ergebnis ist Vertrauen, das über ungewisse und prekäre pädagogische Handlungen erzeugt und erneuert werden muß. Es nimmt im professionellen pädagogischen Handeln jene Stelle ein, die in intimen Beziehungen der Liebe oder der Freundschaft vorbehalten ist. Von dieser Grenzziehung aus sind aber experimentelle Handlungen erforderlich, was auch zu krisenhaften Erfahrungen und emotionalen Verstrickungen führen kann, um angesichts kultureller Veränderungen innovative Wege pädagogischen Handelns beschreiten zu können (vgl. Hörster/Müller 1996). Dazu aber bedarf es der systematischen Reflexion des eigenen Handelns. In Form von teambezogener Fallarbeit oder Supervision können Verstrickungen in die Spannungen pädagogischen Handelns zugänglich gemacht und auch die biographischen Anteile an dieser Verstrickung reflektiert werden (vgl. Bernfeld 1973).

Reflexion pädagogischen Handelns

6. Pädagogik zwischen der Entfaltung kindlicher „Natur" und Disziplinierung

Das Projekt der Pädagogik ist verbunden mit Hoffnungen der Vervollkommnung von Menschheit und Welt (vgl. Kant 1978, S. 700). Der Traum der Pädagogik von der Erschaffung eines neuen Menschen durch Erziehung, der sich entsprechend seiner menschlichen „Natur" entfalten soll, begleitet die Geschichte der Pädagogik in der Moderne bis in die Gegenwart hinein. Diese Vision geht aber mit Vorstellungen einer, sich des Menschen pädagogisch zu bemächtigen. Die Kehrseite des pädagogischen Traumes der Vervollkommnung des Menschen ist somit die Entfaltung pädagogischer Machtdiskurse und Disziplinierungstechniken.

An Rousseaus Konzept einer „negativen Erziehung" kann dies verdeutlicht werden. Denn die negative Erziehung setzte eine umfassende Kontrolle des Pädagogen über sich selbst, das Kind und seine Umgebung voraus: „Es gibt keine vollkommenere Unterwerfung als die, die den Schein der Freiheit wahrt; so nimmt man den Willen selbst gefangen. Ist euch das arme Kind, daß nichts weiß, nichts kann und nichts kennt, nicht völlig ausgeliefert? Verfügt ihr nicht über alles, was es umgibt? Könnt ihr es nicht beeinflussen, wie ihr wollt?" (Rousseau 1971, S. 105). Dafür muß der Pädagoge eine kontrollierte pädagogische Umgebung gestalten, in der auch die „Strafe" Kindern nicht als Willkürakt erscheint, sondern als „eine natürliche Folge ihrer bösen Handlung" (ebd. S. 81). Gegenüber einem „eigensinnigen" Kind, das darauf besteht, daß der Erzieher sofort seinen Wünschen nachkomme, inszeniert Rousseaus Erzieher ein umfassendes pädagogisches Arrangement. Das Kind besteht darauf, sofort mit dem Erzieher auszugehen: „Ich lehnte ab. Er bestand darauf. Nein, sagte ich, du hast gestern deinen Willen durchgesetzt; du hast mich gelehrt, heute meinen Willen durchzusetzen. Ich will nicht ausgehen. Gut, entgegnete er heftig, dann gehe ich allein!" (ebd., S. 108). Auf seinem Spaziergang begegnet das Kind nun Personen, die über diesen „Alleingang" informiert sind: Es wird gehänselt, man droht ihm, man vermutet, das es in sein Verderben und sein Unglück laufe oder daß man es aus dem Haus gejagt habe. So schutzlos und verspottet wird das Kind von einem Freund des Erziehers „gerettet": Dieser machte ihm sein „unbesonnenes Abenteuer so deutlich, daß er mir nach einer halben Stunde ein folgsames und beschämtes Kind zurückbrachte" (ebd.).

Was hier pädagogisch überformt wird – ohne direkten Einsatz von Gewalt und Strafe – sind der Eigensinn und die Leidenschaften des Kindes. So soll das Kind auch von der Wahrnehmung „heftiger Leidenschaften" ferngehalten werden und wenn es sie erfährt, sollen sie ihm als „Krankheit" gedeutet werden (ebd., S. 76). Diese Ausrichtung auf die pädagogische Modellierung der Sinnlichkeit ist nicht zufällig. Denn darin wird die aufkommende Rationalisierung der Lebensführung, die Herrschaft und die Kontrolle über sich selbst antizipiert: Etwa die Ausrichtung des Lebens auf abstrakte Zeitrhythmen; die dichter werdenden Interaktionen zwischen fremden Menschen, die durch unkontrollierte Leidenschaften bedroht werden; die zunehmende Unterordnung unter eine staatliche Zentralgewalt und deren Gesetze; schließlich die Ausbreitung zweckrationaler ökonomischer Verkehrsformen, die die Menschen zu rational-kalkulato-

Negative Erziehung als Machtdiskurs

Pädagogische Formierung der Sinnlichkeit

rischem Handeln zwangen (vgl. Elias 1969). Die pädagogische Zivilisierung begleitet den sozialen Zivilisationsprozeß und zielt darauf ab, die äußeren Kontrollen in innere Selbstkontrolle umzuformen.

So ist es auch keineswegs verwunderlich, daß die Pädagogik der Aufklärung eine rigide Kontrolle der zentralen Leidenschaft – der Sexualität – beinhaltete. Es sollen umfassende Vorkehrungen getroffen werden, daß die Leidenschaften nicht zu früh erwachen. Phantasie und Einbildungskraft der Kinder sollen gezügelt und unter rationale Kontrolle gestellt werden. Den Pubertierenden sollen die Gefahren der Sexualität durch Bilder der Abschreckung verdeutlicht werden: „Da er fühlte, daß ihm der Sohn, trotz aller Mühe zu entgleiten drohte, entschloß er sich, ihn in ein Hospital für Geschlechtskranke zu führen. Ohne ihm vorher ein Wort gesagt zu haben, ließ er ihn in einen Saal eintreten, wo eine Menge dieser Unglücklichen unter einer schrecklichen Behandlung für ihre Ausschweifungen büßten. Bei diesem widerlichen Anblick, der alle seine Sinne in Aufruhr brachte, war er beinahe ohnmächtig geworden. „Geh nur, Wüstling", sagte ihm dann sein Vater in heftigem Ton, „folg dem schändlichen Trieb..." (Rousseau 1971, S. 234f.).

Diese Kontrolle der Leidenschaften zur Realisierung einer selbstkontrollierten Lebensführung hat im Verlauf der Modernisierung unterschiedliche Formen angenommen (vgl. Foucault 1976; Pongratz 1989). Nahm etwa die Schulpädagogik unter dem Zeichen der „Rute" die Form einer „Repressionsmacht" an, die unliebsame Äußerungen Heranwachsender durch Strafen unterdrücken wollte, so ging sie am Beginn der Moderne in eine „Integrationsmacht" über, die auf eine Moralisierung von „innen" drängt: Was vorher durch drakonische Strafen verhindert werden sollte, soll nun durch eine moralische Barriere im Subjekt aufgehalten werden. Mit der Durchsetzung der modernen Organisationsform der Schule geht die Integrationsmacht in eine pädagogische „Disziplinarmacht" über. Strafe und pädagogische Moralisierung treten gegenüber einer pädagogischen Aufforderung in den Hintergrund, sich aktiv an der Gestaltung einer individualisierten Bildungsgeschichte zu beteiligen. Die SchülerInnen werden durch ein sich verfeinerndes System von Auf- und Abstufungsmöglichkeiten dazu animiert, sich im Kampf um knappe Statusränge und Leistungsunterscheidungen zu disziplinieren und anzustrengen. Diese modernisierte Form der pädagogisch angeleiteten Selbstdisziplinierung wird durch die Betonung von Eigenaktivität und Verselbständigung seit der Reformpädagogik in eine „informalisierte Disziplinarmacht" überführt. Die Freiheiten von Heranwachsenden in der Interaktion mit PädagogInnen nehmen zu und die befehlsorientierte Pädagogenautorität weicht eher einer diskursiven Verständigung mit Heranwachsenden. Die Sexualität Heranwachsender wird weder ausgegrenzt noch bestraft, sondern zum Gegenstand von pädagogischer Beeinflussung und den Heranwachsenden als Selbstregulierungsaufgabe überantwortet. Dies ist die Ambivalenz der „informalisierten Disziplinarmacht": Zwar wachsen die Freiheitsgrade für Heranwachsende an, aber gleichzeitig bestehen Zwänge – nun zumeist unpersönliche Systemzwänge – weiter fort. Die Heranwachsenden müssen bei frei artikulierbaren Ansprüchen, Wünschen und Emotionen, die dadurch aber auch für pädagogische Beeinflussungen zugänglicher werden, die Regulierung der freigesetzten Sinnlichkeits- und Erlebniswünsche selbst leisten.

7. Pädagogisches Handeln zwischen Allgemeinbildung und sozialer Brauchbarkeit

Bereits in den Anfängen der modernen Pädagogik entstand die Kontroverse, ob Erziehung auf den Bürger oder den Menschen zielen sollte (vgl. Herrmann 1993). Bereits bei den Philantropisten wurde diese Widersprüchlichkeit pädagogischen Handelns unter der Frage diskutiert, „ob und inwiefern bei der Erziehung die Vollkommenheit des einzelnen Menschen seiner Brauchbarkeit aufzuopfern sei" (Villaume 1965). Villaume formuliert: „Wenn es von mir abhinge, so möchte ich die ganze Menschheit veredeln, alle Glieder derselben zu Newtone und Sokraten machen – allein es ist unmöglich" (ebd. S. 71). „Vollkommenheit" und „Brauchbarkeit" stellen zwar keine prinzipiellen Gegensätze dar, denn die vollendete, allseitige Vollkommenheit wäre zugleich auch größte Brauchbarkeit. Mit Blick auf die gesellschaftlichen Anforderungen und Unterschiede der „Stände" aber ergeben sich Gegensätze zwischen Vortrefflichkeit und Brauchbarkeit (ebd. S. 85ff.). So fordert Villaume, daß der Mensch zwar „veredelt" werden solle, aber immer mit Rücksicht auf seinen Stand und auch sein „Geschlecht". Villaume entscheidet sich – auch wenn er „Leistungsfähigkeit" und nicht Herkunft als Kriterium der sozialen Plazierung einführt – letztlich für die standesbezogene Brauchbarkeit. In letzter Konsequenz wird damit die allgemeine Bildung dem Anspruch der Gesellschaft geopfert, in der der Mensch als „Rad in einer großen Maschine" erscheint, deren Teile funktional ineinandergreifen müssen: „Selbst auf das größte Opfer des Menschen, auf das Opfer eines Teils seiner Veredlung und Vollkommenheit, hat die Gesellschaft ein unwidersprechliches, heiliges Recht" (ebd. S. 109).

Auch wenn es andere Lösungen dieser Problematik gibt, so ist der darin artikulierte tieferliegende Widerspruch für pädagogisches Handeln konstitutiv geblieben. Denn bisher haben alle allgemeinbildenden Programmatiken nicht aus der Reproduktion sozialer Ungleichheit herausgeführt, sondern diese lediglich immer stärker über pädagogische Felder und Handlungsformen transformiert (vgl. Tenorth 1994). Trotz der Relativierung von Bildungsungleichheiten in weit modernisierten Gesellschaften in den letzten Jahrzehnten reproduziert das Erziehungssystem nach wie vor soziale Ungleichheit, wenn auch auf einem insgesamt höheren Niveau von Bildungsabschlüssen. Dabei sind die pädagogischen Möglichkeiten zur Förderung allgemeiner Bildung prinzipiell unendlich. LehrerInnen könnten bei entsprechender Unterstützung auch leistungsschwache SchülerInnen weit stärker fördern. SozialpädagogInnen könnten bei entsprechenden Ressourcen auch in gravierendsten Lebenskrisen und belastetendsten Lebenslagen stärker stützen, Bildungsblockierungen verflüssigen, damit Lernfähigkeit neu ermöglichen und Bildungschancen für randständige Heranwachsende verbessern. Daß hier enge Grenzen gesetzt sind, verweist darauf, daß pädagogische Institutionen nicht nur die Programmatik einer umfassenden Bildung des Menschen entfalten, sondern in gesellschaftliche Interdependenzen verflochten sind. So gewinnt pädagogisches Handeln seinen sozialen Stellenwert auch daraus, daß es für andere soziale Teilsysteme Leistungen erbringt: Etwa für die Ökonomie „Qualifikationen" bereitstellt, für das Sozialsystem über Bildung selektiert, „normali-

Erziehung zum Menschen oder zum Bürger

Vollkommenheit und Brauchbarkeit

Reproduktion sozialer Ungleichheit

Pädagogische Leisungen

siert" oder für das politische System partizipative Kompetenzen und Legitimität erzeugt (vgl. Luhmann/Schorr 1988). Damit ist pädagogisches Handeln auch auf die sozialen Erfordernisse bezogen und soll – wie Villaume es nannte – „brauchbare" oder „nützliche" Individuen hervorbringen. In diese Spannung bleibt pädagogisches Handeln im Verlauf der Modernisierung eingebunden: Einerseits zwischen einer programmatischen Orientierung auf die umfassende Entfaltung der Bildsamkeit des heranwachsenden Subjekts und andererseits einer Bezogenheit auf die sozialen Erfordernisse und damit der Gefahr, durch diese Leistungen sowohl gesellschaftliche Bedeutsamkeit zu erlangen als auch politisch, ökonomisch oder sozial funktionalisiert zu werden.

8. Ein Schema der Antinomien pädagogischen Handelns

Das folgende Schema skizziert die Antinomien und die sozialen Widerspruchsverhältnisse pädagogischen Handelns in der Moderne. Ausgangspunkt ist die Bestimmung professionellen pädagogischen Handelns als eines in interaktiven Bezügen stattfindenden Vermittlungsprozesses von Inhalten, Kompetenzen oder Haltungen, der mit Macht-, Kompetenz- oder Wissensunterschieden einhergeht. Die Absicht der Vermittlung ist mit Ungewißheitsrisiken belastet. Der pädagogische Erfolg kann somit nicht technisch gesichert werden und das pädagogische Handeln bewegt sich notwendigerweise in der Spannung von abstraktem Regelwissen und nur konkret herzustellendem spezifischem Fallbezug (vgl. Kap. 1).

Die in sich spannungsreiche Grundfigur beruflich-pädagogischen Handelns wird durch vier weitere konstitutive Antinomien bestimmt, die im jeweiligen Bezugspunkt pädagogischen Handelns – Person, Gesellschaft, Kultur und „Natur" – und der entsprechenden Modernisierungsparadoxie (vgl. van der Loo/ van Reijen 1992) ihre spezifische Ausformung erfahren. Das „Individualisierungsparadoxon" besagt, daß einerseits die Möglichkeiten für eine eigenverantwortete, autonome Lebensführung steigen, aber gleichzeitig auch die Belastungen und Risiken dieser Eigenverantwortlichkeit anwachsen. Für die Grundantinomie von Zwang und Freiheit resultieren daraus im pädagogischen Handeln neue Herausforderungen (vgl. Kap. 2). Das Rationalisierungsparadox besteht darin, daß soziale Interaktion immer umfassender in ausdifferenzierten sozialen Organisationen stattfindet, die von kommunikativen Erfordernissen und der Besonderheit der Handelnden abstrahieren. Pädagogisches Handeln aber ist zwingend auf konkrete, interaktive Aushandlungsprozesse verwiesen, die durch abstrakte Organisationsregeln gefährdet werden (vgl. Kap. 3). Die Spannung einer Vervielfältigung von Lebensformen einerseits und übergreifenden kulturellen Generalisierungen andererseits kennzeichnet das Pluralisierungsparadoxon der modernisierten Kultur. Die Spannung einer einheitlichen, integrierenden und einer differenzierenden Orientierung pädagogischen Handelns wird damit komplizierter: Denn pädagogisches Handeln muß an die Vervielfältigung partikularer Lebensformen anknüpfen, ohne in sie einführen zu können und muß in übergreifende kulturelle Prinzipien einführen, kann dies aber nur in der generalisierenden Form universalistischer Prinzipien (vgl. Kap. 5). Im Verhältnis zur „Natur" bildet das mo-

Margin notes:

Individualisierungs-
paradox

Rationalisierungsparadox

Pluralisierungsparadox

Zivilisierungsparadox

30

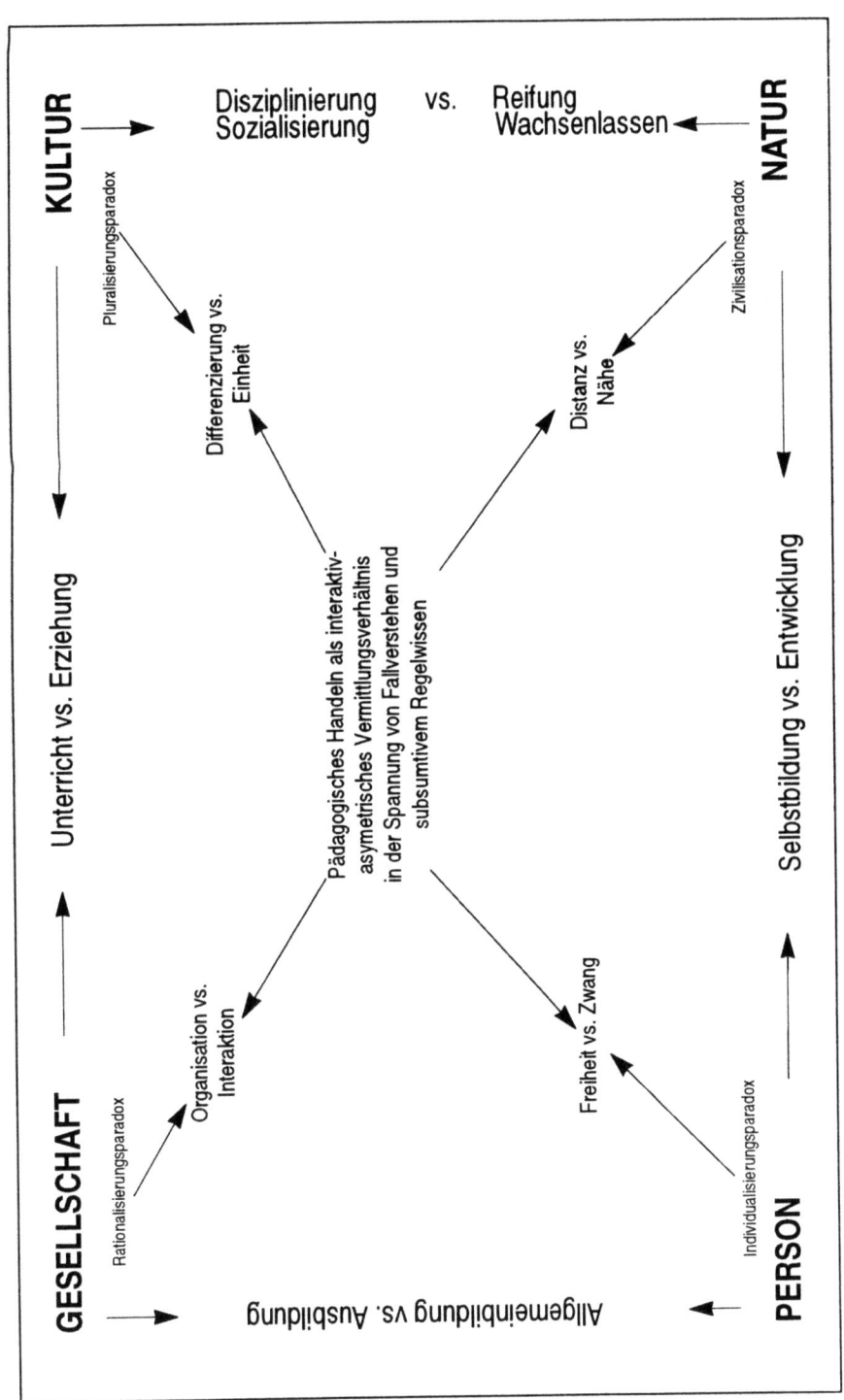

31

derne Zivilisierungsparadoxon die widerspruchsvolle Gleichzeitigkeit einer umfassenden Freisetzung sinnlich-affektiver Ansprüche bei einer distanziert-rationalisierten Zurichtung sozialer Verkehrsformen. Damit werden PädagogInnen verstärkt mit Balanceanforderungen konfrontiert, die konstitutive Spannung pädagogischen Handelns von emotionaler Nähe und begrenzender Distanz zwischen den Polen einer familialisierten Intimisierung und einer vergleichgültigten Kälte zu bewältigen (vgl. Kap. 5).

In den unterschiedlichen Entwürfen pädagogischen Handelns zeigen sich spannungsvolle Polaritäten, die nicht zuletzt damit einhergehen, von welchem Bezugspunkt aus ErziehungswissenschaftlerInnen und PädagogInnen das pädagogische Handeln projizieren: Betonen PädagogInnen die Bedeutung der Pädagogik für die Einführung in die kulturelle Ordnung, so plädieren sie für Zivilisierung oder Sozialisierung der „kindlichen Natur". Betonen sie die freie Entfaltung der „kindlichen Bedürfnisse" so votieren sie, gegen die kulturelle Unterwerfung, für „Wachsen-Lassen" und ungehemmte Entfaltung (vgl. Kap. 6). Blicken PädagogInnen von der freien Entfaltung der Sinnlichkeit auf die Individuation, so plädieren sie für „Entwicklung", die mit Vorstellungen einer „Nicht-Störung" des Kindes einhergeht. Betonen PädagogInnen demgegenüber die mit eigenem Willen und Autonomie ausgestattete Person, so sprechen sie von selbsttätiger Bildung, die pädagogisches Handeln anregen müsse. Favorisieren sie gegenüber den Anforderungen der Gesellschaft das einzigartige, autonome Subjekt, so fordern sie allgemeine, gleiche Menschenbildung, während sie, die sozialen und ökonomischen Erfordernisse hervorhebend, pädagogisches Handeln auf berufliche Bildung und die Erzeugung sozialer Brauchbarkeit ausrichten wollen (vgl. Kap. 7). Mit Blick auf die sozialen Anforderungen erscheint pädagogisches Handeln vor allem als Vermittlung von Fähigkeiten, Inhalten und Qualifikationen, die es zu unterrichten gilt, während von der Einführung in die umfassende kulturelle Ordnung aus pädagogisches Handeln umfassend als Erziehung der Person entworfen wird.

Sozialisierung
Wachsen-Lassen

Entwicklung

Selbsttätige Bildung

Allgemeine Bildung

Ausbildung

Literatur

Arbeitsgruppe Bildungsbericht: Das Bildungswesen in der Bundesrepublik Deutschland. Strukturen und Entwicklungen im Überblick. Reinbek 1994.
Beck, U.: Die Erfindung des Politischen. Frankfurt a.M. 1993.
Benner, D.: Allgemeine Pädagogik. Eine systematisch-problemgeschichtliche Einführung in die Grundstruktur pädagogischen Denkens und Handelns. Weinheim/München 1987.
Benner, D.: Zur theoriegeschichtlichen und systematischen Relevanz nicht-affirmativer Erziehungs- und Bildungstheorie. In: Benner, D./ Lenzen, D. (Hrsg.): Erziehung, Bildung, Normativität. Weinheim/München 1991, S. 11-29.
Bernfeld, S. : Sisyphos oder die Grenzen der Erziehung. Frankfurt a.M. 1971.
Blankertz, H.: Die Geschichte der Pädagogik. Von der Aufklärung bis zur Gegenwart. Wetzlar 1982.
Bollnow, O.F.: Die Pädagogik der deutschen Romantik. Von Arndt bis Fröbel. Stuttgart 1952.
Comenius, J.A.: Große Didaktik. Stuttgart 1982.
Combe, A./Helsper, W. (Hrsg.): Pädagogische Professionalität. Frankfurt a.M. 1996.
Dewe, B. u.a.: Professionelles soziales Handeln. Soziale Arbeit im Spannungsfeld zwischen Theorie und Praxis. Weinheim/München 1993.
Elias, N.: Der Prozeß der Zivilisation. Band 1 und 2. Frankfurt a.M. 1969.

Flitner, W.: Allgemeine Pädagogik. Stuttgart 1974.

Foucault, M.: Überwachen und Strafen. Die Geburt des Gefängnisses. Frankfurt a.M. 1976.

Fröbel, F.: Die Menschenerziehung. Stuttgart 1982.

Giesecke, H.: Pädagogik als Beruf. Grundformen pädagogischen Handelns. Weinheim/München 1987.

Herrlitz, H.-G./Hopf, W./Titze, H.: Institutionalisierung des öffentlichen Schulsystems. In: Lenzen, D. (Hrsg.): Enzyklopädie Erziehungswissenschaft. Band 5. Weinheim 1984, S. 55-71.

Herrmann, U. (Hrsg.): Das pädagogische Jahrhundert. Weinheim 1981.

Herrmann, U: Aufklärung und Erziehung. Studien zur Funktion der Erziehung im Konstitutionsprozeß der bürgerlichen Gesellschaft im 18. und frühen 19. Jahrhundert in Deutschland. Weinheim 1993.

Hörster, R./Müller, B.: Zur Struktur sozialpädagogischer Kompetenz. Oder: Wo bleibt das Pädagogische der Sozialpädagogik? In: Combe, A./Helsper, W. (Hrsg.): Pädagogische Professionalität. Frankfurt a.M. 1996.

Hornstein, W./Kade, J./Lüders, C.: Die Gegenwart des Pädagogischen – Fallstudien zur Allgemeinheit der Bildungsgesellschaft. In: Oelkers, J./Tenorth, H.E. (Hrsg.): Pädagogisches Wissen. 27. Beiheft der Zeitschrift für Pädagogik. Weinheim/Basel 1991, S. 36-65.

Kant, I.: Über Pädagogik. In: Ders.: Werkausgabe Band XII. Herausgegeben von Wilhelm Weischedel. Frankfurt a.M. 1968.

Kerschensteiner, G.: Theorie der Bildung. Leipzig 1926.

Kerschensteiner, G.: Die Seele des Erziehers und das Problem der Lehrerbildung. Leipzig 1927.

Key, E.: Das Jahrhundert des Kindes. Berlin 1905.

Koring, B.: Eine Theorie pädagogischen Handelns. Theoretische und empirisch-hermeneutische Untersuchungen zur Professionalisierung der Pädagogik. Weinheim 1989.

Krüger, H.-H.: Allgemeine Pädagogik auf dem Rückzug? Notizen zur disziplinären Neuvermessung der Erziehungswissenschaft. In: Krüger, H.-H./Rauschenbach, T. (Hrsg.): Erziehungswissenschaft. Die Disziplin am Beginn einer neuen Epoche. Weinheim/München 1994, S. 115-131.

Lenzen, D.: Mythologie der Kindheit. Reinbek 1985.

Litt, T.: Führen oder Wachsenlassen? Stuttgart 1956.

Litt, T.: Pädagogik und Kultur. Kleine pädagogische Schriften 1918-1926. Bad Heilbrunn 1965.

Luhmann, N.: System und Absicht der Erziehung. In: Luhmann/Schorr, K.E. (Hrsg.): Zwischen Absicht und Person. Fragen an die Pädagogik. Frankfurt a.M. 1992, S. 102-125.

Luhmann, N./Schorr, K.E. (Hrsg.): Zwischen Technologie und Selbstreferenz. Fragen an die Pädagogik. Frankfurt a.M. 1982.

Luhmann, N./Schorr, K.E.: Reflexionsprobleme im Erziehungssystem. Frankfurt a.M. 1988.

Lyotard, J.F.: Der Widerstreit. München 1987.

Mollenhauer, K.: Theorien zum Erziehungsprozeß. München 1972.

Nohl, H.: Die pädagogische Bewegung in Deutschland und ihre Theorie (1935). Frankfurt 1988.

Nohl, H.: Ausgewählte pädagogische Abhandlungen. Paderborn 1967.

Oelkers, J.: Erziehen und Unterrichten. Grundbegriffe der Pädagogik in analytischer Sicht. Darmstadt 1985.

Oelkers, J.: Reformpädagogik. Eine kritische Dogmengeschichte. Weinheim/München 1989.

Oevermann, U.: Professionalisierung der Pädagogik – Professionalisierbarkeit pädagogischen Handelns. Mitschrift eines Vortrags an der FU-Berlin 1981.

Pongratz, L.A.: Pädagogik im Prozeß der Moderne. Studien zur Sozial- und Theoriegescichte der Schule. Weinheim 1989.

Porger, G. (Hrsg.): Neue Schulformen und Versuchsschulen. Bielefeld/Leipzig 1925.

Prange, K.: Pädagogik im Leviathan. Ein Versuch über die Lehrbarkeit der Erziehung. Bad Heilbrunn 1991.

Rauschenbach, T.: Sind nur Lehrer Pädagogen? Disziplinäre Selbstvergewisserungen im Horizont des Wandels von Sozial- und Erziehungsberufen. In: Zeitschrift für Pädagogik 38 (1992), H. 3, S. 385-419.

Rousseau, J.J.: Emile oder über die Erziehung. Paderborn 1971.

Rumpf, H.: Die übergangene Sinnlichkeit. München 1981.

Sachße, C./Tennstedt, F.: Bettler, Gauner und Proleten. Armut und Armenfürsorge in der deutschen Geschichte. Reinbek 1983.

Schleiermacher, F.E.D.: Pädagogische Schriften. Band I: Die Vorlesungen aus dem Jahr 1826. Düsseldorf/München 1957.

Schütze, F.: Organisationszwänge und hoheitsstaatliche Rahmenbedingungen im Sozialwesen: ihre Auswirkungen auf die Paradoxien des professionellen Handelns. In: Combe, A./Helsper, W. (Hrsg.): Pädagogische Professionalität. Frankfurt a.M. 1996.

Tenorth, H.-E.: Geschichte der Erziehung. Einführung in die Grundzüge der neuzeitlichen Entwicklung. Weinheim/München 1988.

Tenorth, H.-E.: „Alle alles zu lehren". Möglichkeiten und Perspektiven allgemeiner Bildung. Darmstadt 1994.

Uhle, R.: Bildung in Moderne-Theorien. Eine Einführung. Weinheim 1993.

Uhle, R./Hoffmann, D. (Hrsg.): Pluralitätsverarbeitung in der Pädagogik. Unübersichtlichkeit als Wissenschaftsprinzip? Weinheim 1994.

van der Loo, H./van Reijen, W.: Modernisierung. Projekt und Paradoxon. Frankfurt a.M. 1992.

Villaume, P.: Ob und inwiefern bei der Erziehung die Vollkommenheit des einzelnen Menschen seiner Brauchbarkeit aufzuopfern sei? In: Blankertz, H. (Hrsg.): Bildung und Brauchbarkeit. Braunschweig 1965, S. 69-143.

Wulf, C.: Mimesis. In: Gebauer, G. u.a.: Historische Anthropologie. Reinbek 1989, S. 83-126.

Zeidler, K.: Die Wiederentdeckung der Grenze. Jena 1926.

Ziehe, T.: Zeitvergleiche. Weinheim/München 1991.

II. 1. Pädagogisches Handeln

Reinhard Hörster

Inhalt

1. Die Differenz pädagogischen Handelns

„Pädagogisches Handeln" kann als ein Terminus genommen werden, der den epochalen Verlust fragloser Sicherheit in der Erziehung anzeigt. Er verweist auf ein Nachdenken innerhalb von Sinnzusammenhängen der Erziehung, das notwendig wird im Zuge der arbeitsteiligen Ausdifferenzierung spezifischer Rationalitäten und Problemstellungen der Moderne. Diese lassen das Erziehen zu einer befragungswürdigen und immer wieder aufs Neue bedenkenswerten kulturellen Aufgabe werden. Aufgegeben ist die „Umdrehung" (Nohl 1949, S.127) objektiver gesellschaftlicher Zielvorgaben; denn die pädagogisch Handelnden müssen diese Ziele zunächst einmal verstehen, indem sie sich an der Entwicklung der Educandi orientieren. Der Terminus bezeichnet demnach dasjenige Erziehen, das, genötigt durch epochal entstandene Unsicherheit, sich fortwährend zu verständigen hat und seine Grenzen im Hinblick auf die Entwicklungsmöglichkeiten der Educandi selbst bedenkt. Der Terminus gilt mittlerweile als Ausgangspunkt handlungswissenschaftlicher Postulate der Erziehungswissenschaft (vgl. Wagner 1989, S.12) und schreibt sich in das Erziehen einer Gesellschaft im steten Wandel und in dynamischen Übergängen ein. Dabei handelt es sich um ein Erziehen, das sich in einem eigens hierzu profilierten, allerdings technologisch notwendigerweise defizitär bleibenden Wissen (vgl. Luhmann/Schorr 1979, S. 120) auf sich selbst bezieht, reproduziert und symbolisiert.

Nachdenken innerhalb eines ausdifferenzierten Sinnzusammenhanges

Versteht man unter Erziehung mit Siegfried Bernfeld die „Summe der Reaktionen einer Gesellschaft auf die Entwicklungstatsache" (Bernfeld 1925/1967, S. 51) von Kindern und Jugendlichen und auf die mögliche und geforderte Entwicklung von Erwachsenen, so kann man desweiteren sagen, pädagogisches Handeln sei jeweils der Vollzug solcher gesellschaftlicher Reaktion, und zwar sofern er rationalisiert ist (vgl. Bernfeld 1925/1967, S. 15). Rationalisiert sein heißt, daß

Rationalisierung des Erziehens

35

das Handeln sich im Wissen reflektiert und im Erziehungs- und Bildungswesen nach bestimmten Verfahrensregeln organisiert ist.

Der Vollzug einer pädagogischen Handlung, das pädagogische Handeln selbst, ist jedoch nicht identisch mit der Handlung. Eine Handlung läßt sich begreifen als Imagination eines Handelns, das bereits abgelaufen sein wird; sie ist ein in seinem Abgelaufen – Sein vorphantasiertes Handeln; sie ist der Entwurf des Handelns. Im Anschluß an Schütz (1932/1974, S. 74ff.) und Grathoff (1976) kann man die Handlung als den Sinn des Handelns fassen. Das Handeln aber selbst, die Realisation des Handlungsentwurfs, enthält in seiner jeweiligen Komplexität darüber hinaus gehende Momente, so daß eine Spannung zwischen pragmatisch motiviertem „Plan" und ergänzender Realisation zum Ausdruck

Differenz zwischen Handeln und seinem Sinn kommt, zwischen in der Handlung liegendem Zweck und durchführendem Tun, zwischen der strategischen Gebundenheit der Handlung und ihrem realen interaktiven Vollzug. In diesem Beitrag wird die These vertreten, daß erzieherisches Handeln als pädagogisch rationalisiert im emphatischen Wortsinne erst gelten kann, wenn auf diese Spannung zwischen der interaktiven, technologisch defizitären Konstitution des erzieherischen Handelns einerseits und der an einer Strategie orientierten (vgl. Giesecke 1992, S. 53) sinnhaften Bewertung der Erziehung, nach der sich die Vorphantasie jeweils ausrichtet, andererseits hingeblickt wird. So gefaßt, ist pädagogisches Handeln ein Handeln, in dem die Spannung zwischen der alltäglichen Konstitution des Erziehens und den Bewertungskriterien der Erziehung eine argumentative Bedeutsamkeit erlangt. Diese Spannung ist dann nichts Anderes als die Spannung der Rationalisierung des Erziehungsprozesses selbst.

Im folgenden soll anhand eines extremen Beispiels verdeutlicht werden, was es mit dieser Spannung auf sich hat. Danach werden drei Teilprobleme etwas näher unter die Lupe genommen: die Methodisierbarkeit pädagogischen Handelns, seine Sozialität und seine Lehrbarkeit.

2. Pädagogisches Handeln und sein Sinn: Ein Beispiel

Klatetzki (1993) berichtet in seinem Buch „Wissen, was man tut" über die pädagogische Handlung in einer Jugendhilfeeinrichtung: „In einem der fünf Organisationsbereiche der Jugendhilfeeinrichtung wurde eine drogenkonsumierende und sich prostituierende Jugendliche betreut, die obdachlos war, weil sie, wegen der von ihr andauernd vollzogenen Verletzung von Regeln des Zusammenlebens, in Wohngruppen nicht mehr leben konnte und dort auch nicht mehr leben wollte. Um der Obdachlosigkeit abzuhelfen, wurde in einer Dienstbesprechung folgende neue Lebenswelt für sie gestaltet: In einer vorhandenen 3-4 Zimmerwohnung sollte ein Zimmer an die Jugendliche vergeben werden, zwei weitere sollten an zwei Studenten billig vermietet werden. Das ganze ‚Setting' sollte durch die nachmittägliche und abendliche Anwesenheit von Professionellen gestützt werden. Der Grundgedanke war, daß das Mitwohnen der zwei Studenten den Wohnraum vor Verwahrlosung sichern würde, und daß so die unstete Lebensweise der Jugendlichen nicht weiterhin die Gefahr der Obdachlosigkeit mit sich bringen würde. Die direkte Betreuung der Jugendlichen, die Regelung aller ihrer sonstigen Lebensbelange, sollte durch die Professionellen erfolgen" (Klatetzki 1993, S. 110).

In diesem Beispiel wird deutlich: Eine Jugendliche hat Probleme und macht ihren MitbewohnerInnen in Wohngruppen Probleme. Sie konsumiert Drogen und prostituiert sich; sie wird obdachlos, weil sie die Regeln in den Wohngruppen nicht einhalten kann. – Wie fädelt sich nun pädagogisches Handeln in diesen Zusammenhang ein? Die PädagogInnen dieser höchst komplexen und in sich sehr differenzierten Einrichtung verständigen sich im Rahmen ihrer beruflichen Tätigkeit und machen gemeinsam einen Plan; sie imaginieren innerhalb ihres „Grundgedankens" das Ergebnis eines bestimmten Handelns und phantasieren einen Zustand in der abgeschlossenen Zukunft, nämlich wie ein bestimmtes Handeln in einem bestimmten Teilbereich des gesamten Problemkomplexes ge- Verständigung über den
lungen sein wird; mit diesem Entwurf produzieren sie den pädagogischen Sinn pädagogischen Sinn
des Handelns. Die an der Dienstbesprechung teilnehmenden PädagogInnen sind der Ansicht, daß die drogenkonsumierende und sich prostituierende Jugendliche eine „Erziehungshilfe" nach §27 KJHG benötigt. Sie beraten sich untereinander und mit der Jugendlichen; und weil es das Gesetz so vorschreibt, tun sie es vermutlich auch mit den Personensorgeberechtigten. Sie glauben, gemeinsam mit zwei Studenten in einer Wohngemeinschaft zu wohnen, mit professionellen Sozialpädagogen zeitweilig im Alltag reden zu können, dies schaffe der Jugendlichen ein angenehmes Wohnumfeld; es verringere die Gefahr der Obdachlosigkeit und ermögliche eine für die Entwicklung der Jugendlichen förderliche Kontinuität der Lebensführung. Ein aufgeschlossenes „studentisches Milieu", das von Professionellen begleitet werde, trage zu einem Teil der Problemlösung der Jugendlichen bei und wirke als stabilisierendes Moment in unsteter, ihrem Wohl und ihrer Entwicklung abträglichen Lebensweise. Dies alles ist die Phantasie der SozialpädagogInnen. Sie imaginieren, wie der soziale Ort eines offenen studentischen Arrangements hergestellt sein wird, der im Vergleich mit früheren Settings betreuten Wohnens das Leben der Jugendlichen in spezifischer Weise angenehmer und positiver gestaltet. Wir haben hier den Fall einer pädagogischen Handlung im Arbeitsfeld einer großen Jugendhilfeeinrichtung vor uns.

Wie aber sieht das pädagogische Handeln aus? Der Handlungsentwurf ist ja Die Erfahrung des
lediglich eines der Merkmale des realen pädagogischen Handelns, sein Sinn. Das Handelns
Handeln gestaltet sich in diesem Extrembeispiel ganz anders als in der Handlung entworfen. Denn von den sich in der Dienstbesprechung verständigenden professionellen PädagogInnen „konnte in diesem Fall nicht vorausgesehen und verhindert werden, daß die ‚Kollegen' des Mädchens aus der Drogenszene die Wohnung zum Treffpunkt umfunktionierten, was nicht nur erhebliche Probleme mit den Nachbarn und dem Vermieter zur Folge hatte, sondern auch dazu führte, daß die Jugendlichen in die Zimmer der Studenten einbrachen und diese bedrohten" (Klatetzki 1993, S. 126). – Die Spannung zwischen Handeln und Handlung ist in diesem extremen Fall so groß, daß das pädagogische Handeln, bewertet und gemessen am durch die Handlung vorgegebenen pädagogischen Maßstab, gemessen an seinem Sinn, als gescheitert betrachtet werden muß. Denn das Handeln konnte seinem Sinn und dem sich darin artikulierenden Wissen nicht entsprechen, die entworfene positive Gestaltung des Wohnumfeldes der Jugendlichen

durch ein studentisches Milieu konnte im Handeln nicht zur Selbstgegebenheit gelangen; es lief schief. Der fallibilistische Vorbehalt (vgl. Habermas 1977/1981, S. 356f.), daß es in jedem pädagogischen Handeln so kommen *kann*, macht die pädagogische Handlungsperspektive aber zu einer offenen Perspektive.

So ist aufgrund der für die Pädagogik konstitutiven Differenz zwischen Handlung und Handeln zwar die jeweilige „Sinnhaftigkeit von Erziehung" (Masschelein 1991, S. 235) rekonstruierbar, das pädagogische Handeln als spezifische Klasse des Handelns aber nicht klar und eindeutig abgrenzbar (vgl. Oelkers 1982, S. 170); umgekehrt lassen sich die gelebten erzieherischen Situationen auch nicht einfach aus pädagogischen Handlungseinheiten zusammensetzen (vgl. Fink 1970, S. 63). Im emphatischen Wortsinne rationalisiert ist das pädagogische Handeln demnach erst, wenn bedacht ist, daß die sinnhaften Handlungsentwürfe, die das Handeln orientieren, sich zeitlich auch in Ungewißheit, sozial auch in der Fremde und sachlich auch im Unbestimmten bewegen.

3. Methode, Sozialität und Lehrbarkeit pädagogischen Handelns

a) Das Handeln in pädagogischen Situationen hat, wie alles Handeln, eine bestimmte zeitliche Struktur. Der Umgang mit dieser zeitlichen Struktur ist ein methodisches Problem pädagogischen Handelns. Es zu beherrschen ist, wie unser Beispiel zeigt, höchst voraussetzungsreich. Zum einen ist die Strategie, die Imagination des vollendeten Handelns – hier die eines gelungenen Zusammenlebens einer „schwierigen Jugendlichen" mit Studierenden in einer Wohngemeinschaft, über die man sich in einem Team von SozialpädagogInnen verständigt hat – eine unhintergehbare Voraussetzung für das pädagogische Handeln selbst. Dieses Handeln aber kann auch vollkommen anders ablaufen, als es in der für es konstitutiven Strategie vorweggenommen ist. Das pädagogische Handeln selbst ist gemessen und bewertet an der pädagogischen Strategie immer auch riskant, es ist ein Wagnis. Das zu bedenken ist zum anderen eine Voraussetzung pädagogischen Handelns. Dieser Wagnischarakter kann durch eine Methode, die sich an einer pädagogischen Strategie orientiert, nicht hintergangen werden. Paradox formuliert: Die Nichtmethodisierbarkeit dessen, was am pädagogischen Handeln ein Wagnis ist, zählt selbst zu den methodischen Einsichten dieses Handelns (vgl. Hoffmann 1968, S. 28). Die Differenz von Methode und Nichtmethode (Wagnis) ist also in der Betrachtung pädagogischen Handelns selbst eine methodische Differenz; sie artikuliert sich in der Zeit. So läßt sich im Anschluß an Sünkel (1990) zeigen, inwiefern die Situationen offener Anfänge der Erziehung vormethodisch sich in Szene setzen können und inwiefern der Übergang dieses Vormethodischen in die methodische Differenz zu den zentralen Merkmalen pädagogischen Handelns zu zählen ist (vgl. Hörster/Müller 1996).

Nehmen wir ein typisches Beispiel einer Erzieherin, das Siegfried Bernfeld in dem Bericht „Das Kinderheim Baumgarten" wiedergibt. Die Erzieherin berichtet von ohrenbetäubendem Lärm am Mittagstisch des gerade gegründeten Baumgartener Kinderheimes; wie sie zunächst einmal mitlärmte und mit den neben ihr sitzenden Kindern, die sie nicht kannte, redete. Sie schreibt: Es „wurde wieder gerauft, um den Löffel, wer zuerst Brot bekam und so weiter. Ich nahm mir nie einen Löffel; wenn ich einen bekam, ‚als Lehrerin‘, gab ich ihn den Kindern, mein Brot ebenso usw.- erst wenn alle alles hatten, begann ich zu essen. Die Kinder schauten mich zuerst verwundert und mißtrauisch an, dann nahmen sie den Löffel mit einer bestimmten verschämten Gebärde – das war schon ein großer Fortschritt, sie ahnten schon etwas. Und schließlich kam es sogar so weit, daß keines von mir etwas annehmen wollte und sie sich sogar darin überboten, mir ihren Löffel zu geben. Damit hatte ich gewonnenes Spiel. Wir liebten uns" (Bernfeld, 1921/1969, S.109). – Hier wird auf der einen Seite eine alltägliche Begebenheit geschildert, in der sich die Erzieherin den Kindern ähnlich macht. Bei Tisch lärmt und plaudert sie mit und stellt eine alltägliche und eher naturwüchsige Beziehung zu den Kindern her. Sie lebt sich ein in einen alltäglichen sozialen Zusammenhang, von dem wir in dem weiteren Bericht erfahren, daß die Kinder unter seinem Chaos leiden. Diesen sozialen Zusammenhang überführt nun die Erzieherin auf der anderen Seite in eine methodisch gehaltvolle Rationalität. Sie rationalisiert den Vorgang und setzt ein Wissen von solchen sozialen Situationen ein, das Bernfeld in seinen Erläuterungen der Vorgehensweise im Anschluß an Freud mit dem Begriff der „libidinösen Identifikation" faßt. Die Erzieherin weiß, daß die sich entwickelnden Kinder den Wunsch haben, sich mit einer erwachsenen Person zu identifizieren und wie diese zu handeln, wenn eine gemeinsame Basis vorhanden ist. Die Erzieherin handelt entsprechend und bietet sich als libidinöses Identifikationsobjekt an. Nichtmethodisch gemeinsam zu plaudern und sich mitlärmend den Kindern ähnlich zu machen, diesen sozialen Rahmen stellt sie, die Situation öffnend, her. Im Nachhinein strukturiert sie ihn durch die Wirkungen der libidinösen Identifikation mit einer spezifischen Rationalität und validiert ihn in ihrem Bericht methodisch. Sie schafft so einen „offenen" und „korrektiven" Anfang (Sünkel 1990, S.298) pädagogischen Handelns. Es ist die Bewältigung dieses differenten Ineinanders von methodischem und nichtmethodischem Handeln, das sukzessive die methodische Leistung in der Pädagogik ausmacht.

b) Führt die Differenz zwischen Handlung und Handeln, dem pädagogischen Entwurf und dem empirisch gelebten Vollzug der Handlung in der *Zeitdimension* zur methodischen Differenz zwischen pädagogischer Methode und Nicht-Methode, so stellt sich die Differenz pädagogischen Handelns *sozial* in der Differenz pädagogischer Normierung und alltäglich mimetischer Akte dar. Die mitlärmende Erzieherin, die beteiligt ist an der Herstellung eines Zusammenhangs, den sie mit den ihr fremden Kindern teilen kann, die sich den Kindern ähnlich macht, handelt mimetisch. Sie konstituiert eine Erfahrung der Ähnlichkeit. Die Wahrnehmung solcher Erfahrung stellt sich blitzartig im Handeln ein, wie Benjamin treffend beschreibt: Sie „ist in jedem Fall an ein Aufblitzen gebunden. Sie huscht vorbei, ist vielleicht wiederzugewinnen, aber kann nicht eigentlich wie andere Wahrnehmungen festgehalten werden. Sie bietet sich dem Auge ebenso flüchtig wie eine Gestirnkonstellation" (Benjamin 1980, S. 206). Umgekehrt gleichen sich die Kinder freiwillig dem sich zurückhaltenden Handeln der Erzieherin an.

Soziale Differenz

Mimetisches Handeln

Gleichzeitig läuft jedoch noch ein vollkommen anders gearteter sozialer Prozeß ab: Es bilden sich Regeln und Normen des Umgangs beim Mittagessen, die dieses für alle angenehmer gestaltet werden; das ist mit Sicherheit der Bestandteil eines Handlungsentwurfs der Pädagogin, auch wenn der sich erst allmählich auszuformen beginnt. Der Bericht über das „Kinderheim Baumgarten" paßt diesen pädagogischen Entwurf in die Herstellung eines Normierungsverfahrens ein, das das gesamte Leben der Einrichtung integrieren sollte: in den Sinnzusammenhang der Schulgemeindeversammlung. Er ermögliche es mit der pädagogischen Antinomie zwischen dem berechtigten Willen der Kinder und dem berechtigten Willen der Erzieher (vgl. Bernfeld 1921, S. 124) umzugehen. Die Versammlung bringt die Normen des Zusammenlebens unter Beteiligung der Kinder und Jugendlichen hervor und deklariert sie am Beispiel von Regelbrüchen. Dieses, in der Folge auf Dauer gestellte Instrument zur Regulierung von Konflikten und Normbrüchen verfährt demokratisch und verweist symbolisch auf Gleichheit (vgl. Hörster 1992). – Der Baumgartenbericht macht deutlich, wie sich „die sozialen Bedingungen der Bildung" und „die Bildungsbedingungen des sozialen Lebens" (Natorp 1920, S. 94) pädagogisch verschränken zu einem Spiel, in dem sich Neues konstituiert; dem Spiel von sich gegenüber alltäglicher Fremdheit öffnender Mimesis und einer in diesem Fall an Egalität ausgerichteten Normierung, die mit Leiden am Chaos und der notwendigen Beratung von Normbrüchen operiert.

Regulierung und Normierung *(Randnotiz)*

c) Auch das Problem der Lehrbarkeit pädagogischen Handelns läßt sich in einer Differenz ansiedeln: der didaktischen Differenz zwischen dem alltäglichen Beratschlagen und systematisierter Lehre. Die Dienstbesprechung in unserem ersten Beispiel etwa, in der Professionelle, sich gemeinsam beratend, einen Hilfeplan zur Erziehung nach §27 KJHG erstellten, kann als ein Beratschlagen aufgefaßt werden, in dem sich die an der kasuistischen Arbeit Beteiligten wechselseitig über ihre Vorstellungen der pädagogischen Handlung informierten und ihre Sicht der Problemsituation austauschten. Vielleicht erprobten sie auch ihr Wissen, indem sie „einen praktisch folgenreichen Wissensstand" (Habermas 1963/ 1981, S. 117) der Sozialwissenschaften, etwa der Soziologie abweichenden Verhaltens, der Soziologie sozialer Probleme oder der Entwicklungspsychologie über Drogenkarrieren, Genese der Prostitution oder Adoleszenzschwierigkeiten heranzogen. Wie dem auch sei, die Beteiligten orientierten sich wechselseitig, sie „lehrten" einander ihre Vorstellungen, um einen Beschluß zu fassen: der Jugendlichen zu raten, in die studentische Wohngemeinschaft zu ziehen. Diese argumentierende und begründende „Lehre" im Verständigungsprozeß agiert im Rahmen normativer Vorgaben und steht unter hohem Zeitdruck; es wird durch sie eine gesetzlich auferlegte Aufgabe erfüllt. In ihrem beratschlagenden Charakter artikuliert sich freilich die lebensweltliche Basis jeglicher Lehre pädagogischen Handelns (vgl. Fink 1970, S. 62 u. S. 185).

Lehre als lebensweltliches Beratschlagen *(Randnotiz)*

Eine Lehre pädagogischen Handelns aber, die sich an anonyme und vom Handlungsdruck entlastete sich bildende PädagogInnen wendet, benötigt einen höheren Systematisierungsgrad. Sie ist, etwa an der Hochschule, an Texte gebunden, in denen sich das empirische Handeln praxeologisch darstellt; an Berichte pädagogischen Handelns, die ja für einen größeren Kreis von anonymen

Systematisierte Lehre *(Randnotiz)*

RezipientInnen geschrieben worden sind. Lehrbarkeit pädagogischen Handelns für anonyme RezipientInnen wird in systematisierter Form und mittels Texten pädagogischer Wagnisse hergestellt. Benner (1978) nennt solche Texte praxeologisch – empirische Texte. Die Lehre pädagogischen Handelns vollzieht sich hier durch Lektüre. Dabei liefert die Lektüre der Texte auf gar keinen Fall technische Handlungsanweisungen, wie man es zu machen habe. Eine derartige Form der Lehrbarkeit pädagogischen Handelns findet sich in den Texten nicht. Die Berichte stellen vielmehr orientierende Skripts dar, an denen sich die Urteilsbildung der PädagogInnen schulen kann. Praxeologisch empirische Texte, etwa die Erziehungsberichte Pestalozzis, Bernfelds, Makarenkos, Bettelheims, Redls, Zulligers oder der SchülerInnen der Schülerschule in Barbiana, provozieren dazu, das Gelesene mit selbst erlebten Erziehungssituationen zu vergleichen, sie fordern die Lesenden zur aktiven Variation auf (vgl. Prange 1986, S. 262). Diese unterlegen den pädagogischen Handlungsentwürfen eigene Phantasien und Imaginationen. Auf der Basis eines solchen Vergleichens, der für wissenschaftliche Theoriebildung konstitutiven Operation, lassen sich die artikulierten Vorstellungen dann begrifflich fassen, wenn die pragmatische Konstitution der Texte pädagogischen Handelns genauer betrachtet wird. – Diese Berichte, ihre Regeln, Ablaufdiagramme, normativen Perspektiven, Schwierigkeiten und kleinen Katastrophen schreiben sich in die Diskurse und in die Sprachen ein, in denen wir aufwachsen. Das berichtete pädagogische Handeln liefert so den Stoff, aus dem neue Handlungsentwürfe hervorgebracht werden. Die Konstruktionsweisen der Berichte aber sind sehr zählebig, trotz der kreativen und phantasiereichen, Neues konstituierenden Auseinandersetzung der pädagogisch tätigen LeserInnen mit ihnen. Sie verankern sich relativ fest im kollektiven Gedächtnis. An so etwas mag wohl der Pädagoge Siegfried Bernfeld u.a. auch gedacht haben, als er 1925 (Bernfeld 1925/1967, S. 119) der Erziehung einen eher konservativen Gehalt zuschrieb. Allerdings kann auch ein solcher Gehalt nicht überleben, wenn er sich nicht in veränderter Form aktualisiert.

Begreift sich das pädagogische Handeln, wie es hier mit Bernfeld nahegelegt wird, als eine rationalisierte gesellschaftliche Reaktion, dann hat das auch Auswirkungen auf seinen Akteur. Als Bezugspunkt des Handelns können dann nicht nur einfach Personen gedacht werden, nicht nur die einzelne Erzieherin, nicht nur der einzelne Educandus. Ins Blickfeld gerät vielmehr, inwiefern die differenten Merkmale der Sinnkonstitution und Lehre sowie die Merkmale der zeitlichen und sozialen Differenzen pädagogischen Handelns eben einer koppelnden Organisierung von Arbeitsfeldern zuzuordnen sind; einer Organisierung, die in sich vielschichtig ist und mit „Dehnungen", „Ketten", „Bereichen" und „Stufen" (Oelkers 1982, S. 151) versehen, die zusammengehalten wird durch eine jeweils sich aktuell reproduzierende Reflexivität. Diese sinnhaft im Wissen geregelte Rationalität durchwirkt die unterschiedlichen Ebenen, Schichten und Orte des gesamten pädagogischen Arbeitsfeldes. Wirksam sind Dispositive (vgl. Deleuze 1991; Hörster 1992) des Handelns, die vielleicht auch Spielräume für Kreativität beinhalten und die es in ihrer Entwicklung zu erforschen gilt.

Praxeologische
Empirie

Dispositive des Handelns

41

Literatur

Benjamin, W.: Lehre vom Ähnlichen. In: Benjamin, W.: Gesammelte Schriften, Bd. II.1, hg. von Thiedemann, R. und Schweppenhäuser, H. Frankfurt a.M. 1980, S.204-210.

Benner, D.: Hauptströmungen der Erziehungswissenschaft. Eine Systematik traditioneller und moderner Theorien. München [2]1978.

Bernfeld, S.: Das Kinderheim Baumgarten. In: Bernfeld, S: Antiautoritäre Erziehung und Psychoanalyse (1921). Ausgewählte Schriften, Bd.I, hg. von L. von Werder und R. Wolff. Darmstadt 1969, S. 84-191.

Bernfeld, S.: Sisyphos oder die Grenzen der Erziehung (1925). Frankfurt 1967.

Deleuze, G.: Was ist ein Dispositiv? In: Ewald, F./Waldenfels, B. (Hrsg.): Spiele der Wahrheit. Michel Foucaults Denken. Frankfurt a.M. 1991, S.153-162.

Fink, E.: Erziehungswissenschaft und Lebenslehre. Freiburg 1970.

Giesecke, H.: Pädagogik als Beruf. Grundformen pädagogischen Handelns. Weinheim/München [3]1992.

Grathoff, R.: Ansätze zu einer Theorie sozialen Handelns bei Alfred Schütz. In: Neue Hefte für Philosophie (1976), Heft 9, S.115-133.

Habermas, J.: Vom sozialen Wandel akademischer Bildung (1963). In: Habermas, J.: Kleine politische Schriften I – IV. Frankfurt a.M. 1981, S.101-119.

Habermas, J.: Umgangssprache, Bildungssprache, Wissenschaftssprache (1977). In: Habermas, J.: Kleine politische Schriften I-IV. Frankfurt a.M. 1981, S.340-363.

Hörster, R.: Zur Rationalität des sozialpädagogischen Feldes in dem Erziehungsexperiment Siegfried Bernfelds. In: Hörster, R./Müller, B. (Hrsg.): Jugend, Erziehung und Psychoanalyse. Zur Sozialpädagogik Siegfried Bernfelds. Neuwied/Kriftel/Berlin 1992, S.143-162.

Hörster, R./Müller, B.: Zur Struktur sozialpädagogischer Kompetenz. Oder: Wo bleibt das Pädagogische der Sozialpädagogik? In: Combe, A./Helsper, W. (Hrsg.): Pädagogische Professionalität. Frankfurt a.M. 1996, S. 614-648.

Hoffmann, E.: Über die sozialpädagogischen Methoden. In: Röhrs, H. (Hrsg.): Die Sozialpädagogik und ihre Theorie. Frankfurt a.M. 1968.

Klatetzki, T.: Wissen was man tut. Professionalität als organisationskulturelles System. Eine ethnographische Interpretation. Bielefeld 1993.

Luhmann, N./Schorr, K.E.: Reflexionsprobleme im Erziehungssystem. Stuttgart 1979.

Masschelein, J.: Kommunikatives Handeln und pädagogisches Handeln. Weinheim/Leuven 1991.

Natorp, P.: Sozialpädagogik. Theorie der Willenserziehung auf der Grundlage der Gemeinschaft. Stuttgart [4]1920.

Nohl, H.: Die pädagogische Bewegung in Deutschland und ihre Theorie. Frankfurt a.M. [2]1949.

Oelkers, J.: Intention und Wirkung: Vorüberlegungen zu einer Theorie pädagogischen Handelns. In: Luhmann, N./Schorr, K.E. (Hrsg.): Zwischen Technologie und Selbstreferenz. Frankfurt a.M: 1982, S. 139-194.

Prange, K.: Selbstreferenz in pädagogischen Situationen. In: Luhmann, N./Schorr, K.E. (Hrsg.): Zwischen Intransparenz und Verstehen. Frankfurt a.M. 1986, S. 247-274.

Schütz, A.: Der sinnhafte Aufbau der sozialen Welt. (1932). Frankfurt a.M. 1974.

Sünkel, W.: Die Situation des offenen Anfangs der Erziehung, mit Seitenblicken auf Pestalozzi und Makarenko. In: Zeitschrift für Pädagogik 36 (1990), S. 297-304.

Wagner, H.J.: Handlung und Erziehung. Zur Grundlegung einer Handlungstheorie der Erziehung. Weinheim 1989.

II. 2. Bildung

Reinhard Hörster

Inhalt

Zu den Eigentümlichkeiten heutiger Modernisierung gehört zweifelsohne ein für die Bildungsproblematik der Menschen zentraler Umstand: Wir sind zwar stets gehalten, neue Erfahrungen zu machen, indem wir der Gegenwart, ihren Handlungen und Gegenständen Aufmerksamkeit schenken (vgl. Hegel 1807/1975, S.16), die gesammelten und angehäuften Erfahrungsgüter aber verlieren immer mehr und zunehmend beschleunigt an Wert (vgl. Weingart 1976); ein Ort kontinuierlicher individueller Identität, die ihren Relevanzbereich in Bildung hätte, wie vom klassischen deutschen Idealismus postuliert, kann sich so kaum noch sinnvoll ausformen (vgl. Meyer-Drawe 1990). Eine solche Aussage mag den Leserinnen und Lesern zwar auf den ersten Blick merkwürdig erscheinen, denn die widersprüchliche Stellung der „Erfahrung" in dieser Beobachtung, gleichzeitig auf den Seiten der Notwendigkeit und der Wertminderung zu stehen, bewirkt vermutlich eine gewisse Spannung. Erstaunen hervorrufen wird die Aussage aber wohl kaum mehr, sind doch die darin bezeichneten Sachverhalte des Bildungsproblems so neu nicht und gehören sie doch bereits seit längerem zu den Routinen unseres Alltagslebens (vgl. Heller 1978; Pongratz 1988; Sünker 1989). Überdies läßt sich – und von dieser Annahme sei hier ausgegangen – jene merkwürdig spannungsgeladene Positionierung der „Erfahrung" im Rahmen einer Betrachtung unterschiedlicher Gebrauchskontexte des Bildungsbegriffs deutlicher machen; und es ist eine solche Einordnung des Problems, innerhalb deren sich die für den Bildungsbegriff konstitutive Geschichtlichkeit (vgl. Kosellek 1990, S.30) aufweisen läßt. Eine derartige Verdeutlichung und ein ebensolcher

Die heutige Bildungsproblematik

43

Aufweis sollen im folgenden – andeutungsweise und in großen Strichen – versucht werden. Dieser Versuch erläutert erstens die zur Debatte stehende Beobachtung von gleichzeitiger Entwertung und Notwendigkeit der „Erfahrung" anhand eines historisch gewichtigen Falles. Er geht zweitens auf Literatur ein, die einen spezifisch deutschen Kontext herausarbeitet, in dem moderne Bildung sich mit einem engen Kulturbegriff verband. Der Versuch legt schließlich drittens einen anderen – aktuellen – Kontext dar; in ihm bündelt sich moderne Bildung mit der Vorstellung einer Mannigfaltigkeit der Kulturen; dieser Kontext scheint zudem tragfähig zu sein, auch zukünftig die Herstellung neuer Erfahrungen reflektieren zu können.

1. Die Profanisierung des Bildungsproblems zu Beginn des 20. Jahrhunderts – Ein Denkbild

Wie die gegenläufige Bedeutung moderner Bildung sich in einem bestimmten Tatbestand darstellen kann, das hat Walter Benjamin 1933 in einem seiner zahlreichen „Denkbilder" unter der Überschrift „Erfahrung und Armut" dargelegt: „Die Erfahrung ist im Kurs gefallen und das in einer Generation, die 1914-1918 eine der ungeheuersten Erfahrungen der Weltgeschichte gemacht hat" (Benjamin 1933/1980, S. 214). Benjamin geht in diesem Zusammenhang auf Beobachtungen ein, die man nach dem ersten Weltkrieg an den heimkehrenden Soldaten machen konnte: „Konnte man damals nicht die Feststellung machen: die Leute kamen verstummt aus dem Felde? Nicht reicher, ärmer an unmittelbarer Erfahrung... Nein, merkwürdig war das nicht. Denn nie sind Erfahrungen gründlicher Lügen gestraft worden als die strategischen durch den Stellungskrieg, die wirtschaftlichen durch die Inflation, die körperlichen durch den Hunger, die sittlichen durch die Machthaber. Eine Generation, die noch mit der Pferdebahn zur Schule gefahren war, stand unter dem freien Himmel in einer Landschaft, in der nichts unverändert geblieben war als die Wolken, und in der Mitte, in einem Kräftefeld zerstörender Ströme und Explosionen, der winzige gebrechliche Menschenkörper" (ebd.).

Ein Beispiel

Das „Denkbild" verdeutlicht die massenhafte Verbreitung von bildungsrelevanten Situationen nach dem ersten Weltkrieg, in denen das Sprechen der Menschen und ihre neuen Erfahrungen nicht mehr so ohne weiteres zusammenfanden, so daß man sich problemlos hätte etwas mitteilen und aneignen können; denn ein bisher geteilter Erfahrungsschatz wurde durch den Krieg ungültig gemacht und entwertet. Im Bild stellt sich beispielhaft eine Verarbeitungsmöglichkeit des Modernisierungsschubes aus, der nach 1890 in Deutschland einsetzte (vgl. Tenorth 1988a, S. 178) und fortan das „Leben in der Wachstumsgesellschaft" (Berg/Herrmann 1991, S. 3) charakterisierte. Deutlich wird, daß die Entwertung etwa kriegstechnischer, wirtschaftlicher, körperlicher und sittlicher Erfahrungen sich in jener Zeit in einem enormen Ausmaß intensivierte. Deutlich wird überdies, inwiefern die „klein" gewordenen Menschen sich in einem weit über sie hinausweisenden Kräftefeld dezentrieren mußten, daß sie nämlich gezwungen waren, sich in einer vollkommen veränderten und ihnen fremden „Landschaft" zu orientieren, neue Erfahrungen *in ihr* zu machen, diese „am Leitfaden des Leibes zu denken" (Hebel/ Porath 1989, S. 237) und sie ohne den Ballast der von einer ganzen „Generation" akkumulierten Bildungsgüter zu verarbeiten: „Denn was ist das ganze Bildungsgut wert, wenn uns nicht eben Erfahrung mit ihm verbindet?" (Benjamin 1933/1980, S. 215).

Die Möglichkeit des Verlustes an „mitteilbarer Erfahrung", die intensive Entwertung akkumulierter Erfahrungsgüter, die beginnende Dezentrierung der Erfahrung und der Orientierungszwang in fremder Umgebung – diese Topoi strukturieren mittlerweile unsere Gewohnheiten alltäglichen Besorgens. Ein rational einsichtiger Zugang zu ihnen erweist sich allerdings gerade deshalb als schwierig. Auch wenn er heute nicht mehr, wie zu Beginn des 19. Jahrhunderts, in der Die Reflexivität der alles übergreifenden, es bestimmenden und deshalb auch verschließenden Weise Bildung etwa einer Hegelschen Metaphysik des Absoluten (vgl. Klafki 1994, S. 25) bedacht werden kann, so läßt sich jedoch auf einen solchen Zugang nicht verzichten, soll es sich bei der Strukturierung des Feldes der Erfahrung überhaupt noch um die eines Bildungsprozesses handeln. Denn sich in einem solchen spezifisch rationalen Zugang sich selbst verändernd selbst zu bedenken, gilt als eine conditio sine qua non moderner „Bildung". Ihr Begriff gehört damit wie der der „Geschichte" zu jenen „Kollektivsingularen", in denen die Reflexion von Handlungen in gleicher Weise gefaßt wird wie das thematisierte Handeln selbst (vgl. Kosellek 1990, S. 16). Bildung verhält sich deshalb zu sich selbst immer auch sprachlich verfaßt und reflexiv.

Benjamin freilich wertet die sich im Medium jener Topik formierende Bildungsproblematik vollkommem um. Er betrachtet die Armut an „mitteilbarer Erfahrung" vornehmlich als etwas Positives. Sie hilft den Menschen „von vorn zu beginnen; von Neuem anzufangen; mit wenigem auszukommen; aus wenigem Einschnitt: heraus zu konstruieren" (Benjamin 1933/1980, S. 215). Die alltägliche Situation Die Umwertung des der Erfahrungsarmut ermöglicht es mithin, die Not wendend jeweils *pragmatisch* Bildungsproblems *für* ein Ereignis offen und empfänglich zu sein: für die Herstellung neuer Erfahrungen im Wissen; dadurch legitimiert sie sich. Auch das wird gerade heute als relevant herausgestellt (vgl. Lyotard 1986, S. 87ff; Ders., 1990, S. 171). Mit seiner innovativen Umwertung der Erfahrungsarmut entzieht das Denkbild einerseits einem „bildungstheoretischen Objektivismus" (Klafki 1964, S. 30) die Rechtfertigung. Der stellt einzig und allein die Zueignung von sittlichen, ästhetischen und wissenschaftlichen Kulturgütern in ihrer objektiven Bedeutung in den Vordergrund; dieser Bedeutung haben die Menschen – und das macht diese Bildungsperspektive so angreifbar – lediglich zu dienen. Das Denkbild delegitimiert andererseits das „klassische" Auswahlprinzip der Bildungsgüter. In ihm artikuliert eine Sprachgemeinschaft ihre Ideale und eignen sich ihre Mitglieder die Leitbilder eines höheren kulturellen Lebens an. In diesem Prinzip wird nicht berücksichtigt, daß die zu bewältigenden „Aufgaben ganz neu sind" (Weniger o.J., S. 80; Klafki 1964, S. 30 ff.).

Das Benjaminsche Beispiel markiert einen zu Beginn des 20. Jahrhunderts massenhaft beobachtbaren, für genau hinschauende Zeitgenossen sich freilich schon vorher bemerkbar machenden (vgl. Nietzsche 1980) und bis heute wirksamen Einschnitt im Umgang mit jenen Bildungsgütern, die vom deutschen Bildungsbürgertum des 19. Jahrhunderts immer wieder als Wissen einer überlegenen nationalen Kultur tradiert wurden; einem Bildungsbürgertum, das sich darin allerdings nur symbolisch auf frühbürgerliche liberale und an Egalität orientierte Bildungskonzepte berufen konnte. Das Denkbild gewichtet demgegenüber den alltäglich profanen Raum der Erfahrung hoch. Es weist dabei auf die gesellschaftlichen Bedingungen der „Bildsamkeit" hin (vgl. Benner 1990, S. 33 u. 107), in denen die Reflexivität des Bildungsbürgertums bereits an Kraft verloren hatte, die Erfahrungsgüter einer höheren Bildungskultur innerhalb eines „deutschen Deutungsmusters" (Bollenbeck 1994) zu vermitteln. – Wie kam es dazu?

2. Der deutsche Bildungsdiskurs und seine Bewertung

Das klassische deutsche Bildungsideal

Der vom deutschen Bürgertum getragene Diskurs identifizierte im Verlaufe des 19. Jahrhunderts Bildung mit einem engen Begriff von Kultur. Das Bildungskonzept bezog sich darin mit einem beträchtlichen normativen Überschuß auf eine gegenüber dem Alltagsleben und der Zivilisation höher bewertete geistig – seelische Sphäre. Zunächst entwickelte der Diskurs um die Wende des 18. zum 19. Jahrhundert gegen den Utilitarismus, die Berufsorientierung und das Effizienzdenken der Aufklärung eine Bildungsvorstellung, in der der emphatische Freiheitsbegriff des Bürgertums in gleicher Weise eine Rolle spielte wie die gegen den absolutistischen Staat gerichtete Reformperspektive einer deutschen Nation durch Bildung aller Individuen. In dieser Zeit bildete sich das klassische deutsche Bildungsideal des Neuhumanismus, wie es wirkungsgeschichtlich bedeutsam wurde, heraus: die letztlich harmonische, wenn auch konflikthaft vonstatten gehende Einverwandlung der Welt durch das Individuum, das dadurch „zum Höchsten" gelangt. Als Vorbilder galten – insbesondere bei Schiller und W. von Humboldt – die Person- und Nationwerdung der griechischen Antike. Schillers dicta im elften und zwölften der 1795 verfaßten Briefe „Über die ästhetische Erziehung des Menschen", der Mensch solle „das Innere veräußern und alles Äußere formen", und aus diesem Grund gelte es, „das Notwendige in uns zur Wirklichkeit zu bringen und das Wirkliche außer uns dem Gesetz der Notwendigkeit zu unterwerfen" (Schiller 1795/1965, S. 45), erzeugten zwar nicht sofort Resonanz, wurden aber nach der Jahrhundertwende langsam zitierfähig. Schiller ging es darum, daß der Mensch in spielerischer Weise „Harmonie in die Verschiedenheit seines Erscheinens" (Schiller 1795/1965, S. 47) bringe und „bei allem Wechsel des Zustands seine Person" (ebd.) behaupte. In diesem Sinne ist „Freiheit zu geben durch Freiheit" das Grundgesetz des „ästhetischen Staates" (Schiller 1795/1965, S. 125), in dem das „Ideal der Gleichheit sich erfüllt"(ebd., S. 128). Diese Vorstellung eines „ästhetischen Staates" gebe, so de Man, bereits hier „die innige Verbindung" preis, die das neuhumanistische Bildungskonzept „mit dem Wissen und jenen epistemologischen Implikationen unterhält, die immer im Spiel sind, wenn das Ästhetische im Horizont eines Diskurses erscheint" (de Man 1988, S. 206). Ganz deutlich wird dies bei W.von Humboldt, der unter Bildung „zugleich Höheres und mehr Inneres, nämlich die Sinnesart, die sich aus der Erkenntnis und dem Gefühle des gesamten geistigen und sittlichen Strebens harmonisch auf die Empfindung und den Charakter ergießt" (Humboldt 1800-

1835/1963, S. 401), verstand. Der Gebildete sucht folgerichtig für Humboldt „soviel Welt als möglich zu ergreifen und so eng als er nur kann mit sich zu verbinden" (Humboldt 1794/1960, S. 235). Auch Humboldt fordert Egalität: „Jeder, auch der ärmste", sollte eine „vollständige Menschenbildung erhalten" (Humboldt 1809/1964, S. 175). Im „Königsberger Schulplan" und im „Litauischen Schulplan" entwickelte Humboldt detaillierte Vorstellungen zur Organisationspraxis des staatlichen Bildungswesens. Er setzte sich in diesen Plänen intensiv mit den verschiedenen Formen des Unterrichtens und der Wissensorganisation in der Volksschule, dem Gymnasium und der Universität auseinander.

Ein wichtiges Moment, in dem das Bildungsideal, von institutionellen Modalitäten überformt und durchdrungen, sich realisierte, war eben die Universität. In ihr regulierte der Bildungsdiskurs unterschiedliche Wissensformen zunächst antiständisch und nach universalen Kriterien. Auch sie trug eine Diskurspraxis, die das Versprechen der Selbstbildung erhielt. Sie wollte den „Abstand zwischen Gebildeten und Ungebildeten" durch die Selbstbildung des Subjekts verringern (Bollenbeck 1994, S. 198). So war für Humboldt „der Studierende nicht mehr Lernender, sondern dieser forscht selbst und der Professor leitet seine Forschung und unterstützt ihn darin" (Humboldt 1809/1964, S. 170). Ihm war das „Kollegienhören ... eigentlich nur zufällig; das wesentlich Notwendige ist, daß der junge Mann zwischen der Schule und dem Eintritt ins Leben eine Anzahl von Jahren ausschließlich dem wissenschaftlichen Nachdenken an einem Ort widme, der viele... in sich vereinigt" (Humboldt 1964, S. 171). Die deutsche Forschung erlangte mit ihrem universitären Regulativ der Selbstbildung durch Wissenschaft in der Mitte des 19. Jahrhunderts „die führende Stellung in der Welt" (Turner 1988, S. 238).

Die Universität

Indem aber auch an der Universität die auf Bildung verengte und den Frauen von vornherein weitestgehend vorenthaltene Kultur (vgl.Schmid 1988) im Zuge dieses Prozesses nicht nur zur Verbesserung des Daseins beitrug, sondern sie in ihrem Ergebnis zu einem begehrten Gut gerann, erhielt sie Aufgaben sozialer Grenzziehung und entwickelte sich zum klassenübergreifenden „sozialreputativen Aktivposten" (Bollenbeck 1994, S. 27). Was empfunden wurde, war eine Kluft zwischen „Gebildeten" und „Volk" (vgl. Jeismann 1987, S. 3).

Bildung und soziale Differenz

So waren es nur bestimmte Individuen, die sich in dieser „Kultur" am Ideal der griechischen Antike bilden konnten, auch wenn die neuhumanistische Bildungsvorstellung im 19. Jahrhundert breite Bevölkerungskreise erfaßt hatte (Jeismann 1987, S. 2). Je intensiver man sich auf das neuhumanistische Bildungsverständnis in den Gymnasien und Universitäten berief, um so stärker kristallisierte sich im Laufe des Jahrhunderts jene Diskursregel heraus, gemäß der Kultur sich gegenüber der alltäglichen Zivilisation zum Medium höherer Bildung verengte und in der die Elemente der Freiheit und Gleichheit der Bildung sich lediglich im Rahmen einer national orientierten, sozial an Amt und Besitz ausgerichteten Perspektive des deutschen Sonderwegs kundgaben. Im deutschen Sonderweg wurde die defensive Modernisierung der industriell zurückgebliebenen deutschen Staaten über die Gemeinsamkeiten der Bildungsgüter einer deutschen Kulturnation symbolisch gestützt (vgl. Bollenbeck 1994) und in einer Verquickung von Bildung und Besitz spezifiziert (vgl. Jeismann 1988, S. 3f.). Mit dem Wandel des Nationalismus von einer eher linken zu einer eher rechten Integrationsideologie

Höhere Kultur und Nationalisierung

(Bollenbeck 1994, S. 234) in der zweiten Jahrhunderthälfte, mit der sich abzeichnenden Modernisierungskrise militarisierte sich die Mentalität (vgl. Berg/ Herrmann 1991, S. 12); universale Kriterien wurden aufgegeben, und Topoi wie Zucht und Züchtigung bildeten sich in der Diskurspraxis. Der vom Bildungsdiskurs abgewertete ökonomisch, technisch und industriell strukturierte Alltag drängte sich in den Vordergrund; das Bildungsbürgertum verlor allmählich seinen Monopolanspruch. – Das, was für den sich bildenden Geist im neuhumanistischen Bildungsdiskurs keine Geltung mehr hatte, das wurde jetzt zum alltäglichen Problem: So konnte M.Weber die methodisierte Entwicklung der Wissenschaften zum Beruf beschreiben, Plessner darlegen, wie deren Bestände einerseits rasch ins Unendliche wuchsen und andererseits Wissensfortschritte schnell verschlissen. Der Kompetenzverlust des Bildungsbürgertums beschleunigte sich zudem auch dadurch, daß sich die avantgardistische Kunst gegen den Diskurs sperrte (vgl. Bollenbeck 1994, S. 255ff.). Den ersten Weltkrieg als „Kulturkrieg" zu apostrophieren – nach Bollenbeck der letzte Versuch des Bildungsbürgertums seine kulturelle Hegemonie zurückzugewinnen (ebd., S. 272) –, das hat dann die Leute verstummt aus dem Felde heimkehren lassen.

Der Prozeß und sein Ergebnis werden in der Literatur unterschiedlich beurteilt. Tenorth sieht alle strukturellen Probleme des Modernisierungsprozesses durch Bildung in nuce bereits bei Humboldt als gegeben an, trete doch in dessen Bildungskonzeption die moderne funktionale Differenzierung des Bildungswesens in Widerspruch zur modernen Individualitätsvorstellung (vgl. Tenorth 1988, S. 126). Während Benjamin das „Philisterhafte" des Bildungsbürgertums kritisiert, ihn sein Scheitern erfreut und er die Wirkungen dieses Scheiterns umwertet, um eine neue Bildungschance zu strukturieren, ist es für Adorno bereits ausgemacht, daß nicht nur in dem beschriebenen Prozeß, sondern auch noch in der von Benjamin positiv gefaßten, von Adorno allerdings anders wahrgenommenen und terminologisch anders konstruierten Wirkung dieses Prozesses die Bildung zur Halbbildung verkommt. Sie sei eine „Schwäche zur Zeit, zur Erinnerung, durch welche allein jene Synthesis des Erfahrenen im Bewußtsein geriet, welche einmal Bildung meinte" (Adorno 1975, S. 88). Halbbildung zeichne sich aus durch „die punktuelle, unverbundene, auswechselbare und ephemere Informiertheit, der schon anzumerken ist, daß sie im nächsten Augenblick durch andere Informationen weggewischt wird" (ebd.). Im Gegensatz zur modernen „Erfahrungsarmut", in der Benjamin eine Möglichkeit sah und deren Reflexivität er methodologisch durchdacht ausarbeitete und die er anhand der Textualisierung seiner eigenen Bildungsprozesse immer wieder real einzuspielen vermochte (vgl. Hörster 1992), denkt Halbbildung nicht über sich selbst nach. Sie beschlagnahme „fetischistisch die Kulturgüter als Besitz", stehe andererseits „immerzu auf dem Sprung sie zu zerschlagen" (Adorno 1975, S. 89). Adorno sieht die tendenziell totalitär werdende Halbbildung im cultural lag angesiedelt, in dem „immense Schichten ermutigt" würden, „Bildung zu prätendieren, die sie nicht haben" (a.a.O., S. 83). Halbbildung ignoriert so, im Gegensatz zur „Erfahrungsarmut", den Einschnitt des Bildungsproblems im 20. Jahrhundert. – Heydorn sieht ähnlich wie Adorno den Prozeß sich in einem Verbund zuspitzen von „Irrationalismus und Technologie, Autorität und kollektivem Minderwertigkeitskomplexveitstanz, elitärer Hypertrophie der Halbbildung und sozialdarwinistischer

48

Anpassung" (Heydorn 1979, S. 211), der geradewegs in den Faschismus führe. Für Assmann werden in sehr widersprüchlicher Weise kulturelle Werte gleichzeitig verwissenschaftlicht und heiliggesprochen. Im Gegensatz zu Heydorn und Adorno, denen das Bildungsideal der deutschen Klassik auch nach dem Holocaust immer noch als Maßstab ihrer Kritik diente, sieht Assmann diese Idee zerstört: „Vor diesem Einbruch des Grauens in die deutsche Geschichte verstummt die Bildung. Sie läßt sich nicht als Tradition beerben, sie ist vielmehr als Teil der deutschen Geschichte zu erinnern" (Assmann 1993, S. 111). Bollenbeck umgekehrt argumentiert, daß die Kontinuität des deutschen Diskurses zum Nationalsozialismus zwar geistesgeschichtlich erwogen werden könne, aber nicht historiographisch: Sie werde „der widersprüchlichen Verwendungsgeschichte des Deutungsmusters wie auch der widersprüchlichen Geschichte seiner Trägerschicht, des Bildungsbürgertums, nicht gerecht" (Bollenbeck 1994, S. 165). Überdies läßt sich im Anschluß an Bollenbeck behaupten, daß die Wertung der sehr spezifischen Verschränkung von „Bildung" und eng begriffener „Kultur" im deutschen Diskurs noch kein Präjudiz sein kann für die Beurteilung einer Bildung, die sich in anderer Weise mit anderen Topoi in anderen Kontexten verbindet.

3. Bildung und die Pluralität der Kulturen heute

Auch wenn der fortwährende Wandel der Wissenschaft, der wirtschaftlich sozialen Umwelt, der modernen Kommunikationsmittel und des Bildungswesens selbst manchen nach gegenmodernen Haltepunkten greifen läßt, so kann man Bildung heute schlechterdings nicht mehr auf die enge „höhere", eventuell gar mit Idealen der griechischen Antike versetzten Kultur als das Medium ihrer Verwirklichung beziehen. Es bleibt nichts anderes übrig, als das zu tun, was die Professoren des Collége de France in ihren „auf Wunsch des Präsidenten der Republik" erarbeiteten „Vorschlägen für das Bildungswesen der Zukunft" 1985 formuliert haben: „Immer neues Wissen anzueignen und mit immer neuen Situationen zurechtzukommen" (Collége de France 1987, S. 253) und dabei diese allgemeine Zielsetzung ständig in dem zu bestimmen, was sie jeweils in Abhängigkeit von den konkreten Wandlungsprozessen bedeute. Die einzige universelle Grundlage, auf die Bildung gestellt werden könne, bestehe in der Einsicht, daß, da sie selbst geschichtlich sei, ihr immer auch Willkürliches anhafte: „Es ginge also um eine Verdeutlichung dieses Arbiträren und um die Entwicklung der Mittel, andersartige Kulturformen zu verstehen und zu akzeptieren; daher die Notwendigkeit, die historische Begründung aller Kulturleistungen einschließlich der Leistungen der Wissenschaft zu unterstreichen" (ebd., S. 256f.). Die Professoren möchten einerseits ethnozentrische Vorstellungen der Geschichte verabschieden und überdies gleichzeitig der „einen universellen Rationalität der Wissenschaft vertrauen" (ebd., S. 259). Sie wenden sich gegen jegliche Hierarchisierung von Praxis- und Wissensformen und wollen vielfältig unterschiedlichen und eigenständigen Hierarchien der Kompetenz zur sozialen Anerkennung verhelfen. Der Ausgangspunkt der „Vorschläge" ist folgender: Die Verfasser vermuten eine „angsterregende Leere am Fundament des Bildungswesens" (ebd, S.

Die universelle
Grundlage der Bildung
heute

49

254). Sie animiere zum Rückschritt. Diese „angsterregende Leere" strukturieren sie nun aber mit ihren Ratschlägen gerade positiv. Sie versuchen die in dieser Situation gegebene alltägliche Ungewißheit und Unbestimmtheit zu bedenken und aus ihr Konsequenzen zu ziehen. Sie plazieren sich damit an einen sozialen und zeitlichen Ort der Argumentation, der in den unterschiedlichen aktuellen bildungstheoretischen Perspektiven als der entscheidende herausgearbeitet wird: zum Beispiel bei Sünkel (1990), der die ungewisse Situation des offenen Anfangs in der Erziehung und Bildung rekonstruiert, bei Schwemmer (1987), der eine lebendige und gegenüber der tatsächlichen, Neues produzierenden Kultur offene Kulturwissenschaft zu konzipieren versucht; bei Winkler, der darlegt, inwiefern die jüngere Generation nichts vorfindet, das „durch Tradition gesichert wäre. Sie steht dem Neuen in der Situation des Erstanfangs gegenüber" (Winkler 1988, S. 119); und bei Prengel, die in bildungstheoretischer Perspektive „Elemente einer Pädagogik der Vielfalt" (Prengel 1993, S. 183) zusammenstellt. Diesen Ort in sachlicher Hinsicht präzise einzukreisen und zu verdeutlichen, das gelingt Marotzki: Kategorien der „Erfahrungsverarbeitung" aufzubauen erfordert für ihn „einen versuchend erprobenden Umgang mit möglichen Kategorien" (Marotzki 1988, S. 329). Pointiert bedenkt er die Wirkungen, falls dies nicht geschehen sollte: „Je stärker Bildung die Herstellung von Bestimmtheit betont, je mehr also Unbestimmtheit in die Latenz abgedrängt wird, desto schwieriger wird es sein, eingefahrene Routinen aufzugeben. Angst resultiert daraus, daß ein Objekt überstark besetzt ist, diese Besetzung abgezogen werden soll, aber kein Ersatzobjekt vorhanden ist, das schnell als Funktionsäquivalent auftreten könnte" (Marotzki, ebd., S. 330). Schließlich hat Benner, angeregt durch ein autobiographisches Bruchstück W.von Humboldts, gezeigt, inwiefern die Wirkungsgeschichte des Bildungsideals nicht identisch ist mit Humboldts eigener Perspektive: „Nach Humboldt können nur solche Tätigkeiten bildend wirken, die eine Hinwendung zu Fremdem, noch Unbekanntem so gestatten, daß wir uns selbst fremd werden und Neues so lernen, daß von dem Neu – Erfahrenen Anregungen zu fortschreitender Entfremdung und Weltaneignung ausgehen können" (Benner 1990, S. 117).

Die alltäglichen Situationen der Unbestimmtheit, der Ungewißheit, des Fremdseins, des Anfangens in einer Mannigfaltigkeit spezifischer Rationalitäten und in einer Pluralität von Kulturen, werden in all diesen Positionen als Bildungschance gefaßt – in eben jener Weise positiv, in der wir dies auch bei Benjamin beobachten können. Eine bildungstheoretisch gerichtete empirische Erziehungswissenschaft (vgl. Tenorth 1988b) befragt die Texte, in denen sich das Spiel dieser Situationen preisgibt, sei es in Form von Biographieforschung (Krüger/Marotzki 1995), pädagogischer Kasuistik (Müller 1993) oder praxeologischer Empirie (Benner 1978; Hörster 1995), als Möglichkeiten lebensweltlicher Sinnkonstitution bzw. diskursiver Strukturierung des pädagogischen Feldes. Sie umfährt dabei die biographischen und beruflichen Orte der Bildungslandschaft oder rekonstruiert Diagramme pädagogischer Wagnisse; sie tut dies in demjenigen Medium, das wir immer schon vorfinden und in dem sich die Erfahrung stets dann aufs Neue zu bilden vermag, wenn die überstarke Besetzung alter Bildungsgüter aufgegeben werden konnte: im Medium eines Bündels von Zeichen und Anzeichen, im Medium der Sprache. *Wie* die alltägliche Gewohnheit und die

50

Neukonstitution der Erfahrung gleichzeitig als Gegensätze in Bildung höchst profan zusammenfallen und wie die Leute mit einer solchen Nötigung der Bildung gemeinsam, beratschlagend und nachdenkend umgehen, die Spuren davon können dann in einer derartigen Forschung *gezeigt* und reproduziert werden. Eine so verstandene Bildungs – Forschung ist also selbst am Vorgang der Profanisierung der Bildungsgüter beteiligt.

Literatur

Adorno, T. W.: Theorie der Halbbildung. In: Gesellschaftstheorie und Kulturkritik, Frankfurt a.M. 1975, S. 66-94.

Assmann, A.: Arbeit am nationalen Gedächtnis. Eine kurze Geschichte der deutschen Bildungsidee, Frankfurt a.M. 1993.

Benjamin, W.: Erfahrung und Armut. Ders.: Gesammelte Schriften II. 1. (Werksausgabe Band 4), hrsg. v. Tiedemann, R./Schweppenhäuser, H., Frankfurt a. M. 1980 (1933), S. 213-219.

Benner, D.: Hauptströmungen der Erziehungswissenschaft. Eine Systematik traditioneller und moderner Theorien. München ²1978.

Benner, D.: Wilhelm v. Humboldts Bildungstheorie. Eine problemgeschichtliche Studie zum Begründungszusammenhang neuzeitlicher Bildungsreform, Weinheim/München 1990.

Collége De France: Vorschläge für das Bildungswesen der Zukunft. In: Müller-Rolli (Hrsg.): Das Bildungswesen der Zukunft, Stuttgart 1987, S. 253-282.

Berg, C./Herrmann, U.: Einleitung – Industriegesellschaft und Kulturkrise. Ambivalenzen des 2. deutschen Kaiserreichs 1870-1918. In: Handbuch der Bildungsgeschichte Bd. IV 1870 – 1918. Von der Reichsgründung bis zum Ende des 1. Weltkrieges, München 1991.

Bollenbeck, G.: Bildung und Kultur. Glanz und Elend eines deutschen Deutungsmusters, Frankfurt a.M./Leipzig 1994.

Hebel, K./Porath, K.: Philosophie der Bildung. Zum philosophischen Ort von Welt- und Selbstbildung bei F. Nietzsche. In: Hansmann, O./Marotzki, W. (Hrsg.): Diskurs Bildungstheorie II: Problemgeschichtliche Orientierungen, Weinheim 1989, S. 208-248.

Hegel, G. W. F.: Phänomenologie des Geistes, Frankfurt 1975.

Heller, A.: Das Alltagsleben. Versuch einer Erklärung der individuellen Reproduktion, hrsg. von H. Joas, Frankfurt a.M. 1978.

Heydorn , H. J.: Über den Widerspruch von Bildung und Herrschaft. Bildungstheoretische Schriften Band 2, Frankfurt a. M. 1979.

Hörster, R.: Zur Methodologie des Barbarentums bei Walter Benjamin. In: Marotzki, W./ Sünker, H.: (Hrsg.): Kritische Erziehungswissenschaft – Moderne – Postmoderne Band 1, Weinheim 1992, S. 303- 315.

Hörster, R.: Das Problem des Anfangs in der Sozialerziehung. In: Neue Praxis (1995), S. 2-11.

Humboldt, W. v.: Der Königsberger und der Litauische Schulplan. In: Ders.: Werke in fünf Bänden, Band IV. Schriften zur Politik und zum Bildungswesen hrsg. von Flitner, A./Giel, K., Darmstadt 1964 (1809), S. 168-195.

Humboldt, W. v.: Theorie der Bildung des Menschen. Bruchstück. In: Ders.: Werke in fünf Bänden, Band I. Schriften zur Anthropologie und Geschichte. Hrsg. von A. Flitner und K. Giel, Darmstadt 1960 (1794), S. 234-240.

Humboldt, v. W.: Über die Verschiedenheit des menschlichen Sprachbaus und ihren Einfluß auf die geistige Entwicklung des Menschengeschlechts. In: Ders.: Werke in fünf Bänden, Band III. Schriften zur Sprachphilosophie, Hrsg. von A.Flitner und K.Giel, Darmstadt 1963, S.368-756.

Jeismann, K. E:: Einleitung. Zur Bedeutung der „Bildung" im 19. Jahrhundert. In: Handbuch der deutschen Bildungsgeschichte Bd. III 1800 – 1870. Von der Neuordnung Deutschlands bis zur Gründung des Deutschen Reiches. Hrsg. v. Ders./Lundgreen, P. München 1987. S. 1-21.

Klafki, W.: Neue Studien zur Bildungstheorie und Didaktik. Zeitgemäße Allgemeinbildung und kritisch-konstruktive Didaktik, Weinheim/Basel 1994.

Klafki, W.: Studien zur Bildungstheorie und Didaktik, Weinheim 1964.

Kosellek, R.: Einleitung zur anthropologischen und semantischen Struktur der Bildung. In: Ders. (Hrsg.): Bildungsbürgertum im 19. Jahrhundert Teil II. Bildungsgüter und Bildungswissen, Stuttgart 1990, S. 11-46.

Krüger, H.H./Marotzki, W. (Hrsg.): Erziehungswissenschaftliche Biographieforschung, Opladen 1995.

Lyotard, J. F.: Das postmoderne Wissen. Ein Bericht, Graz-Wien 1986.

Lyotard, J. F.: Zeit heute. In: Meier, H. (Hrsg.): Zur Diagnose der Moderne. München 1990, S. 149-172 .

De Man, P.: Allegorien des Lesens, Frankfurt a. M. 1988.

Marotzki, W.: Bildung als Herstellung von Bestimmtheit und Ermöglichung von Unbestimmtheit. Psychoanalytisch-lerntheoretisch geleitete Untersuchungen zum Bildungsbegriff in hochkomplexen Gesellschaften. In: Hansmann, O./Marotzki, W. (Hrsg.): Diskurs Bildungstheorie I. Systematische Markierungen, Weinheim 1988, S. 311-333.

Meyer-Drawe, K.: Provokationen eingespielter Aufklärungsgewohnheiten durch „postmodernes Denken". In: Krüger, H. H. (Hrsg.): Abschied von der Aufklärung. Perspektiven der Erziehungswissenschaft, Opladen 1990, S. 81-90.

Müller, B.: Sozialpädagogisches Können. Ein Lehrbuch zur multiperspektivischen Fallarbeit, Freiburg 1993.

Nietzsche, F.: Unzeitgemäße Betrachtungen. In: Ders.: Kritische Studienausgabe in 15 Bänden, hrsg. von Colli, G./ Montinari, M., Berlin – New York 1980.

Pongratz, L. A.: Bildung und Alltagserfahrung – zur Dialektik des Bildungsprozesses als Erfahrungsprozeß. In: Hansmann, O./Marotzki, W. (Hrsg.): Diskurs Bildungstheorie I: Systematische Markierungen, Weinheim 1988, S. 293-310.

Prengel, A.: Pädagogik der Vielfalt, Opladen 1993.

Sünkel, W.: Die Situation des offenen Anfangs der Erziehung, mit Seitenblicken auf Pestalozzi und Makarenko. In: Zeitschrift für Pädagogik 36 (1990), Heft 3, S. 297-304.

Sünker, H.: Bildung, Alltag und Subjektivität, Elemente zu einer Theorie der Sozialpädagogik, Weinheim 1989.

Schiller, F.: Über die ästhetische Erziehung des Menschen, Stuttgart 1965 (1795).

Schmid, P.: „... da werden Weiber zu Hyänen". In: Sozialwissenschaftliche Literaturrundschau (1988), Heft 17, S. 7-18.

Schwemmer, O.: Die Vielfalt der Kulturen und die Einheit der Wissenschaft. In: Müller-Rolli, S. (Hrsg.): Das Bildungswesen der Zukunft, Stuttgart 1987. S. 52-73.

Tenorth, H. E.: Geschichte der Erziehung. Einführung in die Grundzüge der neuzeitlichen Entwicklung, Weinheim/München 1988 a.

Tenorth, H. E.: Das Allgemeine der Bildung. Überlegungen aus der Perspektive der Erziehungswissenschaft. In: Hansmann, O./Marotzki, W. (Hrsg.): Diskurs Bildungstheorie I. Systematische Markierungen, Weinheim 1988 b, S. 241-267.

Turner, R. S. Universitäten. In: Handbuch der deutschen Bildungsgeschichte Bd. III 1800-1870. Von der Neuordnung Deutschlands bis zur Gründung des Deutschen Reiches. Hrsg. von Jeismann, K. E./Lundgreen P., München 1987, S. 221-249.

Weingart, P.: Wissensproduktion und soziale Struktur, Frankfurt a. M. 1976

Weniger, E.: Die Theorie der Bildungsinhalte und des Lehrplans, Weinheim o. J.

Winkler, M.: Eine Theorie der Sozialpädagogik, Stuttgart 1988

II. 3. Erziehung

Michael Winkler

Inhalt

1. Die Unsicherheit mit der Erziehung

Der Begriff der Erziehung und der mit ihm gemeinte Sachverhalt sind umstritten – vermutlich zuallererst, weil ein jeder zumindest die eigene Erziehung erfahren hat, sie dementsprechend mit Leidenschaft oder Ressentiment, jedenfalls kaum mit nüchterner Gelassenheit sieht. So wird Erziehung schon im Alltag einerseits mit der Selbstverständlichkeit eines gewöhnlichen Lebenssachverhalts als Leistung von Familien, dann im Rahmen institutioneller Betreuungsverhältnisse erwartet; sie gilt als unumgänglich, wobei sich häufig die Hoffnung auf sie richtet, soziale oder auch individuelle Erwartungen zu verwirklichen. Andererseits leiden gerade Eltern unter tiefer Verunsicherung. Vor dem Hintergrund eines sozialen und kulturellen Wandels, in welchem sich soziokulturelle und moralische Milieus auflösen, wirkt der Verlust von Normen und Orientierungen in Erziehungsverhältnissen besonders dramatisch, zumal der Rückgriff auf das in Medien ausgebreitete Expertenwissen die traditionsgestützten Vorstellungen von Erziehung und die Intuitionen über diese zusätzlich zersetzt.

Verunsicherung von Eltern

53

Eine ähnliche Mehrdeutigkeit findet sich in den öffentlichen Diskursen, zumal in den politischen Großdebatten: Zwar begegnet das Verlangen nach sozialer Unterstützung von Erziehung weitreichender Ablehnung – Kinder, so lautet die resignative Formel, haben eben keine Lobby, schon gar nicht im Steuerrecht.

Beseitigung sozialer Spannung

Zugleich führen jedoch gesellschaftliche Spannungen rasch zu der (meist eher ordnungspolitisch motivierten) Forderung, Erziehung möge Defizite des sozialen Miteinanders beseitigen oder kulturelle Verkehrsformen habituell verankern. So wird gegenwärtig eine neue Werteerziehung eingeklagt, die sogar nationale Identität begründen soll. Dabei irritiert allerdings, daß Vorstellungen wie Gerechtigkeit, Altruismus oder gar Humanismus keine Rolle spielen; auch die neuzeitliche Idee des frei und verantwortlich handelnden Subjekts gilt wohl nur in ihrer marktwirtschaftlichen Verkürzung. Doch hängt dies möglicherweise auch damit zusammen, daß die Verfechter solcher Werte Ideenpolitik meiden und für sie nicht offensiv einstehen.

Somit läßt sich eine paradoxe Situation konstatieren: Auf der einen Seite steht ein wachsendes Interesse an Erziehung; allein die populäre Literatur läßt sich kaum mehr überblicken, die gelegentlich sogar – wie Axel Hackes „Kleiner Erziehungsratgeber" – in die Bestseller-Listen einzieht. Andererseits verliert der Erziehungsbegriff selbst seine Konturen; sichtbar wird dies noch an dem Erfolg der Antipädagogik, die ungeniert pädagogische Grundbegriffe – wie den des „Unterstützens" – gegen die Erziehung ins Feld führt (vgl. von Schoenebeck

Auflösung der pädagogischen Sprache

1982). So lösen sich aber die in der pädagogischen Sprache und ihrem Sinnzusammenhang gegebenen Unterscheidungsmöglichkeiten auf, mit welchen Problem und Sache der Erziehung thematisiert und verstanden werden könnten.

Eigentümlicherweise treten jedoch die für Begriff und Sache der Erziehung charakteristischen Spannungen am deutlichsten in der mit ihr befaßten Disziplin und den durch sie akademisch ausgebildeten Professionen auf: Während sie in ihrer Entstehungsphase zu Beginn des 20. Jahrhunderts gestützt auf die pädagogische Reformbewegung noch eine „gemeinsame Idee" als „das eigentliche Geheimnis und den Sinn des erzieherischen Willens" (Nohl 1949, S. 249) für verbindlich hielten und einen „pädagogischen Grundgedankengang" (Flitner 1950/1983, S. 123) voraussetzten, halten sie heute den Begriff der Erziehung für „revisionsbedürftig" (vgl. Mollenhauer 1989, S. 129 ff.) oder verwerfen ihn ganz. Erziehungswissenschaft befaßt sich eher mit Pathologien des Erziehens oder richtet ihre Aufmerksamkeit auf die pädagogischen Institutionen. Dabei zieht sie die Begriffe „pädagogisches Handeln", „Interaktion", „Unterricht", „Sozialisation", zuweilen auch schon „Information" vor. Zugleich gewinnt der Begriff der „Bildung" neue Akzeptanz, der noch Ende der sechziger Jahre als konservativ und idealistisch galt, nun aber aus der Aporie des Erziehungsbegriffs herausführen soll, Mündigkeit zu versprechen, ohne sie selbst schon verwirklichen zu können. Professionelle Orientierungen beruhen allerdings inzwischen ohnedies vornehmlich auf psychologischen Konzeptionen; schließlich breiten sich auch psychiatrische und medizinische Vorstellungen aus, in deren Folge das Verhalten von Kindern auch medikamentös beeinflußt wird.

Fehlende Tatbestandsgesinnung

Dieses Fehlen eines Grundverständnisses in der Erziehungswissenschaft bestärkt nicht nur den schon von Siegfried Bernfeld ausgesprochenen Verdacht einer unzureichenden Tatbestandsgesinnung in ihr, sondern nimmt ihr noch die

Möglichkeit, in ihrer Ausbildung Orientierung zu geben: Ohne Wissen um Merkmale und Eigenschaften von Erziehung, ohne sachlich gerechtfertigte Maßstäbe können jedoch weder der Erziehungssachverhalt in seiner jeweils konkreten Gestalt identifiziert, noch ein fachliches Handeln angeleitet werden. Eine Beobachtung und Analyse der Erziehungswirklichkeit finden daher kaum statt. Theorien der Erziehung beschränken sich vielmehr meist auf anthropologische Erwägungen, die das „Wesen" der Erziehung festhalten wollen, dabei kaum mehr als Privatmeinungen mit appellativem Charakter ausdrücken, um diffuse Sinnbedürfnisse zu befriedigen.

Schon in den siebziger Jahren hatte ein wissenschaftstheoretisch geschärftes Bewußtsein deshalb zu Versuchen geführt, diese unbefriedigende Situation zu überwinden: Im Kontext des empirisch-analytischen Wissenschaftsverständnisses versuchte Wolfgang Brezinka auf der Grundlage des alltäglich vertrauten Verständnisses als Erziehung formal „Handlungen" zu definieren, „durch die Menschen versuchen, die Persönlichkeit in irgendeiner Weise zu fördern" (Brezinka 1974, S. 95). Allerdings löste er sich dabei selbst etwa im Begriff der Persönlichkeit keineswegs von metaphysischen Voraussetzungen; zugleich wurde von ihm die Unterscheidung zwischen – um die auf Ernst Krieck zurückgehenden Termini zu verwenden – funktionaler, also durch die gesellschaftlichen Verhältnisse bewirkter, und intentionaler, mithin von ErzieherInnen absichtsvoll ausgeübter Erziehung, überbewertet. So gelang ihm weder die Operationalisierung des Erziehungsbegriffs, noch näherte sich der Erfahrung von Erziehung als einem interaktiven Geschehen.

Funktionale und intentionale Erziehung

Dieses suchten dagegen jene Ansätze zu berücksichtigen, die im Anschluß an die Theorie des symbolischen Interaktionismus eine kritische Sozialwissenschaft von der Erziehung begründen. Sie sehen sich dem Anspruch der Mündigkeit des Subjekts verpflichtet: Erziehung müsse als „Emanzipation" begriffen, daher stets im Kontext von sozialen und politischen Bedingungen bedacht werden (vgl. Mollenhauer 1971, 1972). Doch hat Klaus Mollenhauer, einer der Protagonisten dieses Ansatzes, später in der Erinnerung an „Vergessene Zusammenhänge" als fatal eingestanden, daß dabei die Tradition des Denkens über Erziehung beiseite geschoben wurde (vgl. Mollenhauer 1983).

Symbolischer Interaktionismus

Zu den Eigentümlichkeiten des erziehungswissenschaftlichen Umganges mit der Erziehung gehört allerdings, daß eine inhaltliche Auseinandersetzung mit beiden Ansätzen kaum stattgefunden hat. Mehr noch: Das Thema Erziehung geriet – mit Ausnahme der Frage nach ihren geschlechtsspezifischen Dimensionen – soweit aus dem Blick, daß das „Ende der Erziehung" proklamiert und darin sogar neue Chancen für Familie und Schule gesehen wurden, weil so die durch die „Pädagogisierung der Gesellschaft" vorangetriebene Infantilisierung der Erwachsenen und der Kinder aufgehalten werde (vgl. Giesecke 1985). Erst in der Rezeption Kohlbergs wurde wenigstens das Problem der „moralischen Erziehung" erneut aufgenommen. Sieht man aber von Walter Herzogs Beschreibung der „Banalität des Guten" in der Erziehung ab (vgl. Herzog 1991), bleibt zumindest ihre Theorie „ein vernachlässigtes Thema" (Oelkers 1991, S. 13ff.).

Pädagogisierung der Gesellschaft

2. Schwierigkeiten bei der Annäherung an Erziehung

Die Hemmungen der Erziehungswissenschaft bei der Auseinandersetzung mit ihrem eigentlichen Gegenstand gründen freilich in der Sache selbst, sie werden allerdings verstärkt durch die praktischen Ambitionen, die das pädagogische Denken nach einfachen Theorien suchen läßt, welche weder dem Begriff der Erziehung noch der Komplexität des mit diesem gemeinten Sachverhalts gerecht werden (vgl. zum Folgenden: Oelkers 1985):

Unsichtbarkeit der Erziehung

– Das entscheidende Hindernis liegt in der *Unsichtbarkeit der Erziehung*. Obwohl die Rede von „der" Erziehung solches nahelegt, stellt sie nämlich kein einfaches, anschaulich aufzeigbares Objekt dar; höchstens ironisch kann man auf Erziehungshandlungen verweisen, ansonsten beschränkt sich ihre Realität auf Schlagrituale. Beobachtung und Verständnis von Erziehung hängen daher von der Bereitschaft ab, diese überhaupt als solche wahrzunehmen; sie setzen eine Form von begrifflich gebundener Vorstellung voraus. Zum anderen bedarf die Beschäftigung mit der Erziehung stets eines Darstellungsmediums, das sogleich das Wissen um sie berührt. Wir können nämlich über sie nur uneigentlich und indirekt mit der Konsequenz reden, daß ihre gegenständliche Identifikation stets von Entschlüsselungs- und Interpretationsleistungen abhängt. So erfahren wir beispielsweise in literarischen Texten, sogar in Kinderbüchern (etwa von Astrid Lindgren) mehr über die Sachstrukturen von Erziehung als in manchem wissenschaftlichem Buch. Allgemein formuliert: Jede Erkenntnis von Erziehung hat konstitutiv mit hermeneutischen Prozessen zu tun, die von einer Realitätsunterstellung ausgehen, zugleich aber ein konzeptionelles Vorverständnis verlangen.

– Nur: Verständigung über Erziehung scheitert regelmäßig daran, daß zwischen dem alltäglichen Gebrauch des Konzepts und dem professionellen eine erhebliche *Diskrepanz* besteht. Es ist überhaupt nicht ausgemacht, daß Eltern, ErzieherInnen und WissenschaftlerInnen von der gleichen Sache reden, wenn sie von Erziehung reden.

Perspektivität von Erziehungsvorstellungen

– Die *Perspektivität von Erziehungsvorstellungen* verzerrt die Wahrnehmung von Erziehung: Aus der Distanz erscheint diese eigentümlich groß und kaum zu bewältigen, während sie jedoch als Vorgang gleichsam so klein wird, daß sie gar nicht mehr gesehen wird. Ohnedies erkennen wir sie vornehmlich antizipierend oder rückblickend: Der Alltag im familiären Haushalt erscheint kaum als Erziehung, selbst professionelle ErzieherInnen beachten das Mittagessen oder das abendliche Bettzeremoniell nicht als Erziehungssituation (vgl. Planungsgruppe Petra 1988). Erst im Nachgang, beim abendlichen Gespräch oder in der Supervision, zeigt sich dann ihr möglicher Erziehungscharakter.

Zieharmonikaeffekt des Erziehungsbegriffs

– Dem entspricht ein *Zieharmonikaeffekt* im Erziehungsbegriff, dessen Bedeutungsumfang unterschiedlich weit gefaßt wird: Im Sinne eines Kollektivsingulars meint er manchmal einen kompliziert verflochtenen Zusammenhang von Strukturen und Handlungen, die in einem Sinnzusammenhang fokussiert werden; oft genug gilt er dagegen wiederum nur einer ganz besonderen, isolierten Aktivität.

– Dabei führt die *Flüchtigkeit der Erziehung* dazu, daß sich ihr Geschehen gar nicht festhalten läßt, sondern als höchst komplexe Mischung von Begebenheiten und Ereignissen von noch unterschiedlicher Dauer nur in Erinnerungsspuren erhalten bleibt. Die häufig anzutreffende Beschränkung des Erziehungsdenkens auf Normen läßt sich deshalb als der Versuch begreifen, dieser Nichtfeststellbarkeit von Erziehung zu entgehen, indem ihre Impulse und Absichten benannt werden.

Flüchtigkeit von Erziehung

– Auf die Entstehung der neuzeitlichen Erziehungsvorstellung geht schließlich zurück, daß zwischen der mit ihr erfaßten Realität und ihrem grundbegrifflich festgehaltenen Ideal eine zuweilen unüberbrückbare Differenz besteht. Es scheint, als ob sich ein *Überschuß an Bestimmungsmerkmalen* findet, die unverrückbare Notwendigkeiten von Erziehung festhalten, während ihre Realität stets hinter die großen Erwartungen zurückfällt. Die Erziehungssemantik verweist also auf einen uneingeholten Möglichkeitshorizont dessen, was zulässig als Erziehung gedacht und „eingehandelt" werden muß – ohne daß dies jedoch stets verwirklicht wäre. Überspitzt formuliert gibt es also gar keine Erziehung, die ihrem Begriff gerecht wird, sondern höchstens unvollkommene Annäherungen an diese.

Übermaß an Erwartungen

– Schließlich muß noch mit einer *doppelten Historizität* gerechnet werden: Die Realität der Erziehung und ihre Begrifflichkeit unterliegen historischen Wandlungen. Das klingt trivial, doch kann deshalb weder ihre historische Identität unterstellt werden, noch ist gewiß, daß sie sich in einem Gleichtakt verändern. Mehr noch: Es gibt Erziehungsdiskurse, in welchen zugleich selbst ein Verhältnis der Begründung oder Kritik zu den Institutionen und Handlungen entsteht, die als Referenten der Erziehungsdiskurse gelten.

Geschichtlichkeit von Begriff und Sache

Diese in erkenntnistheoretischer Hinsicht kritischen Voraussetzungen könnten dazu führen, die Gegenständlichkeit von Erziehung, somit ihre Objektivität zu bestreiten und empirisch gehaltvolle Theorien über sie für unmöglich zu halten. Dies wäre allerdings ein vorschneller Schluß: Denn zum einen legen diese Befunde als eine erste systematisch relevante Einsicht nahe, daß Erziehung an Reflexion und Kommunikation gebunden ist: Die Sache der Erziehung und der Begriff, den sich Menschen von ihr machen, lassen sich nicht trennen; das Studium der Erziehung ist insofern an das des Begriffs der Erziehung gebunden, da dieser als „singulärer Leitbegriff" einen Erfahrungsraum und einen Erwartungshorizont indiziert (vgl. Koselleck 1984, S. 264).

Genauer noch: Zum einen kann man im Sinne einer Realitätsvermutung davon ausgehen, daß es eine Vielzahl von Institutionen und Handlungen gibt, die als solche der Erziehung gesehen werden; wie skeptisch man hierbei auch immer Erziehungsaktivitäten gegenübersteht, insbesondere deren Programmatik in Widerspruch zu den Effekten sieht, so bleibt doch schlicht festzuhalten, daß sie erbracht werden. Zumindest als ein historisches Faktum gilt somit, daß die Menschen einander erziehen. Zum anderen läßt sich als ein empirischer Sachverhalt festhalten, daß es eine beobachtbare Kommunikation gibt, die um den Begriff der Erziehung organisiert wird und ein semantisches Feld konstituiert, das möglicherweise einen festeren Zusammenhang aufweist, als der erste Blick nahelegt. Dabei kann die theoretische Analyse noch an die Beobachtung einer Vielfalt von

Realitätsvermutung von Erziehung

mit dem Begriff verbundenen Vorstellungen anknüpfen. Als ein erstes entscheidendes Merkmal der Sache selbst läßt sich nämlich das empirische Objekt einer an Erziehung interessierten Erziehungswissenschaft vornehmlich in der Kommunikation über Erziehung sehen. Ein solcher Zugang bedeutet allerdings auch, wie Berhard Schwenk hervorgehoben hat, nicht nur den Verzicht auf einen allgemeingültigen Erziehungsbegriff, sondern verpflichtet im Einverständnis mit der verfügbaren Semantik zu einer eigenen, dann selbst zu verantwortenden Begriffsbildung (vgl. Schwenk 1983, S. 389).

Pädagogische Kommunikation als Objekt von Erziehungswissenschaft

3. Das Problem, das die Erfindung von Erziehung löst

Der im Erziehungsphänomen gegebene Zusammenhang von Begriff und Sache verweist systematisch darauf, daß sich Erziehung selbst nicht aus dem Zusammenhang humaner Selbstreflexivität lösen läßt. Insofern hilft der Rückgriff auf anthropologische Bestimmungen nur wenig zu ihrem Verständnis; ihr Begriff kann sich weder auf evolutionsgeschichtliche Gründe für die Herausbildung der Erziehungsleistung (vgl. Liedtke 1972, bes. S. 66ff., Treml 1987, S. 58, 61ff.), noch aber auf die genetisch bedingten Gegebenheiten des Individuums berufen. Er muß sich mit der nur abstrakten Voraussetzung begnügen, eine Leistung der menschlichen Gattung darzustellen, die dann mit einer unendlichen Vielzahl von Phänotypen des Humanen zu rechnen hat (vgl. Asendorpf 1988). Deshalb ist auch der Streit um „Anlage oder Umwelt" eher müßig, weil er weder im allgemeinen der Gattung, noch im besonderen der Individuen das erzieherische Geschehen begründen kann.

Untauglichkeit anthropologischer Begründungen

Im Erziehungssachverhalt schlägt sich der Versuch nieder, eine für die menschliche Gattung spezifische Problemstruktur als sinnhaft zu begreifen und zu lösen. Die Theorie der Erziehung ist mithin angewiesen auf eine Analyse dieser Problemstruktur einerseits, auf die Rekonstruktion der „Semantiken" (vgl. hierzu Luhmann 1982), mit welchen diese als Erziehung gefaßt und in eine soziale Wirklichkeitskonstruktion gebracht wird, weil die sinnhaften Bestimmungen dann selbst zu Handlungsformen als „objektive" Realität von Erziehung führen. Insofern bildet Erziehung aber auch eine *soziale Formation* (Elias 1986), die sich nicht von den Rationalisierungs- und Differenzierungsprozessen neuzeitlicher Gesellschaften lösen läßt. Im historischen Prozeß wird nämlich der elementare Sachverhalt einer besonderen Zuwendung zur jeweils nachfolgenden Generation zunehmend bewußt, in begriffliche Bestimmungen gefaßt und verbunden damit als soziale Funktion ausdifferenziert.

Erziehung im allgemeinsten Sinne des Ausdrucks reagiert demnach im Übergang der biologisch-genetischen zur kulturellen Evolution auf das Problem von Tod und Geburt: Da die menschliche Gattung im Zusammenhang der eigenen physischen Reproduktion ihre natürlichen Lebensbedingungen durch Arbeit verändert und gestaltet, anverwandelt sie diese zu kulturellen Voraussetzungen und Bedingungen ihrer selbst, die sich nicht genetisch vererben. Die Existenz der menschlichen Gattung als solcher zeichnet vielmehr als Resultat ihres dem eigenen Erhalt dienenden Arbeitsprozesses ein außerhalb ihrer physischen Verfas-

Reaktion auf Geburts- und Todesproblem

58

sung liegendes, selbsterzeugtes Gattungswesen aus, das zugleich als – in jeder Hinsicht des Wortes – Lebensmittel dient. Deshalb gilt die Menschheit nicht nur – wie der Prometheus-Mythos erzählt – als ihr eigener Schöpfer. Sie muß sich vielmehr mit Notwendigkeit auf dieses externe Gattungswesen, somit auf die durch Arbeit veränderten Naturbedingungen und die in ihm objektivierten Lebensformen und -inhalte, also auf Handlungsweisen, Techniken, Regeln, auf Kunst, Sprache, kollektive Überzeugungen usw., beziehen.

Um die Gattung über den physischen Tod ihrer Mitglieder hinaus zu erhalten, entsteht – als Folge des biologischen, gleichwohl ethisch verpflichtenden Prinzips zur Lebenserhaltung – eine gesonderte Tätigkeit, welche dieses *geschichtlich-gesellschaftliche Erbe* erhält; insofern erscheint – so Wilhelm Dilthey und Otto Willmann – die Erziehungstätigkeit als eine gesellschaftliche Funktion. Dabei stellt sich Erziehung zunächst als Vermittlung des nichtgenetischen Erbes durch die ältere Generation an die jüngere dar. Aber: Die kultürlichen Voraussetzungen der menschlichen Existenz bleiben dabei keineswegs konstant, sondern werden mit zunehmender Geschwindigkeit verändert. Sie gewinnen sogar eine Eigendynamik gegenüber menschlichen Absichten, die durch systematisierte Lernprozesse beschleunigt wird, weil diese die Erfahrung des Mißlingens tilgen und die Kumulation von Wissen ermöglichen. Sie werden also zur Grundlage einer kulturellen Evolution, die ihrerseits den Zwang zur Erziehungsleistung verstärkt, weil nun Gesellschaft gleichsam „älter", die Differenz zwischen sozialen Anforderungen und Individuen immer größer wird. Daher verlängert sich die Dauer von Erziehung (und Ausbildung) ständig.

Als Antwort auf ein Geburtsproblem zeigt sich Erziehung dagegen nicht nur, weil Menschen aufgrund ihres Status einer Frühgeburt der Zuwendung, Pflege, somit der „allseitigen Besorgung" (Pestalozzi) bedürfen. Vielmehr werden sie in eine geschichtliche, gesellschaftlich determinierte, vor allem aber kulturell kodierte Welt hineingeboren, die sich nicht unmittelbar selbst expliziert. In dieser entwickeln sich Menschen zwar nach biologischen Prinzipien und nach eigenen „Bauplänen" (Montessori), gleichwohl aber in Interaktion mit ihren Lebensbedingungen, so daß Erziehung – mit den Worten Siegfried Bernfelds – auch als „die Summe aller Reaktionen einer Gesellschaft auf die Entwicklungstatsache" gefaßt werden kann (Bernfeld 1973, S. 51). Dabei wirken kultürliche Bedingungen, die selbst noch Gegenstand von Reflexion werden – wie die Verbesserung von Hygiene- und Nahrungsstandards – bis in die physische Organisation der Individuen.

Wenngleich gilt, daß sich die jüngere Generation in der Aneignung ihrer – im weitesten Sinne des Ausdrucks – Umwelt selbsttätig bildet, bleibt ihr bei aller genetisch bedingten Ausstattung das Menschenwerk in ihrer Umwelt nicht nur fremd, sondern eigentlich bedeutungslos, in vielfacher Hinsicht sogar bedrohlich. Weil Gesellschaften wesentlich symbolisch strukturiert sind, die Verbindung von Zeichen und deren Bedeutung jedoch willkürlich ist, kann die Aneignungtätigkeit seitens der jüngeren Generation zwar in eine neue Gebrauchsweise der objektiven Umwelt führen, ermöglicht ihr jedoch weder die Kenntnis der mit diesen schon verbundenen Bedeutungen, noch die Fähigkeit, angemessen mit den Erfindungen der Menschheit umzugehen; selbst der Gebrauch einfacher Werkzeuge bedarf der Erläuterung. Erziehung stellt also der Aneignungtätigkeit

Zugang zu Symbolen und sozialen Bedeutungen

59

der jungen Generation gleichsam jene Grammatik der Lebenswelt zur Verfügung, die den andernfalls unverständlichen Tätigkeiten zugrunde liegt – wobei sie erlaubt, daß die junge Generation selbst schon Neues, noch nicht Dagewesenes hervorbringt. Allerdings: Mit der Etablierung einer besonderen, allein auf die jüngere Generation gerichteten Aktivität hat die Menschheit ihre Unschuld in Sachen Erziehung verloren und setzt diese unvermeidlich voraus. Die Frage nach der Erziehung kann dann nur mehr als Faktenfrage, nicht mehr als Rechtfertigungsproblem gestellt werden.

4. Wie die neuzeitliche Gesellschaft die Problemstruktur der Erziehung überformt

Gesellschaftliche Reproduktion
Initiationsritus

Offensichtlich kennen alle Gesellschaften Aktivitäten, um den Bestand an kollektiven Gütern – in materieller und in ideeller Hinsicht – zu sichern, indem deren Aneignungs- und Vermittlungsprozesse organisiert werden. Diese Funktion der *gesellschaftlichen Reproduktion* wird regelmäßig damit verbunden, daß selbst noch ein meist rituell gestaltetes Ereignis den Eintritt in die Welt der Erwachsenen symbolisiert. Die Urform der Erziehung bilden daher Initiationsriten, die nicht bloß an der Trennungslinie von Nicht-Erwachsenen und Erwachsenen, sondern vor allem an jener vollzogen werden, welche das Weltliche und das Religiöse, vielleicht auch die unmittelbare Zuwendung zum Dasein und den Bezug auf Transzendenz voneinander trennen (vgl. Alt 1956). Dieses symbolische Ereignis zeugt von einer besonderen Handlung, die als „Erziehung" dann gefaßt werden kann. Obwohl also noch lange im Alltag Arbeit, Leben und Erziehen ungeschieden bleiben, zeigt sich doch schon früh eine *systematische* Differenz dieser Tätigkeiten: Wer ein Kind auf etwas aufmerksam macht, muß unweigerlich die eigene Arbeit unterbrechen, um es zu „erziehen".

Weil die Polisdemokratie der griechischen Antike abstraktere Muster der Verhaltensregelung voraussetzt und zugleich die Lebensform der „theoria" Anforderungen an das kognitive und reflexive Vermögen stellt, richten ihre Denker besondere Aufmerksamkeit auf diese Differenz, die sie im Begriff der „paideia" unhintergehbar in den europäischen Denkhorizont einschreiben. Platon und Aristoteles identifizieren die soziale Funktionalität des Geschehens noch durch Normierung sogar der Zeugung, machen dann die eigenen Problem- und Sachstrukturen des Erziehungsgeschehens etwa in dem berühmten „Höhlengleichnis" zum Thema. Doch ein systematisches Bewußtsein von der Bedeutung der Erziehung entsteht offensichtlich erst mit der beginnenden Neuzeit. Als symptomatisch dafür kann noch die Wortgeschichte gelten. So präzisieren das Reformationsdenken, insbesondere Martin Luther, das seit dem achten Jahrhundert nachweisbare althochdeutsche Wort „irziohan", indem sie dessen Bedeutung des „Herausziehens" mit der des lateinischen „educare" verbinden und mit einem theologischen Sinn versehen. Erziehung gewinnt nun eine heilsgeschichtliche Bedeutung, die sie erst in der Gegenwart verliert. Sie wird Voraussetzung und Zentrum menschlicher Verwirklichung in göttlicher Anerkennung. Zugleich entstehen die zwei fundamentalen Modelle, in welchen der Erziehungssachver-

Paideia

Reformation

60

halt bis heute strukturell aufgefaßt wird: *Einerseits* bildet sich unter dem Einfluß des Humanismus der Renaissance aus der mittelalterlich-höfischen Tradition heraus das Ideal der Hofmeister-Erziehung. Der für sie verbindliche Zusammenhang zwischen äußerem Verhalten, Zivilisiertheit und innerer Haltung wird in einem dyadischen Erzieher-Zögling-Verhältnis hergestellt, das den Prototyp der individualistischen Erziehung darstellt, der von Rousseau ebenso verwendet, wie in die Theorie des „pädagogischen Bezugs" aufgenommen wird (vgl. Sünkel 1994, S. 11ff.). *Andererseits* entsteht in der durch den 30jährigen Krieg geprägten Krisenzeit des 17. Jahrhunderts und als Antwort auf den Rationalismus etwa eines Descartes die uns bis heute vertraute *soziale Figuration* einer stets reflexiv einbehaltenen Erziehung. Vor allem der böhmische Bischof Comenius steht für diese Neufassung der Realität und des Begriffs der Erziehung. Das Problem der Erziehung zeigt sich nun vor dem Hintergrund der Veränderungen auf dem Weg zur bürgerlichen Gesellschaft, in welchen die „unterschwelligen Themen der Moderne" und ihre „unerkannten Aufgaben" (Toulmin 1991) anklingen:

Hofmeistererziehung

Soziale Figuration von Erziehung

– Erziehung findet ihre konstitutiven Bezugspunkte in der Steigerung der Komplexität von Welt und dem Unsichtbarwerden von Gesellschaft, mithin im Verschwinden der sinnlich wahrnehmbaren Gliederung der Ständegesellschaft. Im Einzelnen, der zunehmend in seiner Individualität hervortritt, müssen deshalb moralische Dispositionen für das Soziale geschaffen werden, denen er frei gehorcht. Es geht um den durch Zivilisierung, Kultivierung und Moralisierung hergestellten Zwang zum Selbstzwang als Bedingung sozialer Ordnung (vgl. Elias 1991).

Komplexität von unsichtbarer Gesellschaft

Selbstzwang

– Dabei besteht die Notwendigkeit, sich ein Fremdes individuell anzueignen, es für sich zu verstehen, verbindlich zu machen und gleichwohl neu zu formulieren. Sie zeigt sich durchaus empirisch, denn der Buchdruck erzeugt auf kollektiver Ebene ein neues Selbstverhältnis des Menschen zu sich selbst, weil dieser nun mit einer in schriftlichen Texten objektivierten Gestalt von sozialen Gütern konfrontiert wird (vgl. Goody/Watt 1981, S. 95). Deren Verständnis setzt jedoch eine unterrichtliche Vorbereitung in der Technik des Lesens, wie auch die Einstellung voraus, sich selbst zu informieren und das so Aufgenommene als für das eigene Leben relevant zu entschlüsseln (vgl. Comenius 1961, 1959; Giesecke 1991).

Buchdruck

– Dem korrespondiert die Aufgabe, einen innerpsychischen Kontrollapparat zu errichten, die nicht zu trennen ist von der Entstehung des staatlichen Machtmonopols (vgl. Elias 1977). Das birgt zunächst die Aufgabe, die Haut des Individuums zu durchdringen, um in seine Seele zu gelangen, das Individuum in seiner inneren Verfaßtheit unmerklich zu disziplinieren – und sei es, wie August Hermann Francke verlangt, durch ständige Beobachtung der Kinder. Insofern gibt es eine Parallelität zwischen der Evolution des Erziehungsbewußtseins, der Disziplinargeschichte (vgl. Foucault 1976), aber auch der Entwicklung des hygienischen Denkens (vgl. Vigarello 1988) und der Entfaltung psychotherapeutischer Konzepte (vgl. Ellenberger 1985). Stets geht es darum, die Grenze der Leiblichkeit des Individuums zu überschreiten, um Verhaltensstandards einzubetten, die man doch nicht unmittelbar überprüfen kann. Dabei beruht die Wirksamkeit der sozialen Kontrolle auf der Vorwegnahme ihres möglichen Eingreifens: Die Furcht vor ihr muß

Zusammenhang von Erziehungsbewußtsein, Disziplinierung und Hygiene

als Über-Ich durch Erziehung etabliert werden. Damit kann Erziehung niemals allein auf Anschauung und Erfahrung gestützt werden, sondern verlangt Diskurse über Strafe – Campes Gespräche mit Kindern, auch Salzmanns „Moralisches Elementarbuch" (Salzmann 1785/1980) belegen diese beispielhaft.

– Schließlich soll der innerpsychische Kontrollmechanismus die Paradoxie neuzeitlicher Fortschrittserwartung mittragen, nämlich sich der im Begriff der Geschichte gefaßten eigenen Historizität zu versichern, um zugleich

„Perfectibilité"   Tradition für eine offene Zukunft zu vernichten; der Gedanke der „Perfectibilité" drückt diese innerlich gemachte Dynamik aus. Gegenüber der Einsicht in die Kontingenz der Welt soll Erziehung daher Gewißheiten und zugleich die Fähigkeit verschaffen, Entscheidungen zu treffen, ein Risiko einzugehen.

Vor diesem Wahrnehmungshorizont entfaltet sich im 18. Jahrhundet das neuzeitliche Verständnis von Erziehung, dem die bürgerliche Gesellschaft die sie kennzeichnenden Spannungen als „Übergangssemantik" einprägt (Luhmann 1993, S. 83): Einerseits unterliegt es dem Universalitätsanspruch der Vernunft, der nun von einer „Erziehung des Menschengeschlechts" nicht nur die eigene Durchsetzung, sondern die Realisierung der vernünftigen menschlichen Verhältnisse in einem „zukünftig möglich bessern Zustand" erwartet (Kant 1964, S. 704). Insofern wird Erziehung von der Vernunft geradezu erzwungen, soll dabei explosi-

Zweite Natur   onsartig die Geburt einer zweiten Natur des Menschen gegenüber seiner ersten, bloß biologischen Verfaßtheit einleiten. Andererseits schreibt nun Rousseau – durchaus in Übereinstimmung mit dem Zeitgeist – aus Einsicht in die Natur endlich auch dem gerade neu entdeckten Kind den Status eines Subjekts zu, das aus Naturgründen eigene Normen setzt und verfolgt. So kann und braucht gerade nicht mehr erzogen werden, zumindest wenn man der Sprache des Herzens ge-

Negative Erziehung   horcht. Übrig bleibt höchstens eine „negative" Erziehung in Form des Abwartens individueller Entwicklung, dann in der Gestaltung der Lebensbedingungen unter der Voraussetzung gesellschaftlicher Isolation (vgl. Rousseau 1971).

Grundbegrifflich ist somit das Subjekt ins Zentrum der Erziehung gestellt, das sich im Austausch mit der Welt und für diese selbst konstituieren soll – der

Bildung des Subjekts   Begriff der Bildung beschreibt seine Autopoiesis als ein moralisches Subjekt, das sich nicht nur selbst bestimmt, sondern zugleich auch die Bedingungen seiner Existenz durch Beeinflussung der eigenen Umwelt autonom und verantwortlich gestaltet. Diese Fundamentalkategorie der Subjektivität legt nun endgültig eine Differenz der Erziehung frei, werden doch alle Handlungen unzulässig, welche andere Menschen mechanisch beeinflussen oder sie Zwecken aussetzen, die diese nicht selbst gesetzt haben; zugleich wird sichtbar, daß das handelnde, kindliche Subjekt, der Zögling selbst, Grund allen Erziehungsgeschehens ist.

5. Der Begriff einer pädagogischen Erziehung

Planung von Erziehung

Den so entstandenen Widerspruch, erziehen zu müssen, ohne erziehen zu dürfen, löst der um 1780 eingeführte Begriff der Pädagogik in einer moralischen Metatheorie der Erziehung auf, die geradezu eine Metaphysik des Erziehungsbegriffs begründet. Von nun an gilt die Vorstellung einer *pädagogischen Erziehung*. Sie tritt mit ungeheurem Nachdruck auf und läßt alle Trivialitäten im Umgang mit Kindern hinter sich, denn hier geht es um das Projekt, durch die Konstitution des Subjekts den gesellschaftlichen Fortschritt zu ermöglichen, hier werden Politik und Pädagogik zu einem „Normalbegriff der Erziehung" verknüpft (vgl. Winkler 1989): Erziehung soll nun nämlich systematisch geplant und bewußt durchgeführt werden, was zu ihrer öffentlichen, auch staatlichen Organisation führt, die sich zuallererst – bis heute übrigens – der Eltern als der gesellschaftlich vereinnahmten Erziehungsinstanz schlechthin versichert, dann in den Abrichteunternehmungen der Industriepädagogik realisiert. Ohne in Widerspruch zu ihrem aufklärerisch-projektiven Charakter zu treten, kann diese normale Erziehung für das individuelle Subjekt ebenso in Anspruch genommen werden, wie für die gesellschaftliche Zwecke: „Ob und inwiefern bei der Erziehung die Vollkommenheit des Einzelnen seiner Brauchbarkeit aufzuopfern sei", fragt etwa Peter Villaume (Villaume 1965); wie die Mehrzahl der philantropischen Erziehungsreformer des 18. Jahrhunderts entscheidet er sich für die gesellschaftliche Nützlichkeit.

Gesellschaftliche Nützlichkeit

Diese durchaus umstrittene soziale Realität von Erziehung, eine Vielfalt von Erziehungsexperimenten, schließlich der wachsende Wissens- und Reflexionsbestand zum Thema lassen um die Wende zum 19. Jahrhundert eine neue Situation entstehen. Sie wird vorbereitet durch Pestalozzi und Fichte, die freilich beide nur in einem sehr allgemeinen Sinne zur Debatte um Erziehung beitragen. Pestalozzi entfaltet seinen Begriff von Erziehung, indem er sie als Werk der Natur, als Werk von Gesellschaft und als „Werk meiner selbst" faßt, mithin die Emphase des Subjektivitätsbegriffs relativiert (vgl. Pestalozzi 1938). Unter Bezug auf ihn spitzt dagegen Fichte diesen noch einmal soweit zu, daß die Aufgabe von Erziehung vornehmlich darin besteht, das Subjekt zur eigenen Subjektivität zu ermuntern. Aber all dies verschärft nur noch die Aporien des normalen Erziehungsbegriffs zum unversöhnlichen „Streit des Philanthropinismus und Humanismus" (Niethammer 1808/1968).

Ermunterung zur Subjektivität

Die große Leistung von Johann Friedrich Herbart und Friedrich Daniel Ernst Schleiermacher zu Beginn des 19. Jahrhunderts besteht deshalb darin, daß sie diese letzte große Fundamentalkontroverse um Erziehung in der *Theorie der Erziehung* aufheben, die systematisch die maßgebende Grundbegrifflichkeit für die Analyse und Verständnis von Erziehung entfaltet: Einerseits weisen sie nach, daß Erziehung unvermeidlich ist, andererseits aber sehen sie ihre aufgrund des Subjektivitätsanspruchs gegebene ethische Unmöglichkeit. Während Herbart die künftige Zustimmung des Zöglings zum Kriterium des Handelns erhebt, dann den Willen des Subjekts in seiner – als Grundbegriff festgehaltenen – *Bildsamkeit* (Herbart 1835/1902, S. 69) durch Regierung, Zucht und Unterrricht zur Sittlichkeit führen will (vgl. Herbart 1806/1887), befaßt sich Schleiermacher mit der

Organisation der Erziehungssituation und des Erziehungsprozesses. Er zielt auf
die Erziehung als gesellschaftliches Phänomen, wirkt richtungsweisend vor allem durch seine Unterscheidung von *Behüten*, *Gegenwirken* und *Unterstützen* als
Fundamentalformen einer Erziehung, die er zunächst im Verhältnis von Wirkungen des einzelnen Subjekts, des Erziehers und der Umgebung, dann im Spannungsfeld von Individualität und Gesellschaftlichkeit einerseits, von Gegen-
warts- und Zukunftsorientierung andererseits entfaltet.

6. Vom Normalbegriff der Erziehung zur pädagogischen Reflexivität

Schleiermacher verläßt den „Normalbegriff von Erziehung", weil er nicht mehr
die Kontinuität des Fortschritts unterstellt, sondern Erziehung systematisch aus
der Erfahrung eines historischen Bruchs begründet: Sie hat ihren Grund in der
Diskontinuität menschlichen Gattungslebens, welches sich mit Hilfe des Gene-

Generationenverhältnis rationenverhältnisses abbilden läßt; dieses sieht er als Fundament für die Theorie
der Erziehung. Dabei müssen weder Erziehung noch das Nachdenken über sie
gerechtfertigt werden; der Begründungszwang weicht dem zur Erklärung und
zum Verständnis eines sozialen Phänomens Erziehung, nicht nur, weil ihre Realität im Sinne einer – fragwürdigen – Praxis, sondern auch in diskursiver Hinsicht
und als Wissen vorauszusetzen sind. Erziehungsreflexion bezieht sich mithin –
wie Schleiermachers Vorlesung von 1826 für alle pädagogischen Bereiche zeigt
– auf eine vorgängige Praxis in einem etablierten Gebiet der Erziehung, das als
solches beschrieben und analysiert werden muß, um die in ihm gegebenen Optionen zu erkennen (vgl. Schleiermacher 1902).

Auch wenn in der Geschichte der Theorie der Erziehung nur wenige Schleiermacher gefolgt sind, hat er doch die Erziehungsreflexion in die Moderne geführt, indem er sie auf den Weg eines szientifischen, hermeneutisch und empirisch begründeten Verständnisses des Erziehungsphänomens verweist. Denn die
Ambitionen, welche als normative Vorgaben von Erziehung im Zentrum stehen,
werden angesichts der gesellschaftlichen Umbrüche skeptisch beurteilt und müssen gegenüber einem szientifischen Anspruch in den Hintergrund treten. Zu fragen ist nicht mehr nach der besseren Erziehung für eine bessere Gesellschaft,
sondern danach, worin sich Erziehung äußert, was sie leistet und welche Möglichkeiten in ihr gegeben sind. Die im Wechselspiel von Spekulation und Empirie begründeten Begriffe identifizieren die Erziehungsrealität, ohne jedoch Hoffnung zu geben, das Handeln anleiten zu können; wenngleich somit die Bedingungen und Funktionen von Erziehung begriffen werden, kann das konkrete Erziehungsgeschehen nicht mehr von seiner Ungewißheit befreit werden, bleibt
vielmehr in der Verantwortung der Beteiligten.

Welche Umrisse hat ein solches, einem pädagogischen Wirklichkeitssinn ver-
pflichteten Gegenstandsverständnis von Erziehung?

– *Grundlagentheoretisch* läßt sich Erziehung als ein Geschehen begreifen, das
 struktur-theoretisch (und idealtypisch) durch drei Momente bestimmt ist
 (vgl. Sünkel 1989). Sie wird durch die Positionen einer älteren und einer jün-

geren Generation konstituiert – wobei die so ausgedrückte Zeitdifferenz weniger ein physisches Alter als vielmehr die Nähe der Einzelnen zu den gesellschaftlich-geschichtlichen Bedingungen ausdrückt, zugleich die prinzipielle *Bisubjektivität* von Erziehung in Erinnerung bringt. Erzieher und Zögling – wie sie in der traditionellen Sprache und zugleich terminologisch heißen – müssen zusammenwirken, weil Erziehung sonst gar nicht geschieht. Aber sie beziehen sich in diesem Zusammenhang keineswegs unmittelbar, sondern nur über ein gegenständliches Moment aufeinander, das man aber abstrakt als einen *dritten Faktor* bezeichnen kann, der die Elemente unseres kultürlich-sozialen Gattungswesens in seinen konkreten Realisationsformen meint. Deshalb bewegt sich jede absichtsvolle Einwirkung in den Grenzen der geschichtlich und gesellschaftlich gegebenen Möglichkeiten, stellt letztlich eine – wie Emile Durkheim festgestellt hat – Methodisierung von Sozialisation dar.

Bisubjektivität

Dritter Faktor

Diese Auffassung widerspricht dem üblichen Bild, das Erziehung meist als ein personales Geschehen zeichnet. Doch solche Vorstellungen vom pädagogischen Bezug greifen zu eng, weil sie keine Unterscheidungen gegenüber anderen zwischenmenschlichen Beziehungen wie Freundschaft ermöglichen, zugleich in die unlösbaren Probleme führen, die beispielsweise mit Authentizitätsforderungen aufgeworfen werden. Aber Erzieher instrumentalisieren sich nicht nur in der Erziehung selbst, sondern präsentieren Lebensentwürfe, die sie in ihrer eigenen Person der Aneignung zur Verfügung stellen (Mollenhauer 1983). Auch die unmittelbar erfahrene Konflikthaftigkeit von Erziehungssituationen steht nicht im Gegensatz zur Annahme von einem dritten Faktor, geht es doch in diesen meist um soziale Regelungen, die für einen Zusammenhang unabhängig von den Beteiligten gelten. So schließt die Erziehung noch Auseinandersetzungen über die unmittelbare Erziehungssituation selbst, letztlich über die historischen und gesellschaftlichen Bedingungen ein, innerhalb welcher die jüngere Generation aufwächst und erzogen wird; somit stehen unweigerlich die Realitäten und die Normen zur Disposition, weshalb jede Erziehung Kontroversen um die Interpretation von Realität in sich birgt, die nur bedingt durch Macht entschieden werden. Im Gegenteil zeichnet sich heute sogar der Typus des „Verhandlungshaushaltes" als charakteristisch etwa für familiäre Erziehung ab.

Präsentation von Lebensentwürfen

Erziehung zeichnet dabei eine *Doppelsinnigkeit* aus, weil sie sich stets aus zwei Tätigkeiten zusammensetzt, nämlich aus *Aneignung und Vermittlung*: Dabei richtet sich die vermittelnde Tätigkeit auf die durch den Zögling praktisch hergestellte, durch die ihm auferlegten und von ihm selbst wahrgenommenen Entwicklungsaufgaben bestimmte Beziehung zu dem drittem Faktor. Darin bleibt der neuzeitliche Subjektivitätsanspruch aufgehoben, freilich ohne jene Überhöhung, welche etwa der Begriff der Mündigkeit nahelegt, gibt es doch Subjektivität „nur in gegenseitiger Anerkennung" (Herzog 1991, S. 46). Zugleich wird jedoch auch deutlich, daß die Vorstellung von Zielen der Erziehung sich mit ihrer Struktur nicht vereinbaren läßt. Weil sie die individuelle Aneignungstätigkeit voraussetzt, muß ein dritter Faktor die individuelle Verfaßtheit des Zöglings, seinen Modus berücksichtigen; dieser zeigt sich prinzipiell höchst verschieden, auch in den Gestalten etwa der Behinderung, des Autismus oder entwicklungsbedingter Blockaden, gibt aber die

Aneignung und Vermittlung

Modus des Zöglings

je eigenen Ziele des Subjekts vor. Zum Ansatzpunkt können nur die individuellen Möglichkeitspotentiale, die Wahrnehmung eines Modus der Differenz (vgl. Winkler 1988) werden. Freilich lassen sich dieser und die mit ihm prinzipiell unterstellte Bildsamkeit oft erst entdecken, wenn das Individuum mit Aufgaben konfrontiert wird (vgl. Flitner 1950/1983, S. 201f.). Makarenko hat daraus die Konsequenz gezogen, daß der Erzieher dem Zögling größte Anforderungen stellen, ihm zugleich höchste Achtung entgegen bringen muß.

Initiierung und Impulsgebung — In diesen Zusammenhang ordnen sich die möglichen Handlungsformen von Erziehung ein, wobei zu den von Schleiermacher genannten wohl noch die *Initiierung und Impulsgebung* treten müßten: Durch Bereitstellung eines gegenständlichen Momentes findet nämlich die Aneignungstätigkeit nicht nur einen Anstoß, vielmehr wird so eine Erziehungssituation eigentlich erst initiiert – wobei diese allerdings durch das Erziehungsfeld, also durch die Bedingungen der Familie, der Schule oder der öffentlichen Erziehung und den durch diese erfolgenden Brechungen des gesellschaftlichen Zustandes determiniert werden. Eine Voraussetzung jeglicher Erziehung liegt allerdings darin, daß der dritte Faktor überhaupt vorhanden und anzueignen ist. Dies ist nicht trivial, zeichnet sich doch zum einen ab, daß eine sachlich und rational nicht begrenzte Emotionalisierung der Beziehung zwischen Erwachsenen und Kindern gleichsam jene Stopregeln aufhebt, die den Umgang miteinander formen und die „Verhäuslichung der Gewalt" (Honig 1986), wie auch Übertragungen von psychischen Aufgaben begrenzen. Zum anderen verlangt der dritte Faktor nicht nur den pfleglichen Umgang mit der gesellschaftlich-kulturellen Umwelt, sondern erlaubt auch die Diagnose pathologischer Lebensformen – etwa in Gestalt von double-bind-Beziehungen u.ä.. Schließlich läßt sich noch zeigen, daß es Erziehungssituationen gibt, in welchen der dritte Faktor, also auch die konkreten Lebensbedingungen, durch die Beteiligten selbst hergestellt werden; Pestalozzi in Stans und Makarenko mit seinen Kolonien haben gezeigt, daß insbesondere in Zeiten revolutionärer gesellschaftlicher Veränderungen Erzieher und Zöglinge

Arbeit und Erziehung ihren Aneignungsgegenstand erst selbst hervorbringen müssen. Arbeit und Erziehung treten in solchen Fällen in eine enge Beziehung zueinander.

— Das theoretisch entscheidende Problem liegt wohl in einer hinreichenden Bestimmung der Formen, in welchen der „dritte Faktor" zugänglich wird. Erziehung kann nämlich als Anregung und Unterstützung des Aufwachsens im

Indifferenz Kontext der Indifferenz gelten – und darin beispielsweise von Schule und Unterricht unterschieden werden: Die vermittelnde Tätigkeit schafft wiederum interpretationsbedürftige Differenzen, indem sie Entwicklungsräume, Lernzusammenzusammenhänge und Inhalte in Situationen unterschiedlicher Dauer, dann in Prozessen organisiert. Dies kann in der banalen Einrichtung eines Kin-

Ortshandeln derzimmers, im Kauf eines Hauses mit Garten o.ä. geschehen. Allgemeiner noch: Erziehung läßt sich als ein *Ortshandeln* begreifen, das Orte schafft, auf solche aufmerksam und sie zugänglich macht oder auch verschließt. Die Subjekte können sich durch die Aneignung der Ortsbedingungen und der an diesen gegebenen sozialen Strukturen entwickeln, indem sie die Kontrolle über ihre Bewegungen in diesen Räumen gewinnen (vgl. Winkler 1988).

Offene Situation — Dabei rechnet Erziehung notwendig mit offenen Situationen; über ihren Ausgang läßt sich vorab nicht befinden, da er in der Hand des Zöglings liegt – wo-

66

bei die Beurteilung des erzieherischen Geschehens sich daran orientieren kann, ob dem Individuum die Offenheit der eigenen Zukunft bleibt, es somit die Möglichkeit hat, nicht nur sich selbst ertragen zu können, sondern künftig die eigenen Lebensbedingungen selbst zu kontrollieren. Ein Ende der Erziehung könnte man daher darin sehen, wenn der Zögling sein eigenes Leben als einen Gegenstand der Aneignung zur Verfügung stellt.

– Erziehungswissenschaftlich beschäftigen die Chancen, eine solche Offenheit überhaupt herzustellen. Viel spricht dafür, sie auf unterschiedlichen *Ebenen* zu situieren: Man kann nämlich vermuten, daß die Analyse von realer Erziehung nach den Möglichkeiten zu fragen hat, mit denen die Beteiligten eine vorhandene soziale Realität mit pädagogischer Semantik bestimmen und die eigenen Handlungen entsprechend auswählen können. Solche Untersuchungen werden dabei der gesellschaftlichen Entwicklung, insbesondere ihren Reproduktionsmechanismen, dann aber auch den kollektiven Mentalitäten, schließlich aber den individuellen Lebenslagen gelten, um konkrete Formen von Erziehung begreifen zu können. Eine zentrale Rolle spielt dabei, wie Erziehung selbst auf diesen Ebenen kommuniziert wird – die Alltagssprache macht darauf aufmerksam, wenn sie von einem erziehungsfreundlichen Klima spricht. So muß die Forschung untersuchen, wieweit pädagogische Semantiken verfügbar, selbstverständlich oder aber wissenschaftlich aufgeladen sind – was auch die Frage einschließt, wie weit und mit welchen Folgen erziehungswissenschaftliches Wissen etwa durch Medien popularisiert wird.

Solche Untersuchungen könnten die eingangs beschriebene Situation der Ungewißheit über Erziehung selbst noch erklären. Denn sie können zeigen, daß Erziehung in modernen Gesellschaften eine unhintergehbare Voraussetzung darstellt, um die neuzeitlich herausgebildeten, sich aber in wachsendem Maße zuspitzenden Problemstrukturen zu bearbeiten und zu bewältigen. Insofern läßt sich festhalten, daß Erziehung eine Art infrastrukturelle Bedingung moderner Gesellschaften geworden ist, darin aber ihre spezifische Differenz wieder verliert. Das schlägt sich noch in der pädagogischen Semantik nieder, die in wachsendem Maße Alltagsjargon, vielleicht sogar genereller Code moderner Gesellschaften geworden ist. Fatalerweise hat sie damit jedoch ihre Deutungskraft verloren, so daß das Phänomen der Erziehung in gleichem Maße universell und doch differenzlos geworden ist (vgl. Winkler 1992).

Erziehung als soziale Infrastruktur

Literatur

Alt, R.: Vorlesungen über die Erziehung auf frühen Stufen der Menschheitsentwicklung. Berlin 1956.

Asendorpf, J.: Keiner wie der andere. Wie Persönlichkeits-Unterschiede entstehen. München 1988.

Bernfeld, S.: Sisyphos oder die Grenzen der Erziehung. Frankfurt a. M. 1973.

Brezinka, W.: Grundbegriffe der Erziehungswissenschaft. München/Basel 1974.

Comenius, J.A./Komensky, J. A.: Über den rechten Umgang mit Büchern, den Hauptwerkzeugen der Bildung. In: Komensky, J. A.: Analytische Didaktik und andere pädagogische Schriften. Ausgew. v. F. Hofmann. Berlin 1959, S. 158-169.

Comenius, J. A.: Große Didaktik. Neubearbeitet und eingeleitet v. H. Ahrbeck. Berlin 1961.

Ellenberger, H. F.: Die Entdeckung des Unbewußten. Geschichte und Entwicklung der dynamischen Psychiatrie von den Anfängen bis zu Janet, Freud, Adler und Jung. Zürich 1985.

Elias, N.: Über den Prozeß der Zivilisation. Soziogenetische und psychogenetische Untersuchungen. Frankfurt a. M. 1977.

Elias, N.: „Figuration". In: Schäfer, B. (Hrsg.): Grundbegriffe der Soziologie. Opladen 1986, S. 88-91.

Elias, N.: Die Gesellschaft der Individuen. Frankfurt a. M. 1991.

Flitner, W.: Allgemeine Pädagogik. In: Flitner, W.: Gesammelte Schriften. Hrs. v. K. Erlinghagen, A. Flitner, U. Herrmann. Bd. 2. Pädagogik. Paderborn/München/Wien/Zürich 1983, S. 123-297.

Foucault, M.: Überwachen und Strafen. Die Geburt des Gefängnisses. Frankfurt a. M. 1976.

Giesecke, H.: Das Ende der Erziehung. Neue Chancen für Familie und Schule. Stuttgart 1985.

Giesecke, M.: Der Buchdruck in der frühen Neuzeit. Eine historische Fallstudie über die Durchsetzung neuer Informations- und Kommunikationstechnologien. Frankfurt a. M. 1991.

Goody, J./Watt, I.: Konsequenzen der Literalität. In: Goody, J. (Hrsg.): Literalität in traditionalen Gesellschaften. Frankfurt a. M. 1981, S. 45-104.

Herzog, W.: Die Banalität des Guten. Zur Begründung der moralischen Erziehung. In: Zeitschrift für Pädagogik 37 (1991), Heft 1, S. 41-64.

Herbart, J. F.: Allgemeine Pädagogik. Aus dem Zweck der Erziehung abgeleitet. In.: J. F. Herbarts Sämtliche Werke in chronologischer Reihenfolge herausgegeben v. K. Kehrbach. Zweiter Band. Langensalza 1887.

Herbart, J. F.: Umriß pädagogischer Vorlesungen. In: J. F. Herbarts Sämtliche Werke in chronologischer Reihenfolge herausgegeben v. K. Kehrbach. Zehnter Band. Langensalza 1902, S. 65-135.

Honig, M.S.: Verhäuslichte Gewalt. Sozialer Konflikt, wissenschaftliche Konstrukte, Alltagswissen, Handlungssituationen. Eine Explorativstudie über Gewalthandeln von Familien. Frankfurt a. M. 1986.

Kant, I.: Über Pädagogik. In: Kant, I.: Werkausgabe. Hrsg. von W. Weischedel. Bd. XII. Frankfurt a. M. 1974, S. 693-761.

Koselleck, R.: Vergangene Zukunft. Zur Semantik geschichtlicher Zeiten. Frankfurt a. M. ²1984.

Liedtke, M.: Evolution und Erziehung. Ein Beitrag zur integrativen Pädagogischen Anthropologie. Göttingen 1972.

Luhmann, N.: Einführende Bemerkungen zu einer Theorie symbolisch generalisierter Kommunikationsmedien. In: Luhmann, N.: Soziologische Aufklärung. Aufsätze zur Theorie der Gesellschaft. Band 2. Opladen ²1982, S. 170-192.

Luhmann, N.: Gesellschaftsstruktur und Semantik. Studien zur Wissenssoziologie der modernen Gesellschaft. Band 1. Frankfurt a. M. 1993.

Mollenhauer, K.: Erziehung und Emanzipation. Polemische Skizzen. München ⁵1971.

Mollenhauer, K.: Theorien zum Erziehungsprozeß. München ²1974.

Mollenhauer, K.: Sind die Begriffe Erziehung und Bildung revisionsbedürftig? In: Böllert, K./Otto, H.-U. (Hrsg.): Soziale Arbeit auf der Suche nach Zukunft. Bielefeld 1989, S. 129-145.

Mollenhauer, K.: Vergessene Zusammenhänge. Über Kultur und Erziehung. München 1983.

Niethammer, F. I.: Der Streit des Philanthropinismus und Humanismus in der Theorie des Erziehungs-Unterrichts unserer Zeit. (1808) In: Niethammer, F. I.: Philanthropinismus – Humanismus. Texte zur Schulreform. Weinheim, Berlin, Basel 1968, S. 79-445.

Nohl, H.: Pädagogik aus dreissig Jahren. Frankfurt a. M. 1949.

Oelkers, J.: Erziehen und Unterrichten. Grundbegriffe der Pädagogik in analytischer Sicht. Darmstadt 1985.

Oelkers, J.: Theorie der Erziehung – Ein vernachlässigtes Thema (Einleitung zum Schwerpunkt). In: Zeitschrift für Pädagogik 37 (1991), Heft 1, S. 13-18.

Pestalozzi, J. H.: Meine Nachforschungen über den Gang der Natur in der Entwicklung des Menschengeschlechts (1797). In: Pestalozzi, J. H.: Sämtliche Werke. Hrsg. v. A. Buchenau, E. Spranger. H. Stettbacher, Bd. 12., Berlin 1938, S. 1-166.

Planungsgruppe PETRA: Analyse von Leistungsfeldern der Heimerziehung. Ein empirischer Beitrag zum Problem der Indikation. Frankfurt a. M. u.a. ²1988.

Rousseau, J. J.: Emil oder über die Erziehung. Vollständige Ausgabe. In neuer deutscher Fassung besorgt v. L. Schmidts. Paderborn 1971.

Salzmann, C. G.: Moralisches Elementarbuch. Nachdruck der Auflage von 1785. Hrsg. v. H. Göbels. Dortmund 1980.

Schleiermacher, F. D. E.: Pädagogische Schriften. Hrsg. v. C. Platz. Langensalza ³1902.

Schoenebeck, H. v. : Unterstützen statt erziehen. Die neue Eltern-Kind-Beziehung. München 1982.

Schwenk, B.: Erziehung. In: Lenzen, D./Mollenhauer, K. (Hrsg.): Enzyklopädie Erziehungswissenschaft, Band I, Theorien und Grundbegriffe der Erziehung und Bildung, Stuttgart, 1983, S. 386-394.

Sünkel, W.: Erziehung – Vom Übergang der Natur in den Geist. In: Pädagogische Rundschau 43 (1989), S. 75-80.

Sünkel, W.: Im Blick auf Erziehung. Reden und Aufsätze. Bad Heilbrunn 1994.

Toulmin, S.: Kosmopolis. Die unerkannten Aufgaben der Moderne. Frankfurt a. M. 1991.

Treml, A.: Einführung in die Allgemeine Pädagogik. Suttgart u.a. 1987.

Vigarello, G.: Wassser und Seife, Puder und Parfüm. Geschichte der Körperhygiene seit dem Mittelalter. Frankfurt a. M./New York 1988.

Villaume, P.: Ob und inwiefern bei der Erziehung die Vollkommenheit des einzelnen Menschen seiner Brauchbarkeit aufzuopfern sei. In. Blankertz, H. (Hrsg.): Bildung und Brauchbarkeit. Braunschweig 1965.

Winkler, M.: Eine Theorie der Sozialpädagogik. Stuttgart 1988.

Winkler, M.: Vom Normalbegriff der Erziehung zur Hermeneutik der pädagogischen Situation: Friedrich Schleiermacher und das moderne Erziehungsdenken. In: Herrmann, U./Oelkers, J. (Hrsg.): Die französische Revolution und die Pädagogik. Beiheft des Jahrgangs 1989 der Zeitschrift für Pädagogik, Weinheim 1989, S. 211-226 .

Winkler, M.: Universalisierung und Delegitimation: Notizen zum pädagogischen Diskurs der Gegenwart. In: Hoffmann, D./Langewand, A./Niemeyer, C. (Hrsg.): Begründungsformen der Pädagogik in der „Moderne". Weinheim 1992, S. 135-153.

II. 4. Sozialisation

Werner Helsper

Inhalt

Was berechtigt dazu, den Begriff der Sozialisation als Grundbegriff der Erziehungswissenschaft zu bezeichnen? Zum einen, daß er eine sozialwissenschaftliche Reformulierung der Erziehungswissenschaft auslöste und zum zweiten verweist „Sozialisation" auf Grundlagen von Bildung und Erziehung, die bereits in den Anfängen pädagogischen Denkens mitschwangen. So beginnt Jean Pauls Erziehungsentwurf „Levana" (1806) mit einer Figur der „romantischen Ironie": Ein Pädagoge verkündet in seiner Antrittsrede, daß die geplante Erziehung gegenüber der Gesellschaft keine Wirkungen entfalten könne. Die daraus resultierende Abdankung des Pädagogen mündet in eine Abschiedsrede, in der er die Möglichkeiten der pädagogischen Gestaltung hervorhebt. Darin schwingt die Frage mit: Was vermag geplantes pädagogisches Handeln gegenüber den sozialen Einflüssen für die Herausformung der Person? Ist es gegenüber der „Sozialisation" ohnmächtig? Oder ist die pädagogische Einwirkung selbst nur Teil der „Sozialisation"?

1. Sozialisation – begriffliche Klärungen

Der Begriff der Sozialisation ist im Spannungsfeld von Individuum und Gesellschaft angesiedelt. Daß der Mensch als kaum instinktreguliertes „Mängelwesen" zur Welt kommt und nur durch Gesellschaft seine Ausformung erhalten kann, ist *Individuum und* inzwischen ein Gemeinplatz. Besonders anschaulich wird dies in Berichten über *Gesellschaft* sogenannte „Wolfskinder", die ohne sozialen Kontakt keine menschlichen Züge annahmen, weder Sprache entwickelten noch aufrecht gingen. Umstritten ist aber die Bestimmung des Verhältnisses von Individuum und Gesellschaft: Ist der Mensch gänzlich gesellschaftlich? Wäre er dann der Gesellschaft unterworfen, ohne ihr kritisch gegenübertreten zu können? Oder sind nur die „äußeren Schalen" des Menschen gesellschaftlich geformt? Aber woraus resultierte dann das sozial „unangetastete" Individuelle oder „Natürliche"?

Wichtige Theoriestränge bewegen sich inzwischen auf ein Verständnis zu, das den Sozialisationsbegriff gegen andere Begriffe abgrenzt: Gegen die Vorstel-*Reifung* lung von Reifung und natürlicher Entwicklung, die das Werden der Person durch organismische Anlagen vorgezeichnet sehen, wird betont, daß sich die *Erziehung und* Person nur in sozialen Interaktionen bilden kann (vgl. Oerter 1978). Während als *Sozialisation* Erziehung die geplante Beeinflussung Heranwachsender bezeichnet wird, ist der Sozialisationsbegriff umfassender, steht für die Auswirkungen, die von sozialen, personalen und gegenständlichen Umwelten auf die Person ausgehen, etwa auch für die „unerwünschten Wirkungen" von Erziehungsinstitutionen (Luhmann *Enkulturation* 1987). Von anderen Autoren wird Enkulturation als Lernen aller kulturellen In- halte einer je spezifischen Kultur bezeichnet, während Sozialisierung als Über- tragung der moralisch-normativen Ordnung auf Personen verstanden wird (vgl. Fend 1969). Diese Unterscheidung legt es nahe, Sozialisation als Sozial-Machung *Individuation* zu begreifen und damit Prozesse der Individuation aus dem Begriff der Soziali- sation auszulagern. Im Rahmen sozialer Interaktionen baut sich aber auch die einmalige Lebensgeschichte auf, die jede Person jenseits des sozial Typischen „individuiert", wenn die Möglichkeiten dem kollektiven „Wir" ein individuiertes „Ich" entgegenzusetzen kulturell auch sehr unterschiedlich ausgestaltet sind (vgl. Elias 1988). Die Möglichkeiten sich dem Sozialen entgegenzusetzen sind auch Ergebnis von Sozialisationsprozessen. Damit erhält Sozialisation nicht nur eine erhaltende, sondern auch erneuernde Bedeutung.

Sozialisation bezeichnet den Gesamtzusammenhang der kognitiven, sprach- lichen, emotionalen und motivationalen Entstehung und lebenslangen Verände- rung der Person im Rahmen sozialer, interaktiver und gegenständlicher Einflüs- *Sozialisationsbegriff* se. Sozialisation ist dabei ein aktiver Prozeß der Auseinandersetzung. Die Aus- einandersetzungsmöglichkeit der Person mit den äußeren Verhältnissen ist aber selbst ein Ergebnis der Sozialisationsprozesse und kann darin auch beeinträchtigt werden.

2. Sozialisationstheoretische Ansätze

Die Rezeption der Sozialisationstheorien seit den sechziger Jahren in der BRD (vgl. Rolff 1967; Fend 1969; Habermas 1973) war vor dem Hintergrund der Kritik normativ-idealistischer Bildungsvorstellungen und dem wachsenden Interesse an gesellschaftlichen Fragen zu verstehen. Im folgenden können lediglich exemplarisch einige sozialisationstheoretische Ansätze skizziert werden (vgl. Geulen 1977; Hurrelmann/Ulich 1991).

Emile Durkheim spricht 1902/1903 von der „methodischen Sozialisierung der jungen Generation" (Durkheim 1984, S. 46). Diese sei Aufgabe der Erziehung, so daß Sozialisierung als die erzieherische Vermittlung von Werten und Normen erscheint. Durkheims Gedankengang ist einfach: Die Gesellschaft benötigt zu ihrer Erhaltung Integration, die durch gemeinsame Werte und Regeln gewährleistet ist. Sie im Kind zu verankern sei Aufgabe der Erziehung, die im Kind ein „soziales Wesen" erzeuge. Dies geschehe mittels Autorität und Disziplin, die gegenüber dem Kind die Moral als „riesiges System von Verboten" (ebd., S. 95) zur Geltung bringt und es zur Selbstbeherrschung anleitet. Da die Moral kollektiv sei, benötige das Kind den Anschluß an eine Gruppe, die über die Familie hinausgehe und es mit unpersönlichen Regeln konfrontiere: Dies leiste die Schule, die das Kind an die Gemeinschaft binde (ebd., S. 194ff.). [Randnotiz: Methodische Sozialisierung bei Durkheim]

Freuds parallel entwickelte Psychoanalyse weist starke Berührungspunkte zu Durkheim auf. Freud wendet sich der Sozialisierung der „Triebe" zu. Triebe sind von organismischer Beschaffenheit, gedacht als Fließen einer ständigen Reizquelle, die nach Spannungsabfuhr drängt und dem Lustprinzip unterliegt. Damit geht Freud von einem Antagonismus von Trieb und Kultur aus, der zum Motor der psychischen und kulturellen Entwicklung wird. Über verschiedene Phasen – die orale, anale, genitale – wird das Kind zur Aufgabe seiner „polymorph-perversen" Trieborganisation und zur Umlenkung der Triebziele auf sozial akzeptierte gezwungen. Der „Ödipuskomplex" ist dabei als Miniaturszene der Einführung in die kulturelle Ordnung zu interpretieren: Das Kind richtet sein sexuelles Begehren auf den gegengeschlechtlichen Elternteil, will anstelle des Vaters die Mutter bzw. an deren Stelle den Vater besitzen. Wenn auch für die Geschlechter unterschiedlich (vgl. Freud 1972, S. 243ff. u. 253ff.) kommt es – etwa durch die Kastrationsdrohung beim Jungen – zur Aufgabe dieses Wunsches. Der inzestuöse Wunsch wird verdrängt, zu einem zentralen Bestandteil des Unbewußten und an die Stelle dieses Wunsches rückt die Identifikation mit der drohenden Elterninstanz: „Die ins Ich introjizierte Vater- oder Elternautorität bildet dort den Kern des Über-Ichs." (ebd., S. 248) Es bildet eine moralische Instanz der Selbstbeobachtung, die nach innen genommenen, elterlich vermittelten kulturellen Verbote und Ideale. Diese Konzeption Freuds ist hinsichtlich ihrer ahistorischen Fassung, ihrer geschlechtsspezifischen Implikationen und ihrer Interpretation des Ödipusmythos kritisiert worden. Trotz dieser berechtigten Kritik entwarf Freud darin die Miniaturgestalt der Sozialisation durch die Verinnerlichung kultureller Regeln und die Verdrängung tabuisierter Wünsche in der affektiven familialen Dramatik. [Randnotizen: Psychoanalytische Sozialisationstheorie; Trieb und Kultur; Ödipuskomplex; Über-Ich]

In der geschlossensten klassischen Sozialisationstheorie integriert Parsons Gedanken von Durkheim, Freud und Mead und stellt sie in den Rahmen seiner Theorie des sozialen Systems. Parsons fragt, wie die Übertragung kultureller Werte und Normen, die in Form von Rollen objektiviert sind, auf die Person vor sich gehen kann, so daß die Person jene Rollenerwartungen internalisiert, die das soziale System „erwartet". Er sieht die grundlegende Tendenz darin, „relativ integrierte Persönlichkeiten auszubilden, die sowohl intern als System wie auch mit den Erfordernissen und Mustern des umfassenderen sozialen Systems integriert sind." (Parsons 1986, S. 180f.). Dies hat Sozialisation zu leisten, die über die familiale, schulische und Peer-Sozialisation in immer komplexere Rollengefüge einführt (vgl. Parsons 1981). Stärker als Freud arbeitet Parsons die kulturelle Struktur etwa der ödipalen Konstellation heraus. Darin lernt das Kind über Identifizierung eine kulturell ausgeformte Geschlechterzuordnung als kulturelles Symbolsystem, das „mit dem affektiven System der Persönlichkeit integriert werden muß" (Parsons 1981, S. 39). Dies kann sich in ersten Schritten nur über die affektiven Bindungen der Familie vollziehen, in denen das Kind mit anderen kommuniziert, die diese kulturellen Muster repräsentieren und diese durch die emotionalen Bindungen dem Kind übermitteln, das sie aufgrund der affektiven Besetzung und Identifikationen übernimmt.

> Parsons Theorie leistet eine handlungstheoretische Reinterpretation Freuds und eine Ausformulierung der sozialisationstheoretischen Leerstellen bei Durkheim. Zugleich bleibt sie als Integrationsmodell (vgl. Geulen 1977) dem Konzept einer nahtlosen Zusammenführung von Gesellschaft und Individuum verhaftet. Sie wird damit zu einer harmonisierenden Reproduktionstheorie des Sozialen und verliert die kritische Wendung der Freudschen Konflikt- und Repressionstheorie. Im Unterschied zu Mead vernachlässigt Parsons zudem die innovativen Dimensionen des Rollenlernens (vgl. Joas 1992).

Der Ansatzpunkt des Meadschen Denkens ist die menschliche Kommunikation, in der mittels „signifikanter Symbole" die Erwartungen des anderen antizipiert, psychisch repräsentiert und das Handeln von Akteuren aufeinander abgestimmt werden kann (vgl. Mead 1975). Die symbolische Interaktion ist für Mead die Grundlage menschlichen Handelns, der Gesellschaft und der menschlichen Identität, was er exemplarisch anhand des kindlichen Spiels herausarbeitet: Im frühen kindlichen Spiel ist das Kind in einem Moment dies und im nächsten das, in einem Polizist und im nächsten Räuber. Es wechselt hin und her, ohne einen Gesamtzusammenhang herzustellen. Dieser ergibt sich im „Wettkampf": In einem Mannschaftsspiel muß das Kind bei einem Wurf die Positionen aller Spieler und damit den Gesamtzusammenhang und die Spielregeln präsent haben – damit die Rolle des „generalisierten Anderen" übernehmen. Darin entsteht eine Identität, die mehr ist als die Addition der Haltungen anderer, sondern ein einheitliches, organisiertes Ganzes. Die Übernahme dieser umfassend organisierten Haltung konstituiert das „me", ein Gefüge von durch andere erzeugten Selbstbildern und Situationsanforderungen. Diese „me-Identität" aber wäre statisch und durch andere determiniert. Hier führt Mead das „I" ein, das für das Spontane, Neue, die tatsächliche Handlung steht, die nicht identisch mit dem sozial determinierten „me" ist. Beides – „me" und „I" – konstituieren in dieser Spannung Identität. Dabei bleibt die spontan-innovative Dimension des „I" allerdings eher unbegründet und ein Überhang an sozialer Determination als Voraussetzung der Identität bestehen.

Die Begründung dieser kreativen Handlungsspielräume und die Kritik der sozialen Determination bilden die Ausgangspunkte bei Habermas. Er kritisiert an

Rollentheorie der Sozialisation bei Parsons

Integrationsmodell

Sozialisation bei Mead

Kindliches Spiel

„me" und „I"

Identität

Sozialisation bei Habermas

74

der Rollentheorie der Sozialisation, daß sie Konflikte und Bedürfnisrepression negiere, eine automatisierte Handlungskontrolle unterstelle und „Individuierung" ausblende (Habermas 1973). Im Anschluß an Goffman konzipiert Habermas Ich-Identität als Ergebnis der „Balance" von „sozialer" und „persönlicher Identität", die durch die Darstellung einer Zugehörigkeit signalisierenden „Scheinnormalität" und einer Individuierung hervorhebenden „fiktiven Einzigartigkeit" erreicht werden kann. Um diese Balance zu wahren und Freiheitsgrade des „I" zu realisieren, bedarf es grundlegender Rollenkompetenzen: Rollendistanz, komplexer Perspektivenübernahme, Emphatie und Ambiguitätstoleranz (vgl. Krappmann 1971). Diese Ichkompetenzen sieht Habermas in der Entfaltung moralischer Urteilsstufen und Stufen der Selbst-Andere-Verknüpfung grundgelegt, die er wiederum in Interaktionsstufen begründet, die in unterschiedlichen Handlungstypen vorliegen (Habermas 1983, S. 127ff.). Habermas verknüpft damit verschiedene Dimensionen der Identitätsentwicklung und führt die entwicklungslogisch entworfenen Moral- und Identitätsstufen (vgl. Kohlberg 1974; Selman 1984) mit ihren kreativen Möglickeiten auf soziale Interaktionen zurück. In modernisierten Gesellschaften bildet sich im Rahmen einer „dezentrierten" Lebenswelt, in der Traditionen befragbar, Normen begründungspflichtig sind und unterschiedliche Lebensentwürfe möglich werden, die Interaktionsstufe einer „diskursiven Verständigung" aus. Darin ruhen die Potentiale für die Ausbildung komplexer Selbst-Andere-Perspektiven und postkonventioneller Moral, als Voraussetzung der Ich-Identität.

Die von Habermas eröffnete Linie einer Fundierung von Fähigkeitsstufen als Voraussetzung für Ich-Identität und Individuation in sozialen Interaktionen und die Zurückführung von „Entwicklung" auf soziale Interaktionsstufen ist wegweisend geworden (vgl. Edelstein/Nunner-Winkler/Noam 1993; Youniss 1994). Am deutlichsten wurde diese Linie von Ulrich Oevermann weiterentwickelt, der gegenüber Habermas fordert, daß die Entwicklung von Kompetenzen aus der Rekonstruktion tatsächlicher sozialisatorischer Interaktionen erschlossen werden muß. In der Rekonstrukton „latenter", also verborgener Sinnstrukturen und Regeln – z.B. sprechen wir regelgeleitet, ohne daß viele Menschen diese Regeln benennen können – werden die in der sozialisatorischen Interaktion, außerhalb der kindlichen Psyche vorliegenden Fähigkeiten, Normalitätsentwürfe richtigen Lebens und konkreten Anforderungen erschlossen, in denen sich das Individuum herausbildet. In dieser Spannung bewußter Sinngehalte und latenter Sinnmuster verortet Oevermann überschüssige Handlungsmöglichkeiten – eine Neuinterpretation des Meadschen „I" als Ausdruck „latenter Sinnstrukturen" (Oevermann 1991).

Wir sehen: Die Vorstellung eines sozial formierten Individuums wird durch Positionen relativiert, die kreative Spielräume betonen, etwa auch neuere systemtheoretische Positionen oder die Konzeption des Subjekts als „produktivem Realitätsverarbeiter" (vgl. Hurrelmann/Ulich 1991). Diese Spielräume wurden anfänglich entweder auf ein natürliches Substrat zurückgeführt oder entwicklungslogisch und damit außerhalb sozialisatorischer Interaktion begründet. Erst nach und nach werden auch die kreativen Potentiale des Individuums als Ergebnis sozialisatorischer Interaktion im Rahmen sozialer Verhältnisse verstanden.

Auch in anderen Sozialisationstheorien – z.B. der Psychoanalyse – zeigen sich analoge Entwicklungen: Die biologischen Fassungen des Triebes werden

Ich-Identität

Rollenkompetenzen und Interaktion

Latente Sinnstruktur

überwunden und die Entstehung der individuellen Antriebstruktur und des Unbewußten in sozialisatorischer Interaktion betont. In der Tradition einer kritischen Theorie des Subjekts begreift Lorenzer die Entstehung der Wünsche und des Unbewußten als Ergebnis der sozial vermittelten Einigungsprozesse zwischen signifikanten Anderen und dem Kind – der „Trieb" ist sozial konstituiert (vgl. Lorenzer 1974). In Entwicklungen einer Psychoanalyse des Selbst (vgl. Kohut 1978) wird die Entstehung des Selbst als Ergebnis der Selbst-Objekt-Haltungen der Eltern und bedeutsamer anderer verstanden, durch die die unbewußten Selbst- und Objektbilder und auch die Krisen des Selbst grundgelegt werden. Schließlich wird eine Theorie der Trennung von Selbst und Anderem entwickelt, die eine Neuinterpretation der ödipalen Triade unter einer Beachtung geschlechtsspezifischer Differenzen ermöglicht: Die Individuation des Jungen erscheint durch Trennung von der Mutter belastet und daher einem Zwang zur Separation zu unterliegen. Die Individuation des Mädchens erscheint durch geringere Brüche gekennzeichnet, aber dafür zugleich in Bindungsproblematiken verstrickt (vgl. Benjamin 1991). Diese Theorieentwicklungen werden bedeutsam für eine Theorie sozialer Anerkennungsverhältnisse, der Beziehungen zwischen Eigenem und Fremdem (vgl. Honneth 1992).

Weiterentwicklung psychoanalytischer Sozialisationstheorie

3. Phasen, Felder, Dimensionen und Ebenen der Sozialisation

Sozialisation als lebenslanger Prozeß umfaßt verschiedene Phasen (vgl. den Beitrag von Ecarius). Der primären, famililialen Sozialisation folgt die sekundäre, Bildungs- und Ausbildungzeiten umfassende des Heranwachsenden, und schließlich die tertiäre Sozialisation des Erwachsenen bis zum Alter. Allerdings ist diese Aufteilung eher statisch und entspricht nicht mehr den Flexibilisierungen der Biographie in modernisierten Gesellschaften. So hat sich etwa die Jugendphase ausdifferenziert, verlängert und der Abschluß von Bildungs- und Ausbildungsphasen kann um mehr als zehn Jahre divergieren. Auch für Erwachsene gilt, daß sie sich zeitweise immer wieder in Bildungsinstitutionen aufhalten. Die Phasierung von Säugling, Kleinkind, Kind, Adoleszentem, Erwachsenem und Altem unterliegt somit historischen und kulturspezifischen Verschiebungen.

Phasen der Sozialisation

Unterschiedlichen Lebenslaufphasen entsprechen verschiedene Felder oder Institutionen der Sozialisation. Jenen Feldern, die umfassende und auf Personenaufbau oder -veränderung bezogene Funktionen haben – Institutionen des Erziehungs- und Bildungssystems, aber auch die Gleichaltrigengruppe – kommt die größte sozialisatorische Bedeutung zu. In der Tendenz gilt, daß sich bis zum Erwachsenenalter die Sozialisationsfelder ausdifferenzieren: Ist im Säuglingsalter die Familie das einzige Sozialisationsfeld mit umfassendem Einfluß, so nimmt die Zahl der Sozialisationsinstanzen im weiteren Lebenslauf zu und der Einfluß der einzelnen Felder ab. Im Jugendalter hat sich der Einfluß der Familie reduziert und zusätzlich sind die Einflüsse der Schule, der Gleichaltrigen und Jugendkultur, Vereine und Öffentlichkeit, der Medien etc. hinzugekommen. In modernisierten Gesellschaften wirken die Anforderungen und Einflüsse der verschiedenen Felder – etwa von Schule, Familie und Gleichaltrigen – nicht in die

Felder der Sozialisation

gleiche Richtung, sondern stehen in Spannungsverhältnissen. Daraus resultieren belastende Balanceforderungen, aber auch Freiheitsräume.

Daneben sind verschiedene Dimensionen der Sozialisation zu unterscheiden: die sprachliche, kognitive, die Sozialisation der Gefühle und Motive sowie von Selbst und Identität, um nur einige zu nennen (vgl. Hurrelmann/Ulich 1991). Diese Dimensionen können untergliedert werden, etwa wenn für die Sozialisation des Selbst die Selbst-Andere-Beziehungen, Moralstufen, Interaktionskompetenzen, Selbst-, Fremd- und Weltbilder, etwa religiöse oder politische unterschieden werden. Sozialisations-dimensionen

Die Ebenen der Sozialisation verweisen auf die Rahmung z.B. der moralischen Sozialisation (Dimension) in der Schule (Feld) während der Adoleszenz (Phase). Ein Vorschlag geht von einem Vier-Ebenen-Konzept aus (vgl. Hurrelmann 1993, S.102ff.): Der Aufbau etwa moralischer Kompetenzen im Jugendlichen (1. Ebene) vollzieht sich in konkreten Interaktionen z.B. mit Gleichaltrigen und Lehrern (2. Ebene), die in einer sozialen Institution, der Schule, mit Regeln und einer Moralordnung handeln (3. Ebene), die ihrerseits Teil des Erziehungssystems im Rahmen des Sozialsystems ist, das seinerseits eine umfassende moralisch-rechtliche Struktur besitzt (4. Ebene). Dabei bilden die höheren Ebenen einen Möglichkeitsrahmen, ohne die darunter liegenden Ebenen zu determinieren. Entscheidend für die Sozialisation der Person ist die zweite Ebene: Nur in Interaktionen mit bedeutsamen Anderen ist die Struktur der sozialisatorischen Interaktion zu erschließen, die den Aufbau der Psyche konstituiert. Ebenen der Sozialisation

4. Von der schicht- zur milieuspezifischen Sozialisation

Im folgenden wird anhand der schichtspezifischen Sozialisation, die sich der Erklärung der Reproduktion sozialer Ungleichheit zuwendete, die Relativierung eindimensionaler Wirkungsannahmen skizziert. Ausgangspunkt war eine zirkuläre Begründung: Die Berufsposition formt für Unter-, Mittel- und Oberschicht andere Sozialcharaktere aus, die in der Familiensozialisation an die Kinder „sozial vererbt" werden. Die schulischen Anforderungen entsprechen den Sozialcharakteren der Mittel- und Oberschicht und weisen den Unterschichtshabitus zurück (vgl. Bourdieu/Passeron 1971). Unterschichtkinder erwerben so lediglich Schulabschlüsse, die sie wiederum in unterprivilegierte Berufe einmünden lassen. Unter zwei Perspektiven ist diese „Zirkelthese" kritisiert worden: Zum einen vernachlässige sie mit der groben Kategorie der Schicht und der Beschränkung auf die (väterliche) Berufsposition andere Faktoren sozialer Ungleichheit und unterschlage zweitens mit der linearen Deduktion aus der Berufsposition die komplexen Vermittlungszusammenhänge zwischen den Ebenen. Zirkelthese sozialer Reproduktion

Empirische Studien belegen nun – ohne die Relevanz der Berufsposition zu negieren – die Bedeutung der familialen Interaktionsstrukturen für die Reproduktion, aber auch die Transformation sozialer Unterschiede (vgl. etwa Bertram 1978). So gibt es Hinweise, daß unerfüllte Ambitionen in den mütterlichen Lebensläufen dazu führen können, daß auch in der Unterschicht Kinder über hohe mütterliche Bildungsaspirationen zu weiterführenden Bildungsabschlüssen ani-

miert werden, was insbesondere auf die in der schichtspezifischen Sozialisationsforschung vernachlässigte Bedeutung der weiblichen „Reproduktionsarbeit" verweist. Und vor dem Hintergrund der These einer Pluralisierung von Lebenslagen
wird das Entstehen neuer, vieldimensionaler sozialer Ungleichheiten hervorgehoben und eine milieuspezifische Sozialisationsforschung gefordert (vgl. Hradil

Milieuspezifische
Sozialisationsforschung

1994): Die Lebensgeschichte soll im Zusammenhang der familialen Interakti-
onsmuster und Entwicklungen im Rahmen der Transformation von Lebenslagen
und von Milieubiographien verortet werden. So zeigt sich etwa für die Verursachung von Gewaltorientierung: Neben milieuunspezifischen Größen, etwa der Bedeutung des Geschlechts für Gewaltorientierungen, die bei männlichen Jugendlichen deutlicher ausgeprägt ist, schwanken die Ursachenmuster je nach Milieu
und neigen vor allem jene Jugendlichen zu Gewalttätigkeit, die sich ihrerseits in
Konflikt zu milieuspezifischen Lebensmustern befinden (vgl. Heitmeyer u.a.
1995).

5. Sozialisationsforschung und Pädagogik – ein Ausblick

Der Sozialisationsbegriff hat für die Erziehungswissenschaft die Bedeutung, die
normativen Entwürfe von Bildung und Erziehung vor dem Hintergrund sozialisatorischer Bedingungen und Strukturen der Entstehung der Person zu reflektieren. Dabei werden durch die Hinweise auf komplexe Bedingungen von Individuation und Bildung einfache Modelle pädagogischer Wirkung zusehends in
Frage gestellt. Für Erziehungswissenschaft und Pädagogik sind spezifische Fragen besonders bedeutsam, die verstärkt der Beachtung bedürfen: Etwa die Untersuchung realer sozialisatorischer Interaktionen, da Pädagogen in solchen komplexen Interaktionsgefügen handeln (vgl. Krappmann 1993); im weiteren Studi-
en zum Zusammenhang der sozialen Strukturierung und Transformation von Bildungsinstitutionen mit pädagogischen Interaktionen und der Bildungsgeschichte
ihrer Mitglieder, deren Analyse etwa belastende sozialisatorische Folgen pädagogischen Handelns zu Tage fördern kann (vgl. Helsper 1995); schließlich
Studien zum Zusammenhang verschiedener Dimensionen der Sozialisation, da
Pädagogen immer mit der vieldimensionalen Bildung der Gesamtperson konfrontiert sind (vgl. Noam 1993).

Literatur

Benjamin, J.: Die Fesseln der Liebe. Berlin 1991.
Bourdieu, P./Passeron, J.C.: Die Illusion der Chancengleichheit. Stuttgart 1971.
Bertram, H.: Gesellschaft, Familie und moralisches Urteil. Weinheim/Basel 1978.
Durkheim, E.: Erziehung, Moral und Gesellschaft. Frankfurt a.M. 1984.
Edelstein, W./Nunner-Winkler, G./Noam G., (Hrsg.): Moral und Person Frankfurt a.M. 1993.
Elias, N.: Die Gesellschaft der Individuen. Frankfurt a.M. 1988.
Fend, H.: Sozialisierung und Erziehung. Weinheim/Berlin/Basel 1969.
Freud, S.: Psychologie des Unbewußten. Studienausgabe Band III. Frankfurt a.M. 1972.
Geulen, D.: Das vergesellschaftete Subjekt. Zur Grundlegung der Sozialisationstheorie. Frankfurt
    a.M. 1977.

Habermas, J.: Kultur und Kritik. Frankfurt a.M. 1973.

Habermas, J.: Moralbewußtsein und kommunikatives Handeln. Frankfurt a.M. 1983.

Helsper, W.: Die verordnete Autonomie – Zum Verhältnis von Schulmythos und Schülerbiographie im institutionellen Individualisierungsparadoxon der modernisierten Schulkultur. In: Krüger, H.-H./Marotzki, W. (Hrsg.): Erziehungswissenschaftliche Biographieforschung. Opladen 1995, S. 175-201.

Heitmeyer, W. u.a.: Gewalt in sozialen Milieus. Darstellung eines differenzierten Ursachenkonzeptes. In: Zeitschrift für Sozialisationsforschung und Erziehungssoziologie 15 (1995), Heft 2, S. 145-168.

Honneth, A.: Kampf um Anerkennung. Frankfurt a.M. 1993.

Hradil, S.: Sozialisation und Reproduktion in pluralistischen Wohlstandsgesellschaften. In: H. Sünker u.a. (Hrsg.): Bildung, Gesellschaft, soziale Ungleichheit. Frankfurt a.M. 1994, S. 89-120.

Hurrelmann, K.: Einführung in die Sozialisationstheorie. Über den Zusammenhang von Sozialstruktur und Persönlichkeit. Weinheim/Basel 1993.

Hurrelmann, K./Ulich, D. (Hrsg.): Neues Handbuch der Sozialisationsforschung. Weinheim/Basel 1991.

Jean Paul: Levana oder Erziehungslehre. 1806.

Joas, H.: Die Kreativität des Handelns. Frankfurt a.M. 1992.

Kohlberg, L.: Zur kognitiven Entwicklung des Kindes. Frankfurt a.M. 1974.

Kohut, H.: Die Heilung des Selbst. Frankfurt a.M. 1978.

Krappmann, L.: Soziologische Dimensionen der Identität. Stuttgart 1971.

Krappmann, L.: Bedrohung des kindlichen Selbst in der Sozialwelt der Gleichaltrigen. Beobachtungen zwölfjähriger Kinder in natürlicher Umgebung. In: Edelstein u.a. (1993), S. 335-363.

Lorenzer, A.: Die Wahrheit der psychoanalytischen Erkenntnis. Frankfurt a.M. 1974.

Luhmann, N.: Erziehung und Sozialisation. In: Ders.: Soziologische Aufklärung 4. Opladen 1987, S. 173-182.

Mead, G.H.: Geist, Identität und Gesellschaft. Frankfurt a.M. 1968.

Noam, G.: Selbst, Moral und Lebensgeschichte. In: Edelstein u.a. (1993), S. 171-202.

Oerter, R.: Entwicklung und Sozialisation. Donauwörth 1978.

Oevermann, U.: Genetischer Strukturalismus und das sozialwissenschaftliche Problem der Erklärung der Entstehung des Neuen. In: Müller-Doohm, S. (Hrsg.): Jenseits der Utopie. Frankfurt a.M. 1991, S. 267-336.

Parsons, T.: Sozialstruktur und Persönlichkeit. Frankfurt a.M. 1981.

Parsons, T.: Aktor, Situation und normative Muster. Ein Essay zur Theorie sozialen Handelns. Frankfurt a.M. 1986.

Rolff, H.G.: Sozialisation und Auslese durch die Schule. Heidelberg 1967.

Selman, R.L.: Die Entwicklung des sozialen Verstehens. Frankfurt a.M. 1984.

Youniss, J.: Soziale Konstruktion und psychische Entwicklung. Frankfurt a.M. 1994.

II. 5. Unterricht

Werner Helsper/Josef Keuffer

Inhalt

Wir beginnen mit einer Bestimmung von Unterricht (1), an die sich eine Darstellung zum Lehrplan (2) anschließt. Unterrichtsplanung und Unterrichtsanalyse (3) betreffen die konkrete Handlungsebene des Lehrers. Die abschließenden Anmerkungen zur Unterrichtskritik (4) und zur kulturellen Modernisierung (5) weisen auf Probleme der Professionalisierung und Belastungen des Unterrichtens hin.

1. Begriff

Unterricht ist die gezielte Planung, Organisation und Gestaltung von Lehr-Lern-Prozessen. Neben der schulischen Form von Unterricht gibt es Einzelunterricht, Fahrschulunterricht und Lehrgänge jeder Art. In der Bundesrepublik Deutschland ist schulischer Unterricht in den einzelnen Schulstufen und Schulformen nach Jahrgängen und Fächern strukturiert. Am Unterrichtsgeschehen sind in der Regel ca. 10 bis 35 Schüler und eine LehrerIn beteiligt. Die Planung und Durchführung des Unterrichts orientiert sich an den jeweiligen Unterrichtsinhalten, die

Definition von Unterricht

vom Unterrichtenden zu einem Stundenthema aufbereitet werden. Ziele und Inhalte von Unterricht sind abhängig von historischen Entwicklungen. Sie werden durch Lehrpläne mitbestimmt, die je nach Land unterschiedlich verbindlich geregelt sind, in Deutschland durch die Kultusministerien der einzelnen Bundesländer erlassen werden. Zentrale Grundprinzipien heutiger Planung von Unterricht sind Schülerorientierung und Wissenschaftsorientierung. Unterricht wird in der Regel als Fachunterricht erteilt. Schülerorientierte Unterrichtsformen wie Freiarbeit, offener Untericht oder Projektarbeit gewinnen aber zunehmend an Bedeutung.

Unterrichten als
Alltagsform
pädagogischen Handelns

Unterrichten ist eine Grundform institutionalisierten pädagogischen Handelns, die stärker als Erziehung, Hilfe oder auch Beratung an die Vermittlung eines Inhalts gebunden ist, den der Lehrende beherrscht und so vermitteln soll, daß er von Lernenden, die ihn noch nicht begreifen, gelernt werden kann. Im Zentrum des Unterrichtens steht somit die Vermittlung von Inhalten und Methoden, weniger jedoch die Gesamtformung der Motive und Lebenshaltungen einer Person. Wenn „unterrichten" als alltägliches Geschehen charakterisiert werden kann, so ist es doch eine vom Leben distanzierte Form des Lehrens und Lernens, deren individuelle und gesellschaftliche Wirkung und Bedeutung komplex ist. Intentionen, beabsichtigte/unbeabsichtige Wirkungen und dauerhafte Folgeerscheinungen von Unterricht werden höchst unterschiedlich erlebt und in ihrer gesamtgesellschaftlichen Bedeutung ambivalent eingeschätzt.

Allgemeine
Didaktik

Die wissenschaftliche Beschäftigung mit Unterricht ist Aufgabe der Didaktik. Sie strebt eine Synthese von Anforderungen der Gesellschaft und Interessen des Individuums an. Didaktik in einem umfassenden Sinne beschäftigt sich mit drei Ebenen der Theoriebildung: a) mit den globalen Ziel- und Wertvorstellungen einer Gesellschaft, b) mit dem Lehrplan als Träger jener globalen Ziel- und Wertvorstellungen und c) mit Modellen der Planung und Analyse von Unterricht, also damit, wie die Vermittlung von Inhalten möglichst optimal gestaltet werden kann (vgl. Adl-Amini 1986). Ein Grundproblem der Didaktik ist, daß es ihr nicht gelingen kann, Intention und Wirkung von Unterricht zur Deckung zu bringen. Erst aus der Aufarbeitung der Differenz zwischen den intendierten Lehrzielen des Lehrers und den Handlungszielen der Schüler lassen sich Unterrichtsergebnisse reflektieren und Unterrichtsprozesse angemessen konzipieren (vgl. H. Meyer 1989, S. 161 ff.).

Didaktische
Modelle

Die Allgemeine Didaktik hat verschiedene Theorieansätze, die didaktischen Modelle vorgelegt, die – trotz des Anspruchs auf die Gesamterfassung des Unterrichts – jeweils Ausdruck einer bestimmten Sicht sind (vgl. Meyer/Plöger 1994). Didaktische Modelle sind erziehungswissenschaftliche Theorien zur Analyse und Gestaltung von Unterricht (vgl. Blankertz 1991). Folgende allgemeindidaktische Modelle sind besonders wirksam geworden (vgl. vgl. Jank/Meyer 1991):

- die Bildungstheoretische Didaktik und ihre Weiterentwicklung zur Kritisch-konstruktiven Didaktik,
- die Lern- bzw. Lehrtheoretische Didaktik,
- die Kritisch-kommunikative Didaktik,
- die Curriculare oder Lernzielorientierte Didaktik
- die Handlungsorientierte Didaktik.

Die Bewertung dieser Modelle reicht von der kritischen Einschätzung als „Feiertagsdidaktiken" über die Bewertung als „Problematisierungshilfen" bis hin zum Verständnis dieser Modelle als „Unterrichtsrezepte" (vgl. H. Meyer 1991). In wissenschaftlicher Hinsicht haben sich vor allem die ersten drei Modelle einander angenähert.

Neben der Allgemeinen Didaktik haben die spezialisierten Fachdidaktiken ein Professionswissen ausgebildet, das einen Brückenschlag zwischen der jeweiligen Fachwissenschaft und dem Unterrichtsfach herstellen soll (vgl. Meyer/ Plöger 1994). Während frühere „Abbild-Didaktiken" versuchten, die Fachsystematik direkt in den Unterricht zu übertragen, hat sich heute ein differenzierteres Verständnis der Vermittlung zwischen Fachwissenschaft und unterrichtlichem Handeln herausgebildet. Fachdidaktiken

Durch die Vermittlung methodischer Kenntnisse im Unterricht wird versucht, SchülerInnen das Lernen zu lehren. Lernen in schulischen Kontexten heißt planmäßiges und bewußtes Lernen (vgl. Treml in diesem Band). Die Schule ist „eine Einrichtung zur Kollektivierung des Lernens, sie macht aus Lernen Unterricht, Lernen aber und vollends Sichbilden und Sichentwickeln sind hochindividuelle Vorgänge" (v. Hentig 1993, S. 209). Diese kritische Gegenüberstellung von geplantem Unterricht als „Bildungsveranstaltung" und dem Vorgang individueller Bildung weist auf den Widerspruch von „Lernen" und „unterrichtet werden" hin. Lehren wird aber nicht mehr nur als Instruktion im Sinne von beibringen verstanden, vielmehr wird Lehren zunehmend als Lernhilfe konzipiert. Lernen und Unterricht

Trotz aller Unterschiede lassen sich übergreifende Merkmale des Schulunterrichts bestimmen: der schulische Unterricht weist eine „raumzeitliche Verselbständigung" zu sozialen Handlungsvollzügen auf, findet an eigenen Orten und Zeiträumen mit Distanz zur sozialen Praxis statt; das Unterrichten erfolgt als „symbolische Vermittlung", d.h. die Gegenstände und Inhalte des Lernens werden nicht in ihren sozialen oder natürlichen Einbettungen aufgesucht – z.B. die Fremdsprache im anderen Land oder der Schmetterling auf der Wiese – sondern eigens für Lernzwecke in sprachlicher, schriftlicher oder bildlicher Form „künstlich" vorgestellt; Unterrichten weist eine geplante zeitliche Strukturierung auf, indem die Abfolge von Inhalten als „Aufbauprozeß" mit Zukunftsorientierung gestaltet ist und die Aneignung der Lerninhalte Langsicht und Fernmotivation erfordert; Unterrichten ist verberuflicht, wird von professionellen Lehrern durchgeführt, die die Vermittlung und Bewertung von Wissen vornehmen und dabei nach universalistischen, personenunabhängigen Prinzipien verfahren sollen; es ist in Form einer „formalen Organisation" institutionalisiert; schließlich wird die Teilnahme aller Heranwachsenden am Unterricht durch Schulpflicht und rechtliche Regelungen abgesichert (vgl. Herrlitz/Hopf/Titze 1984; Kolbe 1994). Merkmale von Unterricht

2. Unterricht und Lehrplan

Definition und Funktion des Lehrplans

Der Lehrplan ist eine geordnete Zusammenfasssung von Lehrinhalten, die während eines geplanten Zeitraums über Unterricht vom Lernenden angeeignet werden sollen (vgl. Blankertz 1991, S. 118). Für den Begriff „Lehrplan" gibt es zahlreiche weitere Bezeichnungen wie Schulplan, Arbeitsanweisung, Curriculum oder Rahmenrichtlinie. Die Begriffe entstammen unterschiedlichen historischen, theoretischen und bildungspolitischen Zusammenhängen. Die Funktion des Lehrplans besteht in der „Vereinheitlichung" von Bildung (vgl. Weniger 1956, S. 34ff.) und in der Formulierung von Lehrzielen in einem fachlichen und überfachlichen Zusammenhang. Das Zustandekommen von Lehrplänen sieht Weniger als eine ständige Auseinandersetzung der gesellschaftlichen Bildungsmächte, z.B. Parteien, Wissenschaften, Wirtschaft, Kirchen oder der Staat. Darin kommen jeweils auch spezifische Interessen zur Geltung. Die Dynamik der Entwicklung von Lehrplänen steht im Spannungsfeld von gesellschaftlichen Ansprüchen an die nachwachsende Generation und Wünschen von Kindern und Jugendlichen.

Lehrplankonstruktion und Lehrplananalyse

Für die Erstellung von Lehrplänen sind in der Bundesrepublik Deutschland die Bundesländer zuständig. Daher gibt es unterschiedliche Lehrpläne oder Rahmenrichtlinien, die wiederum von den jeweiligen Kultusbehörden nach Schulformen und Schulstufen getrennt erstellt werden. Der Kultusverwaltung kommt damit – entgegen Versuchen zu pädagogisch autonom erstellbaren Lehrplänen – die bedeutendste Rolle in der Entwicklung und Inkraftsetzung von Lehrplänen zu. Lehrplankommissionen sind in den einzelnen Bundesländern unterschiedlich zusammengesetzt mit Experten aus Kultusbürokratie, Wissenschaft und Schule. Ein kritischer Faktor in der Lehrplankonstruktion ist die immer schnellere Veraltung des Lehrplans aufgrund der Wissensexplosion (vgl. Adl-Amini 1986, S. 35). Die Revision von Lehrplänen ist dadurch zu einem kontinuierlichen und unabschließbaren Prozeß geworden.

Lehrplan und Curriculum

Seit den sechziger Jahren taucht in der westdeutschen Didaktik, angestoßen durch Saul B. Robinsohn, zunehmend der Begriff „Curriculum" auf (Robinsohn 1967). Es entstand eine curriculare Bewegung (ca. 1967-1980), die von einem großen Optimismus in bezug auf die Umsetzung konstruktiv ausgerichteter Bildungsreformen getragen war. Das Curriculum unterscheidet vom Lehrplan der Anspruch auf eine rationale Konstruktion und der Ausgang von klar definierten, überprüfbaren Lehrzielen, die die Inhaltsorientierung älterer Lehrpläne ablöst (vgl. Peterßen 1994). Dabei setzt sich die Variante einer praxisnahen, offenen Curriculumgestaltung mit Entscheidungsspielräumen für LehrerInnen stärker durch.

Funktionen von Curricula zwischen Freiheit und Verbindlichkeit

Curricula enthalten verbindliche Ausssagen über Schularten und Schulstufen, über Lehr-Lern-Ziele, Lehr-Lern-Inhalte, Lehr-Lern-Organisation und Lernerfolgsüberprüfungen. Allgemeine Funktionen von Curricula sind:

a) Funktion der Orientierung, der Sicherung von Kontinuität im Bildungswesen, Schaffung eines Bezugsrahmens für curriculare Entscheidungen, Durchführung schulaufsichtlicher Aufgaben;

b) Funktion der Steuerung von Lernvorgängen, Sicherung vergleichbarer Lernvorgänge für alle Schüler, Vergleichbarkeit schulisch vermittelter Abschlüsse;
c) Schaffung von curricularen Freiräumen;
d) Abgrenzung und Identifikation der Unterrichtsfächer und Möglichkeiten für fachübergreifenden Unterricht.

In der didaktischen Umsetzung des Lehrplans und in der Nutzung von curricularen Freiräumen können LehrerInnen Akzente setzen und ihre Professionalität darin realisieren, daß sie situations- und fallangemessene Entscheidungen treffen können. Dies ist jedoch nur möglich, wenn Lehrpläne die pädagogische Freiheit und Verantwortung nicht zu stark einschränken. Sie dürfen eine Schülerorientierung, eine situationsadäquate und fallangemessene Auswahl von Inhalten und didaktischen Vorgehensweisen nicht erschweren, die Voraussetzung dafür sind, daß Lernprozesse gelingen können. So entwickeln z.B. die einzelnen Schulen in den Fachkonferenzen auf der Basis der Lehrpläne schulinterne Curricula, die etwa die curricularen Spielräume der jeweiligen Schule ausloten.

Die Akzeptanz von Lehrplänen ist bei LehrerInnen höchst unterschiedlich ausgeprägt. Doch auch wenn die zum Teil abstrakte Sprache der Richtlinien von LehrerInnen oft als „Lyrik" bezeichnet wird, so darf diese Abwertung nicht darüber hinwegtäuschen, daß der Lehrplan für die didaktische Arbeit des Lehrers der „Dreh- und Angelpunkt" ist (Peterßen 1994, S. 231). Lehrpläne repräsentieren einerseits einen Gesamtzusammenhang von Bildungsprozessen, andererseits werden in ihnen Vorschläge für die Entfaltung fachspezifischer Lernprozesse angeboten oder vorgeschrieben. Lehrpläne sind zugleich Mittel und Produkt der Selbstvergewisserung, was eine Gesellschaft an Wissensbeständen und Fähigkeiten über geplanten Unterricht an die nachfolgende Generation weitervermitteln will.

Der Lehrplan bildet aber nur die offizielle Version dessen, was gelehrt und gelernt werden soll, während das, was tatsächlich gelernt wird, sich davon deutlich unterscheidet und von institutionellen Rahmungen und interaktiven Prozessen mitbestimmt wird (vgl. Combe/Helsper 1994). So wird auch vom „heimlichen Lehrplan" der Schule gesprochen (Zinnecker 1975): Wenn ein Schüler an der Tafel eine mathematische Aufgabe nicht bis zum Ende rechnen kann und ein Mitschüler ihm nach Aufforderung durch den Lehrer das richtige Ergebnis mitteilt, lernt er dabei nicht nur das Kürzen von Brüchen, sondern auch, daß er etwas nicht kann, daß es Gute und Schlechte gibt und daß es in der Schule wichtig ist, zu den Guten zu gehören. Er lernt sich in einer Leistungshierarchie zu verorten, sich zu schämen oder aber Strategien zu entwickeln, sich trotz der Abwertung nicht zu schämen – Selbsterhaltungs- und Selbstmanagementtaktiken, die dazu führen können, daß er zum Schulversager und Außenseiter wird. Diese an keiner Stelle beabsichtigten Lernprozesse des „hidden curriculum" greifen tiefreichend in die Selbst- und Identitätsentwicklung von Heranwachsenden ein (vgl. Willis 1977; Wexler 1994) und können – wenn die mathematischen Formeln oder die historischen Daten längst vergessen sind – als Vorstellung der eigenen Leistungsfähigkeit oder auch als Leistungsangst in der Biographie noch lange nachwirken.

Kritik am Lehrplan

Der Lehrplan als Dreh- und Angelpunkt für die pädagogische Arbeit von LehrerInnen

Heimlicher Lehrplan

3. Unterrichtsplanung und Unterrichtsanalyse

Neben dem Lehrplan ist es die Unterrichtsplanung, die den Unterrichtsprozeß vorauszubestimmen versucht. Unterrichtsplanung und Unterrichtsanalyse sind zwei Seiten einer Medaille (Klafki 1994, S. 250). In der Unterrichtsplanung denken LehrerInnen im vorhinein über Unterricht nach und entwerfen ihn auf der Grundlage der vorhergehenden Unterrichtsstunden, der Besonderheiten der Klasse, des zu behandelnden Themas. Auf der anderen Seite analysieren sie die Unterrichtswirklichkeit im nachhinein und bewerten sie. Analyse und Planung liegen auf einer abstrakteren Ebene als der konkrete Unterrichtsprozeß, der immer nur das Ergebnis des gemeinsamen Handelns von SchülerInnen und LehrerIn ist, das zwar antizipiert, aber nicht geplant werden kann.

Unterrichtsplanung und Unterrichtsanalyse

Für die Aufgaben der Unterrichtsplanung und Unterrichtsanalyse sind zahlreiche Modelle entwickelt worden. Eine Übersicht über verschiedene Planungsmomente hat Klafki im Perspektivenschema zur Unterrichtsplanung zusammengefaßt (vgl Klafki 1994, S. 272). Es umfaßt die Bedingungsanalyse, den Begründungszusammenhang von Unterricht, die thematische Strukturierung, die Bestimmung von Zugangs-und Darstellungsmöglichkeiten und die methodische Struktierung des Unterrichts. Es verdeutlicht die vielfältigen Entscheidungen, die LehrerInnen bei der Planung ihres Unterrichts treffen müssen: Etwa ob sie bei den Voraussetzungen dieser Lerngruppe das Unterrichtsthema eher über das Anknüpfen an Schülererfahrungen, über einen Unterrichtsfilm oder einen Text einleiten wollen und ob anschließend ein Lehrervortrag, ein Unterrichtsgespräch oder Gruppenarbeit angemessen wäre. Unterrichtskonzepte wie entdeckender, erfahrungsorientierter oder handlungsorientierter Unterricht, die eher aus der Praxis entwickelt worden sind, antworten auf unbefriedigende Unterrichtssituationen und Defizite der Unterrichtsplanung.

Modelle der Unterrichtsplanung

Unterrichtsplanung ist als ein langfristig angelegter und gestufter Prozeß zu verstehen, bei dem LehrerInnen von umfassenden didaktischen Vorstellungen und erzieherischen Zielsetzungen zu einer Jahresplanung für eine Klasse in einer bestimmten Jahrgangsstufe gelangen müssen. Diese Planungsarbeit ist darauf bedacht, ein Unterrichtskontinuum herzustellen. Der Jahresplan wird entfaltet, indem LehrerInnen in Beachtung der entsprechenden Lehrpläne und der schulinternen Curricula Arbeitspläne oder sogenannte Stoffverteilungspläne für den Unterricht entwickeln. Auf dieser Basis entstehen Halbjahrespläne, Unterrichtsreihen und konkrete Planungen einzelner Unterrichtsstunden, die Stunden- oder Unterrichtsentwürfe. In Unterrichtsentwürfen wird der Gesamtzusammenhang einer Reihe verdeutlicht, es wird ein Stundenthema festgesetzt und es werden Ziele, Inhalt, Methoden und Medien des Unterrichts benannt.

Unterrichtsplanung als Prozeß

Die Nachbereitung von Unterricht wird als Unterrichtsanalyse bezeichnet und kann unterschieden werden in: a) Unterichtsbeobachtung/Hospitation, b) Untersuchung der durch Unterrichtsbeobachtung gewonnenen Festellungen und c) Beurteilung und Bewertung des beobachteten Unterrichts. Die Unterrichtsanalyse, die nachträgliche Reflexion des eigenen Unterrichtens von LehrerInnen, führt zu Folgerungen für die weitere Gestaltung des Unterrichts. Kurzfristige und längerfristige Planungen können dadurch beeinflußt und verändert werden. In den

Unterrichtsanalyse

schulpraktischen Übungen während des Studiums und in noch stärkerem Maße in der zweiten Phase der Lehrerausbildung werden für Ausbildungszwecke Studien zur Unterrichtsanalyse betrieben. Führungsstile, Arbeitsformen, Motivierung, Frageformen, Sozialformen des Unterrichts werden analysiert und im Zusammenhang didaktisch-methodischer Strukturen von Unterricht reflektiert.

4. Unterrichtskritik

Am Ende des neunzehnten Jahrhunderts war in den hochindustrialisierten Regionen der Schulunterricht in seiner modernen Form institutionalisiert (vgl. Petrat 1979; Tenorth 1988). Die Inklusion aller Heranwachsenden in den Schulunterricht war vollzogen und im Anschluß an Herbarts Theorie der Formalstufen hatte sich eine methodisierte Unterrichtswissenschaft herausgebildet, die bis weit in das zwanzigste Jahrhundert das Unterrichten dominierte. Die Herbartianer entwickelten eine Theorie und Praxis effektiver Stoffvermittlung. Sie formulierten, indem sie die urspünglich schulkritisch gemeinten und auf Einzelunterricht bezogenen Positionen Herbarts sowie die psychologisch fundierten Formalstufen auf den schulischen Klassenunterricht bezogen, ein starres Gerüst planmäßiger methodischer Vorgehensweisen: der Stufe der Klarheit (Isolierung des Einzelnen) mußte die Stufe der Assoziation (Verknüpfung des Neuen mit Bekanntem, mit Gedanken, Gefühlen) folgen, die über die Stufe des Systems (Einfügen in Ordnung) zur Stufe der Methode (Anwendung des Gelernten) führen mußte. Diese Abfolge galt als starres Schema für Jahrespläne, Fächer und Unterrichtsstunden. Methoden des „Beybringens" waren die Lehrverfahren der Herbartianer. Ein Resultat dieser Theorie war die Zementierung einer rigiden Unterrichtsplanung und des Frontalunterrichts. Selbst heute ist der Frontalunterricht immer noch die gebräuchlichste Methode und eine Vielfalt von Unterrichtsmethoden stellt eher die Ausnahme dar. Herbartianer

Wesentliche Impulse für eine Kritik des institutionalisierten Schulunterrichts gingen von verschiedenen Strömungen und Schulversuchen der Reformpädagogik in den ersten Jahrzehnten des zwanzigsten Jahrhunderts aus (vgl. Porger 1925; Rude 1932). Zentrale Kritikpunkte am ritualisierten Unterrichten der „Wissens-" oder „Lernschule" waren: Dominanz des Stoffes und der Prüfung; Lehrerzentrierung und rigide Lehrerautorität; starre Disziplinierung und Schulzucht; gegenüber den Lernverläufen abstrakte zeitliche Regelung der Unterrichtsstunden und -fächer; Unterdrückung der Selbsttätigkeit der Schüler und Zwang zur passiven Rezeptivität; Betonung des Kognitiven und Vernachlässigung bzw. Unterdrückung des Emotionalen, Sinnlichen und Sozialen; künstliches, abstraktes Lernen gegenüber Erfahrung und praktischem Tun; Ausblendung der Lebenswirklichkeit, der Bedürfnisse und Interessen der Schüler und damit Erzeugung von Desinteresse, Arbeitsunlust und letztlich Zerstörung der Kreativität (vgl. Zeidler 1926, S. 3ff.; Rude 1932, S. 10ff.). Diese Positionen wirkten in der schulkritischen Aufbruchsstimmung der Reformphase der sechziger und siebziger Jahre nach. Sie bilden auch den Resonanzboden gegenwärtiger Unterrichtskritik, die vor allem die Dominanz des Selektionsprinzips kritisiert, eine Öffnung der Reformpädagogische Kritik der Lernschule

Schule gegenüber dem Leben fordert, eine umfassende ästhetische, sinnlich-affektive, soziale Bildung gegenüber kognitivem Lernen einklagt und eine Orientierung am Schülersubjekt, dessen Interessen und Erfahrungen einfordert und eine stärkere Mitbeteiligung oder Selbstregulierung im Unterricht vorschlägt.

Vor allem Horst Rumpf hat den Verlust der Tuchfühlung des Unterrichtens zu den sozial-emotionalen Erlebnisspuren, den sinnlichen Erfahrungen, den individuellen „inoffiziellen Weltversionen" von Lerninhalten und damit den komplexen Bildungsgeschichten und Selbstbildungsprozessen Heranwachsender beklagt. Er begreift die „Zivilsationsform Unterricht" als Einsozialisation in eine distanziert-rationale, selbstkontrollierte und vom Konkreten abstrahierende Welt- und Selbstsicht, in der wesentliche Teile der affektiv-persönlichen Identitätsbildung ausgegrenzt werden (vgl. Rumpf 1986). Er verweist demgegenüber auf ästhetische, bildhafte, exemplarische und sinnliche Erfahrung einbeziehende Lernformen, die der „sinnlichen Verödung" des Unterrichts entgegenwirken und eine Anschlußfähigkeit der abstrakten Unterrichtsinhalte an die individuelle Bildungsgeschichte ermöglichen sollen. Andere plädieren stärker für eine Öffnung gegenüber alltäglichen Lebens-, Arbeits-, sozialen Prozessen und außerschulischen Erfahrungsräumen von Heranwachsenden.

Diese dominante unterrichtskritische Forderung nach einer „Entgrenzung" des Schulunterrichts kann auch als Forderung nach einem „erziehenden Unterricht" begriffen werden, der sich nicht auf Stoffvermittlung beschränkt, sondern umfassend auf die Person und die sozialen Einbettungen der Schüler Bezug nimmt (vgl. Ramseger 1991). Im Zusammenhang mit Zeitdiagnosen zu Problembelastungen der Familie oder des Aufwachsens werden hier Schule und Unterricht stützende, ja helfende und umfassend erziehende Funktionen zugewiesen. Diese Forderungen gehen über die notwendigerweise mit dem Unterrichten verbundenen erziehenden Begleiterscheinungen hinaus, etwa daß der Lehrer bestimmte Lernhaltungen oder verläßliche Aufgabenerfüllung erwartet. Vielmehr wird hier der Unterricht tendenziell in Richtung einer allseitigen Zuständigkeit entgrenzt, so daß LehrerInnen für die affektiven, motivationalen und sozialen Dimensionen des Subjekts zuständig werden.

Gegen diese unterrichtskritischen Forderungen nach Öffnung und Subjektorientierung des Unterrichts – die auch als „Sozialpädagogisierung" des Unterrichtens apostrophiert werden (vgl. Terhart 1996) – werden Bedenken in der Richtung eingelegt, ob damit Unterricht und Lehrer nicht überfordert seien und daraus notwendige Enttäuschungen und Berufskrisen resultieren müßten (vgl. Diederich 1985 u. 1988; Prange 1983). Prange verweist etwa auf die prinzipielle Differenz kognitiver und sozial-emotionaler Lernziele, so daß durch kognitive Instruktion, die Sache des Unterrichts sei, keine Formung der Motivation erreicht werden könne. Und Diederich beharrt auf der Differenz von Erziehen und Unterrichten: Der Kern von Unterricht sei die Vermittlung von „Sachen", er sei zeitlich unterteilbar, so daß eine Stunde jene, die nächste Stunde diese Sache unterrichtet werden könne und er setze nicht die persönliche Kenntnis des Schülers voraus. Gegenüber Entgrenzungsbestrebungen wird hier auf der Grenze des Unterrichtens bestanden und LehrerInnen auf das verwiesen, was sie tatsächlich leisten können: Unterricht entsprechend einem auf kognitive Instruktion orientierten reinterpretierten Herbartschen Stufenschema von der Ausgangstufe zur Stufe

(Marginalien:)
Kritik der Zivilisationsform Unterricht

Öffnung des Unterrichts und „erziehender Unterricht"

Kritik der Unterrichtskritik

der Erweiterung, über die Ergebnisstufe zur weiterführenden Anschlußstufe zu entwerfen (Prange 1983). Dies aber nicht als starres Ablaufschema, sondern als flexibles Baukastensystem didaktischer und methodischer Entscheidungen, das den situativen Erfordernissen des Unterrichtens differenziert anzumessen sei, wenn die Voraussetzungen dafür gelegt werden sollen, das Lernen gelingen kann.

Hier treffen sich die begrenzenden Positionen, die ja – zentriert um die Vermittlung der Sache – durchaus Öffnungen, Flexibilisierungen und eine Auseinandersetzung mit Ungewißheit im Unterricht anvisieren, wiederum mit den kritisierten Positionen. Denn auch Rumpf möchte ja nicht den „Als-ob"-Charakter, die symbolische und von der Alltagspraxis abgeschirmte Welt des Schulunterrichtes „ins Leben" auflösen: „Das künstliche Lernen, wie es unsere Zivilisation fordert, kann nicht aufgegeben werden – und zugleich muß versucht werden, auf künstlichem Weg etwas von der sonst so unterdrückten Spontaneität, Neugier, dem wilden Weltzugriff zu retten" (Rumpf 1986, S. 20) – durch Unterrichten. Dazu bedarf es nicht der verallseitigten, überfordernden Entgrenzung des Unterrichts, aber der Öffnung im Unterrichten selbst, die es ermöglicht, daß der Schulunterricht seine starren Verschalungen abzustreifen vermag: Einer methodischen Öffnung, die Schülern eine eigenständige Lösungssuche erlaubt; einer thematischen Öffnung, die Inhalte auf Subjektpositionen bezieht; einer institutionellen Öffnung, die nicht die Trennung zum Leben niederreißt, aber Erfahrungsmöglichkeiten erweitert und außerschulische Erfahrungsräume aufnimmt (vgl. Ramseger 1991).

Öffnung des Unterrichts

5. Kulturelle Modernisierung als Herausforderung für LehrerInnen

Im Rahmen kultureller Modernisierungen, der Befragbarkeit von Traditionen, Institutionen und sozialen Anforderungen, wächst der für Professionen konstitutive Widerspruch von Entscheidungzwang und Begründungsverpflichtung. Auch jenseits öffnender oder umfassend erzieherischer Konzeptionen von Unterricht müssen LehrerInnen angesichts einer Relativierung des Unterrichts, diesen nach ihrem Ermessen planen, didaktische, methodische und leistungsbewertende Entscheidungen treffen, die aber zugleich kritisierbarer und damit auch begründungsbedürftiger werden. Dies um so eher, je mehr Spielräume für pädagogische und unterrichtliche Entscheidungen einzelnen Schulen und LehrerInnen eröffnet werden. Dabei haben sich LehrerInnen auch mit neuen Qualitäten von Motivations-, Interesse- und Sinnproblemen der Schüler gegenüber dem Schulunterricht auseinanderzusetzen, der zunehmend mit außerschulischen Lernangeboten und den Erlebnismöglichkeiten der Jugendkultur konkurrieren muß. Dies ist zudem in die Relativierung des Generationenverhältnisses und die tendenzielle Entwertung der Erwachsenenautorität eingebunden (vgl. Ziehe/Stubenrauch 1982). Welche Inhalte in welcher Abfolge ausgewählt werden, warum so wenig Filme im Unterricht gezeigt oder Exkursionen gemacht werden, warum nicht mehr Gruppenarbeit im Unterricht stattfindet etc. diese Begründungslast, aber auch

Motivierungs- und Sinnstiftungsarbeit, müssen LehrerInnen angesichts der befragbarer werdenden Lehrerautorität tragen und für ihre Entscheidungen mit ihrer Person geradestehen. Dabei können keine allgemeinverbindlichen Lösungen für LehrerInnen formuliert werden, sondern immer nur situations-, fall- und personenadäquate Varianten möglicher Entscheidungen durch LehrerInnen selbst getroffen werden, um mit den unaufhebbaren Spannungen des Unterrichtens zwischen Inhalt und Subjekt, Selektion und Förderung, Nähe und Distanz, Begrenzung und Öffnung umzugehen. Daraus resultieren hohe Belastungen und Anforderungen, deren Folgen z.B. „burn-out"-Syndrome oder frühzeitige Pensionierung sind. Dies macht eine weitere Professionalisierung des Lehrberufs dringend erforderlich (vgl. Combe/Helsper 1996).

Literatur

Adl-Amini, B./Schulze, Th./Terhart E. (Hrsg.): Unterrichtsmethode in Theorie und Forschung. Weinheim/Basel 1993.

Adl-Amini, B.: Ebenen didaktischer Theoriebildung. In: Haller, H. D./Meyer, H. (Hrsg.): Enzykopädie Erziehungswissenschaft. Bd. 3. Stuttgart 1986. S. 27-48.

Blankertz, H: Theorien und Modelle der Didaktik. Weinheim/München [13]1991.

Combe, A./Helsper, W.: Was geschieht im Klassenzimmer. Perspektiven einer hermeneutischen Unterrichtsforschung. Weinheim 1994.

Combe, A./Helsper, W. (Hrsg.): Pädagogische Professionalität. Frankfurt a.M. 1996.

Diederich, J.: Schulunterricht – ein Problemaufriß. In: Rauschenberger, H. (Hrsg.): Unterricht als Zivilisationsform. Zugänge zu unerledigten Themen der Didaktik. Wien 1985, S. 21-51.

Diederich, J.: Didaktisches Denken. Eine Einführung in Anspruch und Aufgabe, Möglichkeiten und Grenzen der Allgemeinen Didaktik. Weinheim/München 1988.

Hentig, H. v.: Die Schule neu denken. München/Wien 1993.

Jank, W./Meyer, H: Didaktische Modelle. Frankfurt a.M. 1991.

Klafki, W.: Neue Studien zur Bildungstheorie und Didaktik. Zeitgemäße Allgemeinbildung und kritisch-konstruktive Didaktik. Weinheim/Basel [4]1994.

Meyer, M. A./Plöger, W. (Hrsg.): Allgemeine Didaktik, Fachdidaktik und Fachunterricht. Weinheim/Basel 1994.

Meyer, H.: UnterrichtsMethoden. Bd. 1 u. 2. Frankfurt/M. 1987.

Peterßen, W. H.: Handbuch Unterrichtsplanung. Grundfragen, Modelle, Stufen, Dimensionen. München [6]1994.

Petrat, G.: Schulunterricht. Seine Sozialgeschichte in Deutschland 1750-1850. München 1979.

Prange, K.: Bauformen des Unterrichts. Eine Didaktik für Lehrer. Bad Heilbrunn 1983

Ramseger, J.: Was heißt „durch Unterricht erziehen"? Erziehender Unterricht und Schulreform. Weinheim/Basel 1991.

Robinsohn, S. B.: Bildungsreform als Revision des Curriculum und Ein Strukturkonzept für Curriculumentwicklung. Darmstadt [3]1971.

Rude, A.: Die neue Schule und ihre Unterrichtslehre. I. Band: Die neue Schule. Osterwiek/Leipzig [4] 1932.

Rumpf, H.: Die künstliche Schule und das wirkliche Lernen. München 1986.

Tenorth, E.: Geschichte der Erziehung. Einführung in die Grundzüge ihrer neuzeitlichen Entwicklung. Weinheim/Basel 1988.

Terhart, E.: Zur Neuorientierung des Lehrens und Lernens. Kultureller Wandel als Herausforderung für die Professionalisierung des Lehrerberufs. In: Helsper, W./Krüger, H.-H./Wenzel, H. (Hrsg.): Schule und Gesellschaft im Umbruch. Theoretische und internationale Perspektiven. Band 1. Weinheim 1996, S. 319-332.

Weniger, E.: Theorie der Bildungsinhalte und des Lehrplans. Weinheim/Berlin [2]1956.

Wexler, P.: Schichtspezifisches Selbst und soziale Interaktion in der Schule. In: Sünker, H., u.a. (Hrsg.): Bildung, Gesellschaft, soziale Ungleichheit. Frankfurt a.M. 1994, S. 287-306.

Willis, P.: Spaß am Widerstand. Gegenkultur in der Arbeiterschule. Frankfurt a.M. 1979.

Zeidler, K.: Die Wiederentdeckung der Grenze. Beiträge zur Formgebung der werdenden Schule. Jena 1926.

Ziehe, T./Stubenrauch, H.: Plädoyer für ungewöhnliches Lernen. Reinbek 1982.

Zinnecker, J. (Hrsg.): Der heimliche Lehrplan. Untersuchungen zum Schulunterricht. Weinheim/Basel 1975.

II. 6. Lernen

Alfred K. Treml

Inhalt

Lernen ist ein Grundbegriff der Pädagogik und wie alle Grundbegriffe, die dazu auch noch in der Alltagssprache vorkommen, vieldeutig. Natürlich versucht man, in wissenschaftlichen Zusammenhängen den Begriff zu klären und zu präzisieren, aber von einer einheitlichen, allgemein anerkannten und präzisen Definition kann man auch heute noch nicht sprechen. Die Vielzahl der Definitionen des Begriffes Lernen und seiner theoretischen Zusammenhänge sind selbst für einen Spezialisten heute kaum noch zu überblicken.

Wie kann man also lernen, was „Lernen" ist? Eine Möglichkeit ist zu rekonstruieren, welches Problem durch Lernen gelöst wird. Wer verstanden hat, welches Problem durch Lernen gelöst wird, der weiß, was „Lernen" bedeutet. Der Lernbegriff wird inzwischen so abstrakt definiert, daß er auf physikalische, chemische, biologische und geistige Prozesse gleichermaßen angewendet werden kann. Wir beschränken uns aber im folgenden auf das Lernen von Lebewesen und konzentrieren uns schließlich auf das Lernen von Menschen.

1. Leben heißt Lernen

Lebewesen sind kompliziert aufgebaute und verletzliche Systeme; ihr (Über-)Leben ist ständig gefährdet, weil sie sich in einer noch komplizierteren Umwelt bewähren müssen, die nicht vollständig überblickt und kontrolliert werden kann. Während beispielsweise ein Stein seinen Bestand in einer gefährlichen Umwelt (eine Zeit lang und bis zu einem bestimmten Grad) allein durch seine Härte bzw. Konsistenz bewahren kann, hat ein Lebewesen eine andere und viel anspruchsvollere Form der Bewährung, d.h. der Bestandserhaltung, in einer Umwelt entwickelt, es kann seinen Zustand ändern und diese Möglichkeit zu einem späteren Zeitpunkt bei ähnlichen Situationen wieder aktivieren. Durch diese Möglichkeit eines Systems, auf Veränderungen in seiner Umwelt durch Rückgriff auf früher erworbene Verhaltensoptionen zu reagieren und sich den neuen Bedingungen dadurch anzupassen, erhöht es die Chance, seinen Bestand zu bewahren, denn es kann nicht voraussehbare Änderungen der (Über-)Lebensbedingungen durch ein flexibles Verhalten abfedern. Diese Fähigkeit eines lebenden Systems zur dauerhaften Zustandsveränderung können wir als den allgemeinsten Begriff des Lernens festhalten. Leben heißt Lernen.

Dieser allgemeinste Begriff des Lernens umfaßt auch die Möglichkeit der sehr langsamen, in evolutionären Zeiträumen ablaufenden intergenerativen Zustandsveränderung durch Vererbung. Man spricht hier gelegentlich von „genetischem Lernen". Das Ergebnis dieses genetischen Lernens sind bestimmte (äußere) phänotypische und (innere) genotypische Merkmale, die ein Lebewesen vollständig determiniert bei seiner Geburt mit auf die Welt bringt. Jene Merkmale, die sich erst nach der Geburt aufgrund der genetischen Vorschriften entwickeln, subsumieren wir gewöhnlich unter den Begriff der Reifung.

Vererbung (margin)

In der Pädagogik wird der Begriff des genetischen Lernens relativ selten gebraucht. Wir werden uns deshalb im folgenden weitgehend auf das „nichtgenetische Lernen" beschränken, also auf jene Fähigkeit zur Zustandsveränderung, die ein Lebewesen *durch Erfahrung* gewinnt.

2. Lernen aus Erfahrung

Lernfähigkeit (margin)

„Durch Erfahrung" heißt zunächst einmal: nicht durch Vererbung, nicht angeboren, sondern erworben – erworben in der Interaktion mit einer Umwelt. Auch dieses Vermögen (der Zustandsveränderung durch Erfahrung) hat biologische Voraussetzungen, die durch Vererbung von einer Generation zur nächsten weitergegeben werden. Man spricht hier von „Lernfähigkeit". Lernfähigkeit bedeutet, daß die genetischen Vorgaben ihre strenge Determination (nämlich bei bestimmten Reizen ein bestimmtes Verhalten abzurufen) partiell verlieren und statt dessen nur eine gewisse Bandbreite von Verhaltensweisen fixieren, innerhalb derer verschiedene Varianten möglich sind. Welche von diesen theoretischen Möglichkeiten nun praktisch realisiert wird, das bestimmt erst die konkrete Erfahrung eines Individuums in und mit einer Umwelt. Man spricht hier von „*Prägung*".

Prägungen sind eine erste Form nichtgenetischen Lernens, also eines Lernens aus Erfahrung. Eine Bandbreite von varianten Möglichkeiten wird durch

94

eine bestimmte Erfahrung in und mit einer Umwelt eingeschränkt und auf eine konkrete Möglichkeit, sich verhalten zu können, beschränkt – sprich: gelernt. Das hat den großen Vorteil, daß das nur sehr langsam sich in evolutionären Zeiträumen verändernde Verhaltensrepertoire einer *Gattung* erweitert werden kann durch die Möglichkeit eines *Individiuums*, schnell auf Umweltveränderungen durch Lernen zu reagieren. Damit wird das langfristige Lernen der Gene einer Population in der Phylogenese ergänzt durch das kurzfristige und schnelle Lernen der Gehirne eines Individuums in der Ontogenese. Ein Nachteil ist allerdings, daß auf dieser primitiven Stufe des Lernens die einmal erfolgte Prägung innerhalb einer Ontogenese nicht mehr reversibel ist.

Lernfähigkeit beginnt als unspezifische Offenheit und benötigt spezifische Umweltanreize, um sich zu entfalten. Bleiben diese aus, verkümmert die Lernfähigkeit irreversibel. Die Prägung auf ein bestimmtes Verhaltensrepertoire (z.B. Sprechen, Lächeln, Weinen) fehlt und kann nicht mehr oder nur bedingt aufgeholt werden.

3. Lernen durch Gewöhnung

Ob es auch Prägungen mit irreversiblem Charakter beim Menschen gibt, darüber sind sich die Fachleute nicht einig. Allerdings ist unbestritten, daß in der Kindheit und Jugend einmal gelernte Muster des Denkens und Verhaltens äußerst resistent gegenüber späteren Veränderungsversuchen sein können. Offenbar fällt das Lernen in der Kindheit leichter, als das (Um-)Lernen im Alter. Im Volksmund heißt dies: Was Hänschen nicht lernt, lernt Hans nimmermehr! Man vermutet heute, daß dies hirnphysiologische Ursachen hat: Die unspezifische Offenheit und Plastizität des Gehirns erleichtert am Anfang durch Wiederholung bestimmter elektrochemischer Prozesse die Verknüpfung von Synapsen und Neuronen. Offenbar findet schon hier eine Art neuronaler Ausleseprozeß statt: Bestimmte Reizwege sterben ab, wenn sie nicht aktiviert werden, andere, die immer wieder gebraucht werden, verstärken sich gewissermaßen zu Hauptstraßen der Informationsverarbeitung, die in einem Muster von „Verdrahtungen" Informationen auch langfristig speichern können. Lernen kann die Anzahl von Nervenzellenverbindungen im Gehirn verringern. Prägung heißt aus gehirnphysiologischer Sicht also letztendlich die frühkindliche Stabilisierung und Verstärkung bestimmter Nervenzellenverbindungen, deren Verknüpfung zuvor noch offen und unspezifisch war.

Beim Menschen ist dieser Vorgang in der Regel wohl nicht mehr vollständig irreversibel, aber doch schwer umkehrbar. Wir nennen ein Lernen eines bestimmten Repertoires von Denk- und Verhaltensweisen, das einerseits wohl prinzipiell reversibel, andererseits aber gegen Veränderungsversuche doch in der Regel sehr resistent ist, mit einer Vielzahl von Begriffen: latentes Lernen, funktionale Erziehung, Sozialisation, inzidentelles Lernen, Lernen durch Gewohnheit. Die Logik eines Lernens durch Gewohnheit besteht in der Wiederholung von bestimmten Differenzerfahrungen, durch die auf ein bestimmtes Muster des damit Umgehens geprägt wird. Schon Aristoteles hatte Lernen auf das Entstehen von

Verbindungen (Assoziationen) zwischen Elementen zurückgeführt und erwähnte die Assoziationsgesetze der *Ähnlichkeit*, des *Kontrastes* und der *zeitlichen und räumlichen Kontiguität*. Noch Thorndike, einer der ersten und einflußreichsten Lerntheoretiker unseres Jahrhunderts, versteht Lernen als eine Assoziation zwischen Sinneseindrücken und Handlungsimpulsen. Durch die ständige Wiederholung der Erfahrungen solcher Assoziationen (Verbindungen) entsteht ein Lernen durch Verstärkung oder Abschwächung von Gewohnheiten, die – weil sie latent sind – i.a. sehr dauerhafte Fixierungen erzeugen.

4. Bewußtes Lernen

Innerhalb einer Ontogenese braucht Lernen aus Gewohnheit relativ viel Zeit – Zeit um strukturelle Erfahrungen und Assoziationen in ähnlichen Situationen aufzubauen, anzureichern und sie ggf. wieder umzustrukturieren. Wer schon einmal versucht hat, Gewohnheiten (z.B. das Rauchen) zu verändern, weiß, wie schwer und zeitraubend das sein kann. Es ist deshalb evolutionär vorteilhaft, wenn eine Form des Lernens entwickelt wird, die nicht erst dann aktiv wird, wenn die Prägungen oder Gewohnheiten durch weiteres Lernen angereichert oder umgepolt werden müssen, sondern schon im Vorfeld eines möglichen Bedarfs Lernprozesse bewußt und planmäßig erzeugt. Ein solches bewußtes Lernen spart Warte- und Reaktionszeit für das lernende System. Auf der anderen Seite kostet ein solches Lernen aber auch einen erheblichen zusätzlichen Aufwand – an Zeit, an Organisation, an Geld, an personellen Ressourcen usw., weil es nun nicht mehr nebenbei bzw. „beiläufig" erfolgen kann, sondern ausdrücklich geplant, organisiert und ausgeführt werden muß. Daß sich dieses bewußte Lernen bei uns Menschen trotzdem so erfolgreich entwickeln und insb. in Form des schulischen Unterrichts ausdifferenzieren und stabilisieren konnte, beweist seinen Selektionsvorteil.

Damit sind wir endlich bei jener Lernform angelangt, die umgangssprachlich wohl in der Regel gemeint ist, wenn wir vom „Lernen" sprechen: dem absichtsvollen, planmäßigen und bewußten Lernen, wie wir es vor allem in Form von Unterricht kennengelernt haben – beispielsweise im Lernen von Vokabeln, von mathematischen Formeln, von grammatischen Regeln etc. Lernen meint hier Unterricht den bewußten Vorgang der Einprägung von Kenntnissen, der Aneignung und Entwicklung von Wissen, Erkenntnissen, Fertigkeiten, Gewohnheiten und Haltungen. Pädagogik hat es vor allem mit dieser Art von Lernen zu tun, denn allein schon das Hineinbegeben in einen pädagogischen Kontext signalisiert allen Beteiligten die Absicht bewußten Lernens. Das impliziert natürlich nicht, daß allen an einem Unterrichtsprozeß Beteiligten jederzeit diese Absichtlichkeit bewußt sein muß, es bedeutet nur, daß diese Intentionalität und Struktur bei Bedarf bewußt gemacht werden kann.

5. Der wissenschaftliche Lernbegriff

Das theoretische Nachdenken über das Lernen beginnt im Abendland spätestens mit den alten Griechen. Die beiden ältesten Vorstellungen darüber, wie Lernen möglich ist, stammen aus der Antike. Bei den Vorsokratikern und den Sophisten war die Vorstellung geläufig, daß Lernen die Übernahme fremden Wissens durch einen Unwissenden sei. Dahinter stand die Vorstellung, daß der Lernende eine Art „tabula rasa", eine leere Tafel, sei, die durch das gelehrte Wissen im Laufe seines Lebens vollgeschrieben würde. Platon dagegen verstand unter Lernen eine Art „Wiedererinnerung" (Anamnesis) einer von Anfang an in der Seele des Menschen eingeschriebenen – unbewußten – Erkenntnis (Idee). Im erstgenannten Sinne wäre Lernen ein „Nach-Denken" fremder Wissensbestände, im zweitgenannten (platonischen) Verständnis ein „Nach-Denken" eigener, aber vergessener Erkenntnisse.

Entkleidet von ihren metaphysischen Implikationen beschreiben diese beiden Vorstellungen von Lernen im Kern ein Verständnis, das auch heute noch gebräuchlich ist, nämlich einmal ein Lernen, das in erster Linie von außen kommt und deshalb auch von einem Lehrenden „hergestellt" werden kann („poiesis") und zum andern ein Lernen, das ausschließlich von innen, d.h. selbstorganisiert, entsteht („autopoiesis") und deshalb bestenfalls von außen animiert werden kann.

Ein Schwerpunkt des wissenschaftlichen Nachdenkens bildet verständlicherweise zunächst der Begriff des Lernens. In der Psychologie wird Lernen häufig als eine „durch Erfahrung entstandene, relativ überdauernde Verhaltensänderung" definiert. Das impliziert nicht nur die Ausgrenzung relativ kurzfristiger Verhaltensänderungen (wie durch Betrunkensein, Ermüdung, Drogeneinfluß oder Verletzungen), sondern beschränkt sich merkwürdigerweise auch auf das Verhalten, obwohl Lernen natürlich nicht identisch ist mit Verhaltensänderungen, sondern darin nur zum Ausdruck kommen kann. Besser ist es deshalb, man spricht von „Verhaltensmöglichkeiten" oder von „Verhaltensdispositionen".

Eine bessere Definition von Lernen wäre deshalb, Lernen als Sammelname für nicht unmittelbar zu beobachtende Vorgänge im Organismus, vor allem im Gehirn, zu bezeichnen, die durch Erfahrung entstanden sind und zu relativ dauerhaften Veränderungen im Verhalten führen können. Weil wir Vergessen und den Verlust von Fähigkeiten nicht unter den Begriff des Lernens subsumieren, müssen wir zusätzlich eine weitere Einschränkung in die Definition einbauen und formulieren: *Unter Lernen verstehen wir alle nicht direkt zu beobachtenden* *Vorgänge in einem Organismus, vor allem in seinem zentralen Nervensystem* *(Gehirn), die durch Erfahrung (aber nicht durch Reifung, Ermüdung, Drogen* *o.ä.) bedingt sind und eine relativ dauerhafte Veränderung bzw. Erweiterung des* *Verhaltensrepertoires zur Folge haben.* Mit andern Worten: Lernen ist eine erfahrungsbedingte Veränderung der Möglichkeit eines lebenden Systems, in einer Umwelt einen Zustand einnehmen zu können.

Wissenschaftliche
Definition von Lernen

6. Lerntheorien

Ein weiterer Schwerpunkt der wissenschaftlichen Lernforschung bildet die Beschreibung und Erforschung der Lernformen. Sofern dies in einem theoretischen Zusammenhang entwickelt wird, spricht man von Lerntheorien. Der Plural bringt schon zum Ausdruck, daß es keine einheitliche Lerntheorie gibt, sondern eine Vielzahl von Ansätzen. Bestimmte Muster aber wiederholen sich und sind für die Pädagogik anschlußfähig. Folgende Lernarten werden in der einschlägigen Literatur immer wieder genannt:

6.1. Konditionierung

Konditionierung

Darunter versteht man die zeitliche Koppelung eines zufälligen Verhaltens mit einem nichtzufälligen Signal, so daß durch Wiederholung dieser Koppelung das Verhalten auch bei Ertönen des Signals angereizt werden kann. Der „Pawlowsche Hund", dem auf ein Klingelzeichen der Speichel im Mund zusammenläuft, weil das Signal immer kurz vor dem Fressen ertönte, ist wohl das berühmteste Beispiel dieser Form der *„klassischen Konditionierung"*. Dort wo das „Signal" als Strafe oder als Belohnung nach einem bestimmten (unerwünschten oder erwünschten) Verhalten eingesetzt wird, kann das erwünschte Verhalten dadurch gelehrt und gelernt werden; man spricht hier von *„operanter oder instrumenteller Konditionierung"* (Pawlow, Thorndike, Skinner).

6.2. Modell- oder Beobachtungslernen

Modellernen

Von Modellernen spricht man dann, wenn ein Vorbild nachgemacht und dessen Verhaltensrepertoire damit (modellhaft) gelernt wird (Bandura). Beobachtungslernen liegt dann vor, wenn durch längere Beobachtung (z.B. Fernsehen) bestimmte wiederkehrende Strukturen des Beobachteten übernommen werden. Nachahmung (Imitation) ist eine grundlegende Form des Lernens, die insbesondere bei Kindern und Jugendlichen eine wichtige Rolle spielt und durch systematische Wiederholung zur „Übung" kultiviert werden kann.

6.3. Lernen durch Versuch und Erfolg/Irrtum

Lernen durch Versuch und Erfolg/Irrtum

Lernen durch Versuch und Erfolg/Irrtum findet dann statt, wenn zufällige Verhaltensformen zum Erfolg oder zum Mißerfolg führen und daraus bei analogen Situationen erwünschtes Verhalten ermöglicht wird. Das kann absichtlich und planmäßig organisiert werden; wir sprechen dann von „Verstärkung", wenn ein erfolgreicher Versuch belohnt wird und so die Wiederholung angereizt wird, von „Extinktion" (oder „Löschung" bzw. von „Gegenkonditionierung"), wenn unerwünschte Verhaltensfolgen „bestraft" werden und so zur Vermeidung analogen Verhaltens motiviert wird (Thorndike). Eine bestimmte lernpsychologische Schule („Behaviorismus") hat diesen (positiv-verstärkenden oder negativ-sanktionierenden) Zusammenhang erkenntnistheoretisch und experimentell ausgebaut und Lehren und Lernen als Reiz-Reaktionsschemata begründet (z.B. Skinner). Praktische Anwendung findet diese Lerntheorie vor allem als Verhaltenstherapie.

6.4. Lernen durch Einsicht bzw. Kognitives Lernen

Über Einsicht lernt ein Mensch dann, wenn er eine konkrete Erfahrung – sei sie real oder fiktiv – in eine abstrakte Beziehung zu einer Regel setzen kann. Eine Einsicht gewinnen umschreibt also eine anspruchsvolle Lernform, die weitgehend mit dem Denken zusammenfällt, und die durch die kognitive Einrückung von einer Erfahrung in einen größeren Zusammenhang charakterisierbar ist. Die Lernpsychologie unterscheidet hier vor allem „verbales Lernen", „Begriffslernen" und „problemlösendes Denken" (Ausubel, Gagne, Tolman). Im Gegensatz zu allen anderen hier genannten Lernformen ist diese höhere Lernart die einzige, die nur durch Formen der Introspektion (also der Selbstwahrnehmung in analogen Situationen) erschlossen werden kann. Ihre Identifizierung setzt einen erhöhten Bedarf an theoretischen Vorgaben voraus. Lernen durch Einsicht bzw. kognitives Lernen

Alle diese kurz dargestellten Lernbegriffe sind theoretische Definitionen. Sie beschreiben in erster Linie keine Sachverhalte, sondern erklären sie. Aus diesem Grunde können sie auch nicht wahr oder falsch sein, sondern sind (mehr oder weniger) fruchtbar oder unfruchtbar. Alle haben ihre Vorzüge, aber auch ihre Nachteile. Problematisch ist sicher, daß die relativ einfachen, mechanischen, sinnarmen und kurzzeitigen Lernprozesse, also insbesondere jene der Konditionierung, des Modellernens und des Lernens durch Versuch und Irrtum, wohl einerseits (in meist künstlichen Laborsituationen) experimentell identifiziert und wiederholt werden konnten, aber die höheren kognitiven Lernformen nicht erklären können. Andererseits ist die Psychologie von einer gesicherten Theorie der anspruchsvollen (kognitiven) Lernformen, z.B. des Problemlöseverhaltens, noch weit entfernt. Eine einheitliche, alle Lernformen umfassende Allgemeine Lerntheorie ist noch nicht in Sicht.

Am nächsten kommt diesem fernen Ziel möglicherweise eine Theorie, die gerade in der Pädagogik eine große Resonanz gefunden hat und auf die deshalb abschließend noch kurz hingewiesen werden soll. Sie liegt quer zu den zuvor dargestellten Lerntypen und stellt deshalb nicht eine weitere, über das kognitive Lernen hinausgehende Lernform dar.

6.5. Genetisches Lernen (nach Piaget)

Der Schweizer Psychologe und Biologe Jean Piaget entwickelte eine Lerntheorie, die nicht nur auf sorgfältigen empirischen Beobachtung beruht, sondern auch eine anspruchsvolle erkenntnistheoretische Begründung erfahren hat. Lernen ist hier eine Form der menschlichen Erkenntnis von Welt. Erkenntnis wird aber nicht als reaktive oder gar passive Widerspiegelung gesehen, sondern als ein wesentlich aktiver Prozeß. Die Welt zu erkennen, heißt nicht, sie abzubilden, sondern auf sie einzuwirken. Dieser aktive Prozeß des Einwirkens setzt auf sei- Genetisches Lernen ten des lernenden Subjekts bestimmte Strukturen von Erwartungen, Einstellungen, Klassifikationen oder Bewertungen voraus, die die Weltkonstruktionen ermöglichen und begrenzen. Im aktiven Umgang mit der Welt werden diese psychischen Strukturen häufig irritiert und müssen deshalb in eine neue Balance gebracht werden („Äquilibration"). Dieser selbstregulierte Äquilibrationsprozeß kann primär durch Inkorporation der neuen Erfahrung in die Eigenstrukturen („Assimilation") oder durch deren partielle Veränderung unter dem Einfluß der Umwelt („Akkommodation") gelingen. Auf der Grundlage dieser allgemeinen Lerntheorie unterscheidet Piaget verschiedene Stufen der Intelligenzentwicklung und ordnet sie bestimmten entwicklungspsychologischen Phasen zu: Stufe der sensomotorischen Intelligenz (0-2 Jahre), Stufe der konkreten Operationen (2-11 Jahre), Stufe der formalen Operationen (ab 12 Jahre).

Während die Bedeutung des aktiven, die Welt konstruierenden Erkenntnis- und Lernprozesses heute weitgehend anerkannt ist, wurden insbesondere die universalistischen Prämissen des kognitiven Entwicklungsprozesses, verstanden als eine konstante, die Gesamtstruktur definierende und sequentiell angeordnete Stadienabfolge, stark kritisiert und relativiert.

Neuere Forschungsergebnisse über das Lernen sind derzeit vor allem im Bereich der höheren kognitiven Lernformen, nicht zuletzt bei den neurobiologischen Grundlagen des Lernens zu beobachten. In der Hirnforschung deuten sich Forschungsergebnisse von erheblicher Tragweite an, die inzwischen im Rahmen einer allgemeinen Theorie der künstlichen Intelligenz (KI-Forschung) auch auf „lernfähige Computersysteme", also auf Maschinen, übertragen werden.

7. Lernen der Gesellschaft?

Bisher gingen wir immer wie selbstverständlich davon aus, daß es neben dem „Lernen der Gene" nur ein „Lernen der Gehirne" geben kann. Im Mittelpunkt pädagogischer und psychologischer Literatur steht natürlich das letztgenannte Lernen eines (menschlichen) Individuums in seiner Ontogenese. Lerntheorien sind deshalb Subjekttheorien. Kann aber das Prädikat „lernen" nur einzelnen Subjekten zukommen?

Schon die Aufklärungsphilosophen waren der Meinung, daß nicht nur Menschen lernen können, sondern auch die *Menschheit*. Kant begründete dies vor allem mit dem Hinweis auf die Kluft zwischen der zeitlichen Begrenztheit des ontogenetischen Lernens einerseits und der zeitlichen und sachlichen Unbegrenztheit des phylogenetischen Lernens andererseits. Ein kumulativer Fortschritt durch Lernen kommt in der Ontogenese an die unüberwindliche Grenze des individuellen Todes. Nur wenn man den Fortschritt von der Ontogenese in die Phylogenese der Menschheit verlegt, ist ein Fortschritt praktisch unbegrenzt denkbar.

Dieses Programm firmierte im 18. Jahrhundert noch unter den emphatischen Fortschrittshoffnungen der Aufklärung. Nach den inzwischen zweihundertjährigen ambivalenten Erfahrungen mit diesem Modernisierungsprogramm müssen wir die illusionären Hoffnungen auf ein glücklicheres Menschengeschlecht wohl begraben und statt dessen versuchen, mit den Folgen einer globalen Umweltveränderung durch den Menschen fertig zu werden. Aber gerade diese krisenhafte Erfahrung erzwingt ein Lernen auf einer höheren Emergenzebene – nun nicht mehr, um den Fortschritt zu erzeugen, sondern um die Folgen des Fortschritts zu bewältigen. Die Kantische Vorstellung eines Lernbegriffs, der auf die Menschheit ausgedehnt wird, ist dabei – gereinigt von seinen evolutionistischen Vorstellungen – durchaus anschlußfähig an unsere derzeitige Weltlage, auch wenn wir bislang wissenschaftlich noch keine hinreichend elaborierten Vorstellungen davon haben, wie neben einem *Lernen der Gene* und einem *Lernen der Gehirne* ein *Lernen der Gesellschaft* möglich ist. Die derzeit wohl aussichtsreichste Semantik offeriert derzeit wohl die (Allgemeine bzw. Systemtheoretische) Evolutionstheorie.

Daß ein Lernen auf einem höheren Emergenzniveau als dem des Individuums möglich ist, zeigt ein Blick in das Tierreich, etwa bei sozialen Insekten. Ein lebendes System „lernt" jenseits seiner Elemente als Ganzes, in einer lebensbedrohlichen Umwelt zu überleben. Es liegt deshalb nahe, mit Hilfe eines solchen abstrakten Lernbegriffs auch das „Lernen der Gesellschaft" zu beobachten. Daß sich hinter dem Rücken der Individuen schon lange die (Welt-)Gesellschaft durchgesetzt hat und eigene Lernprozesse erprobt, zeigt eine einfache Überlegung: Niemand kann mehr als einzelnes Individuum im Verlaufe seiner Ontogenese alles gesellschaftlich erzeugte und gespeicherte Wissen lernen; das individuelle Wissen bleibt immer weit hinter dem kollektiven Wissen der Gesellschaft zurück. Selbst die Vorstellung, daß alle Individuen zusammen ein Wissen haben, das dem der Gesellschaft entspricht, ist falsch. Wir müssen uns vielmehr vorstellen, daß Gesellschaft die Summe aller möglichen Kommunikationen umfaßt, an die ein Individuum sich über Bewußtseinsprozesse hochselektiv und kontingent anschließen kann. Das Individuum wird damit zur Umwelt der Gesellschaft, und nur diese – und nicht ein einzelnes Individuum – kann, wenn überhaupt, die Überlebensprobleme der Menschheit durch „Lernen" lösen.

Auch für das „Lernen der Gehirne" (von Individuen) wird das Folgen haben, wenngleich diese bislang auch nur umrißhaft erkennbar sind. Heutzutage muß ein Individuum immer weniger feste kulturelle Bildungsgüter lernen, sondern vor allem lernen, mit der gesellschaftlich erzeugten Selektivität und Kontingenz umzugehen. Es kann jetzt nicht mehr darum gehen, Wissen unter Bedingungen der Gewißheit und Sicherheit anzuhäufen, sondern vielmehr zu lernen, in der Zeitdimension mit *Gewißheit und Ungewißheit*, in der Sachdimension mit *Wissen und Nichtwissen* und in der Sozialdimension mit *Sicherheit und Unsicherheit* umzugehen. Es wird also vermutlich zunehmend um ein abstraktes Lernen des Lernens gehen – ein Lernen, das weniger an Inhalten, als vielmehr durch Kontexte gelernt wird und Veränderungen grundlegender (insb. normativer) Erwartungen erzwingt. Eine der vielleicht wichtigsten Vorstellungen, die wir wohl korrigieren müssen, ist die Überzeugung, Subjekte des Lernens zu sein. Anstelle der traditionellen individualpsychologischen Lerntheorien wird eine systemtheoretische „Ökologie des Geistes" (Bateson) treten, in der das Lernen von Menschen nur ein relativ kleines Element eines allgemeinen Lernprozesses der Evolution ist.

Literatur

Bateson, G.: Ökologie des Geistes. Frankfurt a.M. 1981.

Edelmann, W.: Einführung in die Lernpsychologie. 2 Bände. München 1978.

Hilgard, E. R./Bower, G. H.: Theorien des Lernens. 2 Bände. Stuttgart 1970.

Liedtke, M.: Evolution und Erziehung. Ein Beitrag zur integrativen Pädagogischen Anthropologie. Göttingen ²1976.

Lorenz, K.: Leben ist Lernen. Von Immanuel Kant zu Konrad Lorenz. Zürich ⁴1988.

Piaget, J.: Einführung in die genetische Erkenntnistheorie. Frankfurt a.M. 1973.

Treml, A.K.: Über die Unwissenheit. In: Zeitschrift für Pädagogik 40 (1994), Heft 4, S. 529 – 537.

Weinert, F. E. u.a. (Hrsg.): Funk-Kolleg Pädagogische Psychologie. Band 2. Frankfurt a.M. 1974.

II. 7. Diagnose

Eduard W. Kleber

Inhalt

1. Diagnose im gesellschaftlichen und wissenschaftlichen Kontext

In einer florierenden Konsumgesellschaft ist das Angebot an Produkten und Aktionen annähernd grenzenlos. Der Überblick der KonsumentInnen geht verloren, die Entscheidung für dies oder jenes ist nur noch durch vorbereitende Expertisen, durch möglichst objektive, zuverlässige und gültige Beurteilungen unabhängiger Test- oder Diagnose-Institute und amtlicher Stellen möglich. Die beurteilende Expertise und die Produkt-Diagnose sind zu Eckpfeilern des Marketing und zu integrierten Bestandteilen der Werbung geworden. Vor jedem Reparaturwerk steht ein Diagnose-Center. Waren- und Ökotests sind unentbehrlich.

Auf diesem Hintergrund verlangen immer mehr „Rundum-KonsumentInnen" immer umfänglicheren Versorgungsservice, Diagnosen und Expertisen zur Erleichterung oder Vermeidung eigener Entscheidungen, zur Veränderung der eigenen Befindlichkeit. Die sogenannten „Modernisierungsprozesse" laufen zunächst auf eine versorgte (diagnostizierte, therapeutisierte) Gesellschaft hinaus, in all den erlebnisangereicherten Feldern tritt zunehmend Animation an Stelle von Bildung, der freie Bildungsmarkt wird zu einem neuen Animations-Kon-

103

sum-Markt, indem auch hier Diagnose mehr ökonomie- als humanproblemorientiert ist, mit der Abenteuer- und Erlebnispädagogik beginnt die Entwicklung pädagogischen Marketings.

Diagnose ist von jeher ein strategisches Konzept, wichtige Entscheidungen vorzubereiten und Fehlentscheidungen zu minimieren. Der Ruf nach Diagnostik, auch in pädagogischen Handlungsfeldern, nimmt seit Jahrzehnten zu. Die Intensität dieser Nachfrage in bezug auf Testdaten, als Korrektiv für annähernd alle didaktischen Handlungen, erreichte ihren Höhepunkt Ende der sechziger Jahre. Sie hält bei einer bestimmten empirischen Position darüber hinaus weiter an – so stellt Ingenkamp noch 1975 fest, daß „für die pädagogische Diagnostik in Deutschland die Neuzeit noch gar nicht begonnen habe" (S. 24). Auf der anderen Seite ist Diagnose in pädagogischen Handlungsfeldern seit den siebziger Jahren immer stärker unter Kritik geraten, und es entstand eine vorübergehende Situation, in der LehrerInnen häufig entweder bei Testgläubigkeit oder Testfeindlichkeit Position bezogen.

Bewertungsprozesse sind allen Interaktionssituationen, pädagogischen Situationen aber insbesondere, inhärent, d.h. sie sind dort unvermeidbar – deshalb kann es nur darum gehen, wie die Bewerter mit der Situation und ihrer Wertzuweisung umgehen, nicht um die Abschaffung von Bewertung.

Vier Begriffe bezeichnen den gleichen Entscheidungs- und Fragenbereich in pädagogischen Handlungsfeldern: Bewertung – Beurteilung – Evaluation – Diagnose. Diese vier Begriffe werden umgangssprachlich und unreflektiert oft synonym gebraucht. Am wenigsten trifft dies noch für den für pädagogische Zusammenhänge meist geeignetsten Fachbegriff der Evaluation zu, letztere wurde bisher noch nicht in Marketingstrategien einbezogen, er ist deshalb noch am wenigsten inflationär.

Bewertung bezeichnet das Zumessen eines Wertes oder von Bedeutung, das Einschätzen einer Sachlage oder Situation oder eines Produktes, einer Leistung, seltener einer Person (vgl. Kleber 1992).

Bewertung

Beurteilung bezeichnet die Abgabe eines Urteils. Der Begriff hat in konnotativer Anlehnung an gerichtliche Urteilsbildung und -verkündung einen definitiveren Charakter. Er stellt die offizielle Bezeichnung für Notengebung in der Schule dar und ist in diesem Zusammenhang immer unmittelbar auf Personen bezogen. Ihm ist eine besondere Problematik eigen, das kommt durch die verhängnisvolle Forderung „Kenntnisse und *Fähigkeiten*" der Schüler zu beurteilen, dabei wäre es der Sache angemessener und würde den Kompetenzen der LehrerInnen viel besser entsprechen, wenn zwar Kenntnisse, darüber hinaus aber nur Fertigkeiten bewertet werden sollten (vgl. Kleber 1992, S. 77f.).

Beurteilung

Evaluation (Begriff der empirischen Sozialforschung). Unter Evaluation versteht man die differenzierte, sowohl quantitativ als auch qualitativ bewertende Beschreibung von Prozessen (zunächst und vor allem von Forschungsprozessen), im folgenden aber auch von Lehr-Lern-Prozessen. Je nach Schwerpunktsetzung wird dann in Lehr- oder Unterrichtsevaluation und in Lern- oder Schülerevaluation unterschieden. Im Sinne einer formativen Evaluation werden die Prozesse fortlaufend analysiert (in der Literatur manchmal auch als Lerndiagnose bezeichnet). Formative Evaluation dient unmittelbar der Lernsteuerung. Summative Evaluation dient

Evaluation

104

mehr der Prozeßkontrolle, aber doch auch der Revision der Bedingungen und der Verbesserung folgender Prozesse (vgl. Curriculum-Entwicklung, Frey 1975).

Diagnose wird umgangssprachlich oft synonym mit Bewertung und Beurteilung gebraucht. Im engeren Sinne bezeichnet sie eine Bewertung aufgrund präziser, begründeter Fragestellung mit Hilfe kontrollierter und theoriegeleiteter Datenerhebung und im günstigsten Fall einer argumentativen Urteilsbildung unter Experten. Diagnose bedarf der Kenntnis eines Standardzustandes oder eines Normalverhaltens, das Erkennen bestimmter Normabweichungen und der systematisierenden Synthese zu klaren Zustandsbildern (in der Medizin Krankheitsbildern). – Diagnosen nur aus Intuition und aufgrund esoterischer oder magischer, angenommener Zusammenhänge sollen hier nicht weiter berücksichtigt werden.

Diagnose ist ein aus der Medizin über die Sonderpädagogik und Psychologie schon vor seinem inflationären Marketinggebrauch in die Pädagogik übernommener Begriff. Er stammt aus dem Griechischen: diagnosis (auseinander erkennen, unterscheiden). Normal- und Krankheitszustände sollen „auseinander erkannt" werden. Außerhalb der Medizin und neben der diagnostizierenden Praxis, die als Endprodukt eine Diagnose (klare Charakterisierung auf der Basis von Wahrscheinlichkeitsaussagen) stellt, wurde in der Psychologie Diagnostik zu einer wissenschaftlichen Disziplin entwickelt. Zur Kontrollierbarkeit sind präzisierte, für pädagogische Problemstellungen auf Verhaltensbegriffe operationalisierte und auf ihre Beantwortbarkeit hin überprüfte Fragestellungen notwendig.

2. Fragestellungen aus der Pädagogik, die Diagnose anfragen

Trotz der mittlerweile häufigen Verwendung des zusammengesetzten Begriffes „Pädagogische Diagnostik" gibt es eine solche Teildisziplin ebensowenig, wie es eine pädagogische Beobachtung gibt. Es gibt jedoch eine Reihe spezifischer pädagogischer Fragestellungen, in denen unterschiedliche diagnostische Methoden eine Diagnose vorbereiten, nicht selten ist dabei auch interdisziplinäre Zusammenarbeit zwischen PädagogInnen, PsychologInnen, MedizinerInnen und SozialwissenschaftlerInnen notwendig. Pädagogische Fragestellungen beziehen sich auf bestimmte inhaltliche Bereiche, und sie sind einerseits von den wissenschaftlichen Positionen bzw. den unreflektierten Hintergrund-Meinungen (impliziten Theorien) der Anfrager abhängig, andererseits werden die Diagnosen in erheblicher Weise von den Positionen der Diagnostizierenden beeinflußt.

a) Geht es um den reinen Wissens- und Fertigkeiten-Zugewinn im Sinne einer Curriculumtheorie, in der durch systematisch aufgebaute, sachstrukturell optimierte Lehrgänge Wissen vermittelt und erworben werden soll, dann stehen lehrzielorientierte Tests als Datengewinnungsmethode im Vordergrund, der Bezugsrahmen ist kriteriumsorientiert. *In diesem Zusammenhang wird am häufigsten von Pädagogischer Diagnostik gesprochen.*

b) Vertreten PädagogInnen eine Lernumweltkonzeption, in der Lernen durch selbständige Auseinandersetzung in und mit einer vorbereiteten Lernumwelt geschehen soll (am klarsten ausgearbeitet in der Montessori-Konzeption),

Diagnose

Pädagogische Diagnostik

dann erfolgt der grundlegende Teil der Diagnostik durch eine Dokumentation des Lernweges. Die Diagnose basiert auf dem Bericht, über das, was bisher alles erledigt wurde, was jetzt bereits alles gewußt und gekonnt wird. Die wichtigste Methode der Datengewinnung ist dann nicht das Testen (auch nicht mit Lehr-Lern-Ziel-Tests), sondern das „Inventarisieren" (vgl. Kleber 1992, S. 51).

Inventarisieren bezeichnet die Erhebung und Auflistung all dessen, was da ist (wie in der betriebswirtschaftlichen Bedeutung). Dabei werden natürlich auch Lücken (Fehlstellen) sichtbar. Beim Testen dagegen wird durch eine geschickt erhobene Verhaltens- oder Leistungsstichprobe auf das Verhalten oder die Leistung als Ganzes geschlossen (die gelösten Physikaufgaben sind die Stichprobe von der auf die Kenntnisse und Fertigkeiten eines Teilbereiches dieser Wissenschaft geschlossen wird). Wenn DiagnostikerInnen einmal dabei sind, prüfen sie gleich mit, ob dieser Teilbereich nicht ausreichend repräsentativ für Denken in physikalischen Gesetzmäßigkeiten ist, und sie schließen weiter auf die physikalische Begabung desjenigen, der einige Physikaufgaben gelöst hat. Das wird dann gegebenenfalls ein doppeltes Desaster, wenn auf Nichtbegabung geschlossen wird, denn erstens wurden in diesem Falle nur sehr wenige Aufgaben gelöst und damit ist dieser Schluß schon testtheoretisch kaum noch gültig und zweitens wird die sich entwickelnde Begabung dadurch gehemmt oder gar blockiert. In-

Inventarisieren ventarisieren wurde zunächst in der Verhaltenspsychologie, in der Verhaltenstherapie angewandt und diskutiert. Pawlik stellt z.B. fest, wenn jemand eine Phobie (krankhafte Angst) hat, dann interessiert für eine Therapie nicht das Ergebnis eines Angsttests, der die Ausprägung dieses Merkmals angibt, sondern man will konkret wissen, wovor der Klient alles Angst hat (vgl. Pawlik 1976). Da hilft kein Testen, sondern nur Inventarisieren. – Näher betrachtet, kann man feststellen, daß fast alle Fragestellungen im Handlungsfeld Schule genau zu diesem Fragestellungstypus gehören. Wird die Kenntnis über das, was SchülerInnen in einem bestimmten Bereich wissen und können, erhoben, erfährt die Lehrperson dabei das Vorhandene und die Lücken. Wird die letztere Erkenntnis durch Analyse der Aufgaben, der Bedingungen und durch Gespräche mit dem Schüler, der Schülerin ergänzt, dann werden meist gezielte Maßnahmen zum Schließen solcher Lücken möglich. Wenn Lehr- und Lernpersonen das Lernfeld klar strukturieren, wenn didaktische Materialien strukturiert und hierarchisch und/oder in ein Beziehungsfeld geordnet sind, wenn darüber hinaus Zieldiskussionen geführt wurden, dann kann der größte Teil der Inventarisierungen von den Schülern selbst geleistet werden. (Beispiele sind in der Erstellung von Arbeitsplänen, deren Abarbeitung und den entsprechenden Markierungen des Erledigten während der Freiarbeit – so in Grundschulen seit 1985 in NRW verbindlich – vorzufinden.)

c) Folgen LehrerInnen einem ökologisch-phänomenologischen Lernmodell, dann tritt die erlebte Situation, die individuelle Auffassung und Erfahrung der SchülerInnen in den Vordergrund. Die Diagnose basiert dann zusätzlich auf Interview-Information, die mit kriterienorientierten Tests und Inventarisieren gekoppelt wird (vgl. Kleber 1992, S. 29f.).

d) Geht es direkt um den Aufbau und die Veränderung von Dispositionen in der Person, wie Brezinka (1971) herausstellt (wobei er wahrscheinlich die

Hintergrundauffassungen von LehrerInnen häufig trifft), dann sind Charaktereigenschaften und Fähigkeiten sowie Begabungen gefragt. Die Datenerhebung wird sich dann an bestimmte Modelle der Persönlichkeitstheorie in der Psychologie anlehnen. Das Instrumentarium wird so logischerweise oft in psychologischen Tests bestehen. Wenn es dann gleichzeitig noch um Auslese geht, tritt der Bezugsrahmen des „sozialen Vergleichs" (normorientiert) mehr und mehr in den Vordergrund. *In diesen Fällen wird häufig von Psychologischer Diagnostik gesprochen.* Psychologische Diagnostik

Inhaltlich beziehen sich die Fragestellungen auf

- Lehrsteuerung: Optimierung des didaktischen Rahmens, der Methoden und der Interaktion
- Lernsteuerung allgemein: Zuweisung zu Lerngruppen, zu Kursen und Schularten sowie Beratung.

In letzterem Zusammenhang auch ganz gezielt auf

- Förderung. Hier treten spätestens in der zweiten Runde (nach Ausgleich- und Nachholbemühungen) intensivere Fragen nach Problemen in der Persönlichkeit der Förderbedürftigen hinzu, und es ist eine interdisziplinäre Vorbereitung der Diagnose zwischen Lehrpersonen, SozialwissenschaftlerInnen, PsychologInnen und MedizinerInnen notwendig.
- Begabungserkennung und -förderung: Hier geht es überwiegend um eine psychologische Fragestellung, an der PädagogInnen mitarbeiten, wo sie aber niemals alleine eine Diagnose stellen sollten. Die einzelnen Fragestellungen in diesen Bereichen können einen Schwerpunkt auf didaktische Felder (in den verschiedenen Fächern) und/oder Personen (einzelne SchülerInnen) legen.
- Fragen des Verhaltens der Lernpersonen, der Motivation, des Interesses, der Konzentration (solche Diagnosen – soweit sie sich auf psychologische Konstrukte beziehen, sollten nie allein von erziehungswissenschaftlich vorgebildeten Personen erstellt werden).

Die einfachen Fragestellungen, wie sie unterrichtsbegleitend und bei den Aufgabenkontrollen entstehen und in denen LehrerInnen die Situation, Verhaltensweisen, Leistungen, Fragen und Antworten zu bewerten haben, um flexibel und angemessen sowohl didaktisch als auch menschlich zu reagieren, bilden eine Grundlage ihrer täglichen Arbeit und liefern das Meinungsmaterial für folgende Beurteilungen mündlicher und schriftlicher Leistungen der SchülerInnen. Sie sind nicht offiziell Gegenstand von Diagnose, obwohl sie natürlich auch in Diagnoseprozesse und in Diagnoseergebnisse mit eingehen (der nichtwissenschaftliche Teil in Diagnosen).

Nachdem eingesehen wird, daß dies generell (und in der Pädagogik wegen der geringen Distanz und der notwendigen Subjektivität im pädagogischen Geschäft noch in erhöhtem Maße) eine Rolle spielt, kann vordiagnostische Bewertung bei der Diagnosediskussion nicht länger ausgeklammert werden.

Es geht in pädagogischen Handlungsfeldern darum, nicht den pädagogischen Prozeß durch besondere bis fiktive Objektivitätsforderungen zu stören Objektivität oder gar zu zerstören, sondern Engagement besonders wertzuschätzen und die damit einhergehende Subjektivität zu kontrollieren.

Es gilt somit, die Urteilsprozesse zu reflektieren, evaluative Bewertungen vorzunehmen, d.h. die Vorläufigkeit jedes Urteils vorbehaltlos anzuerkennen, vorgenommene Bewertungen in einem offenen argumentativen Prozeß immer wieder in Frage zu stellen, sich durchgängig um eine proaktive Haltung (offene, **Proaktive Handlung** unterstützende, nicht aburteilende, nicht Eigenschaften zuweisende Haltung mit kritischer Reflexion der eigenen Anschauung und Position) zu bemühen (vgl. Kleber 1992; Brophy/Good 1976). Für letzteres scheint es hilfreich, sich mit den Modellvorstellungen für Diagnose und deren Implikationen zu befassen.

3. Diagnose und Modelle – ihre Umsetzung und diagnostische Interpretation

Zunächst sind zwei generell unterschiedliche Zugangsweisen zu erkennen: indirekte – versus direkte Diagnose. Eine Diagnose wird durch eine spezifizierte Fragestellung eingeleitet. Sie verfolgt die daraus abzuleitenden Ziele: Beratung, Therapie oder Selektion. Das Ergebnis hängt nicht zuletzt mit von der Zugangsweise und dem Weg der Diagnose ab.

„Indirekte Diagnose" ist, wie der Begriff anzeigt, nicht unmittelbar auf therapeutische pädagogische Maßnahmen ausgerichtet, um fundamentaler und um-**Indirekte Diagnose** fassender zu sein, geht sie einen Umweg. Sie hat als vorgeordnetes Ziel die Erkundung der Persönlichkeit oder auch der Problemursachen in der Persönlichkeit. Auf diesem Weg wird dann ein Bild der Persönlichkeit konstruiert, welches die Basis für die eigentliche Diagnose bildet.

Ein Beispiel aus der Sonderpädagogik: Im Sinne der indirekten Diagnostik wird nach den Potentialen, den Defekten und Defiziten in der zu diagnostizierenden Person gesucht. Aus den ermittelten Daten wird ein umfängliches differenziertes Persönlichkeitsbild erstellt. Dieses wird z.B. mit typischen Persönlichkeitsprofilen verglichen und dann wird festgestellt, daß es sich hier um den defizitären Persönlichkeitstyp „Lernbehinderter" handelt. Die diagnostizierte Person wird folgerichtig dieser Gruppe zugeordnet, und aufgrund einer entsprechenden Persönlichkeitstheorie erfolgt nun als pädagogische Maßnahme „Schule für Lernbehinderte/Lernhilfe". Die auf indirektem Wege angeratenen „Maßnahmen" sind im gegebenen Fall sehr global, für eine direkte gezielte Hilfe (z.B. zur möglichen Überwindung des Zustandes) unzulänglich. Doch ist dieses wohl nach der verwendeten Persönlichkeitstheorie auch gar nicht gedacht. Lernbehinderung ist demnach kein Zustand, sondern eine Persönlichkeitsstruktur, die sich nur wenig verändern läßt (unter diesem Konzept macht eine Schule für Lernhilfe kaum Sinn, eher schon eine Schule für Lernbehinderte, konsequenterweise eine Sonderschule für Schwachsinnige /Debile).

Die *„Direkte Diagnose"* bezieht sich im Gegensatz zur indirekten unmittelbar auf Zustandsbilder, gezeigtes Wissen und Wissenslücken, auf gezeigte Fertigkeiten und Mängel im Können. Sie bezieht sich direkt auf Lernziele, Lernwege und die individuellen Ausgangsbedingungen der Lernpersonen. Sie gibt deshalb auch konkrete Einzelhinweise für pädagogische Maßnahmen, für konkretes pädagogisches oder therapeutisches Handeln. Direkte Diagnose wird in der Psychologie überwiegend von der Verhaltenspsychologie betrieben. Bereits an dem vorgestellten Beispiel zeigte sich, daß die Entscheidung über den gewählten Weg für eine Diagnose zu unterschiedlichen Bedeutungen in den Ergebnissen führen kann. Gleiches gilt für die diagnostischen Modelle, die den Bezugsrahmen für Diagonstik bilden.

Direkte Diagnose

a) Das medizinische Modell

Diagnose ist ursprünglich ein medizinisches Konzept. Bei ihrer Anwendung wirken medizinische Anschauungen auch dann weiter, wenn sie in anderen Feldern eingesetzt werden. So werden Perspektiven von medizinischen Modellen analog in Interpretationen von Diagnosedaten eingebracht. Das liegt um so näher, wenn sich Aussagen (wie in der Medizin) auf eine Person, einen Menschen beziehen. Nach Buss (1966) unterscheidet man in der Medizin drei Krankheitsmodelle:

Medizinisches Modell

– Das Infektionsmodell: Von außen wird der menschliche Körper angegriffen (z.B. durch Bakterien). So entstehen Dysfunktionen oder Veränderungen in den Körperfunktionen; Diagnose besteht in der Identifizierung der Verursacher, um sie dann erfolgreich bekämpfen zu können. Analog lassen sich im pädagogischen Bereich Verhaltens-, Leistungs- und Lernbeeinträchtigungen ebenso durch äußere Angriffe auf den Organismus, über daraus abgeleitete Dysfunktionen, insbesondere auch innerhalb des Nervensystems erklären (neuere konkrete und sehr spezielle Beispiele finden wir in der Erklärung von Verhaltensproblemen durch sog. Umweltgifte). Auf der anderen Seite waren wohlmeinende LehrerInnen und andere Sozialisationsagenten über zwei Jahrzehnte bemüht, Rechtschreib-Lese-Schwäche und andere Teilleistungsschwächen als eine Art Krankheit auszuweisen, um von den Betroffenen den Makel der Minderwertigkeit abzuwenden. Krank werden kann letztlich jeder, auch der Erfolgreiche.

– Das systematische Krankheitsmodell: Dysfunktionale Abweichungen organischer Prozesse von der Norm führen zu einem sich verstärkenden Krankheitsbild (z.B. Diabetes). Für den pädagogischen Bereich lassen sich viele Analogien für Beeinträchtigungen (z.B. minimale cerebrale Dysfunktionen – MCD) und Behinderungen (z.B. Brenz-Traubenzucker-Schwachsinn) finden. Über das Etikett MCD, das sich in den neunziger Jahren unter LehrerInnen besonderer Beliebtheit erfreut, lasen sich alle möglichen Probleme auf eine organische Basis hin interpretieren. Dies scheint oft ein weiterer Versuch, die vorhandenen Probleme in die Person zu verlegen (Verantwortung zu verschieben).

– Traumatisches Krankheitsmodell: Ein Schaden, der durch Außenwirkungen entstand, geht mehr oder weniger mit Dysfunktionen des Organismus (z.B. mit Minderleistungen) einher. Minderleistungen sowie auch abweichendes Verhalten jeder Art, d.h. auch im kognitiven und affektiven Bereich (z.B. asoziales Verhalten und Kriminalität), lassen sich in diesem Rahmen interpretieren. Diagnostizierende Lehrpersonen denken hier häufig an „familiäre

Belastungen" als traumatisierende Situationen und an „Verwahrlosung" als Produkt.

Die verschiedenen Modi des medizinischen Modells können analog meist fälschlicherweise auf fast alle pädagogischen Fragestellungen angewandt werden, sie haben alle folgende Grundannahmen:

- Träger von Verhalten allgemein und gestörtem Verhalten im besonderen ist das Individuum.
- Das Auffallende (ggf. die Krankheit) entspricht bestimmten Agenzien oder Prozessen innerhalb der Klienten (Patienten). – Gestörtes Verhalten, auch Leistungsverhalten, unterscheidet sich nicht nur quantitativ von der Norm, sondern es erhält zusätzlich eine andere Qualität (die Krankheitsqualität). Viele solcher individueller Abweichungen (Krankheiten) haben eine spezifische Ätiologie (Ursachengeschichte). Im sozialwissenschaftlichen und pädagogischen Kontext werden dabei oft emotionale Störungen in der frühen Kindheit angenommen. (In der Diskussion wurde auch lange Legasthenie als Krankheit aufgefaßt.)
- Werden die Probleme (die Krankheit) im Schüler (Kranken) diagnostiziert und ist die Ätiologie bekannt, dann kann die Diagnose gestellt werden, die Grundlage einer erfolgversprechenden Therapie ist. Die Folgerungen aus der Diagnose werden primär auf die Person ausgerichtet.

Wie immer wir im Alltag mit Problemen der Schule und der LernerInnen sowie in anderen Handlungsfeldern (Beratung, sozialpädagogische oder -therapeutische Maßnahmen) umgehen, folgen wir ohne spezielle Reflexion meistens Denkmustern, die insgesamt oder in Teilen dem medizinischen Modell entsprechen. Es scheint dies eine gegebene menschliche Eigenheit zu sein. Wenden wir für eine Diagnose in pädagogischen Handlungsfeldern „das medizinische Modell" an, dann ist dies pädagogisch unangemessen. LernerInnen werden sehr früh, ggf. ungünstig beeigenschaftet, dauerhaft einer für ihre Entwicklung ungünstigen Gruppierung zugewiesen und in ihrer zukünftigen Entwicklung eingeschränkt. Wichtige pädagogische Möglichkeiten werden verkürzt oder fallen ganz unter den Tisch.

b) Das interaktionistische Modell

Interaktionistisches Modell

Interaktion bezeichnet Wechselwirkungen (z.B. zwischen einer Lernperson und ihren Bezugspersonen und/oder der Umwelt). Auffälligkeiten werden aus solchen Wechselwirkungen erklärt. Bei dieser Modellsicht werden weder auffälliges Verhalten, noch Lernminderleistungen als quasi oder real krankhafte Veränderungen aufgefaßt. Selbst von den Medizinern werden heute nicht wenige Krankheiten als Ergebnis vielfältiger Wechselwirkungen zwischen dem Individuum, seinen Bezugspersonen und seiner übrigen Umwelt gesehen.

SchülerInnen mit Leistungs- oder Verhaltensproblemen sind nicht krank, sondern die Interaktionen zwischen ihnen und ihrer Umwelt sind gestört. Wir haben es dann zunächst mit Störungen des Unterrichts und nicht mit Verhaltensgestörten zu tun (vgl. Konzepte des symbolischen Interaktionismus z.B. Brusten/Hohmeier 1975). Die spezielle Variante des interaktionistischen Modells in den Sozialwissenschaften und der Medizin folgt der Weltsicht des „Symbolischen Interaktionismus" (Mead 1968). Die symbolischen Interaktionisten gehen davon aus, daß die menschliche Welt eine symbolische ist, d.h. der Mensch lebt in der Welt seiner Interpretationen. Die faktische Welt, soweit es diese gibt, ist nur Grundlage, sie löst Interpretationen des Menschen aus, nicht selten werden aber seine unmittelbaren Interpretationen auch durch vorangegangene Interpretationen ausgelöst. Anders ausgedrückt: Der Mensch paßt sich nicht einer faktischen Welt unbedingt an, er *definiert die Welt* neu. Durch seine Definition gibt er den Dingen und Umständen Namen und Bedeutungen. Er versieht sie mit einem Etikett, er etikettiert sie.

Durch die Möglichkeit, die Welt zu definieren, wächst dem Menschen Macht zu. Menschen, die in einer hierarchischen Sozialordnung beauftragt werden, andere zu definieren, erhalten Macht über diejenigen, die sie etikettieren (vgl. Krappmann 1972; Homfeldt 1974). Die symbolischen Interaktionisten befassen sich besonders mit „großen Definierern" in der Gesellschaft und den Folgen von bedeutsamen Definitionen. In diesem Zusammenhang fallen zunächst einmal die Richter, jedoch bald danach auch die Lehrpersonen auf. Die „großen Definierer" üben in der Weise Macht auf diejenigen aus, die sie etikettieren, daß sie sie manchmal sogar vernichten. Diagnose ist „Definition", ist Etikettierung, ist Labelling. In der Kriminalsoziologie wurde dann auch zuerst ein Erklärungsmodell „Labelling Approach" ausgearbeitet, das sich sehr gut auch auf pädagogische Handlungsfelder übertragen läßt. „Label" ist der englische Begriff für Etikett, „Approach" bezeichnet im Englischen die allmähliche Annäherung. Ein Schüler, der vom Lehrer als verhaltensgestört oder minderbegabt definiert, etikettiert wird, nähert sich in einem länger ablaufenden Prozeß immer mehr dieser Definition an – er wird verhaltensgestört oder total hilflos (erlernte Hilflosigkeit, vgl. Seligman 1975), ein analoger Zustand zur Minderbegabung. Wie dieses möglich ist, erklärt das Konzept des Labelling Approach.

Beispiel: Eine Lehrperson in der Grundschule beurteilt (definiert) einen Schüler, der bereits mehrmals ihre Erwartungen in Mathematik nicht erfüllt hat, als minderbegabt. Dies beeinflußt zunächst ihr Verhalten im Fach ihm gegenüber. Er fühlt sich ungerecht behandelt und versucht, sich zu wehren, er rebelliert, verweigert sich und ähnliches. Seine Leistungen sinken generell ab. Durch sein häufiges Stören erweitert die Lehrperson ihre „Diagnose" auf minderbegabt und verhaltensgestört, und sie verhält sich entsprechend ihm gegenüber (sie sieht mittlerweile nur noch die negativen Seiten an ihm, nimmt gelegentliche Bemühungen seinerseits nicht wirklich zur Kenntnis). Der Schüler resigniert, arbeitet nicht mehr mit, fällt verglichen mit der Lerngruppe immer weiter zurück. Dann zeigt er immer häufiger aggressives Verhalten, auch außerhalb des Unterrichts. Schließlich wird er für eine Umschulung in die Sonderschule angemeldet. In dem dafür vorgesehenen Diagnoseverfahren lautet die Fragestellung von seiten der Lehrperson und der Schulleitung: Schule für Lernbehinderte oder – Verhaltensgestörte? – Beides steht für die abgebende Schule außer Frage. Wenn, was nicht selten ist, die Diagnostiker nach mehrtägigen Untersuchungen zu einem anderen Ergebnis kommen, trifft dies meist in der Schule auf Unverständnis, oft wird der Schüler aber auch als lernbehindert und verhaltensgestört eingestuft (ohne daß dies seinen eigentlichen Möglichkeiten entspricht), soweit hat sich ein

Schüler frühen Definitionen (einem Label) in 2 Schuljahren angenähert (approached).

Durch die Diagnostik der Wechselwirkungen werden die vielfältigen und unterschiedlichen Bedingungen für Verhalten und Leistung umfänglicher erfaßt, die Diagnostik wird dadurch „direkter". Das interaktionistische Modell ist bei pädagogischen Fragestellungen deshalb angemessener. In der Auseinandersetzung mit dem Symbolischen Interaktionismus (z.B. Krappmann 1972; Homfeldt 1974) können LehrerInnen in ihrem Bewertungs- und ggf. in ihrem Diagnoseverhalten zu einem tieferen Verständnis der Konsequenzen und zu mehr Sensibilität gelangen (vgl. u.a. Brusten/Hohmeier 1975).

c) Das ökologisch-phänomenologische Modell

In dieser Sichtweise spielen nicht nur die Wechselwirkungen Umwelt – Individuum, die systemische Sicht, eine zentrale Rolle (ökologisch), sondern die *erlebte* Gesamtsituation und deren Bedingungsgefüge, wie sie sich im Erleben des betrachteten Individuums abbilden (phänomenologisch). Die individuelle Lebens- und Lernsituation des Lerners/der Lernerin wird Gegenstand aller Diagnosen in pädagogischen Handlungsfeldern. Im engeren Sinne wird Diagnose durch Situations- und Bedingungsanalyse ersetzt.

Die Lebens- und Lernsituation als Ausgangs- und Bedingungsgefüge für Verhalten und Leistung ist hochkomplex. Um Zusammenhänge verstehen zu können, was für ein angemessenes, effizientes Handeln, für Veränderung notwendig ist, muß die Komplexität reduziert werden. Im klassischen naturwissenschaftlichen Sinne wurde die Komplexität zerbrochen. Es wurden eine oder zwei Bedingungen isoliert (unabhängige Variablen), ihre Wirkungen auf die abhängige Variable (Verhaltens- oder Leistungsmerkmal) untersucht (analytisch reduktionistische Vorgehensweise). Sollen möglichst viele Effekte aus den Wechselwirkungen erkannt werden (systemische Sicht), dann muß die Komplexität in eine Reihe kleinere, übersichtlichere Bedingungungsgefüge, die dann wieder in ihrem Zusammenwirken betrachtet werden können, gegliedert werden (dekomponiert).

Für den schulischen Bereich kann die individuelle Lebens- und Lernsituation am zweckmäßigsten in drei Bedingungsfelder gegliedert werden: – innerschulisches (1.1-1.n) – außerschulisches (2.1-2.n) und personales Bedingungsfeld (3.1-3.n). Dieser 3. Bereich, das personale Bedingungsfeld, soll beispielhaft weiter aufgegliedert werden: (3.1 Arbeitstechniken; 3.2 Interessen; 3.3 Gewohnheiten; 3.4 Fertigkeiten; 3.5 Wissen; 3.6 Meinungen usw.). In der personenzentrierten Diagnostik stünden hier zu allervorderst: Intelligenz, Begabung, Konzentration. Soweit es Lehrpersonen alleine betrifft, sollten immer und auch in einer interdisziplinären Analyse wegen der pädagogischen Forderung nach direkter Diagnostik vordringlich keine psychologischen Konstrukte (Intelligenz, Angst etc.) verwendet werden.

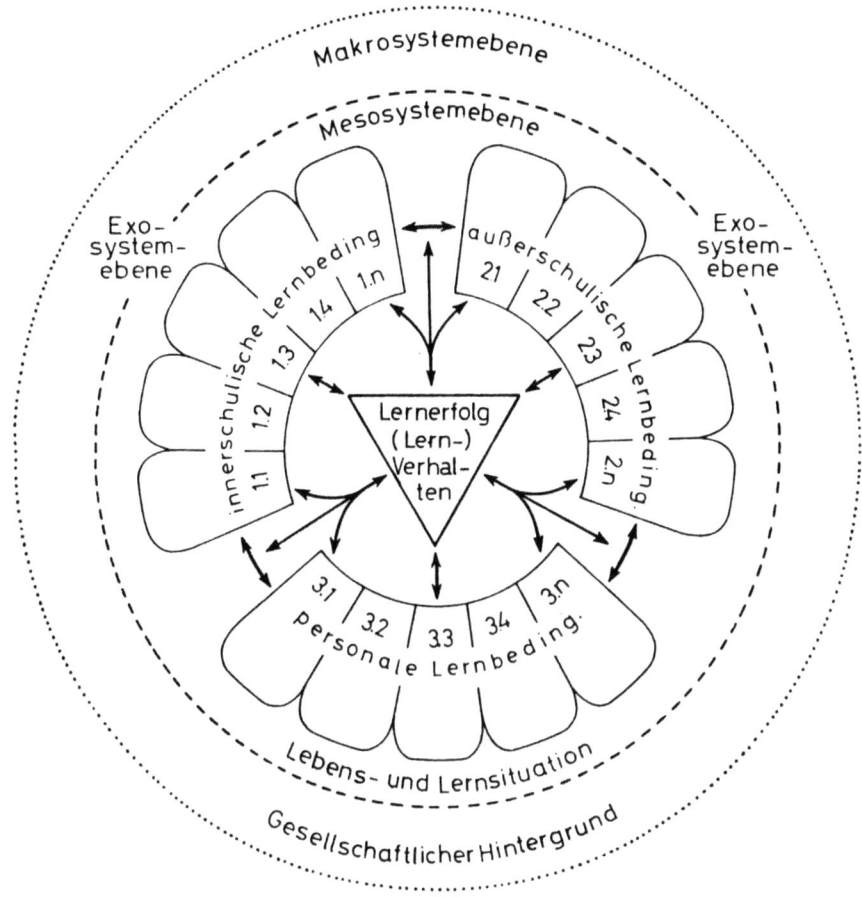

Abb. 1: Gliederung (Dekomposition) der individuellen Lebens- und
Lernsituation für den schulischen Bereich (nach Kleber 1992, S. 22)

1.1-1.n einzeldefinierte innerschulische – 2.1-2.n außerschulische -3.1-3.n personale Lebens-
und Lernbedingungen

Für alle Diagnosen im schulpädagogischen Bereich steht die Analyse des innerschulischen Bedingungsfeldes im Vordergrund, da es den Bereich darstellt, für
den bezahlte Experten (Lehrpersonen) durchwegs und andauernd verantwortlich
sind und in dem unmittelbar und andauernd unterschiedliche pädagogische
Maßnahmen eingesetzt werden können. Es ist der Bereich, in dem günstige Le-
bens- und Lernbedingungen geschaffen werden können (wenn auch nicht ganz
beliebig). Die begleitende Analyse des außerschulischen Bedingungsfelds dient
dem besseren Verständnis des Gesamtbedingungsgefüges und dem Erkennen
notwendiger Kompensationsmaßnahmen im innerschulischen Bedingungsfeld.
Die Analyse des personellen Bedingungsfeldes bleibt soweit als möglich auf der

Verhaltensebene, keine psychologischen Konstrukte verwendend. Sobald letztere bedeutsam werden, sollte eine Diagnose in jedem Fall interdisziplinär erarbeitet werden.

Neben Dokumentation der Lernprozesse, Inventarisierung und auch kriterienbezogenen Tests tritt das Gespräch mit dem zu Diagnostizierenden in den Vordergrund. Er wird zu allem nach seiner Interpretation gefragt, und nicht selten geben seine Aussagen darüber, wie er die Situation erlebt und Probleme erfährt, den Ausschlag für die Interpretation der erhobenen Daten. Die zu diagnostizierende Person wird unmittelbar in die Diagnosebefund-Erarbeitung einbezogen.

Gespräch

Beispiel für unterschiedliche Interpretationen einer Leistungsbeurteilung bei unterschiedlichem Modellhintergrund:

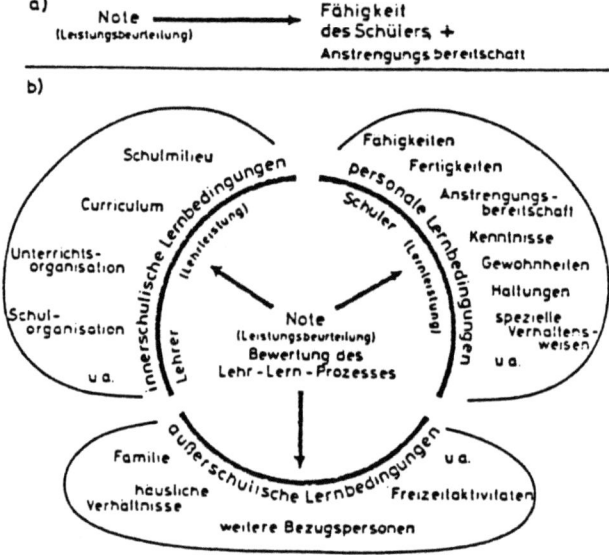

Abb. 2: Interpretationsmodell für Schulleistungen und Zeugnisnoten (nach Kleber 1992, S. 95).

Die typische Form der Lehrererläuterung bei Verwendung von Modellvariante a) könnte etwa lauten: „Ihr Kind kann es nicht, es ist unfähig und/oder will nicht." Eine mögliche Lehrerantwort bei Verwendung von Modellvariante b) ist folgende: „Der Schüler kann es unter den gegebenen Bedingungen nicht." An dieser Stelle wird ein Zusatz notwendig, der erläutert, was in den drei Bedingungsbereichen – innerschulischer, außerschulischer und personaler Bereich – für das Nichtkönnen verantwortlich sein könnte und was verändernd oder kompensatorisch getan werden kann.

114

4. Diagnose, Beratung, Therapie

Von altersher und in der traditionellen abendländischen Medizin war Diagnose die distanzierte, objektive fachwissenschaftliche Bewertung von Tatbeständen und Befunden. Sie war streng von der Therapie (Behandlung) getrennt – ging dieser voraus und begründete sie. In der Medizin wurden bei fortschreitenden Kenntnissen immer öfter Differentialdiagnosen zur Begründung der richtigen Therapie notwendig, diese erfolgten in den schwierigsten Fällen durch eine Expertenberatung (consilium).

Diagnose/Therapie

Mit der Anwendung des interaktionistischen Modells auch in der der Medizin und noch mehr mit dem ökologisch-phänomenologischen in pädagogischen Feldern konnte die strikte Trennung zwischen Diagnose und Therapie sowie Diagnose und Beratung nicht mehr aufrecht erhalten werden. Die Betroffenen werden in die Expertenberatung mit einbezogen. Im gemeinsamen Beraten, Bewerten und Würdigen auch der Meinungen, Sichtweisen, Befürchtungen und Wünsche der Betroffenen wird zusätzliche, relevante Information gewonnen, kann die Diagnose an Gültigkeit und Relevanz gewinnen. Aber im gemeinsamen Bewerten und Würdigen aller Tatbestände und Meinungen in der Auseinandersetzung mit den verschiedenen Perspektiven oder der Situationssicht der einzelnen Beteiligten am Diagnoseprozeß werden die Betroffenen bereits beraten, und es beginnt ein Veränderungsprozeß durch Modifikation der Sichtweise des Verstehens und auch bestimmter Handlungsweisen (systemisch ganzheitliche Diagnose).

Beratung

Selbstverständlich wird bei der Anwendung dieser ganzheitlichen Diagnose in der Medizin eine Medikamentation oder eine spezielle Therapie auch erst durch das Diagnoseergebnis begründet – aber die Behandlung beginnt schon früher; für spezielle Therapien und für Medikamentation werden bereits erheblich begünstigende Rahmenbedingungen geschaffen.

In pädagogischen Feldern wird mit einem systemisch ganzheitlichen Diagnoseprozeß, in der Fragestellung gemeinsamer Beratung (vgl. Kleber 1985) bereits ein Bildungsprozeß initiiert.

5. Differentialdiagnosen

In der Differentialdiagnose geht es darum, bei einer mehrdeutigen Situation (in der Medizin bei einer Symptomatik, die durch verschiedene Verursachungen entstanden sein kann) mit an Sicherheit grenzender Wahrscheinlichkeit zu bestimmen, was die verursachenden Bedingungen des vorgefundenen Zustandes sind, d.h. die tatsächlichen Ursachen zu finden, die nur vermeindlichen auszuschließen. Die Differentialdiagnose ist die eigentliche Herausforderung für die Experten. Sie wird mit ausgearbeiteten Checklisten in der Medizin für den einzelnen Arzt ermöglicht, ist in schwierigen Fällen nur im Consilium zu bewältigen. Obwohl es in der Pädagogik, speziell in der Sonderpädagogik, viele Fragestellungen gibt, die differentialdiagnostischen Charakter haben (lernbehindert

Differentialdiagnose

oder geistig behindert; cerebrale Dysfunktion oder Sozialisations- und Lern-/ Übungsdefizite, Legasthenie oder nur Rechtschreib/Leseschwäche usw.) lassen sich klare Differentialdiagnosen wie im engeren medizinischen Bereich nicht stellen – das liegt sowohl an der komplexeren Verursachung und noch mehr an den weniger speziellen pädagogischen Maßnahmen. Auch besteht eine geringere Notwendigkeit dafür, da fast alle pädagogischen Maßnahmen allgemein persönlichkeitsfördernde Möglichkeiten und kaum schwer schädigende Konsequenzen haben.

Soweit der wissenschaftliche Kenntnisstand im engeren Sinne Differential-diagnosen zuläßt (z.B. organische Schäden als Ursachen, die auch spezielle Therapien notwendig oder wünschenswert machen), so handelt es sich um sonder-pädagogisch/medizinisch/pädagogische Fragestellungen, in denen dann im Con-ilium der Mediziner meist das letzte, eine Differentialdiagnose begründende Wort hat.

Diagnose/Bildung Die eher vordergründig differentialdiagnostisch erscheinenden Fragestellungen sind in schwierigeren Fällen nach einer medizinischen Ausschlußdiagnose organischer Verursachung durch die Analyse der Lebens- und Lernbedingungen im gemeinsamen Sich-Beraten, in einen systemisch ganzheitlichen Diagnoseprozeß zu überführen, der das Bedingungsgefüge verändernde Konsequenzen hervorbringt und im gemeinsamen argumentativ abwägenden Bewerten und der Würdigung der einzelnen Sichtweisen einen Bildungsprozeß einleitet.

6. Diagnose im Modernisierungsprozeß

Diagnose ist zu einem allgegenwärtigen Mittel, selbst des Marktes und der Werbung, im Modernisierungsprozeß geworden. Diagnostik dient dabei nur noch teilweise der Vorbereitung von Entscheidungsprozessen. Bezogen auf den Menschen ist sie zu einem Instrument der Verfügbarmachung, der Zergliederung seiner Ganzheitlichkeit entwickelt worden. Der Mensch wird durch sie zum Objekt. Letzteres gilt nicht nur für die Apparate-Diagnostik in der Medizin. Es gilt insoweit für alle wissenschaftliche Diagnostik, als diese im Streben nach Optimierung von Objektivität und Präzision ausschließlich harte Daten fordert, das bedeutet, daß Subjektivität verworfen werden muß. Daraus wiederum resultieren zunehmend mehr Ablehnung und Flucht sich dadurch bedroht fühlender Personen ins Esoterische, das Ersetzen von Diagnose durch wenig kontrollierbare Praktiken bis hin zum Schamanismus, wo Entscheidungen durch eine klare, aber sensible, auch weiche Daten zulassende Diagnostik verbessert werden könnten. Insoweit spiegelt sich die Dialektik der Modernisierung in der Anwendung von und der Meinung zu Diagnostik und Diagnose wider, d.h. die ständige Bedrohung der Modernität durch sich selbst, das Kippen der Rationalität in „Aberglaube" und Ignoranz, weil unter der instrumentellen Vernunft die Subjekthaftigkeit, der Mensch, verloren geht. In allen pädagogischen Handlungsfeldern begegnen wir diesem, in Diagnostikfreundlichkeit mit besonders hohen Objektivitätsforderungen auf der einen Seite und Diagnosefeindlichkeit auf der anderen Seite. Eine Lösung für den Menschen als Subjekt kann mit Hilfe des ökologisch-phänomenologischen Modellansatzes gefunden werden. In einem zuvorderst nicht personenzentrierten Ansatz der Bedingungsanalyse sowie unter Hinzunahme der gemeinsamen Beratung, des Consiliumsprinzips, in den Diagnoseprozeß und der Akzeptanz der Subjektivität als kontrollierter Subjektivität sowie der Kombination von harten und weichen Daten wird der Mensch nicht reifiziert, wird er nicht zur Sache. Im gemeinsamen Beraten erfolgt die Interpretation der Situation und der Probleme, auch der harten Daten, mit Hilfe weicher Daten als gemeinsame, von Subjekten gebildete Hypothese. Damit wird die klare Linie zwischen Diagnose und Therapie aufgehoben.

In allen pädagogischen Handlungsfeldern, in der Schule, in der Beratung, in sozialpädagogischen Zentren, bei Kindern, Jugendlichen und Erwachsenen gilt bei strikter Fragestellungsbezogenheit für den diagnostischen Prozeß das gleiche. Schwerpunktmäßig sind über die verschiedenen Felder leichte Verschiebungen zu erwarten. Inventarisieren wird im vorschulischen Feld und der Schule einen viel breiteren Raum einnehmen als in den anderen Feldern. In sozialpädagogischen Zentren und Beratungseinrichtungen wird häufiger als im schulischen Feld Interdisziplinarität einzufordern sein. Das Sich-gemeinsam-Beraten wird je nach Entwicklungsstand der beteiligten Personen unterschiedliche Modalitäten annehmen.

Literatur

Brezinka, W.: Von der Pädagogik zur Erziehungswissenschaft. Weinheim/München 1971.
Brophy, J.E./Good, T.L.: Die Lehrer-Schüler-Interaktion. München 1976.
Brusten, M./Hohmeier, J.: Stigmatisierung 1, 2 – Zur Produktion gesellschaftlicher Randgruppen. Neuwied/Darmstadt 1975.
Buss, A.H.: Psychopathologie. New York 1966.
Frey, K. (Hrsg.): Curriculum Handbuch, Bd. 1. München 1975.
Homfeldt, H.G.: Stigma und Schule. Düsseldorf 1974.
Ingenkamp, K.: Pädagogische Diagnostik. Weinheim/Basel 1975.
Kleber, E.W.: Pädagogische Beratung. Weinheim/Basel 1985.
Kleber, E.W.: Diagnostik in pädagogischen Handlungsfeldern – Einführung in Bewertung, Beurteilung, Diagnose und Evaluation. Weinheim/München 1992.
Krappmann, L.: Soziologische Dimensionen der Identität. Stuttgart 1971.
Mead, G.H.: Geist, Identität und Gesellschaft. Frankfurt a.M. 1968.
Pawlik, K. (Hrsg.): Diagnose der Diagnostik. Stuttgart 1976.
Seligman, M.E.P.: Helplessness: On Depression. Development and Death. San Francisco 1975.

II. 8. Beratung

Bernd Dewe

Inhalt

1. Aspekte der Begriffsgeschichte und Begriffsdefinition

Institutionalisierte und professionalisierte „Beratung" läßt sich heute beobachten im weiten Spektrum von Technologietransfer über Berufs- und Personal- und Organisationsberatung und der Supervision professionellen Handelns bis hin zur ‚Krisenberatung' in den Sinnfragen moderner Lebensführung. Immer geht es dabei um den Transfer und in der Folge um die Transformation von Deutungsmustern, immer kommt es mit der Intervention des Beraters zu kommunikativen Feldern der Interaktion und der Interferenz, also des Austausches und der Überschneidung von Bewertungsgrundlagen, Erwartungsrahmen und Sinnhorizonten.

Auch angesichts der sich ständig vergrößernden Möglichkeiten des Einsatzes von neuen Kommunikationstechnologien und medial gesteuerter Kommunikation in nahezu allen Lebensbereichen ist die Bedeutung der unmittelbaren (face-to-face) Kommunikation im Beratungsgespräch keineswegs irrelevant geworden für das Funktionieren moderner Gesellschaften. Das Gegenteil ist der Fall: Besonders die Pädagogik entwickelt sich zunehmend zu einer „beratenden" Profession.

Pädagogik als beratende Profession

„Beratung" erscheint als moderner Typus kommunikativer Interaktion, in der die Problematik wie auch die Reflexivität moderner Vergesellschaftung deutlich wird: In einer „neuen Unübersichtlichkeit" wachsender Komplexität und

119

steigender Abstraktion verliert die Bewältigung des Alltags zunehmend an Selbstverständlichkeit. Die Unangemessenheit überkommener Handlungsmuster und Steuerungsmodelle macht es immer schwieriger, soziales Handeln selbstverantwortlich zu organisieren (vgl. Fuchs/Pankoke 1994).

Für das Gelingen beratenden Handelns in pädagogischen Kontexten ist es bedeutsam, die Struktur sowie die Eigenlogik dieser spezifischen Kommunikationsform zu verstehen. Beratung ist rekonstruktiv betrachtet weniger Manipulation, d.h. lineare Einflußnahme des pädagogischen Beraters auf die Ziel- und Handlungsorientierungen des zu Beratenden, sondern ist vielmehr als ein (mindestens virtueller) Dialog zwischen beiden Parteien entschlüsselbar: Das unmittelbare Ziel von Beratungskommunikation als Gemeinschaftshandlung von PädagogInnen und ihren AdressatInnen ist perspektivisch die Herstellung einer partiellen Kongruenz zwischen den kognitiven Prozessen der an der Kommunikation partizipierenden Individuen. „Beratung" ist im pädagogischen Prozeß somit auf eine strikte problem- und fallbezogene Arbeitsweise angewiesen.

Mit dem Terminus „Beratung" werden hier alltagssprachlich heterogene Handlungsformen und unmittelbar personenbezogene Dienstleistungen bezeichnet, die durch die problembezogene Weitergabe von Fachwissen durch „Experten" an „Laien" gekennzeichnet sind. Beratung verweist in einem solchen diffusen Begriffsverständnis zunächst auf einen Typus kommunikativen Handelns, dessen Gemeinsamkeit darin besteht, daß innerhalb einer pädagogischen Situation, in der das thematisch relevante Wissen asymmetrisch verteilt ist, Informationen, Ratschläge, Deutungen und Empfehlungen weitergegeben werden, wobei davon ausgegangen wird, daß die Informations- und Wissensaneignung durch den Adressaten zur Verbesserung seiner Problembewältigung beiträgt. Beratung in diesem Sinn steht also immer dann in Rede, wenn in Situationen, „wo Menschen nicht selbst aufgrund eigener Erfahrungen, Kenntnisse, Kompetenzen urteilen und sich orientieren, planen, entscheiden oder handeln können (und dort, wo ihnen das unterstellt wird)" Unterstützung durch einen Experten auf freiwilliger Basis in Anspruch genommen wird (Nestmann 1988, S. 101).

[marginal note: Definition von Beratung]

„Beraten" kann in der deutschen (Alltags-)Sprache transitiv oder reflexiv benutzt werden; dementsprechend lassen sich auch zwei unterscheidbare Bedeutungen nennen. In der reflexiven Form als „Sich-beraten" bedeutet Beratung eine bestimmte Form der Kommunikation zwischen zwei oder mehr Personen mit dem Ziel, zu einer gemeinsamen akzeptierten Handlungsentscheidung oder zu einem Konsens über die Beschreibung oder Beurteilung eines Sachverhalts zu kommen.

[marginal note: Reflexives Beratungsverständnis]

In der transitiven Form als „jemanden beraten" bedeutet Beratung, jemandem einen Rat geben, oder einer anderen Person einen unverbindlichen Handlungsvorschlag machen, wobei „unverbindlich" heißt, daß diese andere Person den Handlungsvorschlag ablehnen oder akzeptieren kann, ohne als Folge ihrer Handlung eine Sanktion seitens der sie beratenden Person erwarten zu müssen. In beiden Fällen impliziert „Beratung" eine soziale Beziehung, die sich durch Nicht-Bevormundung auszeichnet (vgl. Seel 1979, S. 132).

[marginal note: Transitives Beratungsverständnis]

Die Freiwilligkeit der Teilnahme ist eine wesentliche Rahmenbedingung der Beratung. Dazu zählt im einzelnen

120

- Freiwilligkeit der Teilnahme an der Beratung; (d.h. es besteht kein Zwang zur Initiierung einer Beratung)
- Abbruchfreiheit; (d.h. es besteht kein Zwang zur Fortführung einer einmal begonnenen Beratung)
- Glaubwürdigkeit des Beraters; (d.h. der Berater verfolgt nach Meinung der anderen Beratungsteilnehmer keine anderen als die von ihm angegebenen Ziele).

2. Ansätze pädagogischer Beratungstheorie

Ein solches allgemeines Verständnis von Beratung ist zur Bestimmung einer spezifischen Form pädagogischen Handelns gewiß unzureichend. Um im folgenden Beratung als eine Form pädagogischen Handelns diskutieren zu können, scheint es deshalb sinnvoll zu sein, zunächst einige Kriterien zu benennen, die es erlauben, Beratung als eine von wissenschaftlich begründeter Politik- und Institutionenberatung, von dezidiert psychologisch ausgerichteter Beratung als „Quasi-Therapie", von philosophisch oder psychologisch inspirierter Lebensberatung etc. unterschiedene Form pädagogischen Handelns abzugrenzen:

Beratung als spezifische Form pädagogischen Handelns

Beratung ist von einer bloßen Weitergabe von Informationen und Kenntnissen zunächst dadurch unterschieden, daß die Zwecksetzungen von Beratung im Zusammenhang mit lebenspraktisch relevanten Entscheidungsprozessen in bezug auf identifizierbare Handlungsprobleme stehen. Beratung reduziert sich also nicht auf die vermeintlich zweckfreie Aneignung von Wissen und Fertigkeiten, sondern ist situiert im Kontext der Bearbeitung von nicht aufschiebbaren lebenspraktischen Problemsituationen in der Bildungsgeschichte einer Person.

Beratung ist folglich als eine Kommunikationsform zu fassen, deren Spezifika nicht hinreichend dadurch zu bestimmen sind, daß die Intentionalität beschrieben wird, die der Schaffung von Institutionen und der Führung von entsprechenden Gesprächen zugrunde liegt. Vielmehr bezieht sich jede Beratungskommunikation auf für diesen Handlungstypus konstitutive Strukturen, die vor jeder Analyse intentionaler Komponenten rekonstruktiv zu bestimmen sind. Gegen unbegründeten pädagogischen Optimismus, der das Gelingen von Beratungsgesprächen durch eine angemessene Formierung des beruflichen Ethos und der pädagogischen „Haltung" des Beraters bereits hinlänglich gewährleistet sieht (vgl. Sassenscheidt 1993), ist der Handlungstypus Beratung als eine strukturierte und das je konkrete Beratungsgespräch strukturierende Kommunikationsform zu diskutieren, deren Bedeutung in den übergreifenden Zusammenhängen von gesellschaftlichen Transformationsprozessen und der in diese eingelassenen Möglichkeiten und Begrenzungen individueller Lebensführung situiert ist.

Struktur und aktive Gestaltung der Beratung

Von Beratung als einem spezifischen Modus pädagogischen Handelns (vgl. auch Kleber 1983) im engeren Sinne kann nur dann sinnvoll gesprochen werden, wenn dieser in Abgrenzung von nicht personenzentrierten und fallbezogenen Formen der Politik- und Institutionenberatung einerseits, wie von Bildungsveranstaltungen oder unterrichtsähnlicher pädagogischer Wissensvermittlung und letztlich auch psychologisch begründeter Therapie andererseits bestimmt werden kann. Diesbezüglich gehe ich davon aus, daß es für eine solche Bestimmung von entscheidender Bedeutung ist, Beratung als eine Form der Verwendung erziehungswissenschaftlichen Wissens durch Professionelle zu rekonstruieren, die auf lebensgeschichtliche Problemlagen bezogen ist, deren Bewältigung durch verfügbare Routinen und Ressourcen des Alltagshandelns aus der Sicht der KlientInnen momentan als unmöglich erscheint, weil Informations- oder Kompetenzlücken bestehen. Im Unterschied zu genuinen Formen der Psychotherapie ist von Beratung jedoch nur dann zu sprechen, wenn im Vordergrund der Selbst- und Fremddefinitionen der Problemsituation nicht ein intrapersonales psychisches oder physisches Krankheitssymptom, welches Heilungs- und Resozialisierungsprozesse nahelegt, sondern eine die individuelle Problematik übergreifende sozial typische Problemlage steht.

Der Gegenstand pädagogischer Beratung

Gegenstand von pädagogischer Beratung sind individuelle Konkretionen von sozial typischen Problemsituationen, also keine Symptomatiken, die als individuell-spezifische innerpsychische (etwa pathologische Wahrnehmungsverzerrungen) oder organische Störungen wahrgenommen und als solche behandelt werden. Diese zweifellos in der Praxis nicht immer trennscharfe Unterscheidung zu betonen ist wichtig, um im Gegensatz zu der Tendenz einer „unbemerkte(n) therapeutischen Intervention" (Hörmann 1985, S. 817) Beratung als pädagogische Interventionsform diskutieren zu können, die sich nicht auf eine „quasi defizitäre Form therapeutischen Handelns" (Bude 1988, S. 371) reduziert.

Beratung in pädagogischen Handlungsfeldern

Beratung als Interaktionsform zwischen pädagogischen Professionellen und ihren Klienten ist allerdings auch von solchen Formen der Beratung, wie sie z.B. zwischen SozialwissenschaftlerInnen und PädagogInnen in Arrangements der Supervision (vgl. etwa Schütze 1985) erfolgen, zu entscheiden. Ich beziehe mich hier ausschließlich auf solche Formen der Beratungskommunikation, in denen ein pädagogischer Professioneller Individuen/Alltagshandelnden gegenübertritt, die in bezug auf pädagogische Fragen als Laien definiert sind. Im Falle der Supervision kann im Unterschied zu der an Laien adressierten Beratung unterstellt werden, daß Professionelle prinzipiell über ein zur Bearbeitung eines Problems relevantes fach- bzw. berufskulturspezifisches Wissen, mindestens über die hier gültigen Konventionen und psychologisch zentrierten Beratungsformen verfügen und primär ein Prozeß der problembezogenen Aktualisierung/Reflexion dieses Wissens in Gang gesetzt werden muß (vgl. Dewe 1992). Das im Falle der Beratung situativ relevante Wissen, oder besser: symbolische Potential, ist demgegenüber nicht einer spezifischen Berufskultur zuzuordnen, sondern umfaßt alltägliche Muster der Deutung, Wahrnehmung und Bewertung sozialer Wirklichkeit. In pädagogischen Handlungsfeldern relevant werdende Beratung ist – im Unterschied zu Formen der Psychotherapie und psychologisch zentrierten Beratungsformen – nicht an spezifische institutionelle Arrangements oder exakte situative Settings gebunden. Der Eintritt in die Strukturen der Beratungskommunikation kann in Kontexten pädagogischer Praxis auch in Handlungskonstellationen erfolgen (vgl. etwa Rechtien 1988), als deren Rahmen etwa eine offene Kommunikationssituation in Jugend- und Freizeitzentren definiert ist.

Die Notwendigkeit von Beratung führt Mollenhauer (1965, S. 58) darauf zurück, daß durch Prozesse der Enttraditionalisierung Erziehung in modernen Gesellschaften ein „schwieriges Geschäft" geworden sei, zu dessen Bewältigung die naturwüchsigen Regeln tradierter Erziehungspraxis nicht länger hinreichend sind. Beratung kann begriffen werden als „eine wesentliche Funktion jedes pädagogischen Erziehens" (ebd.) und als ein „charakteristischer Bestandteil der Tätigkeit des Pädagogen" (ebd.). Beratung ist also mit Sinn- und Orientierungskrisen von Individuen befaßt, deren Erzeugungszusammenhang in gesellschaftlichen Transformationsprozessen zu suchen ist, durch die die materiellen und kulturellen Bedingungen einer individuellen Lebenspraxis in einer Weise verändert werden, die nicht durch einen Rückgriff auf tradierte Deutungs- und Handlungsmuster des sozialen Milieus bewältigt werden können. Der Verweis auf diesen Bedingungszusammenhang ist wichtig, um die Unterstellung zu vermeiden, individuelle Problemlagen ließen sich durch besseres ‚Wissen', das in Beratungsgesprächen zu erwerben sei, umstandslos auflösen. Beratung ist in diesem Sinne als eine Form des Umgangs mit lebenspraktischen Problemsituationen zu begreifen, deren Reichweite sich auf die (alltags)bewußtseinsfähigen und intentional gestaltbaren Momente von Lebenspraxis bezieht. Beratung stößt somit sowohl dort an Grenzen, wo etwa durch Prozesse der Verarmung und der strukturellen Massenarbeitslosigkeit Lebenssituationen hervorgebracht werden, deren Veränderung sich der Reichweite des individuellen Handelns entzieht als auch immer dann, wenn sich Problemlagen zu nicht mehr dem Alltagsbewußtsein und dem kollektiven Erfahrungsschatz einer Gruppe, einer Clique oder eines Milieus zugänglichen, also nur schwierig rekonstruierbaren und dauerhaften Symptomatiken verfestigt haben. Die Beratungskommunikation richtet sich im Unterschied zur Therapie folglich auf zeitlich begrenzte und alltagsbewußtseinsnähere Phänomene und beansprucht eine reparative Funktion hinsichtlich der Bewältigung lebenspraktischer Problemlagen (vgl. Rahm 1979). Sie ist weder als Politiknoch als Therapieersatz angemessen zu konzipieren, sondern zielt auf die personenbezogene pädagogische Unterstützung bei der Entwicklung einer jeweils subjektiv erträglichen und sozial angemessenen Form der individuellen Auseinandersetzung mit sozial typischen Problemsituationen.

Grenzen der Beratung

3. Zum Verhältnis von Beratung, Bildung und Therapie

Es ist festzustellen, daß eine entfaltete Theorie pädagogischer Beratung nicht vorliegt (vgl. etwa Seel 1979). Vorliegende Ansätze zu einer Theorie der pädagogischen Beratung (vgl. Seibert 1978; Giesecke 1987) haben insbesondere die sozialökologischen Kontexte von Beratung betont und damit versucht, pädagogische Beratung von einer individualzentrierten Therapie abzugrenzen sowie alltagsorientierte Konzepte (vgl. Nestmann 1989) zu entwerfen. Dabei blieben jedoch die internen Strukturen der Beratungskommunikation weitgehend ungeklärt. Es hat sich hier ein Arbeitsfeld der Pädagogik quasi naturwüchsig entwickelt, dessen systematische Reflexion noch aussteht. Dies ist im Zusammenhang zu sehen mit grundsätzlichen Defiziten bezüglich einer genuin pädagogischen Beratungsforschung und einer entsprechenden Theoriebildung (vgl. Dewe/ Scherr 1990). Einen der wenigen Versuche, Beratung als eine spezifische Form pädagogischen Handelns zu analysieren, hat Schmitz (1983) unternommen.

Beratung, Therapie, Bildung

Ausgangspunkt der Überlegungen ist dort die Frage, wie Beratung im Verhältnis zu den Handlungsformen Therapie und (Fort-)Bildung zu fassen sei. Schmitz stellt wohl zu Recht fest, daß eine strikte Unterscheidung der Handlungsformen Therapie, Beratung und Bildung in empirischer Hinsicht nicht möglich, sondern vielmehr davon auszugehen sei, daß „das was ein Therapeut, ein Berater oder ein Erwachsenenpädagoge praktisch tut, ... in jedem Fall zugleich Elemente therapeutischen, beratenden und erwachsenenpädagogischen Handelns" (ebd. S. 61) enthält. Dennoch: Im Unterschied zur therapeutischen Arbeit an der Veränderung innerpsychischer Realitäten und einem an Konsens- und Wahrheitsfindung orientierten Handeln in der (Fort-)Bildung bezieht sich Beratung auf die Ebene der Begründung einer lebenspraktischen Entscheidungshandlung. Für das professionelle Selbstverständnis pädagogischen Handelns bietet sich in dieser Perspektive „Beratung" nicht nur deshalb als eine zentrale Kategorie an, weil aufgrund der erfolgten Expansion von Beratungsinstitutionen hier auch ein institutionell ausdifferenziertes berufliches Arbeitsfeld entstanden ist. Pädagogische Beratung stellt sich gewiß als eine Arbeitsform dar, die im Verdacht steht, „trivialisierte Therapie" (vgl. Bude 1988) zu sein, also Ausübung einer Form beruflichen Handelns, für die PädagogInnen über nur unzureichend entwickelte berufliche Kompetenzen verfügen und die deshalb pragmatisch in der Gefahr steht, die Grenze von pädagogischem zu therapeutischem Handeln in unzulässiger Weise zu überschreiten (vgl. Nestmann 1988). Das quantitativ umfangreiche Fortbildungsangebot an Techniken der psychotherapeutischen Gesprächsführung für PädagogInnen ist offensichtlicher Ausdruck eines solchen defizitorientierten Verständnisses von Beratung als quasitherapeutischer Methode, gleichsam als „kleiner Therapie" (Nestmann 1988). Vor dem Hintergrund erziehungs- und sozialwissenschaftlicher Beratungsforschung (vgl. Seel 1979; Schmitz 1983; Schmitz/Bude/Otto 1989; Dewe 1991) sowie soziologischer Untersuchungen zur Verwendung wissenschaftlichen Wissens im pädagogischen Handeln (vgl. Dewe 1988) lassen sich Aspekte der Struktur von Beratungskommunikation aufzeigen, die es erlauben, Beratung als Feld eines genuin pädagogischen Handelns zu bestimmen. Damit wird es möglich, bloß professionspolitisch akzentuierte Abgrenzungsdiskurse zwischen psychotherapeutisch und pädagogisch orientierter Einzelfallhilfe zu überschreiten, d.h. die Debatte um Formen der Beratung systematisch auf Analysen der Struktur dieser Kommunikationsform zu beziehen.

Im Sinne einer noch vorläufigen Differenzierung ist es zunächst hilfreich, Beratung als fall- und sachbezogenen, aber an sozial anerkannten Mustern der Problembearbeitung orientierten punktuellen Deutungsvorgang individueller, situativ-konkreter Problemlagen zu unterscheiden von Therapie, die als kommunikative Bearbeitung biographisch unvergleichbarer zumeist diffuser Problemlagen innerpsychischer Repräsentation mit dem Ziel der Restrukturierung von Identitätsformation, der Heilung psychischer Beschädigungen, Orientierungsdilemmata und Wahrnehmungsverzerrungen verstanden werden kann. Diesbezüglich formuliert Thiersch (1989, S. 180): „Eine fachliche Leistung von Beratung ist es, Probleme in Beziehungen, Konstellationen im Verhalten und Handeln strukturell zu sehen". D.h.: Als ein wesentliches Unterscheidungskriterium von Beratung und Therapie kann es gelten, daß in der Beratungskommunikation die gezielte Veränderung individueller Identität nicht im Zentrum der Interaktion

Beratung versus Therapie

124

steht und sich Beratung primär darauf bezieht, das Problem des zu Beratenden bzw. seine Problemsituation auf der Grundlage sozial typischer Problemkonstellationen zu interpretieren und diesbezüglich relevante sozial gültige Muster der Problembearbeitung fallbezogen anzubieten. Es geht im Falle der pädagogischen Beratung um die Wiedergewinnung einer zur handlungspraktischen Problembewältigung befähigenden Wirklichkeitssicht, die zwar immer auch subjektiv erträglich und der individuellen Biographie angemessen sein muß. Beratung umfaßt in diesem Sinne keine individualsystematischen Therapieelemente im Sinne einer durch psychologische Restrukturierungen individueller und sozialer Identität zu erlangenden Handlungsfähigkeit (vgl. zum Konzept psycho-sozialer Beratung: Zygowski 1989), sondern zeigt den AdressatInnen unter Sachdominanz mögliche Variationen der Problemsicht und Handlungsalternativen auf, wobei die soziale und strukturelle Seite des je thematischen Problems expliziter Gegenstand der Beratungskommunikation ist. Bedingung der Möglichkeit einer so verstandenen Beratung ist, daß der Klient in der Lage ist, subjektiv wie auch sozial angemessene bzw. legitimierbare Entscheidungen über die Annahme von Deutungsangeboten und Handlungsalternativen zu treffen. Die Grenze pädagogischer Beratung ist in dieser Sicht dann erreicht, wenn der Klient seine Probleme den sozial typischen Konstellationen sozial legitimierten oder legitimierbaren Problemlösungsmodalitäten nicht mehr „zuordnen" kann, weil er nicht mehr über „Verweisungswissen" (Sprondel 1979) verfügt, also sich selbst in der Folge als einen Fall von psychischer Störung definiert, der medizinischer bzw. psychologischer Therapie bedarf.

4. Der Berater, die Beratungskompetenz und das Beratungswissen

Die spezifische Leistung pädagogischer Beratung ist m.E. also darin zu sehen, zur problembezogenen Erweiterung des Horizontes an Deutungsmöglichkeiten beizutragen, vor dessen Hintergrund der Klient selbst seine Situation interpretiert und Handlungsalternativen entwirft. Die hier geforderte Kompetenz von PädagogInnen ist folglich nicht reduzierbar auf die Verfügung über Techniken der therapeutischen Gesprächsführung (vgl. Mucielli 1972), vielmehr ist ein sozial- und erziehungswissenschaftlich fundiertes und „erfahrungsgesättigtes" Wissen über die Lebenssituation spezifischer Klientengruppen und der für sie sozial typischen Problemsituationen und sozial gültigen Strategien der Problembearbeitung gefordert. Vorausgesetzt ist hier als Kompetenz pädagogischer Berater ein Wissen über die für soziale Gruppen typischen Problemsituation und die in sozialen Milieus anerkennungsfähigen Muster des Umgangs mit lebenspraktischen Problemen.

Beratungskompetenz

Der pädagogische Berater ist nicht mit einem Experten zu verwechseln, der objektiviertes sozialwissenschaftliches und psychologisches Wissen „anwendet". Gegenüber einem „herrschende(n) Normalitätskonzept von Beratung", das diese qua „Fachlichkeit in Qualifikation und Status" (Thiersch 1989, S. 179) definiert, ist einzuwenden, daß die intellektuelle Verfügung über wissenschaftlich erzeug-

Der pädagogische Berater

tes Wissen keine zureichende Grundlage von Beratungskommunikation ist (vgl. Mader 1976; Dewe 1989; König 1990). Die lebenspraktische Vernünftigkeit der Begründungen von Entscheidungen, die Thema von Beratungskommunikation sind, bemißt sich, allgemein gesprochen, nicht anhand ihrer Übereinstimmung mit wissenschaftlichen Kriterien rationalen Handelns, wie sie etwa in technokratisch verfaßten Therapiekonzepten ausgewiesen sind. Nach diesem – der naturwissenschaftlich orientierten Medizin analogen – Modell ließe eine Diagnose eindeutige Entscheidungen darüber zu, welche Schritte der Problembewältigung rational sind. Beratung, in diesem Sinne verstanden als typische sozial-technische Experten-Laien-Interaktion setzt voraus, daß der Berater über ein überlegenes Wissen verfügt, aus dem Rezeptologien für die Lebenspraxis des Klienten gewissermaßen deduziert werden können, daß also der Berater weiß, was wissenschaftlich „richtig" und zugleich für den Klienten „gut" ist. Dem über wissenschaftliches Wissen verfügenden und deshalb überlegenen „homo consultabilis" steht in dieser Sicht der „homo therapeuticus" als ein Objekt gegenüber, das das Monopol für die Entwicklung von Handlungsoptionen an den Beratungexperten delegiert hat. Dieser nimmt den jeweiligen Einzelfall als einen Fall wahr, der einer vorab bekannten Kategorie von Klientengruppen zugeordnet werden und dementsprechend beraten werden kann. Auch in Beratungskonzepten, die sich dezidiert Strömungen der „humanistischen Psychologie" verpflichtet fühlen und demzufolge eine durchaus pointierte Kritik der unverhohlen sozialtechnischen Vorstellungen älterer, vorwiegend verhaltenstheoretischer Therapiekonzepte üben, bleibt wissenstheoretisch betrachtet, diese Struktur erhalten.

Demgegenüber hat die Wissensverwendungsforschung (vgl. Beck/Bonß 1989) erneut auch die Einsicht hermeneutischer und sozialphänomenologischer Theorien bestätigt, die darin besteht, daß eine solche subsumtionslogische Vorgehensweise dem spezifischen Status von pädagogischem Wissen nicht angemessen ist, weil sie die strukturelle Differenz von Maßstäben der wissenschaftlichen Begründbarkeit einerseits und der lebenspraktischen Angemessenheit von Wissen andererseits ignoriert.

Begründungen für lebenspraktisch folgenreiche Entscheidungen, wie sie im Ernstfall der pädagogischen Beratungskommunikation thematisiert werden, müssen also daran bemessen werden, ob sie den individuell biographisch verfestigten „Lebenskonstruktionen" (Bude 1984) ihrer Adressaten angemessene Problemlösungsstrategien ermöglichen, die zugleich in den sozialen Lebenszusammenhängen der Klienten realisierbar und anerkennungsfähig sind. Dies zu betonen ist auch deshalb wichtig, weil die Selbst- und Fremdklientelisierungsprozesse, die jedem Beginn von Beratungskommunikation vorausgehen (vgl. Bittner 1981), einen prinzipiellen Bruch mit der (stets, wenn auch lediglich kontrafaktisch zu unterstellenden) lebenspraktischen Autonomie des Klienten beinhalten. Das vorherrschende Normalmodell von Beratung geht davon aus, daß derjenige, der sich zum Klienten von Beratung erklärt, zugleich seine Autonomie über ihn selbst betreffende lebenspraktische Fragen dispensiert hat. Daraus folgt für das Verständnis von Beratungskommunikation, daß diese dann als erfolgreich gilt, „wenn der Ratsuchende sich am Ende der Beratung damit einverstanden erklärt, sein lebenspraktisches Handeln nach dem Kalkül eines verfügbaren Problemlösungsprogramms auszurichten" (Schmitz/Bude/Otto 1989, S. 142). Im Gegensatz zu pädagogischem Handeln, das als Hilfe

Diagnose und Beratung

Lebenskonstruktionen und beratende Rekonstruktion

126

für die zunehmend selbstbestimmte bzw. aktiv mitbestimmte Gestaltung von Lebenspraxis verstanden werden kann und von einer prinzipiellen Achtung der lebenspraktischen Autonomie des Klienten ausgeht, wäre Beratung in den erwähnten Konzeptionen genuin „unpädagogisch" konzipiert, als Übernahme von Entscheidungs- und Begründungskompetenzen durch Experten.

5. Relationen von Wissen und Können: Forschungsdesiderata

Gegenwärtig liegen erst wenige qualitativ ausgerichtete Untersuchungen vor, die Strukturen der Beratungskommunikation rekonstruktiv anhand von Fallanalysen zu erschließen versuchen (vgl. Fuchs/Pankoke 1994). Anders als in bloß theoretisch-normativ geführten Selbstverständnisdebatten um ein angemessenes Verständnis pädagogischer Beratung weisen solche Rekonstruktionen den Vorzug auf, daß sie Aussagen über Beratungskommunikation empirisch auszuweisen vermögen. Sie bestätigen, daß sich das Verhältnis von Wissen und Können nicht angemessen nach dem Modell einer unmittelbaren Übersetzung von wissenschaftlichem Wissen in praktische Handlungsregeln beschreiben läßt. Vielmehr sind sozialtechnische wie aufklärende Konzeptionen des Praktischwerdens von wissenschaftlichem Wissen damit konfrontiert, daß in Handlungskontexten der Praxis dieses Wissen nicht einfach angewandt wird, sondern nur dann praktisch bedeutsam werden kann, wenn Transformationsprozesse erfolgen, die wissenschaftliche produzierte Deutungen von „Wirklichkeit" in den Kontext lebenspraktischer Handlungs- und Entscheidungszwänge übersetzen (vgl. Knauth/ Wolff 1989). In diesem Transformationsprozeß verliert Wissenschaftswissen den Status eines ausdifferenzierten objektivierten Wissens und wird zum Bestandteil alltäglicher Aushandlungsprozesse, in denen es als ein Moment der Begründung von Entscheidungen fungiert, dessen Handhabung nicht mehr nach den Maßstäben wissenschaftlicher Argumentation erfolgt. Es geht hier um die Vermittlung von grundsätzlich als different zu bestimmenden Perspektiven, die weder ineinander auflösbar noch aufeinander reduzierbar sind.

    Beratungskommunikation

    Beratung als Transformationsprozeß

Daraus folgt für ein reflektiertes Verständnis von pädagogischer Beratung, daß die wissenschaftliche Kompetenz des Beraters als ein Moment im Interaktionsprozeß zu begreifen ist, auf das sich der Berater wie der Klient beziehen und dem ein spezifischer Status, nämlich der des überlegenen und legitimen Wissens, zugeschrieben wird. Entscheidend für den Verlauf von Beratungsprozessen ist also zunächst nicht, ob das wissenschaftliche Wissen realiter überlegene Problemlösungskapazitäten beinhaltet, sondern daß Berater wie Klienten davon ausgehen, daß dies so sei. Darin ist eine prizipielle Asymmetrie der Beratungskommunikation begründet, die ein sozialtechnisches Aufgabenverständnis ermöglicht, das dem Berater einen Expertenstatus zuweist (vg. hierzu die Kritik von Seel 1979; Kaiser 1979). In empirischer Perspektive wird jedoch deutlich (vgl. Schmitz/Bude/Otto 1989), daß diese zugunsten des Beraters verschobene Asymmetrie nur für einige Phasen des Beratungsprozesses zutrifft.

Im Gegensatz zu Konzeptionen, die den Berater unisono als Experten fassen, läßt die empirische Rekonstruktion des Verlaufes von Prozessen der Beratungskommunikation in ersten, zweifellos in Zukunft zu optimierenden Ansätzen deutlich werden, daß der Beratungsprozeß mit Verlagerungen und Verschiebungen des Verhältnisses von Berater und Klient rechnen muß. Zwar kann der Berater aufgrund seiner handlungsentlasteten Distanz zu den lebenspraktischen Problemen des Klienten wie auch aufgrund seines professionellen Wissens eine Dominanz für die Deutung der Situation wie den hypothetischen Entwurf von Alternativen der Problembearbeitung beanspruchen. Im Übergang von den Deutungsprozessen der Situation zur Entscheidung über lebenspraktisch angemessene Problembearbeitung stößt jedoch Beratung an ihre prinzipiellen Grenzen, daß sie nämlich Handlungsoptionen nicht verordnen, sondern nur plausibilisieren kann. Die Entscheidung über die Annahme von Empfehlungen und Ratschlägen verbleibt in der Entscheidungsautonomie des Klienten. Beratung, die versucht, diese Differenz zu negieren, indem sie die Übernahme der Empfehlungen des Beraters mit rhetorischen Mitteln zu erzwingen versucht, stellt sich in dieser Perspektive als ein Übergriff dar, der die „prinzipielle Grenze zwischen der Situation der Aufklärung und der Situation der Lebenspraxis" (Schmitz/Bude/Otto 1989, S. 143) mißachtet. Dagegen spricht zum einen, daß wissenschaftliches Wissen keine hinreichenden Aussagen für die angemessene und subjektiv erträgliche Gestaltung von Lebenspraxis hervorbringt (vgl. Dewe 1991). Zum anderen, daß die lebensgeschichtlichen Konsequenzen ausschließlich von den Klienten selbst getragen werden müssen, denen auch aus diesem Grund eine autonome Entscheidung bezüglich der lebenspraktischen Realisierung von Handlungsalternativen vorbehalten bleiben muß.

Die Beratung verlangt deshalb die Verfolgung des Grundsatzes, daß dabei mehr *mit* den Adressaten geredet werden soll, als *über* sie, denn das alleinige Reden über die AdressatInnen und ihr Verhalten impliziert notwendige Bevormundung und eine streng durchgehaltene Unterscheidung zwischen dem Experten und dem Laien (vgl. Seel 1979, S. 137).

Ziel pädagogischer Beratung ist, unter Wahrung der Nicht-Bevormundung einen Konsens über Handlungen herbeizuführen. Nur unter Nicht-Bevormundung kann ein echter Konsens zustande kommen. Die zum Zwecke der Herbeiführung des Konsens in der Beratung geführte Rede kann zum einen schon stattgefundene Handlungen betreffen. Dann versuchen die an der Beratung Beteiligten, zu einer gemeinsam akzeptierten Deutung dieser Handlung zu kommen. Zum anderen kann aber auch versucht werden, einen Konsens über Vorschläge zu zukünftigem Handeln herbeizuführen, also Verabredungen zu treffen (sog. „Versprechen"). Indem beide Arten von Reden in der Beratung stattfinden, ermöglicht sie die Realisierung des Prinzips der „Koinzidenz von Expertise und Praxis" d.h. die Auflösung der Unterscheidung zwischen Anwendungs- und Überprüfungszusammenhang. Damit ist die Beratungssituation grundsätzlich als die Situation konzipiert, in der sowohl die Schaffung von Wissen als auch dessen Anwendung stattfindet (vgl. Dewe 1991).

Ziel pädagogischer Beratung

Literatur

Beck, U./Bonß, W. (Hrsg.): Weder Sozialtechnologie noch Aufklärung? Frankfurt a. M. 1989.

Bittner, U.: Ein Klient wird „gemacht". In: Kardorff, E./ Koenen, W. (Hrsg.): Psyche in schlechter Gesellschaft, München 1981, S. 51-73.

Bude, H.: Rekonstruktion von Lebenskonstruktionen. In: Kohli, M./Robert, G. (Hrsg.): Biographie und soziale Wirklichkeit. Stuttgart 1984, S. 7-28.

Bude, H.: Beratung als trivialisierte Therapie. In: Zeitschrift für Pädagogik (1988), H. 3, S.369-380.

Dewe, B.: Rezeption sozialwissenschaftlichen Wissens in Beratung und Erwachsenenbildung. In: König, E./Zedler, P. (Hrsg.): Rezeption und Verwendung erziehungswissenschaftlichen Wissens in pädagogischen Handlungs- und Entscheidungsfeldern. Weinheim 1989, S. 182-213.

Dewe, B.: Fortbildung als Perspektivenabgleich. Fallbezogene Wissenschaft und berufliche Praxisberatung. In: Neue Praxis 22 (1992), H. 1, S.67-73.

Dewe, B.: Beratende Wissenschaft. Göttingen 1991.

Dewe, B./Scherr, A.: Beratung und Beratungskommunikation. In: Neue Praxis (1989), H. 6, S. 488-500.

Fuchs, P./Pankoke, E.: Beratungsgesellschaft. Schwerte 1994.

Giesecke, H.: Grundformen pädagogischen Handelns (u.a. Beraten). In: Giesecke, H.: Pädagogik als Beruf, Weinheim/München 1987, S. 66-81.

Hörmann, G.: Beratung zwischen Fürsorge und Therapie. In: Zeitschrift für Pädagogik (1985), H. 6, S. 805-820.

Jall, H.: Formen der Beratung und Gesprächsführung. In: Oppl,H./Weber-Falkensammer, H. (Hrsg.): Lebenslagen und Gesundheit. Bd. 3, Frankfurt 1986, S.152-175.

Kaiser, H. J.: Konfliktberatung nach handlungstheoretischen Prinzipien. Entwurf einer Konfliktberatungsstrategie unter Verwendung von Fallstudienmaterial. Bad Honnef 1979.

Kleber, E. W.: Pädagogische Beratung. Weinheim/Basel 1983.

Knauth, B./Wolff, S.: Die Pragmatik von Beratung. Ein konversationsanalytischer Beitrag zur Theorie psychosozialer Dienstleistungen. In: Verhaltenstherapie und psychosoziale Praxis (1989), H.2, S. 327-344.

König, E.: Beratungswissen – Beratungspraxis: Rezeption sozialwissenschaftlichen Wissens in der Beratung: In: Derup, H./Terhart, E. (Hrsg.): Erkenntnis und Gestaltung. Weinheim 1990, S. 99-116.

Mader, W.: Alltagswissen, Diagnose, Deutung: Zur Wirksamkeit von Wissensbeständen in Beratungssituationen. In: Zeitschrift für Pädagogik (1976), H. 3, S. 699-714.

Mollenhauer, K.: Das pädagogische Phänomen „Beratung". In: Mollenhauer, K./Müller, C.W.: „Führung" und „Beratung" in pädagogischer Sicht Heidelberg 1965.

Mucielli, R.: Das nichtdirektive Beratungsgespräch. Salzburg 1972.

Murgatroyed, St.: Conseling and Helping. London 1988.

Nestmann, F.: Beratung. In: Hörmann, G./Nestmann, F. (Hrsg.): Handbuch der psychosozialen Intervention. Opladen 1988.

Nestmann, F.: Die alltäglichen Helfer. Theorien sozialer Unterstützung und eine Untersuchung alltäglicher Helfer aus vier Dienstleistungsbereichen. Berlin 1989.

Rahm, D.: Gestaltberatung. Grundlagen und Praxis integrativer Beziehungsarbeit. Paderborn 1979.

Rechtien, W.: Beratung im Alltag. Paderborn 1988.

Schmitz, E./Bude, H./Otto, C.: Beratung als Praxisform angewandter Aufklärung. In: Bonß, W./ Beck,U. (Hrsg.): Weder Sozialtechnologie noch Aufklärung? Frankfurt 1989, S. 122-148

Schmitz, E.: Zur Struktur therapeutischen, beratenden und erwachsenpädagogischen Handelns. In: Schultz, E., (Hrsg.): Erwachsenenbildung zwischen Schule und sozialer Arbeit. Bad Heilbrunn 1983, S. 32-43.

Schütze, F.: Professionelles Handeln, wissenschaftliche Forschung und Supervision. Versuch einer systematischen Überlegung. Typoskript Kassel, 1985.

Sassenscheidt, H.: Welche Wirkungen hat Einzelfallberatung – Eine Programmevaluation der Einzelfallhilfe von Beratungslehrerinnen und Beratungslehrern. In: Schriftenreihe Erziehung – Unterricht – Bildung. Hamburg 1993.

Seel, H.-J.: Das Verständnis von Autonomie als Nicht-Bevormundung im Rahmen eines handlungstheoretischen Konzepts. Beratung als neues Paradigma in den Sozialwissenschaften. In: Ronneberger, F. (Hrsg.): Autonomie als personale und gesellschaftliche Aufgabe. Opladen 1979, S. 157-171.

Seibert, U.: Soziale Arbeit als Beratung. Weinheim 1978.

Sprondel, W. M.: „Experte und Laie". Zur Entwicklung von Typenbegriffen in der Wissenssoziologie. In: Sprondel/Grathoff (Hrsg.): Alfred Schütz und die Idee des Alltags in den Sozialwissenschaften. Stuttgart 1979, S. 140-154.

Thiersch, H.: Homo consultabilis: Zur Moral institutionalisierter Beratung. In: Böllert, K./Otto, H.-U. (Hrsg.): Soziale Arbeit auf der Suche nach Zukunft. Bielefeld 1989, S. 93-109.

Zygowski, H.: Grundlagen psychosozialer Beratung. Opladen 1989.

II. 9. Hilfe

Hans Gängler

Inhalt

1. Begriffliche Annäherung

Hilfe ist ein alltagssprachlicher Begriff, der zumeist völlig selbstverständlich gebraucht wird. Über Angemessenheit und Form gebotener Hilfeleistungen verständigt man sich in aller Regel am konkreten Fall, in der hilfeheischenden Situation. Eine allgemeine Definition von „Hilfe" oder „helfen" fällt daher wie bei den meisten Alltagsbegriffen schwer, wenn sie aufgrund der Bedeutungsvielfalt nicht gar unmöglich ist. Denn Hilfe wird sowohl auf individuelles Handeln bezogen („jemandem über die Straße helfen") wie auf soziale Zusammenhänge („Nachbarschaftshilfe"). Politische Programme („Entwicklungshilfe") werden ebenso als Hilfe charakterisiert wie transnationale Aktionen („Welthungerhilfe"). Rechtstatbestände („Sozialhilfe"), Organisationsformen („Selbsthilfe", „Technisches Hilfswerk") oder anlaßorientierte Interventionen (von der „Pannenhilfe" bis zur „Katastrophenhilfe") runden die Vielzahl möglicher Komposita ab.

Hilfe in der Alltagssprache

Ein Blick in Wörterbücher hilft da nur wenig weiter: Etymologisch geht „Hilfe" auf das Verb „helfen" zurück, das im semantischen Umfeld von „stützen, unterstützen" angesiedelt ist (vgl. Kluge 1975, S. 302). Das Grimmsche Wörterbuch unterscheidet vor allem zwei Hauptbedeutungen, „die des beistandes, der unterstützung, und die des nutzens, der förderung; welche bedeutungen indes manigfach in einander verlaufen" (Grimm 1877, Sp. 1323).

Auch die Wissenschaften tun sich mit Phänomen und Begriff vergleichsweise schwer; bislang ist eine allgemeine Theorie des Helfens nicht in Sicht. Zweifellos hat jedoch das Nachdenken über „Hilfe" und „helfen" eine lange Tradition insbesondere innerhalb der Theologie und der Philosophie. Eine systematische Beschäftigung mit Fragen des Helfens, d.h. eine Reflexion auf Phänomene der Erzeugung und Bearbeitung von Hilfsbedürftigkeit scheint sich allerdings erst mit der Ausdifferenzierung der modernen Sozialwissenschaften zu entwickeln.

Neuzeitliche Formen des Helfens Dabei ist von zentraler Bedeutung, daß in der Neuzeit Formen des Helfens entstehen, die nicht mehr nur zufällig und spontan zustande kommen oder über kollektiv verbindliche Weltbilder und soziale Kontrollmechanismen gesteuert werden, *sondern als gesellschaftliche Aufgabe betrachtet, staatlich organisiert und von eigens dafür ausgebildetem professionellem Personal durchgeführt werden*. Diese Entwicklung ist eng verknüpft mit der Entstehung des neuzeitlichen Sozialstaats und der Ausgestaltung eigener Fürsorge- bzw. Hilfesysteme. Dabei wird das Phänomen „Hilfe" oder „helfen" in unterschiedlichen wissenschaftlichen Zusammenhängen betrachtet: Es wird juristisch kodifiziert, über politische Entscheidungen gesellschaftlich implementiert, philosophisch-anthropologisch reflektiert, ökonomisch auf Finanzierbarkeit geprüft, theologisch-moralisch legitimiert.

Innerhalb der Erziehungswissenschaft wird Hilfe zumeist als Handlung begriffen, als Interaktion zwischen zwei Personen, von denen die eine hilfsbedürftig ist. Diese an das Modell des pädagogischen Bezugs angelehnte Auffassung wird erweitert durch Forschungsergebnisse und Diskussionen aus der Soziologie und Psychologie, die in die erziehungswissenschaftliche Debatte um Hilfe Eingang finden und insbesondere für die Sozialpädagogik relevant werden. Bevor wir die Rolle des Hilfebegriffs im Kontext der Erziehungswissenschaft ins Auge fassen, werden daher einige zentrale Beiträge zur Hilfethematik aus Psychologie und Soziologie vorgestellt.

2. Sozialwissenschaftliche Analysen des Helfens

Zugespitzt formuliert thematisieren soziologische Analysen vor allem die Funktion des Helfens im Kontext einer spezifischen Gemeinschaft oder Gesellschaft, während sich psychologische Forschungen besonders den subjektiven Voraussetzungen der Hilfeleistung zuwenden.

Bereits in Simmels Analysen über Armut wird ein Grundmotiv benannt, das die soziologische Reflexion auf das Phänomen Hilfe bis heute beschäftigt: die gesellschaftliche Funktion der Hilfsbedürftigkeit und die Ambivalenz öffentlicher Hilfe (vgl. Simmel 1908). Ältere soziologische Analysen des Helfens gehen dabei davon aus, daß Hilfe eine spezifische Funktion im Rahmen einer Gemeinschaft habe: Hilfe wird als eine Art „sozialer Kitt", als wichtig für die soziale Integration erachtet (vgl. Peyser 1934; Scherpner 1962). Diese Auffassung wird Hilfe und Sozialintegration verstärkt durch kulturanthropologische Untersuchungen bis hin zu der These einer sozialen Norm der Reziprozität, aus der ein Netz wechselseitiger Verpflichtungen innerhalb jeder Gesellschaft erwächst, das das Hilfehandeln steuert (vgl. Gouldner 1984).

Weitere soziologische Analysen wenden ihre Aufmerksamkeit der Tatsache zu, daß sich im Laufe der soziokulturellen Evolution ein eigenständiger gesellschaftlicher Teilbereich entwickelt hat: ein System der organisierten Hilfe (vgl. Luhmann 1973). In Anlehnung daran entwickelt Baecker (1994) das Konzept eines gesellschaftlichen Funktionssystems „Soziale Hilfe", das v.a. auf der über professionelles Personal gesteuerten Unterscheidung von Hilfe und Nicht-Hilfe beruht.

Schließlich wird auch intensiv die Ambivalenz öffentlich organisierter Hilfe diskutiert: Diese wird nicht nur als Hilfe, sondern auch als Kontrollmechanismus, als Entmündigung der Hilfesuchenden begriffen. Die professionellen HelferInnen werden als TrägerInnen eines „doppelten Mandats" identifiziert: als Anwälte der Hilfsbedürftigen einerseits, sanfte Kontrolleure im Auftrag des Staates andererseits (vgl. zusammenfassend Bellebaum/Becher/Greven 1985). Die Soziologie der Sozialarbeit interpretiert diese Doppelfunktion als unaufheblich in die organisierte Hilfe implantierte Paradoxie professionellen helferischen Handelns. Hilfe und Kontrolle

Einen weiteren Schwerpunkt bilden Studien zu alltäglichen Hilfeleistungen sowie zur Funktion sozialer Netzwerke im Kontext von Hilfeleistungen (vgl. Nestmann 1988; Schmerl/Nestmann 1990). In diesem Zusammenhang wird insbesondere der Frage Aufmerksamkeit geschenkt, inwieweit sich die geschlechtsspezifische Sozialisation auf das Hilfehandeln oder die Wahl eines helfenden Berufs auswirkt, insbesondere da die helfenden Berufe in ihrer überwiegenden Mehrzahl Frauenberufe sind (vgl. Nestmann/Schmerl 1991; Rommelspacher 1992). Helfende Berufe als Fauenberufe

Während in soziologischen Analysen „Hilfe" oder „helfen" vor allem als prosoziales Verhalten im Kontext der jeweiligen gesellschaftlichen Funktion thematisiert werden, stellen psychologische Untersuchungen hingegen stärker die subjektiven Aspekte des Helfens in den Vordergrund. Die amerikanische Altruismusforschung betont dabei insbesondere die Motivationsstrukturen der Helfenden (vgl. Bierhoff 1990). Ein zweiter Forschungsstrang wendet sich vor allem den helfenden Berufen zu: Sei es unter Aspekten der Streßforschung im Kontext des Burnout-Syndroms, sei es in psychoanalytischer Lesart das „Helfer-Syndrom" (vgl. Burisch 1990; Schmidbauer 1977). Während die Altruismus-Forschung die unterschiedlichen Einflußgrößen analysiert, die helfendes Handeln beeinflussen, fördern oder verhindern können, geht es der Burnout-Forschung und insbesondere der psychoanalytischen Debatte um strukturelle und individuelle Faktoren, die vor allem berufliche HelferInnen in ihrem Berufshandeln schwächen. Hilfe in psychologischer Sicht

3. „Hilfe" und „helfen" als Thema in Erziehungswissenschaft und Sozialpädagogik

Im Rahmen erziehungswissenschaftlicher und sozialpädagogischer Reflexion hat der Begriff „Hilfe" zwar eine lange Tradition, allerdings nahm er nie den systematischen Stellenwert der Grundbegriffe „Erziehung", „Bildung" oder „Unterricht" ein. So stellt Mollenhauer etwa fest: „Alles Erziehen ist in irgendeinem Sinn Hilfe [doch] will man den Begriff der Hilfe ... explizieren, so zeigt sich, daß er im Sprachgebrauch eine viel zu allgemeine Bedeutung hat, um noch einen bestimmten Aspekt der Erziehungstätigkeit bezeichnen zu können" (Mollenhauer 1964, S. 98).

Hilfe in der erziehungswissenschaftlichen Tradition

Es gab jedoch schon seit der frühen Neuzeit Überlegungen zum Zusammenhang von Hilfe und Erziehung (v.a. im Kontext der Armenfürsorge etwa bei Vives, Francke und anderen, vgl. Scherpner 1966). Und spätestens mit Pestalozzi wird das Hilfe-Motiv in der pädagogischen Reflexion verankert (vgl. Niemeyer 1994). Wobei Pestalozzi – v.a. im Stanser Brief – deutlich macht, daß neben eine (materiell)unterstützende Hilfe für Arme und Notleidende eine erzieherisch-fördernde treten müsse. Es geht ihm nicht darum, die Armen mit „Bettelbrod und in Spitälern" zu erhalten, sondern vielmehr um ihre Erziehung. Dieser Grundgedanke einer erzieherisch möglichen Beeinflussung von Menschen zur Lösung sozialer Probleme erweitert sich zu einer zunehmenden Pädagogisierung der Armenfürsorge und findet dann seinen systematischen Ort in der Sozialpädagogik (vgl. Münchmeier 1981). Allerdings ist in der ersten Hälfte des 20. Jahrhunderts noch keineswegs klar, ob die Bearbeitung sozialer Probleme mit pädagogischen Programmen wirklich innerhalb der Erziehungswissenschaft anzusiedeln ist. Denn im Rahmen der sich ausdifferenzierenden Sozialwissenschaften beginnt sich auch eine eigene Fürsorgewissenschaft zu etablieren, die Fürsorge vor allem als persönliche Hilfe auffaßt (vgl. Polligkeit/Scherpner/Webler 1929; Scherpner 1962). Daneben entwickelte Alice Salomon eine auf moralischen Prämissen beruhende „Kunstlehre des Helfens" (vgl. Salomon 1926).

In der Weimarer Zeit beginnt sich auch die Erziehungswissenschaft zunehmend der Hilfethematik zuzuwenden, angestoßen durch die Etablierung eines außerschulischen und außerfamilialen Arbeitsfeldes, das vor allem Nohl als pädagogisches beschreibt: die Sozialpädagogik. Er identifiziert in der Kinder- und Jugendfürsorge, der Jugendhilfe und anderen sozialpädagogischen Arbeitsbereichen ein Grundmotiv: dasjenige der „Hilfe für die Schwachen" (Nohl 1927, S. 144). Gleichzeitig ist „Hilfe" oder „Helfen" nicht nur Aufgabe, sondern auch Ziel der Erziehung: „Die *Erziehung zum Helfen* ist schon bei Pestalozzi das große ... Werkzeug der richtigen Pädagogik. Und das Kind *hat* einen Helfertrieb und kommt solcher Erziehung mit Freudigkeit entgegen. Das Helfenwollen ruft alle seine Kräfte wach und entfaltet sich immer im Ganzen, und wie es Helfen will, übernimmt es Pflichten. Das *Erziehen zum Helfen* und auch die *Kraft des Helfenwollens* erscheint mir heute das innerste Geheimnis des Erfolges zu sein" (Nohl 1945, S. 331).

Auch Spranger hatte diesen „Trieb zur Hingabe an den anderen ... als organisatorisches Prinzip des geistigen Lebens" (Spranger 1921, S. 64ff.) identifiziert: Der wahre Pädagoge begehre nichts anderes, „als zu helfen und emporzuheben" (ebd., S. 198). Leicht modifiziert finden wir diesen Gedanken auch in einer von Wilhelm Flitners Begriffsbestimmungen von Erziehung: „Die Erziehung ist eine selbstlose Hilfe, die den andern instandsetzen möchte, aus eigener Kraft sein Leben zu bemeistern, indem er dabei der tiefsten Bestimmung des Menschen inne wird" (Flitner 1947, S. 62). Diese enge Verbindung von Hilfemotiv und Erziehungsbegriff, wie sie in der geisteswissenschaftlichen Pädagogik angelegt war,

134

hat allerdings im Laufe der Weiterentwicklung der Allgemeinen Pädagogik nicht Bestand. Zwar konzipiert Brezinka (1957) „Erziehung als Lebenshilfe" und Weil hält eine Fundierung der Pädagogik für möglich durch eine Theorie helfenden Handelns, „das auf die Überwindung menschlicher Schwächen abzielt" (Weil 1972, S. 14). Jedoch setzt sich innerhalb der Erziehungswissenschaft durch die Binnendifferenzierung in Teildisziplinen auch eine themenbezogene Arbeitsteilung durch: das Hilfemotiv wandert in die sich seit den sechziger Jahren zunehmend wissenschaftlich etablierende Sozialpädagogik ab.

Für die Sozialpädagogik wird der Hilfebegriff in allen Varianten zum Anknüpfungspunkt der Selbstverständigung der Disziplin (vgl. Mühlum 1981, S. 34ff.). Andererseits bleibt in fast allen Abhandlungen noch völlig unklar, was unter „Hilfe" oder „helfen" denn nun eigentlich zu verstehen sei. Aus der Vielfalt der Diskussionsstränge innerhalb der Sozialpädagogik, die um die Hilfethematik kreisen, lassen sich allerdings vier Themenkomplexe herausschälen, die in je unterschiedlicher Perspektive Aspekte von „Hilfe" und „Helfen" thematisieren: *Hilfe in der Sozialpädagogik*

Durch die Rezeption soziologischer Ansätze wird seit den siebziger Jahren Hilfe im Kontext von Herrschaft diskutiert (vgl. Hollstein 1973): Es wird die Frage gestellt, inwieweit sozialpädagogisches Handeln tatsächlich als helfendes Handeln aufgefaßt werden kann und inwieweit es als Kontrolle der sozialpädagogischen Klientel wirkt (vgl. zusammenfassend Müller 1978). Dabei geht es vor allem um die Klärung der *gesellschaftlichen Funktion der Sozialpädagogik* im Kontext des staatlich organisierten Hilfehandelns. *Gesellschaftliche Funktion*

In Folge der Rezeption psychologischer Ansätze wird Hilfe vor allem im Kontext von *sozialpädagogisch-methodischem Handeln* diskutiert. Dabei spielen sowohl Fragen des angemessenen Handelns zwischen therapeutisch-spezialisiertem und beratend-alltagsnahem Handeln eine Rolle als auch Fragen der Konkurrenz bzw. der Ergänzung von Ehrenamtlichen bzw. Laien und Professionellen in der Sozialpädagogik (vgl. Müller/Rauschenbach 1992). Beide Argumentationsstränge werden in jüngerer Zeit im Konzept des alltags- bzw. lebensweltorientierten sozialpädagogischen Handelns verknüpft (vgl. Thiersch 1986, 1992). *Sozialpädagogisches Handeln*

Ein dritter Themenkomplex ergibt sich aufgrund der zunehmenden Professionalisierung: Fragen der *Verberuflichung des Helfens* und den daraus resultierenden Folgen werden im Kontext der Kritik und der Weiterentwicklung des Expertentums (vgl. Olk 1986) ebenso vorangetrieben wie in der Auseinandersetzung um eine das helfende Handeln begründende ethische Konzeption (vgl. Brumlik 1992; Müller/Thiersch 1990). *Verberuflichung des Helfens*

Schließlich gibt es Ansätze, die durch eine Reformulierung der Begriffe „Hilfe" und „Hilfsbedürftigkeit" vor dem Hintergrund sozialwissenschaftlicher Theorieofferten eine *Weiterentwicklung der sozialpädagogischen Theoriebildung* anstreben (vgl. Gängler/Rauschenbach 1986). *Hilfe in der sozialpädagogischen Theorie*

4. Sozialpädagogik in der Moderne – Von der Hilfe zur Dienstleistung?

Trotz der Prominenz des Hilfe-Themas in der Sozialpädagogik kann man nicht von einem systematischen Aufbau der Sozialpädagogik auf dem Hilfebegriff sprechen. Zwar lassen sich viele kulturgeschichtlich tradierte Formen und Motive des Helfens in der Sozialpädagogik identifizieren (vgl. Frommann 1977; Thole 1993), folgt man jedoch Niemeyer, so hat sich in der Neuzeit der Hilfebegriff in der Pädagogik immer im Kontext eines spezifischen Problembezugs etabliert: als Reaktion auf das Armutsproblem im 18. Jahrhundert, als Reaktion auf die soziale Frage im 19. Jahrhundert und als Reaktion auf zunehmende Schwierigkeiten bei der Lebensbewältigung im 20. Jahrhundert (vgl. Niemeyer 1994).

Unter modernisierungstheoretischen Aspekten sind hier zwei Entwicklungen maßgebend: die Entwicklung eines eigenen gesellschaftlichen Teilsystems, das Aufgaben der sozialen Hilfeleistungen übernimmt, aufgrund der Tatsache, daß private Ressourcen materiell und sozial-kulturell zunehmend überfordert oder erschöpft sind, sowie die Etablierung von speziell ausgebildetem professionellem Personal, das diese Aufgaben übernimmt (vgl. Rauschenbach 1992b).

Organisierte Hilfe als Dienstleistung

Die in materieller wie psychosozialer Hinsicht geschwundenen Ressourcen der privaten Selbsthilfe führen – verbunden mit einem zunehmenden „Versiegen der Quellen der naturwüchsigen Hilfsbereitschaft" (Rauschenbach 1992a, S. 46) – zu Sozialen Risiken (vgl. Beck 1992), die im Rahmen eines komplexen Angebots personenbezogener sozialer Dienste bearbeitet werden. Dies hat für die Sozialpädagogik zur Folge, daß sie sich nicht auf die Reaktivierung natürlicher Ressourcen der Hilfsbereitschaft (etwa im Sinne Nohls „Erziehung zum Helfen") oder auf eine Aufgabe als subsidiäre „Notfallhilfe" beschränken kann. Die Erwartbarkeit von Hilfe wird durch die Etablierung der Sozialpädagogik als Dienstleitung einerseits erhöht. Andererseits wird es zur entscheidenden Frage, durch welche Unterscheidungen geklärt wird, ob Hilfe überhaupt noch geleistet wird oder durch Nicht-Hilfe ersetzt wird (vgl. Baecker 1994).

Hilfe als „Normalangebot"

Die quantitative Expansion sozialpädagogischen Personals und die damit einhergehende Entwicklung der Sozialpädagogik zu einem Regelangebot in vielen Bereichen der Kinder- und Jugendhilfe erzwingt einen Abschied von einem Erklärungsmuster, das Sozialpädagogik ausschließlich als Hilfe der Schwachen oder Krisenintervention versteht. Sozialpädagogische Angebote und Interventionen rücken zunehmend als alltägliche Dienst- und Beratungsleistungen ins Zentrum der pädagogischen Reflexion – wie Schulunterricht und Bildungsangebote. Dementsprechend an Relevanz gewinnen Deutungen der Sozialpädagogik als „Normalangebot". Möglicherweise wird damit „Hilfe" tatsächlich – über den Umweg sozialpädagogischer Institutionalisierung und Professionalisierung – zu einer lebensweltnahen, erwartbaren Unterstützung in Notlagen und zu einer erwünschten Förderung und Unterstützung. Entscheidend werden daher für die Sozialpädagogik Fragen nach der Wechselwirkung von institutionalisierten Hilfeangeboten und privaten Hilferessourcen, nach der Anschlußfähigkeit von sozialen Dienstleistungen im Hilfesektor an alltägliche Hilfebedürfnisse.

136

Literatur

Baecker, D.: Soziale Hilfe als Funktionssystem der Gesellschaft. In: Zeitschrift für Soziologie 23 (1994), S. 93-110.

Beck, U.: Der Konflikt der zwei Modernen. Vom ökologischen und sozialen Umbau der Risikogesellschaft. In: Rauschenbach, Th./Gängler, H. (Hrsg.): Soziale Arbeit und Erziehung in der Risikogesellschaft. Neuwied 1992, S. 25-60.

Bellebaum, A./Becher, H.J./Greven, M.T. (Hrsg.): Helfen und helfende Berufe als soziale Kontrolle. Opladen 1985.

Bierhoff, H.W.: Psychologie hilfreichen Verhaltens. Stuttgart 1990.

Brezinka, W.: Erziehung als Lebenshilfe. Ein Beitrag zum Verständnis der pädagogischen Situation. Wien 1957.

Brumlik, M.: Advokatorische Ethik. Zur Legitimation pädagogischer Eingriffe. Bielefeld 1992.

Burisch, M.: Das Burnout-Syndrom. Opladen 1990.

Flitner, W.: Die abendländischen Vorbilder und das Ziel der Erziehung. Godesberg 1947.

Frommann, A.: Das Gute Haus – ein Märchenmotiv als Wegweiser für sozialpädagogische Praxis. In: Neue Sammlung 17 (1977), S. 330-335.

Gängler, H./Rauschenbach, Th.: Sozialpädagogik in der Moderne. Vom Hilfe-Herrschafts-Problem zum Kolonialisierungstheorem. In: Müller, S./Otto, H.-U. (Hrsg.): Verstehen oder Kolonialisieren? Grundprobleme sozialpädagogischen Handelns und Forschens. Bielefeld [2]1986, S. 169-203.

Gouldner, A.W.: Reziprozität und Autonomie. Frankfurt a.M. 1984.

Grimm, J. und W.: Deutsches Wörterbuch, Bd. 4, 2. Teil, Leipzig 1877.

Hollstein, W.: Hilfe und Kapital. Zur Funktionsbestimmung der Sozialarbeit. In: Hollstein, W./Meinhold, M. (Hrsg.): Sozialarbeit unter kapitalistischen Produktionsbedingungen. Frankfurt a.M. 1973, S. 167-204.

Kluge, F.: Etymologisches Wörterbuch der deutschen Sprache. Berlin [21]1975.

Luhmann, N.: Formen des Helfens im Wandel gesellschaftlicher Bedingungen. In: Otto, H.-U./Schneider, S. (Hrsg.): Gesellschaftliche Perspektiven der Sozialarbeit, Band 1, Neuwied 1973, S. 21-43.

Mollenhauer, K.: Einführung in die Sozialpädagogik. Weinheim 1964.

Mühlum, A.: Sozialpädagogik und Sozialarbeit. Eine vergleichende Darstellung zur Bestimmung ihres Verhältnisses in historischer, berufspraktischer und theoretischer Perspektive. Frankfurt a.M. 1981.

Müller, B./Thiersch, H. (Hrsg.): Gerechtigkeit und Selbstverwirklichung. Freiburg 1990.

Müller, S.: Sozialarbeiterisches Alltagshandeln zwischen Hilfe und Kontrolle. In: Neue Praxis 8 (1978), S. 342-348.

Müller, S./Rauschenbach, Th. (Hrsg.): Das soziale Ehrenamt. Nützliche Arbeit zum Nulltarif. Weinheim [2]1992.

Münchmeier, R.: Zugänge zur Geschichte der Sozialarbeit. München 1981.

Nestmann, F.: Die alltäglichen Helfer. Theorien sozialer Unterstützung und eine Untersuchung alltäglicher Helfer aus vier Dienstleistungsberufen. Berlin 1988.

Nestmann, F./Schmerl, Ch. (Hrsg.): Frauen – das hilfreiche Geschlecht. Dienst am Nächsten oder soziales Expertentum? Reinbek 1991.

Niemeyer, Ch.: Hilfe. In: Lenzen, D. (Hrsg.): Erziehungswissenschaft. Ein Grundkurs. Reinbek 1994, S. 159-184.

Nohl, H.: Der männliche Sozialbeamte und die Sozialpädagogik in der Wohlfahrtspflege (1927). In: Nohl, H.: Pädagogik aus dreißig Jahren. Frankfurt a.M. 1949, S. 143-150.

Nohl, H.: Über Leistung, Gehorsam, Pflicht [1945]. Transkribiert und kommentiert von Eva Matthes. In: Neue Sammlung 34 (1994), S. 327-337.

Olk, Th.: Abschied vom Experten. Sozialarbeit auf dem Weg zu einer alternativen Professionalität. Weinheim 1986.

Pestalozzi, J.H.: Pestalozzis Brief an einen Freund über seinen Aufenthalt in Stans [1799]. In:

Pestalozzi, J.H.: Ausgewählte Schriften, Hrsg. von W. Flitner. Frankfurt a.M. 1983, S. 223-246.

Peyser, D.: Hilfe als soziologisches Phänomen. Würzburg 1934.

Polligkeit, W./Scherpner, H./Webler, H. (Hrsg.): Fürsorge als persönliche Hilfe. Festgabe für Prof. Dr. Christian Jasper Klumker zum 60. Geburtstag. Berlin 1929.

Rauschenbach, Th.: Soziale Arbeit und soziales Risiko. In: Rauschenbach, Th./Gängler, H. (Hrsg.): Soziale Arbeit und Erziehung in der Risikogesellschaft. Neuwied 1992, S. 25-60 (a).

Rauschenbach, Th.: Sind nur Lehrer Pädagogen? Disziplinäre Selbstvergewisserungen im Horizont des Wandels von Sozial- und Erziehungsberufen. In: Zeitschrift für Pädagogik 38 (1992), S. 385-418 (b).

Rommelspacher, B.: Mitmenschlichkeit und Unterwerfung. Zur Ambivalenz der weiblichen Moral. Frankfurt a.M./New York 1992.

Salomon, A.: Soziale Diagnose. Berlin 1926.

Scherpner, H.: Theorie der Fürsorge. Göttingen 1962.

Schmerl, Ch./Nestmann, F. (Hrsg.): Ist Geben seliger als Nehmen? Frauen und social support. Frankfurt a.M. 1990.

Schmidbauer, W.: Die hilflosen Helfer. Über die seelische Problematik der helfenden Berufe. Reinbek 1977.

Simmel. G.: Der Arme [1908]. In: Simmel, G.: Soziologie. Untersuchungen über die Formen der Vergesellschaftung, Frankfurt a.M. 1992, S. 512-555.

Spranger, E.: Lebensformen. Geisteswissenschaftliche Psychologie und Ethik der Persönlichkeit. 1921.

Thiersch, H.: Die Erfahrung der Wirklichkeit. Perspektiven einer alltagsorientierten Sozialpädagogik. Weinheim/München 1986.

Thiersch, H.: Lebensweltorientierte Soziale Arbeit. Aufgaben der Praxis im sozialen Wandel. Weinheim/München 1992.

Thole, W.: Sterntaler, der Wirt zu Jericho, Kuno und die Gesellen des Packan. Handlungstypen und Handlungsformen sozialpädagogischer Hilfe. In: Sozialpädagogik 35 (1993), S. 222-232.

Weil, H.: Helfendes Handeln. Ein Beitrag zur Theorie der Pädagogik. Bonn 1972.

II. 10. Organisation, Management und Planung

Dieter Timmermann

Inhalt

1. Einleitung

Lernen ist als ein subjektiver, von außen nicht beobachtbarer Prozeß beschreibbar, der in der Aufnahme und Verarbeitung von Informationen besteht mit dem Ergebnis, daß sich der Bestand an Wissen, Fähigkeiten, Fertigkeiten, Einstellungen, Orientierungen und Werten des Subjekts, das lernt bzw. gelernt hat, quantitativ oder qualitativ verändert. Wichtig daran ist, daß diese Veränderungen nicht bloße Folge von Reifung und biologischer Entwicklung sind, sondern durch Anregungen aus der Umwelt des Subjekts kommunikativ erzeugt werden. Nun können sowohl die Anregungen selbst vielfältiger Art sein (z.B. visuelle, akustische, taktile Anregungen) als auch die Umwelten sich unterscheiden: Familien (Eltern, Großeltern, Geschwister, sonstige Verwandte), Freunde, Cliquen, Kindergärten (ErzieherInnen, Eltern, Kinder), Schulen (LehrerInnen, MitschülerInnen), Jugendämter (SozialarbeiterInnen, andere Jugendliche), Straßen- und Stadträume, Kirchen, Sportclubs, alte und neue Medien gehören z.B. dazu. *Lernen*

Hält also die Gesellschaft für ihre Mitglieder einerseits eine Vielzahl von *Lerngelegenheiten* bereit, so hat sie andererseits zugleich eine Reihe von Einrichtungen geschaffen, welche die genuine Aufgabe haben, Lernprozesse anzuregen und einen Lernraum bereitzustellen, der eine sachliche, soziale, zeitliche, strukturelle und örtliche Dimension hat und systematisch Lernprozesse erlaubt. Die *sachliche Dimension* verweist dabei darauf, daß die Lernanregungen sich einerseits auf bestimmte Inhalte und Methoden beziehen und andererseits bestimmte Ressourcen (quantitativer und qualitativer Art) erfordern, welche den Lernraum materiell konstituieren (z.B. Klassenräume, LehrerInnen, SozialarbeiterInnen, Sozialhilfegelder, Schulbücher). Die *soziale Dimension* des Lernraumes ergibt sich daraus, daß die Lernanregungen durch Menschen für andere Menschen erzeugt werden, beide Gruppen miteinander kommunizieren und interagieren.

Der Lernraum ist zugleich durch eine *zeitliche Dimension* gekennzeichnet, insofern als Lernprozesse Zeit benötigen und die gesellschaftlich bereitgestellten Lernräume bestimmte Zeitdauern der unterschiedlichen Lernprozesse vorsehen. Die *örtliche Dimension* der Lernräume ergibt sich aus dem Umstand, daß Lernanregungen und Lernprozesse immer an bestimmten Lokalitäten stattfinden, und Lernanregungen nur dann die erwarteten Lernprozesse initiieren können, wenn Anregungen und die die Anregungen empfangenden Subjekte zeitlich und lokal gekoppelt sind. Die *strukturelle Dimension* schließlich stellt auf den Umstand ab, daß die Inhalte, Methoden, Sozialbeziehungen, die Zeit wie auch die Örtlichkeit aus Elementen bestehen, deren Anordnung den Lernräumen und auch den Lernprozessen eine inhaltliche, methodische, zeitliche, soziale und örtliche Struktur verleiht (vgl. zu unterschiedlichen Modellen pädagogischen Handelns z.B. Bokelmann 1970; Giesecke 1986; Koring 1992).

Wenn wir sagen, daß die Gesellschaft bestimmte sachlich, zeitlich, sozial und örtlich strukturierte Lernräume bereitstellt, dann können wir auch sagen, daß pädagogisches Handeln organisiert bzw. in Organisationen stattfindet. Solche Organisationen sind z.B. Kindergärten, Schulen, Universitäten, Volkshochschulen, Erziehungsheime, Häuser der offenen Tür, Jugendheime usw.

In diesem Beitrag soll der Frage nachgegangen werden, was es für die Beschreibung pädagogischen Handelns bedeutet, wenn der Aspekt in den Vordergrund gerückt wird, daß es erstens ein *Organisationshandeln*, d.h. ein Handeln in Organisationen mit pädagogischen Zwecken bzw. Aufgaben ist, daß es zweitens ein Organisationshandeln ist, das die Dimensionen von *Führen und Verantworten*, d.h. des Managements umfaßt, und daß es drittens ein Handeln ist, das – wie jedes Handeln – zukunftsorientiert und via *Planung* die Zukunftsunsicherheit des Handelns zu reduzieren bestrebt ist.

140

2. Der Zusammenhang von pädagogischem Handeln, Organisation, Management und Planung: eine erste Annäherung

Pädagogisches Handeln läßt sich durch eine Reihe von *Merkmalen* beschreiben. Da es stets in einem gesellschaftlichen Kontext stattfindet, ist es erstens grundlegenden gesellschaftlichen Normen bzw. Werten verpflichtet (z.B. „gutes Leben", Gerechtigkeit, Chancengleichheit, Würde des einzelnen Menschen, Selbstbestimmung), die jeweils konstitutiv für die Gesellschaft sind. Zugleich begründet die gesellschaftliche Eingebundenheit pädagogischen Handelns seine Zweckhaftigkeit bzw. Funktionalität: es soll dazu beitragen, das Überleben, den Bestand und die Evolution der Gesellschaft zu ermöglichen dadurch, daß es die Gesellschaftsmitglieder vorrangig in Kindheit und Jugend, zunehmend aber in allen Lebensphasen bzw. Altersgruppen sozialisiert, integriert, qualifiziert, persönlich entwickelt, aber auch selektiert, stigmatisiert oder „repariert" und über diese funktionalen Leistungen die Loyalität der Mitglieder zu ihrer Gesellschaft fördert. Drittens geschieht pädagogisches Handeln durch Menschen, und es ist auf andere Menschen gerichtet, die angeregt werden bzw. lernen sollen; insofern ist es Teil einer spezifischen Kommunikation oder auch Interaktion zwischen Menschen, d.h. eines pädagogischen Prozesses, dessen Spezifik darin liegt, daß die Kommunikation asymmetrisch und implizit machthaltig ist, insofern als die pädagogisch Handelnden über etwas verfügen (Informationen, Wissen, Fertigkeiten, Einstellungen), das die Adressaten noch nicht haben, das ihnen aber vermittelt werden soll. Dieses pädagogische Verhältnis konkretisiert sich in vielfältigen Unterscheidungen wie z.B. ErzieherIn/Zögling, LehrerIn/SchülerIn, ProfessorIn/StudentIn, AusbilderIn/Auszubildende(r), SozialarbeiterIn/KlientIn, WeiterbildnerIn/TeilnehmerIn, Edukans/ EdukandIn.

Viertens ist pädagogisches Handeln an bestimmten Zielen orientiert. Festzuhalten ist hier, daß sowohl die Handelnden, als auch die AdressatInnen, Ziele verfolgen. Fünftens ist davon auszugehen, daß beide Partner des pädagogischen Prozesses durch je spezifische Motive zur Teilnahme am Prozeß veranlaßt werden. Sechstens stehen den pädagogisch Handelnden, z.T. aber auch den Adressaten Mittel und Ressourcen zur Verfügung, die das Handeln bzw. den pädagogischen Prozeß materiell erst ermöglichen. Hierbei ist zweckmäßigerweise zwischen Mitteln und Ressourcen zu unterscheiden: während Mittel auf pädagogische Handlungsingredienzen wie z.B. „Didaktik und Methodik, Inhalte, Handlungs- und Lerntechnologien" sowie pädagogische Theorien abstellen, ist mit Ressourcen der materielle Handlungsinput an Zeit (und zwar der PädagogInnen und der AdressatInnen), an Geld und anderen materiellen Gütern (wie Räume, Ausstattung, Material usw.) gedacht. Siebtens ist das Handeln eingebettet in bestimmte gesellschaftliche und organisatorische Rahmenbedingungen. Mit gesellschaftlichen Rahmenbedingungen sind z.B. die Wirtschaftsordnung, das politische System, die Bildungs- und Sozialpolitik, das Rechtssystem u.a. makrogesellschaftliche Aspekte thematisiert. Die organisatorischen Rahmenbedingungen decken hingegen die Strukturen ab, die auf der Meso- und Mikroebene das pädagogische Handeln entlang der bisher genannten Merkmale prägen und ordnen.

Merkmale pädagogischen Handelns

Achtens unterliegt pädagogisches Handeln sachlich, zeitlich und räumlich konkreten situativen Bedingungen, welche unmittelbar strukturierend auf den pädagogischen Prozeß, das Handeln der PädagogInnen einwirken und die Handlungswirkungen beeinflussen. Damit sind als neuntes Merkmal unseres pädagogischen Handlungsmodells die Handlungswirkungen und deren Kontrolle benannt. Als Wirkungen können wir einmal erwartete und tatsächliche Zielerreichungsgrade bzw. Lerneffekte unterscheiden (wobei das Verhältnis von tatsächlichen zu erwartenden Wirkungen die Grundlage für das Urteil bildet, ob ein Handlungs- bzw. Lernerfolg oder -mißerfolg vorliegt). Zum anderen ist zu unterscheiden zwischen den *pädagogischen Wirkungen* pädagogischer Prozesse und pädagogischen Handelns *(Output)* und den nicht- bzw. *außerpädagogischen Effekten (Outcome)*, die zwar außerhalb pädagogischer Prozesse auftreten, aber an sie anschließen.

Die vorstehend genannten neun Merkmale pädagogischen Handelns sind Gegenstand erziehungswissenschaftlicher Reflexion und Theoriebildung, allerdings in sehr unterschiedlicher Intensität und Extension. Auffällig ist, daß insbesondere die Rahmenbedingungen und die Ressourcen pädagogischen Handelns wenig erziehungswissenschaftliche Aufmerksamkeit erfahren haben. Während die Ressourcenfrage an die Bildungsökonomie abgetreten, deren Analyseergebnisse aber kaum zur Kenntnis genommen wurden (siehe Weishaupt/Weiss 1988), wurde die Reflexion der makrogesellschaftlichen Rahmenbedingungen – eine Ausnahme bildet dabei die gesellschaftstheoretisch argumentierende Theorie der Sozialarbeit (vgl. Otto/Schneider 1973; Heinze/Olk/Hilbert 1988; Flösser 1994) – der Soziologie oder der eher randständigen und wenig entwickelten Theorie der Bildungspolitik überlassen. Der *Organisationsaspekt pädagogischen Handelns* wurde ebenfalls stiefmütterlich behandelt (vgl. Bessoth 1987, S. 9) oder als *Dilemma von Erziehung und Organisation* thematisiert. Die behauptete Unvereinbarkeit von pädagogischem Handeln und Organisation, von Erziehung und Verwaltung, von Erziehertum und Beamtenpflicht verdankt sich offensichtlich einerseits der Konstruktion pädagogischer Institutionen als bürokratische Organisationen und andererseits einem personalistischen Verständnis pädagogischen Handelns. Das Ergebnis des Zusammenwirkens beider Konstruktionen war „die Ausgrenzung der Organisationsproblematik aus dem Feld des ‚eigentlich' Pädagogischen" und „die Konstruktion eines unüberbrückbaren Gegensatzes zwischen Organisation und Erziehung" (Terhart 1986, S. 206). Die in pädagogischen Kreisen verbreitete Ansicht, Organisation ver- oder behindere pädagogisches Handeln, leidet allerdings an zwei Gebrechen. Erstens läßt sie uns ohne Antwort auf die Frage, ob pädagogisches Handeln prinzipiell „organisationslos" oder „organisationsfrei" möglich ist, und zweitens scheint sie vorschnell das Modell der bürokratischen Organisation auf pädagogische Organisationen übergestülpt zu haben (vgl. Lohmann 1975).

Wir gehen also davon aus, daß die sozialen Gebilde, welche die Gesellschaft eingerichtet hat, um ihre Mitglieder pädagogisch zu unterstützen, Organisationen sind. Pädagogische Organisationen stellen den sozialen und strukturellen Raum dar, in welchem systematisches pädagogisches Handeln stattfinden kann. Sie existieren allerdings nicht per se, sondern sie müssen geschaffen und strukturiert werden, damit sie ihre von der Gesellschaft zugedachten Aufgaben erfüllen kön-

Der Organisationsaspekt pädagogischen Handelns

nen. Sie bedürfen daher eines Funktionsbereichs, dessen Aufgabe in der Gestaltung, Entwicklung, Führung und Steuerung der und Verantwortung für die Organisation liegt. Genau dies ist die Funktion des Managements einer Organisation. Daher ist auch eine pädagogische Organisation nicht ohne Management denkbar (vgl. Steinmann 1993; Merk 1992). Es ist nicht nur die Aufgabe des Managements, sondern aller Mitglieder einer Organisation, sein bzw. ihr Handeln so auszurichten, daß die pädagogischen Aufgaben der Organisation bei jeweils beschränkten verfügbaren Ressourcen möglichst zielgerecht erfüllt werden. Da jedes *Handeln* auf die Zukunft ausgerichtet ist, sind seine Ergebnisse und Wirkungen ungewiß. Um diese *Ungewißheit* zu mindern, versuchen wir in der Regel, diese Zukunftsungewißheit durch Vorausdenken einzugrenzen, d.h. wir nehmen unser Handeln denkend vorweg. Diese gedankliche Vorwegnahme und Vorausstrukturierung unseres Handelns nennen wir *Planen*. Planen steht für das Abwägen von Handlungsalternativen, die geeignet sind, die Organisationsaufgaben zu erfüllen, und für die Wahl derjenigen Handlungsalternative, die uns in der Planungssituation angesichts begrenzter Informationen als die beste erscheint. Planen kennzeichnet insofern den Versuch, der Absicht nach rational zu handeln und die beste Lösung für ein pädagogisches Problem zu finden.

Fassen wir die Ausführungen als *erste Annäherung* zusammen, so können wir sagen, daß die gesellschaftlich bereitgestellten Lernräume einschließlich der Ressourcen pädagogische Organisationen sind. Sie erfüllen pädagogische Aufgaben, die durch pädagogisches Handeln der Mitglieder (sowie die Hilfshandlungen) erfüllt werden sollen und für deren Erfüllung das Management der Organisationen verantwortlich ist. Zum Zweck der Optimierung der Aufgabenerfüllung gestaltet das Management die Struktur der pädagogischen Organisation und es steuert die Handlungen der Mitglieder im Sinne der Aufgabenerfüllung. Ein wichtiges Steuerungsinstrument ist die Planung der Handlungen, deren Funktion die Reduktion der Zukunftsungewißheit ist, und die den Handlungen intentionale Rationalität verleiht.

3. Pädagogisches Handeln als Organisationshandeln

Wenn wir unseren Blick auf die Lernräume konzentrieren, welche die Gesellschaft eigens geschaffen hat, damit Lernanregungen für bestimmte Adressaten erzeugt werden, dann können wir beobachten, daß diese Lernanregungen durch pädagogisches Handeln zu bestimmten Zeiten an bestimmten Orten methodisch variabel in der Regel von mehreren Personen arbeitsteilig an Einzelpersonen oder Personengruppen adressiert sind, wobei Feedbacks der Adressaten an die Lernanreger auftreten können, die zu neuen oder modifizierten Anregungen führen. Weiterhin können wir beobachten, daß in diesem Anregungsprozeß die beiden Akteurseiten miteinander kommunizieren und interagieren, daß aber auch innerhalb der Gruppen der Anreger und Adressaten jeweils Kommunikation stattfindet. Schließlich können wir auch beobachten, daß in der Gruppe der Anreger einige Gruppenmitglieder einen Teil ihrer Zeit mit anderen Tätigkeiten als „Anregen" verbringen, daß in der Regel einige wenige Gruppenmitglieder unter den pädagogisch Handelnden überhaupt keine Lernanregungen erzeugen, sondern ihre Tätigkeit sich darauf richtet, den „Anregern" den Handlungsraum und die Handlungsressourcen bereitzustellen, mit ihnen, aber vor allem auch mit Personen zu kommunizieren, die in anderen Institutionen oder Räumlichkeiten tätig sind, aber offensichtlich Einfluß auf die Gestaltung der Lernräume nehmen können.

Wenn wir all dieses im Kontext pädagogischen Handelns beobachten, dann können wir sagen, daß pädagogisches Handeln in dem Sinne Organisationshandeln ist, daß es in Organisationen stattfindet, d.h. in sozialen Gebilden, die über einen angebbaren Mitgliederkreis verfügen, dem die arbeitsteilige Erfüllung bestimmter Aufgaben obliegt. Die Aufgaben konkretisieren den gesellschaftlichen Zweck der Organisation und formulieren die gesellschaftlich erwarteten Leistungen, die sich in spezifische Handlungsanforderungen und *Handlungsziele* ausdifferenzieren. Die Handlungsanforderungen an die Mitglieder enthalten Qualifikationserwartungen, die die Mitglieder durch ihre Kompetenzprofile befriedigen sollen. Die arbeitsteilige Aufgabenerfüllung bildet sich ab in einer horizontalen und vertikalen Funktionsgliederung, der bestimmte horizontale und vertikale Kommunikationswege entsprechen. Sofern die Aufgaben in der Zeit konstant sind und beständige Erfüllung verlangen, unterliegen die Handlungsvollzüge Regeln und Routinen. Sofern die Aufgaben und damit die Handlungsanforderungen häufig wechseln, lassen sich regelhafte und routinierte Handlungsvollzüge nur schwer entwickeln, sind die Handlungsvollzüge stärker situativ bestimmt. Wir können daraus die These ableiten: regelhafte Handlungsvollzüge sind stärker durch die Organisation und ihre Struktur bestimmt, innovative oder fallweise Handlungsvollzüge sind stärker durch die handelnden Personen selbst strukturiert und bestimmt.

Betrachten wir die Leistung von Organisationen, dann kann folgendes gesagt werden: Produkte wie Autos werden eher in regelhaften Handlungsvollzügen hergestellt, persönliche Dienstleistungen eher in situativen quasi-fallweisen Handlungsvollzügen, weil Dienstleistungen sich dadurch auszeichnen, daß an ihrer „erfolgreichen" Produktion die Kunden selbst mitwirken müssen. Insofern können die Produkte pädagogischen Handelns als *Dienstleistungen* charakterisiert werden, die in situativen quasi-fallweisen Handlungsvollzügen erbracht werden.

Wenn wir pädagogisches Handeln und „Organisation" aufeinander beziehen, können zwei unterschiedliche Bedeutungen von Organisation gemeint sein (vgl. dazu für die Schule Bessoth 1987, S. 13ff.). Zum einen kann gemeint sein, daß das soziale Gebilde, in dem pädagogisch gehandelt wird, eine Organisation ist, oder daß dieses soziale Gebilde eine Organisation hat. Mit der ersteren, umfassenden *Begriffsverwendung* wird darauf abgestellt, daß pädagogische Einrichtungen soziale Gebilde sind, die erstens zielgerichtet Aufgaben erfüllen, zweitens Mitglieder haben, d.h. Personen, die als Rollenträger Aufgaben für die Erfüllung der Organisationsziele übernehmen, und drittens eine formale Struktur entwickeln, die aus einem System von Regeln besteht. Aus dieser Beschreibung, die pädagogische Einrichtungen zunächst und sehr abstrakt allen anderen sozialen Gebilden gleichstellt (z.B. Kirchen, Vereinen, Betrieben, Parteien), lassen sich *drei Hauptfragen* ableiten, deren Antworten Aufschluß darüber geben kön-

144

nen, was bestimmte soziale Orte pädagogischen Handelns zu pädagogischen Organisationen macht. Dies sind die Fragen erstens nach den Zielen pädagogischer Organisationen, zweitens nach ihren Mitgliedern und den übernommenen Rollen und drittens nach den Regeln, aus denen die formale Struktur besteht.

Die zweite, engere Begriffsverwendung („hat eine Organisation") beschränkt Organisation auf die formale Struktur selbst und deren Gestaltung. Während hier Organisationsziele und Mitgliedschaft bereits vorausgesetzt sind und die Betrachtungsperspektive ausschließlich auf die Binnenstruktur eines sozialen Gebildes gerichtet ist, erweitert der erste, umfassendere Organisationsbegriff die Perspektive auf die Ziele sowie Mitgliedschaftsbedingungen einerseits und auf die soziale Umwelt, in die eine Organisation eingebettet ist, und mit der sie kommuniziert, andererseits. In der Literatur hat sich der *umfassendere Organisationsbegriff* seit den sechziger Jahren durchgesetzt, zumal der engere Begriff in ihm aufgeht (vgl. Bildwell 1965). Der Versuch, pädagogische Organisationen zu analysieren, stößt auf das Problem, wie diese Organisationen einzugrenzen sind, wenn es mehrere soziale Gebilde gibt, die gleiche Ziele und Mitgliedschaften aufweisen, oder wenn die Aufgabenerfüllung durch ein System von u.U. hierarchisch aneinandergekoppelten Einzelgebilden geleistet wird, die auf ein gemeinsames Ziel verpflichtet sind, sich aber in Mitgliedschaft und Formalstruktur mehr oder weniger unterscheiden. Konkret gesagt: wenn wir das Schulsystem oder das System sozialer Arbeit betrachten, so kann sowohl die einzelne Schule, ein einzelnes Jugendamt oder Erziehungsheim, aber auch das Schulsystem oder die sozialen Dienste einer Gemeinde, schließlich sogar das Schulsystem oder das System sozialer Dienste eines Landes als Organisation bezeichnet werden und Gegenstand von Organisationsanalysen sein. Die *Abgrenzung von* Einheiten als *Organisationen* hängt von unserem Erkenntnisinteresse und von unseren Fragestellungen an „Schule" bzw. an „Sozialarbeit" ab und kann nicht a priori allgemeinverbindlich bestimmt werden.

Der umfassendere Organisationsbegriff

Was macht nun bestimmte Organisationen zu *pädagogischen Organisationen*? Es sind nicht die formalen Regeln und Strukturen, sondern die spezifischen Ziel- bzw. Aufgabeninhalte und die Mitgliedschaftsbedingungen, welche das Attribut „pädagogisch" begründen. Organisationen sind dadurch pädagogische Organisationen, daß sie erstens im Auftrag der Gesellschaft pädagogische Aufgaben erfüllen sollen, zweitens diese Aufgaben in konkrete Handlungsziele oder Handlungszielbündel bzw. -hierarchien transformieren (Unterrichtsziele, Beratungsziele, Unterstützungsziele, Hilfeziele) und drittens die zur Erfüllung der Ziele und Aufgaben erforderlichen Handlungen Personen überläßt, die über die erwarteten Qualifikationen verfügen und die, um in der erwarteten Weise handeln zu können, Mitglieder dieser Organisationen werden müssen. Während unumstritten ist, daß Personen, die ihre Mitgliedschaft vertraglich dokumentieren (z.B. LehrerInnen, AusbilderInnen, SozialpädagogInnen, Auszubildende, SchulaufsichtsbeamtInnen) Mitglieder, und Klienten bzw. Kunden, die lediglich „Kaufverträge" eingehen (z.B. HörerInnen an Volkshochschulen, GasthörerInnen an Hochschulen, SozialhilfeempfängerInnen Jugendliche im Jugendheim) keine Mitglieder sind, ist dies bei SchülerInnen und etwa bei Jugendlichen, die in Heime eingewiesen werden, höchst umstritten (vgl. Feldhoff 1975, S. 12ff.). Pädagogisches Handeln in Organisationen umschließt allerdings in der Regel ein Bün-

Pädagogische Organisationen

145

del von Handlungen, die in bestimmter Weise sachlich, räumlich und zeitlich strukturiert und aufeinander bezogen sind. Dahinter steht die Frage, welche Mitglieder welche Handlungen wo vollziehen (dürfen), und ob und wie die Handlungen zeitlich und sachlich aneinandergekoppelt sind zu einem Handlungssystem. Geht es vorrangig um die zeitliche Anordnung von Handlungen, so spricht man von *Ablauforganisation*. Sie strukturiert die Arbeitsabläufe bzw. Handlungsprozesse in ihrem zeitlichen Verlauf. Geht es hingegen um die sachliche Ordnung der Handlungen im vertikal wie horizontal gestreckten Raum der Organisation, so spricht man von der *Aufbauorganisation* eines Sozialgebildes. Die durch die Aufbauorganisation abgebildete Struktur einer Organisation resultiert aus deren in der Regel komplexen Gesamtaufgabe („Erziehen", „Unterrichten", „Beraten", „Helfen"), die nur erfüllt werden kann, wenn sie in Teil- und Einzelaufgaben aufgefächert (Aufgabenanalyse) verschiedenen Aufgabenträgern zugewiesen werden, die die durch die Aufgaben definierten Soll-Leistungen erbringen sollen (Aufgabenzerlegung bzw. Arbeitsteilung). Aus der Aufgabendifferenzierung erwächst zugleich die Notwendigkeit, die Einzelaufgaben sowie die Leistungen (Handlungen) der Aufgabenträger aufeinander abzustimmen und zur Gesamtleistung der Organisation zu integrieren (Aufgabensynthese). Differenzierung und Integration sind somit in der Organisation zu lösende Grundprobleme.

Die Aufgabenträger werden Stellen und die an die StelleninhaberInnen gerichteten Handlungserwartungen Rollen genannt (vgl. hierzu und zum folgenden Bessoth 1987, S. 23ff.). Damit die StelleninhaberInnen die erwarteten Handlungen erbringen können, benötigen sie zweierlei: erstens die Berechtigung (Kompetenz) und zweitens die Eignung (Qualifikation) zum Handeln. Mit der Stellenbesetzung durch eine Person ist ein Drittes verbunden: die Verpflichtung zur erwartungsgemäßen Erfüllung der Aufgaben bzw. die Verantwortung des Handelnden für die Handlung. Daher – so ein häufig verletzter organisationstheoretischer Grundsatz – sollten Aufgaben und Kompetenzen sowie Qualifikation und Verantwortung der StelleninhaberIn einander entsprechen.

Wenn Stellen bei gleichem Kompetenz-, Qualifikations- und Verantwortungsniveau unterschiedliche Sachaufgaben repräsentieren, erzeugen sie eine *horizontale Aufgaben- und Kompetenzstruktur* (Dezentralisation), wenn sie sich durch unterschiedliche Kompetenz-, Qualifikations- und Verantwortungsniveaus im Rahmen einer Sachaufgabe auszeichnen, ergibt dies eine *vertikale Struktur* der Kompetenzen, Qualifikationsanforderungen und Verantwortung. Stellen, die in diesem Gefüge Leitungs-, Führungs- und Entscheidungsaufgaben wahrnehmen, heißen Instanzen. Werden von höheren Instanzen Kompetenzen (d.h. Berechtigungen zum Entscheiden und zum Handeln) auf weiter unten in der Stellenhierarchie gelagerte Positionen übertragen, so findet Delegation statt, d.h. Delegation beschreibt den Grad vertikal gestreuter Handlungsautonomie, den Ermessens- und Entfaltungsraum nachgeordneter Stellen. Sie wird mit der Entlastung ranghöherer Stellen, mit der Herstellung der Handlungsfähigkeit von Aufgabenträgern (StelleninhaberInnen) und deren Motivation, mit der Förderung der Entwicklungspotentiale der StelleninhaberInnen und der Entlastung des Kommunikationssystems begründet.

Pädagogische Organisationen scheinen im Hinblick auf ihre horizontalen Strukturierungsmerkmale ähnlich zu sein, insofern als sie – abgesehen von ihrer

Ablauforganisation

Aufbauorganisation

Horizontale bzw. vertikale Kompetenzstruktur

regionalen Gliederung nach Bezirken und Einzugsbereichen – divisional (nach Schulstufen, Studienstufen, Studiengängen, Ausbildungsberufen, Fakultäten, Kundengruppen, Produkten) oder funktional (z.B. Lehren, Forschen, Verwalten, Haushaltsführung, Planen, Beraten, Werben, Rechtsfragen klären, Leistungen auszahlen) gegliedert sind. Im Hinblick auf vertikale Kompetenzstrukturen bestehen größere Unterschiede, insofern als einerseits im Schulsystem wie auch im System der sozialen Dienste (noch) eine starke Zentralisierung der Entscheidungskompetenzen, andererseits im Weiterbildungssystem eine demgegenüber stärkere Entscheidungsdelegation beobachtet werden kann, die in den Hochschulen über das Prinzip der Freiheit von Forschung und Lehre noch einmal deutlich verstärkt ist. Die These zentralisierter Entscheidungskompetenzen im Schulsystem und im Sozialwesen ist allerdings insofern umstritten, als ihr die pädagogische Freiheit und Verantwortung der LehrerInnen und der SozialarbeiterInnen in der unmittelbaren Kommunikation mit der Klientel entgegengehalten wird, die sich äußerer Kontrolle entzieht.

Die Organisationstheorie hat durch die Human-Relations-Bewegung schon früh erkannt, daß die Analyse der Organisationsziele, der Mitgliedschaftsbedingungen und der formalen (horizontalen wie vertikalen) Ordnungsstruktur – letztere soll ja zugleich die formalen Regeln sowie Kommunikations-, Willensbildungs- und Entscheidungswege abbilden – zur Beschreibung von Organisationen nicht ausreicht (vgl. Bessoth 1987, S. 66ff.). Vielmehr – so die verbreitete These – bilden sich mit zunehmender Größe und mit wachsendem Lebensalter einer Organisation „alternative" Kommunikationswege und damit eine *informale Ordnungsstruktur* heraus, die sich in der formalen Regelungsstruktur nicht abbildet und mit deren Beschreibung nicht erfassen läßt. Man spricht daher von der informalen Oganisation, die sich auf die *interpersonellen Beziehungen* in der Organisation bezieht, welche die Organisationsentscheidungen beeinflussen, aber in den formalen Strukturen nicht erscheinen. Das Konzept der informalen Organisation ergänzt somit die Theorie formaler Organisationen und stellt dabei vorrangig die Menschen in der Organisation, ihre faktischen Kommunikationsbezüge und damit das *Organisationsklima* in den Mittelpunkt der Aufmerksamkeit. Formale und informale Organisation können einander ergänzen und stützen, sie können aber auch ein Spannungsverhältnis und Konfliktfeld erzeugen, das hohe Anforderungen an die Führungskunst der Organisationsleitung stellt.

Das Konzept der informalen Organisation

Weiter vorne wurde gesagt, daß aus der Aufgabenzerlegung, und -synthese die Stellen-, Instanzen- und Kommunikationsstruktur und damit die formale Struktur einer Organisation (die Aufbauorganisation) erwächst. Aus der Vielzahl möglicher und realisierter Organisationsentwürfe hat die Organisationstheorie eine Reihe von *Idealtypen formaler Organisation* herausdestilliert, die kurz charakterisiert werden sollen. Das Einliniensystem bezeichnet eine streng hierarchisierte Formalstruktur, in der jedes Organisationsmitglied nur von einer Person Anweisungen erhält, jedes Mitglied hat lediglich eine(n) Vorgesetzte(n) (mit Ausnahme der obersten Instanz), und es gilt das Prinzip der Einheit der Auftragserteilung. Der Dienstweg wird durch die Hierarchielinie (Delegations- und Anordnungs- bzw. Beschwerdeweg) vorgegeben und soll im Zuge der Kommunikation von oben nach unten und von unten nach oben eingehalten werden (vgl. hierzu und zum folgenden, insbesondere auch zu den Vor- und Nachteilen der

Idealtypen formaler Organisation

einzelnen Idealtypen, Bessoth 1987, S. 136ff.; Picot 1984). Das Mehrliniensystem sieht – im Gegensatz zu den Generalisten im Einliniensystem – Experten als Vorgesetzte vor mit der Folge, daß Untergebene jeweils mehrere – fachlich unterschiedlich kompetente – Vorgesetzte haben, womit die Einheit der Auftragserteilung aufgegeben wird. Stärken und Schwächen des Mehrliniensystems verhalten sich spiegelbildlich zu jenen des Einliniensystems (vgl. ebd.). Während das Mehrliniensystem kaum Anwendungsfälle kennt, scheint die Stab-Linien-Organisation (noch) am meisten verbreitet zu sein, die am Liniensystem festhält, aber die Linie bzw. die Leitungsinstanzen ergänzt um Stäbe, die keine Entscheidungskompetenz haben, aber Linienentscheidungen durch ihre Fachkompetenz vorbereiten sollen. Eines der Hauptprobleme in diesem Organisationstyp besteht darin, ob sich die Stäbe auf Dauer mit dem Verzicht auf Entscheidungskompetenz zufrieden geben. Sparten- oder divisionale Organisation bezeichnet einen Organisationstypus, der nach Objekten (z.B. Fächern, Fächergruppen, Schularten, Produktgruppen) in entsprechende Bereiche gegliedert ist, die selbständig agieren (z.B. Untergliederung des Schulsystems in Schularten bzw. -formen, einer Schule in Fächergruppen, einer Hochschule in Fakultäten, der kommunalen sozialen Dienste in Kindergartenbereich, Heimerziehung, Street work). Innerhalb der Sparten kann wieder ein Ein-, Mehr- oder Stabs-Liniensystem vorherrschen. Da im Zuge der Einführung neuer Steuerungsmodelle in die sozialen Dienste (vgl. Banner 1991; Flösser 1994) Produkte und Produktgruppen eine zentrale Rolle spielen, könnte Sparten- oder Matrixorganisation in diesem Feld sozialer Arbeit zunehmende Bedeutung erlangen. Mit Matrixorganisation ist ein Organisationstyp bezeichnet, der als Strukturierungsmerkmale Sparten oder Produktgruppen mit verschiedenen Handlungen in der Organisation (wie z.B. Unterrichten, Beraten, Verwalten, Forschen) kombiniert. Ein letzter Organisationstyp, der Erwähnung finden soll, ist die Teamorganisation (insbesondere das Modell überlappender Teams, die in der Regel mindestens zwei Hierarchieebenen umfassen sollen), die sowohl ein Ein- wie ein Mehrliniensystem und insbesondere ein Stab-Linien-System sowie eine Matrixorganisation überlagern bzw. modifizieren kann. Teams können dauerhafte Strukturmerkmale einer Organisation sein, sie können aber auch projektbezogen immer wieder neu konstituiert werden (Projektorganisation). Lean Production und Lean Management stehen dagegen nicht für einen neuen Organisationstypus, sondern sie sind Strategien der *Organisationsentwicklung*, die im Hinblick auf die innerorganisatorischen Strukturen an vier Merkmalen ansetzen und im Prinzip mit jedem der genannten Organisationstypen vereinbar sind: erstens Abbau von Hierarchieebenen (von Instanzen, damit Verlagerung von Entscheidungskompetenzen nach unten ober oben); zweitens Abbau von Stäben (damit Verlagerung von Fachkompetenzen nach unten); drittens Rezentralisierung (damit Reintegration von Aufgaben auf einer Instanzenebene); viertens Auslagerung von Handlungsvollzügen aus der Organisation in die Umwelt (z.B. über Kontraktmanagement).

Die Frage, welche der kurz beschriebenen Organisationsmodelle die formalen Strukturen von pädagogischen Organisationen (z.B. von Schulen oder von sozialen Diensten) am ehesten abbilden, ist in der erziehungswissenschaftlichen Literatur bislang nicht gründlich untersucht worden. Bessoth (1987) zeigt in seiner Abhandlung, daß im Prinzip jedes der Modelle konstruierbar ist. Wenn überhaupt Organisationsanalysen pädagogischer Institutionen zur Debatte standen, dann bezogen sie sich in der Regel auf die Frage, ob die *Theorie bürokratischer Organisationen* ein brauchbarer Erklärungsansatz sei. Dieses Erkenntnisinteresse speiste sich daraus, daß die meisten pädagogischen Einrichtungen Teil der staatlichen Bürokratie waren (und sind) sowie daraus, daß Webers idealtypische Bürokratietheorie als empirische Organisationstheorie mißverstanden wurde (vgl. dazu Kieser 1993). Dieses Mißverständnis kam auf, weil alle staatlichen pädagogischen Organisationen beobachtbare Merkmale aufweisen, die Weber für seinen bürokratischen Idealtypus postuliert hat (Rationalität, hauptberufliche Beamte, Rekrutierung auf der Basis fachlicher Qualifikation, langfristige Zukunftssicherung, vorgezeichnete Laufbahn, Amtshierarchie, aktenmäßige Aufgabenerfüllung, Dienstwegkommunikation, bürokratische Kontrolle u.a.m.). Unterstützt wurde diese bürokratisch-rationalistische Sichtweise durch Anleihen im Ansatz des *Taylorismus* (nach F.W. Taylor 1913), der postulierte, daß die Effizienz (Leistungsfähigkeit) von Organisationen durch weitestgehende Arbeitsteilung vor allem auch zwischen Hand- und Kopfarbeit, durch Ersatz von Erfahrungswissen durch wissenschaftlich gewonnenes Wissen und durch Ersatz von persönlicher Steuerung und Kontrolle durch unpersönliche Steuerung und Kontrolle in Form von Regeln und Verhaltensrichtlinien erhöht werde (vgl. Kieser 1993, S. 72ff.).

Die Theorie bürokratischer Organisationen

Lassen sich pädagogische Organisationen so einerseits als „stählerne Gehäuse" zeichnen, die den Handlungsspielraum der Mehrheit der Organisationsmitglieder einengen und deren Entscheidungsfreiheit sowie Verantwortung in Frage stellen, verweist Terhart (1986) u.a. auf die *Human-Relations-Bewegung* und die aus ihr entwickelte Organisationspsychologie, die mit Verweis auf die faktischen informellen sozialen Realitäten unterhalb der formalen Ordnungsstrukturen ein ganz anderes Verständnis von pädagogischen Organisationen zeichnet, dessen Botschaft lautet: jede pädagogische Organisation ist anders, hat Handlungsspielräume für alle Organisationsmitglieder, die sich erweitern und „humanisieren" lassen, hat ein besonderes Organisationsklima bzw. eine spezifische Organisationskultur, die durch die Persönlichkeit der Organisationsmitglieder und deren situatives Verhalten geprägt wird (vgl. Kieser 1993, S. 95ff.).

Die Human-Relations-Bewegung

In seiner modernen Variante entwickelte sich die Human-Relations-Bewegung zum Ansatz der *Organisationsentwicklung,* der das Problem aufgreift, daß in einer sich immer stärker individualisierenden Gesellschaft (vgl. Flösser 1994, S. 8ff.) bürokratische Organisationsstrukturen die Anpassung von Organisationen an sich verändernde Umwelten anscheinend immer schwerer bewältigen und zugleich die wachsenden Ansprüche der Mitglieder an die Organisation immer weniger befriedigen können. Organisationsentwicklung soll die Organisationsmitglieder befähigen, ihre Probleme selbständig zu erkennen und – unter Umständen mit externer Hilfe (zur Selbsthilfe) – zu lösen und selbst organisatorische Strukturen zu schaffen, die ihren Bedürfnissen und den Anforderungen der Organisation gerecht werden. Der Organisationsentwicklungsprozeß beruht auf dem Lernen aller Betroffenen durch die direkte Mitwirkung und praktische Erfahrung. Dadurch sollen die Organisationsziele Effizienz, Flexibilität, Innovativität und die Ziele der Organisationsmitglieder gleichzeitig und gleichgewichtig verfolgt werden (vgl. Kieser 1993, S. 113ff.). Sowohl die neueren Schul-

Organisationsentwicklung

entwicklungsstrategien, die von der Idee einer (gesamtstaatlich) geplanten Schulentwicklung zugunsten der Entwicklung von Einzelschulprofilen Abstand genommen haben (vgl. Rolff 1991), wie auch die beabsichtigte Reformierung sozialer Dienste zu kunden- und produktorientierten Dienstleistungsunternehmen (vgl. Banner 1991; Flösser 1994) verdanken sich der Idee der Organisationsentwicklung.

Ein zweiter Begründungsstrang für die derzeitigen Reorganisationskonzepte in pädagogischen Organisationen erwächst aus der Einsicht, daß pädagogisches Handeln dem rationalistischen Zweck-Mittel-Schema und der Erfolgskontrolle durch die Organisation bzw. ihre Instanzen entzogen ist (vgl. Schäffter 1986; Rolff 1991; S. 872ff; Terhart 1986, S. 210ff.). Mit Weick (1976) sprechen Schäffter und Terhart daher von *lose verkoppelten Teilsystemen* einer Organisation, die sich durch ein hohes Maß an Selbständigkeit ihrer Einzelelemente auszeichnen, „wobei dies sowohl eine hohe Unsteuerbarkeit und Unberechenbarkeit wie andererseits auch eine hohe Flexibilität bei der Einstellung auf neue Umweltbedingungen impliziert" (Terhart 1986, S. 211). Wenn aber pädagogische Organisationen sich rationalistischer Steuerung durch die oberen Instanzen entziehen, dann scheint die Verlagerung von Entscheidungskompetenz an die Basis, der Abbau vertikaler Kontrolle zugunsten von Selbststeuerung und Selbstkontrolle sowie die stärkere Orientierung des pädagogischen Handelns an den Wünschen der KundInnen konsequent.

4. Pädagogisches Handeln und Planung

Ein weiteres Merkmal von Organisationen besteht in der den Mitgliedern unterstellten Absicht, ihre Handlungsvollzüge rational zu gestalten *(intentionale Rationalität)*. Damit ist gemeint, daß die Mitglieder die ihnen überantworteten Aufgaben sowie die daraus abgeleiteten Ziele mit den ihnen zur Verfügung stehenden Mitteln bzw. Ressourcen so gut wie möglich erfüllen wollen. Es wird also anerkannt, daß die Mitglieder in der Regel nach Handlungsalternativen suchen, die ihnen erlauben, mit Hilfe der verfügbaren Ressourcen die ihnen vorgegebenen oder die von ihnen selbst gesetzten Handlungsziele zu erreichen; daß sie dabei nur beschränkte Informationen über den Raum der Handlungsmöglichkeiten, aber auch über die erwartbaren Handlungswirkungen haben, ihren Informationsstand über die möglichen Alternativen und deren erwartbare Wirkungen allerdings in Grenzen, die durch die materiellen und Zeitressourcen gesetzt sind, verbessern können; daß ihre Informationsverarbeitungskapazität beschränkt ist und ihr Informationsverarbeitungsverhalten verzerrt sein kann; daß also folglich das *Handeln unter Risiko* z.T. unter Unsicherheit (über die Handlungswirkungen) geschieht. Allerdings wird der Anspruch aufrechterhalten, daß die Mitglieder im Bewußtsein dieser Beschränkungen unter den in Frage kommenden Handlungsalternativen diejenige wählen, die den Zielerreichungsgrad mit den gegebenen Ressourcen zu maximieren verspricht (vgl. dazu Feldhoff 1975; Berger/Bernhard-Mehlich 1993, S. 136ff.).

In Organisationen werden eine *Vielzahl von Handlungen* vollzogen, einige regelmäßig und kontinuierlich (z.B. das Unterrichten in Schulen, das Beraten in

Sozialämtern, das Erziehen in Heimen), andere sporadisch und in größeren zeitlichen Abständen (z.B. Stundenplanerstellung in Schulen, in Projektform Lerngelegenheiten schaffen, im Jugendheim an Motorrädern basteln). Der Unterscheidung in kontinuierliche und sporadische Handlungen kann eine zweite Differenz zwischen Haupt- und Hilfshandlungen sowie Hilfstätigkeiten hinzugefügt werden. Sie knüpft an die Frage an, ob eine Handlung unmittelbar der Erfüllung der (pädagogischen) Organisationsaufgabe(n) dient (wie z.B. das Unterrichten, das Beraten, Animieren, Erziehen) oder nur mittelbar (z.B. die Stundenplanung, das Pflegen der Räume, das Beschaffen von PC's, das Reparieren der Heizung).

Ein dritter Handlungstypus – auch in pädagogischen Organisationen – stellt auf die Veränderung des Ordnungsgefüges, der Funktionsgliederung und der das Handeln mehr oder weniger wirksam steuernden Regeln, kurz der Struktur der Organisation ab. Damit wird ein funktionaler Zusammenhang zwischen diesen drei Handlungstypen in Organisationen postuliert: Der Raum der möglichen auf die Organisationsaufgabe(n) direkt abzielenden Haupthandlungen und deren Qualität wird – neben der Menge und Qualität der Ressourcen – mitbestimmt durch die Menge und Qualität möglicher Hilfshandlungen und -tätigkeiten sowie durch die Menge und Qualität der auf die Organisationsstruktur gerichteten Handlungen. Wenn nun postuliert wird, daß diese aufgabenbezogenen, strukturorientierten und unterstützenden Handlungen der Intention nach rational sind, und sich durch ein an im Verhältnis zu den eingesetzten Ressourcen höchster Wirksamkeit orientiertes Abwägen von Alternativen und deren Folgen auszeichnen, dann bedeutet dies, daß die alternativen Handlungsmöglichkeiten und deren wahrscheinliche Wirkungen gedanklich durchgespielt werden. Dieses gedankliche Durchspielen ist aber nichts anderes als *Planen* (vgl. dazu Bechmann 1981). Planung ist also die gedankliche Vorbereitung einer Entscheidung über die erwartbar beste Handlungsalternative und zugleich die gedankliche Vorwegnahme sowie a priori Strukturierung einer zukünftigen Handlung, und zwar um die aus der Unbekanntheit des Zukünftigen resultierende Ungewißheit zu reduzieren. Es ist also das Element der Planung, welches dem Handeln seine – wenn auch intentionale – Rationalität verleiht. Da Planung aber selbst dem Risiko des Scheiterns (der Fehlplanung) ausgesetzt ist, und zwar um so stärker, je längerfristig sie intendiert (je länger der Planungshorizont) ist, ist Planung in doppelter Weise mit *Ungewißheit* assoziiert: Planung soll die Zukunftsungewißheit und damit die Ungewißheit der Wirkungen unseres Handelns reduzieren, unser Handeln „rationalisieren" und unterliegt dabei selbst der Ungewißheit ihres Erfolges.

Planung kann pädagogisches Handeln und dessen Bedingungen in unterschiedlicher Weise tangieren. Zunächst kann in Abhängigkeit der Frage, ob Bildungs- oder Sozialplanung auf der Ebene der Nation, eines Bundeslandes, einer Kommune oder einer einzelnen Organisation stattfindet, zwischen den *Ebenen* der Makro-, Mezzo-, Meso- und Mikroplanung unterschieden werden. Je nach *Verbindlichkeitsgrad* der Planung kann zwischen imperativer (die Systemmitglieder bindender) und indikativer (lediglich anzeigender, aber nicht bindender) Planung differenziert werden. Die Planung kann auf jeder der Ebenen zentralisiert oder dezentral, totalitär-diktatorisch oder demokratisch-partizipativ erfolgen und bürokratiegebunden oder in Organisationsentwicklungsprozesse eingebunden sein. Je nach Planungsbereich kann es sich z.B. um Kindergarten-, Schul-

Planen

entwicklungs-, Hochschulentwicklungs-, Altenpflege-, Weiterbildungs-, Heim-
oder Jugendhilfeplanung handeln. Planung kann dabei prinzipiell an vier *Dimensionen* ansetzen: erstens Planung der Kapazitäten pädagogischer Organisationen (Kapazitätsplanung), zweitens ihrer Struktur (Strukturplanung), drittens
Planung ihrer Aufgaben und Inhalte (qualitative bzw. neuerdings Produkt- und
Prozeß-Planung) und viertens ihrer Verortung im geographischen Raum (Stand-
ortplanung).

Planung ist in besonderer Weise an die Ressource Zeit gekoppelt. Einerseits
umfaßt jede Planung einen bestimmten zukünftigen Zeitraum, im Hinblick auf
den zukünftiges Handeln vorgedacht und vorstrukturiert werden soll. In Abhängigkeit der Länge dieses Zeitraums (*Planungshorizont* genannt) spricht man von
kurzfristiger (bis zu einem Jahr), mittelfristiger (zwischen einem und fünf Jahren) und langfristiger Planung (mehr als fünf Jahre). Andererseits beansprucht
der Planungsprozeß selbst Zeit (Planungszeit), da er einem Planungszyklus
gleicht, der eine Reihe von *Planungsphasen* durchläuft (vgl. Timmermann 1994,

Phasen der Planung

3.6, S. 4ff.). Jede Planung wird durch Entdecken eines Handlungsproblems angestoßen, das zu intensiver Informationssuche führt (Phase 1). Die gewonnenen
Informationen bedürfen einer genauen Diagnose und Analyse (Phase 2), die in
Problemlösungssuche mündet. Hier steht zunächst die Zieldiskussion und Ziel-
entscheidung im Vordergrund (Phase 3), der die Suche nach und das Abwägen
von möglichen Handlungsalternativen etwa durch Prognosen oder Simulation
der wahrscheinlichen Handlungswirkungen folgt (Phase 4). Die Ergebnisse der
Prognosen oder Simulationen begründen die Entscheidung zwischen Pro-
grammalternativen (Phase 5), deren vermeintlich beste (zielmaximierende) Variante implementiert wird (Phase 6). Nach Ablauf vorbestimmter Implementati-
onsphasen erfolgt der Vergleich der tatsächlich beobachtbaren Handlungsfolgen
mit den im Planungsprozeß formulierten Zielen (Phase 7, Evaluation durch Soll-
Ist Abweichungen). Die Evaluationsergebnisse können ein neuerliches Hand-
lungsproblem anzeigen und einen neuen Planungszyklus in Gang setzen. Eine
Planung, in der eine Phase schematisch auf die andere folgt, kann durch Einbau
von Rückkoppelungen zwischen verschiedenen Planungsphasen dynamisiert und
in eine *rollende Planung* transformiert werden. In komplexen Planungsprozessen
können einzelne Phasen des Planungszyklus selbst Gegenstand spezifischer Pla-
nungsüberlegungen werden (z.B. Zielplanung, Programmplanung, Implemen-
tations- und Evaluationsplanung).

Abschließend stellt sich die Frage, woher die *Ziel- bzw. Richtwerte von Planungen* gewonnen werden (vgl. Zedler 1979, S. 15ff.). Im Bereich der Bildungsplanung können die Richtwerte aus den quantitativen und qualitativen Qualifikationsanforderungen des Beschäftigungssystems, aus den qualitativen Ansprüchen der Lebenswelten, aus gesellschafts- und bildungspolitischen Normvorstellungen, aus wissenschaftssystematischen Erkenntnisangeboten, aus individuellen

Zielwerte von Planung

Nachfragepräferenzen (Kundenorientierung) oder einfach aus Trendfortschreibungen oder internationalen Vergleichen genommen werden. Im Bereich sozialer Dienste können Zielwerte aus dem Integrationsbedarf des Beschäftigungssystems, aus sozial- und gesellschaftspolitischen Normvorstellungen, aus individuellen Präferenzen (Produkt- und Kundenorientierung), sowie ebenfalls aus
Trendfortschreibungen oder internationalen Vergleichen entwickelt werden. Es

sieht so aus, als stünden derzeit sowohl im Bereich der Bildungs- wie der Sozialplanung die Orientierung an den individuellen Präferenzen der Kunden und der
Organisationsmitglieder im Vordergrund.

5. Pädagogisches Handeln und Management

Zwischen Planung und Handlung schiebt sich notwendigerweise eine dritte Aktivität. Dieses Dritte ist die *Entscheidung*, durch die eine Auswahl unter Handlungsalternativen getroffen wird und die Festlegung auf die erwartbar beste
Handlung erfolgt. Entscheidung setzt Entscheidungskompetenz im Sinne von
Befugnis voraus. Durch Entscheidungen werden Organisationen strukturell gestaltet und die Aufgabenerfüllung gesteuert. Gestaltung und Steuerung von Organisationen ist aber nichts anderes als ihre Führung bzw. ihr *„Management"*
(vgl. dazu Steinmann 1993; Merk 1992). Das Management einer Organisation ist
folglich eine ausdifferenzierte Funktion in einer Organisation, deren Aufgabe in
der Gestaltung und Steuerung der Organisation besteht, und die für den Fort- | Management
bestand, für die Weiterentwicklung und für die Aufgabenerfüllung der Organisation verantwortlich ist. Als Aufgaben des Managements werden genannt: die
Definition der Organisationsaufgaben, die Setzung von Zielen und Prioritäten; Pro-
blemsuche, -erkennung und -lösungsinitiative, Planung und Entscheidung von
Handlungsprogrammen; Durchsetzung von Programmentscheidungen mittels Information, Instruktion, Anweisung, Befehl, Motivation, Organisationsstrukturen;
Personalführung und -entwicklung; Organisationsentwicklung; Planung und Entscheidung über die Organisationsstruktur; Kontrolle und Steuerung der Aufgabenerfüllung und des Mitgliederverhaltens.

Die Managementfunktionen können durch unterschiedliche *Management-
konzeptionen* wahrgenommen werden. Mit Managementkonzeption ist dabei ein
System aufeinander abgestimmter, in den Rahmen von Leitvorstellungen über
die Beeinflussung menschlichen Verhaltens integrierter Prinzipien, Instrumente,
Methoden und Techniken des Führens der Organisationsmitglieder gemeint, das
praktiziert wird, um die Organisationsziele zu erreichen (vgl. hierzu und zum
folgenden Seidel/Jung/Redel 1988). Eine Managementkonzeption besteht dabei aus
folgenden Komponenten: (1) aus Führungsprinzipien, die einen spezifischen Füh-
rungsstil begründen (Verhaltensregeln für die Interaktion von Vorgesetzten und | Management-
MitarbeiterInnen, insbesondere Prinzipien der Kooperation und Steuerung der Or- | konzeptionen
ganisationsmitglieder); (2) aus Führungstechniken und -instrumenten (z.B. Stellen-
beschreibungen, Führungsanweisungen, Ziel-Ergebnis-Analyse, Förderungsinter-
view, Budgetierung); (3) aus einem Entwicklungssystem (ein Konzept zur Mitglie-
derentwicklung und -förderung zur Verbesserung des Fähigkeitspotentials durch
Personalplanung, -beurteilung und -förderung (Personalentwicklung), Aufstiegs-
und Stellenbesetzungsplanung, Aus- und Weiterbildungsplanung); (4) aus einem
Motivationskonzept (Methoden und Mittel der Mitgliedermotivierung); (5) aus einem Anreizsystem (Verhaltenssteuerung über Anreize wie Einkommen, Beförderung, Aufstieg, Privilegien, Arbeitsklima, Arbeitsinhalte und über Sanktionen); (6)
aus einem Informationssystem (Berichts-, Planungs- und Kontrollsystem).

Aus dem Umstand, daß diese Komponenten recht unterschiedlich gestaltet sein können, ergeben sich entsprechend differenzierte *Managementsysteme,* die sich vor allem durch ihre Führungsprinzipien und -stile unterscheiden, d.h. durch das Ausmaß, in dem Entscheidungsbefugnisse sowie Entscheidungs-, Ressourcen- und Kontrollverantwortung (Organisationsmacht) delegiert werden. *Direktive Managementmodelle* setzen auf Zentralisation dieser Führungsbefugnisse, auf eine strikte Trennung von Entscheiden und Verantworten einerseits und Durchführen andererseits. Der Autonomie der Entscheidungsinstanzen steht die Abhängigkeit und Unselbständigkeit aller anderen Organisationsmitglieder gegenüber. Der möglichen Überlastung der Vorgesetzten entspricht die Demotivierung der übrigen Organisationsmitglieder und deren „innere Kündigung". Es scheint, als gehe dieses Managementmodell mit Organisationstypen konform, die den weiter vorne beschriebenen Organisationsmodellen der Ein-, Mehr- und Stabsliniensysteme sowie der bürokratischen Organisation nahe kommen.

Direktive Managementmodelle

Den direktiven Führungskonzeptionen stehen *nichtdirektive Managementmodelle* gegenüber, die auf unterschiedliche Weise Entscheidungskompetenzen delegieren. Diese Modelle reichen von einer laissez-faire Variante, die eigentlich auf Führung verzichtet bzw. davon ausgeht, daß jedes Mitglied sich selber führt (eine Vorstellung, die auf den ersten Blick abwegig erscheint, aber im Hinblick auf lose gekoppelte Teilsysteme einer Organisation wie z.B. den Unterricht in der Klasse oder die Beratungssituation im Sozialamt partiell plausibel sein kann), über die Varianten integrativen Managements, die sich durch Delegation von Entscheidungskompetenzen und Verantwortung variierenden Grades auszeichnen, bis hin zu demokratischen oder kollektiven Managementmodellen, in denen über Managementaufgaben von allen Organisationsmitgliedern oder von einer Gruppe von Mitgliedern entschieden wird, die von der Gesamtheit der Mitglieder dazu befugt werden. Zwei bekannte Varianten des integrativen Managementmodells sind zum einen das „Management by Exception", das trotz der Delegation von Befugnissen an untergeordnete Stellen ausnahmsweise Interventionen der Vorgesetzten dann vorsieht, wenn zu starke Zielabweichungen beobachtet werden. Die zweite Variante bildet das „Management by objectives", das partizipative Zielvereinbarungen zwischen Vorgesetzten und MitarbeiterInnen vorsieht, es aber gänzlich der Selbststeuerung der MitarbeiterInnen überläßt, auf welchem Wege sie die Zielvereinbarungen realisieren wollen.

Nichtdirektive Managementmodelle

Spiegeln wir *pädagogische Organisationen* an den Managementmodellen, so kann man behaupten, daß mit Blick auf die lange Zeit dominierende Ämterstruktur der sozialen Dienste und die bürokratische Struktur des Schulsystems direktive Führungskonzeptionen dominiert haben (vgl. Ortmann 1976, S. 13), die allerdings schon immer an der pädagogischen Freiheit und Verantwortung der einzelnen LehrerIn und SozialarbeiterIn ihre Grenzen fanden (vgl. Feldhoff 1975, S. 21). Die neuen Wege der Schulentwicklung über die Steuerung und Entwicklung von Einzelschulprofilen sowie die Ablösung der bürokratischen Strukturierung sozialer Dienste durch die neuen produkt- und kundenorientierten Steuerungsmodelle auf der Basis des Organisationsentwicklungsansatzes bedeuten zugleich den *Abschied von direktiven Managementmodellen im Schul- und Sozialwesen* und die Implementation von integrativen bzw. partizipativen Managementmodellen (vgl. Rolff 1991; Flösser 1994, S. 98ff.).

154

6. Pädagogisches Handeln, Organisation, Management und Planung: eine zweite Annäherung

Wenn pädagogisches Handeln systematisch Lernanregungen erzeugen soll, dann bedarf es dazu, selbst wenn Unsicherheit über den Handlungserfolg besteht, strukturierter sozialer Lernräume bzw. auf diesen Zweck hin geschaffener Organisationen. Erzeugung von Lernanregungen sowie feedback Kommunikationen mit den Adressaten der Lernanregungen sind nicht die einzigen Aktivitäten. Handeln in solchen pädagogischen Organisationen beschränkt sich nicht auf pädagogisches Handeln im oben genannten Sinne, sondern es umfaßt Handeln, das sich auf die Gestaltung dieses sozialen Lernraumes und seiner Ordnung selbst bezieht. Dieses *Management pädagogischer Organisationen* ist zukunftsorientiert. Um die durch die Zukunftsbezogenheit des Handelns erzeugte Ungewißheit zu reduzieren, bedient sich das Management der *Planung*. Die Diskussion alternativer Organisationstypen und einiger organisationstheoretischer Ansätze ließ allerdings Zweifel aufkommen, ob die Steuerungsversuche überhaupt bis an den Kern pädagogischen Handelns heranreichen. Diese Zweifel scheinen vor allem dann begründet, wenn das Management pädagogischer Organisationen eher dem direktiven Konzept folgt und in bürokratischen Organisationsstrukturen agiert, d.h. Organisationsentscheidungen ohne die pädagogisch Handelnden getroffen werden. Daß pädagogische Organisationen in den vergangenen Jahren zunehmend durch „burnout"-Phänomene (psychische und physische Erschöpfung) und „shirking" (innere Kündigung, Motivationsverluste) unter den pädagogisch Handelnden (LehrerInnen, SozialarbeiterInnen) herausgefordert wurden, überrascht nicht. Nunmehr macht sich die einerseits durch Rückgriff auf Konzepte der *Organisationsentwicklung*, andererseits durch den Druck veränderter Leistungserwartungen an die pädagogischen Organisationen bei stagnierenden Budgets erzeugte Erkenntnis breit, daß zwischen Organisationstyp und Managementkonzeption ein Verhältnis der Komplementarität besteht, und daß die steigenden Leistungserwartungen der Gesellschaft, vor allem aber der direkten Kunden an die pädagogischen Organisationen anscheinend nur über *integrative* bis hin zu demokratischen *Managementkonzepten* erfüllt werden können, die sich ihrerseits nur in offenen, flexiblen, unbürokratischen Organisationsformen entfalten können. Daß sich pädagogische Organisationen mehr und mehr den Ideen der Organisationsentwicklung geöffnet haben, überrascht daher nicht.

Literatur

Banner, D.: Von der Behörde zum Dienstleistungsunternehmen. In: VOP 1 (1991), S. 6-11.
Bechmann, A.: Grundlagen der Planungstheorie und Planungsmethodik. Bern/Stuttgart 1981.
Berger, U./Bernhard-Mehlich, I.: Die Verhaltenswissenschaftliche Entscheidungstheorie. In: Kieser 1993, S. 127-159.
Bessoth, R.: Einige Aspekte der Schulleitung. Mannheim 1985.
Bessoth, R.: Einige Aspekte der Schulorganisation. Mannheim 1987.
Bildwell, Ch.: The School as a Formal Organization. In: March, J.G. (Hrsg.): Handbook of Organizations. Chicago 1965, S. 972-1022.

Bokelmann, H.: Pädagogik: Erziehung, Erziehungswissenschaft. In: Speck, J./Wehle, G. (Hrsg.): Handbuch pädagogischer Grundbegriffe, Band II. Bad Heilbrunn 1970, S. 178-267.

Feldhoff, J.: Probleme einer organisationssoziologischen Analyse der Schule. In: Recht der Jugend und des Bildungswesens 18 (1970), Heft 10, S. 7-23.

Flösser, G.: Soziale Arbeit jenseits der Bürokratie. Über das Management des Sozialen. Neuwied/Kriftel/Berlin 1994.

Giesecke, H.: Was ist des Pädagogen Profession? Ein Versuch über pädagogisches Handeln. In: Neue Sammlung 26 (1986), S. 205-215.

Heinze, R.G./Olk, Th./Hilbert, J.: Der neue Sozialstaat. Analyse und Reformperspektiven. Freiburg 1988.

Kieser, A. (Hrsg.): Organisationstheorien. Stuttgart/Berlin/Köln 1993.

Koring, B.: Grundprobleme pädagogischer Berufstätigkeit. Bad Heilbrunn 1992.

Kommunale Gemeinschaftsstelle: Das neue Steuerungsmodell, Bericht Nr. 5 (1993), S. 3-24.

Lohmann, Chr.: Schule als Organisation. In: Recht der Jugend und des Bildungswesens 18 (1970), Heft 10, S. 23-29.

Merk, R.: Weiterbildungsmanagement: Bildung erfolgreich und innovativ managen. Neuwied 1992.

Ortmann, F. (Hrsg.): Sozialplanung für wen? Gesellschaftsstruktur, Planung und Partizipation. Neuwied/Darmstadt 1976.

Otto, H.-U./Schneider, S. (Hrsg.): Gesellschaftliche Perspektiven der Sozialarbeit. 2 Bände, Berlin/Neuwied 1973.

Peter, H.-U.: Die Schule als soziale Organisation. Weinheim/Basel [2]1975.

Picot, A.: Organisation. In: Bitz, M./Dellmann, K./Domsch, M./Egner, H. (Hrsg.): Vahlens Kompendium der Betriebswirtschaftslehre, Band 2. München 1984, S. 95-158.

Rolff, H.-G.: Schulentwicklung als Entwicklung von Einzelschulen? Theorien und Indikatoren von Entwicklungsprozessen. In: Zeitschrift für Pädagogik 37 (1991), Heft 6, S. 865-886.

Schäffter, O.: Organisationstheorie und institutioneller Alltag der Erwachsenenbildung. In: Tietgens, H. (Hrsg.): Wissenschaft und Berufserfahrung. Bad Heilbrunn 1987, S. 147-171.

Seidel, E./Jung, R.H./Redel, W.: Führungsstil und Führungsorganisation. 2 Bände, Darmstadt 1988.

Steinmann, H.: Management: Grundlagen der Unternehmensführung. Konzepte, Funktionen, Fallstudien. Wiesbaden 1993.

Taylor, F.W.: The Principles of Scientific Management, New York/London 1913.

Terhart, E.: Organisation und Erziehung. Neue Zugangsweisen zu einem alten Dilemma. In: Zeitschrift für Pädagogik 32 (1986), Heft 2, S. 205-223.

Timmermann, D.: Bildungsplanung. In: Cramer, G./Schmidt, H./Wittwer, W. (Hrsg.): Ausbilder-Handbuch, Abschnitt 3, 6. Köln 1994, S. 1-23.

Weick, K.E.: Educational Organizations as Loosely Coupled Systems. In: Administrative Science Quarterly 21 (1976), Nr. 1, S. 1-19.

Weishaupt, H./Weiss, M.: Bildungsbudget und interne Ressourcenallokation. In: Zeitschrift für Pädagogik 34 (1988), Heft 4, S. 535-553.

Zedler, P.: Einführung in die Bildungsplanung. Stuttgart 1979.

III. 1. Familie

Yvonne Schütze

Inhalt

1. Familie – eine beständig gefährdete Institution?

Kaum eine gesellschaftliche Institution ist so beständig wie die Familie, aber von kaum einer Institution hieß es so häufig, daß ihr Zerfall unmittelbar bevorstünde.

Verfolgt man die Reihe der Zerfallsthesen im historischen Zeitraum von den Anfängen der bürgerlichen Familie bis in die Gegenwart, so wird deutlich, daß sich die Befürchtungen um den Bestand der Familie immer um Veränderungen drehen, die mit einer Stärkung der individuellen Rechte und Freiheiten gegenüber dem Verwandtschaftsverband oder der Familie assoziiert sind. Diese Veränderungen werden gewöhnlich als Konsequenzen eines allgemeinen Modernisierungsprozesses aufgefaßt, demgemäß die Individuen aus den Bindungen an traditionelle Gemeinschaften, die das Leben des Einzelnen weitgehend kontrollierten, entlassen werden, und sie somit zwar mehr Optionen haben, das eigene Leben zu gestalten, gleichzeitig aber auch ohne den Rückhalt des Kollektivs auf sich selbst gestellt sind. Wird diese Denkfigur auf die Familie angewendet, so fällt auf, daß es insbesondere die Stärkung der individuellen Rechte und Wahlmöglichkeiten der Frauen sind, die den Prognostikern des Familienzerfalls zu schaffen machen. So gingen Mitte des 19. Jahrhunderts Riehl und Le Play, die als die ersten Familiensoziologen gelten, davon aus, daß die in der bürgerlichen

Modernisierung

Familie sich abzeichnende Demokratisierung, ablesbar am Autoritätsverlust des Hausvaters und der gleichberechtigten Teilhabe der Kinder am Erbe, die Familie in ihrem Bestand bedrohe (vgl. Schwägler 1970).

Um 1900 ist das Zerfallsszenario, das sich uns an der Wende zum zweiten Jahrtausend präsentiert, im wesentlichen bereits ausgearbeitet: Sinkende Geburtenzahlen, steigende Scheidungsziffern und zunehmende außerhäusliche Erwerbsarbeit der Frauen (vgl. Bell und Vogel 1968; Beck 1986; Kohli 1985). Aus der Makroperspektive wird argumentiert, daß moderne marktförmig organisierte Gesellschaften Individuen erfordern, die nicht durch Familien behindert sind (Beck 1986) und aus der Mikroperspektive wird geargwöhnt, daß die Menschen, vor allem die Frauen, aufgrund von sogenannten Selbstverwirklichungs- und/ oder gesteigerten Konsumwünschen die Lebensform des Singles vorziehen und keine dauerhaften Bindungen mehr eingehen wollen (Rossi 1987). Diese Behauptungen stehen nicht im Einklang mit der Tatsache, daß 86,5 Prozent aller minderjährigen Kinder bei ihren miteinander verheirateten Eltern aufwachsen (88,3 Prozent im Westen und 80,6 Prozent im Osten) und daß Familie und Partnerschaft von 79 Prozent der Menschen in der Bundesrepublik (76 Prozent im Westen, 82 Prozent im Osten) als die wichtigsten Bereiche des Lebens bezeichnet werden, weit abgeschlagen dagegen z.B. Freizeit mit 32 Prozent im Westen und 24 Prozent im Osten (vgl. BMFuS 1994).

Wenn man die Befürchtungen um den Zustand der Familie nicht als reinen Kulturpessimismus abtun will, der allerdings bei Aussagen über die Familie stets eine gewisse Rolle spielt, gilt es sich mit zwei Fragen zu beschäftigen, nämlich erstens, wie stellt sich das Verhältnis der Gesellschaft zur Familie dar und zweitens, wie gestalten sich die Beziehungen innerhalb der Familie?

2. Zwei Grundbegriffe der Familiensoziologie: Desintegration und Desorganisation

In einer ersten Annäherung an diese Fragen greife ich auf die zwei von René König bereits in den vierziger Jahren entwickelten Grundbegriffe der Familiensoziologie zurück, nämlich Desintegration und Desorganisation der Familie (König 1946/1974). Desintegration bezieht sich auf das Verhältnis von Gesellschaft und Familie, Desorganisation bezieht sich auf die Binnenstruktur der Familie.

Desintegration und Desorganisation der Familie

Königs Argumentation ist kurz gefaßt folgendermaßen: Die Familie ist eine Gruppe „besonderer Art", diese Besonderheit resultiert aus ihrer biologisch-sozialen Doppelnatur, nämlich sowohl Zeugungs-, wie Intimgruppe zu sein.

Die biologische Fundierung der Familie begründet eine gewisse Unbeweglichkeit. Da Reproduktion und Sozialisation nicht im gleichen Maße rationalisierbar sind wie Arbeitsvorgänge, hinkt die Familie den in anderen gesellschaftlichen Bereichen stattfindenden Modernisierungsprozessen hinterher und gerät gegenüber diesen in eine schwache Position. Diese Schwäche der Familie ist z.B. daran erkennbar, daß sie unter den besonderen Schutz des Grundgesetzes gestellt ist und sowohl der Staat wie andere gesellschaftliche Institutionen sich zu unter-

Funktionen der Familie

stützenden Maßnahmen genötigt sehen. Historisch gesehen hat sich die Tendenz zur Desintegration der Familie aus der Gesamtgesellschaft insofern verschärft, als sie gewisse Funktionen wie z.B. die Produktion von Gütern oder die Bildung und berufliche Ausbildung der nachwachsenden Generation an andere Institutionen wie Wirtschaft, Schule usw. abgegeben hat. Damit ist die Familie auf die ihr ureigensten Funktionen Reproduktion und Sozialisation reduziert, wobei das, was für die Gesellschaft als Funktion gilt, von den Eltern als natürliches Recht aufgefaßt wird. Ein prominentes Beispiel hierfür bildet die Kibbuzerziehung. Die ursprüngliche Praxis, die Kinder unter der Obhut geschulter Erzieher- und Erzieherinnen in Kinderhäusern aufwachsen zu lassen, konnte sich deshalb nicht halten, weil die Eltern auf Gemeinsamkeit mit ihren Kindern bestanden. Heute gibt es in den Kibbuzim nur noch die üblichen Kinderkrippen und -gärten.

Desintegration der Familie aus der Gesamtgesellschaft bedeutet aber nicht nur, daß die Familie sich anderen gesellschaftlichen Bereichen wie z.B. der alles beherrschenden Wirtschaft anpassen und unterordnen muß, sondern gleichzeitig bezieht sie aus ihrer Andersartigkeit auch eine gewisse Autonomie und „Eigengesetzlichkeit" (Kaufmann 1990, S. 124). Zum Beispiel sind Familien gegen staatliche Eingriffe jeder Art vergleichsweise resistent, und selbst in autoritären Regimen wissen sie ihren Eigensinn zu wahren. Daher ist es im Prinzip auch nicht sinnvoll von „der" Familie zu sprechen, weil jede Familie ihre eigene Wirklichkeit herstellt.

Eigengesetzlichkeit der Familie

Die tendenzielle Unvereinbarkeit der auf Intimität und Affektivität abstellenden Familie mit der um die Kriterien der Berechenbarkeit und Effizienz organisierten Außenwelt macht die Familie als Institution gleichermaßen verletzlich und beständig. In diesem Punkt sind sich z.B. auch René König und Theodor W. Adorno, deren Auffassungen ansonsten nicht übereinstimmen, einig. Prägnant formuliert Adorno: Einerseits tendiert die steigende Vergesellschaftung – ‚Rationalisierung', ‚Integration' aller menschlichen Beziehungen in der späten, voll entfalteten Tauschgesellschaft – dazu, das gesellschaftlich gesehen irrational-naturwüchsige Element der familialen Ordnung soweit wie möglich zurückzudrängen. Andererseits steigert sich das Mißverhältnis zwischen den totalen gesellschaftlichen Mächten und dem Individuum derart, daß es oft gleichsam zu seinem Schutz in eben jene kleinsten Verbände vom Typus der Familie zurückkriechen möchte, deren Bestand unvereinbar scheint mit der großen Entwicklung. Die Tendenz, welche die Familie bedroht, scheint sie zugleich, wenigstens temporär, zu fördern" (Adorno 1956, S. 117).

Dieser Schutz, den der von der Öffentlichkeit abgegrenzte familiale Binnenraum bietet, wurde freilich durch einen Umstand ermöglicht, den weder König noch Adorno erwähnen, nämlich eine Arbeitsteilung, der gemäß der Mann auf die instrumentellen Funktionen spezialisiert war, sprich, den Lebensunterhalt der Familie durch Erwerbstätigkeit zu verdienen, während der Frau die expressiven Funktionen zufielen, d.h. jenes Klima emotionaler Verbundenheit herzustellen, welches die Basis für die Besonderheit familialer Interaktion liefert. Der Preis, den die Frauen in diesem Familienmodell zu zahlen hatten, ist bekannt, sie hatten auf die Teilnahme am öffentlichen Leben, insbesondere auf Erwerbstätigkeit zu verzichten. Aber – und dies wird im allgemeinen übersehen – auch die Männer hatten ihren Preis zu zahlen, war es ihnen doch untersagt, Gefühle zu zeigen

Geschlechtsspezifische Arbeitsteilung

oder gar Eigenschaften an den Tag zu legen, die auch nur im entferntesten mit weiblichen Stereotypen in Verbindung gebracht werden konnten. Sie waren zwar aller Mühewaltung im Umgang mit den Kindern weitgehend enthoben, was aber gleichzeitig auch bedeutete, daß sie in der emotionalen Binnenstruktur der Familie nur eine Nebenrolle einnahmen.

Diese Konstellation spiegelt sich auch deutlich in den Sozialisationstheorien, in denen dem Vater – wenn überhaupt – nur eine marginale Position zugewiesen wurde. Beispielhaft hierfür Bowlby, der schreibt:

„Sie (die Väter, Y.S.) sorgen nicht nur für ihre Frauen, damit diese sich unbegrenzt um den Säugling oder das Kleinkind kümmern können; sondern indem sie ihr Liebe und Zuwendung erweisen, stärken sie die Mutter gefühlsmäßig und helfen ihr, jene harmonische und innerlich zufriedene Stimmung zu bewahren, die für das Gedeihen des Kindes lebensnotwendig ist. Während im folgenden ständig auf die Mutter-Kind Beziehung verwiesen wird, haben wir über die Vater-Kind Beziehung nur wenig zu sagen" (Bowlby 1972, S. 13).

2.1. Wandel der Arbeitsteilung in der Familie

Nun hat sich diese Situation seit etwa drei Jahrzehnten insofern grundlegend verändert, als heute die Frauen ebenso selbstverständlich wie die Männer eine Berufsausbildung machen und sich in immer stärkerem Maße sowohl im Erwerbsleben wie in der Öffentlichkeit engagieren. Wie aus kohortenvergleichenden Untersuchungen hervorgeht, nimmt z.B. die Neigung zur Erwerbsunterbrechung nach Geburt eines Kindes bei den jüngeren Frauen stetig ab (vgl. Lauterbach 1992). Und umgekehrt sind immer mehr Väter darüber unzufrieden, daß ihnen die Berufstätigkeit zu wenig Zeit für ihre Kinder läßt (vgl. Petzold 1990).

Dies bedeutet insofern einen Strukturwandel der Familie, als er eine neue innerfamiliale Arbeitsteilung nahelegt, dergemäß nunmehr – wenn auch freilich nicht gleichgewichtig – beide Eltern für den Lebensunterhalt und für die Kinder zuständig sind. Ein solches Familienmodell befindet sich übrigens nicht im Widerspruch zu dem der bürgerlichen Familie, wie so häufig geargwöhnt wird. Im Gegenteil, denn seit ihrer Entstehung hatte die bürgerliche Familie nicht nur den Anspruch, ein Hort der emotionalen Verbundenheit zu sein, sondern ebenso sollte die Familie auch ein Ort sein, an dem jedes Mitglied ein Recht auf freie Entfaltung seiner Fähigkeiten und Interessen hat. Dieser Aspekt des bürgerlichen Familienmodells hat allerdings erst in der zweiten Hälfte des 20. Jahrhunderts zumindest die Chance, auch Realität zu werden. Gleichwohl bedeutet dies aber nicht, das sich das Spannungsverhältnis zwischen Gesellschaft und Familie verändert oder gar verringert hätte. Die Funktionsprinzipien der gesellschaftlichen Institutionen, insbesondere der Wirtschaft, sind gegenüber denen der Familie blind. Und dies gilt für alle modernen Gesellschaften, unabhängig davon, ob es sich um Demokratien oder autoritär verfaßte Gesellschaften, um Markt- oder Planwirtschaft handelt. Dies macht ein Vergleich zwischen der ehemaligen DDR und der Bundesrepublik deutlich. Die Bedingungen für die Möglichkeiten eine Familie zu haben und gleichzeitig erwerbstätig zu sein, waren zwar in der DDR für Männer und Frauen erfüllt, aber der Tribut, den die Familien an die Wirt-

Strukturwandel der Familie

Spannungsverhältnis zwischen Familie und Gesellschaft

schaft zu zahlen hatten, war hoch. Die Zeit, die Eltern und Kindern für ein gemeinsames Familienleben blieb, war äußerst kärglich bemessen, ein Tatbestand, der vor allem den jüngeren Familien mit kleinen Kindern gegen Ende des DDR Regimes mehr und mehr mißfiel (vgl. Meyer/Schulze 1992). Nach einer neueren Umfrage bei Familien in Ostdeutschland nach der Wende zeigte sich, daß 32 Prozent der Befragten es für wünschenswert halten, wenn in Familien mit einem Kind unter drei Jahren die Frau nicht erwerbstätig ist, 54 Prozent votierten für eine Teilzeitarbeit einer der beiden Partner, und nur 9 Prozent hielten eine Vollzeiterwerbstätigkeit beider Partner für erstrebenswert. Dagegen halten in Westdeutschland 63 Prozent der Befragten es für richtig, daß die Frau nicht arbeitet, 23 Prozent waren für Teilzeitarbeit einer der beiden Partner und 0 Prozent für Vollzeiterwerbstätigkeit (vgl. Dannenbeck 1992).

Die relativ große Übereinstimmung zwischen Ost und West darüber, daß angesichts kleiner Kinder nicht beide Partner ganztags erwerbstätig sein sollten, könnte einmal bedeuten, daß sich die Ostdeutschen bereits an die Wertvorstellungen der Westdeutschen angepaßt haben, es könnte dies aber auch ein Beleg dafür sein – was ich für wahrscheinlicher halte –, daß die überwiegende Mehrheit der Eltern in Ostdeutschland sich schon immer mehr Zeit für ihre Kinder gewünscht haben. In der alten Bundesrepublik dagegen hatten nicht die Eltern, sondern die Mütter zwar Zeit für ihre Kinder, aber diese Zeit war ihnen durch fehlende Kinderbetreuungsmöglichkeiten und einen Mangel an Arbeitsplätzen zum Teil aufgezwungen. Dieser Mangel an Gelegenheiten zur Erwerbstätigkeit wurde zusätzlich ideologisch legitimiert. Bis in die Gegenwart wird an das mütterliche Pflichtgefühl appelliert, zugunsten der Kinder auf eine Erwerbstätigkeit zu verzichten. Und nicht wenige Frauen aus den neuen Ländern berichten, daß ihre Entlassung in die Arbeitslosigkeit mit den Worten kommentiert wurde, sie sollten doch froh sein, endlich Zeit für Mann und Kinder zu haben. Väter dagegen, die ihrerseits den Erziehungsurlaub in Anspruch nehmen, müssen mit Diskriminierungen seitens der Arbeitgeber und der Kollegen rechnen und die neueren Überlegungen, auch Teilzeitarbeitsplätze für Männer zu schaffen, verdanken sich ausschließlich der Arbeitsmarktkrise aber nicht der Anerkennung einer veränderten Familienwirklichkeit. Allerdings ist z.B. gegenüber den fünfziger Jahren, die gleichfalls durch hohe Arbeitslosigkeit gekennzeichnet waren, insofern ein Fortschritt zu verzeichnen, als zumindest in der Öffentlichkeit die damals übliche Polemik gegen das sogenannte „Doppelverdienertum" nicht mehr auftaucht.

2.2.   Kinder – das Faustpfand der Familie

Ein weiteres Beispiel für das Mißverhältnis zwischen Staat, Gesellschaft und Familie bildet der Geburtenrückgang. Familien sind zwar gegenüber anderen gesellschaftlichen Institutionen im Nachteil, sie haben keine schlagkräftige Lobby, sie können auch nicht streiken, aber sie haben ein Faustpfand gegenüber der Gesellschaft, und das sind die Kinder bzw. die Bereitschaft, Kinder in die Welt zu setzen oder eben nicht.

Seit Mitte des 19. Jahrhunderts ist ein stetiger Geburtenrückgang in Deutschland zu verzeichnen, und auch während des berühmten Baby Booms der sechziger Jahre in der Bundesrepublik wurden die alten Geburtenziffern des 19. Jahrhunderts nicht mehr erreicht. In der DDR war die Geburtenziffer zwar höher als in der Bundesrepublik, gleichwohl war auch hier seit den achtziger Jahren ein Abwärtstrend zu verzeichnen, der freilich erst nach der Wende dramatische Ausmaße annahm. Während die Geburtenziffer 1989 bei 1,6 lag, betrug sie 1992 noch 0,8. In der Bundesrepublik dagegen hat sie sich seit Mitte der siebziger Jahre auf 1,4 Geburten pro Frau im gebärfähigen Alter eingependelt (vgl. BMFuS 1994).

Da wir mit Sicherheit davon ausgehen können, daß der Geburtenrückgang in den neuen Ländern auf die veränderten Lebensbedingungen als da sind – tatsächliche oder befürchtete – Arbeitslosigkeit, Wegfall von Kinderunterbringungsmöglichkeiten usw. zurückzuführen sind, kann man vermuten, daß gegenwärtig Kinderwünsche aufgeschoben werden, die unter besseren Umständen noch realisiert werden. Dabei bedeutet freilich, wie Nave-Herz (1988) in ihren Untersuchungen gezeigt hat, ein hinausgeschobener Kinderwunsch häufig, daß doch keine Kinder mehr geboren werden, sei es, daß die biologische Uhr geschlagen hat, sei es, daß man sich an ein Dasein ohne Kinder gewöhnt hat.

Betrachten wir nun den Geburtenrückgang in den neuen Ländern als Konsequenz einer Ausnahmesituation, so stellt sich gleichwohl die Frage, ob die konstant niedrigen Geburtenziffern in den alten Ländern als ein Indiz für den Zerfall der Familie gewertet werden müssen.

Zunächst einmal muß betont werden, daß sich der Geburtenrückgang in erster Linie auf die durchschnittliche Anzahl der von einer Frau geborenen Kinder bezieht und erst in zweiter Linie auf Kinderlosigkeit überhaupt. Die Gründe dafür, daß die Anzahl der Kinder in einer Familie auf eins-zwei zurückgegangen ist, sind vielfältig. Bezogen auf den säkularen Geburtenrückgang wird argumentiert, daß in früheren Zeiten Kinder einen ökonomischen Nutzen bedeuteten, weil sie bereits in relativ jungen Jahren durch eigene Arbeit zum Familienunterhalt beitrugen. Heute dagegen stellen Kinder nur noch einen psychologischen Gewinn dar, und der wird auch durch ein oder zwei Kinder realisiert (vgl. Nauck 1992). Zweitens war die Säuglingssterblichkeit mit 30-50 Prozent sehr hoch, man konnte nie sicher sein, wieviele der geborenen Kinder überhaupt das Erwachsenenalter erreichen würden. Drittens hat die Eltern-Kind-Beziehung sich in immer stärkerem Maße emotionalisiert, man fühlt sich für jedes Kind in weit höherem Maße verantwortlich als früher. Wer aber viele Kinder hat, kann sich nicht in ausreichendem Maße um sie kümmern und hat nicht die finanziellen Mittel, sie ebenso gut auszustatten wie Familien mit weniger Kindern. Neben alleinerziehenden Müttern stehen kinderreiche Familien, d.h. solche mit drei und mehr Kindern, in der Bundesrepublik finanziell besonders schlecht da (vgl. Kaufmann 1990).

Betrachtet man nur den Zeitraum seit dem Rückgang des Baby Booms in den späten sechziger Jahren, so lassen sich die oben genannten Gründe noch ergänzen: erstens hat sich die Zeit, die man im Bildungssystem verbringt vor allem für Frauen enorm verlängert, dies bedeutet, daß Kinderwünsche hinausgeschoben werden – und wie bereits erwähnt – sich häufig nicht mehr realisieren. Zweitens sind die Verhütungsmittel für alle jungen Frauen zugänglich, während dies in den sechziger Jahren für unverheiratete junge Mädchen keineswegs der

Fall war. Und drittens schließlich ist das leidige Problem der Vereinbarkeit von Erwerbs- und Familientätigkeit zu nennen, dessen Lösung, wie man am Beispiel der DDR oder aber auch Schwedens sehen kann, die Neigung, Kinder zu bekommen, deutlich erhöht. Kinder haben zwar für ihre Eltern keineswegs mehr einen ökonomischen Nutzen, aber sie haben ihn in hohem Maße für die Gesellschaft in ihrer Gesamtheit. Ihr Nutzen wird offenbar darin gesehen, die zukünftigen Renten und später Pflegeleistungen für ihre Eltern zu erbringen, deren Kosten die öffentlichen Haushalte schwer belasten.

Dieser instrumentellen Sichtweise auf Kinder entspricht aber nicht die Sichtweise von Eltern. Für sie besteht der Wert von Kindern nicht darin, der Gesellschaft zukünftige Rentenzahler zuzuführen, sondern, wie aus einer Untersuchung des Deutschen Jugendinstituts hervorgeht, machen Kinder das Leben intensiver und erfüllter und geben einem das Gefühl, gebraucht zu werden. Dieser Auffassung waren jedenfalls 94 Prozent der 10 000 Befragten (vgl. Dannenbeck 1990). Daher hat es wenig Sinn, die Geburt von Kindern zur Staatsbürgerpflicht zu deklarieren, sondern es geht vielmehr darum, die Bedingungen herzustellen, die es Eltern ermöglicht, Verantwortung für ihre Kinder zu übernehmen. Aus dieser Perspektive ist auch die sogenannte Kinderpolitik oder Politik für Kinder ein zweischneidiges Schwert, da sie einer weiteren Ausdifferenzierung von Familien- und Kinderleben Vorschub leistet. Anders formuliert, es scheint mir wichtiger, die Arbeitsorganisation für Frauen und Männer so umzustrukturieren, daß Eltern und Kinder mehr Zeit füreinander haben, als die pädagogische Verwaltung der Kindheit zu intensivieren.

Ausdifferenzierung von Familien und Kinderleben

Wir können davon ausgehen, daß das Spannungsverhältnis zwischen der Familie und anderen Institutionen nur dann gemildert – wenn auch kaum beseitigt – wird, wenn sich nicht nur die Familie anpaßt, sondern umgekehrt auch eine Anpassung an die besondere Beziehungsform der Familie stattfindet.

3. Der innere Zusammenhalt der Familie

Wie aber steht es nun mit der inneren Verfassung der Familie? Und damit komme ich zu dem zweiten von René König entwickelten Grundbegriff der Familiensoziologie, der Desorganisation der Familie. Mit diesem Begriff bezeichnet König die Auflösung des besonderen Familienzusammenhangs als Zeugungs- und Intimgruppe. Desorganisation kann sowohl aus biologischen Gründen durch Tod eines Familienmitglieds wie aus sozialen Gründen resultieren, nämlich Scheidung, Trennung aber ebenso Entfremdung bei Aufrechterhaltung des Familienzusammenhangs nach außen.

Auflösung des Familienzusammenhalts

Bis zur Jahrhundertwende war Desorganisation der Familie durch Tod das am häufigsten zu beobachtende Ereignis, während wir über das Ausmaß der Zerrüttung nichts wissen. Gleichwohl aus zahlreichen Autobiographien des 18. und vor allem des 19. Jahrhunderts können wir entnehmen, daß der Familienzusammenhang eher durch ökonomische Zwänge und Standesinteressen erhalten wurde als durch emotionale Bindungen und personenbezogene Interaktionen. Am Ende des 20. Jahrhunderts ist zwar immer noch der Tod die häufigste Ursache für die Auflösung der Familien, aber es tritt dieses Ereignis erst im relativ hohen Alter ein. Familienauflösungen in jungen und mittleren Lebensjahren finden durch Scheidung statt, wobei auch hier wieder die Frage nach der Anzahl der innerlich entfremdeten Ehen offen bleiben muß, man aber vermuten kann, daß im Vergleich zu früher eher für Scheidung oder Trennung optiert wird, als den äußeren Zusammenhalt zu wahren. Diese Entwicklung ist nichts weniger als logisch. In dem Maße wie ökonomische und rechtliche Zwänge entfallen, eine Ehe aufrechtzuerhalten, und gleichzeitig die Basis, auf der sie geschlossen wurde, nämlich wechselseitiges Vertrauen und Zuneigung nicht mehr gegeben ist, wird eine Scheidung höchst wahrscheinlich. Dies bedeutet freilich nicht, daß es nicht auch heute noch andere Gründe als „Liebe" zur Aufrechterhaltung von Ehen gibt. So lassen sich z.B. Eltern seltener scheiden als Kinderlose, und auch gemeinsamer Hausbesitz mindert offenbar die Neigung, sich scheiden zu lassen (vgl. Wagner 1991). Der drastische Rückgang der Scheidungszahlen seit 1990 in den neuen Bundesländern beweist, daß Existenzangst und Rechtsunsicherheit zur Aufrechterhaltung von Ehen beitragen, die ansonsten vermutlich geschieden worden wären. Im Jahre 1989 wurden in der DDR von je 10 000 bestehender Ehen 122,8 geschieden. Im Jahre 1990 waren es noch 79 und 1991 nur noch 22,6. Seit 1992 ist wiederum ein leichter Anstieg auf 26,4 zu verzeichnen (vgl. BMFuS 1994).

Innerer Familienzusammenhalt als Prozeß Man kann also aus steigenden oder fallenden Scheidungszahlen weniger auf den inneren Zusammenhalt von Ehen schließen, als auf die gegebenen Möglichkeiten sich zu trennen, wenn der innere Zusammenhalt nicht mehr vorhanden ist. D.h. „wenn" – wie René König formuliert – „in der Familie auf Grund besonderer Umstände die personale Eigensubstanz der beteiligten Personen bedroht und damit eine gesunde Auswirkung des Intimzusammenhanges unmöglich gemacht wird" (König 1974, S. 83). Hieraus folgt die Frage, inwiefern diese „besonderen Umstände", die die Auflösung des inneren Zusammenhalts der Familie bewirken, etwas mit dem Verhältnis Familie – Gesellschaft zu tun haben? Zunächst einmal, der innere Zusammenhalt ist nicht ein einmal Gegebenes, ein Ding an sich, das entweder vorhanden ist oder nicht, sondern es handelt sich um einen Prozeß, der sich in ständigen Interaktionen bestätigt und gleichzeitig verändert. Bestätigung und Veränderung finden über Kommunikationen statt, in denen man sich über Alltägliches und Besonderes verständigt. Über diese Verständigungsprozesse machen sowohl die erwachsenen Familienmitglieder wie die Kinder die Erfahrung der Zusammengehörigkeit zu anderen wie die Erfahrung, in ihrer Individualität einzigartig zu sein. Dies gilt in besonderem Maße für die Eltern-Kind-Beziehung. Dabei handelt es sich aus historischer Perspektive insofern um eine neuartige Situation als sich die Struktur der innerfamilialen Kommunikation verändert hat. Während noch bis in die sechziger Jahre die Eltern als Autoritätspersonen auftraten, deren Regeln und Normen die Kinder sich zu fügen hatten, belegen empirische Untersuchungen, daß seit einer Reihe von Jahren Eltern-Kind-Interaktionen in der Tat als Verständigungsprozesse im Sinne des wechselseitigen Aushandelns von Situationsdefinitionen und Handlungsmöglichkeiten ablaufen (vgl. Jugendwerk der Deutschen Shell 1985; Oswald/Boll 1992).

Diesem Wandel hat auch der Gesetzgeber mit der ihm eigentümlichen Verspätung Rechnung getragen. Seit 1980 spricht das Familienrecht nicht mehr von der „elterlichen Gewalt", sondern von der „elterlichen Sorge" (vgl. Limbach 1988).

Doch unabhängig davon, ob Eltern mehr oder weniger autoritär oder liberal sind, Sozialisation in der Familie ist in keinem Fall ein Prozeß, der in erster Linie als Erziehung, d.h. als intentionale pädagogische Unternehmung zu verstehen ist. Vielmehr ist die Persönlichkeitsentwicklung des Kindes, sein Selbstwertgefühl, sein Vertrauen in die eigene Kompetenz primär ein Ergebnis dessen, was in den selbstverständlichen, alltäglichen Interaktionen „zwischen den Zeilen" gelesen wird. Alltagsleben aber läßt sich nicht rationalisieren und auf bestimmte Ziele zuschneiden, weil sich sein Sinn erst im Vollzug konstituiert. Diese nicht-intentionalen Elemente der Eltern-Kind-Interaktion sind nicht substituierbar, auch nicht durch die Institutionen der öffentlichen Erziehung, und umgekehrt ist es nicht Sache der Familie, den Kindern das Wissen und die Fähigkeiten zu vermitteln, die dem ausdifferenzierten Funktionsbereich der Schule angehören.

Die nicht-intentionalen Elemente des Sozialisationsprozesses

Strukturell befindet sich die Familie gegenüber dem Bildungssystem, insbesondere der Schule, in einem ähnlichen Gegensatz wie ihn René König für das Verhältnis von Familie und Wirtschaft konstatiert. Allerdings gehört das Bewußtsein dieser Diskrepanz offenbar nicht zum allgemeinen Wissensbestand, sonst dürften Familie und Schule sich nicht in ständigen wechselseitigen Schuldzuschreibungen erschöpfen: die Eltern werfen der Schule vor, daß sie nicht adäquat auf die individuelle Persönlichkeit ihres Kindes eingeht, und die Schule hält der Familie vor, daß sie ihr Kinder abliefert, die nicht die vom System Schule als wünschenswert erachteten Eigenschaften und Verhaltensmuster aufweisen. Es ist zu vermuten, daß die Diskrepanz in den Funktionsprinzipien von Familie und öffentlicher Erziehung sich während der letzten Jahrzehnte gesteigert hat. Eltern legen heute mehr denn je Wert auf die individuelle Entfaltung ihrer ein bis zwei Kinder, während die Schule mit der paradoxen Aufgabe konfrontiert ist, *alle* Kinder zu fördern und gleichzeitig nach Leistungen zu selegieren. Beides sind Prinzipien, die der individuellen Entfaltung nicht gerade förderlich sind. Das Jammern darüber, was die Familie – und übrigens auch die Schule – angeblich früher einmal leisteten und heute nicht mehr, ist völlig unangebracht. Die funktionale Differenzierung, die das Kennzeichen moderner Gesellschaften ist, hat weder vor der Familie noch vor der Schule halt gemacht. Familien haben ein Eigenleben, das auf die Bewältigung des Alltagslebens spezialisiert ist, ihre Möglichkeiten, den spezifischen Anforderungen anderer Institutionen zu genügen, sind nicht unbeschränkt, wäre es anders, ginge sie ihrer Eigenschaft, eine Gruppe „besonderer Art" zu sein, verlustig.

Diskrepanz zwischen Familie und Schule

Literatur

Adorno, T.: Familie. In: Institut für Sozialforschung (Hrsg.): Soziologische Exkurse, Frankfurt a.M. 1956, S. 116-123.

Beck, U.: Risikogesellschaft. Auf dem Weg in eine andere Moderne. Frankfurt a. M. 1986.

Bell, N.W./Vogel, E. F.: Introductory Essay: Toward a Framework for Functional Analysis of Family Behavior. New York, London 1968, S. 1-34.

Bowlby, J.: Mutterliebe und kindliche Entwicklung. München 1972.

Bundesministerium für Familie und Senioren: Datensammlung zu Formen und Strukturen des familiären Zusammenlebens und zur Geburtenentwicklung. Bonn 1994 (unveröffentlicht).

Dannenbeck, C.: Was ist Eltern wichtig? In: DJI Bulletin, 16, (1990) S. 7 (a).

Dannenbeck, C.: Einstellungen zur Vereinbarkeit von Familie und Beruf. In: Bertram, H. (Hrsg.): Die Familie in den neuen Bundesländern. Opladen 1992, S. 239-260 (b).

Jugendwerk der deutschen Shell: Jugendliche und Erwachsene '85, Bd. 1-5. Leverkusen 1985.

Kaufmann, F.-X.: Zukunft der Familie. Stabilität, Stabilitätsrisiken und Wandel der familialen Lebensformen sowie ihre gesellschaftlichen politischen Bedingungen. München 1990.

König, R.: Zwei Grundbegriffe der Familiensoziologie: Desintegration und Desorganisation der Familien. In: Materialien zur Soziologie der Familie, Bern 1946, 2. neugearb. und erw. Aufl. Köln 1974, S. 55-87.

Kohli, M.: Die Institutionalisierung des Lebenslaufs. Historische Befunde und theoretische Argumente. In: Kölner Zeitschrift für Soziologie und Sozialpsychologie 37 (1985), S. 1-29.

Lauterbach, W.: Erwerbsverläufe von Frauen. Erwerbsbeteiligung, Erwerbsunterbrechung und Wiedereintritt. Dissertation an der FU Berlin, Berlin 1992 (unveröffentlicht).

Limbach, J.: Die Entwicklung des Familienrechts seit 1949. In: Nave-Herz, R. (Hrsg.): Wandel und Kontinuität der Familie in der Bundesrepublik Deutschland. Stuttgart 1988, S. 11-35.

Meyer, S./Schulze, E.: Familie im Umbruch. Studie im Auftr. des Bundesministeriums für Familie und Senioren. Stuttgart 1992.

Nauck, B.: Fruchtbarkeitsunterschiede in der Bundesrepublik und in der Türkei. Ein interkultureller und interkontextueller Vergleich. In: Voland, E. (Hrsg.): Fortpflanzung: Natur und Kultur im Wechselspiel. Frankfurt a.M. 1992, S. 239-269.

Nave-Herz, R.: Kinderlose Ehen. Weinheim/München 1988.

Oswald, H./Boll, W.: Das Ende des Generationenkonflikts? Zum Verhältnis von Jugendlichen zu ihren Eltern. In: Zeitschrift für Sozialisationsforschung und Erziehungssoziologie 12 (1992), H. 1, S. 30-51.

Petzold, M.: Eheliche Zufriedenheit fünf Jahre nach der Geburt des ersten Kindes. In: Psychologie in Erziehung und Unterricht 37 (1990), S. 101-110.

Rossi, A. S.: From Lineage to Child to Self-Orientation: In: Parenting Across the Life Span, Biosocial Dimensions. Hrsg. Altmann, J./ Lancaster, L.B./Rossi, A.S./Sherrod, L.R., New York. 1987, S. 31-81.

Schwägler, G.: Soziologie der Familie. Ursprung und Entwicklung. Tübingen 1970.

Wagner, M.: Sozialstruktur und Ehestabilität. In: Mayer, K.U./Allmendinger, J/Huinink, J. (Hrsg.): Vom Regen in die Traufe: Frauen zwischen Beruf und Familie. Frankfurt 1991, S. 359-383.

III. 2. Schule

Andreas Flitner

Inhalt

Die Schule ist allbekannt, ist von jedem Menschen erfahren und wird von jedem beurteilt. Kaum eine Einrichtung ist öffentlicher Sichtbarkeit und allgemeiner Stellungnahme so zugänglich, kaum eine ist so vielfältigen Erwartungen und Bewertungen ausgesetzt. Auch die Möglichkeiten wissenschaftlicher Betrachtung und empirischer Erforschung von Schule sind vielfältig. Eine überzeugende „Theorie der Schule", die diese Vielfalt zu analysieren und zu ordnen vermöchte, gibt es bisher nicht. In einem Einführungswerk der Erziehungswissenschaft liegt es nahe, pädagogische (1), gesellschaftliche (2) und institutionskritische (3) Aspekte in den Vordergrund zu stellen und damit auf Reformdebatten der Gegenwart (4) hinzuführen.

1. Die Schule pädagogisch: als Generationen-Umgang

Wenn Erziehung in allgemeinster Definition der (sorgsame und fördernde) Umgang der älteren Generation mit der jüngeren, mit den Kindern und Jugendlichen ist, so ist für die Neuzeit kennzeichnend: ein wesentlicher Teil dieses Umgangs ist „veranstaltet" und organisiert in der Schule. Das heißt: er ist aus den familiären Lebens- und Arbeitsverhältnissen herausgelöst und einer eigenen Einrichtung übertragen worden. An die Stelle eines ‚naturwüchsigen‘ Mitlebens und

Schule – pädagogisch:
Generationenumgang

167

Lernens der Kinder in den Strukturen und Anforderungen der Erwachsenen tritt damit, jedenfalls für einen wesentlichen Teil des Tages, der Besuch der Schule

- als Ort regelmäßigen und systematisch aufgebauten Lernens, wie es Familie und Berufslehre nicht mehr hinreichend vermitteln können (1.1.);
- als Wirkungsfeld professioneller Lehrer und Lehrerinnen, die die Führung der Kinder übernehmen (1.2.);
- als behüteter und überwachter Aufenthalt, Sonderraum innerhalb einer Berufsgesellschaft, die die Kinder in ihrem Alltag nicht mehr brauchen kann (1.3.);
- als Ort der Jugendgeselligkeit und entwicklungsgemäßer Sozialisation (1.4.);
- als Stelle der Begegnung mit der berufsausübenden Erwachsenengeneration (1.5.).

1.1. Das *systematische und rational aufgebaute Lernen* anstelle des zufälligen oder mitvollziehenden Lernens ist Teil des Rationalitätsanspruchs, der sich auf das ganze neuzeitliche Leben richtet und schon in der frühen Neuzeit, besonders von J.A. Comenius und seinen Zeitgenossen, formuliert wurde. Jeden Tag, jede Stunde kann man etwas lernen, wenn es nur richtig dargeboten wird: Vom Nahen zum *Systematisches Lernen* Fernen, vom Einfachen zum Komplizierten, immer dem Alter und dem Verständnis entsprechend, hygienisch über den Tag, die Woche, das Jahr verteilt, mit Bewegung und mit Vergnüglichem gemischt – kurz: das ganze Leben der Kinder als eine ‚Didactica magna' arrangiert. Das Ziel dieser Anstrengungen steht für Comenius außer Frage: Viel lernen, viel wissen, viel können entspricht dem Willen Gottes und der Bestimmung des Menschen. Der Mensch soll nicht ein vegetierendes Wesen sein, sondern ein blanker, lebendiger Spiegel der Schöpfung, die nach Gottes Willen zu immer mehr Ordnung und Vernunft gebracht werden muß. Das alles kann nicht das alltägliche und berufliche Leben leisten, wohl aber der Ort, der das Kinderlernen organisiert: die Schule (vgl. Comenius 1657).

1.2. Systematisches Lernen setzt *professionelle Lehrerinnen und Lehrer* voraus. Ausgebildete, sachkundige Fachleute müssen das „Lehren" und „Erziehen" im Auftrag der älteren Generation betreiben. Arbeitsteilung und Ausbildung sind *Professionelles Lehren* Kennzeichen der modernen Berufsgesellschaft; der Lehrerstand mußte sich diese Qualifikationen erst nach und nach erstreiten. Er mußte sich lösen aus Berufsgruppen, die früher etabliert waren und das Lehramt mit ausübten: Pfarrer, städtische Rechen- und Wägemeister, Küster, auch Veteranen, meist Unteroffiziere aus der Armee, wurden lange Zeit als hinreichend vorgebildet angesehen, um in der Schule das Lehramt auszuüben. Ein Berufsstand mit eigener Ausbildung, eigener fachlicher und pädagogischer Kompetenz und mit eigenem Aufsichtswesen hat sich erst Schritt für Schritt im 19. und 20. Jahrhundert durchgesetzt.

1.3. Daß die Schule auch ein *Lebensraum für Kinder* ist oder sein soll, haben erst die Reformpädagogen des frühen 20. Jahrhunderts als eine wesentlich ihr zugehörige Aufgabe angesehen und mit einer vielseitigen Praxis bedacht. Das Ler- *Lebensraum* nen, so wurde ihnen deutlich, ist als bloße didaktische Veranstaltung, als Tätigkeit des Aufnehmens und Einübens wenig wirksam. Lernen gehört zusammen mit den Interessen der Kinder, mit dem Lösen ihrer eigenen Probleme, mit ihren

168

Beziehungen zu wichtigen Personen und mit der ganzen Erfahrung und Sicht der Welt, in der sie aufwachsen. Wo das Lernen sich abkoppelt vom „Leben" oder ihm gar feindlich entgegentritt als Zwang, Entfremdung und Bedrückung, da gedeiht nicht nur das Lernen selber schlecht, sondern – schlimmer – es gedeihen die Kinder nicht. Die Schule wird zum Alpdruck, oder – häufiger – zum Ort gleichgültig absolvierter Pensen, die mit der Person, mit den eigentlichen Interessen und Bedürfnissen der Kinder nichts zu tun haben. Die Zweiteilung des Kinderalltags in einen Pflichtteil und ein persönliches Leben entspricht natürlich nicht der Absicht und Zielsetzung der Schule, schon deshalb nicht, weil sie auch dem zuerst genannten und unumstrittenen Zweck der Schule, dem des Lernens und der Bildung, entgegenarbeitet. Es erwächst daraus die beinahe paradoxe Forderung, daß von den Lebensbeziehungen und der „Praxis", aus der sich die Schule ausgegliedert hat, so viel wie möglich auf eine gereinigte und förderliche Weise in der Schule wieder hergestellt werden muß. Die Schule muß ein zweckvoll gestalteter „Lebensraum" werden, wenn das Lernen nicht ins Abseits geraten soll.

1.4. Auch als Ort des *Zusammenseins von Kindern und Jugendlichen*, als Stätte der Sozialwerdung in der Altersgruppe ist die Schule nicht unproblematisch. Ihre bevorzugte Organisationsform ist die Jahrgangsklasse und die jedenfalls angestrebte, ungefähre Leistungshomogenität der Kinder. – Sie wird durch jährliches Sitzenlassen der „Schlechten", durch Leistungsdifferenzierung oder durch Drei- oder Viergliedrigkeit so gut als möglich aufrechterhalten und bleibt dennoch eine Fiktion. Sie ist „koedukativ" organisiert und führt dennoch, in allen selbstgewählten Aktivitäten, zu einer starken Trennung der Geschlechter, leider auch noch oft zu ihrer klischeehaften Profilierung gegeneinander. Kurzum, in ihren Sozialisationswirkungen ist sie durchaus umstritten, und dem häufig vorgebrachten Argument, Schule müsse heute die fehlende Geschwisterfamilie ersetzen, entspricht die Schulklasse gerade wegen ihrer Organisationsform nicht.

Umgang mit anderen Kindern

1.5. Für den *Umgang mit der Erwachsenengeneration*, den die Schule gewissermaßen stellvertretend für die „Gesellschaft" leisten und anbieten soll, ist sicher eine wichtige Tatsache, daß die Kinder hier auf berufsausübende Lehrerinnen und Lehrer treffen und daß sie jedenfalls an dieser Stelle einen Einblick in die Erwachsenen-Berufswelt bekommen, der ihnen an anderen Stellen, oft auch gegenüber den Berufen ihrer Eltern, versagt bleibt. Als bedenklich erscheint jedoch die Tatsache, daß, jedenfalls in Westdeutschland, die Altersstruktur der Lehrerschaft nicht „normal" gehalten wird, sondern so verzerrt ist, daß das Kollegium ganzer Schulen heute generationsmäßig mehr den Großeltern als den Eltern der Kinder nahesteht. Hier sind die Generationenstruktur und die Erfahrungsmöglichkeiten der Kinder verzerrt. Kinder haben aber einen Anspruch darauf, in ihrem Lehrkörper die Lebenserfahrung, die Haltung und den Generationshabitus verschiedener Altersgruppen anzutreffen und damit das Generationengefüge berufstätiger Menschen unserer Gesellschaft kennenzulernen.

Umgang mit Erwachsenen

2. Die Schule gesellschaftlich: als öffentliche und rechtliche Institution

Die heutige Schule beruft sich auf mancherlei Vorläufer: antike Schreiberschulen, mittelalterliche Klöster, Anstalten der Adelserziehung, Katechismus- und Gelehrtenschulen u.a.m. Historische Elemente sind zwar aus diesen Vorläufern durchaus in die neuzeitliche Schule eingegangen, und auch in der Grundstruktur des Lehrplans läßt sich eine zweitausendjährige Entwicklung erkennen (vgl. Dolch 1959). Dennoch ist die neuzeitliche Aufgabe und Organisation der Schule eng mit der modernen Staatlichkeit verbunden und durch sie bestimmt. Auch wenn es allgemeine Schulordnungen und Pflichtbesuch der staatlich-kirchlichen Schulen schon früher gab, so ist doch erst mit dem weltlichen Verfassungsstaat, mit der Französischen Revolution und der von ihr proklamierten Rechtsgleichheit der Staatsbürger, mit der allgemeinen Schulpflicht und den öffentlichen Anstrengungen für ein generelles Schul-Angebot die neuzeitliche Schule ingang gekommen (vgl. Leschinsky/Roeder 1976).

Schule – gesellschaftlich

Sie soll hier gekennzeichnet werden

- als Teil der modernen Staatlichkeit und der Ansprüche des säkularen Staats an seine Bürger (2.1.);
- als Garant des Bürgerrechts auf Bildung, Teil der Grundrechte; zugleich als Angebot gesellschaftlich relevanter Qualifikation und damit verbundener Sozialchancen (2.2.);
- als Instanz gesellschaftlicher Selektion und der Zuteilung von Laufbahnprivilegien in der Gesellschaft (2.3.);
- als Subsystem der Gesellschaft mit eigenartigen Ungerechtigkeiten und Gefahren (2.4.).

2.1. Schule ist *Teil der modernen Staatlichkeit,* seit der Staat sich als Verfassungsstaat demokratischer Natur oder zumindest als säkularer und aufgeklärter Rechtsstaat versteht. Damit ist nicht gesagt, daß der Staat der alleinige oder vorwiegende Träger der Schule sein muß; er kann die Organisation durchaus anderen Trägern überlassen. Aber er definiert die Eckpunkte der Schule: die Schulpflicht, die allgemeinen Inhalte, die Prüfungen und die davon abhängigen Berufs- bzw. Zugangsqualifikationen. Die Legitimation dazu nimmt der Staat aus seinem Auftrag, öffentliche Ordnung zu schaffen und alle Bürger zu befähigen, in dieser Ordnung zu leben. In der Demokratie bedeutet das insbesondere: das Wahlrecht und andere Mitwirkungsrechte wahrzunehmen, aber auch Kaufverträge und Verwaltungsvorgänge zu verstehen, das eigene Wirtschaften zu berechnen usw. Lesen, Schreiben, Rechnen, Formulieren der eigenen Meinung, politische Bildung, administratives und ökonomisches Verständnis gehören zu den Minima, die der Staat seinen Bürgern abverlangt und deren Einhaltung er durch ein eigenes Schulangebot oder durch Kontrolle der nicht von ihm geführten Schulen garantiert.

Staatseinrichtung

Aber nicht nur um dieses allgemeine Bürger-Minimum ist er besorgt, sondern auch um die darauf aufbauenden gesellschaftlichen und wissenschaftlichen Qualifikationen, von der Berufsausbildung bis hin zu den akademischen Staatsprüfungen. Auch hier muß die Durchführung nicht unbedingt beim Staat selber liegen; sie kann z.B. von den Selbstverwaltungsorganen der Berufsgruppen getragen werden. Wohl aber behält sich der Staat auch hier die Aufsicht, mindestens die Kontrolle einer Rechtsförmigkeit der Prüfungen und der damit erworbenen öffentlichen Ansprüche vor.

2.2. Gleichzeitig aber weiß sich der demokratische Staat zuständig für die Grundrechte seiner Bürger. Ein „*Recht auf Bildung*" ist zwar in den meisten Grundrechtskatalogen nicht ausdrücklich formuliert. Es ergibt sich aber aus zahlreichen dort formulierten Rechten (vgl. Dahrendorf 1965). Das Leben in der Neuzeit stellt für die berufliche und für die allgemein-bürgerliche Existenz hohe Anforderungen an die intellektuellen, die sprachlichen, die lebenspraktischen Fähigkeiten aller Bürger; wer sie nicht erfüllt, ist in der modernen Gesellschaft schwer benachteiligt. Auch hier ist ein Sockelniveau, ein Minimum in jeder Generation neu festzulegen. Darüber hinaus aber ist zu fragen, wie weit die besonderen Fähigkeiten, Begabungen oder Sachinteressen, die sich schon in der Kindheit zeigen, einen rechtlichen Anspruch auf Ausbildung haben. Der Bürgerrechtsgedanke dehnt sich unter dieser Fragestellung aus auf alle Formen der Begabungsförderung: Kann die Hochbegabung eines Mozart nur dort zum Zuge kommen, wo sie durch väterliche und fürstliche Förderung außergewöhnliche Entwicklungsbedingungen findet? Oder sollte das Gemeinwesen nicht auch dafür verantwortlich sein, daß das reiche Potential der Begabungen sich bei jedem Kind zu entfalten vermag? Der neuzeitliche Staat hat mit seinem Schulwesen auf sehr verschiedene Weise besonders begabte Kinder auch besonders gefördert, sowohl in seinem eigenen Interesse, als auch von der Idee des Entfaltungsrechts dieser Kinder her.

Recht auf Bildung

2.3. Damit stellt sich freilich das *Problem der Selektion*. Damit Kinder die passende Förderung erhalten, muß differenziert und zugeteilt werden; für eine anspruchsvolle Förderung müssen auch Ansprüche an die Kinder gestellt und muß entsprechende Auslese getroffen werden. Die Ausleseverfahren aber sind unsicher; Zeugnisse und Tests geben wenig Auskunft darüber, ob das Kind unter anderen Bedingungen und durch andere Personen nicht zu ganz anderen Leistungen hätte geführt werden können. Zudem sind die verschiedenen Bildungswege, welche die Schule anbietet, immer zugleich auch Vorentscheidungen für mögliche Studien- und Berufswege, und damit für mögliche Positionen in der Gesellschaft. Man hat die Schule in dieser Hinsicht als eine „Zuteilungsapparatur für Sozialchancen" (Schelsky 1957) bezeichnet. So lange es hochgestellte und hochbezahlte neben niedriggestellten und -bezahlten Berufen in der Gesellschaft gibt, ist das Schulsystem mit seinem Angebot und seiner Auslese an der Reproduktion gesellschaftlicher Ungleichheit beteiligt (vgl. Bourdieu/Passeron 1971; Jencks 1973). Diese Funktion kollidiert aber mit seiner grundrechtlichen Aufgabe, alle Kinder zu fördern. Je früher und je zwingender die Schule ihren Ausleseprozeß betreibt, um so stärker benachteiligt sie die Kinder, die – aus sehr verschiedenen, auch aus psychischen und sozialen Gründen – in diesem Ausleseprozeß nicht gut abschneiden. Hier läuft die Schule sogar Gefahr, durch ein schlechtes Bild ihrer Leistungen die Kinder selber zu entmutigen und damit zu dequalifizieren, statt

Selektion

sie zu fördern. Eine besondere „kompensatorische" Förderung für die Kinder mit Schulschwierigkeiten ist deshalb, insbesondere bei behinderten und bei sprachlich benachteiligten Kinder, angezeigt; aber auch sie ist, wegen der Absonderungswirkungen, nicht unproblematisch. Kurzum: die Probleme der Auslese, der passenden Förderung für jedes Kind, und der allgemeinen, grundrechtlich gebotenen Förderung aller Kinder lassen sich organisatorisch nicht „rein" lösen. Sowohl die gemeinsame Grundschule wie die stufenweise sich differenzierende Sekundarschule sind hier auf Kompromisse unter den verschiedenen Aufgabenstellungen angewiesen.

Teilsystem der Gesellschaft

2.4. Die Schule ist, soziologisch gesehen, aber auch ein *Subsystem der modernen Gesellschaft*, dem Umfang und der Bedeutung nach eines ihrer größten Subsysteme, in dem Millionen von Kindern und Jugendlichen und Hunderttausende von Lehrerinnen und Lehrern einen wesentlichen Teil ihres Lebens verbringen. Dieses System bildet in bestimmten Zügen die jeweilige Gesamtgesellschaft ab. Es weist aber zugleich eine Reihe von Eigentümlichkeiten auf, in denen sich Probleme dieser Gesellschaft verstärken oder auch entzerren. Von jeher hat man wahrgenommen, daß die bildungsbürgerliche Mittelschicht in der Schule gut gefördert wird und besonders gute Erfolgsaussichten hat. Für Mädchen ist die Schule als Ort der Leistungsförderung und guter Noten offenbar besser geeignet als für Jungen; in bestimmten Lernbereichen jedoch (besonders in Naturwissenschaften, Informatik und Technikunterricht) in ihrer „koedukativen" Organisation sehr nachteilig. Mit ihrem hohen Anteil von weiblichem Lehrpersonal stellt die Schule aber dasjenige Berufsfeld dar, das die akademische Frauenarbeit als erstes akzeptiert hat und das die berufstätige Frau auch den Schülerinnen und Schülern von früh auf vor Augen führt. Daß die Grundschule fast ausschließlich Frauendomäne ist, daß andererseits die Leitungsaufgaben in den Schulen überwiegend von Männern wahrgenommen werden, wird zwar seit langem kritisiert, ändert sich aber nur langsam. Die besonderen Mentalitäten und Probleme, die der Lehrerberuf erzeugt, wären Gegenstand einer Berufssoziologie des Lehrerstandes; sie steht, ebenso wie eine eigene Organisationssoziologie der Schule, erst noch in ihren Anfängen.

3. Schule als künstlicher Lebensraum

Künstlichkeit der Schule

Die Schule bildet, abseits der übrigen Gesellschaft, einen separaten Sozialraum für das organisierte Lernen. Das ist für die Sicherung ihres Zwecks unerläßlich, andererseits aber gerade durch die Abtrennung von „Leben" und „Gesellschaft" für die sozialen und emotionalen Grundlagen des Lernens gefährlich. Man muß sich die Künstlichkeit dieser Organisation Schule immer wieder bewußt machen.

Problematisch als Sozialgebilde

Die Schlagworte „Sozialisation durch die Altersgenossen" und „Attraktivität der peer-Gesellschaft" mogeln über die Tatsache hinweg, daß die Massierung von hunderten von Kindern unter der Obhut etlicher Berufspädagogen ein ganz und gar artifizielles und für das Aufwachsen fragwürdiges Gebilde ist. Gruppen im Sinne von Arbeitsgemeinschaften oder von gruppendynamischen Beziehungen

172

lassen sich da allenfalls durch Unterteilung bilden. Eine „Klasse" in der Größe von 25-30 Kindern ist durch die Grenzen der Lehrerstimme und der Überschaubarkeit oder Disziplinierbarkeit festgelegt. Eine plausible soziale Einheit, in der die Zusammenarbeit erlernt und das Leistungsgefälle produktiv gemacht werden könnte, und in der die Aufmerksamkeit auf Gemeinsames und Verschiedenes, z.B. der Geschlechter oder der Herkunftskulturen gerichtet würde, ist sie nicht. Und vollends das Nebeneinander von 20-50 solcher Klassen, die gemeinsam einen Schulhof überschwemmen oder zu einer Feier oder Direktorenansprache zusammengenötigt werden – wer wollte das als einen gestaltbaren Erfahrungs- und Lebensraum, als „Sozialisation durch die Altersgenossen" noch rechtfertigen?

Der Schulalltag ist aus Gründen der Organisation, der Raum-, Material- und Fachlehrernutzung, so wie er ist, nicht aber um der Erziehung oder des Lebens der Kinder willen. Von der Gemeinsamkeit, etwa von Älteren und Jüngeren, wird meistens in den Schulen kein Gebrauch gemacht. Eine energisch durchgeführte Unterteilung in Kleingruppen oder arbeitsfähige Teams findet sich selten. Neben der Massierung ist vor allem die übliche Fachunterrichtsorganisation dem Lebensraum abträglich. Der Stundentakt, der ständige Lehrerwechsel, oft auch Raumwechsel, der Stundenplan als zusammenhanglose Abfolge von 5-6 verschiedenen Fächern täglich machen es fast unmöglich, daß persönliche Interessen aufkommen. Eigene Fragen der Kinder können als Fragestellungen des Unterrichts kaum aufgenommen werden. Vertiefung und gründliches Arbeiten, Ausschöpfen einer Fragestellung sind nur ausnahmsweise möglich. Auch die Zusammenarbeit von Lehrenden verschiedener Erfahrung und verschiedener Fächer, ja selbst die Bezugnahme z.B. des Geschichtsunterrichts (Französische Revolution) auf den Literaturunterricht (Dichtung der Revolutionszeit) und den Sozialkunde- und Politikunterricht (Konzepte der Demokratie) gelingen selten und sind meist nicht das Ergebnis sorgfältiger Absprachen. Das alles sind Kennzeichen und Mißstände einer hochkünstlichen Lernorganisation, nicht aber einer gestalteten Lern- und Lebenswelt für Schülerinnen und Schüler, die sie als förderlich, erfreulich, als sie angehend und ihnen hilfreich erfahren können.

Lehrende, die sich mit diesen Vorgaben nicht abfinden mögen, geben Freiheit und Anregung für eine persönliche Gestaltung der Schulräume. Sie suchen die Lernergebnisse greifbar und sichtbar werden zu lassen. Sie suchen den Stundenplan zu ersetzen durch sach- und aufgabengemäße Zeitorganisation. Sie unterteilen die Klassen in Arbeitsgruppen und wollen die Kinder an der Planung und Gestaltung des Arbeitens so weit als möglich beteiligen. Kurzum, sie suchen der Schulorganisation Wege und Weisen des Arbeitens abzugewinnen, in der die Lernthemen einen anderen Zugang zu den Kindern finden können, weil sie ihrer Initiative, ihren Vorstellungen und Bedürfnissen näher kommen. Diese Versuche nennen sich, im weiten Wortsinne „Schulreform" (Klafki 1983; Flitner 1993; Hentig 1993; Röhrs/Lenhart 1994).

Fachlichkeit, Stundentakt

173

4. Schule im Wandel – Reformdebatte

Reformimpulse haben es von jeher damit zu tun, in dem Wust von äußeren Zwängen, Ansprüchen und Erwartungen den pädagogischen Sinn von Schule wieder aufzuspüren und Arbeits- und Organisationsformen zu finden, in denen sich dieser zur Geltung bringen kann. Die Spannung zwischen Reformimpulsen, die dieses Ziel verfolgen, und den immer wieder sich durchsetzenden institutionellen Zwängen und übermächtigen Organisationsformen scheint unaufhebbar **Reformimpulse** zur Schulsituation zu gehören. Man kann sie vermindern, aber offenbar nicht ganz ausräumen. Und wenn die offizielle Politik pädagogische Vorschläge aufnimmt und das allgemeine Schulwesen entsprechend verändert, so bilden sich auch zwischen diesen offiziellen, mit Behördenmacht ausgestatteten Reformen und den Initiativen reformorientierter Lehrerinnen und Lehrer immer wieder neue Spannungsflächen, neue Diskrepanzen. Die staatliche Schulverwaltung hat, auch unter der Leitung reformorientierter Administratoren, ihrem Wesen und ihrer Aufgabe nach die Rechtlichkeit, die Gleichbehandlung und die Organisierbarkeit von Schule im Auge. Sie soll die Schularbeit schützen gegen Willkür, gegen Faulheit und Marotten der Lehrenden, gegen egoistische Gruppenansprüche von Eltern, auch gegen labile Persönlichkeitszüge und gegen ungehörige persönliche oder politische Leidenschaften derer, die in der Schule tätig sind. Die Schutz- und Kontrollaufgabe aber macht die Schulverwaltung leicht blind für originelles, engagiertes Arbeiten und für reformerische Impulse von Lehrenden. Auseinandersetzungen über Reformen und über besondere Schulprofile werden damit leicht als Störungen von Ordnung und Verwaltbarkeit der Schule angesehen und entsprechend behindert.

Eine rationale Vermittlung zwischen den Konfliktpartnern Reformschule und Administration wird heute angestrebt durch wissenschaftliche Begleitung oder andere Beratungshilfe, die von außerhalb gewährt werden kann. Auch in der Schulverwaltung breitet sich die Einsicht aus, daß ohne die Initiativen unverdrossener Praktiker, ohne die Neigung, das „System" Schule immer wieder mit neuem Leben zu füllen, ohne auch die Kompetenz, die Einsicht, die Erfahrung mit immer neuen Jugendgenerationen, d.h. ohne Reform- und Umgestaltungswillen aus der Lehrerschaft die Schule nicht lebendig bleiben kann. Die gegenwärtigen Versuche, möglichst viel von der Administrationsgewalt und -kompetenz an die Schulen selber zu verlegen (z.B. in Bremen, Hamburg, Hessen), rechtfertigen sich insbesondere von diesen Argumenten her.

Reformen leben vom Vertrauen in die Personen, die die Schule besuchen und betreiben. Die Grundrichtung aller Reformversuche geht auf höhere Selbständigkeit, auf Eigenverantwortung der Jugendlichen für das Lernen, auf Gemeinsamkeit des Arbeitens statt dauernder Konkurrenz, kurz auf „Demokratisierung" der Schule im weiteren Sinne des Wortes, und auf einen möglichst hohen **Demokratisierung** Anteil von interessiertem, identifiziertem Lernen. Eine wichtige Tendenz heutiger Reformbestrebungen zielt auf Einbeziehung von „Praxis" in die Schule (vgl. Fauser u.a. 1991; AfB/RBS 1993), einmal als gestaltende eigene Arbeit, als Produktion, als manuelles oder dramatisches Gestalten, aber auch als Brückenschlag zu praktischen Aufgaben des Soziallebens außerhalb der Schule. Das heißt nicht,

174

daß Schullernen in Aktionen aufgelöst werden kann oder daß die Systematik des Lernens und die Kontinuität des Übens preisgegeben werden könnten. Unterricht und Üben aber können sich anlagern an Projekte eigener Arbeit, in denen die Initiative, die Sinnstruktur der Aufgabe und die Zusammenarbeit der Lernenden im Zentrum stehen, und in denen die Schülerinnen und Schüler die Erfahrungen machen, daß ihre eigene Arbeit unerläßlich ist für das Gelingen des ganzen, und daß diese Arbeit mit ihnen selber, mit ihrer Gegenwart und Zukunft zu tun hat. Daß insbesondere ökologische Fragestellungen, die von vielen Fächern aus ansteuerbar sind, heute in hohem Maße geeignet sind, das direkte Interesse der jungen Generation zu finden, wird von vielen Lehrenden wahrgenommen und hat bei ihnen selber neue Lernprozesse ingang gebracht.

Demokratisierung des Lernens in diesem weiten Sinne ist das Hauptthema der heutigen Reformdebatten. Es kann freilich nicht nur als Thema der „inneren Reform" wirksam werden, sondern ist abhängig von Reformen der Schulverwaltung und der Schulaufsicht, durch die die Schulen nicht zu kontrollieren, sondern fachlich und pädagogisch zu unterstützen sind. Eine pädagogisch orientierte Organisation mit dem Ziel einer Demokratisierung, in der sich die Schulverwaltung als Partner der Schulen versteht und das Reformpotential der Schulen herausfordert und verstärkt, ist erst im Entstehen begriffen (vgl. Rosenbusch 1993).

Pädagogische und politische Auseinandersetzungen um die Schule, Kritik an bestehenden und Suche nach neuen Formen muß es allezeit geben. Schule ohne den Reformwillen eines Teils derer, die die Schule betreiben oder für sie mit verantwortlich sind – dazu gehören auch die Eltern und die SchülerInnen selber – würde bald erstarren und zu einer Zwangsanstalt verkommen, wie wir sie in so manchen Lebenserinnerungen porträtiert finden und auch heute noch antreffen können. Schulen ohne Kritik, ohne immer neue Impulse, ohne Ringen um bessere Formen sind eigentlich nicht denkbar. „Schola semper reformanda" – die Schule kann ohne ständig neue Versuche, Anregungen und Reformen nicht gedeihen, schon weil ständig andere Kinder mit ständig neuem Gepäck auf dem Rücken morgens in die Schule kommen.

Literatur

Akademie für Bildungsreform (AfB)/Robert Bosch Stiftung (RBS): Praktisches Lernen. Ein Memorandum. Weinheim 1993.

Bildungskommission NRW: Zukunft der Bildung – Schule der Zukunft. Denkschrift der Kommission „Zukunft der Bildung – Schule der Zukunft" beim Ministerpräsidenten des Landes Nordrhein-Westfalen. Neuwied 1995.

Böttcher, W./Klemm, K. (Hrsg.): Bildung in Zahlen. Statistisches Handbuch zu Daten und Trends im Bildungsbereich. (Veröffentlichungen der Max-Traeger-Stiftung Bd. 23) Weinheim/München 1995.

Bourdieu, P./Passeron, J.G.: Die Illusion der Chancengleichheit. Stuttgart 1971.

Comenius, J.A.: Große Didaktik (1657). Hrsg. v. A. Flitner. Stuttgart ⁴1993.

Dahrendorf, R.: Bildung ist Bürgerrecht. Hamburg 1965.

Dick, L. v.: Alternativschulen. Information, Probleme, Erfahrungen. Reinbek 1979.

Dolch, J.: Lehrplan des Abendlandes. Zweieinhalb Jahrtausende seiner Geschichte. Ratingen 1959.

Fauser, P. u.a. (Hrsg.): Lernen mit Kopf und Hand. Berichte und Anstöße zum Praktischen Lernen in der Schule.. Weinheim [2]1991.

Faust-Siehl, G./Garlichs, A./Ramseger, J./Schwarze, H./ Warm, U.: Die Zukunft beginnt in der Grundschule. Empfehlungen zur Neugestaltung der Primarstufe. Reinbek 1996.

Fend, H.: Theorie der Schule. München 1980.

Flitner, A.: Reform der Erziehung. Impulse des 20. Jahrhunderts. München [2]1996.

Hentig, H.v.: Die Schule neu denken. Eine Übung in praktischer Vernunft. München 1993.

Herrmann, U. (Hrsg.): Schule und Gesellschaft im 19. Jahrhundert. Weinheim 1977.

Jencks, Ch.: Chancengleichheit. Reinbek 1973.

Klafki, W.: Plädoyer für den „Mut zu den kleinen Schritten" im Blick auf die „großen Perspektiven". In: Die Deutsche Schule 75 (1983), S. 184-194.

Leschinsky, A./Roeder, P.M.: Schule im historischen Prozeß. Stuttgart 1976.

Max-Planck-Institut für Bildungsforschung: Das Bildungswesen in der Bundesrepublik Deutschland. Neuausg. Reinbek 1994.

Melzer, W./Sandfuchs, U. (Hrsg.): Schulreform in der Mitte der 90er Jahre. Strukturwandel und Debatten um die Entwicklung des Schulsystems in Ost- und Westdeutschland. Opladen 1996.

Preuß-Lausitz, U.: Die Kinder des Jahrhunderts. Zur Pädagogik der Vielfalt im Jahr 2000. Weinheim/Basel 1993.

Röhrs, H./Lenhart, V. (Hrsg.): Die Reformpädagogik auf den Kontinenten. Ein Handbuch. Frankfurt 1994.

Rolff, H.-G. u.a. (Hrsg.): Jahrbuch der Schulentwicklung. Weinheim, seit 1980.

Rosenbusch, H.: Reform der Schulaufsicht. In: Schulmanagement 24(1993), H. 5, S. 9-13 und H. 6, S. 9-15.

Schelsky, H.: Schule und Erziehung in der industriellen Gesellschaft. Würzburg 1957.

Schulze, Th.: Schule im Widerspruch. München 1980.

Tillmann, K.-J. (Hrsg.): Was ist eine gute Schule ? Hamburg 1989.

Wagenschein, M.: Verstehen lehren, genetisch – sokratisch – exemplarisch. Weinheim [9]1991.

III. 3. Vor- und außerschulische sozialpädagogische Einrichtungen

Werner Schefold

Inhalt

1. Überblick

Vor- und außerschulische sozialpädagogische Einrichtungen begleiten den Lebensweg von Kindern und Jugendlichen – von der Amtspflegschaft für nichtehelich Geborene bis zur Jugendberufshilfe im Übergang zur Erwerbsarbeit. Sie umfassen: Kinderkrippen, Tagesmütter, Kindergärten, Familienbildungsstätten, Erziehungsberatungsstellen, sozialpädagogische Familienhilfe, Heime, Jugendzentren, -häuser, -clubs, Jugendverbände, Horte, Jugendsozialarbeit u.v.m. Diese weite und in sich vielfältige Landschaft von sozialen Orten und Praxisformen (vgl. Achter Jugendbericht 1991; Kreft/Lukas 1992) weist ein breites Spektrum von Dienstleistungen aus: Erziehung und Bildung, Versorgung, Betreuung, Pflege, Beratung, Unterstützung und Hilfe.

Flankierung des Lebenslaufs

Sozialpädagogische Einrichtungen sind so in modernen Industriegesellschaften in Kindheit und Jugend Teil des institutionalisierten Lebenslaufes und für viele Ort biographierelevanter Prozesse (vgl. Schefold 1993):

– familienbezogene soziale Dienste (Beratung, Bildungsstätten, Pflegefamilien, Heime u.a.) unterstützen, ergänzen und ersetzen von den ersten Lebenstagen an die Institution Familie in der Wahrnehmung ihrer zentralen Versorgungs- und Sozialisationsaufgaben;

177

- Kindertagesstätten geben der „vorschulischen" Kindheit einen in modernen Gesellschaften unverzichtbar gewordenen institutionell abgesicherten Raum;
- die Laufbahnen und Übergänge in und zwischen Institutionen werden durch soziale Einrichtungen (Beratung, Schulsozialarbeit, sozialpädagogische Berufshilfen, Jugendgerichtshilfe u.a.) begleitet;
- in der Jugendphase bietet Jugendarbeit (Jugendzentren, -verbände, -gruppen, Initiativen) Gelegenheiten und soziale Räume an, die für individuelle Entwicklung, soziale Integration und Emanzipation wichtig sind;
- ein Spektrum von ambulanten und stationären Erziehungshilfen (Beratung, Betreuung; Heime) versuchen, im Lebensverlauf beim Auftreten von Erziehungsdefiziten, abweichendem Verhalten, Krisen, kritischen Lebensereignissen u.a. Normalisierung zu leisten.

Sozialpädagogische Einrichtungen als Ergebnisse von Modernisierung

Diese Landschaft von sozialpädagogischen Einrichtungen ist in einem Modernisierungsprozeß entstanden, in dem sich zwei Linien verschränkt haben. Zum einen sind durch die Dynamiken der Industriegesellschaft Probleme für das Aufwachsen von Kindern und Jugendlichen entstanden: überforderte Familien, Bildungs- und Erziehungslücken, Devianz und Normalisierungserwartungen. Zum anderen sind diese Probleme im Zusammenspiel von sozialstaatlicher Politik, expandierender Fachlichkeit und gesellschaftlichen Akteuren wie Kirchen, Verbänden und sozialen Bewegungen auf der Linie einer „einfachen" Modernisierung bewältigt worden: durch die Differenzierung und Institutionalisierung neuer Einrichtungen und Praxisformen.

Leistungen Funktionen

Sozialpädagogische Einrichtungen sind zumeist multifunktionale Einrichtungen, in ihren Zielen breit angelegt und in ihren Programmen im Prinzip subjekt- und situationsorientiert. Diese Orientierung steht oft in Widerspruch zu Normalisierungserwartungen von Öffentlichkeit, Institutionen und sozialpädagogischen Einrichtungen selbst. Sozialpädagogische Einrichtungen nehmen allgemeine Bedarfslagen im Lebenslauf auf – so der Kindergarten –, wie Probleme, die an spezifische soziale Lagen (z.B. kumulative Benachteiligung in einem sozialen Brennpunkt), Lebensgeschichten (z.B. Kompetenzdefizite, Verhaltensauffälligkeit) und Lebensereignisse (z.B. Scheidung der Eltern) gekoppelt sind. Ihr Leistungsspektrum reicht vom Angebot, umfassende Lebenszusammenhänge zur Verfügung zu stellen (Heime), bis zur einmaligen Hilfe in singulären Problemlagen. Sozialpädagogische Einrichtungen sind in ihren Aktivitäten und Interaktionen meist an soziale Orte gebunden; dieser Ortsbezug tritt bei vielen neueren Arbeitsformen – so z.B. Beratungsdiensten, Straßensozialarbeit – zurück.

nstitutionelle Verfassung

Sozialpädagogische Einrichtungen haben eine eigene institutionelle Verfassung. Während z.B. in der Schule pädagogische Prozesse durch Lehrpläne, feste Unterrichtsformen und Prüfungsrituale geprägt sind, stellen sozialpädagogische Einrichtungen rechtlich nur gerahmte, sozialräumlich lose verankerte, mit öffentlichen Mitteln und professioneller Kapazität ausgestattete *Potentiale* zur Bewältigung unterschiedlicher Aufgaben dar. Diese Aufgaben beziehen sich meist auf Fragen der Lebensführung und sind in hohem Maße verständigungsbedürftig. Sozialpädagogische Einrichtungen sind an Lebensgeschichten und Lebenswelten gebunden. Sie stehen im Kontext der Situation in Ausbildungs- und Arbeitsmärkten, in Wohngebieten und Freizeitszenen.

Die starke Problem- und Subjektorientierung sozialpädagogischer Einrichtungen bedingt eine eigene Dynamik von Strukturen (vgl. Giddens 1992): Organisationsformen, Träger- und Fachtraditionen, professionelle Kompetenzen strukturieren einerseits pädagogische Prozesse, werden andererseits – weit stärker als z.B. in der Schule – durch diese fortlaufend modifiziert. Dabei sind sozialpädagogische Einrichtungen insgesamt eher unterinstitutionalisiert. Weder Kindergärten und Heime noch gar Jugendarbeit sind durch Lehrpläne, verbindliche Definitionen von Mitgliedschaft, fixierte Rollen, institutionalisierte Laufbahnregelungen, administrative Hierarchien des Personals bestimmt, sie sind nicht in lokal übergreifende Leitungs- und Verwaltungshierarchien eingebunden, obwohl es dies alles in sozialpädagogischen Einrichtungen in Ansätzen auch gibt.

Diese relative Offenheit steht auch in Korrespondenz zur politischen Struktur der Träger. Sozialpädagogische Einrichtungen haben ihre Träger weitgehend im intermediären Bereich von Kirchen, Wohlfahrts- und Jugendverbänden, Vereinen und Initiativen. Belebt durch lokale soziale Szenen findet sich eine Pluralität in Weltanschauungen, fachlichen Konzepten und Organisationsformen.

Im folgenden sollen Kindergärten und Jugendarbeit als Typen sozialpädagogischer Einrichtungen dargestellt werden.

2. Beispiel: Kindergärten

Für Kinder im vorschulischen Alter gibt es eine Reihe sozialpädagogischer Einrichtungen: Kindertagesstätten, Kinderkrippen, Kindergärten, sozialpädagogisch begleitete Angebote wie Eltern-Kind-Gruppen, Tagesmütterbetreuung, Pflegefamilien. Für Drei- bis Sechsjährige haben sich *Kindergärten* als Regeleinrichtungen im institutionalisierten Lebenslauf durchgesetzt. In den alten Bundesländern gab es 1990 bei dieser Altersgruppe einen Versorgungsgrad von 78,3%, in der alten DDR von 113% (vgl. DJI 1993, S. 36). Der für 1996 vorgesehene Rechtsanspruch auf einen Kindergartenplatz dokumentiert die hohe öffentliche Akzeptanz dieser sozialpädagogischen Einrichtung.

Geschichte

Die Idee einer Erziehung von Kindern an eigenen Orten begleitete von Anfang an die Entwürfe der neuzeitlichen Pädagogik. Frühe Formen waren die Kleinkinderschulen für das Bürgertum, die Kleinkinderbewahranstalten für die Armen, die pädagogische bzw. fürsorgerische Ziele verfolgten (vgl. Großmann 1990). Der im 19. Jahrhundert einsetzende Industrialisierungsprozeß setzte die Versorgung von Kindern aus dem entstehenden Proletariat als Aufgabe jenseits der Familie frei; Kindheit wurde darüber hinaus zunehmend als eigene Bildungsphase verstanden. Angeleitet von den Überlegungen F. Fröbels entstanden um 1840 die ersten Kindergärten.

In der jüngeren Geschichte haben Kindergärten in den beiden deutschen Gesellschaften unterschiedliche Entwicklungen genommen. Während sie in der DDR als Teil des allgemeinen Volksbildungssystems und zur Absicherung einer nahezu vollständigen Berufstätigkeit der Frau unter zentralistisch gesetzten Erziehungszielen und -plänen normaler Bestandteil des Lebenslaufregimes wurden,

Deutsche Entwicklung

179

haben sie sich als normale Lebenslaufstation in der alten Bundesrepublik erst sukzessive durchgesetzt. Die herkömmliche, vor allem konfessionelle Kindergartenarbeit wurde Ende der sechziger Jahre durch die antiautoritäre Kinderladenbewegung, durch Elterninitiativen kräftig in Frage gestellt; die Bildungsreform beförderte das Anliegen kompensatorischer Erziehung und intellektueller Frühförderung. Der Bildungsanspruch gegenüber den „vorschulischen" Kindern verfestigte sich letztlich in der allgemeinen Orientierung, Kinder umfassend, alltagsnah und spielerisch in ihrer Entwicklung zu fördern.

Pädagogische Profile   Eine im Ansatz kindorientierte Pädagogik zur Stärkung alltäglicher, insbesondere sozialer Kompetenzen im Rahmen des „Situationsansatzes" prägt heute die pädagogischen Profile von Kindergärten; sie werden durch spezifische Modelle (z.B. der Montessori- oder Waldorf-Pädagogik) bereichert. Aus praktischen Erfahrungen und sozialwissenschaftlicher Fundierung hat sich eine eigene Fachlichkeit ausgebildet; sie mischt sich mit kindbezogenen milieuspezifischen und musischen Traditionen in vielen Einrichtungen zu eigenen Formen von Kinder(garten)kultur.

Funktionen   Kindergärten entlasten Familien, sie sind in funktionalisierten Wohnumwelten unverzichtbare soziale Orte für Kinder, sie fördern umfassend die Entwicklung von Kindern, insbesondere im Bereich sozialen Lernens. Sie fungieren als Anlaufstelle für Dienstleistungen und differenzierte Angebote, bieten Integrationschancen für ausländische und behinderte Kinder, sind Ausgangspunkt für Elternarbeit und gemeinwesenorientierte Aktivitäten.

Spielräume   Kindergärten haben institutionelle Rahmenbedingungen, die breiten Gestaltungsraum für Träger (in den alten Bundesländern sind ca. 70% der Kindergärten in freier, vor allem kirchlicher Trägerschaft; vgl. DJI 1993, S. 54), Erzieherinnen und auch Eltern lassen. Ihr Betrieb ist auf der Grundlage des Kinder- und Jugendhilfegesetzes durch differenzierte Ländergesetze geregelt. Darunter fallen: allgemeine Ziele, Finanzierungsmodi, Raumangebote, Gruppengrößen, Umfang und Qualifikation des Personals, Elternbeteiligung.

Gestaltungsfähig in diesem Rahmen sind pädagogische Konzepte, Tagesabläufe, die individuelle Kultur von Einrichtungen in Spielen, Ritualen, Festen, Zusammenarbeit mit dem Gemeinwesen. Die Kindergartenlandschaft weist so lokal sehr unterschiedliche Einrichtungen mit differenzierten Leistungen und Funktionen aus (vgl. Berger 1992).

Herausforderung Sozialer Wandel   Diese Spielräume sind gegenwärtig gefordert: Die aktuelle Situation der Kindergärten ist durch einen Wandel von Anforderungen gekennzeichnet. Durch die politische Vorgabe des Rechtsanspruchs auf einen Kindergartenplatz ist in den alten Bundesländern eine neue Phase des Ausbaus von Plätzen eingeleitet; in den neuen Bundesländern steht die Sicherung und Renovierung überkommener Kapazitäten angesichts des Geburtenrückganges ab 1991 und die Transformation pädagogischer Konzepte und Praxisformen in Richtung pluraler pädagogischer Konzepte und stärkerer Kindorientierung an. Darüber hinaus stehen Kindergärten wie der gesamte Bereich vorschulischer Kinderbetreuung vor Herausforderungen, welche durch die Dynamik der Sozialstruktur bedingt wird: Die – regional sehr differenzierten – Veränderungen in der Familienstruktur (Zunahme der Frauenerwerbstätigkeit, steigende Zahl Alleinerziehender, vor allem Frauen, von Kindern in gemischten Familien; vgl. Achter Jugendbericht 1991) fordern eben-

180

so wie die steigende Zahl von Einzelkindern in den Wohnquartieren soziale Orte für Kinder, an denen ihre Versorgung ebenso wie das Zusammensein mit Gleichaltrigen als Voraussetzung fundamentaler Lernprozesse ermöglicht wird. Zugleich wachsen den Kindergärten als Orten der Interaktion von Kindern, Eltern und PädagogInnen Aufgaben zu, die aus den Wandlungstendenzen von Kindheit resultieren: Rollenwandel in der Familie, Individualisierung, Mediatisierung der Lebenswelten u.a. Sie sind in kreativen Lösungen zu beantworten. Medienpädagogische Arbeit erhält verstärkt Gewicht.

Einrichtungen versuchen dem durch die Flexibilisierung von Öffnungszeiten, Tagesabläufen, Spielformen, Lernangeboten, durch pädagogisch vertiefte Teamarbeit und die Mobilisierung von Eltern gerecht zu werden. Dabei sind differenzierte Strukturen notwendig. Trends gehen gegenwärtig hin zu Ganztagsangeboten, altersgemischten Gruppen in „Kinderhäusern", zu offenen, gruppenunabhängigen Spielräumen und -zeiten wie thematischen Beschäftigungen, zu differenzierten räumlichen Arrangements, zur Intensivierung der Elternbeteiligung, zu einer stärkeren Einbeziehung der sozialen Umwelt, zur Kooperation mit Grundschulen. Trends

Kindergärten stehen vor den Herausforderungen reflexiver Modernisierung: Sie müssen eine vertraute Lebenswelt für Kinder herstellen, eine verläßliche Dienstleistung für Familien erbringen und zugleich sich auf wechselnde Lebensbedingungen und Erwartungen von Familien und Kindern einstellen, für abbröckelnde Alltagstraditionen reflektierte sozialräumliche und pädagogische Angebote machen. Dazu sind von den Einrichtungen und Trägern autonome Lern- und Entwicklungsfähigkeiten gefragt. Sie erfordern Ressourcen. Die Qualität der Kindergärten gerät angesichts des quantitativen Ausbaus in Gefahr; notwendige Ressourcen (z.B. Geld, qualifiziertes Personal, Fortbildung, Verfügungszeiten der ErzieherInnen) sind unzureichend. Kindergärten stehen vor einem Zuwachs an Bedeutung im Lebenslaufregime moderner Gesellschaften; dessen Absicherung hinkt freilich hinterher.

3. Beispiel: Jugendarbeit

Jugendarbeit geschieht in Jugendzentren, -häusern, -clubs, Jugendverbänden und -gruppen, in Kirchengemeindehäusern, Feuerwehrhäusern und Rotkreuzstationen, Jugendbildungsstätten u.a.. Dies sind soziale Räume für Jugendliche, um sich zu treffen, die freie Zeit zu verbringen, Aktivitäten und Interaktionen zu entfalten, aber auch um an differenzierten Programmen teilzunehmen. Politisches, kulturelles, soziales Lernen und alltägliches Leben, Selbstartikulation und -organisation und Integrationsansprüche von Milieus und Institutionen verbinden sich in der Jugendarbeit. Landschaft

Jugendarbeit hat unterschiedliche historische Wurzeln. Auf die mit der Industrialisierung verbundene Proletarisierung und Urbanisierung reagierten gesellschaftliche Kräfte mit karitativen, auf Integration der „gefährdeten" Jugend gerichteten Einrichtungen und Vereinen. Die um Loyalität und Militärtauglichkeit besorgte Obrigkeit entwickelte Formen staatlicher Jugendpflege; Gegenbewegungen gegen die Vergesellschaftung von Jugend bildeten sich in der proletarischen Jugendbewegung wie, im kulturellen Bereich, in der bürgerlichen Jugendbewegung zu Beginn des Jahrhunderts. Einflüsse aus den Traditionen bürgerlicher Hilfe, staatlicher Fürsorge und politischer wie (sub-)kulturell motivierter Selbstorganisation finden sich bis heute. In den letzten Jahrzehnten gaben vor allem die sozialstaatlich geprägte Modernisierung mit ihren Sozialisationsansprüchen sowie Formen der Selbstorganisation von Jugendlichen, z.B. in der Jugendzentrumsbewegung, in Jugendszenen, Impulse für außerschulische sozialpädagogische Einrichtungen.

Geschichte

Jugendarbeit hat Teil an der sukzessiven Institutionalisierung von Jugend als eigenständiger Altersphase im Zuge der Modernisierung der Industriegesellschaften, die sich einerseits als Verschulung, andererseits in einer differenzierten Landschaft altersgleicher Gesellungsformen niederschlägt. Jugendliche assoziieren sich heute in privaten Räumen zuhause, in informellen Cliquen, lokalen Treffs, über kommerzielle Angebote wie Discos, Cafes, Kneipen, die sich zu lokalen „Szenen" vernetzen. Durch die Entwicklung und Verbreitung von Medien haben sich Handlungsmöglichkeiten erweitert.

Jugendarbeit als Teil moderner Jugend

Diese zwischen Groß- und Kleinstadt, Dorf, Ballungsgebiet und abgewandter Region unterschiedlichen Szenen von Orten und Gelegenheitsstrukturen bilden den Rahmen öffentlich geförderter, pädagogisch-professioneller Angebote. Einrichtungen der Jugendarbeit sind so immer schon Teil lokaler soziokultureller Infrastruktur, auf sozial und kulturell spezifische Bedarfslagen und konkurrierende Angebote verwiesen.

Einrichtungen der Jugendarbeit werden von Kommunen (so Jugendhäuser, Jugendzentren), von Jugendverbänden, von Vereinen und Initiativen getragen. Sie haben eine breite Palette von Angebotsformen: Neben der traditionellen Jugendgruppe des Verbandes, dem offenen Betrieb des Jugendzentrums finden sich zunehmend Arbeitsgemeinschaften, Projekte, Aktionen (vgl. Damm/Schröder 1987), punktuelle Veranstaltungen wie Konzerte, Dienstleistungen wie Jugendreisen oder Ferienangebote. Die Beziehungen von Jugendlichen zur Jugendarbeit reichen demgemäß von der festen Teilhabe an einer Gruppe, der formalen Mitgliedschaft in einem Verband bis hin zur losen Nutzung von Angeboten in der eigenen Clique; solch gezielte, situative Nutzungsformen überwiegen (vgl. Deutscher Bundesjugendring 1993).

Angebotsformen

Dies hängt mit einer starken Differenzierung von Bedarfslagen zusammen. Die Basismotivation von Kindern und Jugendlichen, mit anderen zusammenzusein, etwas zu erleben, anerkannt zu werden ist nach wie vor Grundlage für Jugendarbeit; sie fördert die Ablösung von der Herkunftsfamilie, das Selbständigwerden, die Schöpfung eigener sozialer Welten. Diese Motive sind heute jedoch auf eine Fülle von Lebensformen, Gesellungsformen und Stilen bezogen, die sich im Zuge der Individualisierung von Lebensformen und Pluralisierung der Lebensführung insgesamt entwickelt haben. Interessen, die sich auf Jugendarbeit beziehen, sind quasi unbegrenzt: sie konkretisieren sich in hoch individualisierten Präferenzen.

Bedarfslagen

Diese Differenzierung und Pluralisierung von Binnenstrukturen und sozialer Umwelt der Jugendarbeit bringt insgesamt eine starke Bedürfnis- und Situationsorientierung der Praxis mit sich. Sie ist als Ende der Jugendarbeit gedeutet worden. Zu Ende gekommen ist freilich nur ein Verständnis von Jugendarbeit, das jene als originäre, souveräne pädagogische Veranstaltung verstanden hat. Jugendarbeit ist immer noch Ort für spezifische, situativ konstituierte und biographisch vermittelte Erfahrungsmöglichkeiten und bietet Handlungschancen für PädagogInnen, die freilich eine starke räumliche und alltagskulturelle Kontextbezogenheit kennzeichnet.

Einrichtungen der Jugendarbeit haben in dieser Kontextbezogenheit eigene Chancen. Sie mischen unterschiedliche Strukturen: sie sind Teil des Alltags von Quartieren, von Großmilieus wie Kirchen, Gewerkschaften, stehen in den Traditionen von Verbänden. Sie sind Institutionen mit öffentlich gewährleisteten Ressourcen, Teil des jugendpolitischen Fördersystems; sie verfügen durch haupt- oder ehrenamtliche MitarbeiterInnen über eine spezifische Kultur der Jugendarbeit, die als eine in jahrzehntelanger Praxis, in Projekten und Aktionen aufgeschichtete Mischung von sozialpädagogischer Kompetenz, verbands- und milieuspezifischen Traditionen und Elementen jugendlicher Alltagskulturen verstanden werden kann. Einrichtungen der Jugendarbeit sind immer auch Schauplätze der Selbstorganisation von Jugendlichen, sie sind so an alltägliche Bedürfnisse und Interaktionsformen – Cliquen, Milieus – gebunden. Sie sind weder allein Clique noch partielle Sinn- und Handlungsprovinz (eines traditionellen Milieus oder Verbandes) noch pädagogische Institution, sondern sozialer Ort, an denen Interessen und Impulse unterschiedlicher Bereiche aufeinandertreffen. Einrichtungen der Jugendarbeit können gerade dann Bedeutung für einzelne im biographischen Prozeß erlangen, wenn sie die Differenzen zulassen und bearbeiten (vgl. Reichwein/Freund 1993): zwischen unterschiedlichen Generationen, zwischen Institution und jugendlichen Stilen und Handlungsmustern, zwischen alltäglichen und sozialpädagogischen Sinnzusammenhängen. Sie haben darüber hinaus auch Einfluß auf die Entwicklung von Organisationen und Milieus: der Jugend- auf den „Erwachsenenverband", das Jugendzentrum auf die Quartierszene.

Jugendarbeit repräsentiert heute ungleichzeitige Formen und Funktionen: das Jugendzentrum im Stadtviertel als festen Sozialraum im Alltag sozial benachteiligter Jugendlicher ebenso wie das hochspezialisierte Projekt für eine in den Gelegenheitsstrukturen der Multioptionsgesellschaft vagabundierende, launische Klientel. Die „kids" zwischen den kulturellen Mustern von Kindheit und Jugend haben sich in den letzten Jahren als Nutzer nach vorne geschoben. Bedeutung gewinnt langsam eine seit Jahrzehnten in der „Ju(n)gen(d)arbeit" vernachlässigte Mädchenarbeit, deren Anliegen ist, Räume für eigenbestimmte Erprobungsmöglichkeiten abzusichern. Jugendkulturarbeit erlebt angesichts der postmodernen Herausforderungen von Selbstdarstellung und Identitätsarbeit eine Konjunktur; sie umfaßt für Avantgarde-Kultur offene Arbeit ebenso wie modernisierungsresistente Folklore (vgl. Thole/Kolfhaus 1994). Die Ferne vieler Szenen und Gruppen zu den lokalen Einrichtungen, politisch induzierter Handlungsbedarf – z.B. mit „gewaltbereiten" Jugendlichen – haben Ansätze einer mobilen, „aufsuchenden" Jugendarbeit auf der Straße aufgewertet (vgl. Specht 1991; Krafeld 1993).

Diese Situation erfordert von Trägern und Professionellen ein hohes Maß von situativer Flexibilität. Die Reflexion der eigenen Praxis ist eine Daueraufgabe gegenwärtiger Jugendarbeit im Kampf um Kunden, öffentliche Finanzierung

Spezifische pädagogische Chancen

Trends

und Anerkennung. Ihr Sinn liegt im Aufspüren von Lernchancen, die sich gerade in der Jugendarbeit aus der „Kreuzung" sozialer Welten und Sinnbezüge ergeben.

Während Institutionalisierungsformen von Praxis so dauernd überholt werden, werden die institutionellen Voraussetzungen kreativer Anpassung immer bedeutsamer. Sie liegen in öffentlicher Förderung; Jugendarbeit hat gegenüber den sozialpolitisch gewichtigen Anforderungen von Kinderversorgung und Familienpolitik einen schweren Stand; sie liegen in der Beweglichkeit sozialer Akteure; Vereine und Initiativen unterhalb der großen Verbände haben hier vor allem in den neuen Bundesländern Potentiale (vgl. Schefold 1995). Sie liegen in der Kompetenz professioneller PädagogInnen, die in diesem Feld gleichsam exemplarisch pädagogische Praxis in der modernen Gesellschaft, die Pädagogik zugleich ihre festen Orte entzieht und sie ubiquitär macht, inszenieren können.

4. Entwicklungstendenzen

Neben Kindergärten und Jugendarbeit soll ein dritter Bereich sozialpädagogischer Einrichtungen, das Heim, noch kurz erwähnt werden. 63.451 Kinder und Jugendliche lebten Ende 1991 im Durchschnitt schon über drei Jahre in Heimen (Stat. Jahrbuch 1993, S. 516): in Einrichtungen, welche die alltägliche Reproduktion von Kindern und Jugendlichen außerhalb der eigenen oder einer anderen Familie, jenseits von verwandtschaftlichen Beziehungen auf der Grundlage von Recht, Geld, professioneller Arbeit organisieren, zugleich immer auch alltägliche Lebenswelt sind (vgl. Thiersch 1987). Die gegenwärtige Landschaft „stationärer Betreuung" in Deutschland bietet eine Vielfalt von Formen: es gibt Groß- und Kleinheime, sozialtherapeutische und heilpädagogische Heime, Kinderdörfer, Jugendwohngemeinschaften, betreutes Wohnen. In dieser Differenzierung von Formen entwickelt sich die Institution Heim – über ihre historischen Wurzeln in der Bewahranstalt bzw. Ersatzfamilie hinaus – zu einem System öffentlich und professionell gestützter eigenständiger, bunter Reproduktionsformen, welche den Bedürfnissen von Kindern und Jugendlichen vor dem Hintergrund labilisierter verwandtschaftlich begründeter Lebensformen gerecht zu werden hat (vgl. Winkler 1990).

Die gegenwärtige Situation der hier vorgestellten sozialpädagogischen Entwicklungen zeigt übereinstimmende Tendenzen. Kindergärten und Jugendarbeit haben es mit einem Wandel von Bedarfslagen zu tun: im Zuge der Pluralisierung von Lebenslagen und -formen und Individualisierung der Lebensführung differenzieren sie sich und ändern sich in der Lebenszeit. Dies bedeutet, daß sich institutionelle Ordnungen von Einrichtungen – die Strukturierung von sozialen Räumen, Zeitabläufen, Klientenbildern, Praxisformen, professionellen Profilen – überholen. Sozialpädagogische Praxis zieht aus ihren angestammten Orten aus, Adressaten werden neu definiert, Praxisformen revidiert.

Reflexive Modernisierung im doppelten Sinn bewegt sozialpädagogische Einrichtungen: sie hat mit der Erosion von Grundlagen und Routinen pädagogischer Praxis zu tun, und damit in Zusammenhang mit der Aufgabe, neue Praxisformen zu entwickeln. Dies zeigen Trends in Organisationsformen und pädagogischer Praxis:

Sozialpädagogische Einrichtungen

Herausforderung reflexive Modernisierung

- Um klassische, stationäre sozialpädagogische Einrichtungen herum – das Jugendzentrum, das Heim – entstehen ambulante Praxisformen. Die Entwicklung der Erziehungshilfe ist dafür ein Beispiel: Sie fokussiert sozialpädagogische Arbeit immer stärker am individuellen „Fall"; Hilfe wird zum fallbezogenen Arrangement biographisch sinnvoller und wirksamer Interaktionstableaus durch die Kooperation einer Vielzahl von Akteuren und Orten.

Sozialpädagogische Einrichtungen

- In den Einrichtungen werden Fähigkeiten wichtig, die eigene Praxis in ihren Wirkungen auf Biographien zu beobachten und zu reflektieren: Arrangements von Evaluation, Supervision, Praxisberatung und Organisationsentwicklung, um gegebene Ressourcen in neue Optionen für das fachliche Handeln umzusetzen.
- Zwischen den Einrichtungen werden Beobachtungs-, Reflexions- und Steuerungsinstanzen bedeutsam, welche den Wandel von Bedarfslagen und sozialpädagogischen Handlungsmöglichkeiten aufeinander beziehen können. Dies kann das klassische Jugendamt in modernisierter Form sein, können „Arbeitsgemeinschaften" (§79 KJHG) mehrerer Träger sein, neue Organisationsformen wie z.B. „Jugendhilfestationen" im Rahmen der Hilfen zur Erziehung (vgl. Rößler 1991). Dies kann durch Verfahren wie z.B. die kommunale Jugendhilfeplanung gesichert werden.
- In der Arbeit sozialpädagogischer Einrichtungen werden über die „Fälle" soziale Problemlagen thematisiert: so neue Formen von Armut, desintegrative Tendenzen des Schulsystems, das Versagen von Ausbildungs- und Arbeitsmärkten: Argumente für die Notwendigkeit von „Subpolitiken" (Beck 1993) in anderen institutionellen Bereichen, die freilich von sozialpädagogischen Einrichtungen nur angemahnt und mit Informationen befördert, nicht erzwungen werden können.

Die Wandlungstendenzen beeinflussen auch Ziele und Formen pädagogischen Handelns. Durch den Bezug auf gegenwärtige und zukünftige Lebensbewältigung und -führung ist pädagogisches Handeln den Problemen ausgesetzt, welche biographische Offenheit mit sich bringt. Normen der Lebensführung sind unsicher geworden, deren Umstände komplex; Ziele, Mittel, Formen, die in situativ inszenierten pädagogischen Programmen in Anschlag gebracht werden, stehen so unter hoher Ungewißheitsbelastung.

Chancen pädagogischer Praxis

Im reflexiven Modernisierungsprozeß haben sozialpädagogische Einrichtungen es nicht mehr mit eigener Kontinuierung auf der Linie weiterer Institutionalisierung, Spezialisierung und Professionalisierung zu tun, sondern damit, eigene Kapazitäten flexibel auf die Bearbeitung von externen „Fällen" anzuwenden und zu transformieren: so Kindergärten auf die „Fälle" vielfältig bestimmter Kinderwelten, Jugendarbeit auf die „Fälle" ortsgebundener jugendlicher Szenen, Heime auf individualisierte „Fälle" risikoreichen Aufwachsens. Das bedeutet, daß sich sozialpädagogische Einrichtungen weniger als eigene Binnenwelten, stärker als Akteure unter anderen in komplexen sozialen Welten und Biographien zu verstehen haben.

Institutionalisierung verschiebt sich von fixierten Konstellationen von sozialräumlichen Strukturen, traditionellen Klientengruppen und Praxisformen hin zur Institutionalisierung von Verfahren und Prozessen, welche das Spiel von

Wandel und Verstetigung der Einrichtungen in Interaktion mit ihren Umwelten reflektiert in Gang halten können.

In der Sicherung von Ressourcen zur Bewältigung des Wandels liegen somit die Herausforderungen, welche sozialpädagogische Einrichtungen sich in der gegenwärtigen Industriegesellschaft mit ihren fort- und gegenläufigen Modernisierungstendenzen gegenübersehen.

Literatur

Bäumer, G.: Sozialpädagogik. In: Nohl, H./Pallat, L. (Hrsg.): Handbuch der Pädagogik. Langensalza 1929 (Faksimile Weinheim/Basel 1981), Bd. 5, S. 3-28.

Beck, U.: Die Erfindung des Politischen. Frankfurt a.M. 1993.

Berger, I. u.a. (Hrsg.): Land-Kinder-Gärten. Freiburg 1992.

Böhnisch, L.: Sozialpädagogik des Kindes- und Jugendalters. Weinheim/München 1993.

Böhnisch, L. u.a. (Hrsg.): Handbuch Jugendverbände. Weinheim/München 1992.

Bundesministerium für Frauen und Jugend (Hrsg.): Achter Jugendbericht. Bonn 1991.

Damm, D./Schröder, A.: Projekte und Aktionen in der Jugendarbeit. Frankfurt a.M. 1987.

Deutscher Bundesjugendring (Hrsg.): Jugendverbände im Spagat. Münster 1993.

Deutsches Jugendinstitut: Tageseinrichtungen für Kinder. München 1993.

Giddens, A.: Die Konstitution der Gesellschaft. Frankfurt a.M./New York 1992.

Großmann, W.: KinderGarten. Weinheim 1990.

Krafeld, F.J.: Aufsuchende Jugendarbeit. Bremen 1993.

Kreft, D./Lukas, H.: Perspektivenwandel der Jugendhilfe. Nürnberg 1990.

Reichwein, S./Freund, M.: Karriere – action – Lebenshilfe. Opladen 1993.

Rößler, J.: Zur Gestaltung der Hilfen zur Erziehung nach KJHG in den neuen Bundesländern. In: Jugendhilfe 29 (1991), S. 198-208.

Schefold, W.: Das Projekt Sozialpädagogik. Ms. München 1993.

Schefold, W.: Das schwierige Erbe der Einheitsjugend. Jugendverbände zwischen Aufbruch und Organisationsmüdigkeit. In: Olk, Th. u.a. (Hrsg.): Vom Wertemilieu zum Dienstleistungsunternehmen. Frankfurt a.M. 1995.

Specht, W. (Hrsg.): Straßenkinder. Stuttgart 1991.

Thiersch, H.: Die Erfahrung der Wirklichkeit. Weinheim/München 1987.

Winkler, M.: Normalisierung der Heimerziehung? In: neue praxis 20 (1990), S. 429-439.

Thole, W./Kolfhaus, S.A. u.a.: Bunt und vielfältig. Stand und Entwicklung der Kinder- und Jugendkulturarbeit in NRW. Unna 1994.

III. 4. Betrieb

Klaus Harney

Inhalt

1. Definition von Betrieb
2. Pädagogik zwischen Schule und Beruf
3. Beruf und Betrieb
4. Der Betrieb als Ort der Pädagogisierung des Lebenslaufes

Literatur

Die pädagogische Bedeutung des Betriebs war nicht immer selbstverständlich. Sie ist – genau genommen – ein Phänomen der jüngeren Zeit. Seit Beginn der achtziger Jahre werden Betriebe im Zuge moderner Strategien der Personal- und Organisationsentwicklung in direkter Weise zu pädagogischen Handlungsfeldern wie auch zum Einsatzfeld ausgebildeter PädagogInnen (vgl. Harney/Nittel 1995; Arnold 1991). Bis zu diesem (nur unscharf bestimmbaren) Zeitpunkt waren Betriebe nicht direkt, sondern indirekt – nämlich im „Umweg" über die Form des Berufs – Gegenstand der Pädagogik. Obgleich wir in der Alltagssprache oft von Beruf sprechen, aber Betrieb meinen (und umgekehrt), ist es wichtig, beide Bereiche zu unterscheiden: Berufe stellen eine von Betrieben abgesonderte Form der Arbeitsteilung dar, die als Ordnungsgrundlage für Ausbildungsprozesse fungiert. Inwieweit Betriebe – auch wenn sie ausbilden – die Arbeitsteilung der Berufe in ihre eigene Arbeitsteilung übersetzen, hängt von wirtschaftlichen Überlegungen, Standorttraditionen, Rationalisierungsstrategien, Produktumstellungen usf. ab, steht also permanent zur Disposition (vgl. Harney 1990). Auszubildende spüren diese Tatsache daran, daß sie in Betrieben vieles nicht lernen, was sie für die Abschlußprüfung benötigen, oder daß sie vieles von dem, was sie in der Ausbildung gelernt haben, nach der Ausbildung betriebspraktisch nicht mehr verwerten können (vgl. Köhler/Preisendörfer 1988). Berufe stellen eine eigene – öffentliche – Realität dar, während Betriebe Räume privatwirtschaftlichen Handelns abgeben. Bislang hat sich die Pädagogik über den Beruf als öffentliche Realität auf den Betrieb bezogen (vgl. Stratmann 1992). Heute ist es eher umge-

kehrt. In jedem Fall bleibt die Bedeutung des Betriebs für die Pädagogik ungeklärt, wenn man sie nicht in den Unterschied von privat und öffentlich, von betrieblicher und beruflicher Orientierung des Handelns einbezieht.

1. Definition von Betrieb

Was Betriebe sind, scheint kaum erklärungsbedürftig zu sein. Unser Alltagswissen kennt Betriebe als Stätten der Arbeit, der Arbeitszeit, der Entlohnung, des
Akkords, der Karriere, der Umweltverschmutzung, des Stresses, der elterlichen
Abwesenheit usf. Insofern kommt dem Betriebsbegriff zunächst einmal die Bedeutung einer alltäglichen Selbstverständlichkeit zu. Aus wissenschaftlicher Perspektive sind Betriebe jedoch ein durchaus erklärungsbedürftiges Phänomen.

Aus betriebwirtschaftlicher Sicht sind Alternativen zur Betriebsförmigkeit
von Herstellungsprozessen jedoch durchaus denkbar. Jeder Betrieb steht immer
wieder vor der Frage, wie lang die Herstellungskette sinnvollerweise ist, die im
eigenen Betrieb angesiedelt wird und wie groß umgekehrt der Anteil der Teilfabrikate sein soll, die auf dem Markt – mithin: durch Tausch – erworben werden.
Mit dem Erwerb durch Tausch können – wie sich am Beispiel der Automobilin-
dustrie zeigen läßt – Vorteile verbunden sein: So gehört es beispielsweise zu den
üblichen Praktiken der großen Automobilfirmen, ihren Zulieferern Losgrößen
für Teilfabrikate mit Qualitäts- und Kostenvorgaben (beispielsweise eine bestimmte Zahl von Radaufhängungen mit vorab festgelegter Stückkostenhöchst-
grenze, geforderten Gewichts- und Festigkeitseigenschaften, Maßen für die Toleranz etc.) aufzuerlegen bzw. in Aussicht zu stellen, ohne sich an den Investiti-
onsrisiken, die mit der Einhaltung der Vorgaben verbunden sind, zu beteiligen.
D.h.: Es ist durchaus möglich, daß Losgrößen bei nachlassender Nachfrage nach
Automobilen gesenkt werden und die Zulieferer die wirtschaftlichen Folgen bereits getätigter Investitionen dann selber tragen müssen. In einem solchen Fall
bietet der Erwerb durch Tausch Kosten- und Risikovorteile, die der betriebsin-
terne Herstellungsvorgang nicht bietet. Verfügt ein Zulieferer jedoch über ein
Marktmonopol für seine Produkte, kann es günstiger sein, die innerbetriebliche
Herstellungskette zu verlängern. In jedem Fall ist es Sache des betriebswirtschaftlichen Kalküls, über die Eigenbetrieblichkeit von Herstellungsvorgängen
zu disponieren (vgl. Schneider 1987).

Auch aus historischer Sicht sind Betriebe keineswegs selbstverständlich gegeben. Vielmehr sind sie Produkt wirtschafts- und sozialgeschichtlicher Umwälzungen. Betriebe gab es also keineswegs immer schon. Wirtschaftlichkeit, Umgang mit Geld, Rentabilität usf. waren zwar auch unter vorindustriellen Bedingungen wichtige Rahmenbedingungen von Handel und Produktion. Sie traten
jedoch kaum in Reinform, sondern in der Regel vermischt mit anderen Orientierungen auf. Handwerker und Kaufleute waren in erster Linie anerkannte bzw.
„ehrbare" Stadtbürger und Zunft- bzw. Gildenmitglieder. So diente die Buchhal-
tungslehre bis ins 18. Jahrhundert hinein der Aufdeckung von Additionsfehlern
und nicht der einzelwirtschaftlichen Gewinnermittlung (vgl. Schneider 1987, S.
98). Die wirtschaftliche Tätigkeit war Ausfluß der gesellschaftlichen Stellung.

Die
betriebswirtschaftliche
Sicht

Die historische Sicht

188

Sie hatte sich ihr unterzuordnen. Heute ist es dagegen umgekehrt: Heute ist es durchaus üblich, die eigene gesellschaftliche Stellung über wirtschaftlichen Erfolg zu befestigen, was man daran sehen kann, daß Betriebe ihre Bedeutung normalerweise auf die von ihnen erzielten Umsatzzahlen und Manager ihren sozialen Rang auf die Angabe des ihnen eingeräumten Jahreseinkommens stützen.

Soziologisch gesehen sind Betriebe eigene, von anderen Systemen unterschiedene soziale Systeme. Diese Unterscheidung hat eine jeweils sachliche, zeitliche und soziale Dimension: Sachlich grenzen sich Betriebe von anderen Sozialsystemen ab (z.B. Familien, in denen Heim- oder Schwarzarbeit betrieben wird, oder von bäuerlich- hauswirtschaftlichen Lebensformen, in denen Arbeit für die Subsistenz im Vordergrund steht etc.). Betrieben geht es in sachlicher Hinsicht um das eigene einzelwirtschaftliche Überleben. Darauf gründet sich ihr primäres Thema. Für Familien ist dagegen wirtschaftliches Überleben zwar erforderlich. Es ist aber nicht ihr primäres Thema: Wer aus wirtschaftlichen Gründen heiratet, kann das jedenfalls nicht vorbehaltlos nach außen kommunizieren und dafür Anerkennung erwarten. Vergleichbares gilt für bäuerlich-hauswirtschaftliche Lebensformen: Hier steht die Wahrung von Besitz und Tradition im *Die soziologische Sicht* Vordergrund: Das einzelwirtschaftliche Überleben ist natürlich auch für diese Lebensformen wichtig, dient aber ebenfalls nicht als Primärorientierung, sondern als mitlaufende, durch (inzwischen brüchig gewordene) gesellschaftliche Rahmenbedingungen verbürgte Notwendigkeit. In zeitlicher Hinsicht sind Betriebe auf eigene, von der Zeit anderer Systeme abgegrenzte Rhythmen angewiesen. Die Durchsetzung betrieblicher Zeit gegenüber Handwerksbräuchen („Blauer Montag"), unscharfen Arbeitszeiten auf dem Land, Familienzeit (Mitbringen von Kindern, gemeinsame Pausen im Werksgelände etc.), kirchlicher Zeit usf. gehört zu den Modernisierungsfolgen der Industrialisierung. In sozialer Hinsicht erzeugen Betriebe eigene Ansprüche an die Persönlichkeit der MitarbeiterInnen. Diese Ansprüche gelten traditionellerweise nur innerhalb der Grenzen, durch die Betriebe sich nach außen hin unterscheiden – im Unterschied etwa zu Ansprüchen, die sich aus der Inhaberschaft von Berufen, Titeln, Ämtern etc. ergeben. An Berufe kann man von überall her Erwartungen richten. Berufe verfügen in der Regel über gesellschaftsweit verbreitete Images und Standards. Bei Betrieben war das bis in die jüngere Zeit hinein nicht der Fall. Sieht man von großen Firmen mit langer Tradition ab, dann galt für Betriebe, daß ihre Images und ihre Standards in der Regel nur innerhalb ihrer eigenen Grenzen wirksam waren.

2. Pädagogik zwischen Schule und Beruf

D.h.: Im Unterschied zu universalen Normen (d.h.: Normen von gesellschaftlich allgemeiner Bedeutung) durch die sich soziale Tatsachen wie Elternschaft, Be- *Die Partikularität von* ruflichkeit, Nachbarschaft usf. auszeichnen, sind Betriebe durch die Partikulari- *Betrieben* tät ihrer Normen und Standards gekennzeichnet. Man kann es auch paradox formulieren: Das Universale an Betrieben ist ihre Partikularität.

Die Gründe dafür beruhen darauf, daß der Betrieb als Form des einzelwirtschaftlichen Handelns im Zuge der Industrialisierung aus gemeinschaftlichuniversalen Formen des Handelns wie Zünften, Klöstern, Adelsfamilien heraus entstanden ist. Die Teilung der Erwerbsarbeit erfolgt heute innerhalb von Betrieben. Unter vorindustriellen Bedingungen fand dagegen die Arbeitsteilung zwischen Korporationen statt (vgl. Henkel/Teubert 1979).

Historisch ist die Pädagogik deshalb zunächst auch von der Entstehung öffentlicher Dienstleistungen ausgegangen. Der Ort, auf den sie sich vorrangig bezog, war die Schule. Die Entstehung der Pädagogik setzt die Entstehung eines öffentlichen Interesses an Erziehung und Lernen voraus. Ein solches Interesse entstand erst mit dem Aufkommen des neuzeitlichen Staates, der den traditionell an die Stände gebundenen politischen Gewalten eigene Ansprüche gegenüberstellte. Mit der Rolle des Staatsbürgers kam es dann zu einer Art Konkurrenzverhältnis zur ständischen Zugehörigkeit. Als öffentliche Rolle unterschied die Rolle des Staatsbürgers zwischen dem Raum der Öffentlichkeit auf der einen und der Privatsphäre auf der anderen Seite (vgl. Habermas 1971).

Als Reflexion öffentlichen Geschehens setzt die Pädagogik die Unterscheidung zwischen öffentlicher und privater Sphäre voraus: Der öffentliche Raum vor allem der Schule wird im Verlauf des 19. Jahrhunderts zum Ort der erzieherischen Einwirkung auf das Privatleben, das unter schulischem Blickwinkel einem dauernden Prozeß der Bewertung und Anerkennung ausgesetzt wird. Das Privatleben – vom Milieu der Kinder, über die Wohngegend bis hin zum Erziehungsstil der Eltern – wird zum Objekt pädagogischen Aufgabenbewußtseins (vgl. Tenorth 1988).

Der moderne mit dem Industriezeitalter aufkommende Betrieb gehörte in diesem Sinne der Privatsphäre an. Das einzelwirtschaftliche Interesse, das ihn auszeichnete, wurde als privates Nutzeninteresse angesehen. Das Allgemeinwohl sollte sich aus dem Zusammenwirken der Einzelinteressen sowie aus der Verbürgung allgemeinwohlorientierter öffentlicher Rahmenbedingungen durch den Staat einstellen. Deshalb richtete sich die Aufmerksamkeit der Pädagogik zunächst nicht direkt auf den Betrieb, sondern auf die Herstellung öffentlicher Rahmenbedingungen und öffentlicher Räume, in denen die Partikularität des Betriebs ausgeglichen werden sollte (vgl. Körzel 1995).

Der klassische – weil durch die pädagogische Reflexion von Lehrern, Bildungspolitikern und Honoratioren zunächst aufgegriffene – Bezugnahme auf den Betrieb ging deshalb von der Berufsausbildung aus und richtete sich auf die erzieherische Gestaltung des Jugendzyklus. Der pädagogische Gehalt der Arbeit wurde vor allem im Beruf gesehen (vgl. Obendiek 1988). Diese vor allem für die Zeit des Kaiserreiches vor und nach der Jahrhundertwende (unter dem Vorzeichen der staatsbürgerlichen Erziehung) und dann noch einmal am Ende der sechziger Jahre typische Fokussierung des Berufs hat mittlerweile längst an Bedeutung verloren. Die Berufsausbildung ist heute kein Gegenstand einer breit vorgetragenen erzieherischen Sinnsuche mehr, sondern vor allem anderen ein Thema der bildungs- und arbeitsmarktpolitischen Steuerung.

Der moderne Betrieb als Teil der Privatsphäre

3. Beruf und Betrieb

Die dynamische wirtschaftliche Aufwärtsentwicklung, die in den fünfziger Jahren einsetzte und die dann das Verschwinden der Nachkriegsarbeitslosigkeit, anhaltenden Arbeitskräftemangel und die Intensivierung von Berufs- und Betriebswechselprozessen nach sich zog, führte zu einer breiten Kritik der Berufsform sowohl in der Forschung wie auch in den bildungspolitischen Auseinandersetzungen: Die Berufsform wurde zu Mobilität und wirtschaftlicher Anpassung des gesellschaftlichen Arbeitskräftepotentials in Gegensatz gebracht, dagegen die Erfahrung des Berufswechsels wie auch der dauernden Erneuerung des beruflichen Wissens als Normalität dargestellt (vgl. Abel 1968).

Als Reformperspektive kam deshalb eine Art Entbetrieblichung der Berufe in Betracht: Je stärker aufgesplittet nämlich das Spektrum der Berufe ist, um so näher rückt die berufliche Form der Arbeitsteilung an die betriebsorganisatorisch verankerten Arbeitsteilungspraktiken heran. Umgekehrt nötigt die fortschreitende Konzentration der Berufe den Betrieb zur Intensivierung seiner Anpassungsleistungen an die Berufsbilder, Abschlüsse und Erwartungen, die das Berufsbildungssystem bereithält. Die Reform der Berufsbildung sollte genau darauf abstellen: Sie sollte Berufe durch Verwissenschaftlichung und Theoretisierung ihrer Wissensbasis aufeinander beziehen und damit grundberuflich ausgerichtete Formen des Ausbildungseinstiegs schaffen (vgl. Harney/Storz 1994).

Den genannten Phasen des Berufediskurses – demjenigen im Kaiserreich wie auch demjenigen im Anschluß an die Wiederaufschwungphase der Nachkriegszeit – gemeinsam ist jedoch eine ausgesprochene Betriebsskepsis, die aus den jeweiligen Idealisierungen resultiert: im ersten Fall ergibt sie sich aus der Kritik am angeblich partikularen Charakter der Betriebsarbeit, im zweiten Fall aus dem Anspruch auf Entspezialisierung und Theoretisierung in der Konstitution des beruflichen Arbeitsvermögens. In beiden Fällen sollte der Betrieb in jeweils eigener Weise überschritten werden: in der ersten Phase durch die Besinnung auf alte Berufstraditionen, in der zweiten Phase durch die Verwissenschaftlichung des Berufs (vgl. Greinert 1993).

Die Form der Überschreitung war in jedem der Fälle – wie der Beruf selbst – am persönlichen Kompetenzbesitz orientiert. Dagegen trifft das auf die Handlungslogik des Betriebs und seines Managements genau nicht zu. Vielmehr ist das Management auf die permanente Bewertung von Arbeitsleistungen unter Vermarktungs- und Wirtschaftlichkeitsprämissen ausgerichtet. Am Kompetenzbesitz selbst kann sich die betriebliche Handlungslogik nämlich nicht primär orientieren. Im Unterschied zur Berufstätigkeit, deren Logik darin besteht, sich durch Verausgabung eines begrenzten Kompetenz- und Zuständigkeitsschemas immer wieder zu bestätigen und insofern Bewährung auf Konventionalität zu stützen, ist das betriebliche Management primär darauf ausgerichtet, Konventionen zu stören bzw. sie dem auf Veränderlichkeit gerichteten Prozeßcharakter von Betrieben zu unterwerfen (vgl. Baecker 1994).

Reformperspektive: Entbetrieblichung der Berufe

Betriebsskepsis

4. Der Betrieb als Ort der Pädagogisierung des Lebenslaufs

Die zitierte Art der Handlungslogik wird heute hoch geschätzt. Das erfolgreiche betriebliche Management hat der Idealisierung des Berufs den Rang abgelaufen. Heute kann man nicht mehr von Betriebsskepsis sprechen, sondern eher davon,

Betriebliches Handeln als Vorbild daß sich die Perspektive auf den Betrieb verschoben hat: Betriebliches Handeln gilt heute nicht mehr als partikular, sondern als allgemeines Vorbild (vgl. Holleis 1987) – und zwar gerade auch für öffentliche Dienstleistungen (vgl. Naschold/ Pröhl 1994). Deutliches Indiz für diesen Wandel ist die Karriere des Begriffs der Unternehmens- bzw. Organisationskultur in den achtziger Jahren (vgl. Ebers 1991).

Man kann zwar nicht behaupten, daß es Versuche der sozialen Aufwertung und Anerkennung der Betriebssphäre nicht schon früher gegeben habe. Solche Versuche blieben jedoch auf die Herstellung der Betriebszufriedenheit und des betrieblichen Gemeinschaftsgefühls beschränkt. Sie waren – wie in der Zwischenkriegszeit der Begriff der Werkgemeinschaft – entweder Reaktionen auf massive Auseinandersetzungen zwischen den Sozialparteien oder aber Ablösungsversuche des überkommenen Fabrikpatriarchalismus durch das Aufkommen von Managementlehren, was man am Begriff der „Human relations" wie auch an dem der Psychotechnik studieren kann. Es handelte sich dabei um auf Loyalisierung bzw. auf Arbeitszufriedenheit, Produktivität und Rationalisierung der Arbeitskräfteauswahl bezogene Konzepte der Personalführung, denen es um eine innere Modernisierung der betrieblichen Handlungslogik ging. Wie heute auch ging es in diesen teils aus den USA – so bei der Entdeckung der „Human relations" (vgl. Busch 1989) importierten, teils in Deutschland – so bei der Psychotechnik (vgl. Muth 1985) entstandenen Wissensangeboten um die betriebsorganisatorische Verfügung über die innerbetrieblichen „Human ressources". Insofern handelt es sich dabei um durchaus strategische Antworten auf die Ausdifferenzierung des Berufs, der den Aufbau der menschlichen Arbeitskraft ja nicht über die Gestaltung des Betriebs als Organisation, sondern über den individuellen Kompetenzbesitz vollzieht und deshalb dem Betrieb die Frage der permanenten Verfügbarkeit der Arbeitskraft als Dauerthema hinterläßt. Zu einem umfassenden Vorbildcharakter der betrieblichen Handlungslogik für die Modernisierung der Gesellschaft haben diese inneren Modernisierungsanstrengungen jedoch nicht geführt. Sie blieben an die Bearbeitung betrieblicher Rationalisierungsfragen gebunden.

Das aber ist heute der Fall. Heute ist die moderne Bedeutung des Betriebs in hohem Maße von Erziehungsabsichten geprägt, die sich allerdings nicht auf den Jugend-, sondern auf den Erwachsenenzyklus richten (vgl. Arnold 1991), und deren Reichweite deutlich über den Betrieb hinausgeht. Eine nicht mehr übersehbare Beratungs- und Managementliteratur beschäftigt sich heute mit der

Der Betrieb als Ort des Pädagogisierung des Lebenslaufes Konstruktion des neuen Betriebsmenschen, der teamfähig, flexibel, schlüsselqualifiziert, sich selbst steuernd etc. sein soll. Der Betrieb hat sich zum Einfallstor für die Pädagogisierung des Lebenslaufs entwickelt (vgl. Harney 1992). Die teleologische (d.h. auf wünschenswerte, noch nicht erreichte Veränderungen hin gerichtete) Beanspruchung der Person, die die auf die Ausbildung bezogene Berufspädagogik noch auf den Jugendzyklus einschränken konnte, ist heute zyklisch entgrenzt: Während der Beruf als Ordnungs- und Gestaltungsprinzip der Berufsausbildung periodisch begrenzt bleibt und seine Handlungslogik deshalb auch nur bestimmte, als Ausbildung, Umschulung oder berufliche Fortbildung definierte Phasen im Lebenslauf dominiert, ist der Betrieb auf das ganze Leben beziehbar. Während im Blick auf den Beruf der Berufswechsel noch in den siebziger Jahren als Krise und Reformanlaß galt, trifft das auf den Betrieb nicht zu. Im Gegenteil: Prozesse der Veränderung können geradezu als Ausdruck und handlungslogische Bestätigung der Betrieblichkeit von Arbeitsprozessen gelten. Durch den Betrieb als neue Norm erwerbsbezogener Kompetenz werden Mobilität und Flexibilität zu einer Frage der individuellen Vergesellschaftung. Der Begriff des Organisationslernens stellt auf diesen Prozeß ab (vgl. Sattelberger 1989). Mobilität und Flexibilität stellen sich dann nicht mehr als Systemproblematik im Bildungs- und Berufsbildungssystem und als Wahl einer entsprechenden Reformstrategie dar, sondern als persönliche Entwicklungsaufgabe im Rahmen der betrieblichen Personal- und Organisationsentwicklung (vgl. Neuberger 1991).

Literatur

Abels, H.: Berufserziehung und beruflicher Bildungsweg. Braunschweig 1968.

Arnold, R. (Hrsg.): Taschenbuch der betrieblichen Bildungsarbeit. Hohengehren 1991.

Baecker, D.: Die Form des Unternehmens. Frankfurt a.M. 1979.

Busch, E.-W.: Das Auge der Firma. Mayos Hawthorne – Experimente und die Harvard Business School. 1900-1960. Stuttgart 1989.

Ebers, M.: Der Aufstieg des Themas „Organisationskultur" in problem- und disziplingeschichtlicher Perspektive. In: Dülfer, E. (Hrsg.): Organisationskultur. Phänomen – Philosophie – Technologie. Stuttgart 1991, S. 39-64.

Greinert, W.: Das „deutsche System" der Berufsausbildung. Geschichte, Organisation, Perspektiven. Baden-Baden 1993.

Habermas, J.: Strukturwandel der Öffentlichkeit. Neuwied/Berlin [5]1971.

Harney, K.: Berufliche Weiterbildung als Medium sozialer Differenzierung und sozialen Wandels. Frankfurt a.M. 1990.

Harney, K./Storz, P.: Strukturwandel beruflicher Bildung. In: Müller, D.K. (Hrsg.): Pädagogik, Erziehungswissenschaft, Bildung: Eine Einführung in das Studium. Köln/Weimar/Wien 1994, S. 352-382.

Harney, K.: Pädagogisierung der Personalwirtschaft – Entpädagogisierung der Berufsbildung. In: Der pädagogische Blick 2(1994), 1, S. 16-17.

Henkel, M./Tubert, R.: Maschinenstürmer. Ein Kapitel aus der Sozialgeschichte des technischen Fortschritts. Frankfurt a.M. 1979.

Holleis, W.: Unternehmenskultur und moderne Psyche. Frankfurt a.M./New York 1987.

Körzel, R.: Berufsbildung zwischen Gesellschafts- und Wirtschaftspolitik. Bochum 1994 (Phil. Diss.).

Muth, W.: Berufsausbildung in der Weimarer Republik. Stuttgart 1985.

Naschold, F./Pröhl, M. (Hrsg.): Produktivität öffentlicher Dienstleistungen. Dokumentation eines wissenschaftlichen Diskurses zum Produktivitätsbegriff. Gütersloh 1994.

Neuberger, O.: Personalentwicklung. Stuttgart 1991.

Obendiek, H.: Arbeiterjugend im Kaiserreich. Die berufspädagogische Antwort auf ein jugendpolitisches Problem. Darmstadt 1988.

Sattelberger, T. (Hrsg.): Innovative Personalentwicklung. Wiesbaden 1989.

Schneider, D.: Allgemeine Betriebswirtschaftslehre. München [3]1987.

Stratmann, K.W.: „Zeit der Gärung und Zersetzung". Arbeiterjugend im Kaiserreich zwischen Schule und Beruf. Weinheim 1992.

Tenorth, H.-E.: Geschichte der Erziehung. Einführung in die Grundzüge ihrer neuzeitlichen Entwicklung. Weinheim/München 1988.

III. 5. Erwachsenenbildung/Weiterbildung

Jochen Kade/Dieter Nittel

Inhalt

Die Entwicklung der deutschen Erwachsenenbildung/Weiterbildung ist durch die „Entzauberung", die Trivialisierung der Bildungsidee und durch den Verlust des institutionellen Monopols auf Bildung und Aufklärung zugleich geprägt. Galt die Volkshochschule bis in die achtziger Jahre noch als die historisch spezifische Form, in der das Projekt der Moderne „Bildung der Gesellschaft" seine angemessene Institutionalisierungsform gefunden zu haben schien, so sind inzwischen einerseits Tendenzen der Deinstitutionalisierung unübersehbar (vgl. Kade 1989); unverkennbar ist andererseits, daß das institutionelle Feld der Erwachsenenbildung/Weiterbildung in modernen Gesellschaften eine extreme Pluralität von Bildungs- und Lernrealitäten aufweist.

Volkshochschule und Bildung der Gesellschaft

1. Thematisierungsdimensionen: Einrichtungen – Orte – Räume

Spricht man den sogenannten Normalbürger auf „Erwachsenenbildung" an, so werden in der Regel zunächst die etablierten gesellschaftlichen Bildungseinrichtungen genannt, wie die Volkshochschule, die kirchlichen, die gewerkschaftlichen oder die parteigebundenen Einrichtungen, und erst in zweiter Linie privatwirtschaftliche Träger, wie Sprachenschulen, oder Beispiele aus der beruflich- betrieblichen Weiterbildung.

Dieses in der Öffentlichkeit weit verbreitete Verständnis von Erwachsenenbildung verdankt sich einem für die deutsche Kultur typischen (vgl. Seitter 1993) institutionsfixierten Blick. Erwachsenenbildung wird mit den öffentlichen Institutionen und Einrichtungen gleichgesetzt, die Bildungsangebote machen. Seit den achtziger Jahren ist diese auch in der Erwachsenenpädagogik reproduzierte Sichtweise in eine Krise geraten. Sie erweist sich als immer weniger geeignet, das sich verändernde, ja vielleicht auch ausfransende Feld der Erwachsenenbildung noch in seinem Zusammenhang systematisch zu beschreiben. Kennzeichnend für diese neue Lage ist zum einen, daß eine Vielzahl von Bildungsinitiativen und Weiterbildungsprojekten entstanden sind; zum anderen daß Bildungsprozesse zunehmend in den unterschiedlichsten lebensweltlichen (Familien) und öffentlichen (Bürgerinitiativen) Kontexten stattfinden.

Um eine sich derart ausbreitende und vervielfachende instabile, locker oder schwach institutionalisierte Erwachsenenbildung beschreiben zu können, bedurfte es einer neuen Begrifflichkeit, eines veränderten Koordinatensystems. Auf die veränderte Lage, in welcher die Erwachsenenbildung zwar nicht ortlos geworden ist, aber nicht nur an einem (zentralen) Ort stattfindet, sondern auf viele Orte verstreut ist, hat man u.a. mit neuen Wortschöpfungen („Weiterbildungsmarkt") reagiert. Auch die zunehmende Verwendung der Kategorie des Ortes ist

Ausdruck dieser Ordnung suchenden Bemühungen. Diese Kategorie ermöglicht es, Erwachsenenbildung jenseits und unterhalb der Institutionsebene zu beschreiben. Daß pädagogische Orte durch Erwachsenenbildungseinrichtungen organisiert und gerahmt sind, wird zu einem Sonderfall, und es ist keineswegs bereits kategorial vorentschieden, daß damit der Normalfall der Erwachsenenbildung

bezeichnet ist. In den Blick geraten nun die zahlreichen Orte, an denen Bildungsprozesse Erwachsener stattfinden, und zwar in den unterschiedlichsten pädagogischen, kulturellen, politischen und ökonomischen Kontexten. Die Rede ist nun vom Lernort „Museum", vom Lernort „Betrieb" oder von der Region, der Kommune und der Stadt als Lernort, schließlich vom Lernort „Reisen", ja von der Suche nach dem Lernort Europa (vgl. Report 1991). Das Gesamtfeld der Erwachsenenbildung erscheint als eine lockere und bunte Aneinanderreihung von institutionellen Lernorten einerseits und Orten des Lernens in lebensweltlichen Kontexten andererseits; hinzu kommen Bildungsangebote, die ihren Ort in den Massenmedien, dem Fernsehen oder den Printmedien haben (Zeitungskolleg). Mit dem Begriff des Orts schafft sich eine Sichtweise Aufmerksamkeit, die sich auf Bildungsprozesse konzentriert, die außerhalb pädagogischer Organisationen, Ämter, Berufe und Arrangements, gleichsam im Leben, im profanen Alltag stattfinden, an unterschiedlichen Treff- und Begegnungsorten, wobei die Erwachsenenbildung selber zu einem Treffpunkt, zu einem Kommunikationsforum wird. Dies ist eine Sichtweise, die zugleich die Sensibilität für eine Erwachsenenbildung schärft, die nicht ausschließlich an feste Orte gebunden ist, sondern sich zunehmend auch flexibler Orte bedient. Die Spanne der Orte, die die Bildungsprozesse Erwachsener bezeichnen, reicht von den gleichsam unsortierten Lernwirklichkeiten bis hin zu den verregelten Orten in pädagogischen Provinzen.

Mit dem Raumbegriff schließlich, der wohl auch unter dem Einfluß der Studie zur Begründung und Praxis einer sozialräumlichen Jugendpädagogik (vgl. Böhnisch/Münchmeier 1990), zunehmend zur Beschreibung der Erwachsenenbildung/Weiterbildung herangezogen wird, hat sich noch einmal der Beschreibungsakzent, der Fokus verschoben, unter dem das Feld der Erwachsenenbildung thematisiert wird. Dabei kann zunächst einmal auf eine Traditionslinie in der Erwachsenenbildung zurückgegriffen werden, die nicht nur die Zeit als Bedingung von Bildung ernst nimmt (vgl. Geißler 1994), sondern auch die konkreten räumlichen Verhältnisse, unter denen Bildungsprozesse empirisch immer stattfinden: ob in einem Klassenzimmer, einer Turnhalle, einer Schule, in der freien Natur, in einem Hörsaal etc.. Daß Bildungsprozesse nicht nur vom Kursleiter und seinem Handeln abhängig sind, sondern auch von den räumlichen Verhältnissen, unter denen dies geschieht, daß diese den Einfluß des Kursleiterhandelns in ihr Gegenteil verkehren oder den Erfolg zumindest zunichte machen können, ist in unterschiedlichen Phasen der Erwachsenenbildungsgeschichte immer wieder bedacht worden. Es dürfte sich auch der zunehmenden gesellschaftlichen Ausbreitung ökologischen Denkens verdanken, daß die räumliche Umgebung inzwischen zu einem eigenen Thema wissenschaftlicher Reflexion und pädagogischer Gestaltungsbemühungen geworden ist (vgl. Müller 1991).

Räume der
Erwachsenenbildung

Aber mit der Verwendung des Raumbegriffs wird nicht nur die ökologische Sichtweise in der Erwachsenenbildung/Weiterbildung stärker akzentuiert; vielmehr richtet sich das Augenmerk auch auf Bildung als dynamisches Geschehen. D.h., es wird weniger davon ausgegangen, daß Bildungsprozesse durch das pädagogische Handeln der KursleiterInnen oder DozentInnen quasi „gesteuert" werden, sondern weitaus mehr der Überlegung Rechnung getragen, daß sie sich aus einem Feld unterschiedlichster Kräfte entfalten. Erwachsenenbildung erscheint als Kraftfeld, in dem das Kursleiterhandeln nur eine Größe darstellt, das gleichermaßen durch die Aneignungsaktivitäten der TeilnehmerInnen konstituiert wird. Ein Raum ist ein Geflecht von beweglichen Elementen; er ist gewissermaßen von der Gesamtheit der Bewegungen erfüllt, die sich in ihm entfalten. Im Gegensatz zum Ort gibt es also weder eine Eindeutigkeit noch die Stabilität von etwas Eigenem. Der Raum ist der Topos, der von beiden Seiten, d.h. vom Kursleiter und vom Teilnehmer, ausgefüllt, definiert und verändert wird.

Ökologische Sicht der
Erwachsenenbildung

Einrichtungen – Orte – Räume, damit sind unterschiedliche Dimensionen der Erwachsenenbildung/Weiterbildung ins Blickfeld gerückt. Es läßt sich zwar so etwas wie ein Relevanzgefälle und eine Abfolge der Verwendung dieser Beschreibungskategorien in der historischen Entwicklung der jüngeren Erwachsenenbildungsgeschichte beobachten, aber systematisch schließen sie einander nicht aus. Das skizzierte dreidimensionale Ordnungsschema zur Beschreibung der neuen Realitäten der Erwachsenenbildung trägt auch zu einer aggregatspezifischen Zuweisung der Analyseinstrumente bei: Während man bei den Einrichtungen und Trägern eine eher konventionelle, d.h. deskriptiv angelegte bildungs- und organisationssoziologische Herangehensweise vorziehen würde, bieten sich auf der Ebene der Lernorte ethnographische und ökologische und auf der Ebene der Lernräume aneignungstheoretische und kulturpädagogische Theorie- und Methodenansätze an (vgl. Schäffter 1992; Kade 1993). Wir wählen im folgenden drei Zugänge zur Erwachsenenbildung: Träger und Einrichtungen – Lernorte – Bildungsräume.

2. Träger und Einrichtungen

2.1. Auf Bundesebene

Die im Grundgesetz verankerte Kulturhoheit der Länder gilt auch für die Erwachsenenbildung. Aber abgesehen davon, daß die Politik und Gesetzgebung des Bundesministeriums für Arbeit und Sozialordnung, für Bildung und Wissenschaft, für Frauen und Senioren und für Wirtschaft den Gestaltungsspielraum der

Träger der Erwachsenenbildung Träger unmittelbar beeinflußt, verfügen eine Reihe dieser Ministerien darüber hinaus auch über nachgeordnete Behörden, die unmittelbare Aufgaben der Erwachsenenbildung und der diesbezüglichen Forschung übernehmen: die Bundeszentralen für Politische Bildung und gesundheitliche Aufklärung, das Bundesinstitut für Berufsbildung sowie die Berufsakademie für öffentliche Verwaltung. Der europäische Einigungsprozeß wird voraussichtlich den Kreis jener Organisationen, die von ausländischer bzw. europäischer Seite alimentiert werden, jedoch im Bundesgebiet tätig sind (Amerika-Häuser, British Council, Institute Francaise), noch erweitern. Unter die prototypischen Einrichtungen der Erwachsenenbildung fallen auch die Stiftungen, wovon ca. 7000 existieren und unter denen insbesondere die der großen Parteien (Konrad-Adenauer-Stiftung, Friedrich-Ebert-Stiftung, Friedrich-Naumann-Stiftung, Hans-Seidel-Stiftung) und die großer Unternehmen (Bertelsmann, Volkswagen, Thyssen-Stiftung) zu nennen sind.

Bildungswerke Sowohl die Gewerkschaften, die Arbeitgeberverbände als auch die Kammern für freie Berufe der Handwerker und der Landwirte verfügen über eigene Bildungswerke (Bildungswerk des DGB, Bildungswerk der deutschen Angestellten-Gewerkschaft e.V.) oder entsprechende für Weiterbildung zuständige Dependancen in den entsprechenden Institutionen (Deutscher Industrie- und Handelstag, Institut für Deutsche Wirtschaft, Verband der Landwirtschaftskammern e.V. usw.). Die kirchliche Erwachsenenbildung und die Volkshochschulen haben sich auf Bundesebene in Dachverbänden formiert (Deutscher Volkshochschul-Verband).

Um das große Szenario von bundesweit tätigen Organisationen zu komplettieren, bietet sich folgende Einteilung an: erstens an den Idealen der Völkerverständigung und/oder der Menschenrechte orientierte Einrichtungen (Institut für Auslandsbeziehungen, Deutsche Gesellschaft für Auswärtige Politik, Amnesty International, Internationaler Arbeitskreis Sonnenberg, Deutscher Koordinationsrat der Gesellschaften für christlich-jüdische Zusammenarbeit), zweitens

198

Vertriebenen-, Frauen- und Senioren-Organisationen (Evangelische Frauenarbeit in Deutschland e.V., Bund der Mitteldeutschen e.V., Pommerische Landsmannschaft, Bundesarbeitsgemeinschaft der Senioren-Organisationen) und schließlich Umwelt- sowie Tierschutzverbände (Naturschutzbund Deutschland e.V., Deutscher Tierschutzbund e.V.).

2.2.   Auf der Landesebene

Die Erwachsenenbildung fällt in den Bundesländern in den Geschäftsbereich unterschiedlicher Ministerien (Kultus-, Bildungs-, Wissenschafts-, Sozial- und Schulministerien). In den meisten Ländern regulieren Weiterbildungsgesetze die Förderungswürdigkeit der Träger und die finanziellen Verteilungsmodalitäten; andere Länder haben bislang – zum Teil bewußt (wie Hamburg) – entweder auf die juristische Kodifizierung der „vierten Säule" des Bildungssystems verzichtet, oder die Verrechtlichung befindet sich momentan noch auf dem parlamentarischen Weg. Obwohl die „Weiterbildungslandschaft" in den einzelnen Bundesländern aufgrund spezifischer historischer Bedingungen, der Bevölkerungsdichte, politischer Faktoren und wegen des sozio-ökonomischen Wohlstandsgefälles entsprechend heterogen ist, wird in der einschlägigen Literatur unter Zugrundelegung einer einheitsorientierten und einrichtungsfixierten Perspektive mit einem mehr oder weniger einheitlichen, hierarchisch gestaffelten Ordnungsraster gearbeitet: Einrichtungen, die den Ministerien nachgeordnet sind, wie die 16 Landeszentralen für politische Bildung, Bildungsstätten in der Trägerschaft der Länder und Landesinstitute nehmen eine gewisse Sonderposition ein. Davon abgrenzbar sind die nicht unmittelbar dem bundesstaatlichen Kuratel unterstellten Träger und Organisationen mit Tätigkeitsbereich innerhalb des jeweiligen Landes. So verfügen die evangelische und die katholische Kirche sowohl über regionale als auch über landesweite Zusammenschlüsse. Das Netzwerk kirchlicher Einrichtungen wird durch Akademien, Heimvolkshochschulen, Familienbildungsstätten, Studienzentren und Stiftungen vervollständigt. Die Mehrzahl der über 1.000 Volkshochschulen in Deutschland sind in 16 Landesverbänden mit eigenen Organen und Instituten zusammengefaßt. Die Arbeitsgemeinschaft „Arbeit und Leben" bildet eine von den Volkshochschulen und den Gewerkschaften gemeinsam getragene Institution, die die enge Verbindung zwischen Volkshochschul- und Arbeiterbewegung symbolisiert. Die Erwachsenenbildung in Arbeitnehmerhand wird durch die Einzelgewerkschaften und den Deutschen Gewerkschaftsbund getragen; Beispiele für einschlägige Einrichtungen sind die Bildungswerke, Akademien und die Bildungsstätten der Einzelgewerkschaften. Die Erwachsenenbildungsarbeit von Handel, Handwerk, Industrie und Landwirtschaft wird in ländlichen Gebieten von regional tätigen, in großen Städten von den dort ansässigen Industrie- und Handelskammern, den Bildungswerken der Arbeitgeberverbände und anderen Einrichtungen abgewickelt.

Neben dem eben skizzierten Kern der öffentlich verantworteten Erwachsenenbildung, die aus Einrichtungen der Kirchen, Gewerkschaften und den Gebietskörperschaften bzw. Kommunen besteht, gibt es ein breites Spektrum anderer Träger und Organisationen, z.B. solchen, die der Heimatpflege verpflichtet

Weiterbildungsgesetze

Kirchliche Weiterbildung

Volkshochschulen

Gewerkschaftliche Erwachsenenbildung

sind, die die Förderung eines bestimmten Bildungsansatzes anstreben, die Fortbildung für Angehörige einer bestimmten Berufsgruppe durchführen, die die Partizipation einer außeruniversitären Öffentlichkeit an den Veranstaltungen der Hochschulen zu forcieren versuchen, die einen Beitrag zur Verkehrserziehung leisten oder die dem Gedanken der Völkerverständigung verpflichtet sind. Da auch die öffentlich-rechtlichen Rundfunk- und Fernsehanstalten laut Gesetz Bildungsaufgaben übernehmen sollen, werden auch diese, ebenso wie die Medienzentralen und die Landes-, Kreis- und Stadtbildstellen, zur Domäne der Erwachsenenbildungsinstitutionen dazugerechnet.

Diese nach Bundes- und Landesorganisationen unterscheidende einrichtungsfixierte Perspektive hat den Nachteil, daß sie die Differenz zwischen Trägern, die eher koordinierend, verbandspolitisch und/oder konzeptionell arbeiten, und jenen Einrichtungen, die faktisch Erwachsenenbildungsarbeit leisten, vermischt und eine präzisere Bestimmung dessen, was „vor Ort" passiert, kaum zuläßt.

3. Die Erwachsenenbildung/Weiterbildung als Konstellation von Lern- und Bildungsorten

3.1. An große Institutionen gebundene Lernorte

Der reale – und keineswegs nur ideologisch gefärbte – Hintergrund der Redeweise, die Bundeswehr sei die „Schule der Nation", besteht in der zwingenden Verknüpfung zwischen selbstintendierter Beförderung in der militärischen Laufbahn mit einer festgelegten Sequenz von Lehrgängen: Wenn ein Soldat mit Mannschaftsdienstgrad die Unteroffizierslaufbahn einschlagen will, muß er obligatorische Schulungsprogramme absolvieren. Auch in anderen streng hierarchisch aufgebauten Organisationen (Rotes Kreuz, Pfadfinderverbände, religiöse Sekten) sind die Karrieremuster pädagogisch reglementiert, d.h. von der erfolgreichen Teilnahme an bestimmten Schulungen und Lehrgängen abhängig.

Spätestens seit dem Zeitpunkt, als die Leitreferenz für die sich auf das Wirtschaftssystem beziehende Pädagogik nicht mehr der Beruf, sondern der Betrieb ist, kann man auch diesen als prototypischen Lernort bezeichnen: Das Unternehmen avanciert zur „lernenden Organisation". Die Tendenz zur zunehmenden Betrieb als Lernort Didaktisierung von Aktivitätsformen, die früher gleichsam routinisiert abgewickelt wurden und heute unter der Maxime der Optimierung von Lerneffekten gestaltet wird (Betriebsführungen, Präsentation von Firmen auf Messen), ist hier als Beleg ebenso zu nennen, wie die überproportionale Steigerung der finanziellen Ausgaben für die betriebliche Weiterbildung im engeren Sinne. Im Zusammenhang der berufspädagogischen Auseinandersetzung mit dem Dualen System hat die Frage nach dem optimalen Lernort: Schule, Betrieb oder überbetriebliche Werkstätten, schon eine längere Tradition. Der Modernisierungsdruck, dem das Wirtschaftssystem heute ausgesetzt ist, hat zu einer in seinem Ausmaß noch nicht recht erfaßten Diversifikation pädagogischen Wissens in den betrieblichen Kontext beigetragen, ja sogar den Markt als solchen in den Rang eines Lernortes erhoben (vgl. Harney 1994; Harney/Nittel 1995).

Von den gesellschaftlichen Institutionen, die sich in ihren Selbstbeschreibungen nicht dezidiert der Kultursphäre zurechnen, aber dennoch Lernorte darstellen (Krankenkassen, die Gesundheitsbildung durchführen; Justizvollzugsanstalten, die den Insassen Bildungsprogramme offerieren usw.), sind die traditionellen Lernorte wie Bibliotheken, Museen, Gedenkstätten, Theater und andere Kulturinstitutionen abgrenzbar. Die Didaktisierung des Ausstellungswesens mittels interaktiver Medien und die Zunahme pädagogischer Ämter und Berufe in traditionellen Kultureinrichtungen (MuseumspädagogInnen, pädagogisch ausgebildetes Personal in Gedenkstätten) und andere Entwicklungen (Kooperation zwischen Theater und Volkshochschulen) machen die These, Theater, Museen, Bibliotheken usw. seien per se Lernorte, nicht nur plausibel, sondern erzeugen auch Anschlüsse zur Tradition: In der Weimarer Republik gab es unter ErwachsenenbildnerInnen einen breiten Konsens, daß das Theater, die Büchereien und das Museum Teil der Volksbildung sind. Der empirische Nachweis fällt nicht schwer, daß sich pädagogisch induzierte Lernorte zunehmend außerhalb der bekannten Einrichtungen und gesellschaftlichen Träger der Erwachsenenbildung etabliert haben.

Traditionelle Lernorte

3.2. An soziale Welten, politische Bewegungen und kulturelle Milieus gebundene Lernorte

Soziale Bewegungen zeichnen sich in vielen Fällen durch die Generierung und die Vermittlung von Wissen aus, das im offiziellen Diskursuniversum einer Gesellschaft nur eine randständige Bedeutung hat oder gar ausgegrenzt wird. Dies geschieht in Frauenschulen, Stadtteilgruppen, Selbsthilfegruppen, Initiativgruppen, Komitees, alternativen Buchläden und anderen Lernorten. So verfügt die Dritte-Welt-Bewegung über ein Netzwerk von Läden, die über den unmittelbaren Geschäftszweck hinaus dem Wissenstransfer dienen sollen: Es liegen Informationsbroschüren aus, Plakate machen auf Vorträge und Seminare aufmerksam und hin und wieder findet eine dezente und taktvolle Überzeugungsarbeit statt. In den Lernorten der neuen sozialen Bewegungen werden unter Umständen innovative pädagogische Ansätze und Methoden entwickelt (Zukunftswerkstatt, subjektorientiertes Lernen), die dann auch in die traditionellen Lernorte einwandern. So sind gerade von den Frauenzentren als zentralem Ort der Frauenbewegung wichtige inhaltliche wie auch methodische Impulse für die überkommene Bildungsarbeit ausgegangen.

Lernorte soziale Bewegungen

Auch in der sozialen Welt der kommerziellen, vereinsmäßig oder wesentlich unverbindlich organisierten Freizeitkultur sind eine Vielzahl von Lernorten identifizierbar: In der Tanzschule geht es über das „bloße Tanzen" hinaus auch um die Einübung von Ritualen zwecks Kontaktaufnahme mit dem anderen Geschlecht; Sportschulen vermitteln durch ihre Sozialisationspraktiken die „richtige" Einstellung gegenüber Sportarten und verteilen Trainerzertifikate; in „Benimmseminaren" werden karrierefördernde Verkehrsformen und der taktvolle Umgang erlernt. In all den eben skizzierten Beispielen wird die Minimalbedingung von Erwachsenenbildung erfüllt: sie „vollzieht sich in der Kommunikation zwischen denen, die weiterlernen wollen, und denen, die ihnen dafür eine organisierte Hilfe anbieten" (Tietgens 1984, S. 289). Es ist also das formale Kriterium des organisierten Lernens und weniger der historisch variable und diffuse Bildungsbegriff, der Lernorte zu einem spezifischen Teil der Erwachsenenbildung macht. Soziale Welten, Bewegungen und Milieus stellen den Akteuren über ihre Sozialitäts- und Beteiligungsformen entweder einen bereits definierten, d.h. in sozialer, räumlicher, sachlicher und zeitlicher Hinsicht vorstrukturierten Lernort zur Verfügung oder sie sorgen – wie beispielsweise kommerzielle Reiseveranstalter, die Bildungsreisen anbieten – nur für die organisatorischen Voraussetzungen und die Infrastruktur, die dann von den Akteuren selbst angeeignet und in eigener Regie genutzt werden muß. Das gleiche trifft auch auf Selbsthilfegruppen und andere Lernorte in der sozialen Welt der Therapieszene zu, in denen die Bearbeitung von Krisen in der Alltagsbewältigung und Probleme im „Identitätsmanagement" ein hohes Maß an thematischer Diffusität erzeugen.

Freizeit-kulturelle Lernorte

Die Kategorie des Lernortes hat neben seinen deskriptiven Qualitäten auch den Vorteil, die Vermittlungszonen zwischen unterschiedlichen gesellschaftlichen Sphären und Systemen als Folge der nicht mehr steigerbaren funktionalen Differenzierung in modernen Gesellschaften analytisch zu fassen: So ist die Zunahme von Mischformen, in denen sich Varianten des erwachsenenpädagogischen Handelns mit der Handlungslogik der Politik, des Rechtssystems, der Kultur, der Wissenschaft und anderen Vergesellschaftungsformen amalgamieren, unübersehbar (vgl. Kade/Lüders/Hornstein 1993). Das damit zusammenhängende Phänomen der Entgrenzung der Pädagogik ist theoretisch am ehesten faßbar, wenn die neuen Orte des Lernens und der Bildung in ein auf Einheit verzichtendes Ordnungsschema gegossen werden (vgl. Kade 1994). Oskar Negt teilt die hier eingenommene Analyseperspektive, wenn er diagnostiziert: „Wir haben es mit einer Ortsveränderung des Lernens zu tun. Die Lernorte sind andere geworden. Das traditionelle Bildungssystem, beispielsweise die Schule, ist in seiner starren Form bewegungsunfähig. Wenn die Lernorte sich geändert haben, müssen die Bildungsarbeiter den Lernorten folgen und nicht umgekehrt erwarten, daß die Leute zu ihnen kommen" (Negt 1994, S. 16).

Differenzierung und Entgrenzung der Lernorte

4. Die Erwachsenenbildung/Weiterbildung als Konstellation von Lern- und Bildungsräumen

Mit der Kategorie des Lern- und Bildungsraumes schafft sich eine Perspektive Gehör, die sowohl die eigensinnigen Aneignungsprozesse der TeilnehmerInnen als auch das intentionale pädagogische Handeln in den Blick nimmt, ohne die Differenz zwischen Lehren und Lernen zu negieren. Der Raumbegriff hat in der Erziehungswissenschaft eine andere Konnotation als in der Alltagswelt: Während der common sense Raum als etwas Statisches begreift, geht es uns gerade um die Dynamik in sozialen Settings und um Kontingenzen bei der Deutung von gegenständlichen Arrangements und eines räumlichen Ambientes.

Lern- und Bildungsraum

Lern- und Bildungsräume in der Erwachsenenbildung können, müssen aber nicht zwangsläufig spezifischen Lernorten oder Einrichtungen zurechenbar sein. Hunderttausende von VolkshochschulbesucherInnen lernen aufgrund des Mangels an eigenen Gebäuden in Klassenzimmern von Schulen, besuchen aber keine Einrichtung des Schulsystems, sondern eine Institution der Erwachsenenbildung. Ebenso, wie es keine Kongruenz zwischen Einrichtungen und Lernorten gibt, existiert auch eine Unschärferelation zwischen Lern- und Bildungsräumen auf der einen sowie Lernorten und Einrichtungen auf der anderen Seite. Die immer wieder beschworene Fragilität und Okkasionalität von Erwachsenenbildung hat offenbar sehr viel mit dem Fehlen autonom verfügbarer Lern- und Bildungsräume zu tun. Nur der Kurs und die auf eine sehr lange Tradition zurückblickende Arbeitsgemeinschaft, aber auch die Heimvolkshochschule stellen originäre Lern- und Bildungsräume der Erwachsenenbildung dar. Ihr nicht vorhandener Systemcharakter hat genau hier seine eigentliche Basis – nämlich im Auseinanderdriften von Einrichtung, Lernort und Lernraum.

Zunächst kann man zwischen explizit als Lern- und Bildungsräume ausgewiesene Varianten und quasi natürlichen Lern- und Bildungsräumen unterscheiden. Zur erstgenannten Gruppe gehören die Werkstätten als Synonym für einen mit technischem Equipment und Hilfsmitteln ausgestatteten altehrwürdigen Lernraum, der unter Anleitung und/oder Moderation einer besonders versierten Person sowohl ein produkt- als auch ein prozeßorientiertes Arbeiten ermöglichen soll. Die Palette reicht von handwerklich und künstlerisch orientierten Werkstätten bis hin zu Video-, Schreib- und Geschichtswerkstätten. In Werkstätten wird handlungsorientiert gearbeitet und gelernt; entscheidend hierbei ist, daß dies in einem geschützten Raum geschieht, der durch die Suspendierung der Ernsthaftigkeitsmaxime gekennzeichnet ist; denn nur so können und dürfen die für den Fortgang des Lernprozesses ausgesprochen funktionalen Fehler gemacht werden. Die Werkstatt ist eng mit dem Atelier, dem Studio und dem Labor verwandt, weil die Bedingung für die Möglichkeit von Lernen in all diesen Fällen die Verfügbarkeit von Material (Ton, Farbe), Werkzeugen und Technologien (Tonbandgeräte, Computer, Schreibmaschinen usw.) darstellt. Hinzu kommt: Lern-Werkstätten, Fitneß-, Tanz- und andere Studios, Ateliers und die didaktischen oder naturwissenschaftlichen Laboratorien markieren Übungs- und Experimentierräume mit festgelegter Rollenstruktur; denn sie bestehen einerseits aus Akteuren mit Expertenstatus, die anleiten, Handlungsgriffe vormachen und Praktiken vermitteln und andererseits aus Personen, die gewillt sind, sich die mehr oder weniger esoterischen Fertigkeiten, Wissensbestandteile und Praktiken anzueignen.

Die Aula, der Hörsaal, der Seminarraum und der Gruppenraum sind Beispiele, die dem konkretistischen Common-Sense-Verständnis des Lernraumes entsprechen. Dem zeitweiligen Verlassen und Eintauchen in einen neuen Lernraum, der gerade für projektförmiges Lernen und Arbeiten typisch erscheint, oder dem in der Erwachsenenbildung zu einer puren Selbstverständlichkeit geronnene Wechsel vom Plenum in die Arbeitsgruppen wird gewöhnlich eine lernstimulierende Funktion zugesprochen. Für hochspezialisierte pädagogische Handlungsformen, die eine ausgeprägte pädagogische Professionalität verlangen, sehen manche Institutionen Sonderräume vor, wie etwa das Supervisionszimmer, die Beratungsecke oder das Besprechungszimmer. Die Inhalte und Einzelheiten der hinter den Türen solcher Räume geführten Gespräche unterliegen manchmal der informellen oder formellen Schweigepflicht; und Sondervorkehrungen (Schild mit der Aufschrift: „Bitte nicht stören") tragen für die nötige Abgeschiedenheit und Intimität bei.

Werkstätten

Ein wichtiges Unterscheidungskriterium, um zwischen pädagogisch ausge-
wiesenen und „natürlichen" Lern- und Bildungsräumen zu unterscheiden, ist die
Existenz bzw. Abwesenheit von Grenzmarkierern. Der Arbeitsraum einer
Heimvolkshochschule als Teil eines separaten Gebäudes ist von seiner Umwelt
baulich abgegrenzt. Doch dies trifft auf den Naturlehrpfad einer Umwelt-
schutzinitiative oder den Geschichtslehrpfad, den eine Stadtteilgruppe inmitten
einer Großstadt angelegt hat, nicht zu. Die Markierung einer Grenze zwischen
pädagogischer und nicht-pädagogischer Sphäre erfolgt im ersten Fall durch das
Schließen der Tür und die Eröffnung des Unterrichts, während in den beiden anderen Fällen gezieltere und aufwendigere Vorkehrungen notwendig sind, etwa
das Abhalten einer Führung mit einem entsprechend aufwendigen sozialen Arrangement. Die Erweiterung des Bildungsbegriffs durch die bloße Deskription
des schier grenzenlosen Spektrums an natürlichen Lern- und Bildungsräumen –
die Kneipe, das Stadtteilfest, der Schrebergarten, der Gottesdienst, die Elternver-
sammlung, die Messe usw. – hat den gleichen Effekt wie die Einführung eines
erweiterten Politik- und Kulturbegriffs: Wenn Politik und Kultur universalisiert
werden, entsteht der paradoxe Effekt ihres Verschwindens. Lern- und Bildungsräume der Erwachsenenbildung sind jedoch an die Unterscheidung von Innen
und Außen gebunden, und das schließt Aktivitäten des Schließens und Öffnens
sowie des Abschirmens ein. „Allerdings ist der durch Abschirmung freigemach-
te, überhaupt erst eröffnete Lernraum nicht institutionell ein für allemal, quasi
dinghaft gegeben, sondern er muß kontinuierlich hergestellt, gesichert und erweitert werden. Dieser Prozeß läßt sich unter thematischen, sozialen und zeitlichen Aspekten beschreiben. Lernräume werden durch die Themenwahl und die
Transformation von lebensweltlichen Themen in Lerngegenstände ebenso eröffnet wie durch die pädagogische Strukturierung des Umgangs von Erwachsenen
und – nicht zu unterschätzen – durch soziale Inszenierungen und zeitliche Se-
quenzierungen von Themen und Aneignungsformen. Dabei sind die Aktivitäten
des Öffnens und Schließens keineswegs gleichmäßig verteilt. Ist etwa am Anfang einer Veranstaltung die Abschirmung von der Außenwelt die Bedingung
der Eröffnung eines Lernraumes, so ist an ihrem Ende die Schließung des Lernraumes Bedingung für die Öffnung der Teilnehmer für ihre Lebenswelt. Es wird
zu einem „Merkmal von Professionalität, zwischen Schließungs- und Öffnungs-
aktivitäten bewußt und flexibel je nach situativen Anforderungen wechseln zu
können" (Kade 1992, S.37). Verabschieden sollte man sich aber von der Vorstellung, daß Lern- und Bildungsräume im exklusiven Zuständigkeitsbereich der
professionellen PädagogInnen liegen. Selbstorganisiertes Lernen lebt davon, daß
die Grundoperationen des Öffnens und Schließens auch von pädagogischen Lai-
en bewerkstelligt werden können. Die eigentliche Provokation der „Entgrenzungsthese" besteht ja darin, daß das organisierte Lernen längst nicht mehr ausschließlich in der Domäne der professionellen PädagogInnen liegt.

Die Kategorie des Lern- und Bildungsraumes stiftet die erforderliche analytische Sensibilität, um das Phänomen in den Blick zu bekommen, daß die Entwicklung moderner Technologien auch ein weitgehend raumentbundenes Lernen
möglich macht. Lernen ohne Bindung an Raum und Zeit bietet hier das Stichwort (vgl. Brauner/Bickmann 1994) für durchaus realistische Zukunftsprogno-
sen. Die mit der Einführung des Funkkollegs und der Fernstudiengänge eingelei-

tete Tendenz, daß Lernort und Lernraum auseinanderfallen, erfährt durch die interaktiven Medien, suggestopädischen Lernformen und Mail-box-Systeme usw. heute schon eine Steigerung. Wer Selbstlernkassetten benutzt, kann eine Fremdsprache heimlich am Arbeitsplatz, im Bus, im Urlaub oder kurz vor dem Schlafengehen im Bett erlernen. Machen die Experimente im Zusammenhang mit Cyper-Space und virtuellen Realitäten weiter so rasante Fortschritte wie bisher, werden Menschen ihr historisches Wissen nicht mehr aus Büchern beziehen, sondern die Möglichkeit haben, selbst in vergangene historische Epochen einzutauchen und simulierte Erfahrungen machen können. Der Prozeß der Dezentralisierung, der auf der Aggregatebene der Einrichtungen und Träger sowie der Lernorte zu beobachten ist, erfaßt also auch die Lernräume, und dies auch bereits in der Volkshochschule (vgl. Tietgens 1994, S.49). Ob man will oder nicht, der Prozeß der Entgrenzung des Erwachsenenlernens geht weiter; er wird auch nicht bei den vielfältigen pädagogisch strukturierten Aneignungsverhältnissen, die das Fernsehen bietet, Halt machen und der pädagogischen Profession im Feld der Erwachsenenbildung mit neuen Herausforderungen und Problemen konfrontieren (vgl. Kade 1994c; Kade/Lüders 1995; Nittel 1995).

Entgrenzungsthese
Dezentralisierung der
Lernräume

Literatur

Böhnisch, L./Münchmeier, R.: Pädagogik des Jugendraums. Zur Begründung und Praxis einer sozialräumlichen Jugendpädagogik. Weinheim/München 1990.
Brauner, J./Bickmann, R.: Die multimediale Gesellschaft. Frankfurt a.M. 1994.
Geißler, Kh.A.: Anfangssituationen. Was man tun und besser lassen sollte. München 1983 (^{4}1994) .
Hacker, J./Olzog, G. (Hrsg.): Deutsches Handbuch für Erwachsenenbildung. München 1990ff.
Harney, K.: Pädagogisierung der Personalwirtschaft – Entpädagogisierung der Berufsbildung. In: Der Pädagogische Blick (1994), H.1, S. 16-27.
Harney, K./Nittel, D.: Pädagogische Berufsbiographien und moderne Personalwirtschaft. In: Krüger, H.-H./Marotzki, W. (Hrsg.): Erziehungswissenschaftliche Biographieforschung. Opladen 1995, S. 332-358.
Kade, J.: Universalisierung und Individualisierung der Erwachsenenbildung. Zum Wandel eines pädagogischen Arbeitsfeldes. In: Zeitschrift für Pädagogik 35 (1989), S. 789-808.
Kade, J.: Innen und Außen. Zur Eröffnung von Lernräumen in der Erwachsenenbildung. In: Report 30 (1992), S. 34-39.
Kade, Jochen: Aneignungsverhältnisse diesseits und jenseits der Erwachsenenbildung. In: Zeitschrift für Pädagogik 39 (1993), Heft 3, S. 391-408.
Kade, J.: Einrichtungen der Erwachsenenbildung. In: Lenzen, D. (Hrsg.): Erziehungswissenschaft. Ein Grundkurs. Reinbek 1994, S. 477-495. (a)
Kade, J.: „Der große Bellheim" und „Die Abenteuer des jungen Indiana Jones". Marginalien zur Pädagogik des Fernsehens. In: Hessische Blätter für Volkbildung, 44 (1994), Heft 3, S.246-252. (b)
Kade, J./Lüders, Ch.: Lokale Vermittlung. Pädagogische Professionalität unter den Bedingungen der Allgegenwart medialer Wissensvermittlung. In: Combe, A./Helsper, W. (Hrsg.): Pädagogische Professionalität. Frankfurt a.M. 1996, S. 887-922.
Kade, J./Lüders, C./Hornstein, W.: Die Gegenwart des Pädagogischen – Fallstudien zur Allgemeinheit der Bildungsgesellschaft. In: Oelkers, J./Tenorth, H.-E. (Hrsg.): Pädagogisches Wissen. Weinheim/Basel 1993, S. 39-65.
Landesinstitut für Schule und Weiterbildung (Hrsg.): Im Netz der Organisation. Ein Handbuch für Menschen in Kultur- und Weiterbildungseinrichtungen. Soest 1991.
Müller, K.R.: Bildungsraum. In: Grundlagen der Weiterbildung. Praxishilfen. Neuwied 1991.

Negt, O.: Veränderung und das Element Hoffnung. In: DIE 3 (1994), S. 12-17.

Nittel, D.: Erwachsenenbildung –‚die unentschiedene Profession'? Der Beitrag biographischer Fallanalysen zur beruflichen Selbstaufklärung. In: Der pädagogische Blick (1995), Heft 1, S. 1-15.

Report 27: Themenheft „Lernorte in der Erwachsenenbildung". (1991), S. 9-70.

Schäffter, O.: Arbeiten zu einer erwachsenenpädagogischen Organisationstheorie. Frankfurt a.M. 1992.

Seitter, W.: Erwachsenenbildung zwischen Europäisierung und nationalen Traditionen. In: Zeitschrift für Pädagogik 39 (1993) Heft 3, S. 427-442.

Tietgens, H.: Institutionelle Strukturen der Erwachsenenbildung. In: Schmitz, E./Tietgens, H.(Hrsg.): Erwachsenenbildung. (Enzyklopädie Erziehungswissenschaft Bd. 11). Stuttgart 1984, S. 287-302.

Tietgens, H.: Medienverbund – Erwartung und Erfahrung. In: Hessische Blätter für Volksbildung 44 (1994), Heft 1, S. 44-49.

III. 6. Entgrenzung des Pädagogischen

Christian Lüders/Jochen Kade/Walter Hornstein

Inhalt

Begriffe wie erziehen, bilden, lernen, lehren, unterrichten, fördern, beraten, pädagogisch unterstützen, bestrafen u.a. verknüpfen sich üblicherweise mit Institutionen wie Schule, Hochschule, Orte der Weiterbildung, mit sozialpädagogischen Beratungsstellen aller Art, mit betrieblichen Ausbildungsstätten, mit Familie. Was diese Institutionen bei aller Verschiedenheit verbindet, ist die Feststellung, daß in ihnen pädagogische Praxis stattfindet. Dieser Eindruck ist so selbstverständlich, daß häufig nicht gesehen wird, daß in der heutigen Gesellschaft grundlegende Prinzipien und Momente pädagogischen Denkens und Handelns auch außerhalb der üblicherweise als „pädagogisch" eingestuften Institutionen angetroffen werden.

Die Konzentration auf die traditionell als pädagogisch bewerteten Institutionen hat für lange Zeit auch in der Erziehungswissenschaft ihren Niederschlag gefunden. Auch sie hat sich sowohl theoretisch wie in ihren empirischen Bemühungen in den letzten 40 Jahren weitgehend auf die als pädagogisch deklarierten Institutionen und die Probleme der in diesen Institutionen tätigen Pädagoginnen und Pädagogen konzentriert. Diese Konzentration auf den zuletzt genannten Aspekt, also auf die professionell ausgeübte pädagogische Tätigkeit in pädagogischen Institutionen hat zu einer weiteren Verengung und Akzentuierung geführt:

Institutionen- und Professionsorientierung der Erziehungswissenschaft

207

in den Vordergrund rückten damit immer wieder Fragen der beruflichen Kompetenz der Erzieher, die Frage nach den institutionellen und gesellschaftlichen Bedingungen der Erziehung in den genannten Institutionen, nach den dort vorder- und hintergründig ablaufenden Prozessen. Die Erziehungswissenschaft war, mit anderen Worten, in den letzten vierzig Jahren in hohem Maße institutionen- und professionsorientiert. Sie folgte damit einem traditionellen Muster der Sicht der Welt im pädagogischen Denken: auf der einen Seite gab es die pädagogischen Institutionen und die in ihnen beruflich Tätigen samt ihren Adressatinnen und Adressaten, seien es Kinder, Schüler, Teilnehmer, Ratsuchende oder andere. Jenseits dieser Institutionen gab es eine nicht-pädagogische Welt. Sie entzog sich der pädagogischen Einflußnahme, war geprägt durch wirtschaftliche und politische Zwänge, durch Konsum, Alltagssorgen und die verschiedenen Interessen, Bedürfnisse und Lösungsstrategien der jeweils Beteiligten.

1. Die Trennung von pädagogischen Institutionen und nichtpädagogischer Welt

Im historischen Rückblick läßt sich feststellen, daß es zwei Formen gegeben hat, in denen sich Pädagogik und Erziehungswissenschaft auf diese außerhalb des eigenen Einflußbereiches liegende nicht-pädagogische Welt bezogen haben:

Die eher traditionelle Sicht bestand darin, diese Welt außerhalb der Pädagogik insofern wahrzunehmen, als von ihr ungeliebte Konkurrenz ausging. Man bezeichnete diese als „geheime Miterzieher". Gemeint war damit, daß jenseits des Einflußbereiches der Pädagogik Einwirkungen und Einflüsse auf den Zögling konstatiert werden mußten, die aber nicht pädagogisch strukturiert, geplant und intendiert waren. Vor allem das Fernsehen geriet in diesem Zusammenhang in Verruf. Intensiver Fernsehkonsum, so befürchteten Pädagoginnen und Pädagogen, hat zwar durchaus erzieherische Auswirkungen, nur leider können diese weder von Pädagoginnen und Pädagogen gesteuert werden, noch folgen sie den guten pädagogischen Absichten. Im Gegenteil müssen immer wieder Eltern, Erzieherinnen und Erzieher, Lehrerinnen und Lehrer erkennen, daß Kinder und Jugendliche durch das Fernsehen Dinge lernen, die sie aus pädagogischer Sicht besser nicht gelernt hätten. Bei den „geheimen Miterziehern" handelt es sich also aus pädagogischer Sicht um eher problematische, negative oder zufällige Einflüsse, mit allerdings u.U. weitreichenden Auswirkungen.

Eine andere Variante bestand darin, zwischen funktionaler Erziehung bzw. – in modernisierter und sozialwissenschaftlicher Sprache – Sozialisation auf der einen Seite und (beabsichtigter) Erziehung auf der anderen Seite zu unterscheiden. Damit verbunden wurden dann vor allem in den siebziger Jahren Unterscheidungen wie zwischen Anpassung und Emanzipation, (sozialer) Integration und (individueller) Mündigkeit. Auf diese Weise konnte die Unterscheidung zwischen pädagogischer und nicht-pädagogischer Welt mit dem spannungsvollen Verhältnis von Pädagogik und Gesellschaft in Zusammenhang gebracht werden.

208

2. Die Debatte um die Pädagogisierung der Lebenswelt

Seit etwa Beginn der achtziger Jahren wird das Verhältnis von pädagogischer und nicht-pädagogischer Welt, von Pädagogik und Gesellschaft in neuer Weise zum Thema gemacht. Ein Stichwort, unter dem diese Debatten laufen, lautet Pädagogisierung von Gesellschaft und Lebenswelt. Den Hintergrund für diese Debatte lieferten vielfältige Erfahrungen und Beobachtungen, denen zufolge pädagogische Denk- und Handlungsformen in den unterschiedlichsten gesellschaftlichen Sphären und Lebensbereichen, wie Freizeit, Konsum, Medien, Alltag, zunehmend Verbreitung finden und dort das Denken und Handeln aller Betroffenen im Kern verändert. Vor allem die Familie geriet in diesem Zusammenhang in den Blickpunkt der Aufmerksamkeit. Hier wurde kritisch vermerkt, daß das Eindringen pädagogischen Wissens (z.B. durch die Lektüre von Elternratgebern, den Besuch von Volkshochschulkursen, die Verwendung von Fördermaterialien u.ä.) zu einem Verlust natürlicher elterlicher Erziehungseinstellungen und -praxis führe und daß die elterliche Erziehung mit „fremden" sozialwissenschaftlichen Theorien überformt würde. Eng verbunden war damit die Kritik an der Rolle pädagogischer Experten. Sie sahen sich mit dem Vorwurf konfrontiert, alle beglücken zu wollen und dabei nur Bevormundung, permanenten Leistungs- und Erziehungsdruck zu bewirken. Behauptet wurde, daß selbst „in jenen breiten Bereichen des Erziehungsalltags, wo kein direkter Zugriff von Spezialisten erforderlich ist, ... der Zugriff der Pädagogik regiere" (Beck-Gernsheim 1990, S. 172) und daß das „Verlassen von Pädagogikland bei Strafe verboten" sei (ebd., S. 171).

Fragwürdig an dieser Kritik ist nicht nur, daß die Thesen kaum empirisch belegt bzw. überprüft sind; auch das ihr zugrundeliegende naive Bild der nicht professionellen Erzieherinnen und Erzieher ist problematisch; sie erscheinen als wehrlose Marionetten in den Händen der pädagogischen Experten. Diese trichtern ihnen unsinnige Erziehungstheorien ein, die sie verwirren und sie von ihren eigentlichen Fähigkeiten ablenken. Demgegenüber zeigen Detailstudien, daß die Erwachsenen, sei es als Eltern, als Teilnehmer von Bildungsveranstaltungen oder als Fernsehkonsumenten sehr wohl unterscheiden können, welches Wissen ihnen hilft und welches nicht (vgl. Kade 1992).

Pädagogisierung der Gesellschaft

3. Auswirkungen der Entgrenzung des Pädagogischen auf pädagogische Institutionen und das pädagogische Handeln

Auch wenn sich die Kritik an den derartigen Tendenzen bei genauerer Betrachtung als überzogen und wenig begründet erweist, so enthält sie doch einen zutreffenden Aspekt: Wohl noch nie war Pädagogik, und zwar auf eine bereits selbstverständlich gewordene Weise, so allgegenwärtig wie heute. Ob man an die beispiellose Expansion der Bildungs- bzw. pädagogischen Institutionen denkt oder ob Pädagogik als unversiegbare Quelle zur Lösung aller nur denkbaren Probleme herbeizitiert und gefordert wird, angefangen bei der Betreuung Frühgebo-

Allgegenwart des Pädagogischen

rener und nicht endend mit der Linderung der Arbeitslosigkeit und ihrer Folgen, der Heranführung der sogenannten neuen Bundesländer an das politische, ökonomische, kulturelle Niveau der „alten" Bundesrepublik sowie der Vorbereitung auf die Jahrtausendwende; ob man an die unzähligen Angebote für authentisches Erleben der eigenen Person in der Natur oder auf Reisen, den exklusiv-betreuten Zugang zu Kunst und Kultur oder die wohlmeinenden Verständnishilfen im Museum im Auge hat, ob man an die reichliche Versorgung mit Aufforderungen und guten Ratschlägen für alles und jedes in Form von an nahezu allen öffentlichen Plätzen, vom Bio-Bistro bis zum Krankenhaus, ausliegenden Prospekten denkt, an den Zeigefinger in Kino und Fernsehen – aufs Ganze gesehen, kommt man schwerlich an dem Befund, ja Eingeständnis vorbei, daß – ein wie auch immer geartetes und zu bewertendes – pädagogisches Handeln, Wissen und Reflexion zu einem festen, letztlich wohl nicht zu unterschätzendem Bestandteil unserer Kultur mutiert ist, das Alltag und gesellschaftliche Praxis in vielfacher Weise durchdringt, prägt, beeinflußt, vielleicht aber auch nur ziert, verunstaltet und begleitet. Und dies obwohl sich das gegenwärtige Zeitalter im Gegensatz zum 18. Jahrhundert keineswegs als ein pädagogisches versteht und allerorten der Abgesang auf die Pädagogik erklingt bzw. Pädagogik einigen nur noch als Simulation ihrer eigenen Realität erscheint.

Diese Entwicklung bezeichnen wir als Entgrenzung des Pädagogischen (vgl. auch Winkler 1992). Gemeint ist damit, daß die historisch entstandenen Formen pädagogischen Denkens und Handelns sich von den in den letzten 40 Jahren so vertraut gewordenen Bezügen und Bereichen, von ihren typischen Institutionen und Räumen lösen und auf neue, von der Pädagogik bisher noch nicht erfaßte Altersstufen und Lebensbereiche übertragen werden. Dieses Phänomen ist im Alltag mittlerweile so allgegenwärtig und selbstverständlich geworden, daß es kaum mehr auffällt. Bei genauer und distanzierter Betrachtung zeigt sich jedoch, daß heute so gut wie alle Bereiche des öffentlichen Lebens mit Momenten pädagogischen Denkens und Handelns durchsetzt sind. Fast an jeder Ecke kann und soll man etwas lernen, immer wieder wird einem gesagt, was man alles noch nicht weiß und doch besser wissen sollte, überall trifft man auf ausgeklügelte didaktische Arrangements, mit deren Hilfe die eigenen Defizite überwunden und neues Wissen bzw. neue Erfahrungen vermittelt werden sollen; und bei alledem schwingt immer wieder das Versprechen und die Hoffnung mit, daß das Gelernte auch im Hinblick auf die Zukunft hilfreich, förderlich und erstrebenswert sei. Thematische Grenzen gibt es dabei nicht, so daß man heute jederzeit alles über den Wein, die geheime Kraft der Pyramiden, die eigene Biographie und das eigene Altern, die Gefahren des Ozonlochs und die Möglichkeiten des biologischen Gartenanbaus, die Zukunft der Menschheit und die Ästhetik der Neuen Wilden erfahren kann. Zugleich gibt es auch keine exklusiven Räume der Vermittlung bzw. des Lernens mehr. Während bis vor nicht allzu langer Zeit Lernen entweder in eigens dafür eingerichteten Institutionen wie der Schule, der Universität oder Volkshochschule, beschränkt auf bestimmte Lebensphasen oder aber privat durch die Lektüre von Büchern stattfand, ist für die Gegenwart charakteristisch, daß man praktisch immer und überall zu lernen hat und daß nicht nur weite Teile des Fernsehens pädagogisch arrangiert sind, sondern auch Kaufhäuser, Museen, kommerzielle Freizeitangebote und die Werbung damit locken, daß es etwas zu lernen gibt.

Entgrenzung des Pädagogischen

Es ist allerdings ein zu kurz greifendes Erklärungsmuster, wenn in diesem Zusammenhang darauf verwiesen wird, daß dies alles typisch sei für moderne Gesellschaften, in denen sich alles schnell wandle und wo es der technologische Fortschritt mit sich bringe, daß sich die Menschen ständig auf Neues einstellen müßten, also bereit sein müssen zu lernen, weil ihr Wissen und ihre Erfahrungen immer schneller veralten.

So richtig dieser Einwand auch ist, so sehr läuft er Gefahr, die Eigentümlichkeit der hier ins Auge gefaßten Prozesse zu verfehlen. Das Stichwort „Entgrenzung des Pädagogischen" zielt zwar auch auf den Tatbestand, daß die Menschen immer mehr lernen müssen und daß ihnen eine immer größere Flexibilität angesichts des rasanten gesellschaftlichen Wandels abgefordert wird. Höchst bedeutsam ist jedoch die Tatsache, daß sich pädagogisches Denken und Handeln unter der Bedingungen ihrer weitgehenden Entgrenzung selbst verändern. Mindestens drei Aspekte sind dabei von zentraler Bedeutung: *Veränderung pädagogischen Denkens und Handelns*

1. Die Entgrenzung des Pädagogischen bedeutet nicht, daß nun tendenziell die ganze Gesellschaft zu einer großen pädagogischen Veranstaltung wird und daß die Prinzipien pädagogischen Denkens und Handelns einfach nur übertragen und generalisiert werden. Vielmehr entstehen *neue Mischungsverhältnisse* zwischen pädagogischen und nichtpädagogischen Momenten. Der Weinhändler, der ein didaktisch durchdachtes Seminar über süditalienische Weine mit einem Diplom zum Abschluß anbietet, möchte letztendlich seine Weine auch verkaufen. Die pädagogisch gestaltete Fernsehsendung ist ebenso an der Quote orientiert, wie der Organisator von Lernwerkstätten auf Publikumsresonanz angewiesen ist. Entgrenzung des Pädagogischen bedeutet so gesehen, daß vor allem kommerzielle Interessen und Momente pädagogischen Denkens und Handelns zahlreiche neue, mitunter Pädagoginnen und Pädagogen irritierende Verbindungen eingehen. Irritierend sind diese neuen Mischformen vor allem deshalb, weil man aus traditioneller pädagogischer Sicht häufig das Gefühl hat, daß die eigenen Prinzipien verraten werden, wobei allerdings daran zu erinnern ist, daß auch unter traditionellen Verhältnissen den pädagogischen Institutionen niemals „Pädagogik pur" stattfand; immer dienten pädagogische Institutionen – das gilt vor allem auch für die Schule – auch anderen als pädagogischen Interessen. *Neue Mischungsverhältnisse*

Ein Beispiel mag dies verdeutlichen. Traditionellerweise war für pädagogisches Denken und Handeln die Vorstellung eines besonderen Schon- und Erfahrungsraumes konstitutiv. Die entsprechende Konzeption unterstellt, daß Kinder und Jugendliche nicht sofort dem „Ernst des Lebens" ausgeliefert werden sollten, sondern daß sie auf die Anforderungen des Leben in eigens gestalteten Erfahrungsräumen, in denen sie von vielen Zumutungen der Erwachsenenwelt abgeschirmt wurden, vorbereitet werden sollten. Diese Idee des pädagogisch gestalteten Erfahrungsraumes findet man heute z.B. bei zahlreichen Reiseveranstaltern wieder. Hier liegt die Annahme zugrunde, daß Erwachsene die Akropolis von Athen oder den Louvre in Paris besser nicht auf eigene Faust kennenlernen sollten, sondern mit Hilfe eines geschulten Reiseleiters, der sie kundig vorbereitet, die Objekte erklärt und verständlich macht, und auf diese Weise Bildung ermöglicht. Die Idee ist zwar offensichtlich erfolgreich, löst aber dennoch Unbehagen aus, weil in dem zugrundeliegenden Konzept Erwachsene wie Kinder behandelt werden. Zugleich geht aber auch der Inhalt des „traditionellen" Erziehungsbegriffes insofern verloren, als der für Kindheit und Jugend konstitutive Zukunftsbezug, die auf Kinder und Jugendlichen bezogenen Vermittlungsformen, die Suspendierung der Verantwortung und Ernsthaftigkeit und der Status des „Noch-Nicht" bzw. der „Defizienz" in der für die Kindheit charakteristischen Weise nicht aufrecht erhalten werden können.

2. Es zeigt sich, daß die Entwicklung keineswegs linear in die Richtung geht, daß die gesellschaftlichen Lebens- und Erziehungsverhältnisse zunehmend und immer stärker pädagogisiert werden. Es sind in der Regel immer auch *gegenläufige Entwicklungstendenzen* im Sinne der Entpädagogisierung von pädagogischen Institutionen, also das tendenzielle Zurückdrängen pädagogischer Denk- und Handlungsmuster, zu beobachten. Die Mehrdimensionalität dieser Entwicklung wird allerdings nur erkennbar, wenn man die Analyseperspektive differenziert anlegt und Unterscheidungen, wie zwischen Inhalten, Arbeitsformen und Personen, einführt.

Entpädagogisierung pädagogischer Institutionen

Am Beispiel einiger großstädtischer Volkshochschulen (vgl. z.B. Kade/Lüders/Hornstein 1993) läßt sich diese Entwicklung konkretisieren. In dreifacher Hinsicht zeigt sich hier eine Tendenz zur Entpädagogisierung: Erstens entwikkeln sich diese Einrichtungen zunehmend von einer Erwachsenenbildungs- zu einer Kulturinstitution. Nicht mehr die bekannten Kurse allein prägen das Programmangebot, sondern vielfältige neue Formen der offenen, nicht an Kurse gebundenen Vermittlung von Kultur – z.B. indem Veranstaltungen angeboten werden, die einen Blick hinter die Kulissen eines Theaters oder eines Symphonieorchesters ermöglichen. Zweitens werden die handelnden Personen neu bestimmt: Sie spielen weniger als Kursleiter bzw. pädagogisch Verantwortliche eine Rolle als vielmehr in ihrer Funktion als Fachleute mit einer spezifischen inhaltlichen Kompetenz. Und drittens unterscheiden sich die praktizierten Vermittlungs- und Arbeitsformen nicht wesentlich von denen, die alltäglich oder in den jeweilen Berufs- bzw. Lebenssphären angewandt werden. Angestrebt wird eine Auflösung der Kursstruktur und eine Reintegration von Lernen und Leben wie auch die Hereinnahme authentischer kultureller Praxis in den institutionellen Rahmen der Erwachsenenbildung in Verbindung mit pädagogischen Vermittlungsformen.

Pädagogisierung von Themen

Dieser Tendenz zur Entpädagogisierung einer Erwachsenenbildungsinstitution steht eine Tendenz zur Pädagogisierung der behandelten Themen entgegen. Sie bezieht sich vor allem auf die inhaltliche Ebene; hier läßt sich die Ausweitung des pädagogischen Einflusses auf bisher noch nicht erfaßte gesellschaftliche Bereiche beobachten. Unter den neuen Themen, die bisher weitgehend dem einzelnen überlassen wurden, mit denen man sich gleichsam auf eigene Faust auseinandersetzte und die nun pädagogischen Zielsetzungen und Vermittlungsanstrengungen unterworfen werden, nimmt der Zugang zur Kultur einen zentralen Stellenwert ein. Hintergrund ist dabei, daß viele Menschen sich zwar im Prinzip für moderne Theateraufführungen, moderne bildende Kunst, neue Formen der Literatur und Musik interessieren, daß sie jedoch oft ohne zusätzliche Erläuterungen und Einführungen wenig mit den Produkten der Avantgardekultur anzufangen wissen. Daß ausgerechnet dieser Aspekt des Zugangs zur Kultur zum Problem geworden ist und pädagogisch als kollektiver Prozeß organisiert wird, verweist auf eine Universalisierung eines Bildungsanspruchs – zum Teil auch nur im Sinne einer abstrakten, diffusen Bildungsbereitschaft – bei gleichzeitigen

Kompetenz-, aber auch motivationalen Grenzen, diesem individuell gerecht zu werden.

3. Gegenüber der zuvor schon erwähnten These von der Pädagogisierung der Lebenswelt durch die pädagogischen Experten betont die Entgrenzungsthese, daß die gesellschaftliche Ausbreitung der Pädagogik *keineswegs zwangsläufig zur Entmündigung der Menschen* führt. Dies ist deswegen nicht der Fall, weil sich unter heutigen Bedingungen das Verhältnis zwischen pädagogischen (Bildungs-)Angeboten und Aneignungsprozessen in Richtung auf die Aneignungsseite verschiebt. Es gibt bedenkenswerte Anzeichen dafür, daß mit der Ausbreitung der Pädagogik auch die Aneignungskompetenzen der AdressatInnen pädagogischer Angebote wachsen; mit der Folge, daß das Resultat pädagogischer Veranstaltungen zunehmend weniger durch die Intentionen einer pädagogischen Profession bestimmt sind als durch die Interessen, Erfahrungen, Lebenslagen und Biographie der TeilnehmerInnen. Diese werden aufgrund einer solchen Entwicklung vermehrt zu Subjekten, die in ein selbstbewußtes Verhältnis zu pädagogischen Angeboten treten und sich diese nach individuellen Interessen autonom aneignen und nutzen. In solchen Nutzungsbeziehungen gegenüber pädagogischen Angeboten realisiert sich eher die Mündigkeit eines großen Teils der Bevölkerung als in der Ignoranz oder Distanz gegenüber pädagogischen Angeboten.

Anwachsen der Aneignungskompetenzen

War für die Pädagogisierungsdebatte die Differenz Pädagogik – Gesellschaft/Lebenswelt grundlegend, so tritt vor dem Hintergrund empirischer Untersuchungen zur Entwicklung der Pädagogik eine neue Differenz in den Mittelpunkt, nämlich die zwischen pädagogischen Erziehungs-, Bildungs- und Lernverhältnissen einerseits sowie zwischen gesellschaftlichen Erziehungs-, Bildungs- und Lernverhältnissen andererseits. Letztere können zwar pädagogische Wissenselemente enthalten, aber als ganzes sind etwa Weinseminare, Ausstellungen, politische Magazine, Talkshows, Zeitungen, Tanz- oder Fahrschulen nicht primär pädagogisch strukturiert, was die Ziele, Bedingungen und handelnden Subjekte angeht. Beide Bereiche, Felder sind empirisch indes nicht scharf voneinander abgegrenzt, die Grenzen sind eher fließend und durchlässig. Insofern kann man – vom Standpunkt pädagogischer Professionen und Institutionen aus betrachtet – von einer Entgrenzung der Pädagogik sprechen.

4. Folgen der Entgrenzung des Pädagogischen für die Erziehungswissenschaft, das Studium und die professionelle pädagogische Identität

Was bedeutet dies alles für die Erziehungswissenschaft, ihr Studium, die professionelle Identität als Pädagogin oder Pädagoge und gesellschaftliche Lernprozesse? Wenn man davon ausgeht, daß so etwas wie eine Universalisierung von Bildung und Lernen stattfindet, dann ist dies für die pädagogische Profession in zweifacher Hinsicht von Bedeutung:

Erstens zeigt sich bei näherer Betrachtung, daß die mit der Expansion der Pädagogik neu entstandenen institutionellen Mischformen und Gemengelagen

Blick über die etablierten Arbeitsfelder hinaus

von Tätigkeiten und Handlungsformen von professionellen Pädagogen verlangen, daß sie über die Grenzen der traditionellen, etablierten Arbeitsfelder auf angrenzende, nur zum Teil pädagogisch strukturierte Felder in unterschiedlichen gesellschaftlichen Bereichen blicken. Offenbar hängen pädagogische Arbeitsfelder mit nicht-pädagogischen Erziehungs-, Bildungs- und Lernverhältnissen enger zusammen, als dies im allgemeinen wahrgenommen wird. Sie haben eine Reihe von gemeinsamen Handlungsproblemen und Lösungsstrategien, und dies läßt die üblichen scharfen Abgrenzungen zwischen pädagogischen und anderen Erziehungsverhältnissen fragwürdig werden. Anzuführen wären hier etwa die gesellschaftlich verbreiteten Bedürfnisse nach Authentizität, nach unmittelbaren Zugängen zur Kultur, aber auch vordergründig entpädagogisierte Vermittlungsformen; oder die vielfältigen Mischungen von ökonomischen, kulturellen und pädagogischen Handlungskontexten (vgl. Kade/Lüders/Hornstein 1993).

Wenn pädagogische Ziele und Vermittlungsformen sich gesellschaftlich so allgemein durchgesetzt haben, daß sie in unterschiedlichsten Bereichen selbstverständlich von Nicht-PädagogInnen – im Sinne eines allgemein zur Verfügung stehenden kulturellen Musters – für ihre jeweils spezifischen Zwecke benutzt werden können, ohne daß sie sich deren Herkunft überhaupt noch bewußt sind, so haben sich damit die Bedingungen verändert, unter denen die in traditionell als pädagogisch angesehenen Institutionen tätigen PädagogInnen sich ihre Handlungsfelder erschließen können. Sie müssen sich nämlich nunmehr auf einem Markt von mehr oder weniger offenen und verdeckten Bildungs- und Kulturangeboten etablieren und kontinuierlich behaupten. Die Entgrenzung des pädagogischen Feldes relativiert die Bedeutung der pädagogischen Strukturierung von Aneignung durch die pädagogische Profession und bringt sie in Konkurrenz zu anderen sich gesellschaftlich entwickelnden Formen pädagogischer Vermittlung, z.B. massenmedialen, aber auch lebensweltlichen Vermittlungsformen. Um den daraus resultierenden neuen Anforderungen gewachsen zu sein, muß den angehenden Pädagogen im Studium die Möglichkeit gegeben werden, ihr eigenes Berufsfeld immer auch noch einmal von Außen zu betrachten; also die Formen gesellschaftlicher, etwa medialer, ökonomisch bestimmter Strukturierung von Aneignung, die nicht von den Professionellen unter Kontrolle gebracht werden können, aber diese gleichwohl in ihren Handlungsformen und ihrem Wirkungsgrad mit beeinflussen, zu reflektieren.

PädagogInnen können sich heute nicht mehr mit dem Versuch zufrieden geben, die Erziehungs-, Bildungs- und Lernverhältnisse außerhalb ihres Einflusses als Störung zu betrachten, die möglichst zu neutralisieren und auszuschalten ist. Sie müssen vielmehr mit der Abhängigkeit von ihnen und mit der Konkurrenz mit ihnen leben. Dies ist eine Folge der Universalisierung pädagogischen Wissens und zugleich eine Bedingung der gesellschaftlichen Weiterentwicklung.

Reflexivwerden der Moderne

Zweitens: Die oben skizzierten Entwicklungen beinhalten auch eine Reihe von wichtigen gesellschaftstheoretischen und -politischen Aspekten. Folgt man der These von der Entgrenzung des Pädagogischen, liegt es nahe, auf Theorien zurückzugreifen, die vor allem die Herausbildung von Übergangssphären, von Mischungsverhältnissen, von Interpenetrationszonen als Spezifikum der Gegenwart ansehen (vgl. Münch 1984); darüber hinaus wäre es fruchtbar, Theorien heran-

Behauptung auf einem Markt von Bildungs- und Kulturangeboten

214

zuziehen, die einen historischen Trend hin zu einem Reflexivwerden der Moderne diagnostizieren im Zuge des Brüchigwerdens der traditionellen gesellschaftlichen Institutionen (vgl. Beck 1986).

Schließlich verweisen die zunehmend und verstärkt ins Blickfeld der Öffentlichkeit geratenen sozialen und kulturell-gesellschaftlichen Konflikte auf die Notwendigkeit nicht nur individueller, sondern auch *kollektiver Lernprozesse* (Hornstein 1990). In diesem Sinne enthält die These von der Entgrenzung des Pädagogischen auch eine Antwort auf die Frage, wie die Bundesrepublik Deutschland auf den gesellschaftlichen Wandel reagiert, nämlich offensichtlich bislang im hohen Maße durch Lernen und Vermittlung von Neuem. Daß dies nicht unbedingt selbstverständlich ist, zeigt ein Blick in andere Länder, in denen die Herausforderungen moderner Gesellschaften mit dem Wiederaufleben fundamentalistischer und überwunden geglaubter dogmatischer Weltbilder beantwortet werden. [Kollektive Lernprozesse]

Angesichts der hier beschriebenen Sachverhalte und Entwicklungen kann sich die Erziehungswissenschaft nicht auf die Bearbeitung derjenigen Probleme beschränken, die sich in den traditionell als pädagogisch eingestuften Berufsfeldern stellen; sie muß sich zunehmend und zugleich als eine Reflexionsinstanz und als ein Ort verstehen, an dem gesellschaftliche Selbstverständigungsprozesse stattfinden können. Neben dem professionell betreutem Lernen müssen *gesellschaftliche Lernprozesse* und die Frage, wie sie organisiert und aufrechterhalten werden können, daher mehr als bisher Thema der Erziehungswissenschaft und ihrer Ausbildung werden. [Erziehungswissenschaft als Ort gesellschaftlicher Selbstverständigung]

Literatur

Beck, U.: Risikogesellschaft. Auf dem Weg in eine andere Moderne. Frankfurt a.M. 1986.

Beck-Gernsheim, E.: Alles aus Liebe zum Kind. In: Beck, U./Beck-Gernsheim, E.: Das ganz normale Chaos der Liebe. Frankfurt a.M. 1990, S. 135-183.

Hornstein, W.: Gewalt und Fremdenfeindlichkeit in Deutschland. Über Tabus in der öffentlichen Thematisierung und über die Notwendigkeit gesellschaftlichen Lernens. In: Zeitschrift für Pädagogik 39 (1993), Heft 1, S. 1-16.

Kade, J./Lüders, Chr./Hornstein, W.: Die Gegenwart des Pädagogischen – Fallstudien zur Allgemeinheit der Bildungsgesellschaft. In: Oelkers, J./Tenorth, H.-E. (Hrsg.): Pädagogisches Wissen. Weinheim/Basel 1993, S. 39-65.

Kade, J.: Erwachsenenbildung und Identität. Eine empirische Studie zur Aneignung von Bildungsangeboten. Weinheim ²1992.

Münch, R.: Die Struktur der Moderne. Grundmuster und differentielle Gestaltung des institutionellen Aufbaus der modernen Gesellschaften. Frankfurt a.M. 1984.

Winkler, M.: Universalisierung und Delegitimation: Notizen zum pädagogischen Denken der Gegenwart. In: Hoffmann, D./Langewand, A./Niemeyer, Chr. (Hrsg.): Begründungsformen der Pädagogik in der „Moderne" (Beiträge zur Theorie und Geschichte der Erziehungswissenschaft, Bd. 13). Weinheim 1992, S. 135-153.

IV. 1. Sozialer Wandel und soziale Ungleichheit

Peter Büchner

Inhalt

1. Bildung und Erziehung als Voraussetzung und Folge von gesellschaftlichen Entwicklungen

In Anbetracht der vielfältigen Verflechtungen zwischen gesellschaftlicher Entwicklung und Bildungs- und Erziehungsgeschehen ist es mittlerweile unbestritten, daß die Erziehungswissenschaft nicht ohne Berücksichtigung von Erkenntnissen aus anderen sozialwissenschaftlichen Disziplinen auskommt. Spätestens seit Durkheim (1972/1922) wird neben der Erziehungswissenschaft auch die Soziologie als Grundlagenwissenschaft für das Handeln von PädagogInnen angesehen, um dessen gesellschaftliche Bedingtheit erkennen und im pädagogischen Alltag berücksichtigen zu können. Ein Kristallisationspunkt für die Betrachtung der Wechselbeziehungen zwischen Bildung, Erziehung und Gesellschaft ist die Bildungs- und Erziehungssoziologie, die sich in der zweiten Hälfte dieses Jahrhunderts als wissenschaftliche Teildisziplin im Überschneidungsbereich von Soziologie und Erziehungswissenschaft etabliert hat (vgl. Büchner 1985; Sommerkorn 1993).

> Gesellschaftliche Bedingtheit des pädagogischen Alltags

Als integraler Bestandteil der (empirischen) Bildungs- und Sozialisationsforschung versucht die Bildungs- und Erziehungssoziologie, eine Verbindung zwischen individuellen und gesellschaftlichen Entwicklungsprozessen herzustellen. Demgegenüber ist der Vermittlungszusammenhang zwischen sozialem Wandel und individueller Existenz als Gegenstand der empirischen Forschung in der Erziehungswissenschaft (im engeren Sinne) nur vereinzelt anzutreffen, obwohl er programmatisch als bedeutsam gilt (vgl. z.B. Krüger 1990). „Theorien des sozialen Wandels und insbesondere Modernisierungstheorien haben in der Pädagogik eher wenig Resonanz gefunden und sind daher selten systematisch und explizit in die erziehungswissenschaftliche Problembearbeitung einbezogen worden" (Tippelt 1990, S. X). Das gilt z.B. auch für die Mitte des 20. Jahrhunderts in den westlichen Industrienationen einsetzende Bildungsexpansion, die als wichtiges Element von sozialem Wandel gelten kann. Die (west-)deutsche Bildungsexpansion, die seit Mitte der sechziger Jahre zu einer Anhebung des durchschnittlichen Bildungsniveaus der Bevölkerung führte, hat die Struktur und Entwicklung der westdeutschen Gesellschaft (z.B. das Geschlechterverhältnis) nachhaltig beeinflußt (vgl. Ecarius in diesem Band). Umgekehrt wurde die Bildungsexpansion auch von vorangegangenen gesellschaftlichen Entwicklungen (z.B. dem Trend zur Dienstleistungsgesellschaft) und daraus erwachsenden Handlungsmotiven und sozialen Interessenlagen ermöglicht, wenn nicht gar herbeigeführt (vgl. dazu Achinger u.a. 1980).

Die Einsicht, daß Bildung und Erziehung bzw. pädagogisches Handeln neben individuellen auch gesellschaftliche Voraussetzungen und Folgen haben, die immer auch Ausgangs- und Bezugspunkt der erziehungswissenschaftlichen Reflexion sein müssen, ist nicht neu. Bereits Schleiermacher (1957, S. 37) hat in seinen Vorlesungen aus dem Jahre 1826 auf die pädagogische Relevanz der gegebenen sozio-kulturellen Voraussetzungen von Erziehung und Bildung hingewiesen, als er von den äußeren (ungleichen) Verhältnissen sprach, die den einen mehr begünstigen als den anderen. Er hat damit quasi programmatisch das spannungsreiche Wechselverhältnis zwischen individueller und gesellschaftlicher Entwicklung als wesentlichen Bezugspunkt und den normativen Anspruch der Gleichheit als durchgängiges Grundprinzip des pädagogischen Denkens und Handelns thematisiert, ohne daß es allerdings bisher gelungen wäre, diese Zusammenhänge in der erziehungswissenschaftlichen Forschung systematisch zu verankern.

Einflüsse soziologischen Denkens

Bildungsexpansion als Folge sozialen Wandels

Wechselverhältnis zwischen individueller und gesellschaftlicher Entwicklung

2. Sozialer Wandel

Mit sozialem Wandel wird zumeist eine grundlegende Veränderung der Struktur einer Gesellschaft bzw. eines sozialen Systems bezeichnet. Die Industrialisierung der westeuropäischen Gesellschaften im 19. Jahrhundert (‚Industrielle Revolution') ist mit ihren sozialen Folgen wohl eines der bekanntesten Beispiele für einen grundlegenden sozialen Wandel. Hier vollzog sich auf wirtschaftlicher Ebene der Übergang von einer weitgehend vorindustriellen, handwerklich-agrarischen Produktionsweise hin zu einer industriellen Produktionsweise. Auf gesellschaftlicher Ebene kommt der soziale Wandel durch den Übergang von einer Ständegesellschaft hin zur bürgerlichen Klassengesellschaft zum Ausdruck. Zu den Begleiterscheinungen eines solchen gesellschaftlichen Wandlungsprozesses gehören Entwicklungen wie z.B. Landflucht und Urbanisierung, Verarmung/Ver-

Definition sozialer Wandel

218

elendung und soziale Aufstiegs- und Abstiegskämpfe, zunehmende Rationalisierung des Denkens und Handelns, Kampf um Bürgerrechte etc..

Auch die vielzitierte ‚Wende‘ im Jahre 1989 und die daran anschließende ‚Verwestlichung‘ der ehemaligen DDR-Gesellschaft, die einen erheblichen, bis heute andauernden sozialen Umbruch in den neuen Bundesländern ausgelöst hat, wird als Prozeß des (mehr oder weniger radikalen) sozialen Wandels in die Geschichte eingehen. Die Bezeichnung ‚Friedliche Revolution‘ oder ‚Umbruch‘ für die schnelle Veränderung der alten DDR-Gesellschaft und den Übergang von einem sozialistischen in ein kapitalistisches Wirtschafts- und Gesellschaftssystem deutet an, daß es sich hier um einen sozialen Wandel handelt, der in einer ausgesprochen kurzen Zeitspanne für die betroffenen Menschen teilweise radikale Veränderungen (nicht zuletzt auch im Feld von Bildung und Erziehung) mit sich brachte, die wohl noch längere Zeit nachwirken werden. Neben einem Wandel der Sozialstruktur (z.B. Entmachtung der Partei-Kader, arbeitsmarktbedingte sozialstrukturelle Folgeerscheinungen besonders für Frauen) verweist dieses Beispiel besonders auf die Bedeutung des Werte- und Kulturwandels als wichtigem Faktor bei Prozessen des sozialen Wandels. Soziale Umbrüche in den
neuen Bundesländern

Der Begriff *sozialer Wandel* gilt heute als eher neutraler Oberbegriff für die distanzierte Analyse der Voraussetzungen, Verläufe und Richtungen gesellschaftlicher Veränderungen (vgl. Klein 1992). Demgegenüber gehen viele Theoretiker (z.B. Comte, Spencer, Marx) von vornherein von einem *gerichteten* Wandel von „niederen Qualitäten zu höheren, von Einfachheit zu Komplexheit, von zusammenhangloser Homogenität zu zusammenhängender Heterogenität" aus (ebd., S. 169). Auch in der Kritischen Theorie der Frankfurter Schule wird sozialer Wandel evolutionstheoretisch gefaßt. Ihre Vertreter gehen davon aus, daß höhere Modernitätsstufen am Maßstab des gesellschaftlichen Fortschritts (z.B. dem Abbau von sozialer Ungleichheit) gemessen werden und gesellschaftliche Entwicklungsschritte im Sinne der Annäherung an die Utopie einer Gesellschaft gesehen werden müssen, in der individuelle Freiheit und Gerechtigkeit verwirklicht sind (Horkheimer/Adorno 1971; Marcuse 1965; Habermas 1981). Sozialer Wandel und
Fortschritt

Aus modernisierungstheoretischer Perspektive betrachtet ist der zentrale Bezugspunkt des sozialen Wandels die Entwicklung von einfachen und armen Agrargesellschaften hin zu komplexen, differenzierten und reichen Industriegesellschaften (vgl. Zapf 1992). Hier geht es um die Stadien der wirtschaftlichen, politischen und sozio-kulturellen Entwicklung von Gesellschaften, bei der es allerdings durchaus auch ungleichzeitige, d.h. z.B. vorauseilende oder nachholende Modernisierungsschübe in Teilbereichen der Gesellschaft gibt. Bezogen auf die europäische Entwicklung wird z.B. von einem Modernitätsgefälle zwischen Nord- und Südeuropa oder zwischen Ost- und Westeuropa gesprochen, wobei der Standpunkt des Betrachters und die daraus erwachsende Bewertung eines bestimmten Entwicklungsstandards zu beachten sind (vgl. für die Jugendforschung z.B. Melzer u.a. 1991; Behnken/Zinnecker 1991). Modernisierungs-
theoretische Sicht

Im Zuge von gesellschaftlichen Modernisierungsschüben entstehen nicht nur neue soziale Milieus (vgl. Vester u.a. 1993; 1995), sondern es entwickeln sich auch neue menschliche Biographiemuster, die in ihrem komplexen Entstehungszusammenhang z.B. auch für die erziehungswissenschaftliche Forschung von großer Bedeutung sind. So können gesellschaftliche Modernisierungsprozesse mit Bedeutung des sozialen
Wandels für die
Erziehungswissenschaft (neuen) Anforderungen an die Ausstattung der handelnden Individuen und Personengruppen (mit den notwendigen Handlungskompetenzen, mit Bildung etc.) verbunden sein, damit diese als Betroffene, aber gleichzeitig auch als Träger von entsprechenden Modernisierungsprozessen handlungsfähig bleiben bzw. tätig werden können. Spätestens an dieser Stelle zeigt sich die erziehungswissenschaftliche Relevanz von gesellschaftlichen Modernisierungsprozessen als Voraussetzung und Bezugspunkt für die Analyse, aber auch die Planung von Sozialisations-, Erziehungs- und Bildungsvorgängen mit dem Ziel der ‚Bereitstellung‘ von handlungsfähigen und mündigen Gesellschaftsmitgliedern. Da letztere gleichzeitig auch in einer ganz spezifischen Weise Träger von gesellschaftlichen Entwicklungen und damit von sozialem Wandel sein müssen, läßt sich der gesellschaftliche Stellenwert, aber auch die Aufgabenstellung der Erziehungswissenschaft gerade auch aus diesem Blickwinkel heraus begründen.

Erziehungswissenschaftliche Bezüge ergeben sich somit vor allem im Hinblick auf die Frage, welche Bedeutung soziale Wandlungsprozesse für die Persönlichkeitsentwicklung der davon betroffenen Menschen haben (z.B. im Sinne von Sozialisationswirkung) und wie Menschen mit einer bestimmten Persönlichkeitsverfassung die Entwicklung der Sozialverfassung einer Gesellschaft beeinflussen (können). Hierzu finden wir z.B. sowohl in der Sozialisationsforschung als auch in der Kindheits- und Jugendforschung Versuche, eine solche Fragestellung in das erziehungswissenschaftliche Denken zu integrieren (vgl. Geulen 1977; Hurrelmann 1986; Fend 1988; Tillmann 1989; Krüger 1993; du Bois-Reymond u.a. 1994; Zinnecker 1995).

Ob und inwieweit Prozesse des sozialen Wandels gerichtet sind, also (nur) in eine bestimmte (Fortschritts-) Richtung weisen und mit ‚Entwicklungsgesetzlichkeiten‘ verbunden sind, ist umstritten. So ist der deutsche Faschismus sicherlich zu Recht als Rückfall in die menschliche Barbarei bezeichnet worden. N. Elias (1969) geht bei seiner Analyse des westeuropäischen Zivilisationsprozesses vom ausgehenden Mittelalter bis hinein in die Neuzeit von gesellschaftlichen Bewegungen und Gegenbewegungen aus, die von niemandem geplant wurden, die aber dennoch in eine bestimmte Richtung verlaufen sind. Seine historisch orientierte Gesellschaftsanalyse geht von Macht-, Abhängigkeits- und Konkurrenzbeziehungen (Figurationen) zwischen sozialen Gruppen und kollektiven Akteuren aus und eröffnet aus dieser Sicht neue Perspektiven für die Analyse von sozialem Wandel. Sozialer Wandel ist für Elias auf der Folie von sich verschiebenden Machtbalancen und sich verändernden sozialen Kontrollmechanismen erklärbar. Ein so verstandener Zusammenhang zwischen sozialem Wandel (Soziogenese) und Persönlichkeitsentwicklung (Psychogenese), der die Ebene der Entwicklung der zwischenmenschlichen Verhaltensstandards und Umgangsnormen betont, hat das erziehungswissenschaftliche Denken in unterschiedlicher Weise angeregt und hat zu interessanten Überlegungen z.B. über den Wandel der Eltern-Kind-Beziehungen, der zwischenmenschlichen Verhaltensregeln und Manieren oder der Körpersozialisation (als Variante des Umgangs mit sich selbst) geführt (vgl. Rumpf 1981; Krumrey 1984; Büchner 1985, S. 107ff.; Zinnecker 1990).

Zivilisationstheoretische Sicht

220

3. Soziale Ungleichheit

Prozesse des sozialen Wandels berühren in der Regel auch die jeweils gegebenen und die sich im Zuge der gesellschaftlichen Entwicklungsdynamik ständig verändernden Strukturen der sozialen Ungleichheit. Unter ‚sozialer Ungleichheit' wird zumeist die unterschiedliche Teilhabemöglichkeit von Personen und Personengruppen an wichtigen (und knappen!) gesellschaftlichen Ressourcen (z.B. Besitz oder Einkommen, höhere Bildung oder hohes Ansehen/Prestige) verstanden. Damit begründet soziale Ungleichheit eine relative Besser- oder Schlechterstellung von Menschen im gesellschaftlichen Lebenszusammenhang, die in der Regel an der sozialen Stellung, der sozialen Position ablesbar ist, die eine Person oder eine Gruppe von Personen innerhalb der Sozialstruktur einer Gesellschaft einnehmen. Eine relative Besser- oder Schlechterstellung ist verbunden mit gesellschaftlich hervorgebrachten, relativ dauerhaften (vorteilhaften oder nachteilhaften) Lebensbedingungen in gesellschaftlichen Beziehungsgefügen (vgl. Hradil 1987, S. 9; 1992, S. 147). Weitere Merkmale, an denen sich soziale Ungleichheit festmachen läßt, sind Faktoren wie sichere/unsichere Beschäftigung (soziale Sicherheit), Arbeits- und Wohnbedingungen, Gesundheitsbedingungen, Familiensituation u.ä.. Und schließlich müssen Kriterien wie Alter, Geschlecht, ethnische Gruppenzugehörigkeit oder persönliche Verfassung (z.B. Krankheit/Gesundheit; Behinderung) berücksichtigt werden, wenn es um die Frage geht, ob und in welcher Form ein Zustand sozialer Ungleichheit gegeben ist oder zu entstehen droht.

Definition soziale Ungleichheit

Konkrete Ungleichheit und die Verschiedenheit der Lebensbedingungen und Soziallagen sind – bezogen auf Deutschland – an anderer Stelle ausführlich dargestellt (vgl. Hradil 1992, S. 152ff.; Geißler 1992). In Anbetracht der Datenlage müssen wir davon ausgehen, daß es in Deutschland zum Teil sogar sehr gravierende soziale Ungleichheiten in bezug auf Bildung, Einkommen und Prestige gibt, die in der sozialen Ungleichheitsforschung auch als Schichtungsunterschiede bezeichnet werden. Damit wird unterstellt, daß das Ungleichheitsgefüge einer Gesellschaft hierarchisch nach sozialen Schichten eingeteilt werden kann. Je nach Betrachtungsweise werden dabei oft z.B. Einkommensschichten (mit hohem, mittleren, niedrigem Einkommen) oder Prestige-Schichten in den Vordergrund gerückt. Man kann aber auch die einzelnen Meßwerte für (hohes, mittleres, niedriges) Bildungsniveau, Einkommen und berufliches Prestige zu einem Gesamtindex kombinieren, um auf diese Weise die soziale Stellung einer Person im Schichtungsgefüge bzw. im Statusaufbau einer Gesellschaft abzubilden. Die entsprechende soziale Stellung, die auch sozialer Status genannt wird, kann erworben sein (z.B. Bildungsabschluß) oder sie kann jemandem zugeschrieben werden (z.B. über das Geschlecht oder in Form eines bestimmten Prestigewertes).

Soziale Schichten und Schichtungsunterschiede

Die Existenz von Schichten oder Statusgruppen setzt voraus, daß diese zu einem bestimmten Zeitpunkt mit einer gewissen Eindeutigkeit relativ dauerhaft voneinander abgrenzbar sind. Dies bereitet in Anbetracht der am Ende dieses Jahrhunderts zunehmend festgestellten Pluralisierung und immer feineren Differenzierung von Statusunterschieden Schwierigkeiten: „Wir leben trotz fortbestehender und neu entstehender Ungleichheiten heute in der Bundesrepublik bereits in Verhältnissen jenseits der Klassengesellschaft, in denen das Bild der Klassengesellschaft nur noch mangels einer besseren Alternative am Leben erhalten wird. ... In der Konsequenz werden subkulturelle Klassenidentitäten und -bindungen ausgedünnt oder aufgelöst. Gleichzeitig wird ein Prozeß der Individualisierung und Diversifizierung von Lebenslagen und Lebensstilen in Gang gesetzt, der das Hierarchiemodell sozialer Klassen und Schichten unterläuft und in seinem Wirklichkeitsgehalt in Frage stellt" (Beck 1986, S. 121f.).

Probleme bei der Erfassung von sozialer Ungleichheit

In der empirischen Forschungspraxis, auch in den einschlägigen erziehungswissenschaftlichen Arbeiten, wird diese Entwicklung zwar zur Kenntnis genommen, aber es fehlen bislang geeignete Modelle, um soziale Ungleichheiten realitätsnäher zu erfassen. Trotz der zumeist nur groben (und damit ungenauen) Unterscheidungsmöglichkeiten – besonders im Mittelbereich des Status- bzw. Schichtungsgefüges – wird sehr pragmatisch und vielfach schlicht polarisierend von Ober- und Unterschicht bzw. von Mittelschicht und Unterschicht ausgegangen (bei beiden Bezeichnungen wird Mittel- und Oberschicht zu einer nicht weiter differenzierten Gesamtheit zusammengefaßt), um z.B. soziale Herkunft in ihrer Ungleichheitsrelevanz zu erfassen. Bezugspunkt ist bei einem solchen Vorgehen zumeist die vielzitierte „Zwiebel", die den Statusaufbau der Bundesrepublik in den sechziger Jahren wiedergibt (vgl. Bolte/Hradil 1988, S. 220).

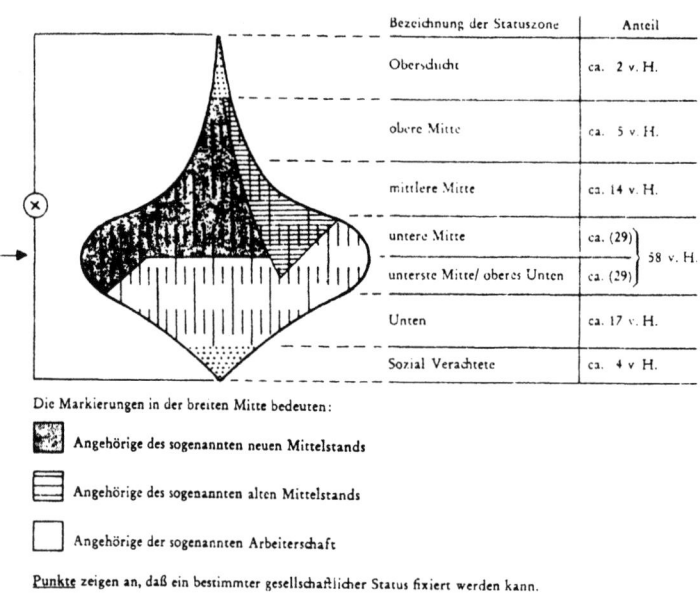

(Quelle: Bolte/Hradil 1988, S. 220)

222

4. Neuere Überlegungen zur Erforschung der sozialen Ungleichheit

In der neueren erziehungswissenschaftlichen Forschung, in der das Problem der sozialen Ungleichheit aufgegriffen wird, geht man zumeist von den Berufen und dem Bildungsniveau der Betroffenen aus und unterscheidet zwischen höher- und tiefergestellten sozialen Statusgruppen (z.B. Akademikerberufe/freie Berufe; gehobene/mittlere Beamte/Angestellte; kleine Beamte/Angestellte/Facharbeiter). Dabei ist in der Regel der Zeitpunkt der Erhebung für eine entsprechende Einteilung maßgebend. Keine Berücksichtigung findet in solchen Fällen die Tatsache, daß sich durch Berufswechsel oder Berufskarrieren, durch Phasen der Arbeitslosigkeit oder Nichtberufstätigkeit eine Statusinkonsistenz (Statusunsicherheit) oder ein Statuswechsel ergeben kann. Solche potentiellen sozialen Auf- oder Abstiege und die damit verbundene (freiwillige oder erzwungene) soziale Mobilität ist aber manchmal für das Verständnis bestimmter Zusammenhänge sehr wichtig und z.B. für die Lebenslauf- oder die Sozialisationsforschung auch besonders interessant. Entsprechende Forschungsergebnisse müssen vor diesem Hintergrund immer daraufhin geprüft werden, von welchem Ungleichheits- bzw. Schichtungsmodell sie ausgehen.

Soziale Mobilität

Vor diesem Hintergrund und in Anbetracht der zunehmenden ‚Neuen Unübersichtlichkeit' (Habermas 1985) der modernen Lebenszusammenhänge und der damit verbundenen gesellschaftlichen Modernisierungsfolgen (vgl. Beck 1986) wird in der aktuellen sozialen Ungleichheitsforschung besonders die Frage der Beständigkeit/des Beharrungsvermögens oder des raschen Wandels von sozialen Ungleichheitsstrukturen diskutiert. Die dabei notwendige Erhellung der Ursachen für vorhandene und sich verändernde soziale Ungleichheiten und Statusunterschiede ist, was die Erklärung, das Ergebnis und die künftige Richtung von Entwicklungen angeht, in der Literatur umstritten.

Da sind zum einen die sog. Klassentheoretiker, die von der Vorstellung des von Karl Marx betonten unüberbrückbaren, ökonomisch begründeten Klassengegensatzes ausgehen. Sie bezeichnen eine nach kapitalistischen Grundsätzen funktionierende marktwirtschaftlich organisierte Gesellschaft als Klassengesellschaft, in der der Zugang zu den Produktionsmitteln über die Klassenzugehörigkeit und das Klassenbewußtsein entscheidet. Die darin enthaltene soziale Polarisierung zwischen besitzender Oberklasse (Bourgeoisie) und nichtbesitzender Arbeiterklasse (Proletariat) gilt freilich vor allem bei empirisch orientierten WissenschaftlerInnen als zu allgemein und zu undifferenziert, um sie auf eine aktuelle Sozialstrukturanalyse zu übertragen. Gleichwohl führt sie (die Klassenanalyse) Klassenunterschiede auf (ökonomische, politische und ideologische) Machtgegensätze zurück, die bei der eher den Status quo beschreibenden Schichtungsforschung verloren gehen. Vom empirisch begründeten Ergebnis her betrachtet ist zumindest das Fortbestehen gravierender sozialer Ungleichheiten (auch und gerade im Hinblick auf unterschiedliche – ökonomisch bedingte – Marktzugangschancen) unbestritten. Im Zuge einer gewissen Distanzierung zu den Thesen Becks (1986) wird aus dieser Perspektive vor einer Überzeichnung der Auflösungstendenzen von Klassen und Schichten und der Gefahr von damit mögli-

Sozialstrukturanalyse als Klassenanalyse

cherweise verbundenen Nivellierungsideologien gewarnt: empirische Daten sprechen – so z.B. Geißler (1992) – auch weiterhin – trotz vielfältiger neuer Dimensionen sozialer Ungleichheit – für eine Dominanz von Bildung und Beruf als entscheidende ungleichheitsrelevante Determinanten.

Der Soziologe Max Weber (1972/1922) hat den Klassenbegriff differenziert, indem er zwischen Besitz- und Erwerbsklassen unterschied. Für ihn sind die Nichtbesitzenden auf Erwerb angewiesen; die Frage des Zugangs zum Markt (Marktlage), wo unterschiedliche Klassen in Beziehung zueinander treten, wird

Marktlage und
Marktzugang

dabei als wesentlich für die Existenzsicherung der Menschen angesehen. Bourdieu (1992; 1983) hat diesen Grundgedanken aufgegriffen und spricht von zu erwerbendem ökonomischen Kapital, aber auch von kulturellem und sozialem Kapital als entscheidenden Ressourcen für die Position einer Person oder Personengruppe im sozialen Raum, also für deren Verortung im sozialen Ungleichheitsgefüge. Damit lassen sich (zusätzlich zur ökonomischen Bedingungsebene) wesentlich differenzierter ungleiche und unterschiedliche (Markt-)Zugänge zu bzw. Zugriffsmöglichkeiten auf unterschiedliche gesellschaftliche Ressourcen erfassen und als Beziehungsstruktur begreifen.

Das erscheint unverzichtbar, nachdem die Entwicklung von sozialen Ungleichheitsstrukturen in der Bundesrepublik Deutschland nahelegt, nicht nur nach vertikalen Schicht- oder Klassenunterschieden, sondern auch nach bisher vernachlässigten ‚horizontalen Disparitäten' zu unterscheiden (und zu gewichten), die in der Folge einer weiteren Differenzierung und Diversifizierung der Lebensverhältnisse an Bedeutung gewinnen. Solche ‚neuen Ungleichheiten' (Kreckel

Neue Ungleichheiten

1983; Hradil 1987) beziehen sich auf Faktoren wie Familienverhältnisse oder Arbeits- und Freizeitbedingungen und differenzieren zusätzlich nach Alter, Geschlecht, Region u.ä., um die unterschiedlichen Teilhabechancen an (z.B. wohlfahrtsstaatlichen) Leistungen, aber auch die unterschiedliche Betroffenheit durch (soziale) Belastungen zu erfassen. Nachdem sich offensichtlich einst ‚typische' schichtspezifische Subkulturen zumindest partiell auflösen und zu einer Vielfalt von sozialen Milieus mit je ‚eigenen' Lebensstilen entwickelt haben (Pluralisierung der Lebensbedingungen und Lebensformen), gewinnen soziale Milieu-Analysen in der sozialen Ungleichheitsforschung mehr und mehr an Bedeutung (vgl. Nowak/Becker 1985; Vester u.a. 1993, 1995).

Der Vorteil der Erfassung von sozialen Ungleichheitsstrukturen mit Hilfe von sozialen Milieu-Ansätzen liegt in der Tatsache begründet, daß es sich dabei nicht mehr um eine bloße Addition von Bestimmungsmerkmalen handelt, um Personen und Personengruppen im sozialen Raum zu verorten. Vielmehr stehen

Soziale Milieus

Beziehungsstrukturen (Figurationen) von Merkmalen (z.B. Umfang und Art von unterschiedlichem ‚Kapitalbesitz' einer Person) im Mittelpunkt der Analyse. Außerdem wird im Rahmen einer Mehrebenenanalyse eine Verbindung von entsprechender sozialer Lage und den Wertorientierungen (der Mentalitätsebene) von Personen und Personengruppen hergestellt. Während bei Schichtungs- und Klassenanalysen eine Bestimmung der jeweiligen Zugehörigkeit zu Klassen und Schichten von außen (Fremdbestimmung) vorgenommen wird, legen Milieuanalysen auf die Selbstzuordnung im Rahmen der sozialen Praxis, also im Rahmen von lebensweltlichen Interaktionszusammenhängen Wert (vgl. Vester u.a. 1993). Sowohl nach innen wie nach außen wird dabei der Bezug zur eigenen und zu anderen Gruppen hergestellt und es werden entsprechende soziale Öffnungs- und Schließungs- bzw. Abgrenzungstendenzen festgehalten.

Aus erziehungswissenschaftlicher Sicht sind solche Ansätze zur Analyse von sozialer Ungleichheit vor allem deshalb interessant, weil die Frage der sozialen Ungleichheit als wesentlicher Bezugspunkt für pädagogisches Handeln nicht nur statisch bestimmt, sondern in seiner (potentiellen) Veränderungsdynamik erfaßt wird und eine Verbindung zwischen sozialer Lage und Mentalitätsebene hergestellt wird. Allerdings fehlen bislang weitgehend geeignete Formen der Operationalisierung eines solchen theoretisch gut begründeten Anspruchs; d.h. die Umsetzung dieser komplexen Modelle zur Erfassung von sozialer Ungleichheit sind bisher in der erziehungswissenschaftlichen Forschung allenfalls in Ansätzen aufgegriffen und in konkrete empirische Untersuchungsansätze übersetzt worden. Ein vielversprechender Versuch ist z.B. in der Biographieforschung zu finden, wo in Anknüpfung an Methoden der *Oral History* (zeitgeschichtliche Erhebungen mit Hilfe der Befragung von Zeitzeugen) Lebensgeschichten und deren sozio-kulturelle Einbindung erforscht werden (vgl. Niethammer 1980). Dabei ist es auch möglich, sowohl die individuelle Entwicklungs*abhängigkeit* von sozialen Milieus einerseits, als auch den je individuellen (Entwicklungs-) *Beitrag* der vielen einzelnen und Gruppen zur sozialen Milieubildung zu berücksichtigen, wie er über die Ebene der Lebensstile sichtbar wird. Nur so kann einem vereinfachten (undialektischen) Verständnis des „zirkulären" Verlaufs des Sozialisationsprozesses (vgl. Hurrelmann 1975, S. 140) und damit einer unzureichend differenzierten Vorstellung von der Reproduktion sozialer Ungleichheit entgegengewirkt und pädagogisches Handeln im gesellschaftlichen und politischen Bedingungszusammenhang adäquat verstanden werden.

Bedeutung sozialer Ungleichheitsstrukturen für den erziehungswissenschaftlichen Erkenntnisprozeß

Literatur

Achinger, G./Büchner, P./Klemm, K. u.a.: Modernisierung im Klassenkonflikt. In: Rolff, H.-G.: Soziologie der Schulreform. Weinheim/Basel 1980, S. 27-109.

Beck, U.: Risikogesellschaft. Frankfurt a.M.1986.

Behnken, I./Zinnecker, J.: Vom Kind zum Jugendlichen. Statuspassagen von Schülerinnen und Schülern in Ost und West. In: Büchner, P./Krüger, H.-H. (Hrsg.): Aufwachsen hüben und drüben. Opladen 1991, S. 33-56.

du Bois-Reymond, M./Büchner, P./Krüger, H.-H. u.a.: Kinderleben. Modernisierung von Kindheit im interkulturellen Vergleich. Opladen 1994.

Bolte, K.-M./Hradil, S.: Soziale Ungleichheit in der Bundesrepublik Deutschland. Opladen ⁶1988.

Bourdieu, P.: Die feinen Unterschiede. Frankfurt a.M. 1982.

Bourdieu, P.: Ökonomisches Kapital, kulturelles Kapital, soziales Kapital. In: Soziale Welt 1983 (Sonderband 2), S. 183-198.

Büchner, P.: Einführung in die Soziologie der Erziehung und des Bildungswesens. Darmstadt 1985.

Durkheim, E.: Erziehung und Soziologie (1922). Düsseldorf 1972.

Fend, H.: Sozialgeschichte des Aufwachsens. Frankfurt a.M. 1988.

Geißler, R.: Die Sozialstruktur Deutschlands. Opladen 1992.

Habermas, J.: Die Neue Unübersichtlichkeit. Frankfurt a.M. 1985 .

Horkheimer, M./Adorno, Th.: Dialektik der Aufklärung. Frankfurt a.M. 1971.

Hradil, S.: Sozialstrukturanalyse in einer fortgeschrittenen Gesellschaft. Opladen 1987.

Hradil, S.: Schicht, Schichtung und Mobilität. In: Korte, H./Schäfers, B. (Hrsg.): Einführung in Hauptbegriffe der Soziologie. Opladen 1992, S. 145-164.

Hurrelmann, K.: Erziehungssystem und Gesellschaft. Reinbek 1975.

Hurrelmann, K.: Einführung in die Sozialisationstheorie. Weinheim/Basel 1986.

Klein, G.: Evolution, Wandel, Prozeß. Zur Geschichte der Begriffe und theoretischen Modelle. In: Korte, H./Schäfers, B. (Hrsg.): Einführung in Hauptbegriffe der Soziologie. Opladen 1992, S. 165-180.

Kreckel, R.: Theorie sozialer Ungleichheiten im Übergang. In: Kreckel, R. (Hrsg.): Soziale Ungleichheiten. Göttingen 1983, S. 3-12.

Krüger, H.-H. (Hrsg.): Abschied von der Aufklärung. Perspektiven der Erziehungswissenschaft. Opladen 1990.

Krüger, H.-H. (Hrsg.): Handbuch der Jugendforschung. Opladen [2]1993.

Melzer, W. u.a. (Hrsg.): Osteuropäische Jugend im Wandel. Weinheim/München 1991.

Niethammer, L. (Hrsg.): Lebenserfahrung und kollektives Gedächtnis. Die Praxis der ,Oral History'. Frankfurt a.M. 1980 .

Nowak, H./Becker, U.: „Es kommt der neue Konsument". Werte im Wandel. In: Form (1985), Nr. 111, S. 13-17.

Schleiermacher, F.: Pädagogische Schriften. (Hrsg. v. E. Weniger/Th. Schulze) Bd. 1. Düsseldorf/München 1957.

Sommerkorn, I. N.: Soziologie der Bildung und Erziehung. In: Korte, H./Schäfers, B. (Hrsg.): Einführung in Spezielle Soziologien. Opladen 1993, S. 29-55.

Tillmann, K.-J.: Sozialisationstheorien. Reinbek 1989.

Tippelt, R.: Bildung und sozialer Wandel. Weinheim 1990.

Vester, M./von Oertzen, P./Geiling, H. u.a.: Soziale Milieus im gesellschaftlichen Strukturwandel. Köln 1993.

Vester, M./Hofmann, M./Zierke, I. (Hrsg.): Soziale Milieus in Ostdeutschland. Köln 1995.

Zapf, W.: Entwicklung und Sozialstruktur moderner Gesellschaften. In: Korte, H./Schäfers, B. (Hrsg.): Einführung in Hauptbegriffe der Soziologie. Opladen 1992, S. 181-193.

Zinnecker, J.: Vom Straßenkind zum verhäuslichten Kind. In: Behnken, I. (Hrsg.) Stadtgesellschaft und Kindheit im Prozeß der Zivilisation. Opladen 1990, S. 142-200.

Zinnecker, J.: The Cultural Modernisation of Childhood. In: Chisholm, L./Büchner, P./Krüger, H.-H./du Bois-Reymond, M. (Eds.): Growing Up in Europe. Contemporary Horizons in Childhood and Youth Studies. Berlin/New York 1995, S. 85 -94.

IV. 2. Geschlechterverhältnisse

Jutta Ecarius

Inhalt

Da Pädagogik in Form von Erziehung, Sozialisation und Bildung immer auf Mädchen und Jungen sowie auf Frauen und Männer gerichtet ist, sind Ergebnisse der Frauenforschung aus der feministischen Theoriebildung und der geschlechtsspezifischen, empirischen Sozialisationsforschung für pädagogisches Handeln von Bedeutung. Erziehung und Bildung vollzieht sich nicht jenseits geschlechtsspezifischer Zuschreibungen und Selbsttypisierungen. In pädagogischen Kontexten werden, solange nicht eine bewußte Auseinandersetzung mit der Zweigeschlechtlichkeit der sozialen Wirklichkeit stattfindet, geschlechtsspezifische Muster immer weiter tradiert. Die Frauenforschung hat sich zur Aufgabe gemacht, die Zuschreibungen von Männer und Frauen zu thematisieren und zu problematisieren.

In der Bundesrepublik Deutschland ist die gegenwärtige Frauenforschung im Kontext der Frauenbewegung der 68er Jahre entstanden, die um gleiche Rechte sowie um Selbstbestimmung und Autonomie für Frauen kämpfte. Benachteiligungen von Frauen sollten durch eine verbesserte Ausbildung und durch berufliche Qualifikation aufgehoben werden. Zugleich wies der neue Feminismus

Frauenbewegung

auf die im Privaten versteckte Gewalt hin. Umschrieben wurde dies mit dem Slogan „Das Private ist politisch". Damit wurde nicht nur auf politischer Ebene, sondern auch in Selbsterfahrungsgruppen ein neues Selbstbewußtsein von und für Frauen erprobt.

Beginn der
Frauenforschung

In der Frauenforschung wurden die als fremdbestimmt erlebten Situationen aus der Perspektive einer Patriarchalismusanalyse untersucht. Unter dem Motto Unterdrückung, Ausbeutung und Geschlechtssklaverei wurde das Patriarchat als Grundmuster der Vergesellschaftung identifiziert (vgl. Millett 1985). In den siebziger Jahren waren Betroffenheit und Parteilichkeit zentrale Prinzipien feministischer Forschungsmethoden (vgl. Mies 1978). In einer der ersten empirischen Studien über die Bildungschancen von Mädchen in der Bundesrepublik arbeitete Pross (1969) Grundmuster geschlechtsspezifischer Ungleichheiten heraus.

Die Frauenforschung hat sich seit ihrem Beginn zu einer eigenen Forschungsdisziplin mit ganz unterschiedlichen Schwerpunkten entwickelt. Feministische Gesellschaftskritik, Psychoanalyse, Frauenberufstätigkeit und geschlechtsspezifische Arbeitsteilung, geschlechtsspezifische Sozialisationsforschung, Mädchen- und Frauenbildung sowie Frauen und Gewalt sind einige der Themen. Die verschiedenen Ansätze und Debatten können in zwei Bereiche unterteilt werden. Zum einen steht die Theoriebildung zum Thema Geschlecht und Gesellschaft im Vordergrund und zum anderen werden zahlreiche empirische Studien zur Wirklichkeit von Frauen und Mädchen durchgeführt, die die konkreten Sozialisations- und Lebensbedingungen aufzeigen.

1. Begriff und Analyse der Geschlechterverhältnisse

1.1. Das Männliche in der Wissenschaft: feministische Wissenschaftskritik

Die erkenntnistheoretisch orientierte Frauenforschung hat sich zum Ziel gesetzt, tradierte Geschlechterrollen in Frage zu stellen und Wissenschafts- sowie Gesellschaftstheorien auf geschlechtsspezifische Stereotype hin zu untersuchen. Dazu gehört eine ‚Decodierung' der Wissenschaften seit Ende des 18. Jahrhunderts in den Bereichen der Philosophie, Medizin, Biologie, Technik und der Gesellschaftstheorien. Der wissenschaftliche Erkenntnisanspruch auf ‚Objektivität', ‚universelle Gültigkeit' und ‚Wertfreiheit' wird kritisch auf Lücken und Verzerrungen hin durchleuchtet. Besonderes Augenmerk gilt der Konstruktion von

Vernunft versus Gefühl

Vernunft als Zweckrationalität, die auch mit wissenschaftlicher Objektivität und instrumenteller Vernunft in Verbindung gebracht wird und der Irrationalität, dem Gefühl und der Natur. Während ersteres als männlich gilt, wird letzteres traditionell den Frauen zugeordnet. Die Unterwerfung der Natur unter die Wissenschaft und die Trennung von Weiblichkeit und Wissenschaft ist Gegenstand zahlreicher wissenschaftshistorischer und erkenntnistheoretischer Arbeiten (vgl. Benhabib 1982; List/Studer 1989; Schües 1995). In den angeblich geschlechtsneutralen Begriffen, Methoden, Denkmustern und Theorien wird herausgearbeitet, inwieweit sie auf das Lebensspektrum von Männern ausgerichtet sind und somit ein

228

Androzentrismus, d.h. eine Männerzentriertheit der Wissenschaft, vorliegt. Die abendländische Logik und Philosophie ist durchzogen von einem Denken in hierarchisch angeordneten Dichotomien wie aktiv – passiv, emotional – rational, objektiv – subjektiv, Natur – Kultur, Körper – Geist. Mit einer solchen ,Decodierung' sollen zugleich die ausgeblendeten Bereiche gesellschaftlichen Lebens sowie die Lebenszusammenhänge von Frauen in die Wissenschaft hineingeholt werden. Das Geschlecht wird als zentrale Strukturkategorie betrachtet, die auch die Denksysteme durchzieht.

1.2.   Moraltheorie und Psychoanalyse

Zur Frauenforschung gehört nicht nur eine Dekonstruktion traditioneller Theorien, sondern darauf folgt der Versuch einer Neuformulierung, in der beide Geschlechter, verstanden als Sozialcharaktere (gender), als Grundkonstanten enthalten sind. Die in den letzten Jahren viel diskutierten Beiträge feministischer Kritik und Theoriebildung waren das von C. Gilligan herausgebrachte Buch ,Die andere Stimme' (1988) und das von N. Chodorow veröffentlichte Buch ,Das Erbe der Mütter' (1985). Kennzeichnend für beide Ansätze ist, daß sie, ausgehend von einer Kritik an traditionellen Theorien (Kohlberg und Freud), positive Bilder von weiblichem Handeln und Wirken aufzuzeigen versuchen. Gilligan kritisiert das Moralstufenkonzept von Kohlberg, wonach Frauen wesentlich seltener als Männer die höchste Stufe moralischer Urteilsfähigkeit (universelle Gerechtigkeitsethik) erreichen. Sie verbleiben nach Auffassung von Kohlberg in Konfliktsituationen eher auf dem ,konventionellen Niveau'. Sie setzten sich mit dem jeweiligen Kontext auseinander und gehen seltener darüber hinaus. Gilligan entwickelt ein Konzept der geschlechtsspezifischen moralischen Orientierung, in dem der universellen Gerechtigkeitsethik der Männer die ,Ethik der Fürsorge' und Anteilnahme von Frauen gegenüber gestellt wird.

Chodorow setzt sich mit der Psychoanalyse von Freud auseinander und kritisiert den Phallozentrismus (dazu gehören auch: Chasseguet-Smirgel 1976; Rodhe-Dachser 1990). Hauptkritikpunkte sind u.a. die Sicht der Frau als ,kastriertes Mängelwesen', die Verleugnung weiblichen Lustempfindens, die Entwertung der Mutter-Tochter-Beziehung und die Ansicht, Kinder würden durch die Wahrnehmung der Geschlechtsorgane ihre Geschlechtsidentität ausbilden. Ähnlich wie Freud leitet auch Chodorow die Entwicklung einer männlichen und weiblichen Geschlechtsidentität aus dem Ablösungsprozeß von der Mutter her, da sie in der Regel die erste Bezugsperson ist. Der Abgrenzungsprozeß bei Jungen geht einher mit einer Abwertung der Mutter und weiblicher Verhaltensweisen und einer Identifikation mit männlichen Macht- und Autoritätsfiguren. Dadurch entwickelt der Junge ein Dominanz-, Konkurrenz- und Aggressionsverhalten, kann aber ein positives Bild von Männlichkeit weniger entwickeln, da der Vater meist abwesend und damit nicht real ist. Die Tochter kann sich in ihrem Identifikationsprozeß nicht gleichermaßen wie der Sohn über die Mutter erheben, da sie selbst eine Frau ist. Sie bleibt auf dieselbe Rolle wie die Mutter fixiert, kann sich aber dafür länger unbefangener mit der Mutter eng verbunden fühlen und daraus Kraft ziehen.

1.3. Neudefinition des Arbeitsbegriffes und die ‚doppelte Vergesellschaftung‘

In der sozialwissenschaftlichen Frauenforschung ging es auch um eine Neubestimmung der Kategorie Arbeit. In Abgrenzung zum Begriff der Produktion von Marx und einem instrumentellen Arbeitsbegriff in der Industriesoziologie wies man auf die gesellschaftliche Minderbewertung weiblicher Arbeit im Produktions- wie auch im Reproduktionsbereich hin. Die geschlechtsspezifische Arbeitsteilung, die zugleich hierarchisch angeordnet ist, wurde als zentraler Baustein einer patriarchalischen Arbeitsgesellschaft gedeutet. Versucht wurde, einen Perspektivenwechsel herbeizuführen, indem historische Veränderungen in der Frauenarbeit untersucht wurden (vgl. Bock/Duden 1976). Die feministische Geschichtsforschung hat das Leben von Frauen in den vergangenen Jahrhunderten aufgezeigt und darauf aufmerksam gemacht, daß die Bewertung der Geschlechtsunterschiede von der Art der geschlechtsspezifischen Arbeitsteilung abhängt (Kuhn/Rüsen 1983). Damit wurde auf die in der Produktions- und Reproduktionstätigkeit liegenden Arbeitsvermögen hingewiesen. Man gelangte zu einer ‚erweiterten Reproduktionsanalyse‘ (vgl. Kontos/Walser 1979; Beer 1983). Für das ‚weibliche Arbeitsvermögen‘ ist Fürsorglichkeit, Geduld und Emphatie kennzeichnend (vgl. Ostner 1978; Beck-Gernsheim 1980). Fürsorglichkeit und Hausarbeit als Regenerations- und Reproduktionsarbeit gehen jedoch direkt in die Produktionstätigkeit ein. Der Arbeitsbegriff ist damit nicht alleine auf Lohn und Markt beziehbar, sondern genauso ist das weibliche Arbeitsvermögen zu berücksichtigen. Während die eindimensionale männliche Lebensorientierung weitgehend auf den Beruf ausgerichtet ist, haben Frauen eine doppelte Orientierung auf Familie und Beruf, auf Erwerbsarbeit und Liebe.

Ansetzend an der marxistischen Theorie und der Kritischen Theorie wird von einer patriarchalen und einer sozio-ökonomischen, mit der die Klassenzugehörigkeit gemeint ist, und damit von einer ‚doppelten Vergesellschaftung‘ gesprochen (vgl. Becker-Schmidt 1987). Frauen stehen nicht nur als Arbeiterinnen oder Angestellte in einem Abhängigkeitsverhältnis, sie werden auch in der Reproduktion als Hausfrau und Mutter ausgebeutet und unterdrückt. Die Diskriminierungserfahrungen verschärfen sich in einer Klassengesellschaft, wenn die Betroffenen weiblich sind. Die Vergesellschaftung verläuft dabei nicht nur äußerlich, sondern es findet auch eine ‚innere Vergesellschaftung‘ statt. Durch die Aufnahme gesellschaftlicher Strukturen kommt es zu einer kollektiven Modellierung der mentalen und psychischen Persönlichkeitsstrukturen (vgl. Becker-Schmidt 1991). Aufgebaut wird von Männern wie Frauen ein den gesellschaftlichen Bedingungen entsprechender psychischer Apparat. Anpassung bleibt damit nicht äußerlich.

1.4. Geschlecht als Strukturkategorie

Immer wieder wird in der Frauenforschung auf die Unterschiedlichkeit männlicher und weiblicher Sozialcharaktere hingewiesen. Der Geschlechterdualismus und die Geschlechterstereotype werden als soziale Konstrukte herausgestellt.

Hier wird auch vom ‚symbolischen System der Zweigeschlechtlichkeit' gesprochen (vgl. Hagemann-White/Rerrich 1984). In der Gesellschaft hat sich ein System der Zweigeschlechtlichkeit etabliert, das von allen Menschen verlangt, sich einem der beiden Systeme zuzuordnen, da Übergänge in Form von Zwitterwesen kaum zugelassen sind. Das symbolische System wird von jedem Menschen im Verlauf der Sozialisation erlernt, dessen Grundlagen gleichzeitig mit dem Erwerb der Sprache angeeignet werden (vgl. Hagemann-White 1988). Der Erwerb der Geschlechtsidentität ist eine aktiver Prozeß, der schon vom Kind vorgenommen wird. Da es sich hierbei um die Sicherung einer eigenen Identität handelt, ist er eine lebenswichtige Anpassung, ohne die Menschen in der zweigeschlechtlichen Welt nur schlecht leben können. Die Dynamiken der Geschlechterverhältnisse werden als lebenslange Sozialisationsbedingungen für Frauen und Männer verstanden.

Symbolisches System de Zweigeschlechtlichkeit

In diesem Kontext wird gefordert, Frauenforschung als Geschlechterforschung zu betreiben. Dabei ist wichtig, nicht nur von einem Geschlechterverhältnis auszugehen, sondern die vielfältigen Ebenen der Geschlechterverhältnisse zu betrachten und die verschiedenen Symbolisierungen von Männlichkeit und Weiblichkeit auf psychodynamischer und gesellschaftlicher Ebene (vgl. Bilden 1991) zu untersuchen. Aus dieser Sicht wird auch der Patriarchats-Begriff als zu plakativ kritisiert. Wichtig ist vielmehr die ‚Geschlechterdifferenz' (vgl. Wetterer 1992). Männlichkeit und Weiblichkeit sind relationale Begriffe, die in ihrer Vielfältigkeit, den Verbindungen und Differenzen zu betrachten sind. Selbst die Lebensformen unter Frauen sind teilweise so verschieden, daß sie im nationalen, schichtspezifischen wie im interethnischen und interkulturellen Vergleich kaum auf einen gemeinsamen Nenner zu bringen sind. Knapp spricht hier von der ‚vergessenen Differenz' unter den Frauen (vgl. Knapp 1988). Hier wird von der Annahme einer natürlichen Weiblichkeit abgerückt. Auch wenn weiterhin davon ausgegangen wird, daß ein Unterschied darin besteht, ob es sich um einen männlichen oder weiblichen Körper handelt, wird gefordert, vorsichtiger mit den Kategorien von Männlichkeit und Weiblichkeit zu verfahren. Denn die soziale Wirklichkeit, die in den sozialen Praktiken immer wieder produziert wird, ist nichts Statisches.

Geschlechterdifferenz

In der neuesten Diskussion um Geschlechterverhältnisse werden die sozialen Zuschreibungen von Männlichkeit und Weiblichkeit als gesellschaftliche Konstruktionen bezeichnet, die nie vollständig in den Körper eingeschrieben werden (vgl. Butler 1991). Geschlecht als Körper (sex) und Geschlecht als Geschlechtsidentität (gender) gehören nicht unbedingt zusammen. Dies zeigt sich besonders in der Travestie. Dort nimmt der Körper eine andere Geschlechtsidentität an. Geschlechtsidentität wird als eine Fabrikation und Einbildung betrachtet, wobei diese sich lediglich als eine auf der Oberfläche des Körpers eingeschriebene Phantasie erweist. Insofern können dann auch die Träger und Trägerinnen durch neue Attribute tradierte Geschlechtsidentitäten gründlich und radikal unglaubwürdig machen (vgl. Butler 1991, S. 208).

Gesellschaftliche Konstitution von Männlichkeit und Weiblichkeit

2. Sozialisationsbedingungen und Lebensentwürfe von Mädchen und Frauen

Welche Möglichkeiten Mädchen und Frauen haben, eine eigene (Geschlechts)-Identität zu entwickeln und auf welche Grenzen sie dabei stoßen, untersucht die geschlechtsspezifisch orientierte Sozialisationsforschung. Der Begriff geschlechtsspezifische Sozialisation wurde von Bilden definiert: „Sozialisation ist nicht ein passives Geprägtwerden, sondern ein Prozeß, in dem die Aktivität des Individuums ebenso wichtig ist wie die Umwelt. Das Fortbestehen von geschlechtsspezifischer Arbeitsteilung bedeutet, daß sich die Lebens- und damit die Sozialisationsbedingungen für Frauen und Männer zu je unterschiedlichen Mustern (,Lebenswelten‘, ,Lebenszusammenhänge‘) zusammenfügen (...)" (Bilden 1983, S. 270). Dies gilt für Frauen in den alten wie auch in den neuen Bundesländern (vgl. Diemer 1994). Frauen können sich in ihrem Lebensentwurf nur wenig entlang der Normalbiographie, am institutionalisierten Lebenslauf orientieren, der eine Abfolge von Ausbildung, Berufstätigkeit und Rente vorsieht (vgl. Kohli 1985). Die geschlechtsspezifische Arbeitsteilung enthält für Frauen die unbezahlte, private Arbeit (Hausarbeit und Erziehung) und ,nebenbei‘ die Berufstätigkeit. Zudem werden Frauen auf ihre Körperlichkeit reduziert, mit der solche Zuschreibungen wie Natur, Emotionalität und Subjektivität verbunden sind und die im Gegensatz zu Geist, Rationalität, Objektivität und damit Männlichkeit stehen.

Geschlechterspezifische Sozialisation

2.1. Kindheit und Jugend

Belotti (1975), die Formen der Interaktion zwischen Mutter und Kind für die geschlechtsspezifische Sozialisation untersucht hat, stellte fest, daß bereits vor der Geburt eine Auseinandersetzung mit dem Geschlecht des Kindes stattfindet. Jungen und Mädchen erhalten eine unterschiedliche Behandlung in der Familie und in den kindspezifischen Institutionen (vgl. auch Scheu 1977). Selbst das Spielzeug wird oft nach geschlechtsspezifischen Kriterien ausgewählt. Die Identitätsbildung wird von der geschlechtsspezifischen Arbeitsteilung beeinflußt. Da die Frau den Haushalt und die Erziehung übernimmt und der Mann vorrangig für den öffentlichen Bereich (Beruf und Politik) zuständig ist, können Mädchen sich mit der Mutter identifizieren, während Jungen gezwungen sind, sich für die Bildung ihrer Geschlechtsidentität von der Mutter abzulösen. Folge sind Emphatie und Mitgefühl bei den Mädchen und Dominanz und größere Aggressivität bei den Jungen. Für Mädchen spielt bis vor der Pubertät die peer-group eine untergeordnete Rolle. Sie werden mehr als Jungen dazu angehalten, sich im Haus oder der Wohnung aufzuhalten und sich dort eventuell auch nützlich zu machen. Der Schutzgedanke, der dahinter steht, kann sich allerdings auch als Trugschluß herausstellen, da sexuelle Übergriffe auf Mädchen (ca. 300.000 pro Jahr) von Tätern aus dem engen Familien- und Bekanntenkreis verübt werden (zur Gewaltthematik: vgl. Brückner 1985).

Sexueller Mißbrauch

Jungen und Mädchen kommen mit unterschiedlichen Voraussetzungen in die Schule. Auch wenn Mädchen in den Jahren 1950 bis 1980 in Westdeutschland beim formalen Bildungsabschluß mit den Jungen gleichgezogen haben, sozialisiert die Schule je nach Geschlecht weiterhin unterschiedlich. Deutlich wird der geschlechtsspezifische Bias z.B. in der Wahl der Leistungsfächer. Aber auch in den Schulbüchern schlägt sich die traditionelle Geschlechterpolarität weitgehend ungebrochen nieder. Vermittelt werden antiquierte Geschlechterrollenstereotype. Damit werden Identifikationsmöglichkeiten mit kulturellen, ökonomischen und wissenschaftlichen Leistungen von Frauen behindert. Mädchen erfahren zudem durch ihre Mitschüler und auch Lehrer sexuelle Belästigungen, gegen die sich zur Wehr setzen müssen. Im Unterricht zeigen Mädchen eine größere Kooperationsfähigkeit als Jungen und eine größere Offenheit im Unterrichtsgespräch. Sie erleichtern dadurch die Durchführung des Unterrichts. Jungen zeigen die Tendenz, die Kompetenzen ihrer Mitschülerinnen anzuzweifeln. Mädchen werden für ihre Kooperationsfähigkeit oft nicht gelobt und können daraus kein positives Selbstbewußtsein herleiten. Sie müssen sich in dieser Phase mit einem „Gleichberechtigungs-Unterordnungskonflikt" (Metz-Göckel 1994, S. 430) auseinandersetzen. In der Debatte um schulische Koedukation und Identitätsentwicklung von Mädchen wird bezweifelt, ob die Koedukation der richtige Weg zur Förderung von Mädchen ist (vgl. Faulstich-Wieland 1987). Denn Untersuchungen haben gezeigt, daß der Anteil der Studentinnen in Informatik und Chemie, die von Mädchenschulen kommen, überproportional hoch ist. Auch wenn Mädchen bessere Noten und Abschlüsse als Jungen erlangen und sie damit die ‚heimlichen Gewinnerinnen' der Bildungsreform der sechziger Jahre sind, sind sie durch die Schule benachteiligt (vgl. Rabe-Kleberg 1993). Sie erhalten im Unterricht nur ca. ein Drittel der Aufmerksamkeit der Lehrer.

Schule und Koedukation

Die Schule selektiert für einen geschlechtsspezifisch segmentierten Beschäftigungsmarkt. Nur 15 Prozent der Ausbildungsstellen sind gleichermaßen für Mädchen und Jungen offen, 25 Prozent nur für Mädchen und 50 Prozent für Jungen. Von den 370 angebotenen Ausbildungsberufen finden sich 60 Prozent aller weiblichen Auszubildenden in zehn Ausbildungsberufen (Friseurin, Verkäuferin, Bürokauffrau, Industriekauffrau, Arzthelferin etc.). Auch in der Studienwahl zeigen sich geschlechtsspezifische Unterschiede. In den geistes-, sprach- und erziehungswissenschaftlichen Fächern sind über 60 Prozent der Studentinnen zu finden. Technische Fächer (z.B. Maschinenbau) studieren nur zehn Prozent der Studentinnen (vgl. Brück u.a. 1992). Mädchen antizipieren bei der Berufswahl ihre Doppelorientierung auf Beruf und Familie. Zugleich versuchen sie, diese gegensätzlichen Lebensbereiche zu verbinden (vgl. Rabe-Kleberg 1993). Auch Jungen wünschen sich Beruf und Familie, aber Mädchen überlegen sich im Gegensatz zu den Jungen, wie sie beides verbinden können. Typische Berufe von Frauen sind Büroberufe, soziale Berufe und Verkaufsberufe. Die geschlechtsspezifische Verteilung der Berufsfindung stellt sich, abgesehen von den Berufen, die für Frauen nicht zugelassen sind, ohne Gewalt und äußere Behinderungen fast von selbst her. So bringt z.B. die Wahl eines Männerberufes spezifische Probleme mit sich. Das Risiko der Erwerbslosigkeit ist dort nach der Ausbildung viermal größer als bei den männlichen Kollegen (vgl. Strauss 1986). Frauen verdienen auch in der Regel immer noch weniger als ihre Arbeitskollegen, der Unterschied im Einkommen bei Industriearbeiterinnen beträgt ein Drittel.

Geschlechtsspezifisch segmentierter Arbeitsmarkt

Erwerbstätigkeit

2.2. Erwachsenenalter und Alter

Doppelte Belastung von Familie und Beruf

Die gleichzeitige Orientierung der Frauen auf Familie und Beruf enthält eine doppelte Belastung. Frauen wollen beruflich erfolgreich sein und im Privaten eine Familie gründen. Die Anforderungen beider Bereiche lassen sich jedoch kaum vereinbaren. Beide Arbeitsplätze einzunehmen bedeutet, für beide Arbeitsplätze verantwortlich zu sein und die Last der Unvereinbarkeit auszubalancieren. Die Mutterschaft stellt die alte geschlechtsspezifische Arbeitsteilung in der Familie häufig wieder her. Unabhängig davon, ob Frauen erwerbstätig sind oder nicht, beteiligen sich Väter weniger an der Hausarbeit als Nicht-Väter (vgl. Metz-Göckel/Müller 1986, S. 53f). Eine Alternative für eine Vereinbarung beider Arbeitsbereiche ist die Aufnahme einer Teilzeitarbeit (ca. drei Millionen Arbeitsplätze). Diese ist jedoch häufig weder tariflich noch durch eine Kranken- und Rentenversicherung abgesichert (vgl. Nyssen 1990, S. 197). Oft bleibt aber nur eine Teilzeitbeschäftigung, da Ganztagskinderstätten immer noch eine Seltenheit sind. Der spätere Übergang in eine Vollberufstätigkeit ist in der Regel problematisch. Wenn Frauen wegen der Kinderbetreuung zu Hause geblieben sind, gelingt nur selten ein direkter Anschluß an die vorherige berufliche Tätigkeit.

Im ‚privaten Lebensverlauf‘ ist die traditionelle Familienform nicht mehr das Mehrheitsmodell. Zwar leben 80 Prozent der verheirateten Frauen unter 40 Jahren mit Kleinkindern in der Ehe, jedoch sind es bei den 18-60jährigen verheirateten Frauen nur noch die Hälfte aller Frauen. Hinzugekommen sind nichteheliche Lebensgemeinschaften, die Lebensform des weiblichen Single, Stieffamilien und Alleinerziehende.

Plurale Lebensformen

Die Auswirkungen der Doppelbelastungen erfahren Frauen auch im Alter, wenn sie ihre Rente beziehen. Die Einkommenssituation stellt zwar nicht die einzige und zugleich gravierendste Altersproblematik da. Für die Bewältigung aller anderen Deprivationen im Alter ist sie jedoch eine entscheidende Voraussetzung. Der Lebensstandard, kulturelles Interesse, die Kontaktmöglichkeiten und die Freizeitaktivitäten ergeben sich auch aus den finanziellen Möglichkeiten. Auch wenn viele alte Frauen ihr Leben subjektiv nicht als arm und eingeschränkt erleben und sie durch ihren Arbeitsbereich ‚Haushalt und Kinder‘ und ihre Beziehungsfähigkeit häufig die Berufsaufgabe als weniger einschneidend als Männer erleben, ist die ökonomische Versorgung von Frauen häufig katastrophal. 1983 erhielten in Westdeutschland 85 Prozent der Arbeiterinnen und ca. 60 Prozent der weiblichen Angestellten eine Versichertenrente von unter 900 DM (vgl. Backes 1983).

Soziale Armut im Alter

3. Geschlecht und Pädagogik

Wie die Ergebnisse der feministischen Forschung zeigen, erwiesen sich institutionelle Reformen, Bildungsexpansion und Koedukation als unzureichend, um Ungleichbehandlungen zwischen Männern und Frauen zu beseitigen. Geschlechterdifferenzen leben auf neuem Niveau fort und richten sich neu ein. Aufgabe der erziehungswissenschaftlichen Theoriebildung und Forschung ist es daher, geschlechtsspezifische Differenzen zu untersuchen und zu dekonstruieren, um neue Wege zu gleichberechtigten Lebensmustern und einheitlichen Erziehungsmodellen für Jungen und Mädchen zu eröffnen. Zugleich sind bisherige pädagogische Theoriemodelle auf ihren Androzentrismus hin zu prüfen. So ist z.B. Rousseaus negative Pädagogik, die er im Emile entwickelt hat, auf männliche Jugendliche zugeschnitten. Genauso notwendig ist aber auch eine breit angelegte Debatte über Koedukation, parteiliche Mädchen- und Frauenbildung und Frauenbildungszentren, in der gefordert wird, hierarchische Geschlechterbeziehungen zugunsten einer Gleichstellung und Gleichbehandlung zu verändern.

Literatur

Backes, G.: Frauen im Alter. Ihre besondere Benachteiligung als Resultat lebenslanger Unterprivilegierung. Bielefeld 1983.

Beck-Gernsheim, E.: Das halbierte Leben. Männerwelt Beruf, Frauenwelt Familie. Frankfurt a.M. 1980.

Becker-Schmidt, R.: Die doppelte Vergesellschaftung – die doppelte Unterdrückung: Besonderheiten der Frauenforschung in den Sozialwissenschaften. In: Unterkirchner, L./Wagner, I. (Hrsg.): Die andere Hälfte der Gesellschaft. Wien 1987, S. 10-25.

Becker-Schmidt, R.: Geschlechterdifferenz – Geschlechterverhältnis: Soziale Dimensionen des Begriffs ‚Geschlecht'. In: Zeitschrift für Frauenforschung (1993), Heft 1+2, S. 37-46.

Beer, U.: Marxismus in Theorien der Frauenarbeit. Plädoyer für eine Erweiterung der Reproduktionsanalyse. In: Feministische Studien (1983), Heft 2, S. 136-147.

Belotti, E.G.: Was geschieht mit kleinen Mädchen. München 1975.

Benhabib, S.: Die Moderne und die Aporien der Kritischen Theorie. In: Bonß, W./Honneth, A. (Hrsg.): Sozialforschung als Kritik. Frankfurt a.M. 1982.

Bilden, H.: Sozialisation. In: Beyer, J./Lamott, F./Meyer, B. (Hrsg.): Frauenhandlexikon 1983, S. 265-280.

Bilden, H.: Geschlechtsspezifische Sozialisation. In: Hurrelmann, K./Ulich, D. (Hrsg.): Neues Handbuch der Sozialisationsforschung. Weinheim/Basel 1991, S. 279-301.

Bock, G./Duden, B.: Arbeit aus Liebe – Liebe als Arbeit. Zur Entstehung der Hausarbeit im Kapitalismus. In: Sommeruniversität für Frauen (Hrsg.): Frauen und Wissenschaft. Berlin 1976, S. 118-199.

Brück, B. u.a.: Feministische Soziologie. Frankfurt a.M./New York 1992.

Brückner, M.: Die Liebe der Frauen. Über Weiblichkeit und Mißhandlung. Frankfurt a.M. 1983.

Butler, J.: Das Unbehagen der Geschlechter. Frankfurt a.M. 1991.

Chasseguet-Smirgel, J. (Hrsg.): Psychoanalyse der weiblichen Sexualität. Frankfurt a.M. 1976.

Chodorow, N.: Das Erbe der Mütter. Psychoanalyse und Soziologie der Geschlechter. München 1985.

Diemer, S.: Patriarchalismus in der DDR. Opladen 1994.

Faulstich-Wieland, H. (Hrsg.): Abschied von der Koedukation? Frankfurt a.M. 1987.

Gilligan, C.: Die andere Stimme. Lebenskonflikte und Moral der Frau. München 1988.

Hagemann-White, C.: Sozialisation: weiblich – männlich. Opladen 1984.

Hagemann-White, C./Rerrich, M.S. (Hrsg.): FrauenMänner-Bilder. Männer und Männlichkeit in der feministischen Diskussion. Bielefeld 1988.

Knapp, G.-A.: Die vergessene Differenz. In: Feministische Studien 6 (1988), S. 12-31.

Kohli, M.: Die Institutionalisierung des Lebenslaufs. Historische Befunde und theoretische Argumente. In: Kölner Zeitschrift für Soziologie und Sozialpsychologie 37 (1985), S. 1-29.

Kontos, S,/Walser, K.: Weil nur zählt, was Geld einbringt. Probleme der Hausfrauenarbeit. Gelnhausen/Berlin/Stein 1979.

Kuhn, A./Rüsen, J.: Frauen in der Geschichte II und III. Düsseldorf 1983.

List, E./Studer, H. (Hrsg.): Denkverhältnisse: Feminismus und Kritik. Frankfurt a.M. 1989.

Metz-Göckel, S./Müller, U.: Der Mann. Die Brigitte-Studie. Weinheim/Basel 1986.

Metz-Göckel, S.: Zur Kritik der Geschlechterkategorie und Geschlechterbeziehungen in der Erziehungswissenschaft. In: Pollak, G./Heid, H. (Hrsg.): Von der Erziehungswissenschaft zur Pädagogik? Weinheim 1994, S. 407-444.

Mies, M.: Methodische Postulate zur Frauenforschung. Dargestellt am Beispiel der Gewalt gegen Frauen. In: Beiträge zur feministischen Theorie und Praxis (1978), Heft 1, S. 41-63.

Millett, K.: Sexus und Herrschaft. Die Tyrannei des Mannes in unserer Gesellschaft. Reinbek 1985.

Ostner, I.: Beruf und Hausarbeit. Die Arbeit der Frau in unserer Gesellschaft. Frankfurt a.M. 1978.

Pross, H.: Über die Bildungschancen von Mädchen in der Bundesrepublik. Frankfurt a.M. 1969.

Rabe-Kleberg, U.: Verantwortlichkeit und Macht. Bielefeld 1993.

Rodhe-Dachser, C.: Weiblichkeitsparadigmen in der Psychoanalyse. In: Psyche (1990), Heft 1, S. 30-52.

Scheu, U.: Wir werden nicht als Mädchen geboren, wir werden dazu gemacht. Frankfurt a.M. 1977.

Schües, T.: Feminist Perspectives: Freedom, Justice and Power. In: Chattopadhyaya, D.P. et al. (ed.): Cultural Otherness and Beyond. Leyden 1995, S. 65-83.

Strauss, J.: Junge Frauen in gewerblich-technischen Berufen. Berufswege nach der Ausbildung. Frankfurt a.M. 1986.

Wetterer, A. (Hrsg.): Profession und Geschlecht. Über die Marginalität von Frauen in hochqualifizierten Berufen. Frankfurt a.M. 1992.

IV. 3. Generation und Generationsverhältnis

Peter Büchner

Inhalt

1. Generation, Generationsbeziehung, Generationsverhältnis

In der Mehrzahl der wissenschaftlichen Arbeiten zum Generationsproblem wird mit dem Wort *Generation* die (relative) Gleichheit der Gleichaltrigen bezeichnet, die durch gemeinsame, lebensgeschichtlich relevante und spezifisch prägende gesellschaftliche Erfahrungen bedingt ist. Auf diese Weise wird mit Generation mehr als nur die biologische Abstammungsfolge in der Familie bezeichnet. Hinzu kommt der (unterstellte) Zusammenhang von Altersgleichheit und generationsformenden historischen ‚Schlüsselereignissen‘, in deren Erfahrungszusammenhang Generationen entstehen. Die klassische biologische Wirkungsdauer einer Generation von 30 Jahren, die sich u.a. daran bemißt, wie das Denken und Verhalten einer Generation fester (dominanter) Bestandteil der Gesellschaft ist, verkürzt sich in modernen dynamischen Gesellschaften in dem Maße, „wie von den Heranwachsenden neue sozio-kulturelle Inhalte übernommen und alte ‚vergessen‘ werden" (Lüdtke 1994, S. 230).

Gleichheit der Gleichaltrigen

Im Zusammenleben verschiedener Altersgruppen konstituiert sich ein spezifisches *Generationsverhältnis* zwischen Jüngeren und Älteren, das sowohl von Gesellschaft zu Gesellschaft als auch in Abhängigkeit von der jeweiligen zeitgeschichtlichen Situation unterschiedliche Formen annehmen kann. Das Generationsverhältnis ist in einer sozialen Beziehungsstruktur geronnen, die auch bestimmte Normen z.B. über kind- oder erwachsenengemäßes Verhalten enthält. Generationsverhältnisse sind neben dem Geschlechterverhältnis und den Klas-

Generationsverhältnis als gesellschaftliches Strukturmerkmal

sen- und Schichtenverhältnissen wesentliche Strukturmerkmale einer Gesellschaft. Das Generationsverhältnis, verstanden als *dynamisches Spannungsverhältnis* zwischen Menschen (und Menschengruppen) unterschiedlichen Alters im gesellschaftlichen Lebenszusammenhang, wird in der Soziologie – ähnlich wie das Klassen- und Schichtenverhältnis – als „Schlüssel zum Verständnis des menschlichen Zusammenlebens" (Lüscher 1994, S. 17) angesehen.

Da sich „eine Generation (erst)...im Verhältnis zu einer anderen heraus(bildet)" (ebd., S. 23), also eines entsprechenden Gegenübers (oder mehrere) bedarf, ist in einer Gesellschaft von einer entsprechenden Beziehungsstruktur und Beziehungsdynamik zwischen den Generationen auszugehen. Vermittelt über die (Selbst- und Fremd-) Verortung der Menschen im sozialen Raum (im Sinne einer sozialen „Kartographie") aufgrund der Zugehörigkeit zu bestimmten Gleichaltrigengruppen bzw. Generationen entsteht aus der Vielfalt der Generationsbeziehungen (ebenso wie aus hierarchisch angeordneten Klassen- und Schichtenbeziehungen) eine ‚dynamikstiftende Kraft' der historisch-gesellschaftlichen Entwicklung (vgl. Mannheim 1928). Den verschiedenen Generationen wird ein unterschiedliches „Mutationspotential der Gesellschaft" (Mannheim) zugemessen, so daß Generationen in diesem Sinne als eine Art Impulsgeber für Prozesse des sozialen Wandels (oder der gesellschaftlichen Stagnation) gelten können, ebenso wie sie als ‚Parteien' bei sozialen Konflikten („Krieg der Generationen") in Erscheinung treten.

Generationsbeziehungen als dynamikstiftende Kraft der gesellschaftlichen Entwicklung

Generationsverhältnisse umschreiben die Makroperspektive von Generationsbezügen und beziehen sich eher auf abstrakte ‚anonyme' Generationen (z.B. die Skeptische Generation, die Kriegs-und Nachkriegsgeneration, die 68er Generation). Die Mikroperspektive der Generationsbezüge wird stärker an konkreten Bezugspersonen und -gruppen festgemacht (z.B. Familie, Freundes-/Bekanntenkreise im sozialen Nahraum) und mit dem Begriff *Generationsbeziehungen* bezeichnet (Kaufmann 1993, S. 97). Wenn von „Generationsbeziehungen" die Rede ist, wird der Blick auf die konkrete Interaktionsebene gelenkt, wo Jüngere auf Ältere, Kinder und Jugendliche auf Eltern oder Großeltern mit ihren jeweils eigenen Weltsichten und sozialen Rollenverständnissen treffen. Hier sind konkrete generationsspezifische Beziehungsformen z. B. zwischen Erwachsenen und Heranwachsenden (in der Familie, im sozialen Nahraum) beobachtbar, die nach bestimmten Beziehungsmustern (gleichberechtigt/partnerschaftlich, dominierend/autoritär, einflußnehmend/unterstützend, pflegeorientiert etc.) unterschieden werden können. Die Betrachtung von Generationsverhältnissen und Generationsbeziehungen kann sowohl auf die Beschreibung von generationsspezifischen Gemeinsamkeiten (synchrone Perspektive) als auch auf die Herausarbeitung von Unterscheidungsmerkmalen zwischen den Angehörigen verschiedener Generationen (diachrone Perspektive) gerichtet sein (vgl. Rauschenbach 1994, S. 164).

Definition Generationsbeziehung

2. Das Generationsverständnis in den Sozialwissenschaften

Mit einem solchen Generationsverständnis wird also – wie schon angedeutet – unterstellt, daß die Beziehungen zwischen Eltern und Kindern, zwischen Jünge-

238

ren und Älteren auf mehr als nur der biologischen Tatsache der natürlichen menschlichen Generationenfolge (von der Geburt bis zum Tod) und der damit verbundenen Altersstufen beruhen. Die dem Generationsverhältnis zugesprochene *soziale* Dynamik läßt sich besonders gut bei Generationsgegensätzen bzw. bei Generationskonflikten (z.B. zwischen Elterngeneration und Jugendgeneration) über alte (ggf. überholte) und neue (noch nicht etablierte) Lebensformen, Werte oder Verhaltensnormen beobachten. Aufgrund des Lebens- und Erfahrungsabstandes zwischen Eltern und Kindern entstehen Streit bzw. Meinungsunterschiede und/oder Verständigungsschwierigkeiten zwischen Eltern und Kindern (Jugendlichen) bzw. zwischen Älteren und Jüngeren z.B. über generationsspezifisch unterschiedliche soziale Deutungsmuster, aber auch über vitale Interessen und Ansprüche oder über Aufgaben, Rechte und Pflichten der verschiedenen Altersgruppen im gesellschaftlichen Zusammenleben. Die Grauen Panther sind dafür ebenso wie der Deutsche Kinderschutzbund (jeweils auf eigene Weise) ein Beispiel für den vielfach konfliktbeladenen Umgang der Generationen miteinander, bei dem es offensichtlich nicht allein um Meinungsunterschiede, sondern auch um Fragen der gesellschaftlichen Teilhabe (z.B. Zugriff auf gesellschaftliche Ressourcen) und/oder um Macht und Prestige (z.B. um die Autoritätsstellung von Eltern oder die politischen Einwirkungsmöglichkeiten der Alten) geht.

Generationskonflikt

Der Generationsbegriff findet sich als Fachbegriff erstaunlicherweise eher in der soziologischen Fachliteratur, obwohl doch gerade die Beziehungen zwischen der Erwachsenen- und Kindergeneration in vielfältiger Weise zentral für den erziehungswissenschaftlichen Erkenntnisprozeß sind: So ist – erziehungswissenschaftlich gesehen – das Generationsverhältnis z.B. als Erziehungsverhältnis erziehungstheoretisch (und -praktisch) von großer Bedeutung. Sozialpädagogisch relevante Generationsbezüge ergeben sich aus Vorstellungen über den (staatlich legitimierten) Generationsvertrag und dem damit verbundenen (latenten oder manifesten) Verpflichtungscharakter der Generationsbeziehungen für das gesellschaftliche Zusammenleben. Und schließlich spielen Generationsbezüge auch in der Sozialisationsforschung eine große Rolle, wo es um die Sozialisationswirkung der in der Regel unkündbaren Generationsbeziehungen zwischen Eltern- und Kindgeneration geht. Dennoch macht die Erziehungswissenschaft von den möglichen Einsichten, wie sie sich aus einer generationsbezogenen Sichtweise von pädagogischen Fragestellungen ergeben könnte, kaum einen theoretisch-kategorialen Gebrauch, obwohl „bereits Schleiermacher die intergenerative Verschränkung, also das Konstrukt der Generation, als Grundbaustein einer Theorie der Erziehung hervorgehoben (hat)" (Rauschenbach 1994, S. 165).

Generationsvertrag

Aus erziehungstheoretischer Perspektive spielt die Auseinandersetzung um die prinzipielle Gleichberechtigung der Generationen im Erziehungsverhältnis eine wichtige Rolle und der Generationskonflikt stellt sich hier zumeist als Frage nach der Berechtigung bzw. Begründbarkeit der Autoritätsstellung der erziehenden Erwachsenengeneration. „Was ... wollen die Generationen miteinander, wie können, wie wollen Erwachsene und Heranwachsende sich zueinander in Beziehung setzen, wie wollen sie mit sich selbst und miteinander leben? Die Antwort ist nicht aus einem vorgegebenen Erziehungsbegriff ableitbar. Sie ist Teil der Selbstdefinition der Gesellschaft." (Schwenk 1989, S. 438 f.). Im Spannungsverhältnis zwischen Unterwerfung und Widerstand läßt sich erziehungstheoretisch

Generationsverhältnis als
Erziehungsverhältnis

auf diese Weise ein Generationsverhältnis als Erziehungsverhältnis begründen, das freilich zugleich auch die Bedingungen seines (möglichen) Scheiterns mitreflektieren muß. Damit steckt auch in Erziehungsverhältnissen etwas von jener „dynamikstiftenden Kraft" des Generationsverhältnisses, das besonders im Hinblick auf seinen Stellenwert für Prozesse des sozialen Wandels in einer Gesellschaft bedeutsam ist.

Generationsmentalität
Sozialisationstheoretische
Implikationen

In ersten Ansätzen hat die Erziehungswissenschaft (oder besser einige erziehungswissenschaftliche Teildisziplinen wie z.B. die historische Sozialisationsforschung, die Kindheits- und Jugendforschung, die Erziehungs- und Bildungssoziologie oder zuletzt auch die Sozialpädagogik) ihr Generationsverständnis aus dem sozialwissenschaftlichen Diskussionszusammenhang übernommen (vgl. Hornstein 1983; Büchner 1985; Herrmann 1987; Fend 1988; Jaide 1988; Rauschenbach 1994). Generation bezeichnet dabei zumeist eine Gesamtheit von annähernd Gleichaltrigen, die gegenüber anderen (älteren oder jüngeren) Altersgruppen ein hohes Maß an Gemeinsamkeiten im Denken und Handeln aufweist. Biologische Fakten, wie Zeitpunkt der Geburt und entsprechendes Lebensalter einer Person, sind in diesem Sinne ebenso maßgebend für die (abstrakte) Zugehörigkeit zu einer Generation (im Sinne der Gesamtheit von benachbarten Geburtsjahrgängen) wie die in einer bestimmten historischen Zeitspanne erlebten generationsbildenden Sozialisationseinflüsse. Im gesellschaftlichen Zusammenleben wird eine Generation als lose Gruppierung von ungefähr Gleichaltrigen allerdings erst dann zu einem *sozialen* Gebilde, wenn sie aufgrund einer historisch gleichen gesellschaftlichen Lebenssituation, die sie in etwa gleichem Alter erlebt, ähnliche Leitbilder und Werthaltungen, Einstellungen und Orientierungen aufweist; in der Jugendforschung wird dann z.B. von Jugendgestalten gesprochen (vgl. Fend 1988). Wenn solche Mentalitäten mit bestimmten Geltungs- und Durchsetzungsansprüchen versehen und in Konkurrenz zu anderen Generationen in politisches, soziales und kulturelles Handeln übersetzt werden, kann es zu Generationsgegensätzen im oben angedeuteten Sinn kommen. Dabei ist bislang umstritten, ob die Generationenkluft nur vorübergehendes (altersabhängiges) Merkmal zwischen Eltern- und Jugendgeneration ist oder ob sich aus einer so entstandenen Kluft zwischen Eltern und Jugendlichen dann tatsächlich eine stabile neue Generation entwickelt (vgl. Oswald 1980, S. 33ff.; Elder 1979; Preuss-Lausitz u.a. 1983). Das Besondere des Generationsverhältnisses zwischen Eltern- und Kindergeneration ergibt sich zumindest aus einer anfänglichen Asymmetrie der Beziehungsstruktur und liegt in der sozio-kulturellen Tatsache begründet, daß es sich bei der jeweils nachwachsenden „jungen" Generation um „Kulturneulinge" handelt, die einen von der Erwachsenengeneration vorgegebenen sozio-kulturellen Möglichkeitsraum (in der Form von vorhandenen Kulturgütern und Wissensbeständen) vorfinden, den sie sich in der Regel erst aneignen müssen, bevor sie ihn aktiv mitgestalten und umgestalten können. Vor einem solchen Hintergrund muß deshalb der Generationsbegriff mit sozialisationstheoretischen Überlegungen (und vor allem Längsschnittuntersuchungen) verknüpft werden.

3. Generationsbegriff und Generationskonzept: Tragweite und Mängel

Um eine bestimmte Gleichaltrigengruppe gegenüber einer anderen abzugrenzen, genügt es zunächst, ein bestimmtes Geburtsjahr (oder mehrere) als äußeres Zugehörigkeitsmerkmal heranzuziehen. In einem sozialstatistischen Kontext spricht man bei einem solchen Vorgehen in der Regel von einer (Alters-) Kohorte, um eine Gleichaltrigengruppe mit Hilfe eines bestimmten Auswahlkriteriums als Untersuchungsgruppe (Population) zu definieren. Dies kann das Geburtsjahr, aber auch der Zeitpunkt des Schul- oder Berufseintritts, der Heirat, der Geburt des ersten Kindes u.ä. sein. Dabei werden keinerlei Vorannahmen über verhaltensprägende Schlüsselereignisse in der Jugendzeit gemacht, sondern es werden verschiedene Kohorten definiert und miteinander verglichen (vgl. Schmied 1984). Indem man so den Lebensweg von (benachbarten) Kohorten gleicher Geburtsjahre (z.B. die Abiturientenjahrgänge 1960 und 1980) miteinander vergleicht, lassen sich Hypothesen über bestimmte „Kohorten*effekte*" empirisch überprüfen. Solche Kohorteneffekte werden häufig auch als Generationsprobleme und die aus dem Kohortenvergleich hervorgegangenen Unterschiede werden als Generationsdifferenzen bezeichnet. Das führt nicht selten zu begrifflichen Unschärfen, weil es unterschiedliche Anwendungsformen und Entwicklungslinien des Generationsbegriffs in den sozialwissenschaftlichen Teildisziplinen gibt (vgl. dazu Pfeil 1967; Fogt 1982; Schmied 1984; Herrmann 1987). Deshalb sei an dieser Stelle nochmals betont, daß der Begriff der Generation in der Regel Vorstellungen über die Bewußtseinslage (Mentalität) der Betroffenen aufgrund der „Partizipation an den gemeinsamen Schicksalen" (Mannheim) einschließt. Um zu einer Generation zu werden, muß eine Gleichaltrigengruppe ein Gefühl der Gleichartigkeit, der Zusammengehörigkeit als eine Art Erlebnisgemeinschaft aufweisen, sie muß eine generationsspezifische Mentalität (z.B. ein bestimmtes Muster der Weltwahrnehmung) erkennen lassen, was sich über Symbole (z.B. Geschmacksrichtungen in Kunst, Musik oder Kleidung) oder über bestimmte Verhaltensstandards, ideologische Positionen oder auch sprachliche Ausdrucksformen manifestieren kann.

Kohortenanalyse

Ein in diesem Verständnis zugespitzter, sozialwissenschaftlicher Generationsbegriff geht auf die grundlegende Arbeit von Karl Mannheim (1928) zum „Problem der Generationen" zurück, der seinerseits an Dilthey (1875) anschließt. Die Verbundenheit einer Generation, ein Generations*zusammenhang* (Mannheim), ergibt sich durch das gemeinsame Erleben besonderer (mehr oder weniger dramatischer) Wendungen im Zeitgeschehen (z.B. Kriegs- oder Nachkriegszeiten, wirtschaftliche Krisen und Umbrüche, vorherrschende Ideologien). Kindheit und Jugendzeit gelten dabei als „Jahre der Empfänglichkeit" (Dilthey) und spielen eine besondere Rolle bei der Entstehung eines Generationszusammenhangs. Es ist das Verdienst Mannheims, das Nebeneinander der (verschiedenen) Generationen zu einem bestimmten historischen Zeitpunkt in dieser Weise besser zu verstehen: denn es macht – was die Lebenserfahrung und die Weltwahrnehmung angeht – einen Unterschied, ob z.B. Großeltern oder Enkel das Ende eines Weltkrieges oder die Öffnung der Mauer zwischen Ost- und Westdeutschland erleben und sich entsprechend dazu verhalten.

Mannheims Generationsansatz

Durch ähnliche Partizipations-, Erlebnis-, und Erlebnisverarbeitungschancen besitzt eine Generation eine ähnliche Generations*lagerung* (Mannheim). Zur intensivsten Form der Generationsbildung (Generations*einheit*) kommt es nach Mannheim jedoch erst dann, wenn zu der *Erlebnis*parallelität auch eine Gemeinsamkeit der *Reaktion* auf zeitgeschichtliche Entwicklungen hinzukommt. Dies kann sich in der Form von ähnlichen Weltsichten, Lebensstilen, Einstellungen und Handlungsmustern äußern und sich in gemeinsamen Aktionen und Organisationsformen niederschlagen. Die ‚Skeptische Generation‘ (Schelsky), die Kriegs- und Nachkriegskinder-Generation bzw. die ‚68er-Generation‘ (vgl. Preuss-Lausitz u.a. 1983) sind Beispiele für derartige Generationszusammenhänge, die in entsprechende Mentalitäts- und politische Handlungsformen übersetzt wurden. Im Grunde wird eine gemeinsame (kindliche) Sozialisationsgeschichte zu einem Stück Generationsgeschichte (vgl. Preuss-Lausitz u.a. 1983, S. 11ff.), die sich in Einstellungs- und Verhaltensähnlichkeiten, aber auch in bestimmten Formen des Protestverhaltens niederschlagen kann (vgl. Fischer-Kowalski 1983; Kulke 1983).

Ein Generationskonflikt, wie er im Rahmen der Studentenbewegung und dem damit verbundenen Anspruch auf einen Generationswechsel (im Sinne der Ablösung der Angehörigen der älteren Generation von gesellschaftlichen und ideologischen Führungsaufgaben) stattgefunden hat, liefert in diesem Sinne auch Anstöße für (generationsabhängige) Prozesse des sozialen Konflikts und des sozialen Wandels. Ein Generationskonflikt kann, muß aber nicht, Elemente von sozialer Dynamik enthalten und die Generationenfolge beschleunigen. Umgekehrt kann aber ebenso das Beharrungsvermögen einer Generation zu einer Verzögerung des sozialen Wandels führen, wie es beispielsweise in den letzten Jahren der DDR zu beobachten war. Bezogen auf die westdeutsche Entwicklung seit Mitte der sechziger Jahre wird beispielsweise die rasche Veränderung der Erziehungsvorstellungen vielfach als Folge der historisch besonderen menschlichen Erfahrungen, Erlebnishintergründe, Lebensformen und Sozialbeziehungen gesehen.

Am Beispiel des Wandels der Erziehungsvorstellungen zwischen den fünfziger und achtziger Jahren läßt sich nun aber trotz der bisher unterstellten relativen Stabilität der alters- und damit generationsbedingten Mentalitäten auch verdeutlichen, daß sich im zeitlichen Verlauf aus der Dynamik der Generationsbeziehungen auch eine (partielle) Nivellierung der Generationenkluft ergeben kann, indem es zu einer (Teil-) Revision von generationsspezifischen Mentalitäten kommt. Im Hinblick auf bestimmte Wertvorstellungen, Erziehungsnormen und damit Vorstellungen über das ‚richtige‘ Eltern-Kind-Verhältnis sind zwar deutliche generationsspezifische Muster bei der Elterngeneration (fünfziger Jahre) einerseits und der Elterngeneration (achtziger Jahre) andererseits erkennbar, was z.B. die Frage einer Erziehung zur Selbständigkeit angeht (Betonung von Selbständigkeit und freiem Willen vs. Gehorsam und Unterordnung). Gleichzeitig ist jedoch auch nachgewiesen worden, daß die jüngere Generation einen Trend verkörpert, dem die ältere Generation mit einigem zeitlichen Abstand folgt, indem sie ihrerseits (Enkel-) Kindern mehr Selbständigkeit und größere Freiheitsspielräume einräumt, als sie es in den Jahrzehnten davor getan hat. Insofern bleibt zwar im Leben dieser beiden Generationen ein (variabler) Genera-

Generationsgeschichte als
Sozialisationsgeschichte

Generationen und
sozialer Wandel

Nivellierungstendenzen
generationsbezogener
Mentalitäten

tionsabstand bestehen, weil sich beide ständig auf verschiedenen Stufen ihrer Entwicklung befinden, aber gleichzeitig ist es deshalb nicht ausgeschlossen, daß bestimmte Nivellierungstendenzen im Hinblick auf die Selbst- und Fremdwahrnehmung als Generation eintreten. Daß neben altersabhängigen Unterschieden auch bildungsbedingte oder schichtspezifische Vorstellungsvarianten eine weitere Differenzierung des Generationskonzepts erforderlich machen, kann hier nur erwähnt werden und ist – bezogen auf dieses Beispiel – an anderer Stelle nachzulesen (vgl. z.B. Büchner 1985, S. 107ff.; Fend 1988, S. 101ff.).

Kritische Einwände gegenüber einem derartigen Generationskonzept beziehen sich vor allem auf das Problem der empirischen Einlösung dessen, was in den theoretischen Grundannahmen des Generationskonzepts enthalten ist. Daß das Generationskonzept als heuristisches Konstrukt zur Kennzeichnung (relativer) Gemeinsamkeiten des Denkens und Handelns einer Altersgruppe gegenüber jüngeren oder älteren prinzipiell geeignet ist, wird nicht bestritten. Wenn jedoch Aussagen über eine bestimmte Jugend-Generation gemacht werden (vgl. z.B. Schelsky 1957; Pfeil 1968), fehlen – so die Kritik – empirische Vergleichsuntersuchungen mit der entsprechenden Erwachsenengeneration oder einer früheren Jugendgeneration. Die Aussagen über die – zumeist ältere – Vergleichsgeneration dürften nicht auf bloßen Impressionen, subjektiven Erfahrungen des Forschers bzw. der Forscherin beruhen, sondern müßten ebenso hermeneutisch erschlossen oder quantitativ erfaßt sein. Außerdem müßte die Frage beantwortet werden, „ob die Differenzen in den verschiedenen Einstellungs- und Verhaltensweisen zwischen der Jugend- und der Erwachsenen-Generation größer sind, als die Unterschiede innerhalb der gleichaltrigen Generation" (Nave-Herz 1989, S. 139). Intra- und intergenerative Gemeinsamkeiten und Unterschiede müssen also stärker systematisch berücksichtigt werden, damit generationsspezifische und sozialstrukturelle Unterschiede nicht verwischt werden.

Stärken und Schwächen des Generationsansatzes

Schließlich gilt als Schwäche des Generationskonzepts (im Gegensatz zu einem Kohortenansatz), daß es keine Prognose auf das Verhalten und Handeln von Altersgruppen zulasse und deshalb ungeeignet für quantifizierende Sozialforschung sei (vgl. Schmied 1984; vgl. Herrmann 1987, S. 365). Dieser Vorwurf läßt sich dahingehend relativieren, daß „die Kohortenanalyse...aus methodologischen Gründen prinzipiell genau das nicht leisten (kann), was im ‚Generationen'-Konzept von zentraler Bedeutung ist, allerdings der kritischen empirischen Überprüfung bedarf: die Erklärung der Generationszugehörigkeit und ihre Auswirkungen auf das Erleben und Verhalten, das Deuten und Handeln in der sozialen Wirklichkeit. Die Kohortenanalysen besonders der politischen Einstellungs- und Wahlforschung zeigen einzig und allein Generationen*effekte*, aber nicht Generations*zusammenhänge*" (Herrmann 1987, S. 366, unter Bezugnahme auf Fogt 1982, S. 26ff.)

Ein Beispiel für die kritische Anwendung des Generationsansatzes in der Jugendforschung findet sich z.B. in den Arbeiten von Jaide (1988) oder bei Fend (1988). In Wechselwirkung zu den jeweils gegebenen Lebensverhältnissen wird die Herausbildung von Generationsgestalten (Fend) und Generationsmentalitäten (Jaide) untersucht. Empirisch wird dies in Durchschnittswerte bei Einstellungen, Meinungsmustern und Gewohnheiten der Lebensführung bestimmter Alterskohorten übersetzt und als generationsspezifische Bewältigungsformen einer be-

Der Generationsansatz in der Jugendforschung

243

stimmten Generationslage interpretiert. Inwieweit sich derartige Mentalitäten in konkretes jugendliches Verhalten übersetzt, ist Gegenstand der Forschung in Jaides Arbeit. Er kommt dabei einerseits zu allgemeinen Trendaussagen, arbeitet andererseits aber auch Gegenbewegungen und Interferenzen heraus, die einem modellhaften Denken in linearen Entwicklungslinien widersprechen. Aus erziehungswissenschaftlicher Sicht ist in diesem Zusammenhang auch auf einen vorsichtigen Umgang mit der These von der großen Generationskluft hinzuweisen, die von einer unüberbrückbaren Spannung zwischen den Generationen ausgeht. Oswald (1980, S. 33ff.) betont, daß es zwar eine Tradition rebellierender Jugendlicher mit rebellischer Gesinnung gebe, daß es sich aber dabei auch um eine Übergangsphase handeln könne, die durch eine spätere Reintegration in die Erwachsenengesellschaft abgelöst werden könne.

Zusammenfassend läßt sich festhalten, daß das Generationskonzept trotz seiner begrenzten Tragweite (in Anbetracht der angesprochenen Beweismängel) bei weiten noch nicht den wissenschaftlichen Stellenwert erreicht hat, den es verdient. Gerade in der Erziehungswissenschaft ist der Generationsbezug zentral, wenn man allein die (möglichen) erziehungs- und sozialisationstheoretischen Implikationen des Generationskonzepts bedenkt oder aber wichtige erziehungswissenschaftliche Forschungsgebiete wie die Kindheits- und Jugendforschung betrachtet. Insofern kommt es darauf an, die unbestreitbare wissenschaftliche Brauchbarkeit des Generationskonzepts als theoretisch-systematischen Bezugsrahmen in weiteren Arbeitsschritten für die Erziehungswissenschaft zu erschließen und vor allem darauf zu achten, theoretisch-konzeptionelle Überlegungen mit empirischen (Längsschnitt-) Studien zu verbinden.

Literatur

Büchner, P.: Einführung in die Soziologie der Erziehung und des Bildungswesens. Darmstadt 1985.
Dilthey, W.: Über das Studium der Geschichte der Wissenschaften vom Menschen, der Gesellschaft und dem Staat (1875). In: Dilthey, W.: Gesammelte Schriften, Bd. 5, Leipzig 1924, S. 36-150.
Elder, G.H. Jr.: Children of the Great Depression. Chicago 1979.
Fend, H.: Sozialgeschichte des Aufwachsens. Frankfurt a.M. 1988.
Fischer-Kowalski, M.: Halbstarke 1958, Studenten 1968: Eine Generation zwischen zwei Rebellionen. In: Preuss-Lausitz, U. u.a.: Kriegskinder, Konsumkinder, Krisenkinder. Weinheim/Basel 1983, S. 53-70.
Fogt, H.: Politische Generationen. Opladen 1982.
Herrmann, U.: Das Konzept der „Generation". In: Neue Sammlung 27 (1987), Heft 4, S. 364-377.
Hornstein, W.: Die Erziehung und das Verhältnis der Generationen heute. In: Zeitschrift für Pädagogik, 18. Beiheft (1983), S. 59ff.
Hornstein, W./Lüders, C.: Das Problem der Generationen in der Jugendforschung heute. In: Bildung und Erziehung (1985), Heft 2, S. 213-230.
Jaide, W.: Generationen eines Jahrhunderts. Opladen 1988.
Kaufmann, F.-X.: Generationenbeziehungen und Generationenverhältnisse im Wohlfahrtsstaat. In: Lüscher, K./Schultheis, F. (Hrsg.): Generationenbeziehungen in ‚postmodernen' Gesellschaften. Konstanz 1993, S. 95-108.

Kulke, C.: Altrebellen und Neurebellen zwischen Annäherung und Abgrenzung. In: Preuss-Lausitz, U. u.a.: Kriegskinder, Konsumkinder, Krisenkinder. Weinheim/Basel 1983, S. 71-88.

Lüdtke, H.: Generation. In: Fuchs-Heinritz, W. u.a. (Hrsg.): Lexikon zur Soziologie. Opladen ³1994, S. 230.

Lüscher, K./Schultheis, F. (Hrsg.): Generationenbeziehungen in ,postmodernen' Gesellschaften. Konstanz 1993.

Lüscher, K.: Generationenbeziehungen – Neue Zugänge zu einem alten Thema. In: Lüscher/Schultheis (1993), S. 17-47.

Mannheim, K.: Das Problem der Generationen. In: Kölner Vierteljahreshefte für Soziologie 7 (1928), Heft 2, S. 157-185 ; Heft 3, S. 309-330.

Nave-Herz, R.: Jugend: Historische Gestalt, Generation. In: Markefka, M./Nave-Herz, R. (Hrsg.): Handbuch der Familien- und Jugendforschung (Bd. 2) Neuwied/Frankfurt 1989, S. 135-143.

Oswald, H.: Abdankung der Eltern? Weinheim 1980.

Pfeil, E.: Der Kohortenansatz in der Soziologie. In: Kölner Zeitschrift für Soziologie und Sozialpsychologie (1967), Heft, S. 645-657.

Pfeil, E.: Die 23-jährigen. Tübingen 1968.

Preuss-Lausitz, U. u.a.: Kriegskinder, Konsumkinder, Krisenkinder. Weinheim/Basel 1983.

Rauschenbach, T.: Der neue Generationenvertrag. In: Zeitschrift für Pädagogik 32. Beiheft 1994, S. 161- 176.

Schelsky, H.: Die skeptische Generation. Düsseldorf/Köln 1957.

Schmied, G.: Der soziologische Generationsbegriff. In: Neue Sammlung 24 (1984), Heft 3, S. 231-244.

Schwenk, B.: Erziehung. In: Lenzen, D.(Hrsg.): Pädagogische Grundbegriffe. Bd. 1. Reinbek 1989, S. 429-439.

IV. 4. Lebenslauf und Erziehung

Jutta Ecarius

Inhalt

Modernisierungsprozesse in der Gesellschaft und im Generationenverhältnis lassen den Lebenslauf in den Blick erziehungswissenschaftlicher Fragestellungen rücken. Die hohe Selbstverantwortlichkeit für die Lebensplanung und die Wandlungen in den Lebensformen, die im Rahmen gesellschaftlicher Differenzierungsprozesse entstanden sind, stellen ‚neue‘ Anforderungen an jeden einzelnen, mit denen Kinder, Jugendliche, Erwachsene und alte Menschen und damit auch das Klientel pädagogischer Tätigkeit (Kinder, SchülerInnen, Jugendliche, Erwachsene und alte Menschen) konfrontiert werden. Die Handlungsspielräume der Individuen haben sich seit den sechziger Jahren enorm erweitert. Dieses Mehr an Gestaltungsfreiheit hat zu einer größeren Selbstverantwortlichkeit in der Lebensplanung geführt, die auch als ‚Gestaltungszwang‘ und Überforderung erfahren wird. Die lebensgestalterischen Möglichkeiten, Erfordernisse und Zwänge sind Rahmenbedingungen, die in den pädagogischen Grundvorgängen der Erziehung, Bildung, Sozialisation, des Unterrichts und der sozialpädagogischen Hilfe zu berücksichtigen sind. Die Lebenslaufforschung gibt Auskunft, wie sich der Lebenslauf in seiner Struktur aufgrund gesellschaftlichen Wandels verändert hat, wie sich im Lebenslauf soziale Ungleichheit manifestiert und welche Handlungsmöglichkeiten gegenwärtig für die Gestaltung der privaten und beruflichen Laufbahn vorhanden sind.

247

1. Literarische Untersuchungen zum Lebenslauf

Literarische Zeugnisse über das Leben

Ein Bereich der Lebenslaufforschung untersucht literarische Zeugnisse über das Leben beginnend von der Antike bis zum Ende des neunzehnten Jahrhunderts (vgl. Rosenmayr 1978). Solche Textanalysen zeigen, daß in der Antike die Lebensalter in Verbindung zu außerweltlichen Kräften gestellt wurden. Götter, Planeten und Zahleneinheiten sind Gliederungseinheiten. Das Leben erhielt auf diese Weise eine makrokosmische, überlebenszeitliche Dimension. Im christlichen Mittelalter sind solche Vorstellungen vom Leben nicht mehr zu finden. Mit Beginn der Renaissance, innerhalb der an der Philosophie der Antike angesetzt wurde, wurden kosmische Teilungsprinzipien erneut verwendet (vgl. Barth 1970, S. 128). Im achtzehnten Jahrhundert kommen Ikonographien über Lebensalter auf. Das Leben wird da in Form eines Rades oder einer Treppe mit zehn Stufen dargestellt. Bürgerliches Leben wird hier mit christlichem Leben gleichgesetzt. Im neunzehnten Jahrhundert wird zunehmend auf eine christlich-religiöse Rahmung verzichtet. Säkularisierung, Rationalisierung und Verwissenschaftlichung drängen religiöse Konzepte vom Leben in den Hintergrund. Insgesamt geben solche literarischen Zeugnisse und Ikonographien keine Auskunft über reale Lebensbedingungen und Lebensformen. Die dort vorgestellten Lebensmuster haben eher eine Vorbild- und Orientierungsfunktion. Auf der Folie von Mythen über das Leben oder religiöser wie bürgerlicher Vorstellungen wurden solche Bilder entworfen. Entnehmbar ist diesen Quellen, daß das Leben in außerweltliche Zusammenhänge eingebettet wurde und daraus seinen Sinnzusammenhang erhielt. Die einzelnen Lebensabschnitte bildeten Tableaus, die nicht in Form einer biographischen Sinneinheit miteinander verbunden waren. Der äußere Rahmen gab den Sinnhorizont für den Weg durch das Leben vor.

2. Grundbegriffe und Grundannahmen der amerikanischen Lebenslaufforschung

Ende der siebziger Jahre unternahm die Lebenslaufforschung erste empirische Untersuchungen. Beantwortet werden sollte, wie sich die Struktur des Lebens in der sozialen Wirklichkeit über die Jahrhunderte hinweg verändert und wie Gesellschaftsstrukturen und Lebensmuster ineinandergreifen. Seitdem kann man eigentlich auch erst von der westdeutschen Lebenslaufforschung als eigenständiger Wissenschaftsdisziplin sprechen. Entwickelt hat sich diese in Auseinandersetzung mit Thesen der amerikanischen Lebenslaufforschung.

Altersnormierter Lebenslauf

Die amerikanische Lebenslaufforschung versuchte zwei zentrale Fragen zu beantworten: wie sieht der Zusammenhang von Lebenslauf und Gesellschaft aus und zum anderen, kann man über eine Betrachtung der Abfolge von Lebensläufen bzw. Kohorten sozialen Wandel sichtbar machen? Die eine Richtung der Lebenslaufforschung, die sich mit der ersten Frage beschäftigt, geht davon aus, daß Alterskategorien in der Verflechtung mit Strukturmerkmalen wie Verwandtschaft, Erziehungswesen, Beruf etc. strukturelle Bedeutung haben. Die

Individuen sind in einem bestimmten Alter in gesellschaftliche Institutionen eingebunden und tragen damit zur Aufrechterhaltung der Gesellschaft bei (vgl. Cain 1964). Der Lebenslauf wird verstanden als ein „normaler, vorhersehbarer Lebenszyklus" (vgl. Neugarten/Datan 1978, S. 176). Altersnormen und Altersrollen regeln alle zentralen Bereiche des Lebens wie die Rolle der Auszubildenden, der Berufstätigen oder des Ehemanns. Altersrollen enthalten ‚time-tables‘, die nicht nur für ein zeitgerechtes Verhalten sorgen, sondern zugleich auch kontrollierend wirken (vgl. Neugarten/Moore/Lowe 1965, S. 711). time-tables

Kritisch betrachtet wurde das Konzept vom altersnormierten Lebenslauf vor allem von Marini (1978). Danach kann weder die Annahme aufrechterhalten werden, daß der Lebenslauf einem linearen Rollenmodell mit den Sequenzen Ausbildung, Beruf, Heirat folgt, noch können die unterschiedlichen Lebenszusammenhänge von Männern und Frauen ausgespart bleiben.

Die zweite Richtung der Lebenslaufforschung, die den Zusammenhang von Lebenslauf und sozialem Wandel untersucht, geht davon aus, daß der Fortbestand einer Gesellschaft nur über eine relative Stabilität von Positionssequenzen gewährleistet werden kann, die sich über Lebenszeiten hinaus erhalten und folglich jeder Zeit von anderen Personen besetzt werden können (vgl. Riley/Johnson/Foner 1972). Betont werden die unterschiedlich akzentuierten Positionen und die Kohorten, die stets auf's Neue in eine Gesellschaft eintreten und abtreten. Altersschichtung und Kohorten sind das Bindeglied zwischen individuellem und biologischem Leben, aber auch zwischen der Gesellschaft und ihrer Geschichte (vgl. Riley u.a. 1972, S. 4). Gesellschaftlicher Wandel wird anhand aufkommender Asymmetrien zwischen Altersrollen, Kohorten sowie Allokations- und Sozialisationsprozessen abgelesen. Relevant sind dabei die zeitlichen Differenzen, d.h. analysiert wird die fundamentale Asymmetrie von Prozessen, die Menschen betreffen und solchen, die Rollen betreffen. Zwischen beiden kann eine Differenz bestehen, beispielsweise daß eine Geburtskohorte zu groß ist, daß nicht alle in den Produktionsbereich münden können und dieser Bereich sich gleichzeitig durch ökonomische Umwälzungen verändert. Gesellschaftlicher Wandel, Altersschichtung und Lebenslauf

3. Ansätze und Ergebnisse der westdeutschen Lebenslaufforschung

In der westdeutschen Lebenslaufforschung bezog man sich anfangs auf die amerikanische Lebenslaufforschung und übernahm den Gedanken von der Altersnormiertheit des Lebenslaufes. In der Soziologie sind es Pieper (1978) und Levy (1977), die das Altersnormenkonzept der amerikanischen Lebenslaufforschung aufgreifen, zugleich aber auch versuchen, stärker die Handlungs- und Gestaltungsmöglichkeiten der Individuen zu betonen. Überzeugend ist der Ansatz von Levy (1977). Hier wird der Lebenslauf als Statusbiographie konzipiert, als „eine sozial geregelte Bewegung in der Sozialstruktur oder in ihren Teilbereichen, welche stark durch Alterszuschreibungen gesteuert wird" (Levy 1977, S. 27). Lebenslauf als Statusbiographie

Wichtige historische Ergebnisse hat Imhof vorgelegt (1981). Er stellt fest, daß sich die Lebenszeit verlängert hat, wir jedoch durch den Prozeß der Indu- Normallebenslauf

249

strialisierung, Rationalisierung und Säkularisierung den Glauben an die Ewigkeit eingebüßt haben. Gegenwärtig liegt die durchschnittliche Lebenszeit von Frauen bei 76 Jahren. Bedeutete im siebzehnten Jahrhundert für Frauen das Leben zur Hälfte Geburt und Kinderaufzucht, hat sich dieser Lebensabschnitt auf ein Drittel der Lebenszeit verkürzt (vgl. Imhof 1981). Im Gegenlauf zur Verringerung der Anzahl der Nachkommenschaft ist eine neue Lebensphase, eine Phase der nachelterlichen Gefährtenschaft von fast 20 Jahren, entstanden, an die sich seit diesem Jahrhundert eine Phase der Witwenschaft anschließt. Verkürzt hat sich auch die Ledigenphase. Das Heiratsalter hat sich zwischen 1841 bis 1900 langsam vereinheitlicht. Ab Mitte des neunzehnten Jahrhunderts bildete sich langsam

der Normallebenslauf heraus, der Heirat, Ehe mit einer Person und Kinder umschließt. Vergleicht man das Heiratsalter und das Alter der Geburt des ersten Kindes, steigt der Normaltypus (Heirat, Kinder, Ehe mit einer Person) zwischen 1830 und 1920 von 20,9 Prozent auf 57,1 Prozent an. Mit dem Aufkommen des aufstrebenden Bürgertums entstanden neue Bewertungsmaßstäbe. Mit der Abschaffung der Ständeordnung und der Herausbildung des autonomen, selbstverantwortlichen Bürgers wurden die kulturellen Personenbegriffe abstrakter und an die Stelle einer Synchronie von Subjekt und Welt trat die Regelung des Lebens über eine Moralisierung kultureller Lebensformen. Der Gedanke kam auf, daß jeder Mensch kulturfähig ist, wenn er die entsprechende pädagogische Betreuung und Unterstützung erhält. Das Bürgertum als neue aufstrebende Sozialschicht, die sich in Konkurrenz zum Adel befand, setzte auf die Formbarkeit des Lebens, auf das, was ein jedes Individuum an Wissen und Können erwirbt. Dazu war eine lange Moratoriumsphase nötig, in der sich Kinder und Jugendliche das erforderliche Wissen aneignen können, das sie im Kampf gegen eine festgefügte Ständeordnung benötigen. Das Konzept über die Formbarkeit der Kindheit und Jugend setzte sich in dieser Zeit auch erfolgreich durch. Kindheit und Jugendzeit wurden zur Zeit des Lernens und der pädagogischen Betreuungen.

Vor dem Hintergrund der Ergebnisse dieser Studien entwickelt Kohli Mitte der achtziger Jahre die These von der ‚Institutionalisierung des Lebenslaufs‘ (vgl. Kohli 1985), wobei auch auf Ergebnisse der amerikanischen Lebenslaufforschung verwiesen wird. Der institutionalisierte Lebenslauf ergab sich für Kohli aus vier arbeitsstrukturellen Problemlagen. Zum ersten konnte mit der Institutio-

nalisierung des Lebenslaufes das Problem der Sukzession auf neue Weise geregelt werden. Während in der agrarischen Struktur familiale und ökonomische Sukzession zusammenfielen, Positionen innerhalb der Familie vergeben wurden, wird im modernen Betrieb die Nachfolge über geschlossene Positionssequenzen nach effektiven ökonomischen Gesichtspunkten geregelt. Zum zweiten wurden mit der Rationalität im Wirtschaftsbereich sachfremde Aspekte aus dem Produktionsbereich ausgelagert. Herausgebildet hat sich die Lebenszeit als Zeit der Vorbereitung auf die Erwerbstätigkeit, als Zeit der Produktionstätigkeit und der rentenbezogenen Freizeit. Vorleistungen und Folgeprobleme werden auf vor- und nachgelagerte Lebensphasen abgewälzt und von altersgeschichteten Leistungssystemen wie dem Bildungs- und Rentensystem aufgefangen. Zum dritten veränderten sich parallel zu diesem Entwicklungsprozeß die beruflichen und familiären Übergänge im Lebenslauf. Mit der Auflösung der häuslichen Produk-

tions- und Reproduktionsstätte im 19. Jahrhundert entstanden neue Integrations-
formen. Betriebe versuchten, die individuelle Lebenszeit ihrer Arbeitskräfte mit
der Zeitstruktur des Betriebes zu verbinden und die Individuen stimmten die betriebliche und familiale ‚Laufbahn' aufeinander ab (vgl. Kohli 1985, S. 17). Zum
vierten haben sich die Formen sozialer Kontrolle gewandelt. Mit zunehmenden
Modernisierungsprozessen setzt die soziale Kontrolle immer stärker auf der Ebene der Individuen an.

Der institutionalisierte Lebenslauf weist nach Kohli fünf Dimensionen auf.
Verzeitlichung, Chronologisierung und Individualisierung sind die wichtigsten
Aspekte. Als erste Dimension nennt Kohli die zeitliche Phasierung des Lebenslaufes (Verzeitlichung). Sie ist ein zentrales soziales Ordnungsprinzip. Mit einer
Orientierung am Lebensalter ist es zu einem „chronologisch standardisierten ‚Normallebenslauf'" (Kohli 1985, S. 2) gekommen (zweite Dimension). Die Ver- Verzeitlichung
zeitlichung des Lebens und die Chronologisierung lebensrelevanter Ereignisse Chronologisierung
sind Teil der gesellschaftlichen Entwicklung der Freisetzung der Individuen aus Individualisierung
sozialen Bindungen, des Prozesses der zunehmenden Individualisierung (dritte
Dimension). Die Lebensphasen Kindheit, Jugend, Erwachsenenalter und Alter
ergeben sich aus der erwerbsbezogenen Dreiteilung in eine Vorbereitungs-, eine
Aktivitäts- und eine Ruhephase (vierte Dimension). Die aus der ‚Neuorganisation'
von Arbeit, Produktion und Familie hervorgegangenen Positionssequenzen gehen einher mit neuartigen biographischen Handlungsmöglichkeiten, die sich aus
dem Individualisierungsprozeß ergeben (fünfte Dimension). „Lebenslauf als Institution bedeutet also zum einen die Regelung des sequentiellen Ablaufs des Lebens, zum anderen die Strukturierung der lebensweltlichen Horizonte bzw. Wissensbestände, innerhalb derer die Individuen sich orientieren und ihre Handlungen planen" (Kohli 1985, S. 3).

Im Rahmen dieses Ansatzes sind weitere Theoreme wie das von der Segmentierung des Lebenslaufs entstanden (vgl. Mayer/Müller 1989). Danach hat sich
der Lebenslauf parallel zu den Differenzierungsprozessen des Wohlfahrtsstaates Segmentierung des
entwickelt. Dieser reguliert über Gesetze und staatliche Einrichtungen sowie Lebenslaufs
über soziale Leistungen der Sozial- und Rentenversicherung den Lebenslauf und
segmentiert ihn in einzelne Phasen.

Auch hat die Lebenslaufforschung untersucht, wie soziale Ungleichheit im
Lebenslauf wirksam wird (vgl. Mayer/Blossfeld 1990). Es wird davon ausgegangen, daß Strukturen sozialer Ungleichheit je nach Altersgruppe ganz unterschiedliche Formen annehmen. Ungleichheitspositionen werden im Laufe des
Lebens realisiert und institutionalisiert, wobei Ressourcen der Herkunftsklasse in
eigene Statuspositionen umgesetzt werden (vgl. Mayer/Blossfeld 1990, S. 297).
Nach Meulemann (1990), der den Zusammenhang von sozialer Herkunft und Soziale Ungleichheit im
schulischer Ausbildung einerseits und Planung, Leistung und Erfolg in Bildungs- Lebenslauf
laufbahnen andererseits untersuchte, bestimmen Bildungsaspirationen und Schul-
noten in einem Wechselverhältnis die berufliche Laufbahn im Leben. Während
die Familie über Aspirationen auf die Schullaufbahn ihrer Kinder einwirkt, ist es
im Bildungswesen die Leistungsmessung. Bildungsinstitutionen sind neben der
Familie eine zentrale Sozialisationsinstanz. Sie können Wandlungsprozesse in
der sozialen Schichtung unterstützen. So bestimmt die soziale Herkunft die Stu-
dienfachwahl, jedoch nicht den Studienerfolg (vgl. Meulemann 1988, S. 7). An-

dere Umstände werden hier wirksam, etwa eine Erwerbstätigkeit zwischen Abitur und Studienbeginn oder während des Studiums. Erst mit Beginn der Berufstätigkeit macht sich im Berufserfolg bei den Männern der Vaterberuf wieder bemerkbar, nicht aber bei den Frauen (vgl. Meulemann 1990, S. 103). „Der lange Arm der sozialen Herkunft reicht über die Bildung hinweg ins Leben, aber er greift auch dort nicht immer ein" (Meulemann 1990, S. 104). Die soziale Herkunft bildet den Anfangspunkt einer sozialen Laufbahn, den spezifischen Neigungswinkel sozialer Karrieren. Genauso zentral ist jedoch auch der eigentliche Effekt der sozialen Laufbahn. Dazu gehören das im Laufe des Lebens erworbene kulturelle und soziale Kapital in der Schul- und Berufsausbildung und die individuellen psychischen Dispositionen.

4. Destandardisierung und Individualisierung des Lebenslaufes

Destandardisierung des Lebenslaufes

Neuere Ansätze gehen von einer Destrukturierung des Lebenslaufes aus. Auch Kohli berücksichtigt solche Entwicklungen. Nach ihm vollzieht sich der Abstoßungsprozeß von der Normalbiographie hauptsächlich im familiären Bereich (vgl. Kohli 1988). Festzustellen ist dort ein Verzögern und Hinausschieben der Familienbildung, das Entstehen neuer partnerschaftlicher Beziehungen, eine Abnahme der Heiratsneigung sowie der Geburtenraten und ein Ansteigen der Scheidungsraten. Für Kohli ist die Destandardisierung des Lebenslaufes Ergebnis des Individualisierungsprozesses, denn die „erfolgreiche Institutionalisierung der Normalbiographie schafft heute die Möglichkeit, sich individualisierend davon abzustoßen" (Kohli 1988, S. 42). Allerdings schränkt Kohli den Prozeß der Destandardisierung des Lebenslaufes auf den familiären Bereich ein (vgl. Kohli 1986). Mit anderen Worten: die Destandardisierung des Lebenslaufes verläuft einseitig. Der Lebenslauf ist für Kohli weiterhin „um die Arbeit herum strukturiert" (Kohli 1990, S. 388). In Untersuchungen von Heinz (1993), Ecarius (1995) und Witzel (1993) wird davon ausgegangen, daß auch der Produktionsbereich nicht mehr ausschließlich organisierendes Zentrum für die Struktur des Lebenslaufes ist. In immer schnellerer Folge sterben Berufszweige durch ständige Innovationen in Technik und Wirtschaft ab bei gleichzeitigem Entstehen neuer Branchen. Weder eine Berufsausbildung noch eine Berufstätigkeit in einem spezifischen Berufsfeld schützen vor ‚untypischen Arbeitsverhältnissen‘ und Arbeitslosigkeit. Die Triade Ausbildung, Berufstätigkeit und Ruhestand ist immer weniger in chronologischer Reihenfolge lebbar. Sowohl das Ausbildungssystem als auch das Rentensystem stehen nicht mehr in einem direkten Bezug zum Berufsbereich. Das erfordert vom Subjekt, den beruflichen Lebensweg offener zu gestalten, diesen selbst zu planen und zu organisieren. Neue Kombinationen in der Lebenslaufstruktur in bezug auf Arbeit, Bildung und Familie sind entstanden (vgl. Heinz 1993, S. 11). Heranwachsende nehmen nicht immer die Möglichkeit wahr, nach der Berufsausbildung in diesem Berufszweig oder Betrieb zu bleiben, selbst wenn sie ihnen geboten wird (vgl. Witzel 1993). Aus Unzufriedenheit mit der Berufstätigkeit, oder weil ein anderer Berufswunsch entstanden ist, werden

Auflösung der Chronologie von Ausbildung, Beruf, Rente

Neue Kombinationen von Arbeit und Familie

Arbeitsverhältnisse gekündigt. Vor allem aber steuern Frauen auf eine individualisierte Lebensplanung hin, da die weibliche Normalbiographie eine doppelte Lebensführung von Berufstätigkeit und Familienplanung umfaßt (vgl. Rabe-Kleberg 1993). Mit der Geburt des ersten Kindes wird in der Regel die Erwerbstätigkeit unterbrochen. Auch sind Frauen proportional häufiger als Männer von Arbeitslosigkeit betroffen. In den neuen Bundesländern war der Lebenslauf bis 1989 sowohl für Frauen wie auch für Männer stark verregelt und institutionalisiert. Seit der Wende haben sich durch die Einführung des Dienstleistungskapitalismus auch hier die Lebenslaufmuster individualisiert.

Anstelle der hochgradig institutionalisierten Ablaufmuster von Lebensverläufen tritt die individuelle Handlungsdisposition, die Selbstorganisation des Lebensverlaufes (Ecarius 1995). Das läßt sich auch daran erkennen, daß sich die Lebensphasen Kindheit, Jugend, Erwachsenenalter und Alter ausdifferenzieren. Bildete sich seit den sechziger Jahren die Jugendphase langsam als eine Lebensphase für alle Jugendliche heraus, entstand mit der Öffnung höherer Bildungsgänge für alle soziale Schichten eine weitere Lebensphase, die der postadoleszenten Lebensform. Das postadoleszente Leben wird vor allem dann praktiziert, wenn junge Menschen sich in langjährige Ausbildungsgänge in privilegierten Bildungseinrichtungen begeben oder wenn vorübergehende, manchmal auch langandauernde berufliche Verlegenheitslösungen gewählt werden. Auch kann eine vorübergehende Arbeitslosigkeit zu einer postadoleszenten Lebensweise führen. Zudem hat das Erwachsensein seinen Monopolanspruch eingebüßt (vgl. Zinnecker 1981, S. 98f.). Die Technologisierungsprozesse des Spätkapitalismus erfordern von den Erwachsenen ihren Tribut. Auch sie müssen sich mit der ständigen Ausbildungserneuerung auseinandersetzen und den neuen Leistungsanforderungen gerecht werden. Zu beobachten sind zudem Veränderungen im Kinderleben und in Kinderräumen (vgl. Zeiher 1990; du Bois-Reymond/ Büchner/Krüger u.a. 1994). Kinder werden frühzeitig zu aktiven Konsumenten und Gestaltern ihrer Lebensräume. Die Individualisierung setzt in einem immer früheren Lebensalter ein.

Der institutionalisierte Lebenslauf ist nicht mehr alleine das zentrale Lebenslaufmuster. Das Subjekt ist im Zuge zunehmender Individualisierung zur Reproduktionseinheit des Sozialen geworden. Einhergegangen ist damit eine Destandardisierung in der Struktur des institutionalisierten Lebenslaufes. Neben das Modell des institutionalisierten Lebenslauf ist der individualisierte Lebensverlauf getreten (vgl. Ecarius 1995, S. 95). Der Lebenslauf wird immer weniger von der Triade Ausbildung, Beruf und Rente strukturiert. Verbunden sind damit ‚neue‘ Aufgaben für das Subjekt. Zum einen muß das Subjekt den ‚privaten‘ und ‚beruflichen Lebenslauf‘ selbsttätig organisieren. Bildungsentscheidungen bezüglich der Schul- und Berufsausbildung sind zu treffen, wirtschaftliche Umwälzungsprozesse selbst auszubalancieren und mit dem ‚privaten Lebenslauf‘ eigenverantwortlich in Einklang zu bringen. Waren es in der Vergangenheit normative Regelungen, die den Verlauf des Lebens strukturierten, müssen nun zum einen sowohl der Weg als auch die Übergänge weitgehend selbst gestaltet werden. Zum anderen ist das Subjekt aufgefordert, den sozialen Stand, in den es hineingeboren wird, in einen selbsterworbenen umzuwandeln. Das Subjekt bewegt sich durch altersspezifische Räume (z.B. Kindertagesstätten, Schulen, Universitäten,

Verschiebungen in den Lebensphasen

Individualisierter Lebenslauf

Eigenverantwortlichkeit für die private und berufliche Laufbahn

Produktionsstätten, etc.), die sozial und geschlechtsspezifisch strukturiert sind. Sie bilden äußere Rahmenbedingungen mit kulturellen, sozialen und ökonomischen Ressourcen, in denen das Subjekt in aktiver Nutzung der Ressourcen seinen Lebensstil entfalten kann und damit gleichzeitig zur Reproduktion von sozialer Ungleichheit beiträgt (vgl. Ecarius 1995, S. 175). Die Gestaltung des Lebenslaufs vollzieht somit mehr und mehr partikular je nach Lebensform und Zeitpunkt im Leben des einzelnen. Damit steigen auch die Belastungsrisiken. Die Chance eines Mehr an Optionen bedeutet zugleich, die Konsequenzen seiner biographischen Handlungen selbst zu tragen und zu verarbeiten.

5. Pädagogische Konsequenzen

Lernbedürftigkeit der Erwachsenen

Aus der Sicht der Lebenslaufforschung sind Veränderungen im Erziehungsverhältnis auch auf einen Wandel in der Struktur des Lebenslaufes zurückzuführen. Mit der Auflösung der traditionellen Sozialmilieus, dem Entstehen neuer Risikolagen für alle sozialen Gruppen, der ständigen technischen Innovationen und mit dem Aufkommen der Konsummärkte geriet die Vormachtstellung der Erwachsenen ins Wanken. Der Erwachsene ist nun selbst lernbedürftig und somit zugleich entwicklungsfähig. Erwachsene sind für die nachfolgende Generation nicht mehr alleine Vermittler von Erfahrung und Wissen. Die ‚Relativierung der Lebensalter‘ brachte eine Neubestimmung des pädagogischen Generationenverhältnisses hervor (vgl. Böhnisch/Blanc 1989). Heranwachsende haben gegenwärtig ein größeres Mitspracherecht, können als relativ gleichberechtigte Partner der Eltern und Pädagogen argumentativ begründet Rechte einfordern. Die Verschiebung in der Machtbalance im Generationenverhältnis führte auf der Ebene der Erziehung zu einem Wandel vom Befehlshaushalt zum Verhandlungshaushalt (Büchner 1983; Krüger u.a. 1993). Dazu gehören die Intimisierung des Familienlebens, eine Informalisierung der zwischenmenschlichen Beziehungen zwischen Kindern und Eltern, eine Erziehung zur Selbständigkeit und eine Pluralisierung von Familienverbänden.

Neubestimmung des Generationen-verhältnisses

Für Jugendliche und Erwachsene wird gleichermaßen die Lebenslaufplanung zu einem risikobelasteten Projekt. Auch wenn Jugendliche und Erwachsene zunehmend längere Lebensabschnitte in Ausbildungs- und Weiterbildungsinstitutionen verbringen und damit eine Bedeutungszunahme dieser pädagogischen Institutionen verbunden ist, hat deren strukturierende Kraft auf die Formung des Lebenslaufes abgenommen. Unabhängig vom Alter, Geschlecht und sozialen Status ist jeder aufgefordert, die Lebensplanung immer wieder neu zu überdenken, zu strukturieren und umzusetzen. Der einzelne ist damit auch stärker auf eine pädagogische Beratung und soziale Unterstützung angewiesen.

Lebenslaufplanung als risikobelastetes Projekt

Literatur

Barth, S.: Lebensalter-Darstellungen im 19. und 20. Jahrhundert. Ikonographische Studien. München 1970.

254

Böhnisch, L./Blanc, K.: Die Generationenfalle. Von der Relativierung der Lebensalter. Frankfurt a. M. 1989.

Büchner, P.: Vom Befehlen und Gehorchen zum Verhandeln. Entwicklungstendenzen von Verhaltensstandards und Umgangsformen seit 1945. In: Preuss-Lausitz, U. u.a. (Hrsg.): Kriegskinder, Konsumkinder, Krisenkinder. Zur Sozialisationsgeschichte seit dem 2. Weltkrieg. Weinheim 1983, S. 196-212.

Bois-Reymond, M./Büchner, P./Krüger, H.-H. u.a.: Kinderleben. Modernisierung von Kindheit im interkulturellen Vergleich. Opladen 1994.

Cain, L.D.: Life course and social structure. In: Faris, R.E.L. (ed.): Handbook of modern sociology. Chicago 1964, p. 272-309.

Ecarius, J.: Individualisierung und soziale Reproduktion im Lebensverlauf. Konzepte der Lebenslaufforschung. Opladen 1995.

Heinz, W.R.: Widersprüche in der Modernisierung von Lebensläufen: Individuelle Optionen und institutionelle Rahmungen. In: Leisering, L. u.a. (Hrsg.): Moderne Lebensläufe im Wandel. Weinheim 1993, S. 11-22.

Huinink, J./Mayer, K.U.: Lebensläufe im Wandel der DDR-Gesellschaft. In: Joas, H./Kohli, M. (Hrsg.): Der Zusammenbruch der DDR. Frankfurt a.M. 1993, S. 151-171.

Imhof, A.E.: Die gewonnenen Jahre. Von der Zunahme unserer Lebensspanne seit dreihundert Jahren oder von der Notwendigkeit einer neuen Einstellung zu Leben und Sterben. Ein historischer Essay. München 1981.

Kohli, M.: Die Institutionalisierung des Lebenslaufs. Historische Befunde und theoretische Argumente. In: Kölner Zeitschrift für Soziologie und Sozialpsychologie 37 (1985), S. 1-29.

Kohli, M.: Gesellschaftszeit und Lebenszeit. Der Lebenslauf im Strukturwandel der Moderne. In: Berger, J. (Hrsg.): Die Moderne – Kontinuität und Zäsuren. Sonderband Soziale Welt 4. Göttingen 1986, S. 183-208.

Kohli, M.: Normalbiographie und Individualität: Zur institutionellen Dynamik des gegenwärtigen Lebenslaufregimes. In: Brose, H.-G./Hildenbrand, B. (Hrsg.): Vom Ende des Individuums zur Individualität ohne Ende. Opladen 1988, S. 33-54.

Krüger, H.-H. u.a.: „Naja, ich würd' gern selbständig sein." Biographien und Elternbeziehungen ostdeutscher Kinder. In: Der pädagogische Blick 1 (1993), Heft 3, S. 133-144.

Levy, R.: Der Lebenslauf als Statusbiographie. Die weibliche Normalbiographie in makrosoziologischer Perspektive. Stuttgart 1977.

Linton, R.: Age und Sex Categories. In: American Sociological Review 7 (1942), p. 589-603.

Marini, M.M.: The Transition to Adulthood: Sex Differencies in Educational Attainment and Age of Marriage. In: American Sociological Review 43 (1978), p. 483-507.

Mayer, K.U./Blossfeld, H.-P.: Die gesellschaftliche Konstruktion sozialer Ungleichheit im Lebensverlauf. In: Berger, P.A./Hradil, S. (Hrsg.): Lebenslagen, Lebensläufe, Lebensstile. Göttingen 1990, S. 297-318.

Mayer, K.U./Müller, W.: Lebensverläufe im Wohlfahrtsstaat. In: Weymann, A. (Hrsg.): Handlungsspielräume. Stuttgart 1989, S. 41-60.

Meulemann, H.: Bildung im Lebensverlauf. Startchancen und Verlaufsumstände des Bildungsweges in einer Kohorte von Gymnasiasten zwischen 1970 und 1984. In: Zeitschrift für Sozialisationsforschung und Erziehungssoziologie (1988), S. 4-24.

Neugarten, B.L./ Datan, F.: Lebensablauf und Familienzyklus – Grundbegriffe und neue Forschungen. In: Rosenmayr, L. (Hrsg.): Die menschlichen Lebensalter. München/Zürich 1978, S. 165-188.

Neugarten, B.L./Moore, J.W./Lowe, J.C.: Age Norms, Age Constraints and Adult Socialization. In: American Journal of Sociology 79 (1965), p. 710-717.

Parsons, T.: Age and Sex in the social Structure of the United States. In: American Sociological Review 7 (1941), p. 604-616.

Pieper, M.: Erwachsenenalter und Lebenslauf. Zur Soziologie der Altersstufen. München 1978.

Rabe-Kleberg, U.: Verantwortlichkeit und Macht. Ein Beitrag zum Verhältnis von Geschlecht und Beruf angesichts der Krise traditioneller Frauenberufe. Bielefeld 1993.

Riley, M.W./Johnson, M./Foner, A. (Ed.): Aging and Society. Volume Three: A sociology of age stratification. New York 1972.

Rosenmayr, L.: Die menschlichen Lebensalter. Kontinuität und Krisen. München 1978.

Witzel, A.: Nach der Berufsausbildung – Arbeiten im erlernten Beruf? In: Leisering, L. u.a. (Hrsg.): Moderne Lebensläufe im Wandel. Weinheim 1993, S. 47-60.

Zeiher, H.: Organisation des Lebensraums bei Großstadtkindern – Einheitlichkeit oder Verinselung? In: Bertels, L./Herlyn, U. (Hrsg.): Lebenslauf und Raumerfahrung. Opladen 1990, S. 35-58.

Zinnecker, J.: Jugend 1981: Portrait einer Generation. In: Jugendwerk der Deutschen Shell (Hrsg.): Jugend ,81. Lebensentwürfe, Alltagskulturen, Zukunftsbilder. Bd.1/2, Opladen 1982, S. 80-123.

V. Individuelle Voraussetzungen pädagogischen Handelns

Gertrud Nunner-Winkler

Inhalt

1. Einführung: Begabung und Lernen

Erst in der Moderne rückt die Frage nach ‚Begabung und Lernen' ins Zentrum pädagogischer Überlegungen. Traditionell ging es der Pädagogik um ‚Erziehung', um ‚Bildung', um die Befähigung, ein gutes, ein Gott wohlgefälliges Leben zu führen. Mit der Erosion religiöser Deutungssysteme aber findet die Frage nach den Maßstäben, an denen die Lebensführung sich zu orientieren hätte, keine kollektiv verbindliche Antwort mehr. Das Bildungssystem beschränkt sich auf Wissensvermittlung. Zugleich übernimmt es Allokations- und Legitimationsfunktionen: Nicht länger nämlich gilt, daß Gott jeden an seinen Platz stellt und irdische Ungleichheit ihren Ausgleich im Jenseits erfährt. Angesichts der nachmetaphysischen Grundannahme einer basalen, naturgegebenen Gleichheit unter den Menschen ist Ungleichheit fortan nur dann noch rechtfertigbar, wenn sie als Belohnung oder Anreiz für Leistungen interpretierbar ist und jeder die gleiche

Funktionen des Bildungssystems

257

Chance erhält, attraktive Positionen zu erringen. Bildung ist damit hinfort nicht mehr der Weg zum Erwerb der ewigen Seligkeit, sondern für das Individuum der Weg zum Erwerb von Wissen und Fertigkeiten, von Status und Einkommenschancen, für die Gesellschaft das Mittel zum Erhalt von Wirtschaftsmacht und internationaler Konkurrenzfähigkeit und zugleich Medium der Legitimierung sozialer Ungleichheit – auch von vorgängig durch Macht und Besitz bestimmter Ungleichheit, die durch den Erwerb von Bildungszertifikaten nur eine nachträgliche Bestätigung erfährt.

So erklärt sich der Stellenwert von Begabung und Lernen für die moderne Pädagogik. Die Frage allerdings, wie Begabung zu konzeptualisieren und wie sie zu fördern oder zu entwickeln sei, bleibt kontrovers. Das Wort ‚Begabung‘ selbst ist abgeleitet aus dem mittelhochdeutschen ‚begâben‘ – mit Gaben ausstatten – und hatte seit dem 14. Jahrhundert die juristische Bedeutung von Schenkung, Stiftung, Vorrechten. Erst im 18. Jahrhundert nimmt das Wort dann die moderne Bedeutung an: „Ausstattung mit Talenten" (Kluge 1975, S. 60). Diese ethymologische Ableitung schwingt im alltagsweltlichen Sprachgebrauch von Begabung als angeborene Fähigkeiten mit und findet sich auch im fachwissenschaftlichen Diskurs der fünfziger und frühen sechziger Jahre, in denen Begabung als „anlagemäßig vorgegebene Leistungsdisposition" (Schenk-Danziger 1959, S. 358) gefaßt wurde. Diese Vorstellung wurde in den späten sechziger und siebziger Jahren von Vertretern eines ‚dynamischen Begabungsbegriffs‘ kritisiert, die – wissenschaftlich – Begabung selbst schon als Produkt von Lehren und Lernen deuteten und – politisch – im Namen sozialer Gerechtigkeit und im Interesse der volkswirtschaftlichen Reichtumsmehrung die Ausschöpfung von ‚Begabungsreserven‘ forderten (vgl. Roth 1969). In den achtziger Jahren hat sich das Bild erneut gewendet: Nun, da die Wirtschaft nicht mehr unter Arbeitskräftemangel leidet, wendet sich das politische (vgl. Möllemann 1990) und wissenschaftliche (vgl. Heller 1993; Ciba 1993) Interesse den ‚Hochbegabten‘ zu, die es „so früh wie möglich" zu erkennen und zu fördern gälte. In diesen unterschiedlichen Deutungen und bildungspolitischen Forderungen spiegelt sich eine erste – theoretische – Kontroverse um das Begabungsverständnis wider: die Frage nach dem Einfluß von Anlage versus Umwelt auf Begabung und Lernfähigkeit.

Eine zweite Kontroverse bezieht sich auf die praktische Frage nach dem pädagogischen Umgang mit Begabung. Auf der einen Seite stehen hier – von Comenius bis zu neueren reformpädagogischen Debatten – eher organizistische Vorstellungen, die den PädagogInnen Zurückhaltung auferlegen. „Der Verstand des in die Welt tretenden Menschen läßt sich am besten mit einem Samenkorn ... vergleichen ... Es ist also nicht nötig, an den Menschen etwas von außen hineinzutragen. Man muß nur das, was in ihm beschlossen liegt, herausschälen, entfalten und im einzelnen aufzeigen" (Comenius 1992, S. 25). Auf der anderen Seite steht eine eher aktivistische Haltung, wonach Begabtenförderung gar nicht früh genug beginnen kann. Doch unklar bleibt, wie diese am besten gelingen möge: Die einen plädieren für explorierendes Experimentieren und exemplarisches Lernen; sie klagen über die „Stoff-Fülle, die das geistige Leben zu ersticken drohe" und die „Gründlichkeit der Auseinandersetzung gefährde", denn: „Arbeiten können ist mehr als Vielwisserei" (Tübinger Beschlüsse 1951). Die anderen hingegen fordern gerade dies: die Vermittlung von Sachkenntnis, die Förderung des Aufbaus komplexer Wissenssysteme.

Kontroversen im Begabungskonzept: Anlage oder Umwelt

Förderung oder Entfaltung

Eine dritte Kontroverse betrifft die Frage nach der Gleichheit oder Differenz bei Begabung und Förderung. Die Aufklärungspädagogik mahnt Gleichheit an. So fordert Comenius, „die Schule so ein(zu)richten, daß die gesamte Jugend ... dort gebildet wird", denn – wie Rousseau sagt: „In der natürlichen Ordnung sind die Menschen einander alle gleich". Die tradierte Dreiteilung des deutschen Schulsystems, aber auch neuere Diskussionen um die Förderung der Hochbegabten hingegen betonen Differenz und frühe Selektion.

Gleichheit oder Differenz

Die unterschiedlichen Vorstellungen von Begabung also implizieren konträre pädagogische Handlungsanweisungen: Die einen setzen auf Anlagen und die freie Entfaltung der schöpferischen Fähigkeiten – die anderen suchen durch reiche Anregungsbedingungen Begabung aktiv zu fördern; die einen interessieren sich für die Entwicklung formaler Fähigkeiten, insbesondere der Fähigkeit Lernen zu lernen – die anderen plädieren für intensive inhaltliche Wissensvermittlung; die einen suchen die Begabungshöhe früh zu identifizieren und danach zu selegieren – die anderen streben eine gleiche und gemeinsame Ausbildung für alle an.

Im folgenden werden zunächst drei theoretische Ansätze der Begabungsforschung dargestellt, denen die unterschiedlichen pädagogischen Vorstellungen korrespondieren: der *psychometrische Ansatz* der Intelligenzforschung, der genetisch verankerte Unterschiede in formalen Fähigkeiten betont und deren fast automatische Entwicklung unterstellt; Piagets Theorie der *kognitiven* Entwicklung, in der Intelligenz im Sinne eines Aufbaus universeller kognitiver Strukturen als Produkt der aktiven Auseinandersetzung des Individuums mit seiner Umwelt gilt und Lernen exemplarisch durch Explorieren und Experimentieren erfolgt; der *Informationsverarbeitungsansatz*, für den Intelligenz das Ergebnis des Erwerbs und der hierarchischen Strukturierung von Wissenssystemen ist. Nun ist die Entfaltung von Begabung, ist Lernen nicht allein eine Frage der Entwicklung kognitiver Kompetenzen – motivationale und affektive Faktoren spielen eine entscheidende Rolle. Abschließend werden Forschungen zu Leistungsmotivation und affektiven Zuständen kurz dargestellt. Umfassendere Ansätze der Persönlichkeitsentwicklung (z.B. Psychoanalyse) oder auch der Erwerb basaler Handlungskompetenzen (z.B. Urvertrauen, Selbstkontrolle, kommunikative Kompetenz etc.) können – schon aus Platzgründen – nicht berücksichtigt werden.

2. Was ist Intelligenz?

Der Begriff ‚intelligent' (vgl. dazu Kail/Pellegrino, 1985, S. 12ff.) wird sowohl für Handlungen (etwa die Entwicklung einer neuen Software), wie für die zugrunde liegenden geistigen Fähigkeiten und Prozesse verwendet. Die Psychologie befaßt sich vor allem mit letzteren. Dabei geht sie von der Annahme aus, daß es eine begrenzte (die Schätzungen schwanken zwischen zwei bis mehrere Hundert) Anzahl unterscheidbarer Prozesse gibt. Als Kern von Intelligenz gilt Anpassungsfähigkeit, d.h. die Fähigkeit, angemessen auf die Umwelt und deren Veränderungen zu reagieren; zentrale Komponenten sind schlußfolgerndes Den-

Intelligenz

ken und Problemlösen. Hinsichtlich dieser basalen Merkmale von Intelligenz stimmen die drei Begabungsansätze überein; Unterschiede aber ergeben sich in Folgefragen: Wie entwickelt sich Intelligenz? Wovon hängt sie ab? Wie unterscheiden sich die Individuen? Welche Bedeutung hat Lernen?

3. Der psychometrische Ansatz

Für den psychometrischen Ansatz gilt: ‚Intelligenz ist, was der Intelligenztest mißt'. Diese Definition mutet weniger absurd und zirkulär an, wenn man die Fülle von Belegen für die Validität der Messung, nämlich die hohe Prognosefähigkeit der Tests für erfolgreiches Handeln in Rechnung stellt.

Wie wird Intelligenz gemessen? Was aber messen Intelligenztests? Und wie messen sie es? Ausgangspunkt der Testentwicklung war das praktische Problem, geistig behinderte Kinder für Sonderschulbetreuung auszuwählen. Zu diesem Zwecke entwickelte Alfred Binet Aufgaben zur Überprüfung von Gedächtnis, Vorstellungs- und Urteilsvermögen und bestimmte das ‚Intelligenzalter' eines Kindes durch den Vergleich der Anzahl von ihm richtig gelösten Aufgaben mit den durchschnittlichen Leistungen von Kindern unterschiedlicher Altersstufen. Heute wird der ‚Intelligenzquotient' als relative Position eines Probanden innerhalb des Leistungsgefüges seiner Altersgruppe errechnet. Die Tests sind so standardisiert, daß bei den normal verteilten Leistungsergebnissen der Mittelwert 100 (‚durchschnittliche Intelligenz') und die Streuung 15 beträgt. Daraus ergibt sich: Gut zwei Drittel der Bevölkerung haben einen IQ zwischen 85 bis 115, etwas über 2% einen IQ über 130 bzw. unter 70 und bei nur 0.1% ist der IQ höher als 145.

Es gibt unterschiedliche Arten von Intelligenztests. Zumeist werden die verschiedenen Dimensionen (z.B. Allgemeinwissen; Wortgewandtheit; rechnerische und kombinatorische Fähigkeiten; räumliches Vorstellungsvermögen) durch – nach Schwierigkeitsgrad angeordnete – Aufgaben erfaßt, für die es aus standardisierten Listen von Antworten möglichst rasch die richtige auszuwählen gilt.

Struktur der Intelligenz. Die Frage nach der Einheitlichkeit von Intelligenz sucht man durch Korrelationen der Ergebnisse einzelner (Unter-)Tests und darauf aufbauender Faktorenanalysen zu beantworten. Unterschiedliche Positionen werden vertreten: Spearman postuliert ein ‚Zwei-Faktoren-Modell': Intelligenz bestehe aus einem allgemeinen Intelligenzfaktor (g), der in alle Leistungen eingeht, sowie zusätzlichen spezifischen Fähigkeiten (z.B. numerische Fähigkeiten, räumliches Vorstellungsvermögen). Thurstone hingegen unterstellt mehrere, voneinander unabhängige geistige Primärfähigkeiten (Raumvorstellung, Sprachverständnis, Wortflüssigkeit, Rechenfertigkeit, Induktion, Wahrnehmungsgeschwindigkeit, Deduktion, mechanisches Gedächtnis, arithmetisches Schlußfolgern). Vernons hierarchisches Modell versöhnt den Gegensatz: Zunächst wird der allgemeine Intelligenzfaktor rechnerisch eliminiert; dann verbleiben zwei große Gruppenfaktoren: Sprachvermögen und schulisch-erzieherische Erfahrungen auf der einen, räumlich-praktisch-mechanische Fähigkeiten auf der anderen Seite. Cattell vertritt ein Fünf-Faktoren-Modell mit folgenden voneinander unabhängigen

Intelligenztest

Intelligenzfaktoren

Fähigkeiten: Fluide Intelligenz (eine stark genetisch bestimmte Fähigkeit, Beziehungen zu erkennen), kristallisierte Intelligenz (kultur- und erfahrungsabhängige sprachliche Fähigkeiten), Veranschaulichungsfähigkeit, Gedächtnis, kognitive Geschwindigkeit.

Wie valide ist die Intelligenzmessung? Die Frage, ob Intelligenztests messen, was sie messen sollen, nämlich die Fähigkeit, mit unterschiedlichen Kontexten erfolgreich umzugehen, läßt sich nur durch den Zusammenhang von Testleistungen und anderen als intelligent geltenden Verhaltensweisen abschätzen. Folgende Ergebnisse werden berichtet (vgl. Kaufmann 1990): Die Korrelation von IQ und Schul- bzw. Studienerfolg liegt zwischen .45 – .70. Der durchschnittliche IQ steigt – als Folge von Selektion und Förderung – mit verlängerter Schulbildung und erhöhtem beruflichen Qualifikationsniveau kontinuierlich an, und die Korrelation zwischen IQ und (eingeschätzten) Leistungen in anspruchsvolleren Berufen liegt zwischen .50 und .60. Diese Ergebnisse bezeugen die hohe Vorhersagekraft des IQ für Bildungs- und Berufserfolg.

Validität von IQ-Tests

Veränderung der Intelligenz im Lebenslauf. Ab der frühen Adoleszenz ist die relative Position einer Person in der Intelligenzverteilung ihrer Altersgruppe ein stabiles Persönlichkeitsmerkmal: Der IQ im Alter von 40 Jahren korreliert mit dem im Alter von 5 Jahren gemessenen IQ ca. .55, mit dem von 9 Jahren .70, von 10-12 Jahren .96. Ab etwa 50 Jahren findet ein kontinuierlicher Abbau insbesondere der der fluiden Intelligenz zuzurechnenden Leistungsfähigkeiten (Gedächtnisspanne, Reaktionszeiten, perzeptuelle und motorische Fähigkeiten) statt, und zwar insbesondere bei Personen, die in wenig anregenden Kontexten leben.

Stabilität des IQ

Anlage oder Umwelt. Der psychometrische Ansatz ist beherrscht von der Frage nach dem relativen Beitrag von Anlagen bzw. Umwelt zur Erklärung individueller IQ-Unterschiede. Bei der Erforschung genetischer Einflüsse gibt es zwei Strategien: Zum einen versucht man (Mendel folgend), einzelne Gene oder biochemische Transmissionspfade zu isolieren und zu identifizieren. So etwa hofft man, mit der Reaktionszeit ein biologisches Substrat für Intelligenz gefunden zu haben. Die Geschwindigkeit der neuronalen Impulsvermittlung nämlich gilt als abhängig von physiologischen und biochemischen Prozessen, variiert zwischen Individuen und korreliert mit dem IQ (durchschnittlich etwa mit .30) (vgl. Neubauer 1993). Zum anderen sucht man (Galton folgend) aus statistischen Vergleichsanalysen von Personen, die in unterschiedlichem Ausmaße Gene und Umwelt teilen, das Ausmaß der Erblichkeit von Intelligenz zu erschließen (vgl. Tabelle 1).

Erblichkeit des IQ

Mathematische Analysen dieser Korrelationen zeigen, daß interindividuelle Intelligenzunterschiede sich zu je 50% aus Unterschieden in der Erbanlage bzw. den Umweltbedingungen erklären lassen.

Tab. 1: Korrelationen der Intelligenzquotienten

Vergleichs-Personen	Durchschnittl. Korrelations-Koeffizient
Eineiige zusammen aufgewachsene Zwillinge	.86
Eineiige getrennt aufgewachsene Zwillinge	.72
Zweieiige zusammen aufgewachsene Zwillinge	.60
Zusammen aufgewachsene Geschwister	.47
Zusammen lebende Eltern – Kinder	.42
Getrennt aufgewachsene Geschwister	.24
Getrennt lebende Eltern – Kinder	.24
Zusammen aufgewachsene Halbgeschwister	.35
Zusammen aufgewachsene Adoptivgeschwister	.34
Adoptiveltern und -kinder	.19

Quelle: Borkenall, P. (1994)

Schlußfolgerung. Durch theoretische Grundannahmen und Meßverfahren wird Intelligenz im psychometrischen Ansatz als quantitative Variable bestimmt, die bei großen interindividuellen Differenzen hohe intraindividuelle Stabilität aufweist. Intelligenz gilt dabei als stark genetisch bedingte, rein formale Kompetenz.

4. Kognitive Entwicklung

Piaget, der diesen Ansatz entwickelte, war zunächst als Mitarbeiter von Binet an dessen standardisierten Intelligenzerhebungen beteiligt. Dabei beobachtete er, daß die Kinder altersabhängig systematisch bestimmte Fehler begingen. Die Gründe für diese kindlichen Fehlurteile suchte er aufzuklären, indem er natürliche Verhaltensabläufe beobachtete, hypothesengeleitet informelle und kontrollierte Experimente durchführte, sowie in offenen explorierenden Befragungen die Sichtweise der Kinder nachzuzeichnen suchte.

Für Piaget ist Intelligenz nicht – wie im IQ-Ansatz – eine stabile, stark erbbedingte und differentiell verteilte formale Fähigkeit – ihm geht es um entwicklungsabhängige Veränderungen universeller kognitiver Strukturen, die das Subjekt in tätiger Auseinandersetzung mit der Umwelt selbst erarbeitet. Damit hat Lernen – Strukturlernen – einen hohen Stellenwert in Piagets Theorie. Kognitive Entwicklungslogik Entwicklung – so die zentrale These – folgt einer ‚Entwicklungslogik‘, d.h.:

– Veränderungen im Denken vollziehen sich als universelle und invariante *Abfolge von Stadien.*
– Die Schemata der einzelnen Stadien unterscheiden sich *qualitativ* voneinander und die einzelnen Elemente eines phasenspezifischen Denkstils sind so aufeinander bezogen, daß sie ein *strukturiertes Ganzes* bilden.
– In der Gesamtsequenz setzen sich *Entwicklungstrends* durch: Zunehmende Stimulusunabhängigkeit, erhöhtes Abstraktionsniveau, zunehmende Differenzierung – insgesamt größere Objektivität der Realitätsperzeption.

Grundkonzepte (vgl. dazu Kail/Pellegrino 1988, S.104ff.). Unter *Schema* versteht Piaget nicht eine Abfolge äußerlich beobachtbarer Verhaltensweisen, sondern die zugrunde liegende geistige Struktur (ähnlich dem Bauplan, der den beobachtbaren Handlungsabfolgen an der Baustelle zugrunde liegt). Ein Beispiel   Schema
für ein frühes Schema ist das Greifschema: Der Säugling entdeckt einen Gegenstand in seinem Gesichtsfeld, richtet seine Armbewegungen so aus, daß seine Hände in die Nähe kommen, koordiniert die Fingerbewegungen so, daß er ihn ergreifen kann und läßt ihn schließlich wieder los. Mehrere Einzelhandlungen also sind in einer spezifischen zeitlichen Sequenz organisiert. Ist ein Schema einmal aufgebaut, so wird eine zunehmende Bandbreite von Objekten als möglicher Anwendungsfall behandelt. Dabei werden entweder die Objekte in das Schema eingepaßt (*Akkommodation*: z.B. das Greifschema wird auch auf das Kissen angewendet), oder das Schema wird an die Merkmale der Objekte angepaßt (*Assimilation*: z.B. feine Fäddchen versucht das Kind zwischen Zeigefinger und Daumen zu nehmen, schwere Holzblöcke hingegen ergreift es mit beiden Händen).

Die stadienspezifischen Schemata bilden eine einheitliche *Struktur* – ein Konzept, das am Beispiel der Schmetterlingsentwicklung erläutert sei. Diese   Struktur
durchläuft vier verschiedene Stadien. Zunächst ist da ein etwa stecknadelkopfgroßes Ei; daraus schlüpft eine Raupe; diese spinnt sich in ein Kokon ein, aus dem schließlich der Schmetterling schlüpft. Viele Veränderungen vollziehen sich *innerhalb* der einzelnen Stadien (z.B. vertausendfacht die Raupe ihr Körpergewicht); der Strukturbegriff aber bezieht sich auf die qualitativen Unterschiede (etwa in der Anatomie oder im Verhalten) *zwischen* den Stadien .

Motor der Entwicklung ist der Konflikt zwischen bereits aufgebauten Erwartungen und einer konkreten Erfahrung. Wenn dieser Konflikt durch Akkommodation/Assimilation der verfügbaren Schemata nicht mehr bewältigbar ist, mag   Entwicklungsmotor
er eine weitergreifende Restrukturierung der Schemata – den Übergang in ein neues Stadium – auslösen.

Die Stadien der kognitiven Entwicklung

Sensomotorisches Stadium (0-2 Jahre) (vgl. Piaget 1975). Ausgangspunkt sind angeborene Reflexe (z.B. Saugreflex), die durch Erfahrungen modifiziert und zu einem Verhaltensschema ausgebaut werden, das auch auf andere Objekte (z.B. den eigenen Daumen) sich anwenden läßt. Piaget nennt solche – am direkten körperzentrierten sensorischen Input orientierte – Schemata primäre Zirkulär-Reaktion. Ab etwa 4 Monaten entwickelt das Kind erste intentionale Handlungen, die auf indirekten, objektzentrierten sensorischen Input abzielen: So versucht es etwa ein zufälliges Ereignis (z.B. Bewegung eines an seinem Bettchen aufgehängten Mobiles) durch eigene Aktionen (heftige Körperbewegungen) zu erzeugen (sekundäre Zirkulär-Reaktion). Ab etwa 8 Monaten kann das Kind verschiedene Schemata koordinieren und ist damit zu komplexeren Mittel-Ziel-Ketten (tertiäre Zirkulär-Reaktion) fähig. Ab etwa 12 Monaten beginnt das Kind mit der   Stadien
systematischen Variation von Bedingungen (z.B. Analyse der Fallbewegungen beim Loslassen unterschiedlicher Objekte); es erfindet neue Mittel und zeigt, daß es über geistige Vorstellungen verfügt: So vermag es Folgen zu antizipieren

(z.B. es räumt ein Hindernis beiseite, bevor es die Türe öffnet) und Symbolhandlungen auszuführen (z.B. ‚Schlafen' oder ‚Essen' spielen). In seiner tätigen Auseinandersetzung mit der Umwelt erwirbt das Kind ein erstes Verständnis der Konzepte von Kausalität (Erzeugung von Wirkungen durch eigene Handlungen), Zeit (die Ursache geht der Wirkung voraus) und Raum (z.B. Reversibilität der Wege), die also als erlernt und nicht – wie bei Kant – als aller empirischen Erkenntnis vorauslaufende apriorische Denkkategorien vorgestellt werden. (Neuere Forschungen allerdings weisen doch wieder auch angeborene Momente in den Objekt- oder Raumvorstellungen nach).

Präoperationales Stadium (2-7 Jahre). Das Kind wird zu mentalen Repräsentationen fähig; es erlernt die Sprache. Sein Denken aber weist noch viele Defizite auf: So sind die kindlichen Erklärungen animistisch: „Die Wolken gehen sehr langsam, weil sie keine Füße haben: sie machen sich lang wie Würmer und die Raupen." (Piaget 1969, S. 317); artifizialistisch: Kind berührt Augen, Nase und Ohren der Großmutter und fragt: „Wie wird das gemacht? Hast du dich selbst gemacht?" (ebd., S. 311); finalistisch: „Der Wind macht uns Angst. Absichtlich. Er hat gesagt, daß wir böse waren." (ebd., S. 317) und zirkulär: „Der Wind bewegt sich, weil die Wolken sich bewegen; die Wolken bewegen sich, weil der Wind sie treibt" (ebd., S. 327). Diese Neigung, die eigenen Handlungserfahrungen auf die Welt zu übertragen, ist ein Aspekt des kindlichen Egozentrismus; ein anderer zeigt sich in der Unfähigkeit des kleinen Kindes, sich in die Rolle eines anderen hineinzuversetzen bzw. zwischen der eigenen Weltsicht und der Perspektive anderer bzw. einer ‚objektiven' Weltbeschreibung zu unterscheiden (vgl. Selman/Byrne 1980).

Schließlich zeigt sein Denken mangelnde Flexibilität und Reversibilität. An einem Experiment sei dies erläutert: Das Kind wird gebeten, zwei gleich geformte Becher (A und B) genau gleich hoch mit Wasser aufzufüllen. Sodann wird der Inhalt des einen Bechers (B) in ein breiteres Glas (C) umgeschüttet. Befragt, ob nun A oder C mehr Wasser enthalte, antwortet das präoperationale Kind entweder „A, denn A ist höher" oder „C, denn C ist breiter". Es kann sich nämlich noch nicht von unmittelbaren Sinneseindrücken lösen bzw. sich vorstellen, daß Handlungen wieder rückgängig gemacht werden könnten.

Konkret-operationale Phase (7-11 Jahre). Auf konkret-operationalem Niveau vermögen Kinder solche Probleme angemessen zu lösen (vgl. Piaget/Inhelder 1969). Sie antworten, beide Gefäße enthielten gleich viel Wasser und begründen dies mit einer der folgenden Argumente: es wurde nichts hinzugefügt oder weggenommen (Identität)/man könnte das Wasser wieder zurückschütten (Reversibilität)/Gefäß A ist zwar höher, aber zugleich schmäler (Reziprozität). Die Fähigkeit, im Denken die Handlung wieder umzukehren (Reversibilität) oder sich reziprok-kompensatorische bzw. Identitäts-Beziehungen vorzustellen, nennt Piaget geistige Operationen. Piaget versteht sie als internalisierte motorische Operationen („penser c'est opérer") und analysiert sie mit Hilfe der mathematischen Gruppentheorie.

Formal-operationales Stadium (11 – Erwachsenenalter) (vgl. Piaget/Inhelder 1977). Auf formal-operationalem Niveau (für dessen Erwerb ein formales Bildungssystem notwendig zu sein scheint und das vermutlich deshalb in einfachen

Kulturen nicht zu finden ist) werden die Operationen in ein umfassendes einheitliches kognitives System so integriert, daß jede Transformation durch die Anwendung anderer Transformationen aufgehoben oder kompensiert werden kann. Das Denken ist nunmehr fähig, sich von konkreten Gegenständen im Hier und Jetzt zu lösen und abstrakte Größen und bloße Möglichkeiten zu erfassen. Das faktisch Vorfindliche wird damit zu einem bloß zufällig realisierten Ausschnitt aus einem umfassenderen Möglichkeitsraum. Die Zeitperspektive verlängert sich: das Kind ist nicht im Präsentischen mehr befangen, die Zukunft tritt ins Blickfeld.

Ein Experiment möge das systematisch hypothetisch-deduktive Denken dieses Stadiums illustrieren: Kindern werden mehrere Fläschchen mit farblosen chemischen Stoffen vorgelegt; durch Mischung sollen sie eine gelbe Flüssigkeit herstellen. Konkret-operationale Kinder probieren herum (trial and error). Das formal-operationale Kind hingegen erprobt systematisch alle Kombinationsmöglichkeiten der gegebenen Flüssigkeiten und findet somit nicht nur zufällig eine bestimmte, sondern alle möglichen Lösungen.

5. Lernen

Lernen (vgl. Schunk 1991) bedeutet den Erwerb oder die Veränderung von Wissen, Fertigkeiten, Überzeugungen oder Verhaltensweisen, die der Übung oder Erfahrung geschuldet sind und überdauern. Ob Lernen erfolgte, ist an beobachtbaren Veränderungen im Verhalten nicht immer abzulesen: Man kann lernen, ohne dies unmittelbar zu zeigen. Zentral ist die Unterscheidung zwischen behavioristischen und kognitivistischen Lerntheorien. Im *Behaviorismus* heißt Lernen die durch Belohnung gesteigerte Wahrscheinlichkeit, mit einer bestimmten Reaktion auf einen gegebenen Stimulus zu antworten. Paradigmatisch sind Pawlows Experimente: Unmittelbar bevor ein hungriger Hund sein Fressen erhielt, ertönte eine Glocke. Nach mehrmaliger Erfahrung ,assoziierte' der Hund den Klang der Glocke mit dem in Aussicht stehenden Fressen und begann auf den bloßen Glockenton hin, Speichel abzusondern, technisch gesprochen: der natürliche Reflex auf die Antizipation von Fressen (Speichelabsonderung) wurde durch einen konditionierten Stimulus (Ertönen der Glocke) ausgelöst. Skinner ergänzte dieses klassische Konditionierungsverfahren um das Paradigma instrumentellen Konditionierens: Zufällig produzierte Reaktionen (z.B. tanzartige Bewegungen von Tauben) ,belohnte' er (z.B. durch die Gabe von Futterkörnern) und verstärkte sie dadurch (d.h. erhöhte die Wahrscheinlichkeit, daß die Tauben die belohnten Verhaltensweisen erneut an den Tag legten). So gelang es ihm, komplexe Bewegungsabläufe anzudressieren.

In behavioristischen Lernmodellen ist nur der durch Belohnung vermittelte beobachtbare Zusammenhang von Stimulus und Reaktion im Blick. Was im Inneren des Lernenden vorgeht, wird als ,black box' behandelt. Genau auf diese Vorgänge richten *kognitivistische Lerntheorien* ihr Augenmerk. Sie versuchen – wie Piaget – den Aufbau kognitiver Strukturen zu rekonstruieren; sie analysieren – so im Informationsverarbeitungsansatz (vgl. 5) – mittels welcher Prozesse Wissen erworben, bearbeitet, gespeichert und abrufbar gehalten wird.

Konditionierung

Der Gegensatz zwischen dem im Behaviorismus erforschten trial/error-Lernen, das an externen Belohnungen (z.B. Futtergabe) oder am erzielten Effekt (Erfolgslernen) orientiert ist und dem von Piaget analysierten Strukturlernen, läßt sich an einem von Smedslund (1961) im Anschluß an Piaget entwickelten

Strukturlernen

Experiment besonders einleuchtend illustrieren. Kindern wurden zwei gleich große Plastillin-Kugeln vorgelegt. Eine wurde in eine Schlange umgeformt. Die Frage lautete: ,Was enthält mehr Plastillin, die Kugel oder die Schlange?' Präoperationale Kinder orientieren ihre Antwort am Augenschein und sagen: ,die Kugel – sie ist dicker' oder: ,die Schlange – sie ist länger'. Smedslund gab nun den Kindern eine Balkenwaage und ließ sie feststellen, daß die Menge konstant geblieben war. Auch jüngere Kinder ließen sich durch ihre Erfahrungen belehren und antworteten hinfort korrekt. Daraufhin knipste er heimlich ein Stück Plastillin von der Schlange ab – die Waage zeigte Ungleichgewichtigkeit an. Präoperationale Kinder ,lernten' sofort um – ohnedies sieht die Schlange ja so dünn aus. Konkret-operationale Kinder jedoch ließen sich durch den bloßen Sinneseindruck bzw. die konkrete Lernerfahrung (d.h. durch die äußere Bekräftigung) nicht beirren. Sie erklärten, es müsse von der Schlange ein Stückchen abgebrochen sein: Sie wußten, daß Mengen trotz äußerer Formveränderungen konstant bleiben, denn sie beherrschten die logischen Operationen von Identität/Reversibilität/Reziprozität – sie hatten Strukturlernen vollzogen.

Strukturlernen denkt Piaget als bereichsübergreifend. Dies ließ sich allerdings nicht strikt halten: Es finden sich nämlich inhaltsabhängige Verzögerungen

Inhaltslernen

in der Anwendung bereits aufgebauter kognitiver Strukturen (horizontale ,décalage'). So etwa verfehlen viele Kinder, die die Frage: ,Gibt es mehr Blumen oder mehr Löwenzähne?' bereits richtig zu beantworten wissen (d.h. Blumen als Oberbegriff oder Gesamtmenge, Löwenzähne hingegen als Unterbegriff oder Teilmenge verstehen), die logisch äquivalente Frage: ,Gibt es mehr Vögel oder mehr Spatzen?' (weil sie aus ihrer Beobachtung, daß die meisten Vögel Spatzen sind, schließen, Spatzen seien die größte Menge). Das Phänomen der décalage gibt Anlaß, die Frage nach dem Verhältnis bereichsübergreifender und bereichsspezifischer Lernprozesse neu aufzuwerfen. Dies ist Thema der *Informationsverarbeitungstheorie*. Durch langjähriges Inhaltslernen – so das zentrale Ergebnis – werden hierarchisch organisierte Wissensysteme aufgebaut, deren Strukturen an Piagets Theorie erinnern, wenn man diese als Beschreibung des Aufbaus von Alltagswissen deutet.

6. Neuere Entwicklungen in der Intelligenzforschung

Informationsverarbeitungs-Theorie (vgl. Gagné/Perkins 1988; Pressley u.a. 1990; Collins/Mangierei 1992). Dieser Ansatz knüpft eher an die formale quantitative Ausrichtung der psychometrischen Verfahren an, interessiert sich aber für Prozesse – Lernprozesse, Problemlösungsprozesse. Voraussetzung für Lernprozesse

Aufmerksamkeit

ist die Lernbereitschaft (vgl. dazu 6). Der erste Schritt ist dann die Lenkung der Aufmerksamkeit auf relevante Aspekte, so daß eine angemessene Erwartungshaltung erzeugt wird. Die wahrgenommenen Stimuli werden in das Arbeitsgedächtnis aufgenommen, wobei schon im Wahrnehmungsprozeß Transformationen stattfinden (z.B. wird ein geübter Leser beim Anblick der Schriftbilder H/-\US und SC/-\ULD das unbekannte Zeichen /-\ automatisch als A bzw. H lesen).

Das *Arbeitsgedächtnis* hat eine begrenzte Kapazität. Nur etwa 7 ± 2 Informationseinheiten können für nur etwa 20 Sekunden präsent gehalten werden. Eine Kapazitätserweiterung ist möglich, wenn die einzelnen Informationseinheiten auswendig gelernt oder aber zu größeren Einheiten (junks) zusammengefaßt werden (z.B. läßt sich die 13-stellige Buchstabenfolge USAEGBMFTWIBM, durch sinnhafte Gruppierung – USA/EG/BMFTW/IBM – auf vier Informationseinheiten reduzieren). Im Arbeitsgedächtnis werden die für Problemlösungen jeweils notwendigen Informationen bereit gehalten, mit anderen neu aufgenommenen bzw. aus dem Langzeitgedächtnis abgerufenen Informationen verknüpft oder aber für die Abspeicherung im Langzeitgedächtnis vorbereitet. Dabei ist ‚semantisches Encodieren‘, d.h. eine sinnhafte Organisation des Materials, für langfristiges Behalten (Lernen) förderlich (z.B. ist die Wortliste Stuhl/Raupe/Bahnhof/ Vogel/Schrank/Kirche leichter erinnerbar, wenn man sich merkt, daß sie je zwei Begriffe aus den Kategorien Möbel/Tiere/Gebäude enthält). Solche memo-technischen Strategien (Eselsbrücken) können (vom Lehrer) vorgegeben, aber auch vom einzelnen Lernenden idiosynkratisch ersonnen werden. *[Randnotiz: Gedächtnis]*

Die Speicherung von Informationen im *Langzeitgedächtnis* wird beeinflußt von der Häufigkeit der Konfrontation (z.B. werden häufig auftretende Fremdwörter besser erinnert als ausgefallene), sowie von ihrer Verknüpfbarkeit mit bereits gespeicherten Informationen. Das Gedächtnis wird als Assoziationsnetzwerk vorgestellt, in dem einzelne Propositionen miteinander verknüpft sind. Das Gedächtnis ist über Inhalte (und nicht wie der Computer über Ortsangaben) zugänglich, ähnlich wie eine Bibliothek, die thematisch aufgebaut ist und viele Querverweise enthält. Man unterscheidet das episodische Gedächtnis, das heißt Informationen, die mit bestimmten Zeiten, Orten und persönlichen Erlebnissen verknüpft sind (z.B. jene Wolke, die Brecht sah, als er die junge, bleiche Liebe küßte) und das semantische Gedächtnis, das allgemeine Aussagen und Konzepte enthält (z.B. H_2O). Die Informationen sind in unterschiedlichen Codes gespeichert: verbal, visuell, olfaktorisch, motorisch.

Das Gedächtnis enthält unterschiedliche *Arten von Wissen. Deklaratives Wissen* (Wissen, *daß*): Tatsachen, Überzeugungssysteme, auswendig gelernte Texte, Skripts (das heißt, aus wiederholten Erfahrungen kondensierte Regelschemata über normale Ereignisabläufe wie etwa Restaurant-Besuch, Weihnachtsfeier). Neue Informationen lassen sich leichter erwerben, wenn sie mit bereits verfügbarem Wissen verknüpft werden (wer viel weiß, lernt leicht mehr). Dazu aber ist nötig, daß diese Verknüpfung im Arbeitsgedächtnis vollzogen wird, d.h. die neuen und alten Wissensbestände müssen simultan aktiviert werden. Die einzelnen Informationseinheiten werden miteinander vernetzt und hierarchisch organisiert (vgl. unten: Expertenparadigma). *[Randnotiz: Wissensarten]*

Prozedurales Wissen (Wissen, *wie*): Regeln, allgemeine Algorithmen. Lesen etwa setzt die prozeduralen Fähigkeiten der Diskriminierung, Identifizierung und Zusammensetzung einzelner Zeichen voraus (ein angemessenes Textverständnis erfordert darüber hinaus deklaratives Wissen über die Bedeutung der einzelnen

267

Worte). Nach ausreichender Übung wird die Ausführung von Algorithmen automatisiert. Der geübte Leser etwa erfaßt ganze Worte, eventuell auch Satzteile ‚auf einen Blick' bzw. – bei manuellen Fertigkeiten – bindet die Krawatte schon so routiniert, daß er die Abfolge der Einzelhandlungen einem Anfänger kaum mehr erklären kann. (Die Forschungsergebnisse zu Automatisierungsprozessen lassen im übrigen auch die Versuche im psychometrischen Ansatz, Reaktionsgeschwindigkeit als angeborene Komponente von Intelligenz zu erfassen, in einem anderen Licht erscheinen. Schnelligkeit – selbst bei so elementaren Vorgängen wie dies Wahrnehmungsprozesse sind – ist nicht allein durch differentielle neuronale Leitfähigkeit bedingt – sie ist nicht zuletzt auch einschlägigen Erfahrungen, z.B. Vertrautheit mit Zahlen, mit Buchstaben, mit Symbolen, geschuldet.)

Strategie-Wissen: Wissen darum, wann welche prozeduralen oder deklarativen Wissensbestandteile heranzuziehen sind ('meta-kognitive Fähigkeiten': z.B. wann gilt es einen Text sorgfältig Satz für Satz zu lesen bzw. nur schnell zu überfliegen?) sowie die Beherrschung von Kontrollfunktionen (Überwachung der Ausführung einer Tätigkeit, Planung der Zeiteinteilung, Durchführung von Erfolgskontrollen) (vgl. Gaskins/Elliot 1991).

Lernen hat stattgefunden, wenn Informationen aus dem Gedächtnis abgerufen werden können, um für die Bearbeitung neuer Aufgaben zur Verfügung zu stehen, d.h. wenn Transfer gelingt. Für erfolgreiches Lernen ist Rückmeldung wichtig, d.h. die Information, ob ein angestrebtes Ziel erreicht, eine Aufgabe richtig gelöst wurde.

Das Experten-Novizen-Paradigma. Dieser Ansatz knüpft eher an die in der kognitiven Entwicklungstheorie behandelte Frage der Erarbeitung von Strukturen an; es geht allerdings nicht um allgemeine Strukturen (formale Logik, Klassifikationssysteme des Alltagswissen), sondern um bereichsspezifisch unterschiedliche inhaltliche Wissensstrukturen und deren hierarchische Organisation. An zwei Experimenten sei dieser Ansatz illustriert. Man legte Spitzenspielern (Experten) und Anfängern (Novizen) ein Schach-Brett mit einer halbgespielten Partie vor. Nach kurzer Zeit wurde das Brett verdeckt; auf einem leeren Brett sollten sodann die Figuren aus der Erinnerung nachgestellt werden. Die Unterschiede waren überwältigend: Die Experten stellten fast alle, die Anfänger kaum irgend welche Figuren richtig auf. In einem Folge-Experiment aber wurden beiden Gruppen Schach-Bretter vorgelegt, auf denen die Figuren, die es nachzustellen galt, nicht einen unterbrochenen Spielstand repräsentierten, sondern willkürlich aufgestellt waren. Der Unterschied zwischen Spitzenspielern und Anfängern verschwand vollständig. Wie ist das zu erklären? Beide Gruppen können etwa gleich viele Informationseinheiten erinnern, die Einheit (junk) der Experten jedoch ist umfänglicher. Experten nämlich merken sich nicht Einzelfiguren auf bestimmten Feldern, sondern Konstellationen (z.B. König in der Rochade; Turm, vom Springer bedroht und vom Läufer gedeckt). Daraus folgt: Was zählt sind nicht Unterschiede in der Speichergröße (bei allen Menschen umfaßt das Arbeitsgedächtnis nur etwa 5-7 Einheiten und die Kapazität des Langzeitgedächtnisses ist fast unbeschränkt), sondern allein die Fähigkeit, Informationen zu größeren Einheiten zu bündeln. Genau darin unterscheiden sich Experten von Anfängern.

Unterschiede in der hierarchischen Organisation des Wissens bei Experten und Novizen werden in folgendem Experiment besonders plastisch: Physikstu-

268

denten und -professoren hatten physikalische Probleme nach ihrer Ähnlichkeit zu gruppieren. Anfänger faßten je zwei oder drei Probleme nach äußerlicher Ähnlichkeit (z.B. es geht um schiefe Ebenen) zusammen, blieben aber auf nur einer Klassifikationsebene. Experten hingegen führen mehrere hierarchische Klassifikationsebenen ein, wobei einzelne Problemgruppen nochmals unter je abstrakteren Perspektiven zusammengefaßt werden (Subsumption unter gleiche physikalische Gesetze, z.b. Trägheitsgesetz, Energieerhaltungsgesetz) (vgl. Chi/Glaser/Rees 1982).

Experten also haben ein hierarchisch organisiertes und eng vernetztes bereichsspezifisches Wissenssystem aufgebaut, das einen schnellen und effizienten Zugriff zu komplexen, weitverzweigten, detaillierten Informationsbeständen ermöglicht und zugleich größere Informationsmengen im Arbeitsgedächtnis simultan zu bearbeiten erlaubt.

Theorieaustauschansatz. Auch dieser Ansatz behandelt den Aufbau von Wissenssystemen, jedoch aus entwicklungstheoretischer Perspektive. Entwicklung – so die zentrale These – ist Wandel in inhaltlichen *Theorien.* Aus dieser Perspektive werden die von Piaget notierten Klassifikations-'Fehler' jüngerer Kinder nicht mangelndem logischen Denkvermögen, sondern unzureichendem Wissen bzw. falschen Theorien zugerechnet. So etwa konnte Carey (1985) zeigen, daß kleine Kinder als Definitionskriterium für ‚Lebewesen' nicht wie Erwachsene ‚Stoffwechsel', sondern ‚Ähnlichkeit zum Menschen' nutzen. So klassifizieren sie denn auch die Pflanzen nicht zusammen mit den Tieren als Untergruppe von Lebewesen, sondern ordnen sie aufgrund ihrer Immobilität zusammen mit den Steinen der Restkategorie zu (Nicht-Lebewesen).

Inhaltliche Theorien

7. Vergleich der Ansätze

Theoretische Konzeptualisierungen. Der *psychometrische Ansatz* versteht unter Intelligenz eine formale Problemlösungskompetenz, die quantitativ meßbar und ein stark genetisch determiniertes lebenslang stabiles Personmerkmal ist. Das Forschungsinteresse richtet sich auf interindividuelle Unterschiede (differentielle Fragestellung). Gemessen wird Intelligenz als Ergebnis von Problemlöseverhalten, wobei für vorgegebene standardisierte Fragen aus vorgegebenen standardisierten Antworten die jeweils richtige auszuwählen ist – ein Verfahren, das eine intersubjektiv geteilte Welt unterstellt, in der alle Worte und Konzepte von allen in der gleichen Weise verstanden werden.

Differenzen im Intelligenzverständnis

In Piagets Theorie der *kognitiven Entwicklung* wird Intelligenz als Aufbau universeller kognitiver Strukturen gefaßt, die qualitativ voneinander unterschieden sind und sich – als Folge der aktiven Auseinandersetzung des Subjekts mit seiner Umwelt – altersabhängig verändern, und zwar zunehmend komplexer werden. Intelligenz wird durch hermeneutisch-rekonstruktive Verfahren erhoben, die individuellen entwicklungs- und erfahrungsabhängigen Unterschieden im Begriffsverständnis durch offen explorierende Fragetechnik Rechnung zu tragen erlauben.

Im *Informationsverarbeitungsansatz* geht es um Prozesse der Problemlösung; im *Experten-Novizen-Paradigma* und im *Theorieaustauschansatz* um den Aufbau bereichsspezifischer inhaltlicher Wissenssysteme. In diesen Ansätzen werden sowohl universelle wie differentielle Fragestellungen verfolgt.

Pädagogische Implikationen. Die Vorstellungen und Deutungen von Intelligenz beeinflussen pädagogisches Handeln. Der *psychometrische Ansatz* liefert weder theoretisch Hinweise noch praktisch Anreize für pädagogisches Handeln. Dies gilt vor allem dann, wenn die genetische Komponente im Vordergrund steht. Wird Entwicklung als bloße Entfaltung angeborener Fähigkeiten gedeutet, so legt dies das Bild vom Pädagogen als Gärtner nahe. Dieser weiß, daß aus dem Kirschkern der Kirschbaum und aus dem Samen des Löwenzahns der Löwenzahn wächst. Er wird für ausreichend Wasser sorgen, Unkraut jäten und gegebenenfalls die verschiedenen Pflanzensorten in getrennten Gebieten hegen, um jeder Sorte den optimalen Dünger angedeihen lassen zu können (sprich: für Hauptschule, Realschule, Gymnasium unterschiedliche Stoffgebiete in unterschiedlicher Aufbereitung anbieten).

Aufgaben für LehrerInnen

Piagets *kognitive Entwicklungstheorie* betont Strukturveränderungen, die das Subjekt selbsttätig erarbeiten muß. Dem entspricht eine Pädagogik, die das explorierende Forschen und selbständige Entdecken der SchülerIn ins Zentrum rückt und vor allzu starken Eingriffen der LehrerIn – vor einem unzeitgemäßen ‚Aufpfropfen‘ von Wissensbeständen, die das Kind noch nicht angemessen verstehen kann – eher warnt.

Aus *Informationsverarbeitungs- und Wissensaufbau-Ansätzen* hingegen ergeben sich wichtige Aufgaben für die LehrerInnen: Es gilt, neue Informationen sinnhaft zu organisieren und mögliche Verbindungen mit früher erworbenen Wissensbeständen explizit herauszuarbeiten, damit die neuen Informationen verknüpft und also später leichter abrufbar werden; es gilt, metakognitive Strategien vorzustellen und deren Nützlichkeit darzulegen und schließlich gilt es, überhaupt inhaltliches Wissen zu vermitteln, so daß komplexe Wissenssysteme aufgebaut werden können, die intelligenteres Lernen und Problemlösen ermöglichen.

8. Motivation und affektive Zustände

Lernen und Leistung sind nicht allein abhängig von allgemeiner Denkfähigkeit (IQ), dem Vermögen, logische Schlußfolgerungen zu ziehen (konkret- und formal-operationale Strukturen) und bereichsspezifischem Wissen (Expertise), sondern auch von einer allgemeinen Lern- und Leistungsbereitschaft (Motiv) und deren situativer Ansprechbarkeit (Motivation), sowie momentanen Stimmungslagen (affektive Momente, z.B. Prüfungsangst).

Triebreduktion

Unter *Motiv* (vgl. zum folgenden Schneider/Schmalt 1994) versteht man eine über Zeit stabile, interindividuell unterschiedlich stark ausgeprägte, latente Bewertungs- und Verhaltensdisposition: Motiv ist die Bereitschaft, bestimmte Klassen von Zielen emotional zu bewerten, d.h. sie als attraktiv oder aversiv zu empfinden und mit dem primitiven Handlungsimpuls der Zu- oder Abwendung darauf zu reagieren. In klassischen Ansätzen sah man Handeln/Verhalten vorrangig durch das Streben des Organismus nach Triebreduktion motiviert. Beobachtungen aber zeigten, daß selbst Tiere auch ohne Triebspannung (z.B. gesättigte Ratten) aktiv ihre Umwelt explorieren. Dies führte zur Konzeptualisierung eines ‚Neugier-Motivs' (Streben nach einem optimalen Erregungsniveau), das dann als Teil eines allgemeineren Kompetenzmotivs gefaßt wurde. Damit tritt das aktiv seine Realitätswahrnehmung aufbauende Subjekt an die Stelle der behavioristischen Konzeptualisierung eines inneren Trieben und äußeren Umständen passiv ausgelieferten Objekts.

Kompetenzmotiv

Leistungsorientierung. Beobachtungen zeigen, mit welcher Ausdauer und welchem Eifer Kleinkinder unermüdlich neue Fertigkeiten (z.B. gehen lernen, einen Turm bauen) üben und zu steigern trachten. Enttäuschung oder Freude begleiten das Mißlingen oder Gelingen. Hat das Kind die Aufgabe gemeistert, so verliert sie ihren Reiz. In der älteren Literatur ist von ‚Funktionslust' die Rede. In neueren Forschungen werden diese Phänomene unter dem Konzept ‚Leistungsmotiv/-motivation' behandelt.

Leistungsmotiv ist (nach McClelland, dem Initiator dieser Forschungsrichtung) die Disposition, das eigene Handlungsergebnis an „einem *Güte- oder Tüchtigkeitsmaßstab*" (McClelland u.a., 1953, S.110) zu bemessen und zu bewerten. Dieser mag im Gelingen einer Sache selbst liegen (sachimmanenter Maßstab: z.B. es gelingt dem Kind, vier Blöcke stabil aufeinander zu setzen) oder aber aus einem Vergleich mit früher erzielten Ergebnissen (autonomer Maßstab: jetzt geht's mit fünf) oder mit den Leistungen anderer gewonnen sein (sozialer Gütemaßstab: der Freund schafft sechs). Auf diese Bewertung reagiert das Individuum mit leistungsbezogenen Affekten, deren Antizipation als Anreiz zur Anregung des Motivs wirkt. Motivierend also sind Hoffnung auf Erfolg bei hoch- bzw. Furcht vor Mißerfolg bei niedrig leistungsmotivierten Personen. Das Leistungsmotiv wird im sogenannten TAT (Thematic Apperception Test) erhoben: Den Befragten werden ambige Bilder vorgelegt (z.B. ein Junge mit einer Violine hockt auf den Treppenstufen vor einem Haus), zu denen sie möglichst originelle Geschichten erfinden sollen. Leistungsthematisierungen (z.B. ‚er überlegt, wie er Geld für Violinstunden bekommen soll, denn er möchte ein großer Geiger werden' versus etwa: ‚er ist traurig, weil seine Mutter schwer erkrankt ist') indizieren ein Leistungsmotiv.

Bewertung Gütemaßstab

Atkinson und Feather (1966) erweiterten das Konzept um Faktoren, die die *situative Ansprechbarkeit* des Leistungsmotivs bestimmen: Sowohl der Anreiz (Wert), den Erfolg/Mißerfolg bei einer bestimmten Aufgabe haben (z.B. das Lösen von Mathematik-Problemen hat für mich einen hohen, Erfolg beim Weitsprung einen geringen Wert), wie auch die subjektive Einschätzung (Erwartung) der Erfolgswahrscheinlichkeit (diese Aufgabe kann ich nicht lösen, da ich nicht dividieren kann) beeinflussen die Einsatzbereitschaft (Erwartungs- mal Wertmodell).

Erwartungen mal Wertmodell

Im nächsten Schritt wurde auch die *Erklärung von Erfolg/Mißerfolg* (durch Fähigkeiten/Anstrengungen; Glück/Pech; Aufgabenschwierigkeit; fremde Hilfe) einbezogen (vgl. Weiner 1986). Die Erklärungen unterscheiden sich in mehreren Dimensionen: internal versus external (z.B. Begabung, Anstrengung versus Zufall, Aufgabenschwierigkeit); stabil versus veränderlich (z.B. Begabung, Aufgabenschwierigkeit versus Anstrengungen, Zufall); kontrollierbar versus nichtkontrollierbar (z.B. Anstrengung versus Müdigkeit); global versus spezifisch (z.B. IQ versus musikalische Fähigkeiten).

Erfolgs-/ Mißerfolgsattribuierung

271

Untersuchungen zeigen, daß Erfolgsmotivierte eher dazu neigen, Erfolge internal (der eigenen Begabung oder Anstrengung), Mißerfolge hingegen external (Pech, Aufgabenschwierigkeit) zu attribuieren, während Mißerfolgsmotivierte umgekehrt den Erfolg als Zufallsprodukt deuten und Mißerfolge global dem eigenen Begabungsmangel zurechnen. Weiner leitete daraus geradezu die Definition von Leistungsmotivation ab als „Vermögen, Erfolg als durch interne Faktoren verursacht zu erleben, insbesondere durch Anstrengung".

Schließlich wurden die Implikationen unterschiedlicher Ursachenzuschreibungen für die *Selbstbewertung* betrachtet. Heckhausen unterscheidet ein – selbstwertdienliches – positives *Attributionsmuster* (PAM: Erfolg wird der eigenen

Attribuierungsstile

Begabung, Mißerfolg der mangelnden Anstrengung zugeschrieben), von einem – selbstwertabträglichen – *depressiven Attributionsmuster* (DAM: Erfolg wird der Leichtigkeit der Aufgabe oder einem glücklichen Zufall, Mißerfolg dem eigenen Begabungsmangel zugeschrieben) und entwickelt daraus ein Selbstbekräftigungsmodell der Leistungsmotivation: Wer erfolgsmotiviert nach PAM verfährt, wird sich nach Erfolg stärker positiv, nach Mißerfolg weniger stark negativ bewerten als der Mißerfolgsängstliche und so sein eigenes Motivsystem stabilisieren: „Die selbstwertdienliche Tendenz (beim positiven Attributionsmuster) mag unrealistisch sein, ja auf Selbsttäuschung beruhen, sie begünstigt aber auf jeden Fall die Motivation, weitere Erfolge anzustreben und nach Mißerfolg nicht aufzugeben und damit letztlich auch die Fortentwicklung tatsächlicher Fertigkeiten. Insofern ist eine leicht optimistische Selbstüberschätzung vielleicht sogar eine Eigenschaft mit Überlebenswert, ohne welche die Evolution des Menschen kaum stattgefunden hätte" (Heckhausen 1984, S.135).

In den bisher diskutierten Ansätzen gilt die Antizipation positiver/negativer Affekte als motivierend/demotivierend. Die Selbstwertdienlichkeit der nachträglichen Erklärung von Erfolg/Mißerfolg hat bei Hochleistungsorientierten Vorrang vor ihrer Realitätsgerechtigkeit (was auch – evolutionär gesehen – ‚funktionaler' sei).

Andere Ansätze (vgl. Meyer 1984) sehen Leistungshandeln durch den *Informationswert* motiviert, den Erfolg/Mißerfolg für die Validierung oder Korrektur des eigenen Selbstkonzeptes besitzt. Zugleich wird unterstellt, daß für das Subjekt die Realitätsgerechtigkeit der eigenen Selbsteinschätzung vor der Selbstwerterhöhung Vorrang hat (und daß dies – auch aus evolutionstheoretischer Perspektive – ‚funktional' sei: Bei Hochgebirgstouren etwa hätte Selbstüberschät-

Begabungs-Selbstkonzept

zung nur einen geringen Überlebenswert). In diesem Rahmen gilt hohe Leistungs- bzw. Mißerfolgsmotivierung als Korrelat eines hohen bzw. niedrigen Konzepts der eigenen Fähigkeiten. Die auf Erfolgs- und Mißerfolgserfahrungen und insbesondere deren Ursachendeutung hin erlebten Emotionen werden nicht als die letztlich angestrebten Ziele gedeutet, denen dann erneut Anreizfunktion zukommt (funktionalistisches Emotionsverständnis); vielmehr gelten Emotionen in diesem Ansatz einfach als faktische Korrelate – als Ausdruck – der subjektiven Deutung der Handelnden (expressives Emotionsverständnis).

Unbeschadet dieser Unterschiede in der Interpretation des basalen Motivs von Leistungshandeln (Selbsterhöhung oder realitätsgerechte Begabungseinschätzung) – Übereinstimmung besteht hinsichtlich einer Reihe empirisch bestätigter Ergebnisse: hoch leistungsmotivierte Personen setzen sich eher ein realistisches Anspruchsniveau, beweisen bei Mißerfolg mehr Ausdauer, lernen erfolgreicher und erbringen höhere Leistungen. Mißerfolgsängstlichkeit hingegen ist eher leistungsmindernd.

Affektive Zustände. In anderen Theoriekontexten diskutierte Beeinträchtigungen von Lernerfolg und Leistungshandeln (z.B. erlernte Hilflosigkeit, Depressivität, Lageorientierung als stabiles Persönlichkeitsmerkmal, Prüfungsangst als situativer Einflußfaktor) hängen sachlich mit Mißerfolgsorientierung, einem depressiven Attributionsmuster oder einem negativen Begabungsselbstkonzept zusammen. ,*Hilflosigkeit*' läßt sich durch eine Reihe unbeeinflußbarer Mißerfolge insbesondere dann induzieren, wenn diese mit internen, stabilen und vor allem globalen Ursachen erklärt werden. Dann folgen negative Emotionen und Leistungsbeeinträchtigungen.

Erlernte Hilflosigkeit

Untersuchungen zur *Prüfungsangst* zeigen, daß hoch ängstliche (aber auch ,hilflose' und ,lageorientierte') Kinder in Testsituationen schlechtere Leistungen erbringen, weil sie mit selbstwertbezogenen handlungsirrelevanten Gedanken reagieren, die einen großen Teil der verfügbaren Aufmerksamkeit und der begrenzten Kapazität des Arbeitsgedächtnisses absorbieren. Auf Mißerfolg reagieren sie mit negativen Affekten; unängstliche (,handlungsorientierte') Kinder hingegen steigern ihre Konzentration und Anstrengung.

Prüfungsangst

Pädagogische Implikationen. Im Kontext von Leistungshandeln und motivationalen Faktoren gilt es zwei Gefährdungen pädagogisch entgegenzuwirken: der völligen Korrumpierung intrinsischer Motivation und der Verfestigung eines negativen Fähigkeitsselbstkonzeptes.

Zur Korrumpierung von intrinsischer Motivation. Im Konzept der Leistungsmotivation sind zwei unterscheidbare Komponenten zusammengefaßt: Einmal das *intrinsische Motiv*, eine Aufgabe gut zu bewältigen, ein Problem richtig zu lösen. Der Erfolg beim intrinsisch motivierten Sich-Abarbeiten an einer Sache, die ,um ihrer selbst willen' verfolgt wird, wird im Kleinkindalter als Funktionslust, von Erwachsenen als ,flow-Effekt' (als sich selbst tragende und selbstvergessene Hingabe an die Tätigkeit) erlebt. Zum anderen impliziert Leistungsmotivation eine *Selbstbewertungsorientierung*, bei der die Tätigkeit als bloßes Mittel dient – dem Zwecke der Selbstbestätigung (Heckhausen) oder der Selbsterkenntnis (Meyer). In der Schulsituation, in der vorgegebene Stoffkataloge zur Vorbereitung auf mögliche künftige Tätigkeiten zu bearbeiten sind, ist es schwierig, vielleicht unmöglich, sich auf intrinsische Komponenten (auf das Interesse an, die Begeisterung für die Sache selbst) allein zu verlassen. Dennoch gilt es, darauf zu achten, daß intrinsische Komponenten nicht völlig korrumpiert werden. Dies geschieht, wenn Kinder für Leistungen sachexterne Belohnungen erhalten – das nämlich schwächt ein ursprünglich sachbezogenes Interesse ab (vgl. Deci 1975). Ein aktuelles Beispiel: Je mehr bei Noten nicht ihr Informationswert sondern – angesichts des Numerus Clausus – ihr Charakter als Berechtigungsschein für begehrte Studienplätze im Vordergrund steht, desto stärker verfällt Sachorientierung und münzt in bloße Punktekalkulation sich um.

Komponenten von Leistungsmotivation

Selbstkonzept der Begabung. Die eigene Begabungseinschätzung spielt für das Leistungshandeln eine wichtige Rolle und sie ist durch pädagogisches Handeln – und zwar in kontraintuitiver Weise – beeinflußbar (vgl. dazu Meyer 1984). Nach behavioristischem Verständnis hat Lob verstärkende, Tadel unterdrückende Wirkung. Die tatsächliche Wirkung aber hängt von der subjektiven Interpretation ab: Lob wird dann bekräftigend wirken, wenn es als Anerkennung gedeutet wird. Da aber Lob/Tadel zumeist auf Anstrengung gerichtet sind, die in einer inversen Beziehung zu Begabung steht (was Kinder ab etwa 10 Jahren verstehen), wird Lob auf Erfolg bei einer leichten Aufgabe den Schluß nahelegen, daß der Lobende Anstrengung als ursächlich sah, die Begabung also eher gering einschätzte. Umgekehrt läßt Tadel beim Scheitern an einer schwierigen Aufgabe den Schluß zu, daß der Tadelnde die Begabung für ausreichend einschätzte und mangelnde Einsatzbereitschaft moniert.

Ähnlich wird unerbetene Hilfeleistung dem Empfänger signalisieren, daß der Helfer seine Fähigkeiten für niedrig hält (was zum Erleben von Inkompetenz und zu negativen Affekten führt), während umgekehrt fehlende Hilfe als Indiz für hohe Begabungseinschätzung lesbar ist (was zu Zuversicht und positiven Affekten führt). Entsprechend werden Betroffene die Zuweisung von leichten bzw. schwierigen Aufgaben oder eine mitleidsvoll-tröstende versus ärgerlich-empörte Zuwendung auf Mißerfolg deuten. Diese ‚paradoxen‘ Folgen von Lob und Tadel, Hilfeleistung, Aufgabenzuweisung und emotionaler Zuwendung sind Eltern und LehrerInnen vielfach nicht bewußt. So fand man, daß LehrerInnen SchülerInnen, die sie für weniger begabt halten, öfter loben und daß schlechtere SchülerInnen bei einer richtigen Antwort eher Lob als eine neutrale Reaktion, bei einer falschen Antwort eher eine neutrale Reaktion als Tadel erwarten, während bessere SchülerInnen die entgegengesetzten Erwartungen aufgebaut haben.

Nun ist es natürlich mit einer bloßen Aufklärung über Diskrepanzen zwischen beabsichtigten und tatsächlich erzielten Auswirkungen pädagogischen Handelns nicht getan. Zu vermuten nämlich steht, daß der willentliche Entschluß, etwa Tadel so einzusetzen, daß dem Schüler eine hohe Begabungseinschätzung vermittelt würde, fehlgehen wird, wenn der Lehrer diese Einschätzung nur strategisch vortäuscht. Kinder nämlich reagieren nicht auf das manifest an den Tag gelegte Verhalten, sondern auf die zugrunde liegende Haltung. Eine andere Überlegung mag hier weiterführen: Die fatalen Folgen einer durch Lob und Tadel implizit mitgeteilten negativen Begabungseinschätzung (Beeinträchtigung des Selbstwertgefühls, Verringerung künftiger Anstrengungsbereitschaft) ergeben sich nämlich insbesondere dadurch, daß LehrerInnen und SchülerInnen Begabung zumeist als stabiles, stark erbbedingtes Persönlichkeitsmerkmal konzeptualisieren. Selbst im (dieser Auffassung nahestehenden) psychometrischen Ansatz aber gilt der IQ-Wert nur zur Hälfte als genetisch determiniert, zur anderen Hälfte hingegen als lernabhängig. Erst recht aber zeigt der Informationsverarbeitungs-Ansatz, daß und wie intelligentes Verhalten durch den Aufbau bereichsspezifischer Wissenssysteme und die Nutzung von Lern- und Selbstüberwachungsstrategien sich entwickelt. Dabei ist insbesondere die Einsicht wichtig, daß Intelligenzzuwachs aufgrund von Wissenserwerb ein sich selbst steigernder Prozeß ist: Je höher der Informationsstand in einem bestimmten Sachgebiet, desto eher werden zusätzliche Informationen als interessant erlebt und desto leichter sind sie auch erlernbar.

Das Wissen darum, daß in ihrem Spezialgebiet Normalbegabte intelligenteres Verhalten zeigen als Hochbegabte, könnte LehrerInnen und Eltern helfen, ihr eigenes Begabungsverständnis umzucodieren: Es gilt, weniger auf stabil unabänderliche Momente als vielmehr auf die durch aktive Eigentätigkeit des Subjekts ständig wachsende Kompetenz intelligenter Lebensbewältigung zu achten. Eine solche Perspektive, die Interesse und Lernbereitschaft ins Zentrum stellt, enthält die lernförderlichen pädagogischen Implikationen schon in sich.

Literatur

Atkinson, J.W./Feather, N.T.: A theory of achievement motivation. New York 1966.

Borkenall, P.: Genetics and human development. In: Husen, T.N./Postlethwaite, T. (Eds.): The International Encyclopedia of Education. Second Edition. Oxford, UK/New York 1994, pp. 2462-2465.

Carey, S.: Are children fundamentally different kinds of thinkers and learners than adults? In: Chipman,S.F./Segal, J.W./Glaser, R. (Eds.): Thinking and learning skills. Vol.2: Research and open questions. Hillsdale/New York 1985, pp. 485-517.

Chi, M.T.H./Glaser, R./Rees, E.: Expertise in problem solving. In: Sternberg, R.J. (Ed.): Advances in the psychology of human intelligence. Hillsdale/New York, Vol. 1, pp. 7-75.

Ciba Foundation Symposium 178 (Chairman R. Atkinson): The origin and development of high ability. Chichester 1993.

Collins, C./Mangieri, J. N. (Eds.): Teaching thinking: An agenda for the 21st century. Hillsdale/New York 1992.

Comenius, J.A. Utopie und Realismus. Anfänge neuzeitlicher Pädagogik im 17. Jahrhundert. In: Scheuerl, H. (Hrsg.): Lust an der Erkenntnis: Die Pädagogik der Moderne. München 1992, S. 22-34.

Deci, E.L.: Intrinsic motivation. New York 1975.

Gagné, R. M./Perkins Driscoll, M.: Essentials of learning for instruction. Englewood Cliffs/New York 1988.

Gaskins, I./Elliot, T.: Implementing cognitive strategy training across the school. The Benchmark Manual for Teachers. Cambridge, MA 1991.

Heckhausen, H.: Attributionsmuster für Leistungsergebnisse – Individuelle Unterschiede, mögliche Arten und deren Genese. In: Weinert, F.E./Kluwe, H. (Hrsg.): Metakognition. Motivation und Lernen. Stuttgart 1984, S. 133-164.

Heller, K. A./Mönks, F.J./Passow, A.H. (Eds.): International handbood of research and development of giftedness and talent. Oxford u.a. 1993.

Kail, R./Pellegrino, J. W.: Menschliche Intelligenz. Heidelberg 1985.

Kaufman, A.S.: Assessing adolescent and adult intelligence. Boston 1990.

Kluge, F.: Ethymologisches Wörterbuch der deutschen Sprache. Berlin/New York 1975.

McClelland, D.C./Atkinson, J.W./Clark,R.A. u.a.: The achievement motive. New York 1953.

Meyer, W.U.: Das Konzept von der eigenen Begabung. Bern/Stuttgart/Toronto 1994.

Möllemann, J.W.: Grundsatzreferat. In: Wagner, W. (Hrsg.): Begabungsforschung und Begabtenförderung in Deutschland 1980-1990-2000. Bad Honnef 1990.

Neubauer, A. C.: Intelligenz und Geschwindigkeit der Informationsverarbeitung: Stand der Forschung und Perspektiven. In: Psychologische Rundschau 44 (1993), S. 90-105.

Piaget, J.: Nachahmung, Spiel und Traum. Stuttgart 1969.

Piaget, J.: Das Erwachen der Intelligenz beim Kinde. Stuttgart 1975.

Piaget, J./Inhelder, B.: Die Entwicklung der physikalischen Mengenbegriffe. Stuttgart 1969.

Piaget, J./Inhelder, B.: Von der Logik des Kindes zur Logik des Heranwachsenden. Freiburg 1977.

Pressley, M. u.a.: Cognitive strategy instruction that really improves children's academic performance. Cambridge 1990.

Roth, H.: Begabung und Lernen. Gutachten und Studien der Bildungskommission des Deutschen Bildungsrates. Band 4. Stuttgart 1969.

Schenk-Danzinger, L.: Begabung und Entwicklung. In: Thomae H. (Hrsg.): Handbuch der Psychologie. Bd. 3, Göttingen 1959, S. 358-403.

Schneider, K./Schmalt, H.D.: Motivation. Stuttgart 1981.

Schunk, D. H.: Learning theories. An educational perspective. New York 1991.

Selman, R.L./Byrne, F.: Stufen der Rollenübernahme in der mittleren Kindheit – eine entwicklungslogische Analyse. In: Döbert, R./Habermas, J./Nunner-Winkler, G. (Hrsg.): Entwicklung des Ichs. Königstein/Ts. 1980, S. 109-114.

Smedslund, J.: The acquisition of conservation of substance and weight in children. III. Extinction of conservation of weight acquired ,normally' and by means of empirical controls on a balance scale. Scandinavian Journal of Psychology 2 (1961), S. 85-87.

Tübinger Beschlüsse (1951). In: Scheuerl, H. (Hrsg.): Lust an Erkenntnis: Die Pädagogik der Moderne. München 1992, S. 377-379.

Weiner, B.: An attributional theory of motivation and emotion. New York 1986.

VI. 1. Erziehungswissenschaft und ihre Nachbardisziplinen

Walter Bauer/Winfried Marotzki

Inhalt

1. Einleitung

Vergleicht man das Studium einer Wissenschaftsdisziplin mit dem Kennenlernen der Räume und Bewohner eines bevölkerten Hauses, so mag die Neugier darauf, wer sich in der engeren oder weiteren Nachbarschaft angesiedelt hat und welche Bezüge zu diesen Nachbarn bestehen, zunächst nicht im Vordergrund stehen. Zugleich wird jede/r Studierende/r aber sehr schnell in Erfahrung bringen, daß es in vielen Räumen des erziehungswissenschaftlichen Gebäudes lebhaften Verkehr und rege Kommunikation gibt, wobei es nicht immer eindeutig feststeht, ob es sich bei diesen Kontakten um nachbarschaftliche oder um solche mit Mitbewohnern oder Untermietern handelt. Ein Einblick in frühere und gegenwärtig bestehende Kontakte und Austauschvorgänge hat deshalb für ein besseres Verständnis der Erziehungswissenschaft selbst keinesfalls nur einen marginalen Stellenwert.

Ihre Kenntnis führt vielmehr ins Zentrum des erziehungswissenschaftlichen Selbstverständnisses, welches im Laufe seiner Geschichte vielfachen Wandlungen unterworfen war.

Blickt man etwas weiter zurück in die Geschichte der Pädagogik, so müssen zwei Aspekte hervorgehoben werden: Die Erziehungswissenschaft hat sich erst zu Beginn dieses Jahrhunderts als eigenständige universitäre Disziplin etabliert; sie ist daher eine junge Wissenschaft. Dies bedeutet zugleich, daß pädagogische Problemstellungen lange Zeit nicht unter ihrem eigenem Dach verhandelt, sondern weitgehend von der Theologie und der Philosophie mitverwaltet wurden. Die Tatsache, daß die Pädagogik länger als andere Humanwissenschaften sich in Abhängigkeit von theologischer und philosophischer Seite befand, zeitigte Folgen für ihr Selbstverständnis, die bis heute nachwirken. Die Auswirkungen dieser Vormundschaft lassen sich an zwei Grundproblemen festmachen: in den unterschiedlichen Auffassungen der Disziplin zum Verhältnis von Theorie und Empirie sowie von Theorie und Praxis. Zugleich werden von diesen beiden Problemfeldern aus die in diesem Beitrag thematisierten Schwierigkeiten bei der Entwicklung eines einigermaßen konstruktiven nachbarschaftlichen Verhältnisses zur Psychologie und Soziologie besser verständlich.

Verhältnis zur Empirie und Praxis

Als Erbschaft aus ihrer Einbindung in die Theologie und Philosophie einerseits und angesichts der Tatsache, daß Erziehung als soziales Faktum immer schon gegeben ist, sieht sich die Erziehungstheorie mit der Frage nach dem Verhältnis von normativem und empirischem Gegenstandsbezug, d.h. von Sollens- und Seinsaussagen konfrontiert. Als folgenreich können dabei die klassischen Begründungsansätze und Vorschläge von Herbart (1776-1841) und Schleiermacher (1768-1834) gelten, wie die Struktur dieser Dichotomie zu fassen wäre. Für Herbart konstituiert sich die Pädagogik im Gespräch mit den beiden Grunddisziplinen Ethik und Psychologie; erstere liefert die Ziele und Normen, letztere die Mittel für Bildung und Erziehung. Bei Schleiermacher sind es die Bezugsdisziplinen Ethik und Politik, in deren Polarität von ethischer Zielorientierung und gesellschaftlichem Bedingungsgefüge Erziehung, verstanden als Einwirkung der älteren Generation auf die jüngere, theoretisch und praktisch vermittelt werden muß.

Klassische Bezugsdisziplinen

Ein zweites Problem, welches die Pädagogik von dieser Ausgangslage her ständig begleitet hat, betrifft ihr Verhältnis zur erzieherischen Praxis. Folgenreich war hier die bereits bei Schleiermacher zu findende Auffassung, die der Praxis den Vorrang vor der Theorie einräumt und damit die Theorie von der Erziehung als vorrangig praktisches Unternehmen, als auf pädagogische Praxis anzuwendende Kunstlehre, begreift. Damit bilden die Bestimmung des Verhältnisses zur Praxis wie zu anderen Disziplinen, gerade angesichts der in den Nachbarwissenschaften erhobenen präskriptiven und deskriptiv-empirischen Ansprüche, in der Folgezeit ständige Topoi pädagogischer Reflexion.

Wenn wir im folgenden exemplarisch das Verhältnis zu den beiden Nachbardisziplinen *Psychologie* und *Soziologie* in Grundzügen darstellen, so liegt dies in dem Umstand begründet, daß diese beiden Disziplinen seit den sechziger Jahren zu den wichtigsten Gesprächspartnern der Erziehungswissenschaft geworden sind. Dies belegt auch eine neuere Umfrage unter Erziehungswissenschaftlern (vgl. Roeder 1990, S. 659). Unsere Rekonstruktion orientiert sich dabei primär am Beziehungsaspekt, d.h. an Sichtweisen auf die jeweilige Bezugsdisziplin, die

Bezugsdisziplinen Psychologie und Soziologie

wir für typisch halten. Wir erörtern nicht im einzelnen Ansätze oder Theoriebildungen in den Nachbardisziplinen. Zugleich halten wir jedoch eine allgemein gefaßte Klammer auf inhaltlicher Ebene für unverzichtbar. Der systematische Grund für die Bedeutung beider Bezugsdisziplinen liegt sicherlich darin, daß Prozesse der Individuierung und Vergesellschaftung in der Erziehungswissenschaft im Zentrum stehen, aber natürlich auch jeweils schwerpunktmäßig in der Psychologie (Individuierungsaspekt) und in der Soziologie (Vergesellschaftungsaspekt) behandelt werden. Damit soll nicht gesagt werden, daß die Psychologie für den Individuierungsaspekt, die Soziologie für den Vergesellschaftungsaspekt und die Erziehungswissenschaft für beide Aspekte zuständig sei. Vielmehr soll dadurch zum Ausdruck gebracht werden, daß Psychologie und Soziologie in ihren eigenen Arbeitsfeldern spezifische Frageformate ausgearbeitet haben. Im folgenden wollen wir deren facettenreiche Beziehung zur Erziehungswissenschaft exemplarisch beleuchten.

Individuierung und Vergesellschaftung

2. Das Verhältnis von Erziehungswissenschaft und Psychologie

Betrachtet man nur einmal die in der erziehungswissenschaftlichen Theoriebildung der letzten Jahrzehnte gebräuchlichen Grundbegriffe und Ansätze, so finden wir zahlreiche Termini und Theoriekonzepte, die ihren Ursprung in der Psychologie haben. Dazu gehören beispielsweise Begriffe wie Lernen, Denken, Wissen, Entwicklung, Ich-Identität und Selbst, die inzwischen ihren festen Ort in der erziehungswissenschaftlichen Diskurslandschaft gefunden haben. Man könnte dies – unter Verweis auf die damit verdeutlichte Interdisziplinarität der Pädagogik – als Gewinn verbuchen und darauf verweisen, daß die Pädagogik trotz ihres immer wieder erhobenen Autonomieanspruchs offen für ihre Nachbardisziplinen sei. Ein genauerer Blick auf das Verhältnis zur Psychologie zeigt jedoch, daß dieses über weite Strecken keinesfalls unproblematisch war und ist.

Legt man die heute üblichen Kriterien der Konstitution einer Wissenschaftsdisziplin zugrunde, wie Institutionalisierung an Universitäten, wissenschaftliche Publikationsmedien, eigenständige Theoriebildung und ausgewiesene Methodologie etc., so ist der Prozeß der Etablierung für die Psychologie am Ende des letzten Jahrhunderts und für die Pädagogik am Beginn des 20. Jahrhunderts anzusiedeln. Daß in solchen Gründungsphasen einer Disziplin das Hauptaugenmerk zunächst der Ausbildung des eigenen Selbstverständnisses gilt, erweist sich auch hier. Das Interesse der Disziplinen an der Nachbarwissenschaft war starken Schwankungen ausgesetzt. Es wird im folgenden zu zeigen sein, welche Gründe maßgeblich verhinderten, daß „Pädagogik und Psychologie ... als *Wissenschaften* in ein Verhältnis treten" (Herzog 1994, S. 440) konnten. Dieser Befund mag um so mehr erstaunen, als sich im Kontext der beiden Wissenschaften zu Beginn dieses Jahrhunderts mit der *Pädagogischen Psychologie* (PP) eine Disziplin formierte, in der beide Wissenschaften auch institutionell eine Bindung eingingen. Es liegt daher auf der Hand, am Beispiel der Geschichte der PP einige repräsentative Stadien des Verhältnisses zu betrachten.

Pädagogische Psychologie

2.1. Die Pädagogische Psychologie

Wie viele andere Wissenschaften auch, hat – um ein häufig benutztes Bonmot zu zitieren – die PP eine lange Vergangenheit und eine kurze Geschichte. Diese Geschichte verlief bis heute im Wechsel von Aufbruch und Ernüchterung, wie auch die Charakterisierung von Ewert verdeutlicht: „Die Geschichte der Pädagogischen Psychologie gleicht den Trockentälern, den Wadis in Nordafrika. Ihre Anfänge verlieren sich im Weglosen, genaue Konturen sind nicht auszumachen, und von einem kontinuierlichen Strom, der sich aus klar unterscheidbaren Quellen speist, kann nicht die Rede sein. Manchmal, scheint es beim Studium historischer Quellen, füllen sich die Trockentäler mit einer reißenden Flut, aber ebenso schnell wie das Wasser gekommen ist, so schnell verschwindet es auch wieder. Da, wo für kurze Zeit eine üppige Vegetation bestand, findet sich nach kurzer Zeit nur Staub und Geröll" (Ewert 1979, S. 15).

Die Gründungsphase der PP fällt in die Wende vom 19. zum 20. Jahrhundert. Eingeleitet und ermöglicht wurde dies durch die Grundlegung einer am Methodenideal der Naturwissenschaften orientierten, experimentell forschenden physiologischen Psychologie durch Wilhelm Wundt (1832-1920). Sichtbar wird die Etablierung einer PP auch in der Gründung von einschlägigen Zeitschriften wie der ‚Zeitschrift für Pädagogische Psychologie' (1899) und der Einrichtung von Lehrstühlen und Laboratorien. Weltweit sind es zwischen 1890 und 1917 26 Institute und 20 Zeitschriften (vgl. Weidenmann/Krapp 1986, S. 30). Worin bestanden die Gründe, und was waren die zentralen Anliegen der daran Beteiligten?

Aufgaben der Pädagogischen Psychologie Kemsies umriß in der von ihm gegründeten ‚Zeitschrift für Pädagogische Psychologie' die Aufgaben der PP wie folgt: „Solange der gesetzmässige Zusammenhang zwischen der erzieherischen Einwirkung und den einfachsten sowohl als kompliziertesten Phänomenen der Kindesseele nicht klargelegt ist, kann von wissenschaftlicher Lösung des Problems nicht die Rede sein. Dies ist die Kardinalfrage der pädagogischen Psychologie" (Kemsies 1899, S. 2). Nach den Worten Kemsies kann „der wissenschaftliche Charakter ... der Individualpädagogik nur von der Psychologie verliehen werden" (ebd.). In enger Anlehnung an das damalige Verständnis naturwissenschaftlicher Theoriebildung soll die Psychologie „von Thatsachen zu Hypothesen und Theorieen fort(.)schreiten" (ebd., S. 17).

Eine ähnliche Auffassung finden wir bei Ernst Meumann (1862-1915). Aufgabe einer von ihm so genannten „experimentellen Pädagogik" ist es zwar auch, der Pädagogik eine empirisch abgesicherte Erkenntnisbasis zu verschaffen, indem sie in methodischer Hinsicht auf die Erkenntnismittel der Psychologie zurückgreift, entscheidend sei jedoch, Pädagogik nicht lediglich als *angewandte Psychologie* zu begreifen. Es komme vielmehr darauf an, von einem pädagogischen Gesichtspunkt aus zu fragen. Im Kontext einer pädagogisch-psychologischen Erforschung des Jugendalters bedeutet dies im Unterschied zu einer rein psychologischen Betrachtungsweise: „Der Kinderpsychologe fragt: wie entwickelt sich der jugendliche Mensch?; der Pädagoge fragt: wie müssen wir in diese Entwicklung eingreifen, um sie zu bestimmten Zielen und Idealen hinzuführen?" (Meumann 1911, S. 200).

Die wesentliche Aufgabe einer so verstandenen PP läge also in der *empirischen* Grundlegung der Pädagogik als einer – nunmehr am Methodenideal der Naturwissenschaften orientierten – praxisbezogenen Disziplin. Meumann beläßt es allerdings dabei, das, was unter einem pädagogischen Gesichtspunkt zu fassen wäre, weitgehend programmatisch zu formulieren. In der Rückschau zeigt sich das Ungenügen deutlich, eine Disziplin in erster Linie durch eine einheitliche Methodologie und nicht durch eine inhaltliche Bestimmung ihres Gegenstandsfeldes zu definieren. Wie das obige Zitat zeigt, kreist der pädagogische Gesichtspunkt im Unterschied zum psychologischen um das Normativitätsproblem, die Möglichkeit der Begründung pädagogischen Handelns. Seine experimentelle Pädagogik will „den Erzieher befähigen ..., sich jederzeit über die Begründung seiner pädagogischen Maßnahmen klar zu sein" (Meumann 1907, S. 8). Die Legitimation von Normen für erzieherisches Handeln soll aus der Analyse der tatsächlichen Verhältnisse hervorgehen. Diese Überlegung führte im weiteren Verlauf zu Mißverständnissen, da sie die Möglichkeit eines naturalistischen Fehlschlusses nicht völlig ausschloß. Meumanns Verständnis des Erziehungsgeschehens war nicht frei von mechanistischen Vorstellungen, und von daher ist eine Interpretation, er wolle eine erfahrungswissenschaftliche *Begründung* von Erziehungszielen und -werten liefern (also das Sollen aus dem Sein ableiten), zumindest verständlich.

Empirische Basis für Pädagogik

Bereits in der Gründungsphase zeichnen sich drei Muster in der PP ab, wie das Verhältnis zur Pädagogik bestimmt werden sollte. Sie blieben auch im weiteren Verlauf mit unterschiedlicher Gewichtung maßgeblich. Weiter unten werden wir zwei weitere, charakteristische Sichtweisen des Verhältnisses zur Psychologie von pädagogischer Seite darstellen.

Muster I   Ratgeber: PP als trivialisierte Psychologie für pädagogische Praktiker

Diese Auffassung fand ihren Niederschlag insbesondere in Lehr- und Handbüchern für Lehrer. Sie bestanden in der Regel in einer Auswahl von als pädagogisch relevant angesehenen psychologischen Wissensbeständen. Es blieb allerdings dem pädagogischen Praktiker weitgehend selbst überlassen, wie er dieses Wissen für seine Praxis aufbereitete. Dieses naive Anwendungsschema psychologischer Erkenntnisse auf pädagogische Praxis war jedoch bereits zum damaligen Zeitpunkt heftiger Kritik, etwa von Meumann, ausgesetzt. Ebenfalls warnte der amerikanische Psychologe und Philosoph W. James (1842-1910) vor falschen Hoffnungen, wenn er im Jahre 1899 gegenüber Lehrern formuliert: „Darüber hinaus möchte ich sagen, daß Sie sich in einem sehr großen Irrtum befinden, wenn Sie glauben, daß man von der Psychologie als Wissenschaft von den Gesetzen der Seele ganz bestimmte Programme, Schemata oder Unterrichtsmethoden für den unmittelbaren Gebrauch im Klassenzimmer ableiten kann" (James 1899, S. 7f.).

Lehrbuchwissen für die Praxis

Muster II Anwendung: PP erforscht pädagogische Gegenstandsfelder mit psychologischen Methoden

Diese Auffassung, wie sie auch von den bereits weiter oben erwähnten Repräsentanten der PP vertreten wurde, führte jedoch nicht dazu, daß sich das disziplinäre Selbstverständnis im weiteren Verlauf ihrer Geschichte stabilisierte. Die Gründe sind zum einen in der internen Konstruktion einer nicht systematisch ausformulierten Verbindung von psychologischer Methodologie und pädagogischen Gegenstandsfeldern zu suchen. Zum anderen resultieren sie aus der in den zwanziger Jahren einsetzenden Grundlagenkrise der Bezugsdisziplin Psychologie und in der Entwicklung eines anderen disziplinären Selbstverständnisses der Pädagogik.

Empirische Erforschung pädagogischer Gegenstandsfelder

Die Problematik der internen Konstruktion soll an einigen Überlegungen Meumanns verdeutlicht werden. Er umreißt als Aufgabenfeld innerhalb seiner „experimentellen Pädagogik" eine Fülle von Problemfeldern. Dazu zählen die Kinder- und Jugendkunde als Erforschung des sich entwickelnden Menschen bis zum Eintritt ins Erwachsenenalter, die Unterrichtsforschung als Analyse von Erziehungsmitteln, -materialien und -methoden, der Bereich der Schulorganisation sowie die Analyse von Erziehungs- bzw. Lehrzielen. Meumanns Anliegen, dieses Aufgabenfeld empirischer Forschung zugänglich zu machen, verschärft insofern das Identitätsproblem der PP, als sie nicht nur als Teildisziplin der Pädagogik verstanden wird, sondern zur empirischen Grundlage der Pädagogik schlechthin werden soll. Entstabilisierend wirkt in der Folgezeit des weiteren die Tatsache, daß sich im Hinblick auf das von ihm skizzierte Aufgabenfeld psychologische Teildisziplinen (wie z.B. Jugendkunde, Begabungsforschung, Entwicklungspsychologie, differentielle Psychologie) verselbständigen.

Methodenkrise der Pädagogischen Psychologie

In methodologischer Hinsicht war für Meumann „die experimentelle Psychologie die Mutter der empirisch forschenden Pädagogik" (Meumann 1907, S. VIII). Diese Abhängigkeit führte ab den zwanziger Jahren dazu, daß die PP während der Zeit der psychologischen Schulenbildung ebenfalls in den Sog der wissenschaftlichen Grundlagenkrise der Psychologie geriet. Neben eine naturwissenschaftlich-atomistische Psychologie, die bis dahin ausschließlicher Bezugspunkt der PP war, treten als potentielle Alternativen die Psychoanalyse, die Gestalt- und Strukturpsychologie und Ansätze einer geisteswissenschaftlichen Psychologie. Der zu Beginn der fünfziger Jahre einsetzende Siegeszug des Behaviorismus in der akademischen Psychologie beendete diese vielversprechende Entwicklung mit der Durchsetzung des verhaltenspsychologischen Paradigmas.

Muster III Anleitung: Pädagogische Psychologie als Theorie pädagogischer Praxis

Enger Theorie-Praxis-Bezug

Dieses Selbstverständnis kann bis heute als pragmatischer ‚common sense' der PP angesehen werden. Ein außerwissenschaftlicher Grund lag jeweils in der Erwartung der in der praktischen Arbeit stehenden LehrerInnen und ErzieherInnen, Hilfestellung bei der Erhellung und Verbesserung der bestehenden Erziehungs- und Unterrichtspraxis zu erhalten. So finden sich in der Frühphase der PP enge

282

sachliche und personelle Verbindungen zwischen empirisch forschenden Psychologen, Pädagogen (z.B. war Meumann an der Einrichtung des Bundes für Schulreform beteiligt) und reformpädagogischen Strömungen der Lehrerschaft. Ähnliches wiederholte sich in den sechziger Jahren, als es darum ging, verstärkt wissenschaftlich abgesicherte Anleihen für bildungspolitische Reformmaßnahmen bei der PP zu suchen.

Zur Illustrierung dieses praktischen Selbstverständnisses soll auch ein Blick in zwei neuere Lehrbücher dienen. In dem Lehrbuch „Pädagogische Psychologie" von Gage und Berliner, welches ausschließlich schulische Lehr- und Lernprozesse behandelt, sehen die Autoren die vorrangige Aufgabe der PP darin, Hilfestellungen bei der Bewältigung typischer Alltagsprobleme von LehrerInnen zu leisten. Aus diesem Blickwinkel verstehen sie die PP „als Grundlagendisziplin der Pädagogik, so wie die Naturwissenschaften Grundlagendisziplinen der Technik sind" (Gage/ Berliner 1986, S. 22). Vergleichbares gilt für das von Weidenmann und Krapp herausgegebene Lehrbuch „Pädagogische Psychologie" (1986). Sie fordern eine „praxisnahe Konzeptualisierung des Theorie-Praxis-Bezuges" (Krapp/Heiland 1986, S. 66). Dabei sei von „der Problemsituation des Praktikers aus(zu)gehen" (ebd.).

Partielle Kritik an diesem anwendungsorientierten Verständnis von PP gab es bereits in den zwanziger Jahren, etwa bei A. Fischer (1880-1937). Sie verbindet sich mit der Forderung, daß das Konstitutionsproblem von pädagogischer und nicht von psychologischer Seite her angegangen werden muß. Das Problem, das Fischer vor Augen hatte, wenn man PP als angewandte Psychologie auf pädagogische Problemstellungen versteht, bestand darin, daß hier die Psychologie als das Gegebene gesetzt und von daher gefragt wird, was von ihr in der pädagogischen Praxis gebraucht werden kann. Fischer fordert demgegenüber einen Standpunktwechsel. Daraus resultiert eine Umkehrung der Fragestellung, „wir fragen nun: was nützt uns die Psychologie für die Erziehungswissenschaft?" (Fischer 1917, S. 110). Aufgabe der Psychologie bzw. PP ist es nun, als Hilfswissenschaft die Pädagogik beim Verständnis geschichtlicher und gegenwärtiger pädagogischer Realitäten zu unterstützen. Erst eine Psychologie, die nicht mehr im Dienst „der Ausbildung der professionellen Erzieher, nicht der Praxis von Zucht und Lehre, nicht der Verbesserung der Methoden und Erziehungseinrichtungen (steht), sondern im Dienst der *Erkenntnis* der Erziehung, ... konstituiert sich als pädagogische Psychologie. ... sie setzt Erziehungen und Erziehung als gegebene Tatsache voraus, und bemüht sich, diese eigenartige Realität, Erziehung genannt, auf ihre psychologischen Einschläge hin zu analysieren" (Fischer 1917, S. 112, 116).

Fischers Vorschlag, der PP vordringlich die Aufgabe zuzuweisen, ihre Dienste im Rahmen einer – wie er es nennt – „deskriptiven Pädagogik" zu versehen, mag aus pädagogischer Sicht begrüßenswert erscheinen; sie löst jedoch nicht zwangsläufig ihr Problem, sich als eigenständige Disziplin neben (zwischen) Psychologie und Pädagogik zu etablieren. Eine so bestimmte PP wird vielmehr zur unmittelbaren „Konkurrentin der Pädagogik" (Herzog 1994, S. 433), bzw. wäre von einer erfahrungswissenschaftlich ausgerichteten Erziehungswissenschaft (empirischen Pädagogik) nicht mehr trennscharf abzugrenzen.

Bevor jedoch weitere Hintergründe der Identitätsproblematik der PP von pädagogischer Seite aus weiter erhellt werden, sollen einige Aspekte des span-

Pädagogische Psychologie als Hilfswissenschaft

nungsreichen Feldes, in dem sich die Psychologie als Disziplin zu Beginn des 20. Jahrhunderts formierte, in ihrer Bedeutung für die Teildisziplin betrachtet werden. Dabei wird ersichtlich, daß die PP von der Psychologie her mit Problemen beerbt wird, die ihre Lage als Grenzwissenschaft zwischen Psychologie und Pädagogik keinesfalls erleichtern.

Die Psychologie sah sich von Beginn an mehrfachen Legitimationszwängen ausgesetzt: Sie mußte als experimentell verstehende Forschungsrichtung zum einen den Nachweis der Exaktheit und Gegenstandsangemessenheit ihrer Methode gegenüber den Naturwissenschaftlern erbringen, zum anderen, bedingt durch ihre institutionelle Anbindung an die Philosophie, die philosophische Relevanz ihrer experimentalpsychologischen Forschung nachweisen. Zugleich war sie gefordert, die praktische Bedeutung ihrer Erkenntnisse gegenüber den staatlichen Stellen plausibel zu machen, um überhaupt eine entsprechende Ausstattung mit materiellen Ressourcen zu erhalten. Trotz des fortschreitenden Ausbaus der Disziplin blieben in den Jahrzehnten bis zum Beginn des 1. Weltkrieges diese Schwierigkeiten bestehen. Hinzu kamen unterschiedliche Auffassungen im Selbstverständnis: „... unter ihren Vertretern bleiben Gegenstandsbestimmung, Methode und theoretische Orientierung, der wissenschaftliche Status der Psychologie und der Stellenwert ihrer Erkenntnisse in Theorie und Praxis strittig" (Staeuble 1985, S. 36).

Selbstverständnis der Psychologie

Konsequenzen für die PP sollten vor allem zwei Kontroversen haben. Die eine betrifft die Frage, ob der Grundlagencharakter psychologischer Forschung oder ihre Praxisrelevanz und gesellschaftliche Nützlichkeit ausschlaggebend sein sollten. Vor allem Wundt äußerte seine Skepsis dahingehend, die „theoretische, rein wissenschaftliche Psychologie einer vor allem im Schulbereich situierten angewandten Psychologie pragmatisch unterzuordnen" (Ash 1985, S. 54).

Psychologie ohne Subjekt

Die zweite Kontroverse betrifft die Frage, ob der Anspruch auf Praxisrelevanz mit einer vorwiegend wissenschaftlich abgesicherten (wertfreien) Erkenntnisproduktion eingelöst werden kann, die vielen Adressaten der PP wenig attraktiv erschien. Die Resultate einer „subjektlosen Psychologie" (Staeuble 1985, S. 19) mit ihrer Zerlegung der menschlichen Psyche in eine Vielzahl psychologischer Elemente und Teilprozesse und ihrer weitgehenden Ausklammerung der normativ-sinnhaften Dimension der menschlichen Existenz konnte deren Bedürfnisse nach Orientierungen in einer gesellschaftlichen Krisen- und Umbruchzeit kaum befriedigen. Hier wirkte sich krisenverschärfend aus, daß mit der Etablierung der geisteswissenschaftlichen Pädagogik eine vermeintliche Alternative entstanden war, die sich anbot, den „Hoffnung(en) auf eine weltanschaulich ganzheitliche Sinngebung" (Hoffmann 1989, S. 145) eher gerecht zu werden. Ebenfalls entstand als Konkurrenz zur experimentellen Psychologie mit E. Sprangers (1882-1963) Ansatz einer geisteswissenschaftlichen Psychologie eine typologisch konzipierte Strukturpsychologie, in der „ein System von psychologischen Typen ... jeweils einer bestimmten Weltanschauung zugeordnet sein sollten" (Ash 1985, S. 68). Mit der Durchsetzung des geisteswissenschaftlichen Ansatzes sollte das in der Konstitutionsphase beider Disziplinen begonnene interdisziplinäre Gespräch für einige Jahrzehnte praktisch zum Erliegen kommen.

2.2. Pädagogische Psychologie aus der Sicht der Erziehungswissenschaft

Die bisherige Erörterung des Verhältnisses der beiden Disziplinen hat deutlich werden lassen, daß es in der Anfangsphase beider Wissenschaften die uns heute geläufigen Grenzziehungen und Standortbestimmungen noch nicht gab bzw. geben konnte. Die verbreitete Forderung einer Empirisierung der Pädagogik in Verbindung mit der Orientierung an der Psychologie als methodischer Leitdisziplin wird verständlich, wenn man sie in den Kontext der allgemein verbreiteten Unzufriedenheit über die Lage der theoretischen Pädagogik als Teil der Philosophie und über die geläufige Erziehungspraxis im Umfeld des Herbartianismus stellt. Wie bereits am Beispiel einiger Protagonisten einer empirisch ausgerichteten psychologischen und pädagogischen Forschung angedeutet wurde, gibt es von Anfang an eine enge Verbindung dieser innovativen Ansätze mit reformpädagogischen Strömungen, insbesondere seitens der Lehrerschaft selbst. Von daher ist es berechtigt, die „empirische Pädagogik zunächst als den szientifischen Flügel der Reformpädagogik (zu) verstehen" (Tenorth 1989, S. 322). Neben den Bemühungen um Reformen des Schulwesens wäre hier auf politische und sozialreformerische Intentionen zu verweisen.

Pädagogische Psychologie und Reformpädagogik

Die Option, sich im Verbund mit der (Pädagogischen) Psychologie und Soziologie als – empirisch ausgerichtete – Sozialwissenschaft zu etablieren, wurde in der Folgezeit nicht ergriffen. Statt dessen ergab sich eine Weichenstellung, die in der Formierung als Geisteswissenschaft das pädagogische Selbstverständnis für die nächsten Jahrzehnte bestimmen sollte. Wenn Tenorth rückblickend feststellt, daß „damals ... eher die Schwächen des Gegners als die überragenden Qualitäten der siegreichen Position über den weiteren Weg der wissenschaftlichen Pädagogik entschieden" (Tenorth 1989, S. 318) haben, so konnte dieses Resümee hinsichtlich der Grenzdisziplin PP in dem bisher Dargestellten plausibilisiert werden.

Mit dem Sonderweg, den die deutsche Pädagogik als Geisteswissenschaft eingeschlagen hat, sind per se Abgrenzungen gegenüber den sich etablierenden sozialwissenschaftlichen Nachbardisziplinen verbunden. Methodologisch drückt sich dies in der Zurückweisung eines positivistisch begriffenen Wissenschaftsverständnisses aus. Als Gegenmodell wird eine Konzeption von Pädagogik als hermeneutisch-praktischer Wissenschaft formuliert. Mit ihr verbinden sich programmatisch Ansprüche auf gemeinschaftliche Sinnorientierung (in der Forderung einer Kulturpädagogik), ein enger Theorie-Praxis-Bezug und der Ansatz einer pädagogischen *Menschenkunde* anstelle einer in pädagogischer Hinsicht als nicht brauchbar angesehenen PP.

Selbstverständnis geisteswissenschaftlicher Pädagogik

W. Diltheys (1833-1911) Konzeption und Verständnis der Geisteswissenschaften zielt darauf, das menschliche Leben in der Fülle seiner historischen, gesellschaftlichen und individuellen Wirklichkeit zu erschließen. Die den Geisteswissenschaften zugrundeliegenden und zu erhellenden Tatbestände müssen dabei in ihrem lebendigen Zusammenhang gesehen werden. Im Unterschied zur naturwissenschaftlichen Methode des Erklärens besteht der hermeneutische Zugang zur erlebten Wirklichkeit in der Methode des Verstehens. Die verstehende Haltung gegenüber menschlichen Lebensäußerungen, menschlicher Praxis kann

285

– wenn sie deren Sinnhaftigkeit explizieren will – nicht aus einer unbeteiligten, objektiv verbindlichen Erkenntnisperspektive erfolgen. Die Verstehensoperation erfordert vielmehr das subjektive Beteiligtsein, eigene Erlebnisfähigkeit. In Diltheys bekanntem Diktum: „Die Natur erklären wir, das Seelenleben verstehen wir" (Dilthey 1964, S. 144), drückt sich die Verschiedenheit der Erkenntnisrelation hinsichtlich der Gegenstände der Natur- und Geisteswissenschaften aus.

(Randbegriff links: Verstehen versus Erklären*)*

In der Tradition des Diltheyschen Ansatzes stehend, wandte sich insbesondere H. Nohl (1879-1960) pädagogischen Fragestellungen zu. Aufgabe der Pädagogik als Wissenschaft sei vorrangig die Auslegung und Reflexion pädagogischer Erfahrung und Wirklichkeit. Ihr Leitbegriff sei daher die Erziehungswirklichkeit; das Ziel bestehe in deren Erhellung und kritischer Kommentierung. Damit verbunden wird der Gedanke der Autonomie für die Pädagogik konstitutiv. Das Erziehungssystem erhält unter den Bedingungen einer ausdifferenzierten Gesellschaft die Aufgabe, als Teil des Kultursystems Erziehungsvorgänge unter primär pädagogischem Blickwinkel und in Abgrenzung zu Ansprüchen anderer gesellschaftlicher Teilsysteme zu organisieren.

(Randbegriff links: Autonomie der Pädagogik*)*

Nohl sieht die geisteswissenschaftliche Pädagogik am Ende einer längeren pädagogischen Tradition von Rousseau bis zu den reformpädagogischen Ansätzen, in welcher der zu Erziehende und damit die psychische Seite des Erziehungsvorgangs in den Vordergrund gerückt wird. Daraus ergibt sich, daß die Pädagogik primär nicht mehr „im Dienst objektiver Aufgaben" stehend, sondern als „verantwortlich für das Subjekt" (Nohl 1933/1981, S. 17/18) begriffen werden muß. Zugleich rückt damit die Relevanz psychologischer Erkenntnisse für pädagogische Theorie und Praxis in den Vordergrund. Im Rahmen der geisteswissenschaftlichen Vorstellung des Verhältnisses von Wissenschaft und Leben wird jedoch eine abstrakte, die psychischen Aspekte isolierende und zergliedernde Psychologie als Ausgangspunkt erzieherischer Arbeit verworfen. Diese Auffassung führt zu einem weiteren Muster des Verhältnisses:

Muster IV Zurückweisung: Pädagogische Menschenkunde statt Pädagogischer Psychologie

Für Nohl stellt sich die Grundfrage dahingehend, ob es „von dem vorwissenschaftlichen Denken des praktischen Lebens aus einen Weg in eine höhere Stufe der Besinnung (gibt), die noch nicht die Stufe der isolierenden oder konstruierenden Wissenschaft ist, aber doch Theorie ermöglicht" (Nohl 1929, S. 143). Diese lebensphilosophisch geprägte „Besinnung auf die Grunderfahrungen des Lebens" (ebd.) bezeichnet er als Kunde. Menschenkunde ist demzufolge „eine Lehre von den Aufbaugesetzen der Lebenswirklichkeit des Menschen" (ebd., S. 144). Pädagogische Menschenkunde „erwächst wahrhaft nur im persönlichen Verkehr mit dem einzelnen Kinde" (Nohl 1929/1981, S. 52). Jede fachwissenschaftliche Tätigkeit „setzt das lebendige Wissen um diese vorwissenschaftliche, konkret-totale Sphäre des Lebens voraus" (ebd., S. 53). Nohls Vorwürfe gegenüber einer „die konkrete Geschehenswirklichkeit mit ihren Erfahrungen, Begegnungen, Schicksalen und Entscheidungen" (Nohl 1929, S. 139) ausklammernden Psychologie sind, positiv gewendet, zu verstehen als Plädoyer für eine praktische Psychologie, die sich „für die ganze Inhaltlichkeit des kindlichen Lebens" (ebd.,

(Randbegriff links: Pädagogische Menschenkunde*)*

S. 137) aufgeschlossen zeigt. Lebendige Anschauung soll an die Stelle wissenschaftlicher Theoriebildung treten.

Unterzieht man den Ansatz Nohls einer kritischen Würdigung, so fällt zunächst die Differenz ins Auge, die zwischen programmatischem Anspruch auf Praxisbezug, Ausgang von der Erziehungswirklichkeit einerseits und deren Umsetzung andererseits besteht. Anstelle einer empirisch verfahrenden, sensiblen Beschreibung faktischer Erziehungsverhältnisse sind seine Analysen verankert in einer „statischen und letztlich vormodernen Anthropologie und Gesellschaftstheorie" (Marotzki 1989, S. 223), die ihre wesentlichen Referenzpunkte der philosophischen Anthropologie von Platon bis Kant entlehnt. Pointiert formuliert: Nicht die hermeneutisch sensible Auslegung der Erziehungswirklichkeit, sondern die Exegese pädagogischer und philosophischer Texte zur Erziehung (also kulturelle Objektivationen) bilden den vorrangigen Bezugsrahmen.

In der Reihe skeptischer Einschätzungen gegenüber einer empirisch-experimentellen pädagogischen Psychologie finden sich ähnliche Topoi auch in einer stärker phänomenologisch orientierten Pädagogik in der Tradition Diltheys. So konstatiert M. Langeveld (1905-1989) angesichts der experimentellen Psychologie Meumanns, Ebbinghaus' u.a.: „Der praktische Pädagoge hat hier immer *zurecht* den Eindruck gehabt, diese Psychologie wäre jedenfalls für *ihn* und seinen Zögling inhaltslos" (Langeveld 1964, S. 367). Ihren Beitrag für die Pädagogik kann die Psychologie erst dann erfüllen, wenn sie sich auf die anthropologisch fundamentale *Erziehungstatsache* bezieht. Auf diese, in der Ich-Du-Beziehung gegründete, existentiell-menschliche Situation müßte sich eine Psychologie als Hilfswissenschaft der Pädagogik einlassen. Auslegung der Erziehungssituation

Als zweiter Haupteinwand wird von seiten der geisteswissenschaftlichen Pädagogik gegenüber der Psychologie immer wieder der Vorwurf geäußert, daß sie sich dem Wert- bzw. Normenproblem in der Pädagogik aufgrund ihres wertneutralen Wissenschaftsverständnisses nicht stelle. W. Flitners (1889-1990) Bemühungen gelten dabei einer Standortbestimmung pädagogischer Theoriebildung, die sich einerseits abzugrenzen hat gegenüber einem technologisch-verkürzten Erziehungsverständnis, welches sich instrumentell der Erkenntnisse empirischer Wissenschaften bedient, und die andererseits normative Pädagogiken zurückweist, die Werte deduktiv auf Erziehungszusammenhänge anwenden wollen. „In beiden Fällen wird die Struktur des wissenschaftlichen Denkens über das pädagogische ... Gebiet verkannt. Zwischen den Tatbeständen, auf die die Empiriker blicken, und jenen, die durch die Wertphilosophie oder theologische oder politische Normierung gestützt scheinen, befindet sich eine *Zwischenwelt, in der das erzieherische Geschehen mit seiner Verantwortung liegt.* An dieser Stelle beginnt die Besinnung und Forschung der wissenschaftlichen Pädagogik" (Flitner 1956, S. 69). Standortbestimmung pädagogischer Theoriebildung

In der phänomenologisch orientierten Pädagogik der fünfziger Jahre wurde das Verhältnis zur Psychologie allerdings auch offener akzentuiert. Dies zeigt ein Blick auf die Konzeption F. Winnefelds (1911-1968), der nicht nur empirischer Forschung aufgeschlossen begegnete, sondern auch die wechselseitige Verwiesenheit der Disziplinen hervorhob. Diese Bezogenheit will Winnefeld im Rahmen einer phänomenologischen Pädagogik unter dem Gesichtspunkt einer „Pädagogischen Tatsachenforschung" einlösen. Diese „will den Ganzvorgang Pädagogische Tatsachenforschung

287

des pädagogischen Geschehens mit allen heute überhaupt zur Verfügung stehenden Hilfsmitteln vom Wertungsstandpunkt des Pädagogen aus untersuchen" (Winnefeld 1957, S. 26). PP wird zur Teildisziplin einer empirischen Erziehungswissenschaft, die ihren wissenschaftslogischen Ort zwischen einer historisch-systematisch verfahrenden „Theoretischen Pädagogik" und einer „Praktisch (normativen) Pädagogik" hat (vgl. Winnefeld 1957, S. 28). Daraus ergibt sich als weiteres Muster folgende Verhältnisbestimmung:

Muster V   Integration: PP als Teil der empirisch forschenden Erziehungswissenschaft

In der von H. Roth (1906-1983) geprägten Formel von der „realistischen Wendung" in der Pädagogik drückt sich der Wechsel der Referenzdisziplinen in der Hinwendung zur Psychologie, Soziologie, Linguistik u.a. und weg von eher normativ orientierten Bezugswissenschaften wie Theologie und Philosophie aus, der in den sechziger Jahren einsetzte. Roth konstatiert zunächst, daß die Pädagogik sich insoweit konsolidiert habe, als die „Eigenständigkeit der pädagogischen Fragestellung herausgearbeitet und praktisch gegen jeden philosophischen Zweifel gesichert" (Roth 1966, S. 75) sei. Dies sei das Verdienst der geisteswissenschaftlich orientierten Tradition gewesen. Gefordert sei nun der offene Dialog mit den anderen Humanwissenschaften, vor allem der Psychologie und Soziologie.

Realistische
Wendung der
Erziehungswissenschaft

Aus der Sicht Roths sind im Selbstverständnis der Erziehungswissenschaft zwei Momente hervorzuheben: Sie kann keine wertfreie Wissenschaft sein, und sie steht im engen Zusammenhang mit ihrer berufswissenschaftlichen, praktischen Seite (vgl. Roth 1966, S. 76f.). Letzteres bedeutet zugleich, daß sie in dieser Theorie-Praxis-Verschränkung auf künftige Gestaltung, Veränderbarkeit der Wirklichkeit hin ausgerichtet ist. Der Bezug auf den erziehungs- und lernfähigen Menschen verleiht ihr den Charakter einer Wissenschaft, die sich des „Zusammenhangs von Möglichkeit und Wirklichkeit" (Roth 1966, S. 77) vergewissern muß; sie ist von daher immer auch Möglichkeitswissenschaft. Im Blick auf das Subjekt konkretisiert sich dies in der Frage nach der anthropologisch auszuweisenden Dimension aufgeklärter, mündiger Selbstwerdung. „Die Pädagogik ... fragt nach der Veränderlichkeit dieser Natur (d. Menschen – W.B.), nach der Kultivierbarkeit und Bildsamkeit des Menschen, nach seiner möglichen geistigen Gestalt, seinem möglichen geistigen Optimum" (Roth 1962, S. 481).

Die Hinwendung zu den bereits über eine längere Tradition verfügenden erfahrungswissenschaftlich ausgerichteten Nachbardisziplinen kann in seinem Verständnis allerdings nur dann produktiv sein, wenn diese ihrerseits sich gegenüber dem pädagogischen Grundgedanken der Erziehbarkeit des Menschen aufgeschlossen zeigen, wenn diese selbst – wie er im Blick auf die Psychologie im Kontext der Wiederaufnahme des Lernbegriffs feststellt – pädagogisch geworden sind. Pädagogischer Psychologie komme dann die Aufgabe zu, pädagogische Tatsachenforschung hinsichtlich der *psychischen* Seite des Erziehungsvorganges zu leisten. Sie wird so zur Hilfswissenschaft der Pädagogik, die sich allerdings weiterhin in eigener Regie der Aufgabe der Zielbestimmung pädagogischen Handelns stellen muß (vgl. Roth 1959, S. 108ff.).

Pädagogische Relevanz
der Psychologie

288

2.3. Resümee und Aspekte des gegenwärtigen Verhältnisses

Wir haben uns bei der Charakterisierung des Verhältnisses von Erziehungswissenschaft und Psychologie am Beispiel der PP einer Perspektive bedient, in der die institutionell verankerte Bezugnahme der Disziplinen aufeinander im Vordergrund steht. In dieser sowohl historische wie systematische Gesichtspunkte einbeziehenden Betrachtung beschränkten wir uns im wesentlichen auf den akademischen main-stream psychologischer und pädagogisch-psychologischer Theoriebildung; d.h. andere psychologische Schulen wie etwa die Psychoanalyse, die humanistische Psychologie und die Entwicklungspsychologie, deren Ursprünge ebenfalls in dem bisher behandelten Zeitraum liegen, blieben im wesentlichen ausgespart. Gerechtfertigt ist diese Einschränkung insofern, als diese Ansätze – von wenigen Ausnahmen abgesehen – bis in die siebziger Jahre kaum von pädagogischer Seite zur Kenntnis genommen wurden und auch nicht im Zentrum der akademischen Psychologie standen. Dies sollte sich erst im Gefolge der sozialwissenschaftlichen Wende in der Erziehungswissenschaft ändern.

Zu Beginn der siebziger Jahre hat sich die Erziehungswissenschaft in drei Hauptströmungen ausdifferenziert: die hermeneutisch-praktisch orientierte geisteswissenschaftliche Pädagogik, die kritisch-emanzipatorische sowie die empirische Erziehungswissenschaft. Damit vervielfältigt sich auch die Sicht auf die psychologische Nachbardisziplin in Anlehnung an die genannten Muster. Innerhalb des empirischen ‚Paradigmas‘ wird dabei am stärksten an das im zweiten und dritten Muster charakterisierte Verhältnis zur Psychologie angeknüpft. Das empirisch-analytische Programm sieht sich jedoch den gleichen Vorwürfen ausgesetzt, die in den beiden Mustern bereits angeklungen sind.

Erziehungswissenschaft der siebziger Jahre

Die im Rahmen des kritischen Paradigmas einsetzende Rezeption der Psychoanalyse und materialistischer Ansätze hat in programmatischer Hinsicht zum einen wichtige Impulse für die disziplinäre Selbstreflexion vermittelt. Die dabei erhobenen Forderungen nach einem neuen gesellschaftsverändernden und emanzipatorisch-kritischen Theorie- und Praxisverständnis verschärften zum anderen auch die sich bereits abzeichnende Krise des behavioristischen Theorieparadigmas in der Psychologie und verbanden sich mit der generellen Kritik an ihrem nomologisch orientierten, quantifizierend verfahrenden Wissenschaftsverständnis. Für die methodologischen und praxisbezogenen Aspekte der erziehungswissenschaftlichen Disziplin konnten die hier formulierten Ansprüche jedoch kaum eingelöst werden (vgl. König 1990, S. 922f.).

Die weitere Auffächerung der erziehungswissenschaftlichen Theoriekonzepte seit den achtziger Jahren führte auch zu einem verstärkten Theorieimport aus der Psychologie (und Soziologie). Welche neuen Perspektiven sich hieraus für einen produktiven Verbund der Disziplinen ergeben haben, werden wir exemplarisch am Beispiel des Verhältnisses zur Soziologie skizzieren.

3. Das Verhältnis von Erziehungswissenschaft und Soziologie

Im vorigen Kapitel haben wir gesehen, daß im Verhältnis von Erziehungswissenschaft und Psychologie überwiegend die psychische Seite der Erziehung und damit der Individuierungsaspekt im Vordergrund stehen. Bei der folgenden Analyse des Verhältnisses von Erziehungswissenschaft und Soziologie dürfen wir erwarten, daß der Vergesellschaftungsaspekt ins Zentrum der Überlegungen rückt. Wir werden auch in diesem Abschnitt so vorgehen, daß wir elementare Muster der Beziehung in historischer und systematischer Perspektive herausarbeiten, ohne den Anspruch zu erheben, daß dies alle Muster sind, die sich in der Vergangenheit herausgebildet haben. Aber es sind solche, die auch heute noch anzutreffen sind.

Muster I   Vereinnahmung: Erziehungswissenschaft als Teil der Soziologie

Zunächst einmal ist die Position vertreten worden, daß Soziologie die elementare Bezugswissenschaft sei und Erziehungswissenschaft ihr untergeordnet und aus ihr ableitbar. Diese Position findet man am klarsten bei Emile Durkheim (1858-1917), einem der Begründer moderner Soziologie. In der französischen Geschichte wurde mit Durkheim erstmals Soziologie als Universitätsfach etabliert, und zwar bezeichnenderweise in Kombination mit Erziehungswissenschaft: Von

Soziologie als elementare Bezugsdisziplin

1886 bis 1902 hat Durkheim den Lehrstuhl für Pädagogik und Sozialwissenschaft an der Universität von Bordeaux inne, von 1902 bis 1906 die Vertretung des Lehrstuhls gleichen Namens in Paris. Dann wird er endgültig zum Ordinarius für *Pädagogik und Sozialwissenschaft* an die Sorbonne/Paris berufen. Auf eigene Veranlassung wird die Denomination des Lehrstuhls 1913 geändert in *Erziehungswissenschaft und Soziologie.* Das akademische Fach der Soziologie, das zu den drängenden Problemen der Zeit etwas sagen sollte, trat in Erscheinung als eine Wissenschaft, die gesellschaftliche Phänomene analysierte und beschrieb, die aber auch, und zwar mittels Erziehungswissenschaft, gleich die Rezepte zur Heilung der Krankheiten der Zeit ausstellte. Pädagogik wird von Durkheim als Morallehre auf der Basis der Soziologie aufgebaut. Das Auseinanderfallen von individuellen Handlungen und gesellschaftlichen Bindungen bezeichnet Durkheim als Anomie. In seiner klassischen Studie über den *Selbstmord* (Durkheim 1897) erprobt er dieses Erklärungsmuster in einer Weise, die auch heute an Aktualität nur wenig eingebüßt hat: Die Sinnherstellung mißlinge den Menschen – so argumentiert Durkheim –, von außen werde wenig konsistente Orientierung dem einzelnen geboten, die Kraft, den Sinn aus sich zu schöpfen, fehle. Aufgrund dieser Diffusion und des Chaos der Orientierungssysteme komme es zu der Reaktion, sich das Leben zu nehmen. Die soziologische Dimension ist deutlich: Es geht um das Verhältnis von Individualität und gesellschaftlichen Regeln; die pädagogische Dimension besteht darin zu fragen, wie angesichts anomischer Zustände Orientierung für den einzelnen möglich sei. Durkheims Auffassung von Pädagogik besteht darin, daß nur über die Einsetzung neuer, angemessener moralischer Maßstäbe Anomie behoben werden könne. Die neue Moral, die gebraucht werde, werde durch die Erziehungswissenschaft auf der Basis der Soziologie, die die Erziehungsziele festlege, zur Verfügung gestellt: eine Morallehre der modernen Gesellschaft.

Durkheim: Soziologie bestimmt Erziehungsziele

Durkheim argumentiert auf der Basis der anthropologischen Prämisse, daß der Mensch der normativen Stabilisierung seiner Person im sozialen Verband bedürfe. Weil Durkheim Erziehung als sozialen Tatbestand versteht, hängt für ihn die Pädagogik von der Soziologie mehr ab als von jeder anderen Wissenschaft. Pädagogik ist für ihn eben deshalb kein Anhängsel der Psychologie, weil sie als Gegenstand nicht die individuelle Selbstverwirklichung des einzelnen habe, nicht den einzelnen als einzelnen. Weil es die Gesellschaft sei, die für den einzelnen das Ideal bestimme, sei die Psychologie eine *unpassende Quelle* für den Pädagogen. Sie könne nämlich den Pädagogen nicht über das Ziel aufklären, das er verfolgen solle; das könne nur die Soziologie. Die Psychologie spiele dann eine Rolle, wenn es um die Realisierung der Ziele gehe, wenn es darum gehe zu klären, wie die biographischen Eigengesetzlichkeiten der Schüler oder Jugendlichen beschaffen seien. Das *pädagogische Ideal*, mit dessen Hilfe Ziele für Erziehungsvorgänge bestimmt werden können, werde durch die Sozialstruktur bestimmt, sei „in der Gegenwart wie in der Vergangenheit ... bis in jede Einzelheit das Werk der Gesellschaft" (Durkheim 1922, S. 82). Es verkörpere soziale Notwendigkeiten: „Wir müssen immer zum Studium der Gesellschaft zurückkehren; nur dort kann der Pädagoge die Prinzipien seiner Theorie finden" (Durkheim 1922, S. 92). Erziehung sei ein Mittel der Gesellschaft, sich selbst zu reproduzieren. Demzufolge macht Durkheim zwischen Erziehung und Sozialisation keinen Unterschied. Auffällig ist deshalb eine gewisse mechanistische Auffassung Durkheims: Die Gesellschaft stehe dem einzelnen gegenüber und wirke sozusagen in ihn hinein; die soziale Realität existiere somit unabhängig vom einzelnen. Erziehung hat die Aufgabe, das soziale Sein im einzelnen zu erzeugen. Durkheim definiert Erziehung als die „methodische Sozialisierung der jungen Generation" (Durkheim, cit. bei Lempert 1963, S. 127).

Das Verdienst Durkheims besteht ohne Zweifel darin, den Blick dafür geöffnet zu haben, daß Erziehung ein soziales Phänomen ist, d.h. abhängig ist von gesellschaftlichen Prozessen und aus ihnen heraus eigentlich nur verstehbar. Das, was an seiner Sichtweise als soziologistisch bezeichnet worden ist, kann in anderer Formulierung auch als *affirmativ* bezeichnet werden. Das bedeutet, daß er dem einzelnen wenig Entwicklungsmöglichkeiten zu einer der Gesellschaft gegenüber kritischen Haltung zugesteht. Im Vordergrund steht bei Durkheim die Reproduktionsnotwendigkeit einer Gesellschaft: „Die Gesellschaft muß untersucht werden; ihre Bedürfnisse muß man kennen, denn die Bedürfnisse der Gesellschaft müssen befriedigt werden" (Durkheim 1922, S. 93). Es sei eine Illusion zu glauben, wir erzögen die Kinder, wie wir wollten. Wir würden vielmehr den sozialen Regeln des Milieus, in dem wir leben, folgen. Diese würden gleichsam eine inspirative, materielle Kraft entfalten und sich durchsetzen.

Erziehung als Sozialisation

Das Verhältnis von Soziologie und Erziehungswissenschaft ist hier hierarchisch strukturiert. Die Soziologie liefert die alles überwölbende Theorie des Sozialen schlechthin. Das Eigene der Erziehungswissenschaft wird lediglich in einem Durchführungsaspekt jener Erziehungsziele gesehen, welche die Soziologie vorgibt. Bemerkenswert ist, daß die ersten pädagogischen Abhandlungen, die das Verhältnis von Pädagogik und Gesellschaft (im Sinne der Soziologie) thematisieren, strukturell ähnlich argumentieren, dies allerdings mit einem sozialistisch motivierten politischen Engagement verbinden (vgl. Müller-Leyer 1924; Kawerau 1921; Adler 1924, 1936; Bernfeld 1922; Tesar 1925). Hier ist das Pathos, das eine gewisse Aufbruchstimmung und Neuorientierung dokumentiert, in Reinkultur zu studieren: Der neue Mensch soll über Erziehung geschaffen werden (vgl. Oestreich/Tacke 1925; Karsen 1921), über die auch eine neue Gesellschaft entstehen soll.

Muster II Intermundium: Pädagogische Soziologie

Ähnlich, wie sich eine Pädagogische Psychologie in groben Konturen etabliert hat, gab es Versuche, auch eine Pädagogische Soziologie zu verankern. Darunter ist die Erforschung der Erziehungspraxis unter soziologischer Fragestellung zu verstehen. In diesem Sinne entwickelte sich eine educational sociology wie auch eine sociology of education seit 1915 kontinuierlich an amerikanischen Universitäten. 1922 gliedert sich die American Sociological Society eine Section on Educational Sociology an. 1925 gründen Suedden und Kulp die „National Society for the Study of Educational Sociology". Die Gretchenfrage dabei lautet, ob Soziologie als Normwissenschaft für die Pädagogik akzeptiert werden kann oder nicht. Ein gewisser Konsens wird dabei im deutschsprachigen Raum, auf den wir uns hier nur beziehen, durch die Annahmen gebildet, daß Erziehungsziele auf der Basis der Ergebnisse der Soziologie diskutiert werden und daß dabei weiterhin eine soziologische Betrachtung des Erziehungsphänomens hilfreich ist. Als exemplarisch für eine solche Auffassung dürfen die Positionen von Fischer (1931) und Geiger (1929/1930) gelten. Während Durkheim die Soziologie noch als normgebende Wissenschaft gegenüber der Erziehungswissenschaft verstand, wird diese Auffassung von Fischer und Geiger nicht mehr geteilt. Beide verstehen Soziologie als erfahrungswissenschaftliche Disziplin im weitesten Sinne. Zwischen Soziologie und Erziehungswissenschaft sollte ihrer Meinung nach ein mehr oder minder eigenständiger Bereich gebildet werden, der nach Geiger mit soziologischen Methoden den pädagogischen Gegenstand bearbeitet, nach Fischer Soziologie anwendet auf Erziehung.

Anfänge einer Pädagogischen Soziologie

Fischer lehnt eine Position ab, bei der Soziologie die alles überwölbende Theorie des Sozialen schlechthin ist. Beide Disziplinen sollen gleichberechtigt nebeneinander existieren und der jeweils anderen ihre Erkenntnisse und gelegentlich auch ihre Dienste zur Verfügung stellen, wie dies etwa zwischen Physik und Mathematik üblich sei. Beim sozialen Phänomen der Erziehung müßten beide wissenschaftlichen Disziplinen zusammenarbeiten. Diesen Überschneidungsbereich nennt er *Pädagogische Soziologie* als „Idee einer Grenz- und Zwischenwissenschaft" (Fischer 1931, S. 409): „Sie ist Soziologie, aber angewendet auf die Erziehung, Soziologie der Erziehung in der Nebenordnung zu den schon länger eingeführten Soziologien der Kunst, des Rechts, der Religion usw." (Fischer 1931, S. 409).

Pädagogische Soziologie als Grenzwissenschaft

Nach Fischer beschäftigt sich die Soziologie mit der Struktur der Gesellschaft und Mechanismen der Vergesellschaftung. Er denkt dabei eher an eine Prinzipienwissenschaft als an eine Wissenschaft, die überwiegend empirische

Forschung betreibt. Eine solchermaßen verstandene Prinzipienwissenschaft stellt für ihn jedoch keinen Widerspruch dar zu einer erfahrungswissenschaftlich vorgehenden Soziologie, die entweder empirisch oder prinzipienwissenschaftlich ausgearbeitet werden kann.

Auch Geiger bestreitet jeden normativen Anspruch der Soziologie gegenüber der Pädagogik. Als Teildisziplin der Soziologie bearbeite die *Soziologie der Erziehung* mit soziologischen Methoden den Gegenstand Erziehung. Geiger konzipiert eine Soziologie der Erziehung als Spezialdisziplin der Soziologie und entwickelt ein entsprechendes Forschungsprogramm. Er knüpft sowohl an die bei Durkheim vorliegende Verflechtung von Soziologie und Erziehungswissenschaft als auch an amerikanische Strömungen einer *Educational Sociology* an. Geigers Position zeichnet sich – ähnlich übrigens wie bei Durkheim – durch das Bemühen aus, die Erziehungswissenschaft aus den Fallstricken eines Psychologismus herauszuführen und Erziehung als ein soziales Phänomen zu thematisieren. Die Formel: *Vom Kinde aus* erweitert er beispielsweise zu der Formel: *Vom Kinde als sozialem Wesen aus.* *[Randnotiz: Soziale Dimension der Erziehung]*

In der Zeit von 1933 bis 1945 wurden in Deutschland Kooperationsversuche von Soziologie und Pädagogik unterbrochen. Die für den Nationalsozialismus typischen Ideologeme, Einordnung des Einzelnen in Gemeinschaft und Staat, Wert des Dienstes, notwendige Parteilichkeit der Wissenschaft sowie die Priorität der Praxis, wurden totalitär durchgesetzt. Erst nach dem Zweiten Weltkrieg *[Randnotiz: Themen einer Erziehungssoziologie]* entstehen einige Lehrbücher, die die Vermittlung von soziologischen Forschungsergebnissen und Fragestellungen für PädagogInnen zum Ziel haben (vgl. Weiss 1955; Barley 1962; Brim 1963; Teutsch 1965). Wenngleich es auch nicht gelungen ist, in Analogie zur Pädagogischen Psychologie eine Pädagogische Soziologie zu etablieren, ist jedoch unter dem Titel *Erziehungssoziologie* bis heute eine rege Publikationspraxis zu beobachten (vgl. Götz/Kaltschmid 1977; Kob 1976; Grimm 1987), die teils von WissenschaftlerInnen betrieben wird, die sich der Erziehungswissenschaft, teils von solchen, die sich der Soziologie zurechnen. Dabei werden beispielsweise folgende Themenbereiche abgehandelt: Schulsoziologie (Schulentwicklung, Schulentwicklungsforschung, Bildungsforschung und Bildungsplanung); Kindheits- und Jugendforschung, Familienforschung (Erziehungssoziologie), Soziologie pädagogischer Umwelten (Dorf, Stadt, Medien) sowie Einzelfragen (z.B. Soziologie des Lehrers).

Muster III Abstinenz: Historische Sinnauslegung

Im Kontext der Argumentation geisteswissenschaftlicher Pädagogik, auf die wir im vorigen Kapitel bereits eingegangen sind, spielt das Anliegen der Sinnauslegung, der hermeneutischen Aufhellung von Sinngehalten, eine wichtige Rolle. Die Geschichtlichkeit des erzieherischen Aufgabenfeldes sollte zur Geltung gebracht werden. Das beinhaltete eine Hinwendung zu den historisch-gesellschaftlichen Verhältnissen, freilich in der Regel in Form historischer, ideen- und geistesgeschichtlicher Rekonstruktionen und nicht in Form von soziologischen Analysen. Hermeneutische Verfahren wurden auf historische Texte angewandt und kaum für die Analyse von Aktualsituationen fruchtbar gemacht (Empiriedefizit). Das analytische Inventar geistesgeschichtlicher Pädagogik *[Randnotiz: Distanz geisteswissenschaftlicher Pädagogik zur Soziologie]* wurde nur bis zu einem gewissen Grade entwickelt. Vor allem fehlte die systematische Unterscheidung von deskriptiven und normativen Aussagen. Weil ein empirisches Bewußtsein nicht ausgeprägt war, kam es oft dazu, Erziehungswirklichkeit durch normative Vorstellungen von dem, was Erziehung sein sollte, zu ersetzen bzw. beide Bereiche zu vermischen, so daß häufig eine Idealisierung der Erziehungspraxis zu beobachten war (Normativitätsdefizit). Es leuchtet ein, daß sich diese Konzeption von Erziehungswissenschaft aufgrund des Empirie- und Normativitätsdefizits ganz natürlicherweise in einer großen Distanz zur Soziologie befindet, sofern diese als empirisch arbeitende Disziplin verstanden wird. Insofern verzichten wir darauf, dieses Muster weiter auszuarbeiten.

Muster IV Kooperation 1: Empirie und Erziehung

In der Folge ist insbesondere in den fünfziger und sechziger Jahren die Einsicht gewachsen, daß auch Erziehungswissenschaft der empirischen Forschung bedarf. Anstöße dafür waren u.a. auch die Reformbemühungen im Bildungswesen. Häufig ging es um ganz praktische Unterstützung einer reformorientierten Bildungspolitik, die empirische Wissensbestände über die tatsächliche Bildungswirklichkeit voraussetzte. Insofern kann in dieser Zeit ausgehend von der Entstehung einer Bildungsforschung (im weitesten Sinne) auch von einer empirischen Öffnung erziehungswissenschaftlicher Forschung gesprochen werden. Martin Rang bestreitet beispielsweise, „daß wir Pädagogen unsere Studenten für das Studium der Wirklichkeit allein an den Soziologen verweisen und uns die Aufgabe vorbehalten könnten, aufgrund seiner Wirklichkeitsanalyse die pädagogischen Folgerungen zu ziehen" (Rang 1957, S. 41). Er konzediert zwar, daß Psychologie und Soziologie für die pädagogische Ausbildung unentbehrlich sind, insistiert jedoch darauf, daß Pädagogik weder die Wirklichkeitsanalyse noch das soziologische Zielbild einer Neuordnung der Gesellschaft bloß übernehmen dürfe.

Bedarf an empirischer Bildungsforschung

Einer der Bekanntesten, der das erfahrungswissenschaftliche Defizit geisteswissenschaftlicher Pädagogik aufgreift und versucht, einer Lösung zuzuführen, ist Heinrich Roth, der in seiner Göttinger Antrittsvorlesung 1962 den folgenreichen Begriff der „realistischen Wendung in der pädagogischen Forschung" prägte. Erziehungswissenschaft sollte sich gegenüber ihren Nachbardisziplinen öffnen, aber nicht ihre eigene Identität aufgeben. Sie sollte eine Integrationswissenschaft werden, die aber ein eigenes Frageformat aufweise. Dieses eigene Frageformat sah Roth dadurch gegeben, daß die zu erbringende Integrationsleistung von einer pädagogischen Anthropologie erbracht werden sollte: Der Mensch wird grundsätzlich als ein homo educandus verstanden. Roth plädiert für pädagogische Feldforschung empirischen Zuschnitts: „Man hat lange geglaubt, der Forschungsgegenstand der Pädagogik erschöpfe sich in der Interpretation der Texte jener großen Pädagogen, die den pädagogischen Studien zugrunde gelegt werden. Diese Texte sind ein Gegenstand pädagogischer Forschung, aber nicht sie allein; denn wovon handeln diese Texte? Muß die Pädagogik die Erforschung dieser Texte nicht ergänzen durch eine direkte Erforschung der Wirklichkeit, von der diese Texte handeln? Ist diese Erziehungswirklichkeit nicht direkt erforschbar?" (Roth 1962, S. 484).

Erziehungswissenschaft als Integrationsdisziplin

Es gehe darum, „die Methoden zu entdecken und zu schaffen, die es erlauben, die intuitive Hermeneutik der Erziehungswirklichkeit ... auf erfahrungswissenschaftliche Grundlagen zu stellen und dadurch deutlicher abzusichern" (Roth 1962, S. 484). Roth fordert einen offenen und produktiven Dialog mit allen Wissenschaften vom Menschen. Auch Mangold (1966) plädiert für eine stärkere Hinwendung zu empirischer Forschung. Das Verhältnis zur Soziologie dürfe sich nicht auf eine Pädagogische Soziologie beschränken. Erst recht sei eine Soziologie der Erziehung zu wenig. Er lehnt eine „gleichsam unter Gesichtspunkten ihrer Nützlichkeit für pädagogische Fragestellungen thematisch und methodisch teils reduzierte, teils gleichsam pädagogisierte Soziologie" (Mangold 1966, S. 269) ab und plädiert für ein gleichrangiges Verhältnis von Soziologie und Erziehungswissenschaft.

Das eigenständige Frageformat der Erziehungswissenschaft wird in diesem Muster über den Erziehungsbegriff selbst entwickelt. Da Erziehung als gesellschaftlicher Sachverhalt unhintergehbar über das Generationenverhältnis gegeben und Erziehung ohne Normensetzung nicht möglich ist, ist mit Erziehung immer schon die Normativitätsfrage unabweisbar verknüpft. Deshalb sagt Roth: „Das Problem der Normen in einer Welt von Tatsachen muß zum Hauptthema eines ihrer (der Erziehungswissenschaft – W.M.) Forschungsbereiche werden" (Roth 1966, S. 82). Erziehung sei immer der Diskrepanz von Normen und Tatsachen ausgesetzt. Nicht nur ideologiekritische Reflexion tradierter Normen, sondern auch Setzung und Begründung von Normen, die dem Menschen Freiheit und Entwicklungsmöglichkeiten eröffnen, seien gefordert. Erziehungswissenschaft habe die Aufgabe, die Geltung von Normen zu erforschen, das wäre sozusagen die empirisch-deskriptive Seite, und die Geltung kritisch zu diskutieren, das wäre die Seite der Normendiskussion. Das könne die Soziologie nicht tun, insofern berühre sie nicht der Kernbereich der Erziehungswissenschaft.

Umgang mit Normenproblem

Diesem Muster kann im weitesten Sinn auch das Konzept einer Erziehungswissenschaft mit emanzipatorischer Zielsetzung zugeordnet werden, weil durch die emanzipatorische Ausrichtung stark normative Ziele explizit gemacht werden. In dieser sogenannten Kritischen Erziehungswissenschaft der sechziger und siebziger Jahre standen Emanzipation sowie Gesellschafts- und Ideologiekritik im Vordergrund. In diesem Kontext kam es zu einer Fülle von Theorieimporten aus der soziologischen Diskussion, die an dieser Stelle nicht differenziert rekonstruiert werden sollen, weil sie im wesentlichen einer empirischen Forschung nur wenig Impulse haben geben können. Die Kritische Erziehungswissenschaft forderte eher programmatisch eine Analyse gesellschaftlicher Widersprüche und proklamierte ein sozialwissenschaftliches Selbstverständnis.

Zusammenfassend kann gesagt werden, daß der entscheidende Gesichtspunkt, der sich bei diesem Muster im Verhältnis zwischen Erziehungswissenschaft und Soziologie zur Geltung bringt, wissenschaftstheoretischer Art ist: Soziologische Fakten können nicht Normen begründen; aus dem Sein kann kein Sollen abgeleitet werden. Die Normativität des Faktischen ist etwas anderes als die Begründung von Erziehungszielen, von Prinzipien des Verhaltens und des Handelns. Der Kern der erziehungswissenschaftlichen Disziplin wird als Diskurs über das gesellschaftliche Phänomen der Erziehung gesehen.

Verhältnis von Tatsachen und Normen

Muster V: Kooperation 2: Empirie und Lernen

Zu Beginn der achtziger Jahre wird in der Geschichte der Erziehungswissenschaft die sogenannte Alltagswende (Lenzen 1980) verortet. In dieser Entwicklungsphase hat eine verstärkte theoretische Erörterung jener Prinzipien stattgefunden, durch die Subjekte die soziale Wirklichkeit konstruieren. Möglicherweise hat Rainer Treptow (1985) recht, wenn er im sozialpädagogischen Zusammenhang vermutet, daß die Alltagswende auch eine Reaktion auf überzogene und unliebsam gewordene normative Ansprüche der sogenannten emanzipativen Phase darstelle. Im Zuge dieser neuen Diskussionslage wurden phänomenologische und wissenssoziologische Theorien rezipiert, die vor allem einer erziehungswissenschaftlichen Biographieforschung (vgl. Krüger/Marotzki 1996) kräftige Entwicklungsimpulse verlieh.

Zwei Merkmale kennzeichnen dieses Muster: *Zum einen* bringen beide wissenschaftlichen Disziplinen nahezu gleichwertig Traditionen ein: In erziehungswissenschaftlicher Tradition wird an die hermeneutische (Schleiermacher, Dilthey) und phänomenologische Linie (Langeveld, Loch) angeschlossen, in der Soziologie an die wissenssoziologische Linie (Weber, Schütz). *Zum zweiten* ist eine thematische Umfokussierung zu registrieren: Nicht mehr das gesellschaftliche Erziehungsphänomen und damit die Normenproblematik stehen im Zentrum der Aufmerksamkeit, sondern das gesellschaftliche Lern- und Bildungsphänomen. Das bedeutet ein Anknüpfen an die geisteswissenschaftliche Pädagogik in methodologischer Hinsicht. Hermeneutik und Phänomenologie werden jetzt systematisch konzeptualisiert und für die Aufhellung von interaktiven und biographischen Sinnkonstitutionsprozessen fruchtbar gemacht. Weiterhin führen die Impulse qualitativer Sozialforschung, die sich über die wissenssoziologische Tradition entwickelt haben, konsequent zu einer sinnvollen Alternative gegenüber einer quantitativ orientierten Forschung (vgl. Marotzki 1995). Empirisch aufgehellt werden diese gesellschaftlichen Phänomene in schulischen, vor allem auch in außerschulischen Kontexten, wobei in der Regel ethnographische und biographieanalytische Zugänge bevorzugt werden.

Kooperation über Lern- und Bildungsbegriff sowie qualitative Forschungsmethoden

3.1. Resümee des Verhältnisses zur Soziologie

Die exemplarisch vorgeführten Muster beanspruchen nicht, die Geschichte des Verhältnisses von Soziologie und Erziehungswissenschaft hinreichend genau und differenziert wiederzugeben. Wir behaupten auch nicht, daß diese Muster sich in der Geschichte beider Fächer genau in dieser Reihenfolge ausgebildet haben. Unser Blick ist ein historisch-systematischer: Die Muster sind deshalb ausgewählt worden, weil sie fünf grundlegende Haltungen darstellen, die auch in der heutigen Diskussion noch anzutreffen sind. Sie stellen Antworten auf die Frage dar, wie Soziologie und Erziehungswissenschaft in ein Verhältnis treten können.

Auffallend an der von uns rekonstruierten Linie der Argumentation (insbesondere bei den ersten vier Mustern) ist *zunächst* die pauschale Redeweise von *der Erziehungswissenschaft* und von *der Soziologie.* In der hier nur kursorisch

296

skizzierten Debatte ist selbst – freilich ohne Wirkung – immer wieder angemerkt worden, daß eine solche pauschale Sprechweise nicht sinnvoll sei, weil sich innerhalb der Teildisziplinen die Ausdifferenzierungsprozesse in einem Maße vollzogen haben, die das verbieten. Dieses gilt um so mehr heute. Ein *weiteres* Hindernis einer Kooperation von Erziehungswissenschaft und Soziologie bildete lange Zeit die Auffassung, daß Pädagogik zeitlose und allgemeingültige Prinzipien menschlichen Handelns formuliere, also Aussagen darüber mache, *wie es gemacht werde*, die jenseits aller Empirie gelten würden, die durch Empirie nicht widerlegbar seien. *Schließlich* dominierte lange Zeit die Auffassung – und ist auch heute noch gelegentlich anzutreffen –, Pädagogik habe das wahre Menschentum zu befördern, habe den neuen Menschen zu erschaffen. Diese drei Sichtweisen haben mehr oder minder stark ein fruchtbares Verhältnis von Soziologie und Erziehungswissenschaft verhindert.

Ausdifferenzierung der Disziplinen

4. Perspektiven eines interdisziplinären Dialogs mit den Nachbarwissenschaften

Erziehungswissenschaft studieren bedeutet, sich ausgehend von einem pädagogischen Frageprofil konsequent in einen interdisziplinären Dialog zu begeben. Um das Bild, das wir in der Einleitung verwendet haben, aufzugreifen: Es kommt darauf an, ein produktives Verhältnis zu den Nachbarn aufzubauen. Anhand wesentlicher Aspekte der Geschichte des Verhältnisses von Erziehungswissenschaft, Psychologie und Soziologie haben wir exemplarisch einige Linien und Positionen herausgearbeitet. Auffallend ist dabei die häufig zu beobachtende wechselseitige Vorwurfsstruktur. Aus der Sicht der Psychologie (und Pädagogischen Psychologie) habe die Pädagogik über weite Strecken eine wissenschaftlich ausgewiesene Forschungsmethodologie nicht ausgearbeitet, deren Fehlen sich in einem Empiriedefizit niedergeschlagen habe. Aus dem Blickwinkel der Pädagogik habe es der Psychologie an einer normativ-orientierenden Sichtweise gefehlt. Beide Seiten beurteilen die jeweils andere Disziplin – wie man leicht sehen kann – nach Maßgabe ihres eigenen Selbstverständnisses. Sofern eine positive Bezugnahme auf die Nachdardisziplin überhaupt erfolgt, wird sie jeweils komplementär im Sinne einer Hilfswissenschaft vorgenommen. Ähnlich läßt sich der Streit um eine Pädagogische Soziologie beschreiben. Entweder wird der Pädagogik vollständig ihre Existenzberechtigung abgesprochen (Muster I) oder der Gegenstandsbereich einer Pädagogischen Soziologie wird aus der Erziehungswissenschaft ausgelagert (Muster II). Schließlich kann eine Arbeitsteilung zwischen Soziologie und Pädagogik in dem Sinne etabliert werden, daß erstere für die Beschreibung und Analyse gesellschaftlicher Wirklichkeit zuständig ist und letztere für das pädagogische Handeln in ihr, also zuständig für die Begründung von verhaltens- und handlungsleitenden Normen; eine Arbeitsteilung, die – wie wir gesehen haben – alles andere als harmonisch ist. Die Erörterung des Verhältnisses von Pädagogik und Psychologie hat weiterhin ergeben, daß die Bezugnahme der Disziplinen nicht primär auf der Ebene der jeweiligen Theoriebildungen geschah, sondern über die pädagogische Praxis. Die Pädagogische

Bilanz der Beziehungen zu Psychologie und Soziologie

Psychologie erlag dabei, bedingt durch ihr weitgehend quantitativ-empirisches Methodenverständnis, leicht einer technologisch verkürzten Sichtweise in der Umsetzung psychologischer Erkenntnisse.

Die Chancen für ein genuin *interdisziplinäres* Verhältnis der Erziehungswissenschaft zu Psychologie und Soziologie haben sich mittlerweile erheblich gebessert. Aus unserer Sicht müßte sich ein unvoreingenommener produktiver Dialog durch folgende Merkmale auszeichnen:

Bedingungen für produktiven Dialog

1. Aus erziehungswissenschaftlicher Sicht wäre eine Erörterung der erkenntnisleitenden Grundannahmen, welche psychologischer und soziologische Theoriebildung jeweils zugrunde liegen, unabdingbar. Die in den unterschiedlichen Ansätzen und Modellen enthaltenen Bilder, Entwürfe menschlichen Seins müssen darauf überprüft werden, ob sie für eine „pädagogische Erkenntnisperspektive" (Herzog 1988, S. 9) anschließbar sind, die den Menschen z.B. als erziehungs- und lernfähiges Wesen sieht. Herzog konstatiert daher zurecht, daß beispielsweise Pädagogik und Psychologie nur metatheoretisch in ein Verhältnis gebracht werden können, d.h. indem man sich mit den unterschiedlichen wissenschaftstheoretischen Konzepten der Disziplinen beschäftigt (vgl. Herzog 1994). Dies bedingt zugleich ein konstruktivistisches Verständnis des eigenen Tuns als Bestandteil jeglicher Erkenntnistätigkeit. Spätestens hier wird die Rede von *der* Psychologie, *der* Soziologie hinfällig und es zeigt sich, daß z.B. einer behavioristischen Lerntheorie ein anderes Subjektmodell als einem kognitivistischen oder psychoanalytischen Ansatz zugrunde liegt. Vergleichbares gilt für soziologische Gesellschaftsmodelle (z.B. bei Durkheim, Habermas, Luhmann etc.) und deren Implikationen hinsichtlich des Vergesellschaftungsprozesses. Ein konstruktivistisches Theorieverständnis verändert auch den Empiriebegriff (etwa durch Einbezug sinnverstehender Forschungsansätze) und überwindet damit eine abbildtheoretisch gefaßte Erkenntnisrelation zur pädagogischen Wirklichkeit.

Metatheoretische Bezugnahme auf Theorieebene

2. In disziplinärer Hinsicht gilt es zwischen Erziehungswissenschaft, Pädagogik und Praxis zu unterschieden: Pädagogische Praxis wird durch die schulischen und außerschulischen Handlungsfelder bestimmt. Die elementaren Handlungen in diesen Feldern sind unterrichten, erziehen, beraten, unterstützen, helfen, moderieren und informieren. Pädagogik selbst ist eine auf Lern- und Erziehungspraxis gerichtete Reflexion in problemlösender Absicht (Reflexion und Begründung der Praxis). Hier geht es auch um die Erzeugung von handlungsorientierenden Leitideen. Erziehungswissenschaft ist jene akademische Disziplin, deren Gegenstand eine wissenschaftliche Beschäftigung mit Erziehungs- und Bildungssystemen sowie mit deren Theorien in systematischer, historischer und kulturell-vergleichender Perspektive darstellt. Erziehungswissenschaft zu studieren bedeutet also, sich mit Theorien, empirischen Phänomenen, Praxisfeldern sowie deren Reflexion zu beschäftigen (vgl. Abb. 1).

Struktur der Erziehungswissenschaft

Erziehungswissenschaft:

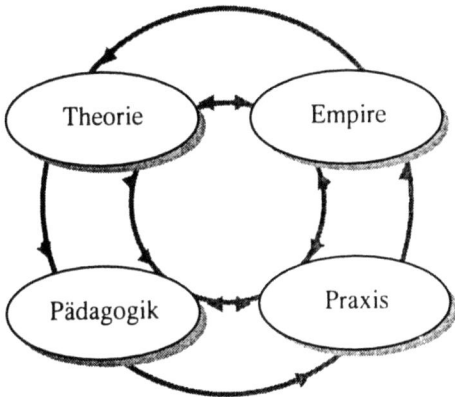

Abbildung 1

Erst das Zusammenspiel von Theorie, Pädagogik, Praxis und Empirie konstituiert die spezifische erziehungswissenschaftliche Identität. In den vier Teilbereichen selbst sind die verschiedensten Kooperationen mit Nachbardisziplinen vorstellbar und auch erwünscht. Methoden und Theorien beispielsweise der Philosophie, Psychologie, Soziologie, Linguistik und Ethnologie können – je nach Fragestellung – Bestandteile des institutionalisierten wissenschaftlichen Systems Erziehungswissenschaft auf den Ebenen Theorie, Pädagogik, Praxis und Empirie sein.

Ebenen der Kooperation

Literatur

Adler, M.: Neue Menschen. Wien 1924.

Adler, M.: Das Rätsel der Gesellschaft. Zur erkenntniskritischen Grundlegung der Sozialwissenschaft. Wien 1936.

Ash, M.G.: Die experimentelle Psychologie an den deutschsprachigen Universitäten von der Wilhelminischen Zeit bis zum Nationalsozialismus. In: Ash/Geuter (1985), S. 45-82.

Ash, M.G./Geuter, U. (Hrsg.): Geschichte der deutschen Psychologie im 20. Jahrhundert. Opladen 1985.

Barley, D.: Grundzüge und Probleme der Soziologie. Eine Einführung in das Verständnis des menschlichen Zusammenlebens, besonders für Eltern, Lehrer und Sozialpädagogen. Berlin/Neuwied 1962.

Bernfeld, S.: Gemeinschaftsleben der Jugend. Wien 1922.

Brim, O.G.: Soziologie des Erziehungswesens. Heidelberg 1963.

Dahmer, I./Klafki, W. (Hrsg.): Geisteswissenschaftliche Pädagogik am Ausgang ihrer Epoche. Weinheim/Berlin 1968.

Dilthey, W.: Ideen über eine beschreibende und zergliedernde Psychologie. In: Dilthey, W.: Gesammelte Schriften, Bd. 5. Stuttgart 1964, S. 139-240.

Durkheim, E.: Der Selbstmord (1897). Frankfurt a.M. 1983.

Durkheim, E.: Erziehung und Soziologie (1922). Düsseldorf 1972.

Ewert, O.: Zum Selbstverständnis der Pädagogischen Psychologie im Wandel ihrer Geschichte. In: Brandtstädter, J./Reinert, G./Schneewind, K. (Hrsg.): Pädagogische Psychologie: Probleme und Perspektiven. Stuttgart 1979, S. 15-28.

Fischer, A.: Über Begriff und Aufgabe der pädagogischen Psychologie. In: Zeitschrift für pädagogische Psychologie und experimentelle Pädagogik 18 (1917), S. 5-13; S. 109-118.

Fischer, A.: Pädagogische Soziologie. In: Vierkandt, A. (Hrsg.): Handwörterbuch der Soziologie. Stuttgart 1931. (Unveränderter Nachdruck 1959), S. 405-425.

Flitner, W.: Stellung und Methode der Erziehungswissenschaft. In: Zeitschrift für Pädagogik 2 (1956), S. 65-73.

Gage N.L./Berliner, D.C.: Pädagogische Psychologie. 4., völlig neu bearb. Auflage, Weinheim/München 1986.

Geiger, Th.: Soziologie und Erziehungswissenschaft. Programm einer Soziologie der Erziehung (1929). In: Rodax (1991), S. 317-330.

Geiger, Th.: Erziehung als Gegenstand der Soziologie (1930). In: Rodax (1991), S. 331-352.

Goldschmidt, D. u.a. (Hrsg.): Erziehungswissenschaft als Gesellschaftswissenschaft. Heidelberg 1969.

Götz, B./ Kaltschmid, J. (Hrsg.): Erziehungswissenschaft und Soziologie. Darmstadt 1977.

Grimm, S.: Soziologie der Bildung und Erziehung. Eine Einführung und kritische Bilanz. München 1987.

Herzog, W.: Pädagogische Psychologie als interdisziplinäre Wissenschaft. In: Schweizerische Zeitschrift für Psychologie 47 (1988), S. 1-12.

Herzog, W.: Pädagogik und Psychologie. In: Zeitschrift für Pädagogik 40 (1994), S. 425-445.

Hoffmann, D.: Bemerkungen zur Begründung und Entwicklung der Geisteswissenschaftlichen Pädagogik. In: Zedler/König (1989), S. 141-159.

James, W.: Psychologie und Erziehung. Leipzig 1899.

Karsen, F.: Die Schule der werdenden Gesellschaft. Stuttgart/Berlin 1921.

Kawerau, S.: Soziologische Pädagogik. Leipzig 1921.

Kemsies, F.: Fragen und Aufgaben der pädagogischen Psychologie. In: Zeitschrift für Pädagogische Psychologie 1 (1899), S. 1-20.

Kob, J.: Soziologische Theorie der Erziehung. Stuttgart u.a. 1976.

König, E.: Bilanz der Theorieentwicklung in der Erziehungswissenschaft. In: Zeitschrift für Pädagogik 36 (1990), S. 919-936.

Krapp, A./Heiland, A.: Wissenschaftstheoretische Grundfragen der Pädagogischen Psychologie. In: Weidenmann/Krapp (1986), S. 41-72.

Krüger, H.-H./Marotzki, W. (Hrsg): Erziehungswissenschaftliche Biographieforschung. Opladen [2]1996.

Langeveld, M.: Erziehungswissenschaft und Psychologie. Über das Wesen der pädagogischen Psychologie. In: Röhrs, H. (Hrsg.): Erziehungswissenschaft und Erziehungswirklichkeit. Frankfurt a.M. 1964, S. 363-373.

Lempert, W.: Über einige Mißverständnisse zwischen deutschen Pädagogen und Soziologen. In: Lemberg, E. (Hrsg.): Das Bildungswesen als Gegenstand der Forschung. Heidelberg 1963, S. 125ff.

Lenzen, D. (Hrsg.): Pädagogik und Alltag. Methoden und Ergebnisse alltagsorientierter Forschung in der Erziehungswissenschaft. Stuttgart 1980.

Mangold, W.: Soziologie in der Lehrerbildung. In: 6. Beiheft der Zeitschrift für Pädagogik 1966, S. 262-274.

Marotzki, W.: Konstruktion oder „Lebendigkeit des Lebens"? Das Verhältnis Herman Nohls zur Psychoanalyse Sigmund Freuds. In: Zedler/König (1989), S. 205-226.

Marotzki, W.: Qualitative Bildungsforschung. In: König/Zedler: Bilanz qualitativer Forschung. Band I: Grundlagen qualitativer Forschung. Weinheim 1995, S. 99-134.

Meumann, E.: Vorlesungen zur Einführung in die experimentelle Pädagogik und ihre psychologischen Grundlagen, Bd. 1. Leipzig 1907.

Meumann, E.: Die gegenwärtige Lage der Pädagogik. In: Zeitschrift für pädagogische Psychologie und experimentelle Pädagogik 12 (1911), S. 193-206.

Müller-Leyer, F.: Soziologie der Erziehung. München 1924.

Nohl, H.: Pädagogische Menschenkunde. In: Die Erziehung 4 (1929), S. 137-147.

Nohl, H.: Pädagogische Menschenkunde. In: Handbuch der Pädagogik, hrsg. v. H. Nohl und L. Pallat, Bd. 2. Weinheim/Basel 1981 (Nachdruck der Originalausgabe Berlin/Leipzig 1929), S. 51-75.

Nohl, H.: Die Theorie der Bildung. In: Handbuch der Pädagogik, hrsg. v. H. Nohl und L. Pallat, Bd. 1. Weinheim/Basel 1981 (Nachdruck der Originalausgabe Berlin/Leipzig 1933), S. 3-80.

Oestreich, P./Tacke, O.: Der neue Lehrer – Beiträge zur entschiedenen Schulreform. Osterwieck 1925.

Rang, M.: Das Verhältnis der Pädagogik zur Soziologie und Psychologie. In: Zeitschrift für Pädagogik 3 (1957), S. 34-50.

Rodax, K.: Theodor Geiger – Soziologie der Erziehung. Braunschweiger Schriften 1929-1933. Berlin 1991.

Roeder, P.M.: Erziehungswissenschaften. Kommunikation in einer ausdifferenzierten Sozialwissenschaft. In: Zeitschrift für Pädagogik 36 (1990), S. 651-670.

Roth, H.: Psychologie und Pädagogik und das Problem einer pädagogischen Psychologie. In: Derbolav, J./Roth, H.: Psychologie und Pädagogik. Neue Forschungen und Ergebnisse. Heidelberg 1959, S. 77-138.

Roth, H.: Die realistische Wendung in der Pädagogischen Forschung. In: Neue Sammlung 2 (1962), S. 481-490.

Roth, H.: Erziehungswissenschaft zwischen Psychologie und Soziologie. In: 6. Beiheft der Zeitschrift für Pädagogik 1966, S. 75-84.

Staeuble, I.: ‚Subjektpsychologie' oder ‚subjektlose Psychologie' – Gesellschaftliche und institutionelle Bedingungen der Herausbildung der modernen Psychologie. In: Ash/Geuter (1985), S. 19-44.

Tenorth, H.-E.: Versäumte Chancen. Zur Rezeption und Gestalt der empirischen Erziehungswissenschaft der Jahrhundertwende. In: Zedler/König (1989), S. 317-343.

Tesar, L. F.: Gesellschaft und Schule. Berlin 1925.

Teutsch, C.M. (Hrsg.): Soziologie der pädagogischen Umwelt. Stuttgart 1965.

Treptow, R.: Raub der Utopie. Zukunftskonzepte bei Schütz und Bloch – Kritik der Alltagspädagogik. Bielefeld 1985.

Weidenmann, B./Krapp, A. (Hrsg.): Pädagogische Psychologie. Ein Lehrbuch. München/Weinheim 1986.

Weiss, C.: Pädagogische Soziologie. Leipzig 1929.

Weiss, C.: Abriß der pädagogischen Soziologie. Band 2: Soziologie und Sozialpsychologie der Schulklasse. Bad Heilbrunn 1955.

Winnefeld, F.: Zur Problemgeschichte der Pädagogischen Psychologie. In: Winnefeld, F.: Pädagogischer Kontakt und pädagogisches Feld. Beiträge zur Pädagogischen Psychologie. München/Basel 1957, S. 11-28.

Zedler, P./König, E. (Hrsg.): Rekonstruktionen pädagogischer Wissenschaftsgeschichte. Weinheim 1989.

VI. 2. Erziehungswissenschaft und ihre Teildisziplinen

Heinz-Hermann Krüger

Inhalt

Hermann Giesecke schrieb 1969 in seiner Einführung in die Pädagogik „Spezialisierung in der Erziehungswissenschaft kann es sinnvollerweise nur als eine solche der einzelnen Wissenschaftler geben, die sich in bestimmte Probleme einarbeiten, da sie heute nicht mehr alles in gleichem Maße verstehen können. Erziehungswissenschaft aber kann es trotzdem heute nur als ‚Allgemeine Pädagogik‘ geben, auf die hin ‚Spezialisten‘ immer wieder ihre Forschungen und Interpretationen formulieren" (Giesecke 1969, S. 216f.). Diese Forderung Gieseckes nach dem Erhalt der Einheit der Erziehungswissenschaft und seine Warnung vor der Ausdifferenzierung des Faches in verschiedene Bereiche wurde jedoch von der faktischen Entwicklung der Erziehungswissenschaft überholt, die sich gerade in der Zeit der späten sechziger und siebziger Jahre aufgrund gestiegener Ausbildungsbedarfe und in Reaktion auf neue pädagogische Problemlagen in eine Vielzahl von Teildisziplinen ausfächerte. Im folgenden wird nun in einem ersten Schritt die historische Entwicklung der Erziehungswissenschaft und ihrer Bereiche in groben Zügen nachgezeichnet. In einem zweiten Schritt wird die aktuelle Struktur der Erziehungswissenschaft mit ihren Subdisziplinen und Fachrichtungen vorgestellt. In einem dritten Schritt wird dann die von Giesecke aufgeworfene Frage nach dem Spannungsverhältnis von Allgemeinem und Spezialisierung

Einheit der Erziehungswissenschaft

Ausdifferenzierung der Erziehungswisenschaft

in der Erziehungswissenschaft noch einmal aufgegriffen und das Wechselwirkungsverhältnis zwischen der Allgemeinen Pädagogik und den Speziellen Pädagogiken vor dem Hintergrund der zu diagnostizierenden Tendenzen einer reflexiven Modernisierung von Erziehungsverhältnissen diskutiert.

1. Die historische Entwicklung der Erziehungswissenschaft und ihrer Bereiche

Stellt man die Frage nach den Anfängen der Pädagogik, so gibt es zwei richtige Antworten: vor vielen tausend Jahren oder 1779. Die erste Antwort ist richtig, wenn man davon ausgeht, daß die Geschichte der Erziehung so alt ist wie die Menschengattung selbst. Erste frühe schriftliche Zeugnisse über pädagogische Reflexionen gibt es aus der Zeit der griechischen und römischen Antike etwa bei Platon, Aristoteles oder Cicero. Die Anfänge einer institutionalisierten Bildung gehen dann in die Zeit des Mittelalters zurück, als die ersten Universitäten und Stadt- und Lateinschulen für Laien gegründet wurden sowie Bemühungen der Armenerziehung einsetzten (vgl. Tenorth 1988, S. 50).

Anfänge der Pädagogik

Wenn man dagegen den Zeitpunkt wissen möchte, an dem die Beschäftigung mit erzieherischen Prozessen selbst zu einer Wissenschaft wird, dann ist das Jahr 1779 das richtige, in dem der erste Lehrstuhl für Pädagogik an der Universität Halle eingerichtet und mit Ernst Christian Trapp besetzt wird. In seinem Buch ‚Versuch einer Pädagogik‘ begründete Trapp eine empirische, sich auf Beobachtung und Experiment stützende Erziehungswissenschaft, die ganz dem neuen Geist der Aufklärung verpflichtet, ein System der Pädagogik als Wissenschaft nicht aus theologischen oder philosophischen Obersätzen deduziert, sondern von der Psychologie und den gesellschaftlichen Bedingungen der Erziehung her zu entwickeln sucht. Doch Trapp scheiterte u.a. an Konflikten mit Vertretern der Theologischen Fakultät, in die sein Erziehungsinstitut formell eingebunden war. 1783 verläßt er enttäuscht die Universität; sein Versuch, pädagogisch-theoretische und schulpraktische Ausbildung von angehenden Schullehrern universitär zu etablieren, war fehlgeschlagen. Trapps Nachfolger, Friedrich August Wolf, ebenfalls klassischer Philologe, gestaltete die Altertumswissenschaft zum Mittelpunkt der Bildung angehender Gymnasiallehrer. Er entwickelte damit zugleich erste Konturen für eine neuhumanistische Bildung für Philologen, die die Ausbildung von Gymnasiallehrern an Universitäten im 19. Jahrhundert bestimmte (vgl. Herrmann 1991a, S. 153).

Ernst Christian Trapp

Während im ausgehenden 18., dem „pädagogischen" Jahrhundert, der Begriff Erziehungswissenschaft im deutschen Sprachgebiet erstmals verwendet und das Phänomen intensiv diskutiert wird, war von Erziehungswissenschaft als eigenständiger Disziplin seit der Wende zum 19. Jahrhundert zunächst nicht mehr die Rede. Zwar kommt es im Verlauf des 19. Jahrhunderts zur sukzessiven Durchsetzung des öffentlichen Bildungssystems. Die gesellschaftliche Modernisierung als Aufgabe wird zunächst im höheren Bildungswesen wahrgenommen. So wurden beispielsweise als Reaktion auf die einsetzende Industrialisierung in der ersten Hälfte des 19. Jahrhunderts Polytechnika zur Qualifizierung von Fachleuten für das techni-

Sukzessive Durchsetzung des öffentlichen Bildungswesens und Ausweitung des Erziehungssystems im 19. Jahrhundert sche und kaufmännische Management gegründet, die dann im späten 19. Jahrhundert in Technische Hochschulen umgewandelt wurden. Nach 1820 wurden in Preußen Ausbildungsstätten (Seminare) für das Lehramt an niedrigen Schulen eingerichtet. 1864 besuchten in Preußen bereits 85 Prozent der schulpflichtigen Kinder die Elementarschule (vgl. Tenorth 1988, S. 161). Nach 1879 wurde im Deutschen Reich in der Phase der Hochindustrialisierung das duale System der Berufsausbildung durchgesetzt (vgl. Blankertz 1982, S. 201). Im Verlaufe des 19. Jahrhunderts bildeten sich zudem Blinden- und Gehörlosenschulen sowie sog. Hilfsschulen für umweltgeschädigte Kinder heraus (vgl. Heese 1964, S. 282).

Aber auch im Bereich der außerschulischen pädagogischen Praxis setzten in der ersten Hälfte des 19. Jahrhunderts erste Institutionalisierungsversuche ein. Bedeutsam im Kontext der gesellschaftlichen Neuordnung des Lernens von Erwachsenen waren neben den öffentlichen Volksbibliotheken vor allem die „Arbeiter-Bildungs-Vereine", die von bürgerlichen Akademikern aus fürsorglich-pädagogischen Motiven, aber auch von selbstbewußten Gesellen und Arbeitern gegründet, in Deutschland nach 1840 relativ weit verbreitet waren. Im Umkreis der evangelischen und katholischen Kirche wurden von Wichern bzw. Kolping sozialpädagogische Einrichtungen in Gestalt von Armen- und Fürsorgeanstalten sowie Rettungshäuser für verwahrloste Jugendliche geschaffen. Angelehnt an die Kindergartenbewegung entstehen Mitte des 19. Jahrhunderts in Preußen 382 „Kleinkinder-Bewahranstalten", die von Vereinen in Verbindung mit den Kirchen organisiert wurden, die allerdings nur 1 Prozent der Kinder bis 5 Jahren in Preußen betreuten (vgl. Tenorth 1988, S. 164 ff.).

Während somit im 19. Jahrhundert die Vorgeschichte des modernen Bildungs- und Erziehungswesens beginnt, notwendige Modernisierungsprozesse sich vor allem in Neuordnungen der höheren Bildung niederschlagen und die ersten noch zaghaften Versuche einer Verarbeitung von Modernisierungsfolgen sich in der Gründung von sozialpädagogischen Betreuungseinrichtungen oder von Ansätzen einer selbstorganisierten Erwachsenenbildung manifestieren, so führt diese Entwicklung nicht zur Etablierung einer universitären Erziehungswissenschaft und schon gar nicht zur Herausbildung spezieller Teildisziplinen. Systematische Fragen der Konstruktion pädagogischen Wissens werden zu Beginn des 19. Jahrhunderts bereits dort diskutiert, wo sie auch in der historischen Konstitutionsphase der Erziehungswissenschaft, nämlich zu Beginn des 20. Jahrhunderts immer noch anzutreffen sind: innerhalb der praktischen Philosophie wie bei Herbart, der sich vor allem um die Begründung einer Unterrichtstheorie auf psychologischer Grundlage bemüht hat; im Kontext der Theologie wie bei Schleiermacher, der Pädagogik als eine sich an die Ethik anschließende Kunstlehre begreift; als Bestandteil des professionellen Wissens der Lehrer und gelehrten Schulmänner, wie bei Harnisch oder Diesterweg; und schließlich als Element eines relativ breiten öffentlichen Diskurses über Nationalbildung oder Volksbildung und über die Gestaltung des Bildungssystems, wie bei Wilhelm von Humboldt bzw. Johann Heinrich Pestalozzi (vgl. Tenorth 1994, S. 17). Bis in die zwanziger Jahre unseres Jahrhunderts waren zudem die wenigen Lehrstühle für Pädagogik, die bis dahin an Universitäten existierten, mit dem Fach Philosophie verbunden.

Einen bedeutenden Anstoß erhielt die Entwicklung der Pädagogik als Wissenschaft durch die Begründung einer akademischen Lehrerbildung der Volks-

Keine Etablierung einer eigenständigen universitären Erziehungswissenschaft im 19. Jahrhundert

schullehrerInnen in der Zeit der Weimarer Republik. In Hamburg, Braunschweig oder Leipzig wurde die Volksschullehrerbildung an den Universitäten angesiedelt. In Preußen wurden angeregt durch Vertreter der Geisteswissenschaftlichen Pädagogik, wie Nohl und Spranger, seit 1926 Pädagogische Akademien als spezifische Bildnerhochschulen gegründet. Neben Lehrstühlen für „Allgemeine Pädagogik" bzw. „Systematische Pädagogik" wurden in diesem Kontext Professuren für „Praktische Pädagogik" eingerichtet, die sich mit den spezifischen Fragen von Schultheorie und Allgemeiner Didaktik befaßten. Die Akademisierung der Volksschullehrerbildung ist nur ein Element im Rahmen eines umfassenden Modernisierungs- und Institutionalisierungsschubes im Bildungs- und Erziehungswesen, der in den zwanziger Jahren dieses Jahrhunderts stattfindet. Daneben seien exemplarisch erwähnt: die in der Weimarer Verfassung von 1919 festgelegte Einführung einer einheitlichen vierjährigen Grundschule, der kräftige Ausbau des Berufs- und Fachschulwesens nach 1920, der im Reichsjugendwohlfahrtsgesetz von 1922 vorgesehene Aufbau eines von Kommunen und freien Trägern organisierten Systems der Jugendpflege und Jugendfürsorge oder die in den zwanziger Jahren vollzogene Einrichtung von kommunalen Volkshochschulen, deren Bildungsangebote nicht mehr an konfessionelle Milieus oder politische Lager direkt gebunden waren.

Dieser Expansionsprozeß des Bildungs- und Erziehungswesens sowie der einsetzende Professionalisierungsprozeß für pädagogische Berufe außerhalb des allgemeinbildenden Schulwesens fand jedoch nicht in einem weiteren Ausdifferenzierungsprozeß der Erziehungswissenschaft seinen Niederschlag. Zwar hatte sich die Ausbildung von Handelsschullehrern ohne pädagogisch-systematischen Anspruch bereits bis 1914 an Handelshochschulen etabliert, die Ausbildung von gewerblichen Berufsschullehrern blieb in der Zwischenkriegszeit jedoch länderuneinheitlich geregelt (vgl. Harney 1987, S. 185). Lehrveranstaltungen mit für die Erwachsenenbildung thematisch relevanten Bezügen wurden in der Weimarer Republik außer bei der Pädagogik, Philosophie und Soziologie auch bei der praktischen Theologie, der Volkskunde oder der Publizistik angeboten (vgl. Kade 1994, S. 149). Ähnlich sah die Situation in der Sozialpädagogik aus, wo Aufbaustudiengänge für FürsorgerInnen und SozialbeamtInnen außer in der Pädagogik, etwa bei Herman Nohl in Göttingen, auch von Theologischen sowie Wirtschafts- und Sozialwissenschaftlichen Fakultäten angeboten wurden (vgl. Gängler 1994, S. 234). Es gab somit für diese pädagogischen Berufe in der Berufsschule, der Erwachsenenbildung oder der Sozialpädagogik noch kein spezifisches erziehungswissenschaftliches Ausbildungsprofil und auch die theoretischen Diskurse über diese Arbeitsfelder wurden von den Lehrstuhlinhabern für Allgemeine Pädagogik noch mitgeführt. Hingewiesen sei in diesem Zusammenhang etwa auf Eduard Sprangers bildungstheoretische Arbeiten zur Berufsschule, in denen er die Vorbehalte gegen das Berufsprinzip im öffentlichen Bildungswesen zu beseitigen sucht, auf Wilhelm Flitners Aktivitäten im „Hohenrodter Bund" und seine Studien zu Volksbildungsfragen oder auf Herman Nohl, der sich nicht nur in der Ausbildung für SozialpädagogInnen engagierte, sondern der in einem seiner Hauptwerke „Die pädagogische Bewegung in Deutschland und ihre Theorie" (1935) auch sozialpädagogische Fragen und Themenstellungen ausführlich mit berücksichtigt hat.

Ähnlich wie in der Weimarer Republik stellte sich die Situation der Disziplin Erziehungswissenschaft in Westdeutschland auch noch in den fünfziger und frühen sechziger Jahren dar. Zwar wurden in den fünfziger Jahren schon ganz punktuell Lehrstühle mit einer speziellen Orientierung eingerichtet, so bereits in der unmittelbaren Nachkriegszeit an der Universität Hamburg eine Professur für Vergleichende Erziehungswissenschaft (vgl. Anweiler 1989, S. 92) und im Jahr 1958 an der Freien Universität Berlin der erste Lehrstuhl für Erwachsenenbildung (vgl. Jütting/Scherer 1987, S. 405). Ansonsten blieb die universitäre Pädagogik, die in dieser Zeit eine Renaissance der Geisteswissenschaftlichen Pädagogik erlebte, institutionell wenig ausdifferenziert. Sie war weiterhin in den meisten Bundesländern ausschließlich für das nur wenige Semesterwochenstunden umfassende pädagogische Begleitstudium für GymnasiallehrerInnen zuständig, das sich auf die Thematisierung philosophischer und historischer Aspekte der Pädagogik konzentrierte. Die Ausbildung von VolksschullehrerInnen fand hingegen an Pädagagogischen Hochschulen statt, in denen sich in den sechziger Jahren allmählich die Schulpädagogik als eine der Allgemeinen Pädagogik nebengeordnete Berufswissenschaft für LehrerInnen etablierte, die sich in den Folgejahren dann auch im Fächerspektrum und Lehrangebot der Universitäten durchsetzte (vgl. Riedel 1989, S. 1347).

Die Situation der Erziehungswissenschaft in den fünfziger und sechziger Jahren

Die Etablierung der Schulpädagogik

Der weitere Ausdifferenzierungsprozeß der Erziehungswissenschaft in verschiedene Subdisziplinen vollzog sich dann in den späten sechziger und den siebziger Jahren. Diese Entwicklung hatte mehrere Ursachen. Im Gefolge der Reformdiskussionen um eine Verwissenschaftlichung und Vereinheitlichung der LehrerInnenausbildung wurde zunächst die BerufsschullehrerInnenausbildung und damit zugleich auch die Berufspädagogik an Universitäten etabliert (vgl. Harney 1987, S. 184). Mit der in den siebziger Jahren in den meisten Bundesländern verwirklichten Integration der Pädagogischen Hochschulen in Universitäten wurde dann nicht nur die Ausbildung von Grund- und HauptschullehrerInnen akademisiert und sozial aufgewertet. Vielmehr wurde im Kontext der Integration von Pädagogischen Hochschulen auch die Ausbildung von SonderschullehrerInnen an Universitäten verlagert und es wurden in dieser Zeit erstmalig grundständige Ausbildungsgänge für LehrerInnen aller Behindertenfachrichtungen angeboten (vgl. Dupuis 1983, S. 290). Die Folge war, daß sich das wissenschaftliche Personal der Sonderpädagogik in einem Jahrzehnt verzwanzigfachte und sich zudem das Fach als eigene pädagogische Teildisziplin, die selber noch einmal in eine Reihe von Fachrichtungen ausgefächert ist, weiter verselbständigte (vgl. Bleidick 1985, S. 260).

Die Etablierung von Berufspädagogik und Sonderpädagogik an Universitäten

Einen zusätzlichen Expansions- und Ausdifferenzierungsschub erfuhr das Fach Erziehungswissenschaft dann durch die Einführung eines erziehungswissenschaftlichen Diplomstudienganges, die im Frühjahr 1969 von der Kultusministerkonferenz und der Westdeutschen Rektorenkonferenz beschlossen wurde, nachdem eigenständige Magisterstudiengänge für Pädagogik bereits zu Beginn der sechziger Jahre an Universitäten eingerichtet worden waren (vgl. Rauschenbach 1994, S. 276). Die Etablierung dieses neuen Studienganges, der neben einem erziehungswissenschaftlichen Grundlagenstudium ein wahlobligatorisches vertieftes Studium in den Studienrichtungen Schulpädagogik, Berufs- und Wirtschaftspädagogik, Bildungsökonomie, -planung und -politik, Erwachsenenbil-

Die Einführung des Diplompädagogik- studiengangcs

dung, Vorschulpädagogik, Sozialpädagogik und Sonderpädagogik vorsah, führte dann in der Folgezeit zur oft erstmaligen Einrichtung von Lehrstühlen für einige dieser Schwerpunktprofile. Mit der Verwissenschaftlichung der LehrerInnenausbildung und der Einführung erziehungswissenschaftlicher Hauptfachstudiengänge geht auch ein Veränderungsprozeß des Selbstverständnisses der Erziehungswissenschaft einher. Die Geisteswissenschaftliche Pädagogik wird seit den späten sechziger Jahren von empirisch orientierten bzw. ideologiekritischen Formen des Denkens über Erziehung abgelöst, mit denen die Pädagogik als Wissenschaft auf die Herausforderungen reagierte, die von der Studentenbewegung und von einer expansiven Bildungsreformpolitik ausgingen (vgl. Tenorth 1988, S. 301). In diesem Zusammenhang ist es jedoch wichtig festzuhalten, daß die Implementierung des Diplompädagogikstudienganges, der für einen AkademikerInnen-Arbeitsmarkt vorrangig außerhalb von Schule und Hochschule qualifizieren sollte, in der Startphase von der Abnehmerseite in staatlichen oder privaten Bildungs- und Erziehungsinstitutionen gar nicht gefordert wurde. Die Einführung dieses Studienganges ist eher ein Beispiel für eine antizipatorische, aktive Professionalisierungspolitik der VertreterInnen des Faches Erziehungswissenschaft. Denn erst im Gefolge eines zweiten Modernisierungsschubes im Bildungs-, Erziehungs- und Sozialwesen in den siebziger und achtziger Jahren kam es auch zu einem vielschichtigen und folgenreichen Ausbau an pädagogischen Institutionen und sozialen Diensten sowie zu einer verstärkten Nachfrage nach dafür qualifizierten Fachkräften (vgl. Krüger/Rauschenbach 1994, S. 11).

2. Zur Struktur des Faches Erziehungswissenschaft

2.1. Allgemeiner Überblick

Spätestens seit Mitte der siebziger Jahre stellt sich somit die Erziehungswissenschaft nicht nur als ein Fach dar, das durch eine erfahrungswissenschaftliche Komponente und eine Pluralität von wissenschaftlichen Konzeptionen und methodischen Ansätzen gekennzeichnet ist, sondern sich aus den genannten historischen Gründen auch in eine Vielzahl von Teildisziplinen und Fachrichtungen ausdifferenziert hat. Selbstverständlich ist es kaum möglich, die Struktur des Faches so zu beschreiben, das alle FachvertreterInnen damit einverstanden wären. Umgekehrt bedeutet dies aber auch nicht, daß die Gliederung des Faches beliebig ist. Die in Abbildung 1 vorgelegte Struktursskizze unterscheidet zum einen Elemente der Fachstruktur, die relativ stabil sind und solche, die eher auf aktuelle Fragestellungen reagieren.

Erziehungswissenschaftliche Subdisziplinen

Es lassen sich deshalb zwei Ebenen unterscheiden. Die erste Ebene ist die der Subdisziplinen. Etablierte Teildisziplinen der Erziehungswissenschaft sind zum einen die Systematische, die Historische und die Vergleichende Pädagogik, die dem Bereich der Allgemeinen Pädagogik zugeordnet werden können, da sie sich mit Grundlagenfragen der erziehungswissenschaftlichen Forschung und Lehre auseinandersetzen.

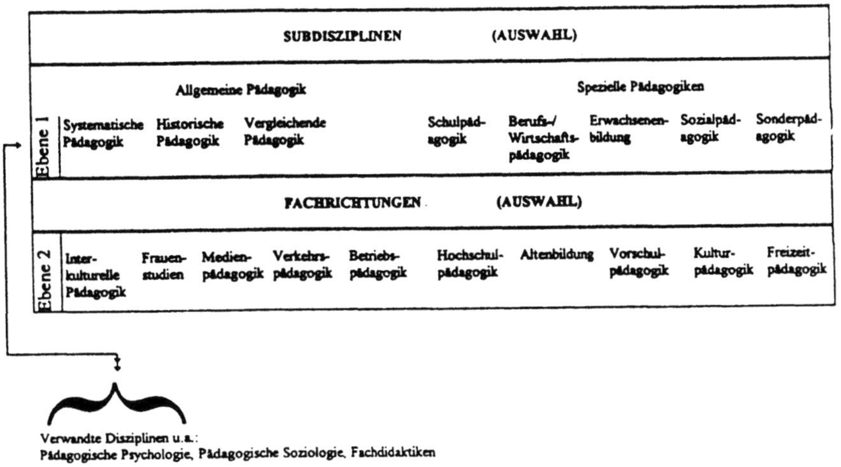

SUBDISZIPLINEN	(AUSWAHL)				
Allgemeine Pädagogik			**Spezielle Pädagogiken**		
Ebene 1: Systematische Pädagogik	Historische Pädagogik	Vergleichende Pädagogik	Schulpädagogik · Berufs-/Wirtschaftspädagogik · Erwachsenenbildung	Sozialpädagogik	Sonderpädagogik
FACHRICHTUNGEN	(AUSWAHL)				
Ebene 2: Interkulturelle Pädagogik · Frauenstudien · Medienpädagogik · Verkehrspädagogik · Betriebspädagogik	Hochschulpädagogik · Altenbildung · Vorschulpädagogik	Kulturpädagogik	Freizeitpädagogik		

Verwandte Disziplinen u.a.:
Pädagogische Psychologie, Pädagogische Soziologie, Fachdidaktiken

Abbildung 1: Struktur der Erziehungswissenschaft

Auf der anderen Seite kann man davon eine zweite Gruppe von etablierten Subdisziplinen, wie die Schulpädagogik, die Berufs- und Wirtschaftspädagogik, die Erwachsenenbildung, die Sozial- und die Sonderpädagogik absetzen, die aufgrund ihres konkreten Arbeitsfeld- und Berufsbezuges unter dem Oberbegriff Spezielle Pädagogiken zusammengefaßt werden können. Diese Subdisziplinen sind Fachelemente, die seit einigen Jahrzehnten bestehen, die an den Hochschulen häufig über eigene Institute, Professuren und Studiengänge verfügen und zum Teil auch über eigene wissenschaftliche Gesellschaften. Dieser Ebene der Subdisziplinen lassen sich auch noch verwandte Disziplinen aus den Nachbarwissenschaften wie die Pädagogische Psychologie oder die Pädagogische Soziologie zuordnen, die teilweise bei den ursprünglichen Fächern, teilweise in der Erziehungswissenschaft angesiedelt sind. Dies gilt auch für die Fachdidaktiken, die sich in Forschung und Lehre mit dem Unterricht in verschiedenen Schulfächern oder Lernbereichen beschäftigen (vgl. Gudjons 1993, S. 24).

Unterhalb der Ebene der Teildisziplinen gibt es nun Fachrichtungen, die als Spezialisierungsversuche noch nicht den Charakter einer Subdisziplin erreicht haben, aber doch über einen relativ klar abgrenzbaren Gegenstandsbereich verfügen, wie etwa die Interkulturelle Pädagogik, die Frauenstudien, die Medienpädagogik oder die Betriebspädagogik. Für einzelne dieser Fachrichtungen gibt es an einigen Hochschulen Studiengänge (z.B. Kulturpädagogik an der Universität Hildesheim, Verkehrpädagogik an der Universität Essen und an der TU Berlin, Vorschulpädagogik an den Universitäten in Bamberg und Berlin oder Freizeitpädagogik an der Universität Bielefeld) oder spezifische Einrichtungen, wie die Hochschuldidaktischen Zentren, wo die Hochschulpädagogik in der Regel angesiedelt ist. Diese Fachrichtungen verdanken sich in der Mehrzahl der Ex-

Erziehungswissenschaftliche Fachrichtungen

pansion pädagogischer Einflüsse während der siebziger Jahre und der anhaltenden Tendenz der Pädagogisierung aller Lebensbereiche. Es zeigt sich jedoch am Bedeutungsverlust der Bildungsökonomie und Bildungsplanung sowie etwa am Bedeutungsgewinn der Kulturpädagogik, daß einige dieser Fachrichtungen auch von bildungspolitischen Konjunkturen und Modeströmungen abhängig sein können (vgl. Lenzen 1989, S. 1112).

2.2. Zur Erläuterung der Subdisziplinen und Fachrichtungen im einzelnen

Lange Zeit galt die Allgemeine Pädagogik, die nicht selten mit dem Begriff der „Systematischen Pädagogik" gleichgesetzt wird (vgl. Kluge 1983, S. 1), als die Königsdisziplin der Erziehungswissenschaft, da ihr die Aufgabe zukommt, einen für alle Handlungsfelder pädagogischer Praxis und für alle Bereiche erziehungswissenschaftlicher Forschung geltenden pädagogischen Grundgedanken

Allgemeine Pädagogik
herauszuarbeiten (vgl. Benner 1987, S. 9). Inzwischen hat sich die Allgemeine Pädagogik zu einer ganz normalen Subdisziplin der Erziehungswissenschaft entwickelt, die sich mit wissenschaftstheoretischen und methodologischen Grundlagenfragen der Erziehungswissenschaft, mit Fragen von Anthropologie, Sozialisation und Erziehung und mit den institutionellen Bedingungen und Voraussetzungen von Bildung und Erziehung auseinandersetzt. Aspekte der Problemgeschichte und des internationalen Vergleichs von Bildung und Erziehung sind von den Vertretern der Allgemeinen Pädagogik zumeist mit thematisiert worden.

Erst im Gefolge der sozialwissenschaftlichen und empirischen Wende der Erziehungswissenschaft seit den späten sechziger Jahren bildete sich die Histori-

Historische Pädagogik
sche Pädagogik als eigenständige Subdisziplin der Erziehungswissenschaft heraus, während hingegen der Ausdruck „Historische Pädagogik" und erste Begründungen und Aufgabenbestimmungen für dieses Forschungsgebiet bereits in der zweiten Hälfte des 19. Jahrhunderts im Umkreis der Herbartschule, bei Willmann oder Rein, zu finden sind. Mit der Etablierung der Historischen Pädagogik als eigenständiger Teildisziplin ging auch eine Veränderung ihres Selbstverständnisses und eine Ausweitung ihres Forschungsgegenstandes einher. Neben die klassische Ideengeschichte von Erziehung und Bildung ist eine sozialgeschichtlich orientierte Forschung getreten, die sich mit der Sozial- und Alltagsgeschichte von Familie, Schule, Kindheit und Jugend sowie mit der Geschichte der Erziehungswissenschaft als Disziplin beschäftigt (vgl. Herrmann 1991b).

Auch die Vergleichende Pädagogik etablierte sich in umfassender Weise mit eigenen Lehrstühlen und Forschungsinstituten erst in den sechziger Jahren dieses Jahrhunderts, wenngleich der Begriff das erste Mal bei dem französischen Aufklärer M.-A. Julien de Paris nachgewiesen ist und es bereits im 19. Jahrhundert eine deskriptive Auslandspädagogik in Form von umfangreichen Berichten von

Vergleichende Pädagogik
Pädagogen und Schulverwaltungsangehörigen über ihre Bildungsreisen gab (vgl. Mitter 1989, S. 1247). Die Vergleichende Erziehungswissenschaft hat sich zunächst mit dem Vergleich von Bildungssystemen in West- und vor allem Osteuropa auseinandergesetzt, während neuerdings Fragen der vergleichenden Wissenschaftsforschung und der interkulturellen Sozialisationsforschung in der kompa-

310

rativen Forschung und Lehre an Bedeutung gewinnen (vgl. du Bois-Reymond/ Büchner/Krüger u.a. 1994).

Von den speziellen Pädagogiken können die Schulpädagogik sowie die Berufs- und Wirtschaftspädagogik auf einen längeren Institutionalisierungsprozeß an wissenschaftlichen Hochschulen verweisen, dessen Anfänge in die zwanziger Jahre zurückgehen. Diesen Subdisziplinen der Erziehungswissenschaft ist zudem gemeinsam, daß sie ihren Ausbildungsauftrag primär in der LehrerInnenausbildung haben, wobei die Schulpädagogik einen zentralen Platz in dem Ausbildungsangebot für die LehrerInnen an allgemeinbildenden Schulen hat, während die Berufs- bzw. Wirtschaftspädagogik für die Ausbildung von LehrerInnen für die gewerblichen Berufsschulen bzw. die Handelsschulen zuständig ist. Das Fach Schulpädagogik ging aus Vorläuferdisziplinen mit Bezeichnungen wie „Praktische Pädagogik", „Unterrichtslehre" oder „Allgemeine Didaktik" hervor und kann als Wissenschaft von Schule und Unterricht gefaßt werden (vgl. Einsiedler 1991, S. 649). Diese Teildisziplin der Pädagogik widmet sich der gesamten Schulwirklichkeit in Forschung, Theoriebildung und Lehre. Sie thematisiert Aspekte einer Theorie der Schule, Fragen der Lehrplanentwicklung und Curriculumforschung ebenso wie Theorien des Lehrens und Lernens und didaktische Fragen nach dem Interdependenzverhältnis von Unterrichtszielen, -inhalten, -methoden und -medien.

Schulpädagogik

Die Berufs- und Wirtschaftspädagogik ist jene Subdisziplin der Erziehungswissenschaft, die die pädagogischen Probleme beruflicher Bildungs-, Lern- und Sozialisationsprozesse von Jugendlichen und Erwachsenen erforscht, reflektiert und zu klären sucht. Sie beschäftigt sich u.a. mit den Lernorten der Berufsausbildung, mit der historischen Entwicklung beruflicher Bildungsprozesse, mit der didaktischen Organisation beruflichen Lernens, mit dem Wechselwirkungsverhältnis von Bildungs- und Beschäftigungssystem sowie neuerdings mit den Problemen beim Übergang vom Schul- ins Berufssystem (vgl. Kuschka 1991).

Berufs- und Wirtschaftspädagogik

Im Unterschied zur Schul- und Berufs- bzw. Wirtschaftspädagogik, die ihren Bedeutungszuwachs der Akademisierung der LehrerInnenausbildung verdanken, ist der Institutionalisierungsschub der Erwachsenenbildung und der Sozialpädagogik im Verlaufe der siebziger Jahre vor allem auf die Einführung erziehungswissenschaftlicher Hauptfachstudiengänge, insbesondere des Diplomstudienganges zurückzuführen, in dem diese beiden Subdisziplinen als zentrale Studienrichtungen repräsentiert sind. Die Teildisziplin der Erwachsenenbildung befaßt sich mit den Problemen der Weiterbildung und des Weiterlernens von Erwachsenen, mit den Institutionen, den Trägern, den didaktischen Konzepten und in neuerer Zeit auch mit den Biographien der TeilnehmerInnen, die die Veranstaltungen der allgemeinen oder beruflichen Erwachsenen- bzw. Weiterbildung besuchen (vgl. Kade/Seitter 1995). Die Subdisziplin der Sozialpädagogik, die vielleicht besser mit dem neueren Begriff der „Sozialen Arbeit" charakterisiert werden kann, da sich ihr Aufgabenfeld sowohl aus der Tradition der Sozialpädagogik als auch der Armenfürsorge und Sozialarbeit (vgl. Sachße/Tennstedt 1980, 1988, 1992) ergibt, beschäftigt sich mit außerfamilialer und außerschulischer Erziehung und Hilfen von der Beratung, über die Jugendarbeit, die Heimerziehung, die Drogenarbeit bis hin zur Unterstützung alter Menschen (vgl. Thiersch 1994, S. 137).

Erwachsenenbildung

Sozialpädagogik

Bleibt als letzte spezielle Teildisziplin der Erziehungswissenschaft noch die Sonderpädagogik vorzustellen, die seit den späten sechziger Jahren sowohl grundständige Lehramtsstudiengänge für alle Sonderschultypen anbietet als auch im Rahmen einer dritten zentralen Studienrichtung im Diplompädagogikstudiengang Studierende für Tätigkeiten in außerschulischen sonderpädagogischen Institutionen wie Behindertenwerkstätten, Heimen oder Fördereinrichtungen qualifiziert. Im Bereich der Sonderpädagogik, für die auch Bezeichnungen wie Heilpädagogik, Behindertenpädagogik oder Rehabilitationspädagogik gebräuchlich sind, wird in vielfältiger Weise der Frage nach Behinderungen, Gefährdungen und Benachteiligungen von Heranwachsenden und Erwachsenen sowie nach Behebung oder Verbesserung ihrer individuellen und gesellschaftlichen Situation nachgegangen. Die Forschungen beziehen sich dabei auf alle pädagogisch relevanten Sozialisations- und Erziehungsorganisationen und -felder. Allerdings hat sich diese Teildisziplin in den vergangenen Jahrzehnten gleichzeitig in eine Vielzahl von Fachrichtungen ausdifferenziert, wie z.B. die Geistigbehindertenpädagogik, die Lernbehindertenpädagogik, die Sprachbehindertenpädagogik, die Verhaltensgestörtenpädagogik, die Blinden- oder die Gehörlosenpädagogik (vgl. Solarova 1983), die sich zum Teil hochspezialisiert mit diesen Phänomen aus der Perspektive einer Behindertenrichtung befassen.

Sonderpädagogik

Einen Sonderfall stellen schließlich noch Teildisziplinen wie die Pädagogische Psychologie, die Pädagogische Soziologie oder die Fachdidaktiken dar, die im Schnittbereich zwischen der Erziehungswissenschaft und einer anderen Disziplin lokalisiert sind und entweder bei der Erziehungswissenschaft oder bei der Herkunftsdisziplin institutionell verankert sind. Die Anfänge der Pädagogischen Psychologie und Soziologie gehen bereits in die ersten Jahrzehnte dieses Jahrhundert zurück, als sich Ernst Meumann und William Stern bzw. Aloys Fischer und Theodor Geiger mit psychologischen bzw. soziologischen Aspekten von Erziehungs- und Bildungsprozessen auseinandersetzten. Gegenwärtig beschäftigt sich die Pädagogische Psychologie zumeist auf empirischer Basis mit Fragen der Lehr-, Lernforschung, der Entwicklungspsychologie des Kindes- und Jugendalters sowie der pädagogisch-psychologischen Diagnostik und Beratung. Im Zentrum der Forschungen der Pädagogischen Soziologie stehen Analysen der gesellschaftlichen Bedingungen schulischer und außerschulischer Sozialisation, Untersuchungen zur Lehrerrolle sowie insbesondere in den letzten Jahren zur Soziologie der Kindheit und Jugend (vgl. Krüger 1993). Beide Subdisziplinen sind mit ihren Lehrangeboten in der Regel an der LehrerInnenausbildung sowie als Nebenfächer auch an der erziehungswissenschaftlichen Hauptfachausbildung beteiligt.

Pädagogische Psychologie

Pädagogische Soziologie

Zur Einrichtung von Professuren für Fachdidaktik ist es in den sechziger Jahren zunächst an Pädagogischen Hochschulen und im Zuge der PH-Integration dann auch an Universitäten gekommen. Fachdidaktik ist die Wissenschaft, die sich mit der Theorie und Lehre des Unterrichts in einem Fach unter Beachtung des Verhältnisses zu einer Fachwissenschaft befaßt. Für das Lehramtsstudium spielen die Fachdidaktiken neben dem Fachstudium eine erhebliche Rolle. Wissenschaftssystematisch ist die Fachdidaktik zwischen dem wissenschaftlichen Fach und der Allgemeinen Didaktik angesiedelt und dementsprechend umstritten ist auch heute noch ihre institutionelle Zuordnung (vgl. Beckmann 1991, S. 686).

Fachdidaktik

312

Die unterhalb der Ebene der Subdisziplinen in der Strukturskizze dargestellten pädagogischen Fachrichtungen kann man noch einmal in drei Gruppen systematisch zusammenfassen. Da gibt es zum einen Fachgebiete, deren Themenstellungen gleichsam quer zu den Teildisziplinen liegen und die dementsprechend in der Regel in den Ausbildungsangeboten der Lehramtsstudien- und der pädagogischen Hauptfachstudiengänge als generelle Wahlpflichtelemente bereits Berücksichtigung gefunden haben. Dazu kann die Interkulturelle Pädagogik gerechnet werden, die sich zunächst in Reaktion auf die Arbeitsmigration in Westdeutschland in den siebziger Jahren herausgebildet hat und sich gegenwärtig mit den Problemen einer interkulturellen Erziehung in einer multikulturellen Gesellschaft auseinandersetzt (vgl. Auernheimer 1990). In diesen Kontext gehört auch die Frauenforschung bzw. die Frauenstudien, die im letzten Jahrzehnt in der Erziehungswissenschaft enorm an Bedeutung gewonnen hat und die ausgehend von der Strukturkategorie Geschlecht Prozesse der unterschiedlichen Sozialisation und Erziehung von Jungen und Mädchen in allen pädagogischen Handlungsfeldern untersucht. Zu dieser Gruppe von Querschnittsfächern kann zudem die Medienpädagogik gezählt werden, deren praktische Vorgeschichte bereits in die zwanziger Jahre zurückgeht, als sie die Heranwachsenden vor den Einflüssen des sich ausdifferenzierenden Massenkommunikationssystems bewahren wollte und die im Gefolge der Einführung der Neuen Medien, wie Video und Computer, in den letzten Jahren eine neue Blüte erlebt. Zentraler Gegenstand der Medienpädagogik sind medial geprägte individuelle und gesellschaftliche Lernprozesse. Erforscht wird die Verwendung von Medien in bestimmten pädagogischen Situationen, aber es werden auch Vorschläge für die Gestaltung medialen Lernens in der Schule sowie in vor- und außerschulischen Arbeitsbereichen entwickelt (vgl. Austermann 1989, S. 1042).

Eine zweite Gruppe von Fachrichtungen hat spezifische Lernorte oder Lernfelder zum Gegenstand. Dazu zählt die Betriebspädagogik, die thematisch eng mit der Berufs- und Wirtschaftspädagogik verbunden ist, sich jedoch im Spektrum berufspädagogischer Fragen auf das berufliche Lernen in Betrieben konzentriert. In diesem Zusammenhang gehört auch die Verkehrspädagogik, die sich mit Problemen der Verkehrserziehung beschäftigt und an zwei Hochschulen als spezifisches Studienprofil im Diplompädagogikstudiengang angeboten wird. Ferner kann zu dieser Gruppe das in den siebziger Jahren entstandene Gebiet der Kulturpädagogik bzw. Kulturarbeit (vgl. Müller-Rolli 1988) gerechnet werden, das ein großes Aktionsfeld von der Museumspädagogik, über die Jugendkulturarbeit, die kommunale Kulturplanung bis hin zur Arbeit in soziokulturellen Zentren aufweist und das ebenso wie die Freizeitpädagogik, die qua Animation Kommunikation, Kreativität und Gruppenbildung in den offenen Situationsfeldern in Freizeit und Urlaub fördern will (vgl. Opaschowski 1990), vielfältige Berührungspunkte mit den Arbeitsfeldern der Erwachsenenbildung und Sozialpädagogik hat.

Der dritten Gruppe von pädagogischen Fachrichtungen ist gemeinsam, das sie sich auf bestimmte Phasen im Lebenslauf beziehen. Hierzu kann die Vorschulpädagogik gezählt werden, deren Gegenstandsbereich in einer weit gefaßten Auslegung das Gesamt der pädagogischen Fragen und Handlungsbereiche umfaßt, die für Kinder von der Geburt bis zur Übernahme der SchülerInnenrolle be-

Marginalien:
Interkulturelle Pädagogik

Frauenforschung/ Frauenstudien

Medienpädagogik

Betriebspädagogik

Verkehrspädagogik

Kulturpädagogik

Vorschulpädagogik

deutsam sind. Das Gegenstandsfeld erstreckt sich somit auf die familiale Erziehung ebenso wie auf alle Formen institutioneller Erziehung von der Kinderkrippe und der Krabbelstube bis hin zum Kindergarten. Im Rahmen des Diplompädagogikstudienganges wird dieses Fachgebiet an einigen wissenschaftlichen Hochschulen als eigene Studienrichtung angeboten, häufiger stellt es jedoch einen Themenschwerpunkt im Kontext der Studienrichtung Sozialpädagogik dar (vgl. Tietze 1989). Die Anfänge der Hochschulpädagogik gehen zwar schon auf den Beginn des 20. Jahrhunderts zurück, als eine Gesellschaft für Hochschulpädagogik ins Leben gerufen und die Forderung erhoben wurde, den Hochschulunterricht selber zum Gegenstand wissenschaftlicher Betrachtung zu machen (vgl. Olbertz 1991, S. 219). Zu einer institutionellen Verankerung dieser Fachrichtung in hochschuldidaktischen Zentren kam es in Westdeutschland an einer Reihe von Universitäten aber erst seit den siebziger Jahren. Die Hochschulpädagogik und -didaktik befaßt sich mit der Sozialisation sowie der Planung von Lernprozessen von jungen Erwachsenen im Bildungsbereich Hochschule (vgl. Huber 1983). Eine weitere noch aktuellere Fachrichtung, die sich auf eine andere Phase im Lebenslauf bezieht, ist die Altenbildung. Sie umfaßt Bildungsangebote, die den Prozeß des Alterns und den Status Alter zum Gegenstand haben und verdankt ihre wachsende Bedeutung der „Alterung" der Industriegesellschaften und dem Aufkommen einer neuen, immer größer werdenden Gruppe älterer Menschen, den sogenannten jungen Alten (vgl. Straka 1991). Gerade das zuletzt vorgestellte Fachgebiet der Altenbildung, aber auch andere aktuelle pädagogische Fachrichtungen wie die Kulturpädagogik oder die Freizeitpädagogik machen deutlich, daß die Erziehungswissenschaft mit immer neuen disziplinären Spezialisierungsversuchen und Professionalisierungsbestrebungen auf die sich spätestens seit den siebziger Jahren abzeichnenden Tendenzen zu einer Universalisierung von Bildung und zu einer Pädagogisierung der Gesellschaft und des Lebenslaufes zu reagieren versucht bzw. umgekehrt auch selber aktiv an diesem Pädagogisierungsprozeß aller Lebensbereiche mit beteiligt ist.

Hochschulpädagogik/Hochschuldidaktik

Altenbildung

3. Zum Verhältnis von Allgemeinem und Speziellem in der Erziehungswissenschaft

Wie stellt sich angesichts der beschriebenen Ausdifferenzierungsprozesse der Erziehungswissenschaft nun gegenwärtig das Verhältnis zwischen Allgemeinem und Spezialisierung in diesem Fach dar? Gerd Macke (1994) hat in einer interessanten empirischen Untersuchung auf der Basis einer Inhaltsanalyse aller Qualifizierungsarbeiten (Promotionen, Habilitationen), die im Fach Erziehungswissenschaft in Westdeutschland zwischen 1945 und 1990 abgeschlossen wurden, nicht nur aufgezeigt, daß sich die Gewichte von der Allgemeinen Pädagogik kontinuierlich hin zu den speziellen Pädagogiken wie der Schulpädagogik, Sozialpädagogik etc. verlagert haben. So hat sich der Anteil von Qualifikationsarbeiten im Bereich der Allgemeinen Pädagogik im Verlaufe des Untersuchungszeitraumes halbiert, von einem 50 Prozent Anteil im ersten Untersuchungszeitraum (1945-1971) auf 23 Prozent im jüngsten Untersuchungszeitraum (1983-

Verlagerung der Gewichte von der Allgemeinen Pädagogik in die speziellen Teildisziplinen

1990), während die Qualifikationsarbeiten in den spezialisierten Teildisziplinen in diesen Zeiträumen von 50 Prozent auf 75 Prozent zugenommen haben. Gleichzeitig hat er festgestellt, daß sich alle Teildisziplinen der Erziehungswissenschaft zu relativ selbständigen Subkulturen entwickeln. Während die Allgemeine Pädagogik sich in vorrangig theoretischen und historischen Arbeiten mit ihrer eigenen Geschichte sowie ihren Grundbegriffen und Theorieansätzen beschäftigt, werden in den Speziellen Pädagogiken die Problemlagen in den jeweiligen pädagogischen Bezugsfeldern in vorrangig empirischen oder praxisbezogenen Studien untersucht.

Ein Blick auf die historische Entwicklung der Allgemeinen und der besonderen Pädagogiken in den letzten drei Jahrzehnten scheint die von Macke formulierte These von den verselbständigten Subkulturen zu bestätigen. Die Allgemeine Pädagogik ist in ihren großen Systementwürfen eine schulorientierte Bildungs- und Erziehungstheorie geblieben und hat allenfalls Anschluß an die Schulpädagogik gehalten, die wiederum bei der Begründung ihrer didaktischen Konzepte teilweise auf bildungstheoretische Überlegungen zurückgreift. Für Fragestellungen der außerschulischen Pädagogik hat sie sich hingegen in ihrer disziplinären Matrix und bei der Bestimmung ihrer Forschungsaufgaben kaum geöffnet (vgl. Krüger 1994, S. 127). Umgekehrt haben die außerschulischen Pädagogiken in der Phase ihrer sozialen Etablierung und Formierung als erziehungswissenschaftliche Teildisziplinen an Universitäten auch nicht die Verbindung zur Allgemeinen Erziehungswissenschaft gesucht. Die Erwachsenenbildung schöpfte ihre Wissensbestände auch aus den Nachbardisziplinen und versteht sich auch heute noch in einigen ihrer Varianten als interdisziplinäre Querschnittswissenschaft (vgl. Siebert 1990). Im sozialpädagogischen Diskurs ist auch gegenwärtig noch strittig, ob die Sozialpädagogik in der Erziehungswissenschaft ihren disziplinären Referenzpunkt hat oder ob sie unter dem Etikett „Sozialarbeitswissenschaft" an die Traditionen sozialarbeiterischer Theoriebildung in Gestalt der Fürsorgewissenschaft anknüpfen soll (vgl. Thole 1994, S. 265).

Hat der Ausdifferenzierungsprozeß der Erziehungswissenschaft somit die Zersplitterung oder gar Auflösung der Gesamtdisziplin zur Folge oder bestehen nicht doch Möglichkeiten, Verbindungslinien zwischen den Allgemeinen und dem Besonderen, zwischen der Allgemeinen und den Speziellen Pädagogiken herzustellen und damit zur Neugestaltung einer disziplinären Gesamtkultur beizutragen? Für die Allgemeine Erziehungswissenschaft würde sich daraus die Herausforderung ergeben, einen pädagogischen Grundgedanken zu formulieren, der für die Konzeptualisierung des pädagogischen Gegenstandsfeldes richtungsweisend und der für alle speziellen Subdisziplinen Geltung beanspruchen kann. Solch ein Grundgedanke könnte die Diagnose von der Universalisierung der Bildung und der Entgrenzung des Pädagogischen sein. Angesichts der Scholarisierung der Gesellschaft und der Erweiterung der Aufgaben der Sozialen Arbeit sind die AdressatInnen pädagogischen Handelns nicht mehr allein Heranwachsende, sondern Menschen aller Altersgruppen. Bildung als Aneignung von Wissen über die Welt wird deshalb zur richtungsweisenden Zielkategorie für pädagogische Handlungsprozesse innerhalb und außerhalb von Bildungsinstitutionen. Und bei der Analyse pädagogischer Handlungsfelder sind heute dementsprechend neben den zentralen und etablierten pädagogischen Institutionen wie

Verbindungslinien zwischen der Allgemeinen und den speziellen Pädagogiken

Universalisierung von Bildung und Entgrenzung des Pädagogischen

315

z.B. der Schule auch neue informelle pädagogische Kontexte von Fußballfanprojekten bis hin zur Reisegruppe in der Gegenstandsbestimmung mit zu berücksichtigen und im Rahmen einer historischen sensiblen Gesellschafts- und Modernisierungstheorie zu verorten.

Gerade vor dem Hintergrund einer sich abzeichnenden reflexiven Modernisierung von Erziehungsverhältnissen, die dazu geführt hat, daß der homo paedagogicus zum Normalbürger geworden ist und sich das Pädagogische veralltäglicht und in alle Lebensbereiche verstreut, wird nicht nur die Allgemeine Pädagogik wieder wichtiger, sondern muß das Phänomen und die ambivalenten Folgeprobleme einer Verallgemeinerung des Pädagogischen auch zwangsläufig zu einem zentralen Thema in den speziellen erziehungswissenschaftlichen Teildisziplinen werden. In jüngster Zeit wird es dort auch ebenso wie in der Allgemeinen Pädagogik ausführlich diskutiert (vgl. etwa Kade 1994; Winkler 1994). In dieser Entwicklung liegt zugleich die Chance für eine Verstärkung von Austausch und Kommunikation zwischen der Allgemeinen Erziehungswissenschaft und den spezialisierten Subdisziplinen in gemeinsamen theoretischen Diskursen und empirischen Forschungsvorhaben.

Nur wenn die Speziellen Pädagogiken ihren wissenschaftlichen Referenzpunkt in Fragestellungen der Allgemeinen Pädagogik suchen und sie sich nicht zu sehr in hochspezialisierten Fragen ihres jeweiligen Professionsbezuges in Forschung und Ausbildung verlieren, kann der bildungspolitischen Gefahr begegnet werden, daß einzelne Studiengänge und damit auch Subdisziplinen wie z.B. die Berufspädagogik oder die Sozialpädagogik, wie neuerdings vom Wissenschaftsrat (1993) vorgeschlagen, an Fachhochschulen verlagert werden. Institutionell notwendig wäre statt dessen die Integration aller pädagogischen Teildisziplinen in einer universitären erziehungswissenschaftlichen Fakultät, da nur so angesichts der unvermeidlichen Ausdifferenzierung des Faches Erziehungswissenschaft ein ständiger Diskurs über gemeinsame Fragen der disziplinären Identität und des pädagogischen Berufsbewußtseins ermöglicht werden kann.

Literatur

Anweiler, O.: Die internationale Dimension der Pädagogik. In: Röhrs, H./Scheuerl, H. (Hrsg.): Richtungsstreit in der Erziehungswissenschaft und pädagogische Verständigung. Frankfurt a. M. u.a. 1989, S. 83-97.

Auernheimer, G.: Einführung in die interkulturelle Erziehung. Darmstadt 1990.

Austermann, A.: Medienpädagogik. In: Lenzen (1989), S. 1035-1045.

Beckmann, H.-K.: Fachdidaktik, Bereichsdidaktik, Stufendidaktik. In: Roth, L. (Hrsg.): Pädagogik. München 1991, S. 674-688.

Benner, D.: Allgemeine Pädagogik. Weinheim/München 1987.

Blankertz, H.: Die Geschichte der Pädagogik. Von der Aufklärung bis zur Gegenwart. Wetzlar 1982.

Bleidick, U.: Historische Theorien: Heilpädagogik, Sonderpädagogik, Pädagogik der Behinderten. In: Bleidick, U. (Hrsg.): Theorie der Behindertenpädagogik. Berlin 1985, S. 253-272.

Bois-Reymond, M. du/Büchner, P./Krüger, H.H. u.a.: Kinderleben. Modernisierung von Kindheit im interkulturellen Vergleich. Opladen 1994.

Dupuis, G.: Sprachbehindertenpädagogik. In: Solarova, S. (Hrsg.): Geschichte der Sonderpädagogik. Stuttgart u.a. 1983, S. 260-296.

Einsiedler, W.: Schulpädagogik – Unterricht und Erziehung in der Schule. In: Roth, L. (Hrsg.): Pädagogik. München 1991, S. 649-657.

Gängler, H.: Akademisierung auf Raten? Zur Entwicklung wissenschaftlicher Ausbildung zwischen Erziehungswissenschaft. In: Krüger/Rauschenbach (1994), S.229-252.

Giesecke, H.: Einführung in die Pädagogik. München 1969.

Gudjons, H.: Pädagogisches Grundwissen. Bad Heilbrunn 1993.

Harney, K.: Kritische Theorie als Bestandteil berufspädagogischer Selbstformulierung im Wissenschaftssystem. In: Paffrath, F.H. (Hrsg.): Kritische Theorie und Pädagogik der Gegenwart. Weinheim 1987, S. 171-191.

Heese, G.: Sonderschulen. In: Groothoff, H.-H. (Hrsg.): Pädagogik. Frankfurt a.M. 1964, S. 281-288.

Herrmann, U.: Die Pädagogik der Philanthropen. In: Scheuerl, H. (Hrsg.): Klassiker der Pädagogik. Bd. 1, München [2]1991, S. 135-158, (a).

Herrmann, U.: Historische Bildungsforschung und Sozialgeschichte der Bildung. Weinheim 1991, (b).

Huber, L. (Hrsg.): Ausbildung und Sozialisation in der Hochschule. Enzyklopädie der Erziehungswissenschaft. Bd. 10, Stuttgart 1983.

Jütting, D.H./Scherer, A.: Der Diplom-Pädagoge in der Erwachsenenbildung als Institutionalisierungsprozeß einer Innovation. In: Harney, K./Jütting, D./Koring, B. (Hrsg.): Professionalisierung in der Erwachsenenbildung. Frankfurt a.M. u.a. (1987), S. 401-474.

Kade, J.: Offene Übergänge. Zur Etablierung der Erwachsenenbildung als erziehungswissenschaftliche Teildisziplin. In: Krüger/Rauschenbach (1994), S. 147-162.

Kade, J./Seitter, W.: Fortschritt und Fortsetzung. Biographische Spuren lebenslangen Lernens. In: Krüger, H.-H./Marotzki, W. (Hrsg.): Erziehungswissenschaftliche Biographieforschung. Opladen 1995, S. 308-331.

Kluge, N.: Einführung in die Systematische Pädagogik. Darmstadt 1983.

Krüger, H.-H.: Allgemeine Pädagogik auf dem Rückzug? In: Krüger/Rauschenbach (1994), S. 115-130.

Krüger, H.-H./Rauschenbach, Th. (Hrsg.): Erziehungswissenschaft. Die Disziplin am Beginn einer neuen Epoche. Weinheim/München 1994.

Krüger, H.-H./Rauschenbach, Th.: Erziehungswissenschaft – eine ganz normale Disziplin? In: Krüger/Rauschenbach (1994), S. 7-16.

Krüger, H.-H. (Hrsg.): Handbuch der Jugendforschung. Opladen [2]1993.

Kutscha, G.: Übergangsforschung. Zu einem neuen Forschungsbereich. In: Beck, K./Kell, A. (Hrsg.): Bilanz der Bildungsforschung. Weinheim 1991, S. 113-155.

Lenzen, D.: Pädagogik – Erziehungswissenschaft. In: Lenzen (1989), S. 1105-1117.

Lenzen, D. (Hrsg.): Pädagogische Grundbegriffe. Bd. 2, Reinbek 1989.

Macke, G.: Disziplinärer Wandel. Erziehungswissenschaft auf dem Wege zur Verselbständigung ihrer Teildisziplinen. In: Krüger/Rauschenbach (1994), S. 49-68.

Mitter, W.: Vergleichende Pädagogik. In: Lenzen (1989), S. 1246-1260.

Müller-Rolli, S. (Hrsg.): Kulturpädagogik und Kulturarbeit. Weinheim/München 1988.

Nohl, H.: Die pädagogische Bewegung in Deutschland und ihre Theorie (1935). Frankfurt a.M. 1988.

Olbertz, J.-H.: Hochschulpädagogik – Ende vom Anfang? In: Pädagogik und Schule in Ost und West 39 (1991), H. 4, S. 219-228.

Opaschowski, H.: Pädagogik und Didaktik der Freizeit. Opladen [2]1990.

Rauschenbach, Th.: Ausbildung und Arbeitsmarkt für ErziehungswissenschaftlerInnen. In: Krüger/Rauschenbach (1994), S. 275-294.

Riedel, K.: Schulpädagogik. In: Lenzen (1989), S. 1342-1356.

Sachße, Ch./Tennstedt, H.: Geschichte der Armenfürsorge in Deutschland. 3 Bde. Stuttgart u.a. 1980, 1988, 1992.

Siebert, H.: Pädagogische Interpretation sozialwissenschaftlicher Erkenntnisse. In: Kade, J. u.a.: Fortgänge der Erwachsenenbildung. Bonn 1990, S. 64-70.

Solarova, S. (Hrsg.): Geschichte der Sonderpädagogik. Stuttgart/Berlin/Köln/Mainz 1983.

Tenorth, H.E.: Geschichte der Erziehung. Weinheim/München 1988.

Tenorth, H.E.: Profession und Disziplin. In: Krüger/Rauschenbach (1994), S. 17-28.

Thiersch, H.: Sozialpädagogik und Erziehungswissenschaft. In: Krüger/Rauschenbach (1994), S. 131-146.

Tietze, H.: Vorschulerziehung. In: Lenzen (1989), S. 1590-1604.

Thole, W.: Sozialpädagogik an zwei Orten. In: Krüger/Rauschenbach (1994), S. 253-274.

Winkler, M.: Wo bleibt das Allgemeine? In: Krüger/Rauschenbach (1994), S. 93-114.

Wissenschaftsrat: 10 Thesen zur Hochschulpolitik (Drucksache 1001/93). Berlin 1993.

VI. 3. Erziehungswissenschaft in den Antinomien der Moderne

Heinz-Hermann Krüger

Inhalt

Der Ursprung der neuzeitlichen Pädagogik und die Entstehung der Gesellschaft der Moderne, die im Zeitalter der Aufklärung deutliche Konturen gewinnt (vgl. Habermas 1985, S. 13), sind eng miteinander verwoben. In den Programmschriften der Aufklärungspädagogik werden bereits jene Ansprüche formuliert, die sich leitmotivisch durch die Geschichte der Pädagogik ziehen und die gleichzeitig die Licht- und Schattenseiten der Dialektik der Aufklärung in Pädagogik und Gesellschaft bereits ankündigen.

Im folgenden wird nun die Geschichte pädagogischer Selbstbeschreibungen vor dem Hintergrund der Modernisierungsgeschichte des Bildungs- und Erziehungswesens in groben Zügen skizziert. In einem zweiten Schritt wird dann die Frage diskutiert, welche Problemlagen und Herausforderungen sich aus den aktuell sich abzeichnenden Tendenzen einer reflexiven Modernisierung von Erziehungsverhältnissen für die gegenwärtige Erziehungswissenschaft ergeben.

1. Pädagogik im Prozeß der Moderne

„Aufklärung" – so hat es Immanuel Kant 1794 programmatisch formuliert – „ist der Ausgang des Menschen aus seiner selbstverschuldeten Unmündigkeit" (Kant 1964, S. 53). Damit die Vernunft, das Ideal der Aufklärung, verwirklicht werden kann, bedarf es für ihn neben der Kritik an Dogmen und Traditionen, an autoritären Kirchen und despotischen Staaten sowie der Veränderung von gesell-

Aufklärung

schaftlichen Machtverhältnissen vor allem der Erziehung. „Der Mensch kann nur werden durch Erziehung. Er ist nichts, als was die Erziehung aus ihm macht ... Es ist entzückend, sich vorzustellen, daß die menschliche Natur immer besser durch Erziehung werde entwickelt werden ... Der Mechanismus in der Erziehungskunst muß in Wissenschaft umgewandelt werden, sonst wird sie nie ein zusammenhängendes Bestreben werden, und eine Generation möchte niederreißen, was die andere schon aufgebaut hat" (Kant 1968, S. 697).

An diesen Programmsätzen Kants wird schon deutlich, wie eng die Aufklärung als Epoche des Ursprungs der Moderne, als historische Phase der Gesamtumwälzungen der Kultur auf allen Lebensgebieten und der völligen Veränderung der europäischen Politik, und das Projekt Pädagogik miteinander verknüpft sind. Zwar waren die Bildungs- und Erziehungsvisionen des „pädagogischen Jahrhunderts" (Herrmann 1981) oft nur gedankliche Entwürfe, hatten ihre Wirkungen vor allem im literarischen und philosophischen Bereich, während die Wirklichkeit der Erziehung und der Schulen in Deutschland bis zum ausgehenden 18. Jahrhundert und auch noch später wenig von den aufklärerischen Erziehungsambitionen erkennen ließ (vgl. Tenorth 1988, S. 140).

Zudem zeigten sich in den Erziehungsschriften der Aufklärungspädagogen auch schon die Negativseiten der Aufklärung. So hatte Trapp, der zusammen mit Campe, Basedow und Salzmann zur pädagogischen Reformbewegung der Philanthropen gehörte und der 1779 auf den ersten Lehrstuhl für Pädagogik in Deutschland berufen wurde, zwar ein modernes System der Pädagogik als Wissenschaft begründet, das sich vor allem auf empirische Beobachtungen stützt. In seinen Hinweisen für die Durchführung dieser Beobachtungsstudien dokumentieren sich jedoch zugleich Ansätze einer hypertrophen Kontrollpraxis, eines Nützlichkeitsdenkens und Ambitionen zur Sozialdisziplinierung des Körpers, die man auch in den Schriften anderer Philanthropen finden kann. So empfiehlt Trapp in seinem Buch „Versuch einer Pädagogik" (1780), z.B. Beobachtungen in großen Schulanstalten, wo viele Heranwachsende wohnen, durchzuführen und zu zählen, „wieviel Zeit und Kraft für diese jungen Leute und für den Staat, der sie zukünftig braucht, und wieviel Geld für ihre Eltern hier verloren geht durch Onanie, Hurerei, Spielen, Saufen, Lesen wollüstiger Bücher, Unfug von allerlei Art" (Trapp 1977, S. 75).

Insbesondere die starke Orientierung der Philanthropen an einem Konzept der Erziehung zur Nützlichkeit und Brauchbarkeit, das darauf abzielte, die Heranwachsenden auf das Leben in einer Gesellschaft von Berufsständen vorzubereiten, wurde von den Vertretern des Neuhumanismus, wie etwa Wilhelm von Humboldt, bereits Anfang des 19. Jahrhunderts kritisiert. Humboldt entwickelte das Programm einer allgemeinen Menschenbildung, das sich gerade der unmittelbaren Verwertung des Menschen und der ökonomischen Nutzung entzieht und für die ein in Stufen aufzubauendes, einheitliches Schulsystem den institutionellen Rahmen abgeben sollte. Insbesondere auf das Studium der Sprachen und der griechischen Antike sollte sich die allgemeine Bildung stützen und so zu einer allseitigen Entwicklung des Menschen führen (vgl. von Humboldt 1793). Außer von den Vertretern der neuhumanistischen Bildungsphilosophie wurde die Aufklärungspädagogik auch bald von den Repräsentanten einer Pädagogik der Romantik, wie z.B. Ernst Moritz Arndt, in Frage gestellt, die ein Unbehagen ge-

Die Philanthropen

Neuhumanistische Kritik an der Aufklärungspädagogik

genüber dem rationalistischen Weltbeherrschungskonzept der Aufklärung vortrugen (vgl. Pongratz 1989, S. 18).

Obwohl die Pädagogik der Aufklärungszeit bereits früh kritisiert wurde und ihre philosophischen Ideen und Programme ebenso wie die Bildungstheorie des Neuhumanismus bei der Etablierung des Schulsystems im 19. Jahrhundert keine große Rolle spielten, da statt dessen der Obrigkeitsstaat und die von der Aufklärung kritisierten Kirchen mit der Trennung von Massen- und Elitebildung ein Begrenzungsprogramm gegen eine allgemeine Volksbildung durchsetzten, blieben die pädagogischen und politischen Ansprüche dieser Epoche jedoch bei der Weiterentwicklung der Erziehungsreflexion in der Moderne zentrale Bezugspunkte. Die in den Programmschriften von Rousseau, Lessing oder Kant formulierten pädagogischen Grundgedanken und politischen Leitbegriffe, das Vertrauen auf die bessere, in der Bildung des Kindes auch für die Gesellschaft erreichbare Zukunft, die Verpflichtung auf Kritik, Aufklärung und Toleranz und den Fortschritt der Menschengattung blieben normative Ansprüche, als sich die Disziplin Erziehungswissenschaft und neben dem Schulsystem ein umfassendes außerschulisches Bildungs- und Erziehungswesen in den ersten Jahrzehnten des 20. Jahrhunderts herausbildeten. Sowohl eine Reihe von reformpädagogischen Strömungen als auch die Geisteswissenschaftliche Pädagogik, die sich in der Weimarer Republik als prominenteste Richtung der modernen Erziehungswissenschaft an Universitäten und Hochschulen etablieren konnte, knüpften an die Ideale und Programme des „pädagogischen Jahrhunderts" an.

Zwar war die reformpädagogische Bewegung auf der einen Seite Modernisierungskritik, in dem sie die durch die Auswüchse des Herbartianismus geprägte staatliche Lern- und Paukschule ebenso kritisierte wie die durch die Folgen der Industrialisierung zerstörte urbane Lebenswelt. Auf der anderen Seite versuchte sie jedoch ausgehend von einer Pädagogik vom Kinde aus und von der Vorstellung, über Erziehungsreformen Gesellschaftsreformen verwirklichen zu können, das in alternativen Schul- und Erziehungsprojekten umzusetzen, was bei Rousseau oder Pestalozzi bereits als pädagogisches Projekt der Moderne konzipiert worden war (vgl. Flitner 1992). So formulierte z.B. die schwedische Lehrerin Ellen Key (1991) in ihrem Buch das „Jahrhundert des Kindes", das 1900 erstmals erschien und schon bald zu einer Programmschrift für weite Teile der Reformpädagogik wurde, im Anschluß an Rousseausche Ideen eine Pädagogik des Wachsenlassens und die Hoffnung auf den Beginn eines neuen Zeitalters der Bildung des vernünftigen und natürlichen Menschen.

Reformpädagogik

Die Geisteswissenschaftliche Pädagogik hingegen war zwar einerseits durch den rationalitätskritischen Impetus der Diltheyschen Lebensphilosophie beeinflußt, der davor gewarnt hatte, das Leben vor den Richterstuhl der Vernunft zu ziehen. Andererseits bestand ihr wissenschaftstheoretischer Grundkonsens jedoch in einer nicht in Frage gestellten Einbindung in die europäischen Aufklärungsbewegungen seit dem 18. Jahrhundert (vgl. Herrmann 1982, S. 62). Die relative Autonomie der Geisteswissenschaftlichen Pädagogik als Theorie, ihre Loslösung von fach- und sachfremden Einflüssen verdankt sie, so stellt Erich Weniger, einer der zentralen Repräsentanten dieser Richtung, in einer theoriegeschichtlichen Analyse fest, gerade diesem Aufklärungsprozeß als Fortschrittsprozeß (vgl. Weniger 1975, S. 122). Der relativen Autonomie der Theorie ent-

Geisteswissenschaftliche Pädagogik

spricht die relative Selbständigkeit des Praktikers. Ihm darf es nach den Maximen Geisteswissenschaftlicher Pädagogik nicht daran gelegen sein, den Zögling für irgendein soziales System abzurichten. Knotenpunkt aller pädagogischen Bemühungen ist das Eigenrecht des Kindes selbst, die Verteidigung seiner Freiheit gegen die „Mächte des Lebens". Der heranwachsende Mensch als erziehungs- und bildungsbedürftiges Wesen soll zu seiner kultivierten Individualität und zu seiner Mündigkeit als sittliches Subjekt angeleitet werden.

Kritische Erziehungswissenschaft

Mit der Hinwendung der jüngeren Vertreter der Geisteswissenschaftlichen Pädagogik, wie Wolfgang Klafki, Klaus Mollenhauer oder Herwig Blankertz, zur Sozialphilosophie der Frankfurter Schule im Gefolge der Studentenbewegung Ende der sechziger Jahre wurde dann die traditionelle intuitive Hermeneutik der Geisteswissenschaften durch empirische und ideologiekritische Methoden ersetzt und das Erziehungsdenken an die veränderte gesellschaftliche Wirklichkeit und den fortgeschrittenen Reflexionsprozeß der Sozialwissenschaften angepaßt. Gleichzeitig hielten diese Erziehungswissenschaftler noch entschiedener an den Ansprüchen der Aufklärung fest, in dem sie im Unterschied zur Geisteswissenschaftlichen Pädagogik die Dialektik von individueller Bildung und Mündigkeit und gesellschaftlicher Emanzipation betonten und sie sich ausgehend von diesen Zielsetzungen einer kritischen und zugleich konstruktiv verstehenden Erziehungs- und Bildungstheorie Möglichkeiten der wissenschaftlich angeleiteten, konstruktiven Veränderung und Demokratisierung aller pädagogischen Praxisbereiche versprachen (vgl. Klafki 1971).

Dialektik der Aufklärung

Im Gefolge der Reformära der späten sechziger Jahre kam es in Westdeutschland zu einer umfassenden Modernisierung, Expansion, Ausdifferenzierung und Verwissenschaftlichung der öffentlichen Erziehungseinrichtungen, von der Vorschulerziehung, über die Schule, die Jugendhilfe, die Erwachsenenbildung bis zum Pädagogik-Studium, die von dem Optimismus einer direkten Umsetzung aufklärerischer Impulse geleitet waren. Die Folgewirkungen dieser Entwicklung, z.B. die Zunahme psychosomatischer Belastungen der SchülerInnen, die Erfahrung, daß trotz gestiegener Bildungsqualifikationen das Beschäftigungssystem den Aufstieg für viele nicht zuließ, oder die ausufernde Bürokratisierung von pädagogischen Einrichtungen, machten jedoch erneut die Negativ-Salden der Dialektik der Aufklärung deutlich (vgl. Krüger 1990, S. 8).

Postmoderne Herausforderungen

Im vergangenen Jahrzehnt war die Erziehungswissenschaft nicht nur mit dem Problem der Stagnation der Bildungsreform konfrontiert, sondern auch mit einer weiteren Krise der Moderne, die man mit den Stichworten „Krise der Arbeitsgesellschaft", „ökologische Krise", „Krise der ideologischen Ordnungssysteme" und damit einhergehend einer „Krise des Subjektes" stichwortartig zusammenfassen kann (vgl. Benner 1994, S. 338). Das Verglühen utopischer Energien und das Ende der großen Erzählung von der Emanzipation der Menschheit wurde bereits lange vor dem Zusammenbruch der sozialistischen „Heilslehren" in Osteuropa von postmodernen Philosophen, wie Lyotard (1986), diagnostiziert und diese Analyse blieb ebenso wie die in diesem Diskurs vorgetragene These von der „Krise des Subjektes" (vgl. Raulet 1990, S. 34) für die erziehungswissenschaftliche Theoriediskussion nicht ohne Wirkung. Dieter Baacke (1985, S. 212) plädiert für ein neues Konzept von Pädagogik, das nicht wie die Pädagogik der Moderne auf der Universalität der Vernunft beharrt, sondern auch Unvernunft zuläßt und auf eine Festlegung globaler Sinnperspektiven verzichtet. Ludwig Pongratz (1988, S. 295) zeigt auf, daß die von postmodernen Theoretikern vorgetragene Vernunft- und Subjektkritik den Kern des neuzeitlichen pädagogischen Denkens, die Bildungstheorie, bis ins Mark trifft, war es doch der Anspruch einer modernen Pädagogik, die Bedingungen für die Schaffung eines autonomen und vernünftigen Subjekts im pädagogischen Feld bereitstellen zu wollen. Und Konrad Wünsche (1986, S. 36) kommt in einer historischen Analyse zu dem Ergebnis, daß mit der Vergesellschaftung der Pädagogik die in der Zeit der Aufklärung einsetzende pädagogische Bewegung zum Stillstand gekommen wäre, weil der pädagogische Bezug in die Bereiche der Kunst, der Produktion und des Alltags zurückgekehrt sei.

2. Erziehungswissenschaft und reflexive Modernisierung

Die im postmodernen pädagogischen Diskurs vorgetragenen Diagnosen vom Stillstand der pädagogischen Bewegung, von der Rückkehr der Pädagogik in den Alltag oder von der Krise des Subjektes verweisen, wenngleich in einer kulturpessimistischen Verlustperspektive einseitig verkürzt und oft empirisch wenig fundiert, auf reale Problemlagen gegenwärtiger Erziehungswirklichkeit, die sich aus einem anderen theoretischen Blickwinkel auch als Folgewirkungen einer reflexiven Modernisierung von Erziehungsverhältnissen interpretieren lassen.

So kommt zwar mit der Vergesellschaftung der Erziehung nicht die pädagogische Bewegung an ihr Ende. Die Konsequenz ist aber eine Scholarisierung der Gesellschaft und eine Universalisierung von Bildung, die dazu geführt hat, daß sich Erziehungseinrichtungen aus traditionalen Lebensformen herausgelöst und eine neue Rolle bekommen haben. Das lebenslange Lernen in Bildungseinrichtungen wird für den Einzelnen zunehmend wichtiger, gleichzeitig verliert die pädagogische Arbeit jedoch an Bedeutung für die auf Dauer folgenreiche Formung des Lebenslaufes. Auch die sozialpädagogischen Institutionen haben aufgrund des relativen Bedeutungsverlustes der naturwüchsig-informellen Formen des Helfens, also der lebensweltlichen sozialen Unterstützungssysteme, eine neue Funktion bekommen. Soziale Arbeit ist ein zentrales Instrument zur Erbringung und Sicherstellung personenbezogener sozialer Dienste geworden, die einen Beitrag zur ‚Inszenierung' von Solidarität und Gemeinschaft sowie Hilfen zur Lebensbewältigung für Menschen aller Altersgruppen leisten soll (vgl. Rauschenbach 1992, S. 48).

Vergesellschaftung der Erziehung

Der gewaltige Ausbau des Bildungs-, Erziehungs- und Sozialwesens sowie die damit einhergehende quantitative Expansion, Verwissenschaftlichung und Professionalisierung der pädagogischen Berufe, vor allem der Sozial- und Erzieherberufe, in den vergangenen Jahrzehnten haben zwar nicht zur Auflösung der Pädagogik, aber zu einer Entgrenzung des Pädagogischen und zu einer Pädagogisierung aller Lebensbereiche geführt. Die Folge dieser Entwicklung ist nun, daß die Erziehungswissenschaft mit den Problemen ihres eigenen Verwissenschaftlichungsschubes in der Praxis konfrontiert ist, wo die Adressaten von Wissenschaft die wissenschaftlichen Erkenntnisse eigenaktiv und flexibel nutzen

Pädagogisierung aller Lebensbereiche

(vgl. Krüger/Ecarius/von Wensierski 1989, S. 200). In diesem Zusammenhang verlieren nicht nur die professionellen PädagogInnen ihren Kompetenzvorsprung und ihr Zuständigkeitsmonopol. Das Absacken des pädagogischen Wissens in den Alltag und in den Horizont biographischer Selbstkonzepte führt auch für die Erziehungswissenschaft als Disziplin zu einer Delegitimation. Jeder meint mitreden zu können und das erziehungswissenschaftliche Expertenwissen wird von den VertreterInnen der pädagogischen Professionen und von der pädagogisch interessierten Öffentlichkeit weniger nachgefragt (vgl. Krüger/Rauschenbach 1994, S. 10).

Delegitimation erziehungswis-senschaftlichen Wissens

Wie soll die Erziehungswissenschaft nun mit dieser dilemmatischen Situation umgehen? Ein Ausweg aus dieser widersprüchlichen Problemlage könnte darin bestehen, daß sich die Erziehungswissenschaft der Differenz ihrer Handlungskontexte und Wissenssysteme bewußt wird und sie sich, gleichsam selbstreferentiell, auf ihre eigene Weiterentwicklung als wissenschaftliches Fach, auf Probleme der Grundlagenforschung und Aspekte der Professionsforschung beschränkt. Dies würde zugleich bedeuten, daß sie sich von ihrem im Verlaufe ihrer Theoriegeschichte ständig aufs Neue formulierten Anspruch, direkt umsetzbare Orientierungshilfen und Handlungskonzepte für die pädagogische Praxis liefern zu wollen, verabschiedet. Erziehungswissenschaft in einem so verstandenen Sinne wäre dann primär eine reflexive Beobachtungswissenschaft, die sich rückbezüglich mit der Beobachtung und Analyse stattgehabter Erziehung und den ihr korrespondierenden Wissenschaftselementen befaßt. Zugleich würde damit jedoch ein Wissen für zukünftige Entwicklungsschritte bereitgestellt, nicht ein Wissen, das darüber Auskunft gibt, was man zu tun habe, sondern ein Wissen, das dem Typus einer ex-post-Analyse ante actu und dem Habitus einer reflexiven Wissenschaft entspricht (vgl. Lenzen 1994, S. 20). D.h. in Kenntnis vergangener Entwicklungsprozesse von Erziehung, Bildung und Erziehungswissenschaft, also ex post, würde über die Folgeprobleme und Implikationen zukünftiger Operationen informiert, aber ante actu, also bevor sie stattfinden.

In diesem Sinne könnte reflexive Erziehungswissenschaft in drei Richtungen wirksam werden. In einer ersten Dimension ist sie eine empirisch ausgerichtete Form von Pädagogik, die sich analog der Technikfolgenabschätzung mit der Definition, Abschätzung und Vermeidung der Risiken von Erziehung und Pädagogik befaßt (vgl. Lenzen 1992, S. 77). Genauer gesagt geht es in diesem Aufgabenfeld um die Realisierung quantitativer und qualitativer erziehungswissenschaftlicher Studien mit dem Ziel, die durch reflexive Modernisierung im Erziehungs- und Bildungsbereich gegenwärtig erzeugten Risiken und negativen Folgewirkungen, z.B. die mit der Expansion des Schulbesuchs einhergehenden psychosomatischen Belastungen der SchülerInnen oder die Konsequenzen der mikroelektronischen Revolution im Hinblick auf die Veränderung des Erziehungsalltages in Schule und Familie, aufzuzeigen.

Reflexive Erziehungswissenschaft

In einer zweiten Dimension stützt sich reflexive Erziehungswissenschaft auf sozialgeschichtlich orientierte erziehungswissenschaftliche Forschungen, die den langfristigen historischen Wandel von pädagogischen Selbstbeschreibungen, von Familienerziehung, Schule und außerschulischen pädagogischen Institutionen, des Lebenslaufs, der Geschlechterverhältnisse etc. vor dem Hintergrund der Antinomien von Modernisierungs- und Zivilisationsprozessen untersuchen und auf die Licht- und Schattenseiten der Dialektik der Aufklärung aufmerksam machen.

Die dritte Aufgabe, die sich für eine reflexive Erziehungswissenschaft stellt, ist die Entwicklung einer rekonstruktiven Bildungstheorie. Diese diskutiert die Frage, welche Herausforderungen sich aus den ökologischen Großgefahren einer verselbständigten industriellen Modernisierung, aus der Krise der Arbeitsgesellschaft, aus dem Zerfall überlieferter ideologischer Ordnungssysteme, aus den im Rahmen der nationalen Gesellschaften aufbrechenden ethnischen Konflikten sowie aus den gesellschaftlich diagnostizierten Prozessen der Individualisierung von Lebensläufen, die sowohl neue biographische Wahlmöglichkeiten bieten als auch anomische Züge in sich bergen können (vgl. Beck 1986), für die Ortsbestimmung der Bildungsproblematik gegenwärtig ergeben.

Eine so verstandene reflexive Erziehungswissenschaft sieht im Gegensatz zu postmodernen Varianten pädagogischer Argumentation keinen Grund, sich von der Aufklärung, die sich in der abendländischen Tradition als Instanz der kritischen Vergewisserung der Wirklichkeit selbst ausgelegt hat, und von den Gründungsideen der modernen Gesellschaft, von den Freiheits-, Gleichheits- und Brüderlichkeitsvorstellungen der Französischen Revolution, zu verabschieden. **Kein Abschied von der Aufklärung** In Frage gestellt werden jedoch die von der Pädagogik seit der Aufklärungszeit immer wieder vorgetragenen Allmachtsphantasien und Fortschrittshoffnungen, die glaubten, über die Höherbildung der Menschheit zu einer Emanzipation der Gattung und des Einzelnen gelangen zu können, und doch oft genug in der Erziehungswirklichkeit dann in politische Formierung oder Sozialdisziplinierung umschlugen. An die Stelle solcher optimistischen Weltverbesserungskonzepte setzt reflexive Erziehungswissenschaft eher eine skeptische Grundhaltung und in diesem Sinne ist auch Michel de Montaigne als Bezugspunkt für die Begründung einer kritischen Erziehungswissenschaft im Zeitalter der reflexiven Moderne neu zu entdecken. Die Forderung Montaignes: „Habe Mut, dich deines eigenen Zweifels zu bedienen" (vgl. Beck 1993, S. 253) könnte auch zum Maßstab für eine **Selbstbegrenzung der Pädagogik** reflexive Erziehungswissenschaft werden, die eher auf Selbstbegrenzung des Pädagogischen sowie auf die Toleranz und Akzeptanz von Vielfalt zielt als auf die Ausweitung von Dominanzansprüchen der Pädagogik.

Literatur

Baacke, D.: Bewegungen beweglich machen – oder Plädoyer für mehr Ironie. In: Baacke, D. u.a. (Hrsg.): Am Ende – Postmoderne? Next wave in der Pädagogik. Weinheim/München 1985, S. 190-212.
Beck, U.: Risikogesellschaft. Auf dem Weg in eine andere Moderne. Frankfurt a.M. 1986.
Beck, U.: Die Erfindung des Politischen. Frankfurt a.M. 1993.
Benner, D.: Erziehungswissenschaft zwischen Modernisierung und Modernitätskrise. In: Benner, D.: Studien zur Theorie der Erziehungswissenschaft. Bd. 1, Weinheim/München 1994, S. 319-340.
Flitner, A.: Reform der Erziehung. München 1992.
Habermas, J.: Der philosophische Diskurs der Moderne. Frankfurt a.M. 1985.
Herrmann, U. (Hrsg.): Das pädagogische Jahrhundert. Weinheim/Basel 1981.
Herrmann, U.: Zur Systematik und Vielfalt pädagogischer Theorien. In: Lenzen, D. (Hrsg.): Erziehungswissenschaft im Übergang. Stuttgart 1982, S. 60-75.
Humboldt, W.v.: Ideen zu einem Versuch, die Grenzen der Wirksamkeit des Staates zu bestimmen (1793). In: Humboldt, W.v.: Schriften zur Anthropologie und Bildungslehre. Hrsg. von A. Flitner. Düsseldorf/München 1956, S. 69-76.

Kant, J.: Werke. Bd. XI, Hrsg. von W. Weischedel. Frankfurt a.M. 1968.

Kant, J.: Über Pädagogik. In: Kant, J.: Werke. Bd. XII, Hrsg. von W. Weischedel. Frankfurt a.M. 1964. S. 697-712.

Key, E.: Das Jahrhundert des Kindes. Studien. Hrsg. von U. Herrmann. Weinheim/Basel 1991.

Klafki, W.: Erziehungswissenschaft als kritisch-konstruktive Theorie. In: Zeitschrift für Pädagogik 17 (1971), S. 351-385.

Krüger, H.-H.: Erziehungswissenschaft im Spannungsfeld von Kontinuitäten und Zäsuren der Moderne. In: Krüger, H.-H. (Hrsg.): Abschied von der Aufklärung? Perspektiven von der Erziehungswissenschaft. Opladen 1990, S. 7-22.

Krüger, H.-H./Ecarius, J./ Wensierski, H.J. v.: Die Trivialisierung pädagogischen Wissens. In: König, E./Zedler, P. (Hrsg.): Rezeption und Verwendung erziehungswissenschaftlichen Wissens in pädagogischen Handlungs- und Entscheidungsfeldern. Weinheim 1989, S. 185-203.

Krüger, H.-H./Rauschenbach, Th.: Erziehungswissenschaft – eine ganz normale Disziplin? In: Krüger, H.-H./Rauschenbach, Th. (Hrsg.): Erziehungswissenschaft. Weinheim/München 1994, S. 7-16.

Lenzen, D.: Reflexive Erziehungswissenschaft am Ausgang des postmodernen Jahrzehnts. In: Benner, D./Lenzen, D./Otto, H.U. (Hrsg.): Erziehungswissenschaft zwischen Modernisierung und Modernitätskrise. 29. Beiheft der Zeitschrift für Pädagogik. Weinheim/Basel 1992, S. 75-92.

Lenzen, D.: Allgemeine Erziehungswissenschaft für Anfänger. In: Müller, D.K. (Hrsg.): Pädagogik, Erziehungswissenschaft, Bildung. Köln/Weimar/Wien 1994, S. 3-22.

Lyotard, J.-F.: Das postmoderne Wissen. Graz/Wien 1986.

Pongratz, L.-A.: Bildung und Alltagserfahrung. In: Hansmann, O./Marotzki, W. (Hrsg.): Diskurs Bildungstheorie I: Systematische Markierungen. Weinheim 1988, S. 293-310.

Pongratz, L.-A.: Pädagogik im Prozeß der Moderne. Weinheim 1989.

Raulet, G.: Zur gesellschaftlichen Realität der Postmoderne. In: Krüger, H.-H. (Hrsg.): Abschied von der Aufklärung? Perspektiven der Erziehungswissenschaft. Opladen 1990, S. 25-36.

Rauschenbach, Th.: Soziale Arbeit und soziales Risiko. In: Rauschenbach, Th./Gängler, H. (Hrsg.): Soziale Arbeit und Erziehung in der Risikogesellschaft. Neuwied/Berlin 1992, S. 25-59.

Tenorth, H.E.: Die Aufklärung. In: Winkel, R. (Hrsg.): Pädagogische Epochen. Düsseldorf 1988, S. 125-156.

Trapp, E.Ch.: Versuch einer Pädagogik. Hrsg. von U. Herrmann. Paderborn 1977.

Weniger, E.: Ausgewählte Schriften zur Geisteswissenschaftlichen Pädagogik. Weinheim/Basel 1975.

Wünsche, K.: Die Endlichkeit der pädagogischen Bewegung. In: Neue Sammlung 25 (1985), S. 432-449.

Autorinnen und Autoren

Bauer, Walter, geb. 1955, Dr. phil., wiss. Assistent an der Otto-von-Guericke Universität Magdeburg; Arbeitsschwerpunkte: Erziehungs- und Bildungstheorie, Sozialisationstheorie, Biographieforschung

Büchner, Peter, geb. 1941, Dr. rer.soc. habil., Professor für Erziehungswissenschaft an der Philipps-Universität Marburg; Arbeitsschwerpunkte: Sozialisations-, Kindheits- und Schulforschung, Soziologie der Erziehung und des Bildungswesens

Dewe, Bernd, geb. 1949, Dr. rer.pol. habil., Professor für Erwachsenenbildung an der Martin-Luther-Universität Halle-Wittenberg; Arbeitsschwerpunkte: Professionstheorie, Bildungs- und Weiterbildungsforschung, Beratung

Ecarius, Jutta, geb. 1959, Dr. phil., wiss. Assistentin an der Martin-Luther-Universität Halle-Wittenberg; Arbeitsschwerpunkte: Lebenslauf- und Biographieforschung, Kindheits- und Jugendforschung, historische Sozialisationsforschung

Flitner, Andreas, geb. 1922, Dr. phil., emer. Professor für Erziehungswissenschaft an der Universität Tübingen, Honorarprofessor an der Universität Jena; Arbeitsschwerpunkte: Allgemeine Pädagogik, Bildungs- und Schultheorie, Analyse von Phänomenen des Kindes- und Jugendalters

Gängler, Hans, geb. 1957, Dr. rer.soc., habil., Professor für Sozialpädagogik an der Universität Chemnitz; Arbeitsschwerpunkte: Theorie und Geschichte der Sozialpädagogik, Jugendarbeit und Heimerziehung, Regionalisierung sozialer Hilfen

Harney, Klaus, geb. 1949; Dr. phil., Professor für berufliche Bildung an der Universität Bochum; Arbeitsschwerpunkte: Berufsbildungs- und Weiterbildungsforschung, Berufsbildung und sozialer Wandel

Helsper, Werner, geb. 1953, Dr. phil., habil., Professor für Erziehungswissenschaft an der Universität Mainz; Arbeitsschwerpunkte: Sozialisationstheorie, Professionstheorie, Schul- und Jugendforschung

Hörster, Reinhard, geb. 1948, Dr. rer.soc. habil., Professor für Erziehungswissenschaft an der Martin-Luther-Universität Halle-Wittenberg; Arbeitsschwerpunkte: Bildungs- und Wissenschaftstheorie, Theorie und Geschichte der Sozialpädagogik, Theorien abweichenden Verhaltens

Hornstein, Walter, geb. 1929, Dr. rer.soc. habil., emer. Professor für Sozialisationsforschung und Sozialpädagogik an der Universität der Bundeswehr München; Arbeitsschwerpunkte:

Pädagogische Gegenwartsdiagnose, Theorie der Sozialpädagogik, Wissenschaftsforschung, Familien- und Jugendforschung

Kade, Jochen, geb. 1943, Dr. phil. habil., Professor für Erwachsenenbildung an der Universität Frankfurt a.M.; Arbeitsschwerpunkte: Pädagogische Gegenwartsdiagnose, Theorie der Erwachsenenbildung, Bildungsbiographien

Keuffer, Josef, geb. 1959, Dr. phil., wiss. Mitarbeiter im Zentrum für Schulforschung und Fragen der Lehrerbildung an der Martin-Luther-Universität Halle-Wittenberg; Arbeitsschwerpunkte: Allgemeine Didaktik und Schulpädagogik, Unterrichtsforschung, Interkulturelle Pädagogik

Kleber, Eduard W., geb. 1936, Dr. phil., Professor für Schulpädagogik an der Universität-GHS-Wuppertal; Arbeitsschwerpunkte: ökologisch-phänomenologische Erziehungswissenschaft, ökologische Pädagogik, Theorien und Methoden der pädagogischen Diagnostik

Krüger, Heinz-Hermann, geb. 1947, Dr. phil. habil., Professor für Allgemeine Erziehungswissenschaft an der Martin-Luther-Universität Halle-Wittenberg; Arbeitsschwerpunkte: Theorien und Methoden der Erziehungswissenschaft, Bildungsforschung, Kindheits- und Jugendforschung

Lüders, Christian, geb. 1953, Dr. phil., Leiter der Abteilung „Jugend und Jugendhilfe" am Deutschen Jugendinstitut in München, Arbeitsschwerpunkte: Theorie und Empirie pädagogischen Wissens, Professionstheorie und -forschung, Theorie der Sozialpädagogik, Qualitative Sozialforschung, Jugendhilfeforschung

Marotzki, Winfried, geb. 1950, Dr. phil. habil., Professor für Allgemeine Pädagogik an der Otto-von-Guericke-Universität Magdeburg; Arbeitsschwerpunkte: Wissenschaftstheorie, Bildungs- und Lerntheorie, Biographieforschung

Nunner-Winkler, Gertrud, geb. 1941, Dr. rer.soc. habil., Wiss. Mitarbeiterin im Max-Planck-Institut für psychologische Forschung München; Arbeitsschwerpunkte: Identitätstheorien, moralische und kognitive Entwicklung, Sozialisationsforschung

Nittel, Dieter, geb. 1954, Dr. phil. wiss. Mitarbeiter am Deutschen Institut für Erwachsenenbildung, Frankfurt a.M.; Arbeitsschwerpunkte: Professonstheorie, Erwachsenenpädagogik, Biographieforschung

Schefold, Werner, geb. 1943, Dr. rer.soc. habil., Professor für Sozialpädagogik an der Universität der Bundeswehr München; Arbeitsschwerpunkte: Theorie der Sozialpädagogik, Sozialisationsforschung, Sozialpolitik, Jugend- und Jugendhilfeforschung

Schütze, Yvonne, geb. 1940, Dr. phil., Professorin für Soziologie und Pädagogik an der Humboldt-Universität zu Berlin; Arbeitsschwerpunkte: Familiensoziologie, Sozialisation, Migration

Timmermann, Dieter, geb. 1943, Dr. rer.pol., Professor für Bildungsökonomie und Bildungsplanung an der Universität Bielefeld; Arbeitsschwerpunkte: Bildungsplanung, Bildungsökonomie, Bildungssoziologie

Treml, Alfred K., geb. 1944, Dr. phil. habil., Professor für Allgemeine Pädagogik an der Universität der Bundeswehr Hamburg; Arbeitsschwerpunkte: Erziehung und Evolution, Entwicklungspädagogik, Ethik

Winkler, Michael, geb. 1953, Dr. phil. habil., Professor für Allgemeine Pädagogik an der Friedrich-Schiller-Universität Jena; Arbeitsschwerpunkte: Allgemeine und historische Pädagogik, Theorie der Erziehung und Sozialpädagogik, veränderte Lebensbedingungen von Kindern und Jugendlichen